文成天縱

国家重点档案专题保护开发项目

镇江近代司法档案辑考

诉讼文书卷

唐华彭　卜兴荣 | 编著

GUANGXI NORMAL UNIVERSITY PRESS
广西师范大学出版社
·桂林·

镇江近代司法档案辑考·诉讼文书卷
ZHENJIANG JINDAI SIFA DANG'AN JI KAO SUSONG WENSHU JUAN

项目主持：黄　斌
策划编辑：余向丽
责任编辑：黄　斌
　　　　　王　琦
　　　　　余向丽
　　　　　张　佳
助理编辑：冯宇航
责任技编：王增元
书籍设计：秦　勇

图书在版编目（CIP）数据

镇江近代司法档案辑考. 诉讼文书卷 / 唐华彭，卜兴荣编著. --桂林：广西师范大学出版社，2024.6
ISBN 978-7-5598-6947-0

Ⅰ. ①镇… Ⅱ. ①唐… ②卜… Ⅲ. ①司法档案－汇编－镇江－近代 Ⅳ. ①D929.5

中国国家版本馆 CIP 数据核字（2024）第 095299 号

广西师范大学出版社出版发行
（广西桂林市五里店路 9 号　邮政编码：541004
网址：http://www.bbtpress.com）
出版人：黄轩庄
全国新华书店经销
北京汇瑞嘉合文化发展有限公司印刷
（北京市北京经济技术开发区荣华南路 10 号院 5 号楼 1501　邮政编码：100176）
开本：889 mm × 1 194 mm　1/16
印张：30.25　　字数：530 千
2024 年 6 月第 1 版　　2024 年 6 月第 1 次印刷
定价：498.00 元

本书为国家重点档案专题保护开发项目
“镇江市档案馆民国镇江司法档案开发研究”结项成果

《镇江近代司法档案辑考·诉讼文书卷》

唐华彭　卜兴荣　编著

编务人员

镇江市档案馆

蔡世源　吴红平　魏志文　何　琛　茆叶青　罗　芸

张紫妍　朱海蛟　钱　然　郭　珊

江苏大学法学院

彭宇翔　刘世隆　李　想　李　果　李天翔　瞿雪婷

胡梦蝶　严玉琴　戴雨麒

序　言

《镇江近代司法档案辑考·诉讼文书卷》由绪论及上、下编组成，上编包括五章“诉讼文书”，下编为三则原始案例。上编由“警察诉讼文书”“检察官诉讼文书”“推事诉讼文书”“当事人诉讼文书”及“律师诉讼文书”五部分组成，五部分诉讼文书的次第组合，即警察—检察—推事—当事人—律师，涵盖诉讼程序的全过程，体现了辑考者的独特匠心。清末民初，近代诉讼体系逐步建立，南京国民政府时期渐趋成熟，警察的侦查、检察的起诉、法官的判决、当事人的诉求以及律师的辩护，通过本卷的布局串联，形成比较完整的诉讼链条，各部门之间的职能分工大体显现。阅读本卷，透过典型案例，有助于深入了解近代中国的诉讼。

关于传统诉讼制度向近代的过渡。时间跨度上，搜罗最早的诉讼文书为咸丰九年（1859年）丹徒知县的民事诉讼判词，最晚的为1948年的相关诉讼文书，纵贯近一个世纪，有传统的继受，也有近代的转型。如本卷上编第三章的丹徒知县判词虽系“抄件”，却为咸丰九年的判决，传统判词的表达，如“索诈钱文”“受贿徇情”“殊堪痛恨”“显系扛架，亦属不合”“本应深究”等，以及判词的口吻，纯为一人法庭时的判官手笔。当事人的诉讼文书，则有同治十三年（1874年）的抱告状及保状各一份，其系同一案情的两份文书：一为子女不服从教养忤逆尊长，家长行使《大清律例》赋予的“送惩”权，请求官府“重责收押，俟其悔过自新”，再由家长“禀请核释”，官府同意收押；一为该逆子被收押半年后，其父生病卧床，思子心痛，其母亲年迈，无人侍奉，乃由其母邀同亲属、邻居向丹徒知县申请保释，逆子承诺“悔悟”，不再“忤尊滋端”，知县这才堂谕放人。两则文书记录了一桩完整的诉讼案情：家长的送惩权，县衙的收押义务，家长申请保释的权利，是《大清律例》“子孙违犯教令”条款有效施行的记录。以往判例判牍中所见家长送惩的多，而申请保释的少，该文书保留了这方面记叙。还有一份宣统三年（1911年）的民事诉讼文书：尽管当事人状告被"劣董"孙某敲诈勒索、争取人身自由，几乎声泪俱下，但江苏高等审判厅一纸批文"本厅为江苏全省最高审判衙门，越控之诉不便违章受理"，驳回诉讼请求——新式四级三审诉讼程序创设之后，程序正当得到极好的体现。（参见本卷上编第四章《王老三上诉状》）

关于检察职能经历的传统到近代的过渡。在传统社会，州县衙门接到刑事案件报案后，均须在第一时间由知县带领仵作、书吏人等临场勘验。时至清末，检察厅已然成立，新型检察官幼苗初长，近代法医尚待养成，勘尸验伤一类的工作只能由检察官操刀，完全担起了传统仵作的角色。如1912年1月26日镇江地方检察厅检察官接报来到命案现场，所作验尸报告表述为"验得该尸年三十三岁……经检验员如法相验唱报，委系生前受枪伤身死，余无别故"。（参见本卷上编第二章《江苏镇江地方检察厅办理命案报告（孙景元枪杀人）》）验尸过程及报告用语，与传统仵作勘验并无二致。民国以后，法医角色才慢慢出现，随着刑事诉讼法的制定颁布，检察官主要负责决定刑事起诉或不起诉，指挥司法警察或法医协助侦查勘验，由此彻底消除传统县官、仵作等延续的痕迹。（参见本卷上编第二章《江苏镇江地方法院检察处不起诉书》《江苏镇江地方法院检察处再议处分书》、第四章《朱克钰等抗告状》）

关于地方法院的设置。近代中国基层司法的改进，是整个司法改革的"老大难"问题，经历了清末民初的初等审判厅、县知事兼理司法，到南京政府时期的县司法处、地方法院等几个阶段，至1947年10月全国尚有66%的县份没有设立地方法院，仍由配有承审员的县司法处审理案件。从本卷所辑档案可知，江苏省江浦县，虽与首都南京仅一江之隔，与位于镇江的、其时已是江苏高等法院第一分院的距离也不过顺江半日可至，可是直至1946年，如此紧邻"京畿"的首善县属，竟然还维系"县政府兼理司法"之制，一应具体司法事务仍由司法处承审员经办，县长仍兼掌检察，行政与司法的界限模糊不清。（参见本卷下编案件举要二《兼理司法江苏江浦县政府审理单》《兼理司法江苏江浦县政府点名单》《兼理司法江苏江浦县政府刑庭侦查笔录》《江苏江浦县政府兼理司法事务押票回证》）其他偏远县属设立地方法院的滞缓，由此不难推知。

特种刑事诉讼文书尤其是涉及汉奸罪的诉讼文书的荟集，也是本卷的一大特色。抗战胜利后，根据国民政府颁布的《惩治汉奸条例》，江苏高等法院镇江分院以其独特的区位及审级优势，受理了大量汉奸罪案件。本卷相关案例从兼理司法的县政府的侦查、捕捉、传讯，到向一审法院——高等法院或高等法院分院的移送文书，再到审理和判决文书，均有完整的流程记录。

除此以外，尚有一些具有典型意义的诉讼文书，如女律师杨璞真为王徐氏、王于氏因田产纠纷撰写的上诉状，字迹清秀柔美，端庄紧凑，颇具女性书法风格。（参见本卷上编第五章《律师杨璞真撰上诉状》）民国时期，女律师参与诉讼逐渐兴起，比较著名的有郑毓秀、史良、沈仪彬等，近代镇江出现女律师代理诉讼（即杨璞真律师）系在1931年，与上述三人大致同期，这从一个侧面反映出近代镇江在司法建设领域的地位。

本卷其他特征所在皆有，不再赘述。借此机会，再就目前司法档案资料的整理模式略陈孔见，就教于“辑考”作者及方家同仁。目前司法档案整理研究大致有四种模式，一是完全按原档案存放单位的卷宗，整体扫描成图片模式，或供内部使用，或出版面世。优点是能原封不动地展示档案全貌，读者按需从中选用；缺点是档案存量有多有少，整理的人水平参差不齐，出版成本有高有低，少量的可以公开出版，海量的则一时难以问世，想利用者只能申请获准到相关整理单位内部查阅，手续烦琐，十分不便。二是选择性扫描。由整理者根据自己的辨别，从众多档案中选择自认为“有价值”的部分，归类拍摄或扫描，将图片整理后出版。优点是能保证档案原貌；缺点是经过整理者的删选，对整理鉴别者而言，固然是有价值的，那些“无价值”未被选录的档案，在另类需要使用者眼中，可能就是“有价值”的材料，却无法阅读原件，遗珠之憾在所难免，而且以图片尤其是彩图影印出版的，占幅大，成本高，定价贵，普通读者购阅，两可之间，往往踌躇。三是整理者将原始档案分类抄录整理，转成现代文字排版付印。优点是实际容量大，定价一般适中，文字容易转换成电子文档，使用便利；缺点是经过整理者的转手抄摘，原档案字体的辨认校勘的精确度难以保证，再行核对原档，难度甚大，既存的讹错可能将错就错，或顶多以“存疑”标识。四是根据既有司法档案进行辑考，融整理、考证及研究于一体。优点是根据编辑者的导读提示、观点引导，读者能迅捷把握档案内容要点，直奔主题，选择感兴趣或所需要的资料阅读利用；缺点是辑考文字与档案图片相杂，文字的逻辑系统性和图片的原始完整性均存在展示不足的可能。以上几种模式各擅胜场，也各有短板，全凭阅读者相机抉择，取舍由己。

囿于篇幅所限，本卷所录仅是镇江近代司法档案中诉讼文书档案的一小部分，但其通过择选和考证诉讼文书档案，考察特定地区诉讼状况的尝试是成功的。本卷以南京国民政府时期的司法档案为主，但其中少量的晚清诉讼文书档案弥足珍贵，为了解传统诉讼向近代转型的一些特征提供了视窗。故此，本卷所选档案用“少而精”来形容，当不为过！

张仁善

2024年6月

编　例

本书主要对镇江市档案馆收藏的近代司法档案中的诉讼文书部分进行了分类遴选和注释考证，现将编辑体例说明如下：

一、镇江近代司法档案

本书书名中的“镇江近代司法档案”，指江苏省镇江市档案馆收藏的近代司法档案。镇江近代司法档案主要集中于“民国江苏高等法院镇江分院”（全宗号：A019）和“民国江苏镇江地方法院”（全宗号：A020）两个全宗。“民国江苏高等法院镇江分院”档案共840卷，时间范围为1923年至1949年。“民国江苏镇江地方法院”档案共1673卷，时间范围为1912年至1949年。除了这两个全宗，镇江近代司法档案还零星散见于“民国镇江县政府”（全宗号：A008）和“民国镇江县警察局”（全宗号：A009）等全宗。

需要指出的是，由于在镇近代新式司法机构的管辖范围不止镇江，故镇江近代司法档案也包含了部分镇江地域范围外（如江都、金坛、浦口等地）的司法机构的档案。

二、诉讼文书

所谓“诉讼文书”，指“诉讼文书的制作主体，在案件诉讼过程中，为履行司法职责或实现诉讼权利而依法制作的具有法律效力或法律意义的文书”[1]。目前一般认为，按制作主体性质，诉讼文书主要分为公安机关的诉讼文书、检察机关的诉讼文书、法院的诉讼文书、当事人的诉讼文书、律师的诉讼文书等。本书根据近代司法的具体情况，

① 杨鸿雁：《诉讼文书一本通》，法律出版社，2020年，第3页。

对这一标准略作调整，将镇江近代司法档案中的诉讼文书分为警察诉讼文书、检察官诉讼文书、推事诉讼文书、当事人诉讼文书和律师诉讼文书五类。

三、篇章安排

本书共分上下两编。上编以诉讼文书的制作主体为分类标准，从不同的案卷档案中选取了相应的单篇诉讼文书，共分五章，分别为警察诉讼文书、检察官诉讼文书、推事诉讼文书、当事人诉讼文书和律师诉讼文书。下编为以个案为单元，选取了三个典型案例，分别属于刑事诉讼、特种刑事诉讼和民事诉讼，力求反映诉讼流程全貌。

需要说明的是，上述篇章安排的主要考虑是，在有限的篇幅内，既能更多地展示不同主体、功能和内容的诉讼文书，亦能反映不同类型案件的审理过程，期望可以为读者全面了解并进一步查阅镇江近代司法档案中的诉讼文书档案提供帮助。

四、档案选取、制作

本书在选取镇江近代司法档案时秉持如下原则：第一，扩大覆盖广度。本书选取的诉讼文书档案包括侦查、移送、起诉、不起诉、再议、辩诉、送达、审理、裁定、判决等诉讼流程，分为一审、二审和三审等各种审级，涵盖地方法院、高等法院及其分院和最高法院等各层级司法机构，涉及抢劫、敌伪、脱逃、烟毒、汉奸、杀人、伤害、强盗、欺诈以及离婚、债务、监护、房产、地产、股权、公示催告、财产保全等数十种案由。第二，突出资料价值。本书排版制作时，对个别幅面较大或边缘空白较多的档案图片，在保留页面有效信息的前提下，做了适当裁切空白部分的处理，以在有限的版面内尽可能地突出资料内容，为阅读和使用提供方便。第三，图版彩色印制。本书对选取的档案图片采取了彩色扫描的复制方式，并彩色印制，以为读者呈现更丰富的页面信息。

五、档案标题、说明

本书在对镇江近代司法档案进行广泛整理、重新编排和分类展示的基础上拟定档案标题。上编中的标题一般由主体名称、文件属性和案件简称三部分组成，如《江苏镇江地方法院刑事判决（周靖妨害名誉及恐吓案）》，“江苏镇江地方法院”系主体名称，“刑事判决”系文件属性，“周靖妨害名誉及恐吓案”系案件简称。因为下编以个案为单元，故其中的标题不再设置案件简称部分。本书所列档案标题基本保留了原有的机构名称和纪年方式，档案标题后列明了编者考证的档案形成时间（公元纪年）及其对应的镇江市档案馆馆藏档案号。

为了方便读者的理解，本书在档案标题下对档案内容进行了说明。说明系对档案具体内容进行考证后作出，一般包括档案形成时间、档案所属机构、档案内容要点、相关法律依据等内容。

六、图片编号

为便于读者查找和使用，本书对档案标题下所选原档案图片进行了编号。上编的编号分为四个层级，依次体现章号、节号、标题号、本标题内图片的顺序号等信息，如“图1-1-2-1”，第一个“1”表示“第一章　警察诉讼文书”，第二个“1”表示“一、侦查类文书”，“2”表示“2. 江苏省会警察局侦缉队侦查报告及讯问记录（桥本雷吉敌伪案）”，最后一个“1”表示该图为本标题下第一幅图。如遇特殊情况，则在此基础上对编号层级酌情增补或删减，如个别标题之下只包含一张原档案图片，不涉及排序，则省去编号末尾图片顺序一级。下编编号的设计思路与上编类似，不同之处是在数字前增加了案件代称“A”，如“A1”表示第一个案件。

目　录

绪　论

一、罪或非罪的刑事诉讼

中国人打破刑民不分的法律传统，始自清末变法修律。1906年，沈家本和伍廷芳编订完成的《大清刑事民事诉讼法（草案）》规定："凡叛逆，谋杀，故杀，伪造货币、印信，强劫并他项应遵刑律裁判之案为刑事案件。""凡因钱债、房屋、地亩、契约及索取赔偿等事涉讼为民事案件。"① 以该草案为起点，清政府及其后的北洋政府、南京国民政府对刑事诉讼和民事诉讼分别展开立法，形成了两套不同的制度体系。就刑事诉讼而言，清末民国时期的主要实体立法包括《大清现行刑律》、《大清新刑律》、《中华民国暂行新刑律》、《中华民国刑法》（1928年"旧刑法"）、《中华民国刑法》（1935年"新刑法"），程序立法则主要包括《大清刑事民事诉讼法（草案）》、《大清刑事诉讼律（草案）》、《中华民国刑事诉讼条例》、《中华民国刑事诉讼法》（1928年"旧刑事诉讼法"）、《中华民国刑事诉讼法》（1935年"新刑事诉讼法"）。

成立于清末的镇江新式司法机构，办理的刑事诉讼案件主要包括杀人、伤害、抢夺、盗窃、妨害婚姻家庭、妨害自由、诬告、侵占等类型。其中一些案件案情复杂，社会关注度高，成为能够载入镇江近代历史史册的重要事件。兹简要列举两件：

第一，安康公所蒋树铨等机工案。近代镇江的丝织业较为发达，从业人数一度接近2万人。丝织业的机工劳动强度大，待遇微薄，生活惨淡，他们为维护自身权益，成立了工人组织，名为安康公所，其领袖为蒋树铨。蒋树铨及安康公所自1909年起，多次领导机工发起斗争，要求增加工资，被资本家、官府及官员所记恨，双方矛盾迅速

---

① 《大清刑事民事诉讼法》，《新民丛报》第4年第9号，1906年，第95页。

上升。“镇江安康公所经理蒋树铨，与机户现充镇江地方审判厅承发吏刘景锟（即刘康平）素识，刘景锟曾倡议停止素厘（素绸一匹抽厘八分为机工救恤之用）为同业所恨。民国元年九月二十三日，刘景锟因奉票传人，回厅时行经剪子巷，被机工管锦堂、王昌仁私滥逮捕至安康公所，用麻绳捆缚手足，并以粪秽污其面部。蒋树铨后至，亦用竹板殴其两腿。”[①] 管、王、蒋后被镇江地方审判厅判处有期徒刑一年六个月至三年不等。三人不服判决，先后上诉至江苏高等审判厅和大理院并反诉刘景锟。此案是近代镇江工人运动的重要组成部分，曾引发社会各界的高度关注。

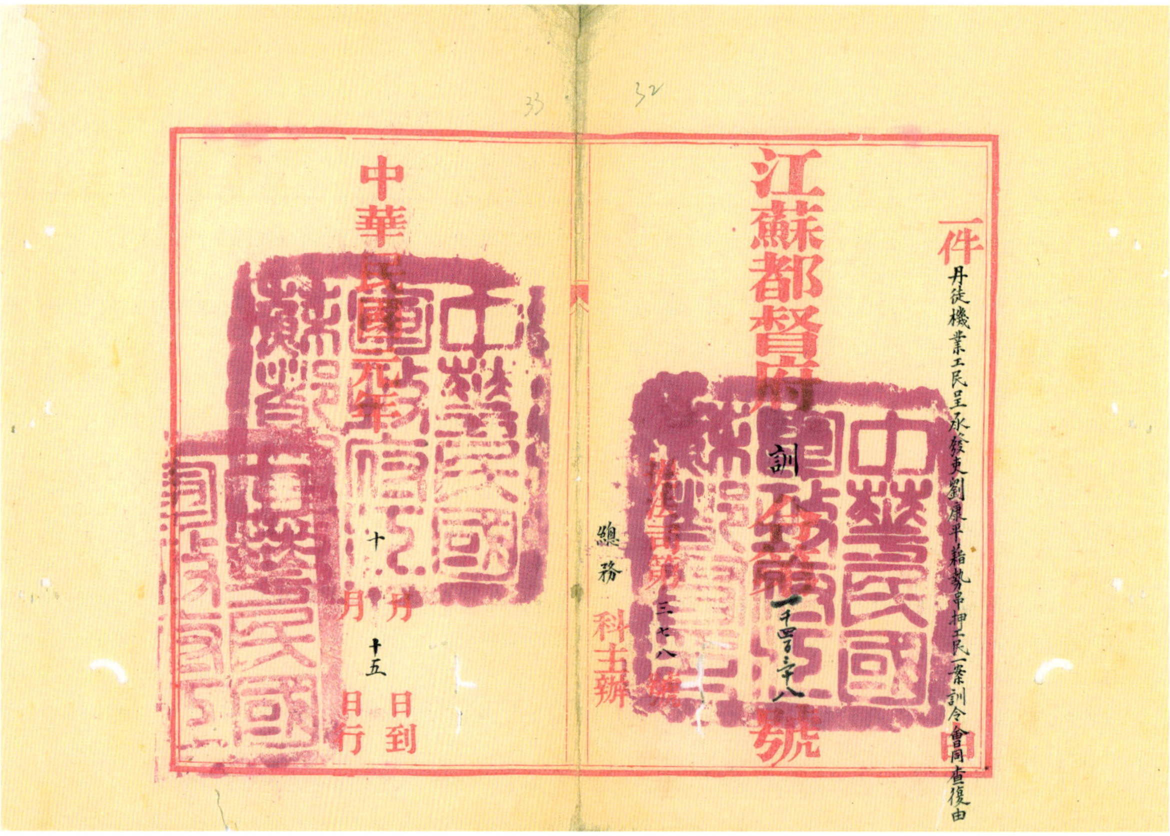
一件
丹徒機業工民呈承發吏劉康平藉勢串押工民一案訓令會同查復由
江蘇都督府
訓
第一千四百二十八號
總務
科擬
中華民國元年十月　日到
十五日行

图1
江苏都督府有关丹徒机业工民呈承发吏刘康平借势串押工民一案的训令（1912年）
（档案号：A020-1911-001-0001-0032）

---

① 天虚我生编《大理院刑事判决例（甲编）》，中华图书馆，1921年，第36页。

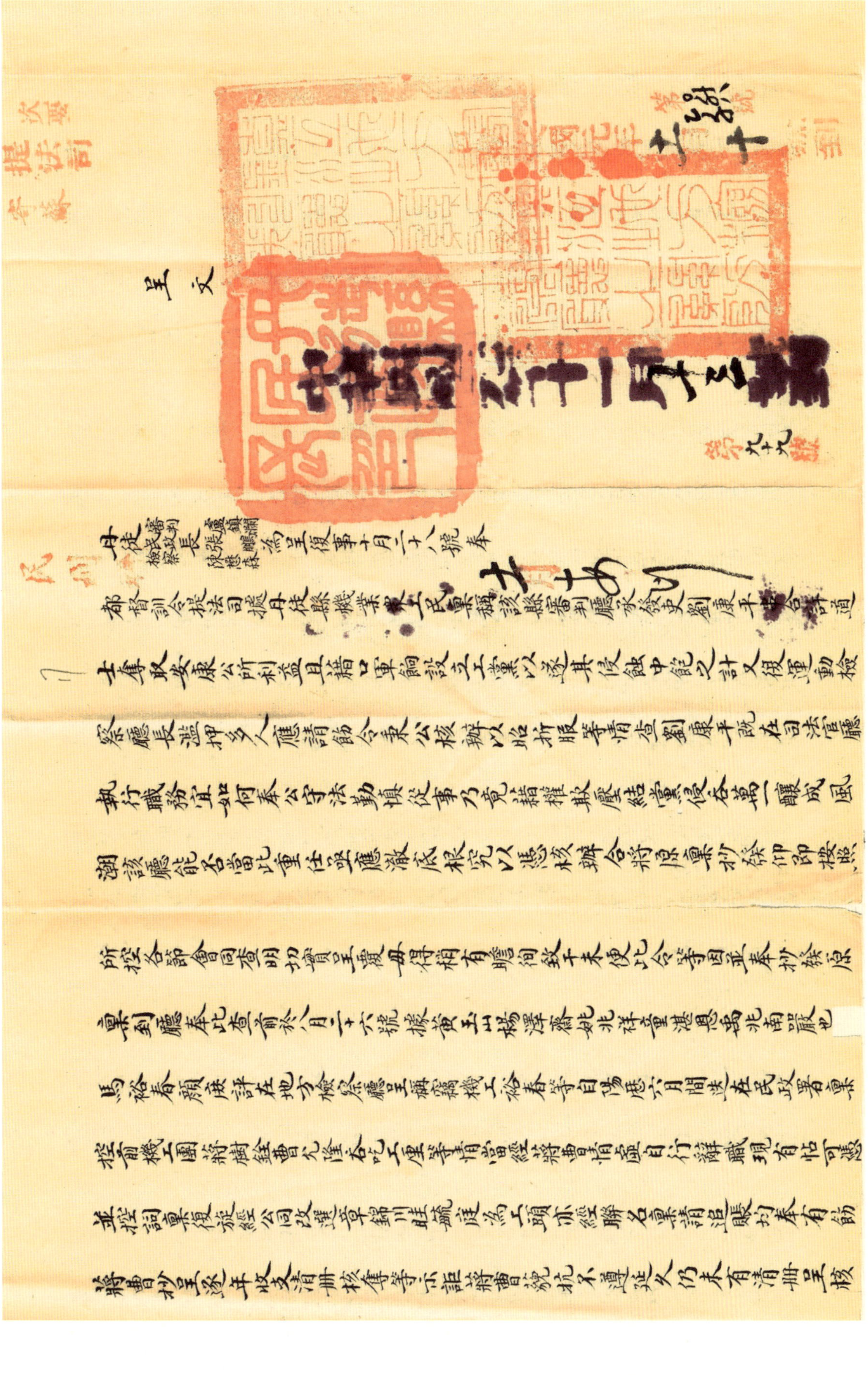

图2

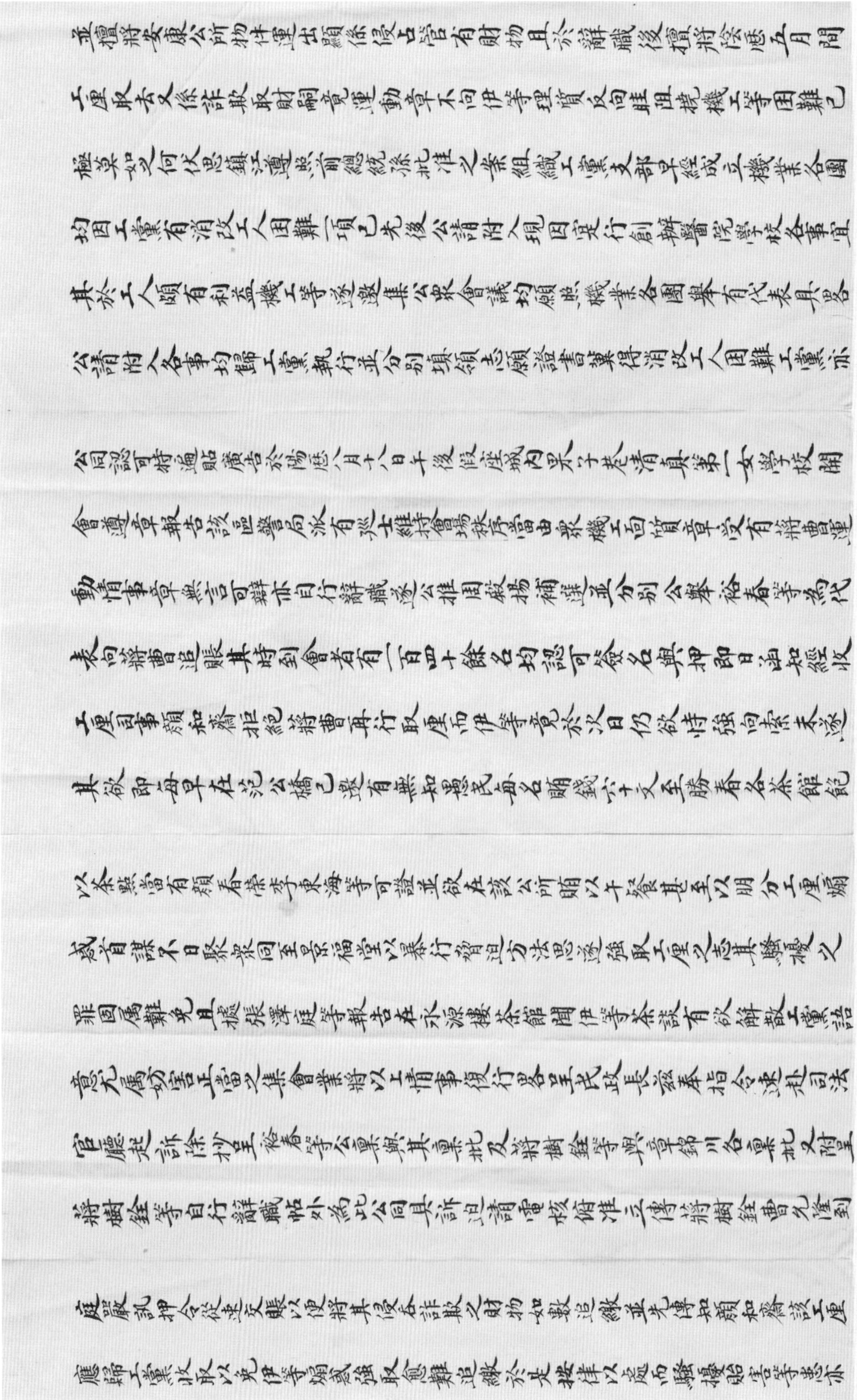
並擅將安康公所物件運出顯係侵占營有財物且於辭職後擅將陰歷五月間
工廛取去又係詐欺取財嗣竟運動章不向伊等理質反向阻撓機工等困難已
極莫如之何伏思鎮江遵照前總統孫批准之案組織工黨支部早經成立機業各團
均因工黨有消改工人困難一項已先後公請附入現因定行創辦醫院學校各事宜
其於工人頗有利益機工等遂邀集公衆會議均願照機業各團舉有代表具畧
公請附入各事均歸工黨執行並分别填領志願證書冀得消改工人困難工黨亦
公同認可特遍貼廣告於陽歷八月十八日午後假座城內果子巷清真第一女學校開
會遵章報告該區警局派有巡士維持會場秩序當由衆機工面質章受有蔣曹運
動情事章無言可辯亦自行辭職遂公推周殿揚補選並分别公舉裕春等為代
表向蔣曹追賬其時到會者有一百四十餘名均認可簽名與押即日函知經收
工廛司事顏和齋拒絶蔣曹再行取廛而伊等竟於次日仍欲恃強向索未遂
其欲即每早在范公橋已邀有無知愚民每名賄錢六十文至勝春各茶館餉
以茶點當有顏春榮李東海等可證並欲在該公所賄以午餐甚至以明分工廛煽
惑首謀不日聚衆同至景福堂以暴行脅迫方法思遂強取工廛之志其騷擾之
罪固屬難免且據張澤庭等報告在永源樓茶館聞伊等茶談有欲解散工黨語
意尤屬妨害正當之集會業將以上情事復行畧呈民政長兹奉指令速赴司法
官廳起訴除抄呈裕春等公稟與其稟批及蔣樹銓等與章錦川各稟批又附呈
蔣樹銓等自行辭職帖外為此公同具訴迫請電核俯准立傳蔣樹銓曹允隆到
庭嚴訊押令從速交賬以便將其侵吞詐欺之財物如數追繳並先傳知顏和齋該工廛
應歸工黨收取以免伊等煽惑強取愈難追繳於是按律以處而騷擾貽害等患亦

图3

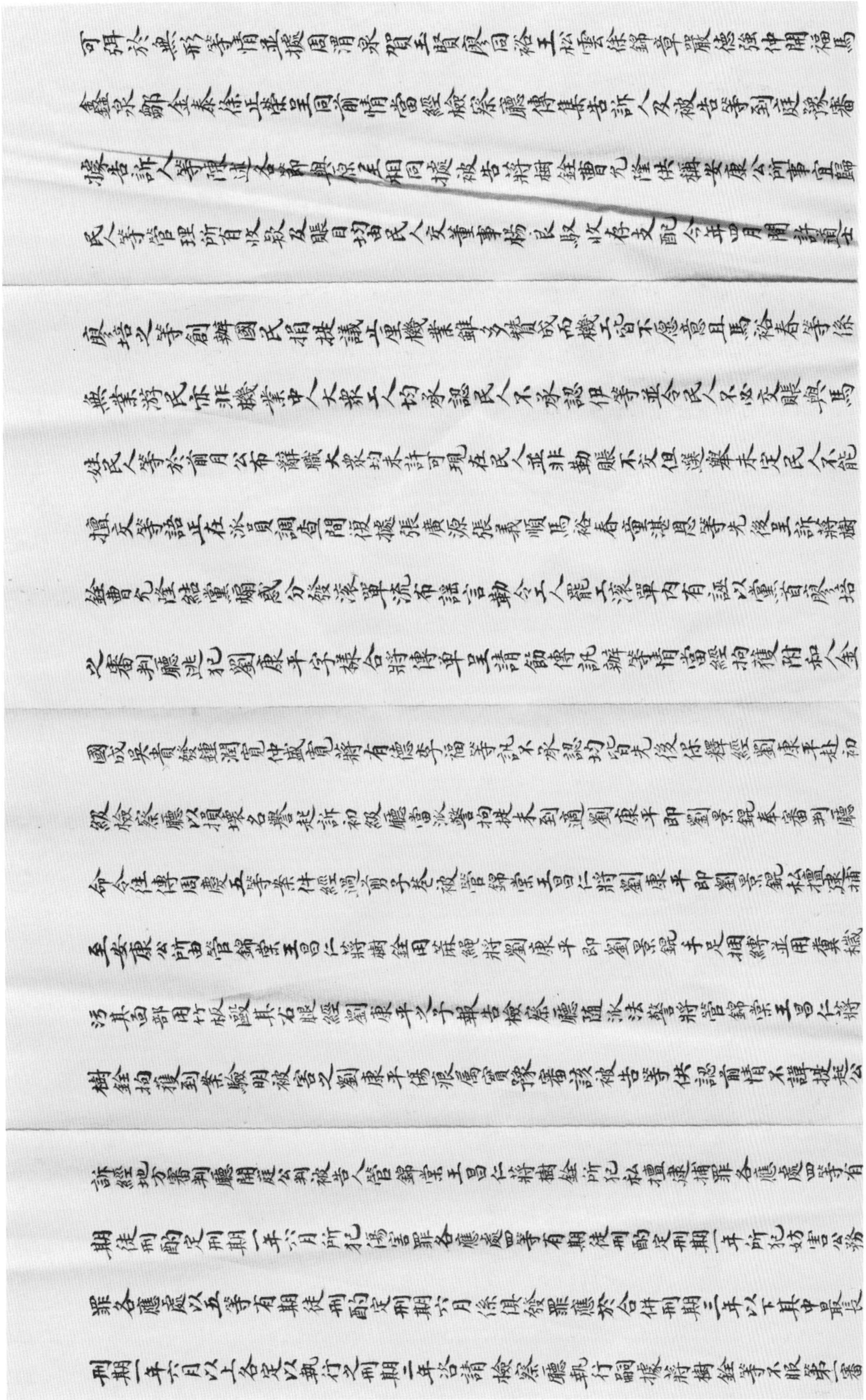

图4

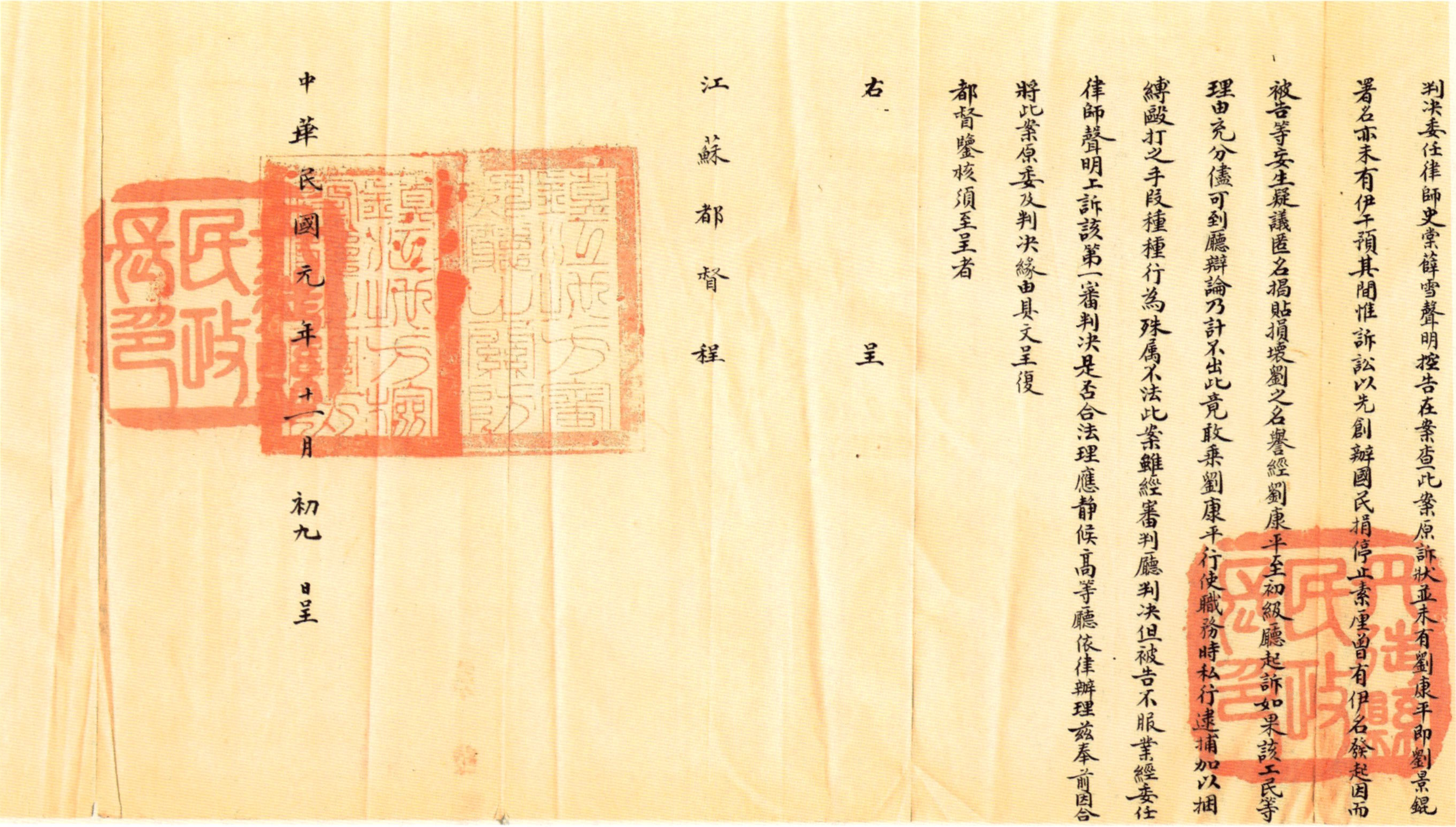

判決委任律師史棠薛雪聲明控告在案查此案原訴狀並未有劉康平即劉景錕
署名亦未有伊干預其間惟訴訟以先創辦國民捐停止素廛曾有伊名發起因而
被告等妄生疑議匿名揭貼損壞劉之名譽經劉康平至初級廳起訴如果該工民等
理由充分儘可到廳辯論乃計不出此竟敢乘劉康平行使職務時私行逮捕加以捆
縛毆打之手段種種行為殊屬不法此案雖經審判廳判決但被告不服業經委任
律師聲明上訴該第一審判決是否合法理應靜候高等廳依律辦理茲奉前因合
將此案原委及判決緣由具文呈復
都督鑒核須至呈者
右　呈
江蘇都督程
中華民國元年十一月初九日呈

图5

图2—5，丹徒审判厅、民政厅、检察厅有关丹徒机业工民诉丹徒县审判厅刘景锟案的报告（1912年）
（档案号：A020-1911-001-0001-0009）

第二，《闲话扬州》案。1934年，江苏省教育厅编审科主任易君左撰写了一部游记《闲话扬州》，交由中华书局出版。该书中的有关表述引发社会强烈反响，扬州人士特别是扬州妇女界认为该书故意诽谤、侮辱扬州人，推举江都妇女会主席郭坚忍赴镇江地方法院提起刑事自诉，以诽谤罪的名义状告《闲话扬州》作者易君左和中华书局总经理陆费逵。与此同时，扬州八邑旅沪同乡会电告中央党部、行政院院长、监察院院长、司法行政部部长、教育部部长、江苏省政府主席和江苏省教育厅厅长，要求将易君左撤职惩办。[①]一时间，全国为之震动。1934年8月7日，镇江地方法院开庭审理此案，旁听席无插足地。[②]在该案审理过程中，原告方面还赴南京请愿，向被告人和法院施加压力。[③]若以媒体关注度为评选标准，《闲话扬州》案可谓发生在近代镇江的最为知名的案件。

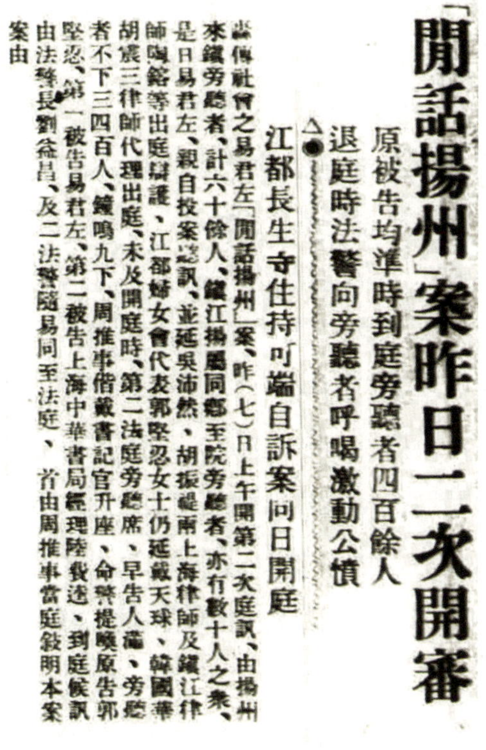
「閒話揚州」案昨日二次開審
原被告均準時到庭旁聽者四百餘人
退庭時法警向旁聽者呼喝激動公憤
△江都長生寺住持可端自訴案同日開庭
喧傳社會之易君左「閒話揚州」案、昨（七）日上午開第二次庭訊、由揚州來鎮旁聽者、計六十餘人、鎮江揚屬同鄉至院旁聽者、亦有數十人之衆、是日易君左、親自投案應訊、並延吳沛然、胡振鏞兩上海律師及鎮江律師陶鎔等出庭辯護、江都婦女會代表郭堅忍女士仍延戴天球、韓國華胡震三律師代理出庭、未及開庭時、第二法庭旁聽席、早告人滿、旁聽者不下三四百人、鐘鳴九下、周推事偕書記官升座、命警提喚原告郭堅忍、第一被告易君左、第二被告上海中華書局經理陸費逵、到庭候訊由法警長劉崙昌、及二法警隨易同至法庭、首由周推事當庭敍明本案案由

图6

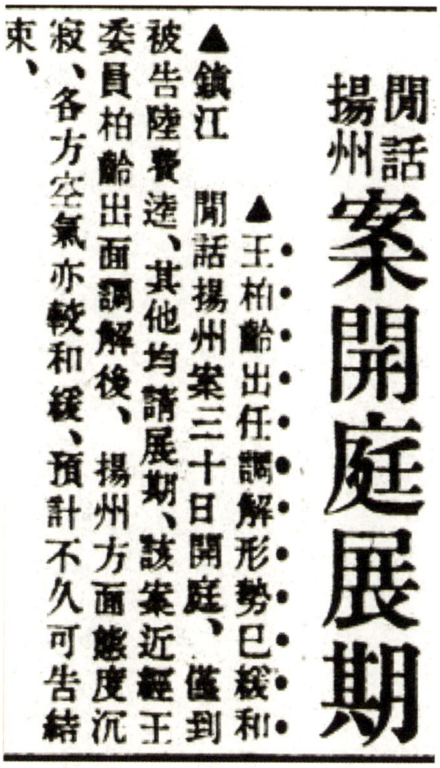
閒話揚州案開庭展期
▲王柏齡出任調解形勢已緩和
▲鎮江　閒話揚州案三十日開庭、僅到被告陸費逵、其他均請展期、該案近經王委員柏齡出面調解後、揚州方面態度沉寂、各方空氣亦較和緩、預計不久可告結束、

图7

图6—7，媒体有关镇江地方法院审理《闲话扬州》案的报道

（《新江苏报》1934年8月8日第6版，《新闻报》1934年8月31日第8版）

① 参见《〈闲话扬州〉纠纷愤慨》，《申报》1934年7月17日第13版。

② 参见《〈闲话扬州〉案在镇开审》，《申报》1934年8月8日第9版。

③ 参见《扬属代表晋京请愿》，《申报》1934年8月18日第13版。

二、特事特办的特种刑诉

1944年，南京国民政府出台《特种刑事案件诉讼条例》，规定“依法律规定适用特种刑事审判程序之案件，及本条例施行前依法令规定由军事或军法机关审理之案件，除军人为被告者外，均依本条例之规定审理之”，“前项案件，由地方法院或县司法机关审理之，但系危害民国、汉奸、违反战时军律及妨害军机之案件，由高等法院或分院审理之”。[①]据此，以非军人为被告人的烟毒、贪污、盗匪、汉奸等案件由普通司法机关依据特种刑事案件审判程序办理。与普通刑事诉讼相比，特种刑事案件的审判程序体现出浓厚的特事特办色彩：一方面是简化了公诉流程，司法警察将案件移送法院即视为提起公诉，检察官可不出庭；另一方面是不能上诉但可以提起覆判，对于覆判法院的判决，不能再提起覆判，以此减少审级，加快判决生效的速度。特种刑事诉讼在一定程度上有助于解决人力不足、案件积压等战时条件下司法机关面临的困难，但随着抗战的胜利结束，其不可避免地“把普通罪刑特殊化，把审判机关军事化，把诉讼程序原始化”[②]，从而遭到人民的强烈反对。

根据镇江近代司法档案的记载，抗战胜利后在镇新式司法机构办理的特种刑事案件主要有汉奸、烟毒两类。其中，汉奸案件由江苏高等法院第一（镇江）分院办理。抗战胜利后，南京国民政府重新出台《惩治汉奸条例》，对汉奸做出界定：一是有“图谋反抗本国”“图谋扰乱治安”“招募军队或其他军用人工役夫”等14种通谋敌国行为之一者；二是“曾在伪组织或其所属之机关团体服务，凭借敌伪势力，为有利于敌伪或不利于本国或人民之行为”者。[③]据统计，从1946年7月到1948年7月，江苏高等法院第一（镇江）分院共对200余名汉奸判处刑罚，最高为无期徒刑，最低为有期徒刑六个月。[④]

抗战胜利后，镇江的烟毒案件，一审由镇江地方法院办理，覆判则由江苏高等法院第一（镇江）分院办理。1946年，南京国民政府出台《禁烟禁毒治罪条例》，规定“称烟者，指鸦片、罂粟、罂粟种子及麻烟或其他配合之抵瘾丸药；称毒者，指吗啡、高根、海洛因及其他化合物或配合而成之各色毒品”[⑤]。烟毒案件的涉及面较为广泛，镇江

---

① 《特种刑事诉讼条例》，《立法院公报》第130期，1944年，第57—58页。

② 《反对设立特种刑事法庭——九大学向立法院请愿书》，国立北京大学学生自治会编印《反对设立特种刑事法庭》，1948年，第3页。

③ 《惩治汉奸条例》，《法令周刊》复刊后特刊第3号，1945年，第16页。

④ 《江苏高等法院镇江分院径判决确定之汉奸名表》（1946年7月—1948年7月），镇江市档案馆藏，档案号：A019-1949-001-0796-001。

⑤ 《禁烟禁毒治罪条例》，《山东省政府公报》复刊第29期，1946年，第1页。

地方法院曾与民政厅、省警局、省保安部、戒烟院、镇江县政府等多家政府机关，就烟毒犯的提解、寄押、戒护、囚粮等问题共同商议并拟定对策。[①] 据统计，镇江地方法院平均每月办理烟毒案件10余件，如1947年10月16件、11月19件、12月13件。[②]

图8

① 参见《如何处理烟毒犯》，《新江苏报》1946年8月23日第3版。

② 《江苏镇江地方法院烟特案件分案簿》，镇江市档案馆藏，档案号：A020-1947-001-0234-0007。

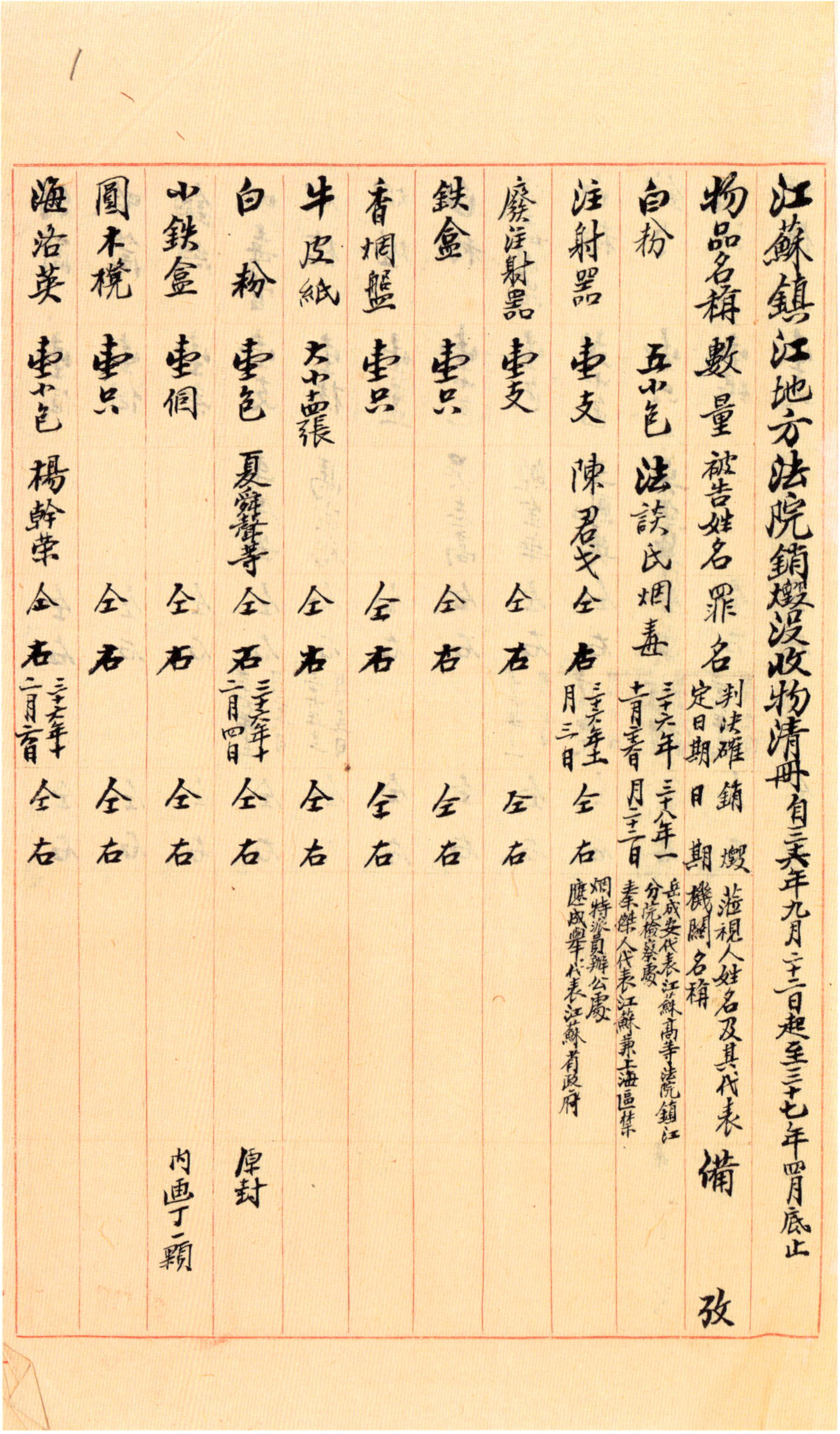

江蘇鎮江地方法院銷燬沒收物清冊　自三十六年九月二十二日起至三十七年四月底止

物品名稱	數量	被告姓名	罪名	判決確定日期	銷燬日期	蒞視人姓名及其代表機關名稱	備考
白粉	五小包	法談氏	烟毒	三十六年十一月十五日	三十八年一月二十三日	岳成安代表江蘇高等法院鎮江分院檢察處 秦傑人代表江蘇兼上海區禁烟特派員辦公處 應成舉代表江蘇省政府	
注射器	壹支	陳君弋	仝右	三十六年十一月三日	仝右		
廢注射器	壹支		仝右		仝右		
鉄盒	壹只		仝右		仝右		
香烟盤	壹只		仝右		仝右		
牛皮紙	大小兩張		仝右		仝右		
白粉	壹包	夏舜華等	仝右	三十六年十二月四日	仝右		原封
小鉄盒	壹個		仝右		仝右		內畫丁一顆
圓木櫈	壹只		仝右		仝右		
海洛英	壹小包	楊幹榮	仝右	三十六年十二月十日	仝右		

图9

图8—9，江苏镇江地方法院焚毁烟毒清册（1949年）（档案号：A020-1947-001-0202-0001）

三、关乎民生的民事诉讼

如上文所述，近代中国以1906年《大清刑事民事诉讼法（草案）》为起点，开启了民事诉讼立法进程。清末民国时期完成的民事诉讼实体立法主要包括《大清民律（草案）》、《中华民国民律（草案）》、《中华民国民法典》（自1929年至1931年，先后公布总则、债编、物权编、亲属编、继承编），程序立法则主要包括《大清刑事民事诉讼法（草案）》、《大清民事诉讼律（草案）》、《中华民国民事诉讼条例》、《中华民国民事诉讼法》（1928年“旧民事诉讼法”）、《中华民国民事诉讼法》（1935年“新民事诉讼法”）。需要指出的是，民事诉讼除了“起诉—审判—执行”的一般流程，还有若干特殊程序：1. 督促程序——法院应债权人的请求，向债务人发出支付令，督促其在法定期限内偿还债务；2. 保全程序——即保全强制程序，分为假扣押和假处分；3. 公示催告程序——法院依当事人的申请，用公示的方法催告不明利害关系人在一定期间内申报权利；4. 人事诉讼程序——包括婚姻事件、亲子事件、禁治产事件和宣告死亡事件的相应程序。镇江近代司法档案中存有关于督促程序和保全程序的诉讼文书材料。

民事诉讼关乎民生。据统计，到近代镇江新式司法机构进行民事诉讼的当事人，多是普通群众和商户，案件类型主要包括有关契约、房产、田土、损害赔偿、婚姻、遗产等纠纷。[①] 民事诉讼的办理结果决定着这些普罗大众的切身利益。以抗战胜利后的房屋纠纷为例：这一时期大批人员返镇，房屋紧张，“房荒”愈演愈烈，此外，由于货币贬值严重，房东纷纷以米代租，招致房客的强烈反对，在此背景下，房屋纠纷大量出现。镇江的房客组建房客联谊会，向社会呼吁：“我们坚决反对房东的非法压迫，反对二房东的从中剥削，反对房经纪的居间操纵，尤其反对房租以食米等实物计算。我们坚决主张改订以前一切不合法的租房契约，彻底铲除以前一切不合理的租房恶习。”[②] 由此可以看出，近代在镇新式司法机构处理的部分民事诉讼，并非简单的两造相争，而是普遍存在且关乎不同社会阶层切身利益的民生难题。这无疑增加了民事诉讼的处理难度，需要推事们更积极地在情、理、法三者之间寻求平衡，亦要求政府和司法机关联合发力共解难题。

---

① 参见《江苏镇江地方法院民事分案簿（诉讼类）》，镇江市档案馆藏，档案号：A019-1947-001-0496-0061。

② 《宣言》，《新江苏报》1947年6月23日第3版。

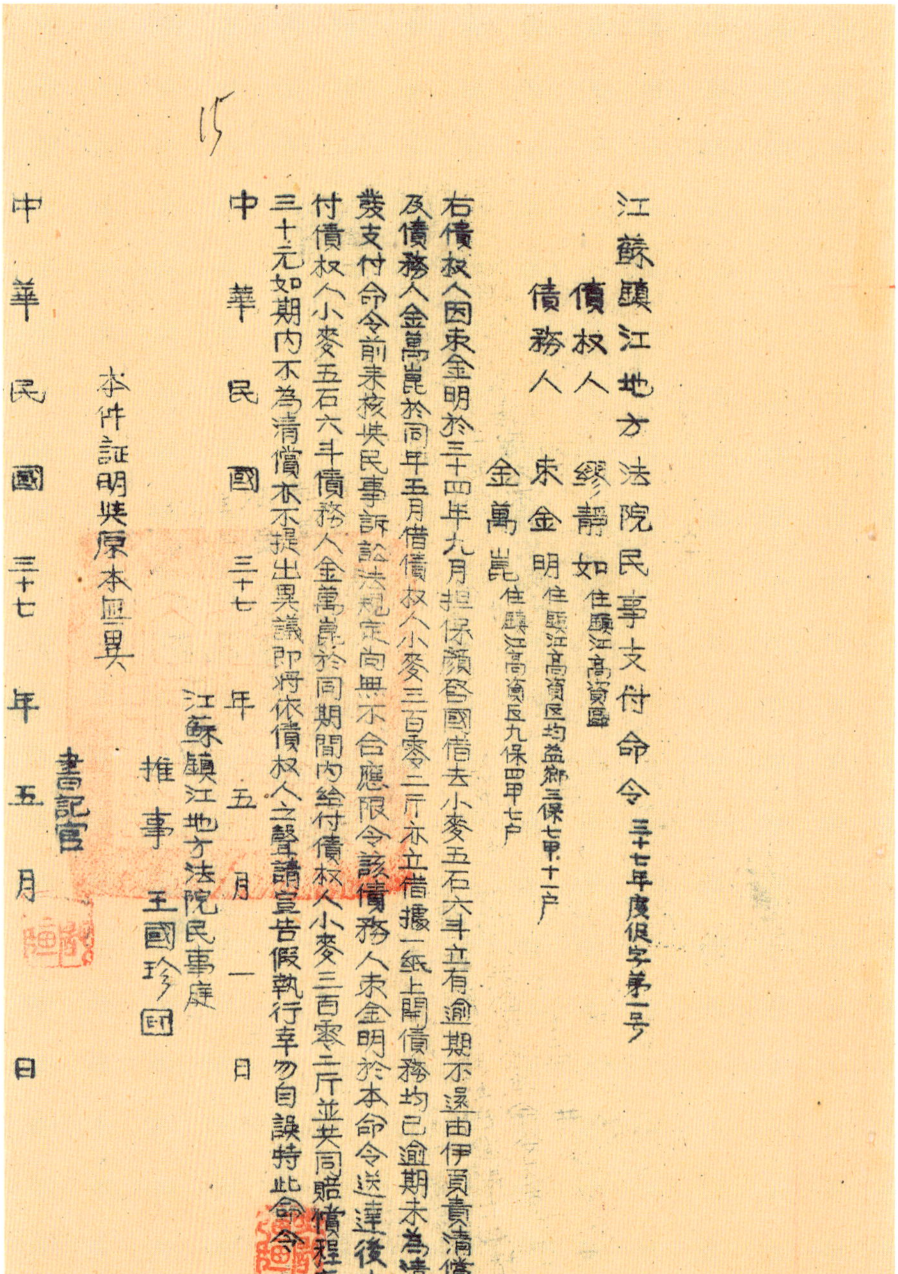
15

江蘇鎮江地方法院民事支付命令 三十七年度促字第一号

債权人 缪静如 住鎮江高資鎮

債務人 朱金明 住鎮江高資區均益鄉三保七甲十二户

金萬崑 住鎮江高資區九保四甲七户

右債权人因朱金明於三十四年九月担保顏啓國借去小麥五石六斗立有逾期不還由伊負責清償之保証書及債務人金萬崑於同年五月借債权人小麥三百零二斤亦立借據一紙上開債務均已逾期未為清償狀請填發支付命令前來核與民事訴訟法規定尚無不合應限令該債務人朱金明於本命令送達後十五日內給付債权人小麥五石六斗債務人金萬崑於同期間內給付債权人小麥三百零二斤並共同賠償程序費用一百三十元如期內不為清償亦不提出異議即將依債权人之聲請宣告假執行幸勿自誤特此命令

中華民國三十七年五月一日

江蘇鎮江地方法院民事庭

推事 王國珍

本件証明與原本無異

書記官

中華民國三十七年五月 日

图10

镇江地方法院民事支付命令（1948年）（档案号：A020-1948-002-0514-0001）

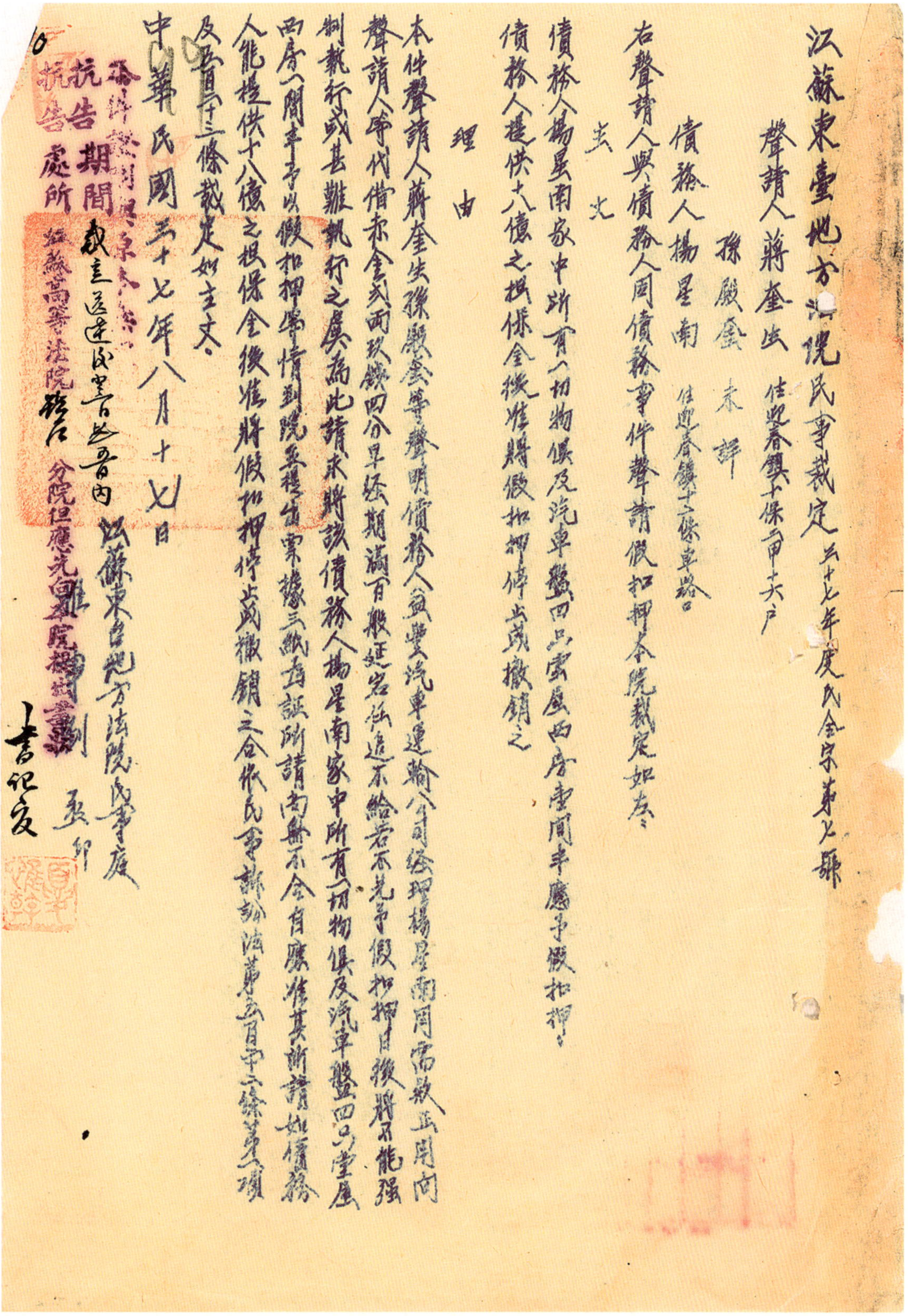

江蘇東臺地方法院民事裁定 三十七年度民全字第七號

聲請人 蔣奎生 住興春鎮十保甲十六戶

孫殿鑫 未詳

債務人 楊星南 住興春鎮十六保卑路口

右聲請人與債務人因債務事件聲請假扣押本院裁定如左

主文

債務人楊星南家中所有一切物件及汽車盤四只雲屋西房壹間准予假扣押

債務人提供十八億之担保金後准將假扣押停止或撤銷之

理由

本件聲請人蔣奎生孫殿鑫等聲明債務人盛豐汽車運輸公司經理楊星南因需款周向聲請人等代借赤金式兩玖錢四分早經期滿百般延宕延不給若不先予假扣押日後將不能強制執行或甚難執行之虞為此請求將該債務人楊星南家中所有一切物件及汽車盤四只堂屋西房一間准予以假扣押等情到院並提出票據三紙為證所請尚無不合自應准其所請如債務人能提供十八億之担保金後准將假扣押停止或撤銷之合依民事訴訟法第五百二十三條第一項及五百二十三條裁定如主文

中華民國三十七年八月十七日

江蘇東台地方法院民事庭

图11

东台地方法院民事裁定（保全）（1948年）

（档案号：A020-1948-002-0429-0089）

24

江蘇省各縣市房屋救濟辦法

第一條 江蘇省政府(以下簡稱本府)為實施房屋救濟,促進市政建設起見,特制定本辦法

第二條 各縣(市)辦理房屋救濟除法令別有規定外,悉依本辦法之規定

第三條 各縣(市)政府對於城區房屋得為左列各款之命令

一、檢視空餘房屋適於居住者,得令房主限期出租

二、房主自住房屋超過其實際需要者,得令其將餘屋出租

三、現供居住之房屋,得禁止其改作他用

四、被破壞之房屋尚可復修者,得令房主限期修復出租,如房主缺少修理費,可向中國農民銀行聲請貸款

第四條 房屋出租於民國二十六年以前,原租金可資查考者,營業用房屋租金以不超過原租金二百六十倍,居住用房屋租金以不超過原租金二百八十倍為準。房屋出租於民國二十六年以前原租金無可查考或建築於民國二十六年以後者,其租金由縣市政府調查比照規定之

第五條 標準租金額,經核定施行六個月後,如該地經濟情況顯有變動,得由縣市政府酌予增加,並呈報本府備案

前項增加數額不得超過原定數額百分之三十

第六條 租金數額超過標準租金額者,無論有無約定,出租人不得請求給付,其不及標準租金額者,仍照原約定支付,出租人不得用任何名

图12

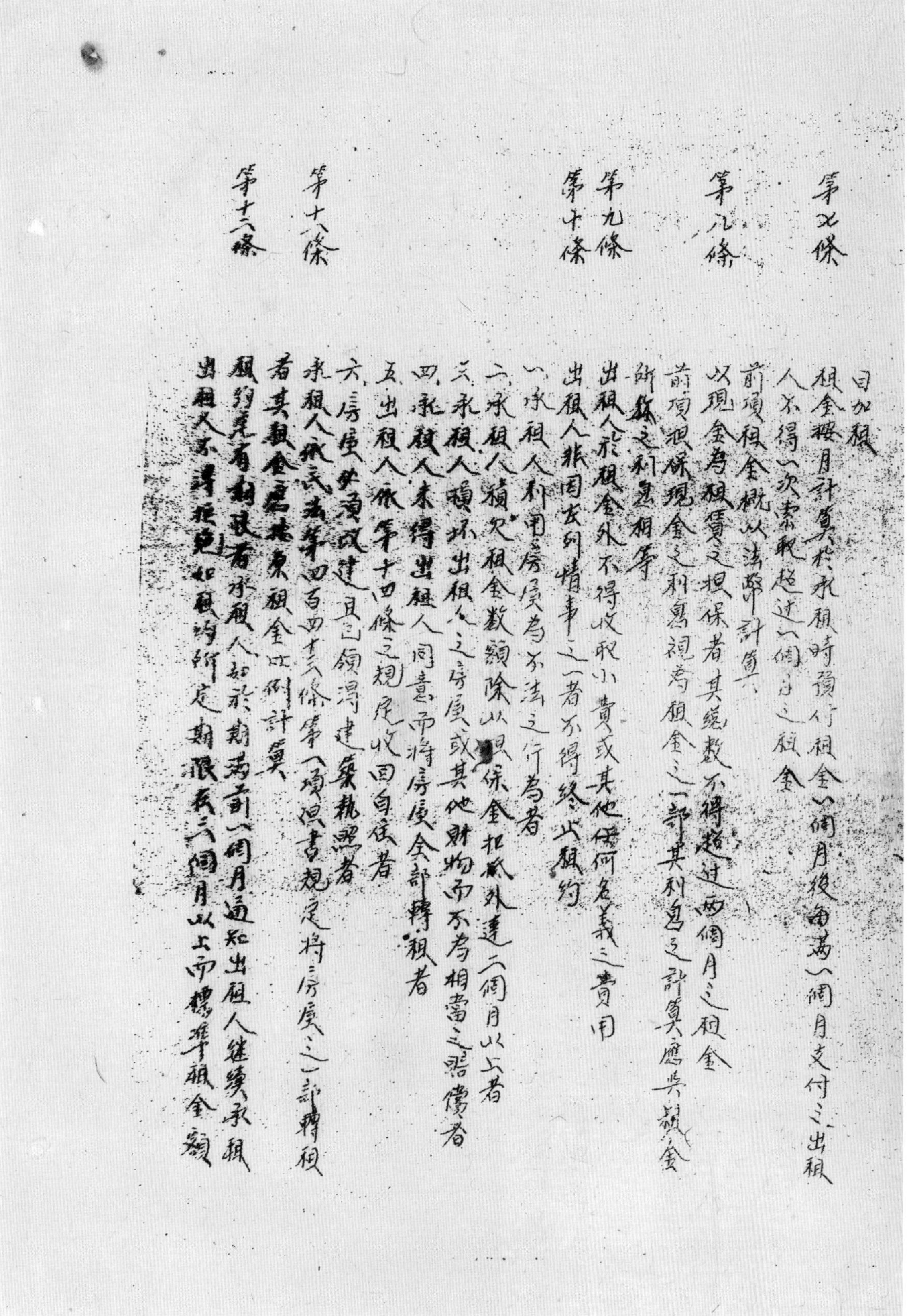

日加租

第七條 租金按月計算，於承租時預付租金一個月，後每滿一個月支付之。出租人不得一次索取超過一個月之租金。

第八條 前項租金概以法幣計算。以現金為租賃之担保者，其總數不得超過兩個月之租金。前項担保現金之利息，視為租金之一部，其利息之計算，應與租金所餘之利息相等。

第九條 出租人於租金外不得收取小費或其他任何名義之費用。

第十條 出租人非因左列情事之一者，不得終止租約：
一、承租人利用房屋為不法之行為者
二、承租人積欠租金數額除以担保金抵償外達二個月以上者
三、承租人損壞出租人之房屋或其他財物而不為相當之賠償者
四、承租人未得出租人同意而將房屋全部轉租者
五、出租人依第十四條之規定收回自住者
六、房屋必須改建且已領得建築執照者

第十一條 承租人依民法第四百四十三條第一項但書規定將房屋之一部轉租者，其租金應按原租金比例計算。

第十二條 租約定有期限者，承租人如於期滿前一個月通知出租人繼續承租，出租人不得拒絕。如租約所定期限在二個月以上而標準租金額

图13

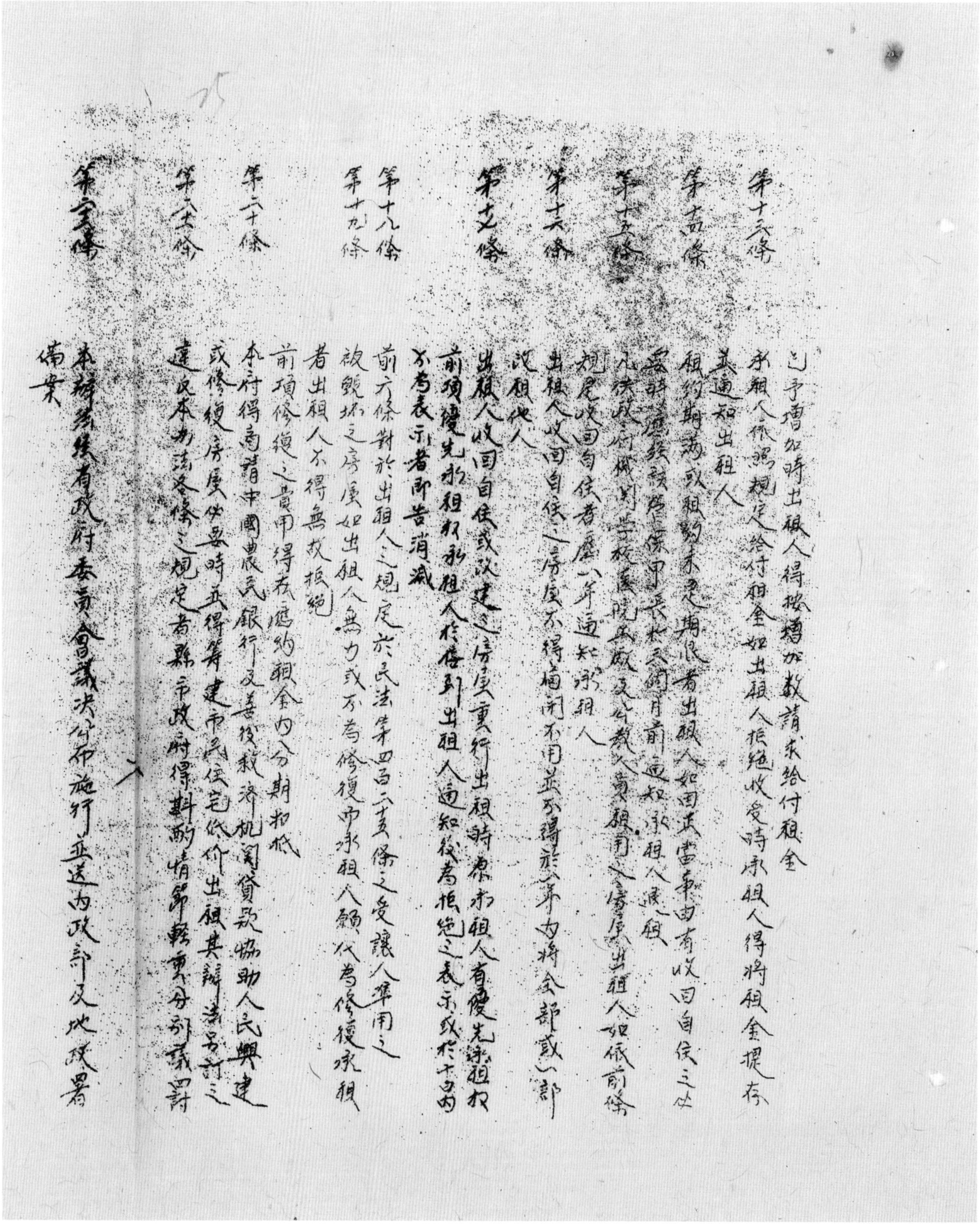

已予增加時出租人得按增加數請求給付租金

第十三條 承租人依照規定給付租金如出租人拒絕收受時承租人得將租金提存並通知出租人

第十四條 租約期滿或租約未定期限者出租人如因正當事由有收回自住之必要時應經該管保甲長於一個月前通知承租人退租

第十五條 凡依政府機關學校醫院工廠及公教人員租用之房屋出租人如依前條規定收回自住者應一年通知承租人

第十六條 出租人收回自住之房屋不得擱置不用並不得於一年內將全部或一部讓租他人

第十七條 出租人收回自住或改建之房屋重行出租時原承租人有優先承租權
前項優先承租權承租人於接到出租人通知後為拒絕之表示或於十日內不為表示者即告消滅

第十八條 前六條對於出租人之規定於民法第四百二十五條之受讓人準用之

第十九條 被毀壞之房屋如出租人無力或不為修復而承租人願代為修復承租者出租人不得無故拒絕
前項修復之費用得在應納租金內分期扣抵

第二十條 本府得商請中國農民銀行及善後救濟機關貸款協助人民興建或修復房屋必要時並得籌建市民住宅低價出租其辦法另訂之

第二十一條 違反本辦法各條之規定者縣市政府得斟酌情節輕重分別議罰

第二十二條 本辦法經省政府委員會議決公布施行並送內政部及地政署備案

图14

图12—14，江苏省各县市房屋救济办法（1946年）（档案号：A019-1946-001-0302-0023）

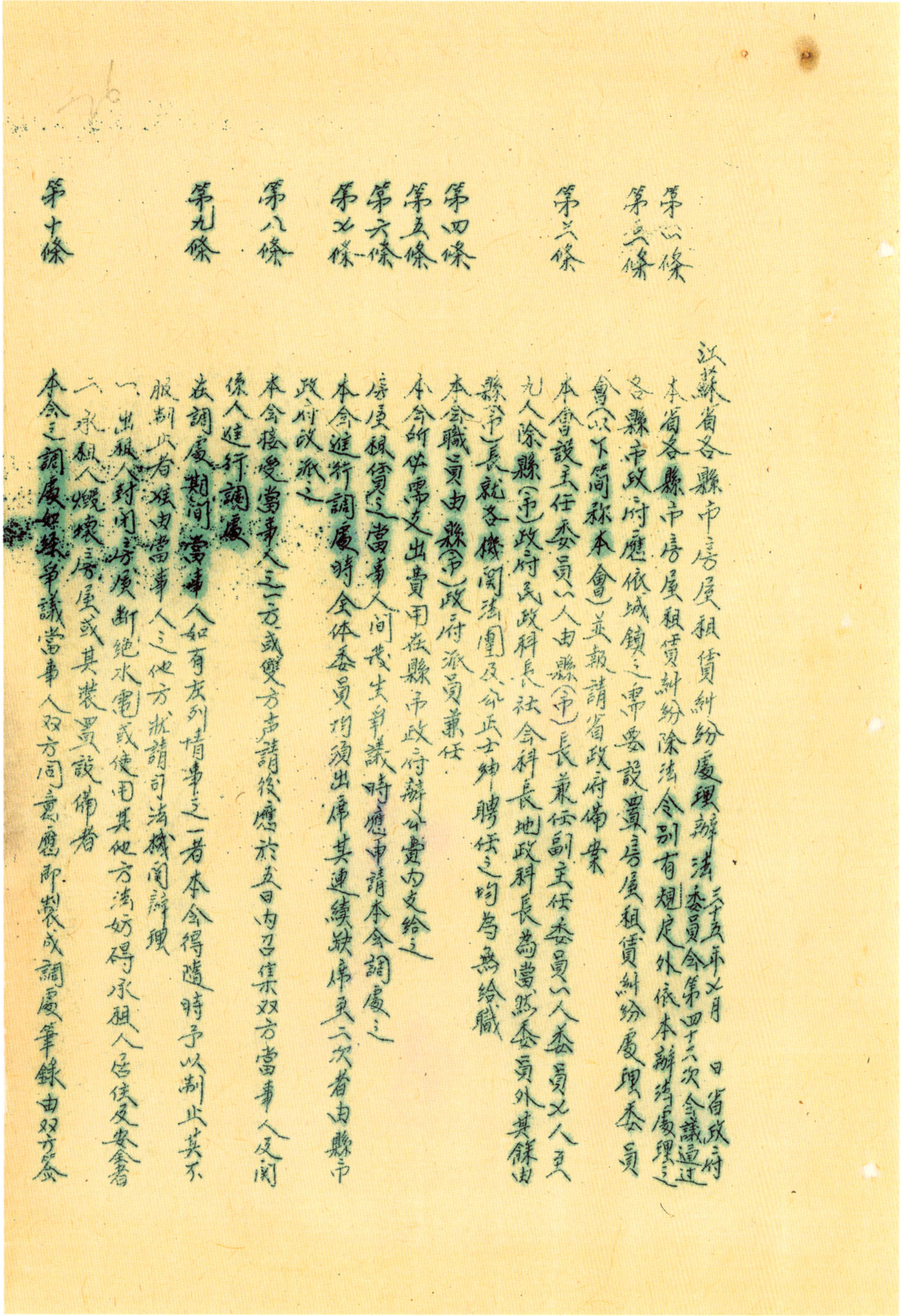

江蘇省各縣市房屋租賃糾紛處理辦法 三十五年七月 日省政府委員會第四十六次會議通過

第一條 本省各縣市房屋租賃糾紛除法令別有規定外依本辦法處理之

第二條 各縣市政府應依城鎮之需要設置房屋租賃糾紛處理委員會（以下簡稱本會）並報請省政府備案

第三條 本會設主任委員一人由縣（市）長兼任副主任委員一人委員七人至九人除縣（市）政府民政科長社會科長地政科長為當然委員外其餘由縣（市）長就各機關法團及公正士紳聘任之均為無給職

第四條 本會職員由縣（市）政府派員兼任

第五條 本會所必需支出費用在縣市政府辦公費內支給之

第六條 房屋租賃之當事人間發生爭議時應申請本會調處之

第七條 本會進行調處時全體委員均須出席其連續缺席至二次者由縣市政府改派之

第八條 本會接受當事人之一方或雙方聲請後應於五日內召集雙方當事人及關係人進行調處

第九條 在調處期間當事人如有左列情事之一者本會得隨時予以制止其不服制止者得由當事人之他方報請司法機關辦理

一、出租人封閉房屋斷絕水電或使用其他方法妨碍承租人居住及安寧者

二、承租人毁壞房屋或其裝置設備者

第十條 本會之調處如經雙方當事人同意應即製成調處筆錄由雙方簽

图15

第十條　簽具並或捺指紋即生拘束效力任何一方不得再提出變更筆錄之要求
前項筆錄應送達爭議當事人並報該管縣市政府備案

第十一條　爭議當事人之一方或雙方如拒不到會或不同意本會之調處時本會應
於三日內通知爭議當事人逕請司法機關審理並由本會加具意見將
原案移送司法機關以供參考

第十二條　本會調處時不得向爭議當事人及關係人收取任何費用違者以貪污
論處

第十三條　本辦法經省政府委員會議決公布施行

图16

图15—16，江苏省各县市房屋租赁纠纷处理办法（1946年）（档案号：A019-1946-001-0302-0023）

上编

第一章

警察诉讼文书

1901年清政府发布上谕:“各省制兵防勇积弊太深,着将原有各营严行裁汰,精选若干,分为常备、续备、巡警等军,认真训练,仍随时严加考校。”[①] 在此前后,湖南、直隶、山东、广东等地纷纷模仿西方国家创设警察机构,近代中国的警察制度由此发端。镇江作为沿江的重要开埠城市,“五方杂处,良莠不齐,虽保甲局棋布星罗,而盗案仍复层见叠出,非举行警察不足以缉奸宄而靖闾阎”[②],故于1904年开办警察局。辛亥革命后,镇江警察局先后更名为丹徒县警察总所、镇江商埠警察厅、丹徒县警察事务所、镇江商埠警察局、丹徒县警察局等。1927年成立镇江县公安局,两年后“苏省政府迁镇,镇江县公安局决定改组为苏省会公安局”[③]。据1936年的统计,江苏省会公安局的职责主要包括保安、整饬风纪、交涉、交通、户籍、营业建筑之取缔、公共卫生、消防、捕缉、侦查、违警处分等事项,其下辖警察队、政治警察队、消防队、侦缉队、车巡队、水巡队及军乐队等,共设5个分局。[④] 抗日战争胜利后,江苏省会警察局恢复成立,“下辖5个分局、19个分驻所、保安警察大队及水警、消防、刑警、车巡、清洁、军乐等6队,全部员警最多达2000余人”[⑤]。1949年4月,江苏省会警察局被人民解放军接管,近代镇江的警察机构自此退出历史舞台。

1902年变法修律后,中国向西方大陆法系国家学习,在刑事诉讼中“主要奉行国家弹劾主义,检察官代表国家行使犯罪侦查权和起诉权”[⑥],进而言之,检察官指挥或命令警察展开刑事侦查,前者居于主要支配地位,后者则处于次要辅助地位。清末的《各级审判厅试办章程》《法院编制法》《刑事诉讼律(草案)》等法律法规均对此进行了规定,民国时期的立法又在此基础上进行了细化完善。1928年南京国民政府颁行的《刑事诉讼法》规定县长、公安局长、宪兵队长官“于其管辖区域内为司法警察官,有侦查犯罪之职权,与检察官同,但于查获犯罪嫌疑人后除有必要情形外,应于三日内移

---

① 转引自韩延龙主编《中国近代警察制度》,中国人民公安大学出版社,1993年,第49页。

② 《筹兴警察》,《申报》1903年9月30日第9版。

③ 《苏省会公安局组织条例》,《申报》1929年2月21日第11版。

④ 参见贾子彝编《江苏省会辑要》,镇江江南印书馆,1936年,第28页。

⑤ 镇江市地方志编纂委员会编《镇江市志》(上册),上海社会科学院出版社,1993年,第401页。

⑥ 张福坤:《我国侦查权力配置格局的历史考察及其启示》,《黑龙江省政法管理干部学院学报》2021年第6期,第116页。

送该管检察官侦查”，“警察官长、宪兵官长军士、依法令规定关于税务、铁路、邮务、电报、森林及其他特别事项有侦查犯罪之权者……为司法警察官，应听检察官之指挥侦查犯罪”，警察、宪兵“为司法警察，应受检察官及司法警察官之命令侦查犯罪”。[①]为了保障检察官在刑事侦查中对司法警察的指挥命令权，1945年南京国民政府出台了《调度司法警察条例》，明确规定“检察官因侦察犯罪，有指挥司法警察官，命令司法警察之权”[②]。由上述规定可见，近代中国刑事侦查制度设计以检察官为核心，警察在检察官的指挥或命令下，以“司法警察”的名义参与刑事侦查，其具体任务有二：一是开展讯问、勘验、通缉等具体的侦查活动；二是将案件移送检察官继续侦查。

镇江市档案馆所藏的“民国镇江县警察局档案”（全宗号：A009），共计447卷，时间范围为1928年至1949年。其中警察参与刑事侦查而形成的诉讼文书，集中于抗战胜利后的时段，主要反映了江苏省会警察局办理普通刑事案件和特种刑事案件的情况。本章选取的警察文书可分为如下两类：

第一类是侦查类文书，主要包括通缉令、侦查报告、讯问笔录、搜查证、搜查记录、讯问记录等档案史料，其对应的刑事案件既包括烟毒等常见案件，也包括敌伪等重大案件。其中，《江苏省会警察局侦缉队侦查报告及讯问记录》显示，曾在日本侵华期间担任镇江警备队队长、特高科科长的桥本雷吉，“有残杀我国人民罪行”[③]，在抗战胜利后隐藏乡间躲避审判，终被江苏省会警察局侦缉队捕获。

第二类是移送类文书，主要包括刑事案件移送书、移送刑事案件报告书、解案单等档案史料，其在一定程度上反映出刑事案件侦查过程中警察与检察官的关系。例如，《江苏省会警察局第五分局移送刑事案件报告书》明确记载“本案业于三五年三月二十九日依照上开各项填具移送书，移送镇江地方法院检察处侦查”[④]，反映出刑事案件的侦查一如刑事诉讼法的规定，由检察官掌控和主导。

---

① 《刑事诉讼法》，《广东民政公报》第13期，1928年，第44—45页。

② 《调度司法警察条例》，《行政院公报》第8卷第5号，1945年，第11页。

③ 《江苏省会警察局侦缉队侦查报告及讯问记录》，镇江市档案馆藏，档案号：A009-1945-001-0125-0018。

④ 《江苏省会警察局第五分局移送刑事案件报告书》，镇江市档案馆藏，档案号：A009-1946-001-0286-0002。

一、侦查类文书

1. 江苏省会警察局通缉令（巫大邦等抢劫案）（1945年）（档案号：A009-1945-001-0152-0015）

下图为江苏省会警察局在侦查一起抢劫案时发出的通缉令。被通缉人：巫大邦，男，23岁，住址为镇江县第二区唐王乡官家桥。巫大邦与同伙共计3人于1945年12月9日下午5时在大西路凤祥银楼实施抢劫，共抢去金镯1只、金戒指3只、宝石金镶戒指5只、伪币及法币若干。两名同伙皆被当场捕获，巫大邦在逃，江苏省会警察局遂于1945年12月27日发出通缉令，对巫大邦进行通缉。

图1-1-1

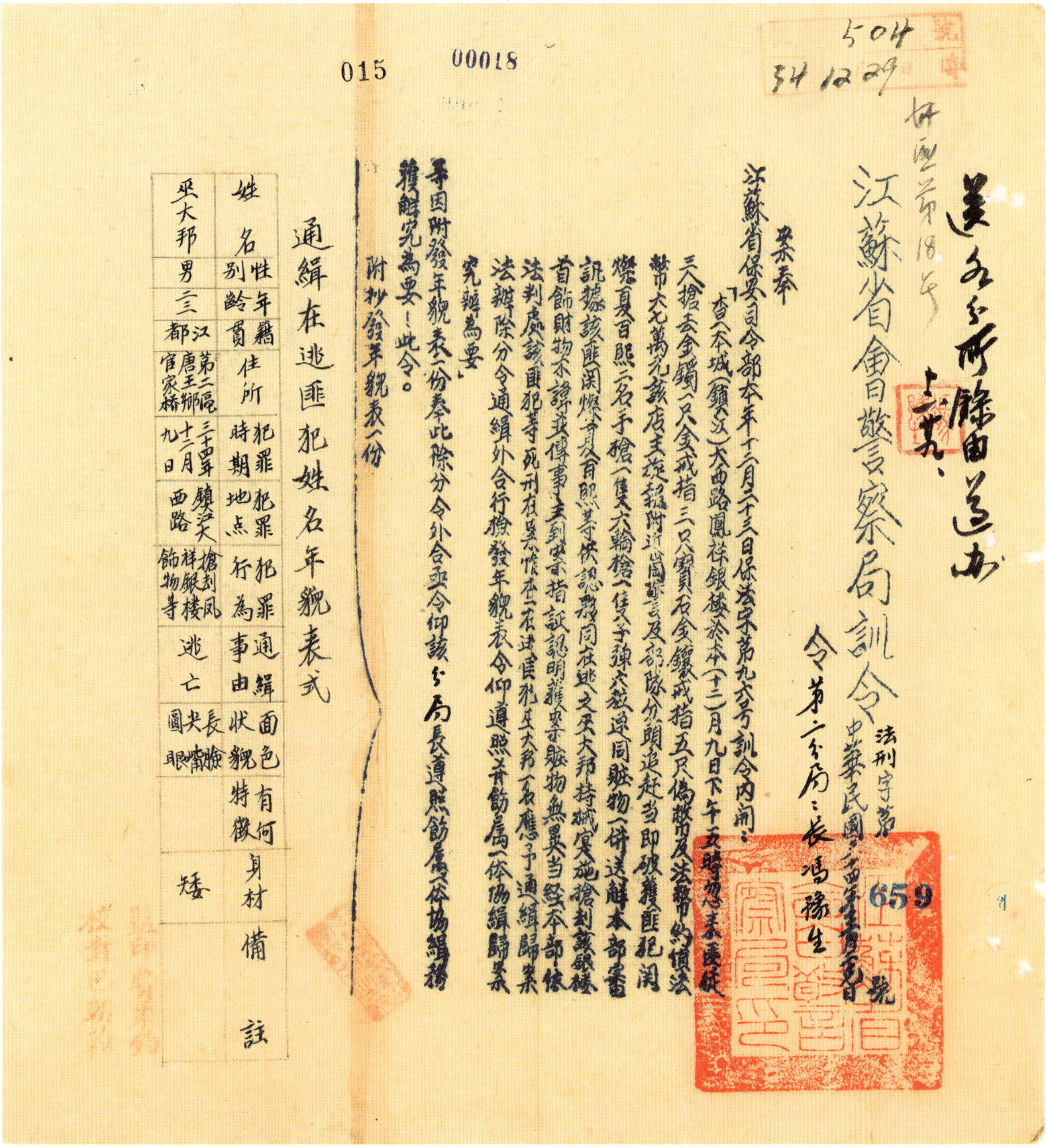

江蘇省會警察局訓令　法刑字第　號

中華民國三十四年十二月　日

令第二分局局長馮豫生

案奉

江蘇省保安司令部本年十二月二十三日保法字第九六号訓令内開：「查本城（鎮江）大西路鳳祥銀楼於本（十二）月九日下午五時許突來匪徒三人搶去金鐲一只金戒指三只寶石金鑲戒指五只偽幣及法幣約值法幣十九萬元該店主旋報附近崗警及部隊分頭追赶当即破獲匪犯閔燮夏百熙二名手槍（德式六輪槍）一支子彈六粒連同贓物一併送解本部審訊據該匪閔燮夏百熙等供認夥同在逃之巫大邦持械實施搶劫鳳祥銀楼首飾財物不諱並傳事主到案指証認明獲案贓物無異当經本部依法判處該匪犯等死刑在案惟本案正犯巫大邦一名應予通緝歸案法辦除分令通緝外合行檢發年貌表令仰遵照并飭属一体協緝歸案究辦為要」等因附發年貌表一份奉此除分令外合亟令仰該分局長遵照飭属一体協緝務獲解究為要！此令。

附抄發年貌表一份

通緝在逃匪犯姓名年貌表式

姓名	性别	年龄	籍貫	住所	犯罪時期	犯罪地点	犯罪行為	通緝事由	面色狀貌	有何特徵	身材	備註
巫大邦	男	二三	江都	第二區唐王鄉官家橋	三十四年十二月九日	鎮江大西路	搶劫鳳祥銀楼飾物等	逃亡	長臉尖嘴圓眼		矮	

2. 江苏省会警察局通缉令（邹瑞岫脱逃案）（1946年）（档案号：A009-1945-001-0152-0015）

被通缉人邹瑞岫，男，32岁，山东人，因涉嫌汉奸罪被捕，由江宁县常备大队第一中队第一分队关押。邹瑞岫于1945年10月17日凌晨4时逃匿，按照江苏省保安司令部的训令，江苏省会警察局向该局第二分局发出邹瑞岫的通缉令。

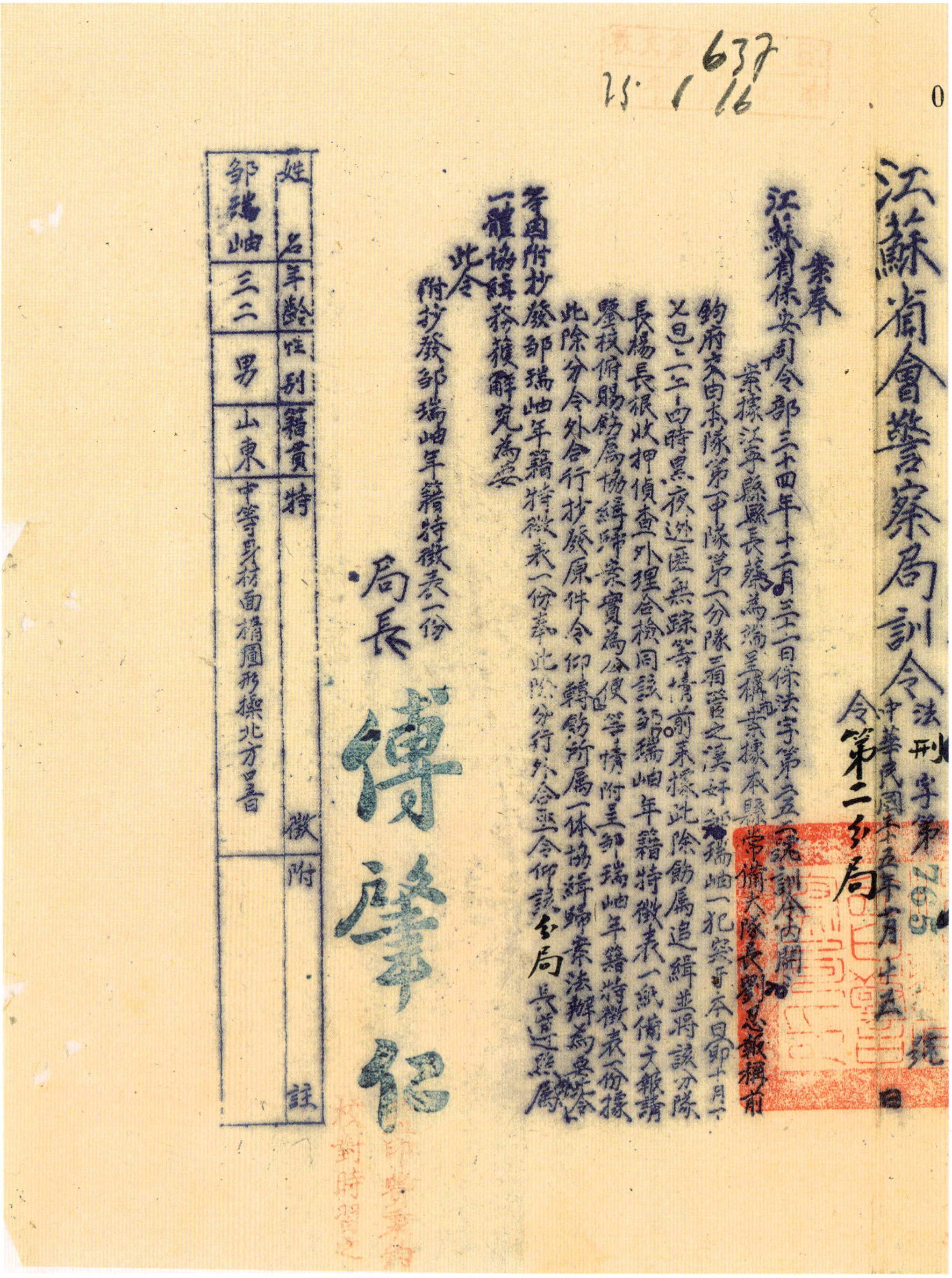

江蘇省會警察局訓令 法刑字第765號
中華民國三十五年一月十五日
令第二分局
案奉
江蘇省保安司令部三十四年十二月三十一日保法字第三五〇六號訓令內開：案據江寧縣縣長蕭爲端呈稱：案據本縣常備大隊長劉忍飯稱：前
鈞府文由本隊第一中隊第一分隊看管之漢奸鄒瑞岫一犯，突于本月即十月十七日上午四時黑夜逃匿無踪等情，前來。據此，除飭屬追緝並將該分隊長楊長根收押偵查外，理合檢同該鄒瑞岫年籍特徵表一紙備文報請
鑒核，俯賜飭屬協緝歸案實爲公便等情，附呈鄒瑞岫年籍特徵表一份。據此，除分令外，合行抄發原件，令仰轉飭所屬一体協緝歸案法辦爲要。此令。等因，附抄發鄒瑞岫年籍特徵表一份。奉此，除分行外，合亟令仰該分局長遵照轉飭所屬一体協緝務獲解究爲要。
此令。
附抄發鄒瑞岫年籍特徵表一份
局長 傅肇紀

姓名	年齡	性別	籍貫	特徵	附註
鄒瑞岫	三二	男	山東	中等身材面稍圓形操北方口音	

图1-1-2

3. 江苏省会警察局侦缉队侦查报告及讯问记录（桥本雷吉敌伪案）（1946年）

（档案号：A009-1945-001-0125-0018）

本组图为1946年江苏省会警察局侦缉队在侦查一桩敌伪案时出具的侦查报告和讯问笔录。被侦讯人：桥本雷吉，日本人，29岁，日本北海道日高县人，曾担任日敌驻镇江警备队特高科科长等职。桥本雷吉压榨乡民、强征费用、刺探情报，日本投降后化装潜逃于镇江县高资乡滕家村。江苏省会警察局侦缉队的侦查报告详细列举了桥本雷吉的罪行，如："宠用女翻译魏秀英，并与该魏秀英有通奸情事""乡民进出车站、上下货物，均须先贿赂女翻译可以任其出入，否则桥本雷吉即将旅客货物充公（以充公为名饱入私囊）并殴打旅客""残杀良民颇多"等。

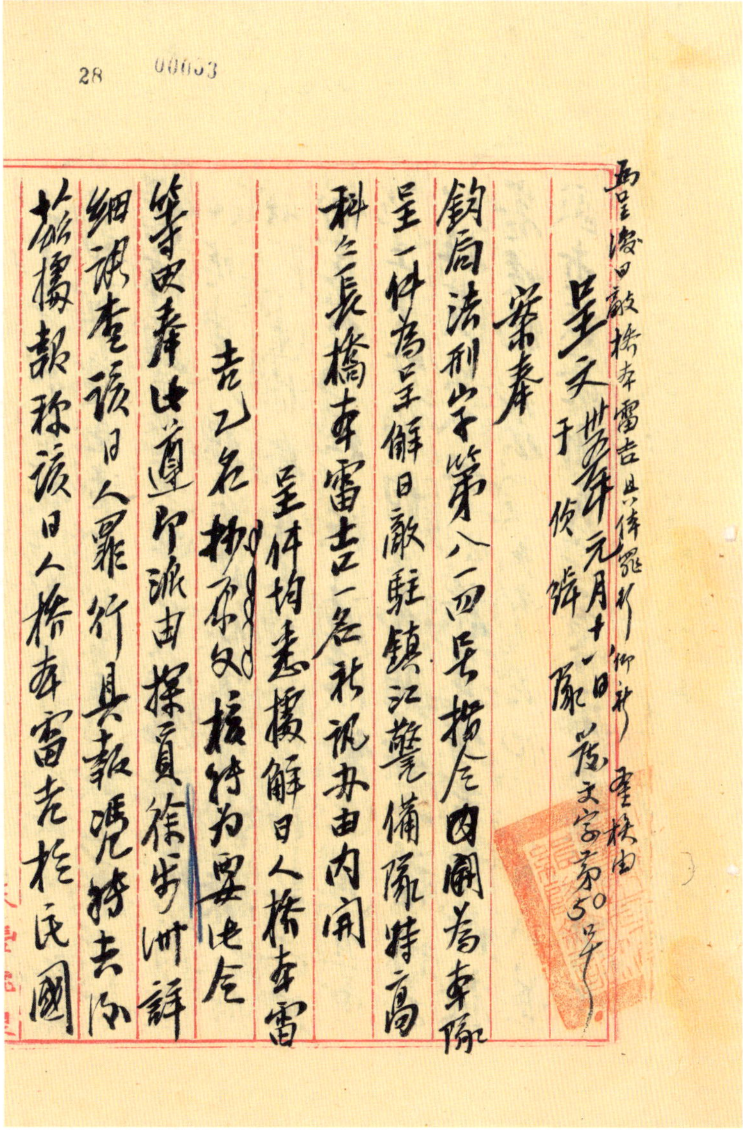
28　00003

呈送海日敌桥本雷吉具体罪行仰祈鉴核由

呈文　卅五年元月十一日　于侦缉队　苏文字第50号

案奉

钧局法刑字第八一四号指令内开为本队呈一件为呈解日敌驻镇江警备队特高科科长桥本雷吉一名祈讯办由内开

呈件均悉。据解日人桥本雷吉乙名，抄原文核转为要。此令

等因奉此，前遵即派由探员徐步洲详细讯查该日人罪行具报凭凭转去后兹据报称该日人桥本雷吉于民国

图1-1-3-1

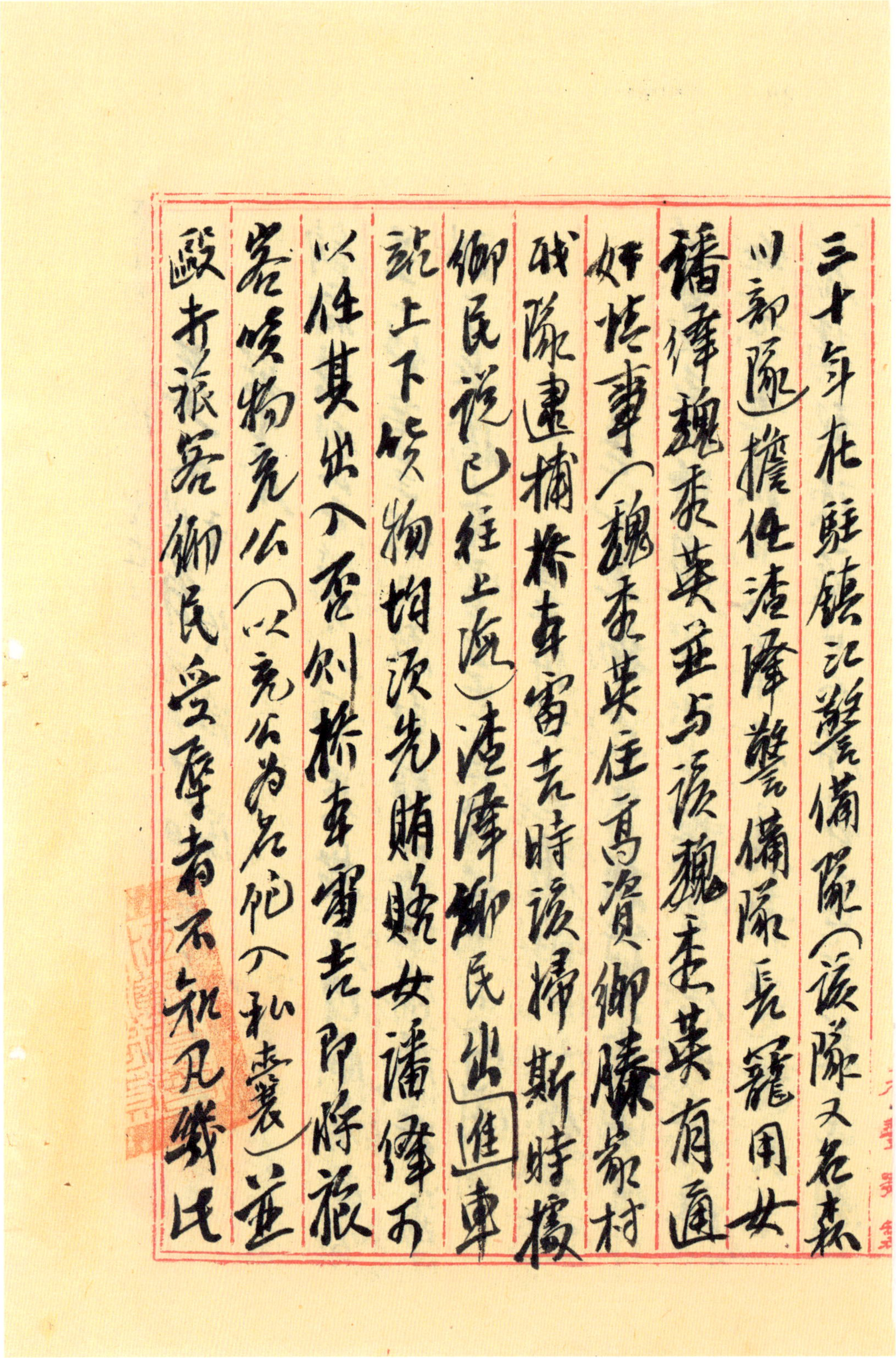

三十年在駐鎮江警備隊（該隊又名森
川部隊）擔任清鄉警備隊長僱用女
潘律魏秀英並與該魏秀英有通
奸情事（魏秀英住高資鄉滕家村
我隊逮捕橋本留吉時該婦斯時據
鄉民說已往上海）清鄉鄉民出進車
站上下貨物均須先賄賂女潘律不
以任其出入否則橋本留吉即將旅
客貨物充公（以充公為名化入私囊）並
毆打旅客鄉民受辱者不知凡幾氏

图1-1-3-2

29　00032

事后人皆知嗣該日人松本雷吉兵役
期滿即在日人所設横山洋行經商
不久又加入警備隊擔任特高科長
專门刺探情報对于中國鎮江四鄉
情形極為熟習尤其因資翻譯下
蜀高資一帶松本雷吉更為熟習
（因其翻譯魏秀英乃高資人）渠即
在警備隊討有收買馬草職務利
用職權壓榨鄉民每畝須繳若干
担並不繳價分文如鄉民係毁一家舉

图1-1-3-3

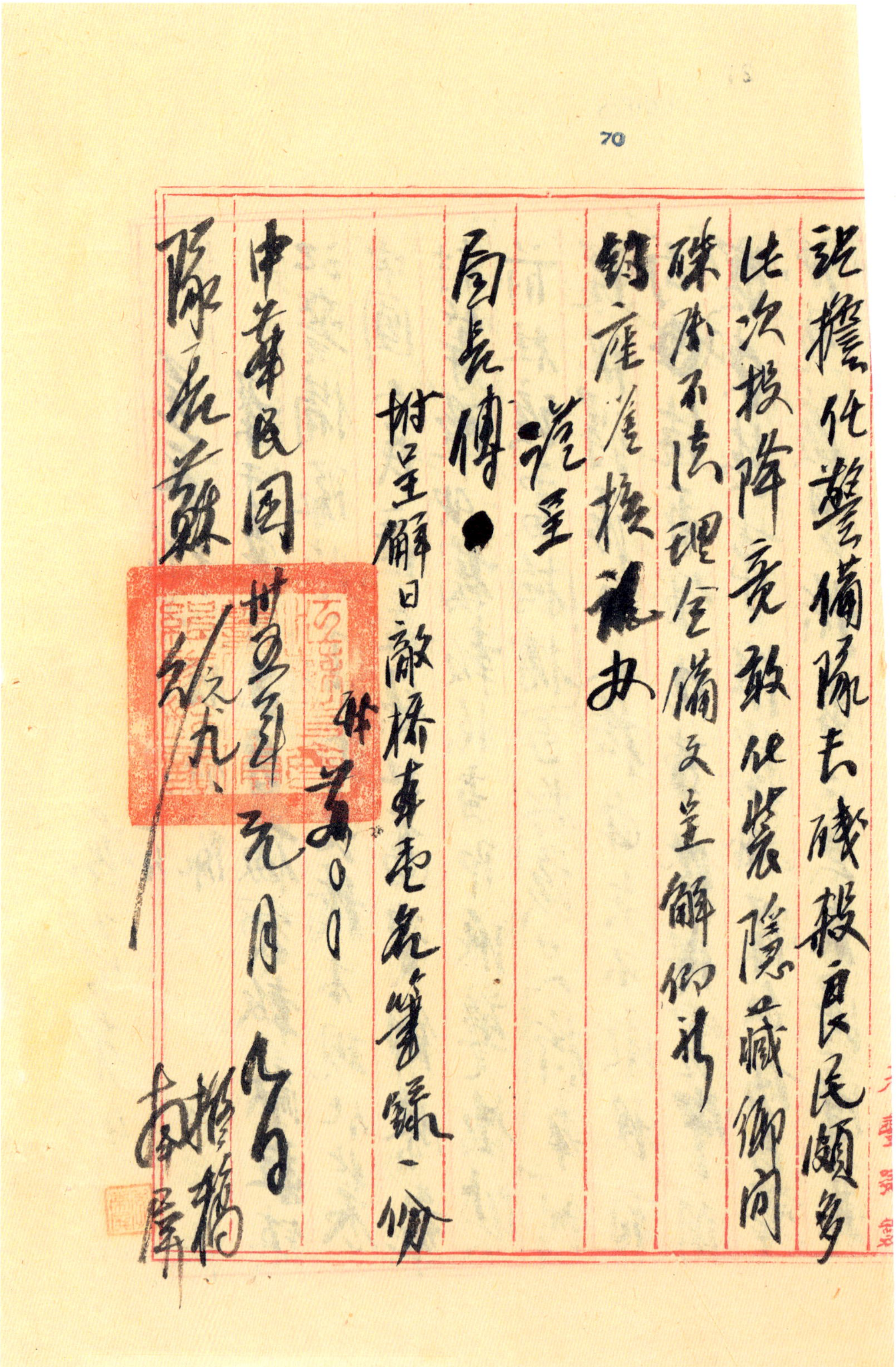
70
諾擾化警備隊去賤殺良民頗多
比次投降竟敢化裝隱藏鄉間
殊屬不法理合備文呈解仰祈
鈞座鑒核施行
謹呈
局長傅
附呈解日敵橋本忠義筆錄一份
附 若○一
中華民國卅五年元月九日
隊長蘇紹文九、

图1-1-3-4

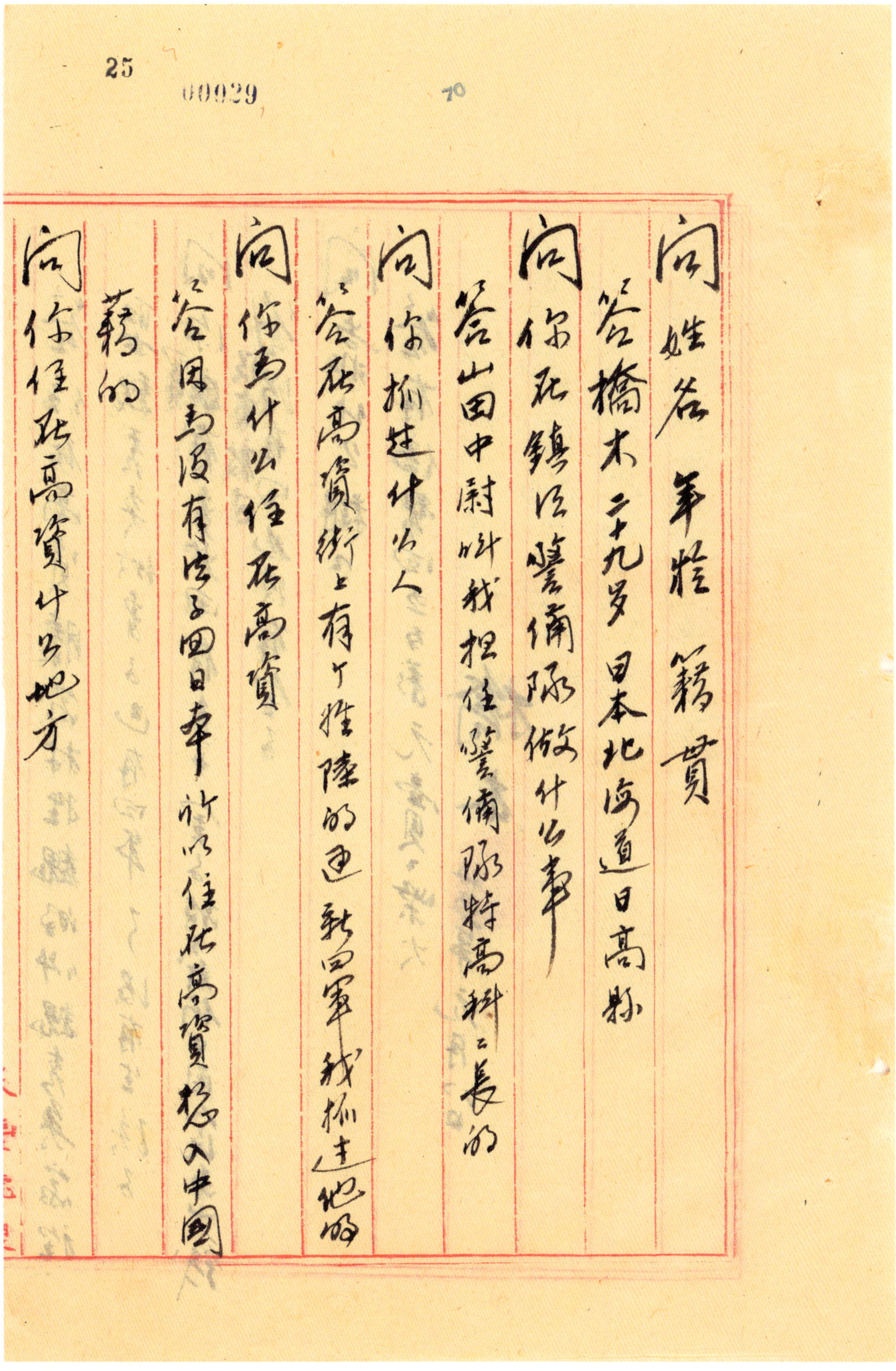
25　00029　70

问　姓名　年龄　籍贯
答　橋木　二十九岁　日本北海道日高縣
问　你在鎮江警備隊做什么事
答　山田中尉叫我担任警備隊特高科科長的
问　你抓过什么人
答　在高資街上有个姓陳的通新四軍我抓过他的
问　你为什么住在高資
答　因为没有法子回日本所以住在高資想入中國籍的
问　你住在高資什么地方

图 1-1-3-5

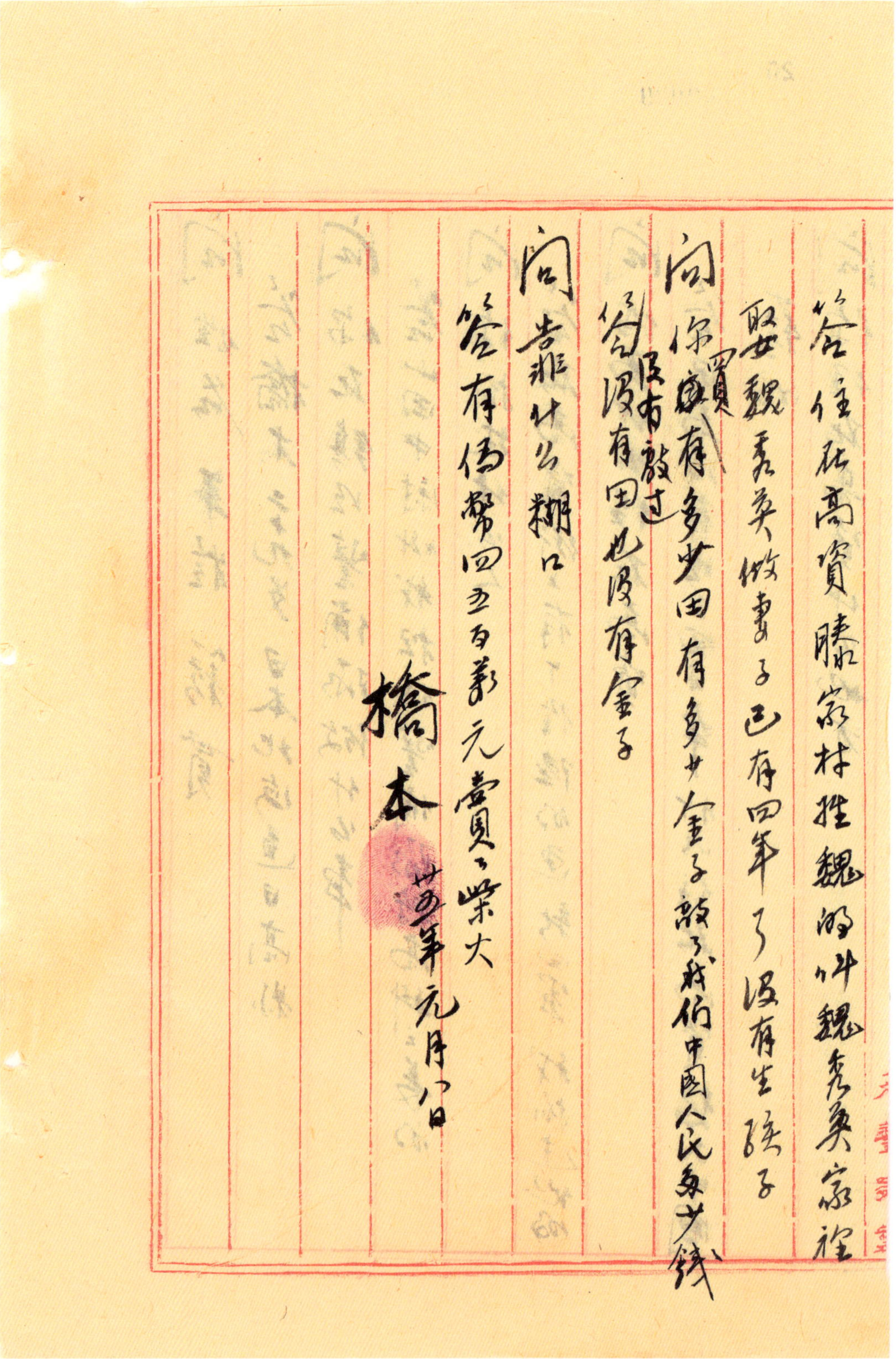
答 住在高資賸家村姓魏的叫魏秀英家裡
娶魏秀英做妻子已有四年了没有生孩子
问 你買有多少田有多少金子敲了我们中国人民多少钱
答 没有田也没有金子 没有敲过
问 靠什么糊口
答 有偽幣四五百萬元賣了柴大
橋本
卅五年元月八日

图1-1-3-6

4. 江苏省会警察局讯问笔录（沈秉德烟毒案）（1947年）（档案号：A009-1947-001-0336-0001）

本组图为江苏省会警察局在侦查一起烟毒案时形成的两份讯问笔录。被讯问人：沈秉德，25岁，镇江人，无业，住所为排湾街1号；沈吴氏，21岁，镇江人，住所为排湾15号。沈秉德为犯罪嫌疑人，沈吴氏为沈秉德之妻。讯问内容包括沈秉德现在是否还在吃大烟、沈秉德及沈吴氏的感情状况、沈吴氏告发沈秉德的原因等。讯问笔录显示，二人的说法互相矛盾。

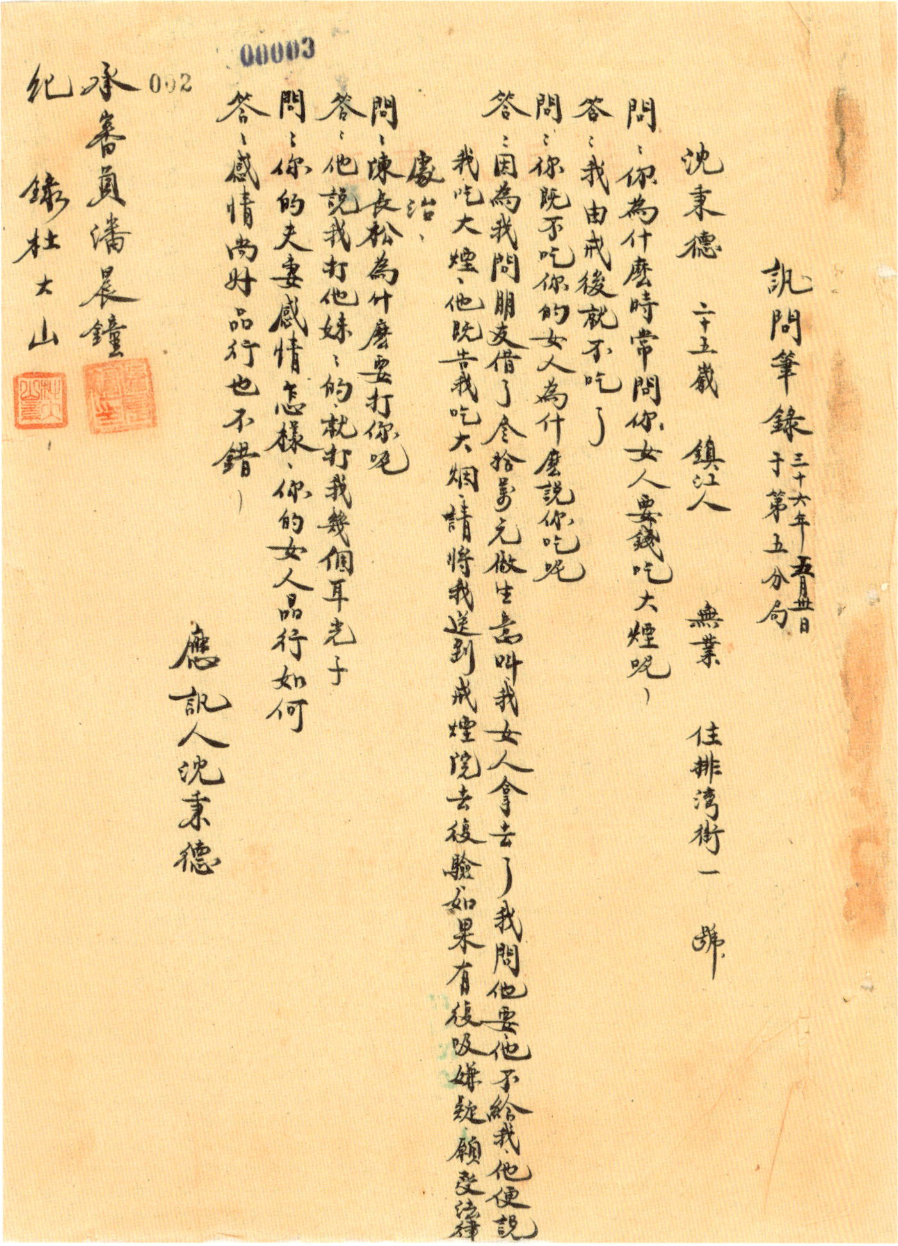
00003
092

訊問筆錄 三十六年五月廿日 于第五分局

沈秉德 二十五歲 鎮江人 無業 住排湾街一號

問：你為什麼時常問你女人要錢吃大煙呢

答：我由戒後就不吃了

問：你既不吃你的女人為什麼說你吃呢

答：因為我問朋友借了叁拾萬元做生意叫我女人拿去了我問他要他不給我他便說我吃大煙，他說告我吃大烟請將我送到戒煙院去複驗如果有吸嫌疑願受法律處治

問：陳長松為什麼要打你呢

答：他說我打他妹妹的，就打我幾個耳光子

問：你的夫妻感情怎樣，你的女人品行如何

答：感情尚好品行也不錯

應訊人沈秉德

承審員潘晨鐘

紀錄杜大山

图1-1-4-1

图1-1-4-2

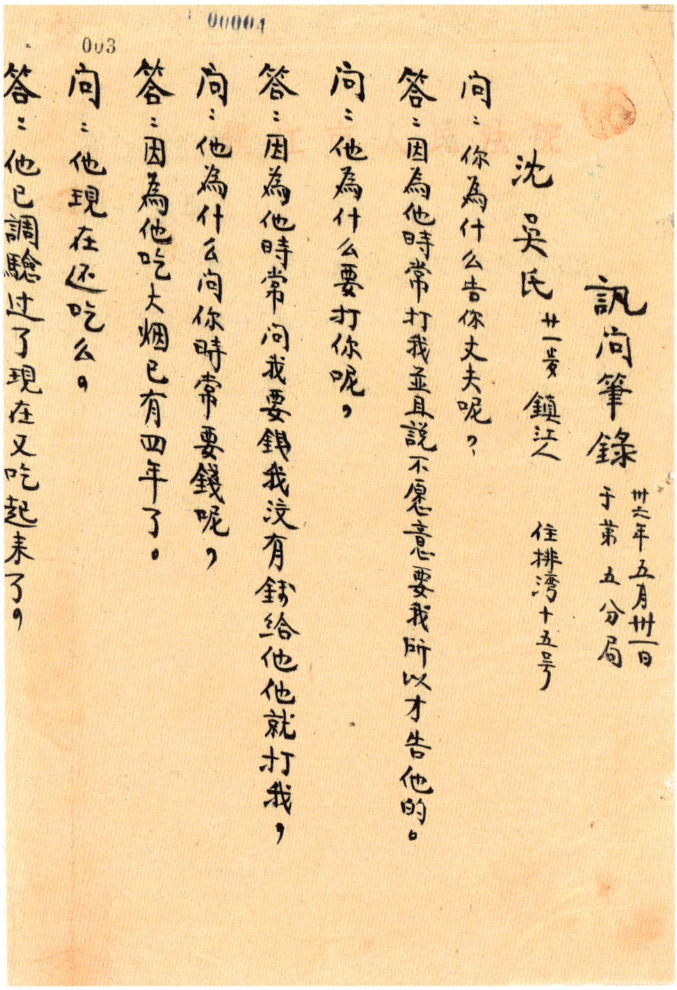
00004
003

訊問筆錄 卅六年五月卅一日 于第五分局

沈吴氏 卅一岁 鎮江人 住排湾十五号

問：你為什么告你丈夫呢？

答：因為他時常打我並且說不愿意要我所以才告他的。

問：他為什么要打你呢，

答：因為他時常问我要錢我沒有錢給他他就打我，

問：他為什么问你時常要錢呢，

答：因為他吃大烟已有四年了。

問：他現在还吃么。

答：他已調驗过了現在又吃起来了。

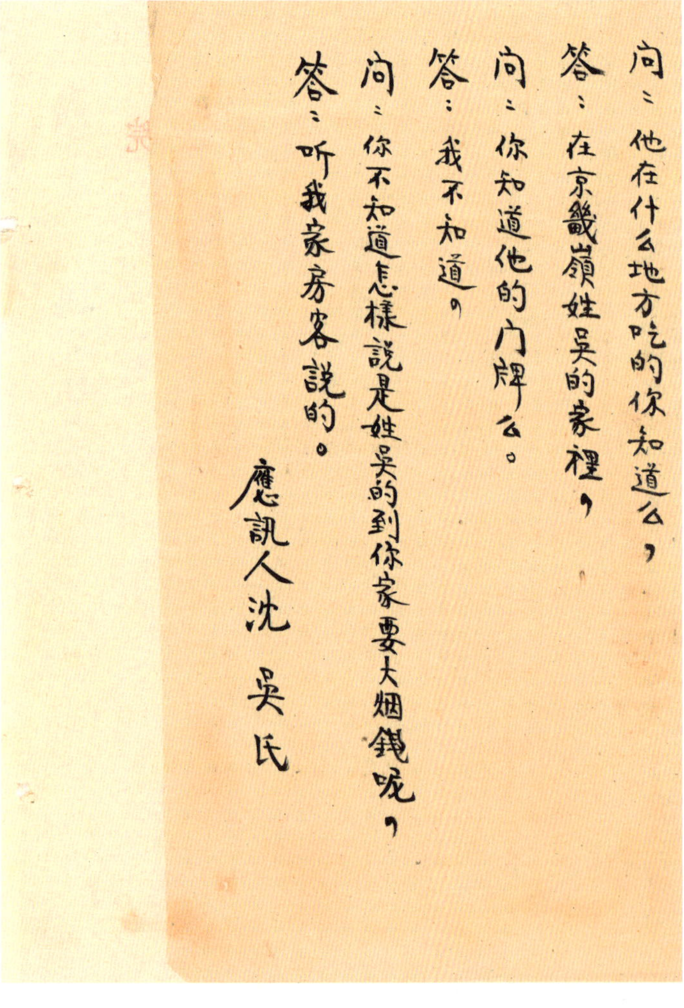
問：他在什么地方吃的你知道么，

答：在京畿嶺姓吴的家裡，

問：你知道他的门牌么。

答：我不知道。

問：你不知道怎樣說是姓吴的到你家要大烟錢呢，

答：听我家房客說的。

應訊人沈吴氏

图1-1-4-3

5. 江苏省会警察局第五分局搜查证、执行搜查人员记录搜查情形回报、搜查记录（周荣良烟毒案）（1947年）（档案号：A009-1946-001-0404-0137）

本组图为江苏省会警察局第五分局在办理一起烟毒案件时的搜查证、执行搜查人员记录搜查情形回报和搜查记录。被搜查人：周荣良；搜查处所：新河大街126号；搜查时间：1947年10月23日12点至13点；搜查结果：从室内长桌上面盆下搜出白粉纸8张，并桌下锡纸1张；执行搜查人员：邢宗华、莫庆常；保甲协助人员：镇长吴礼堂。

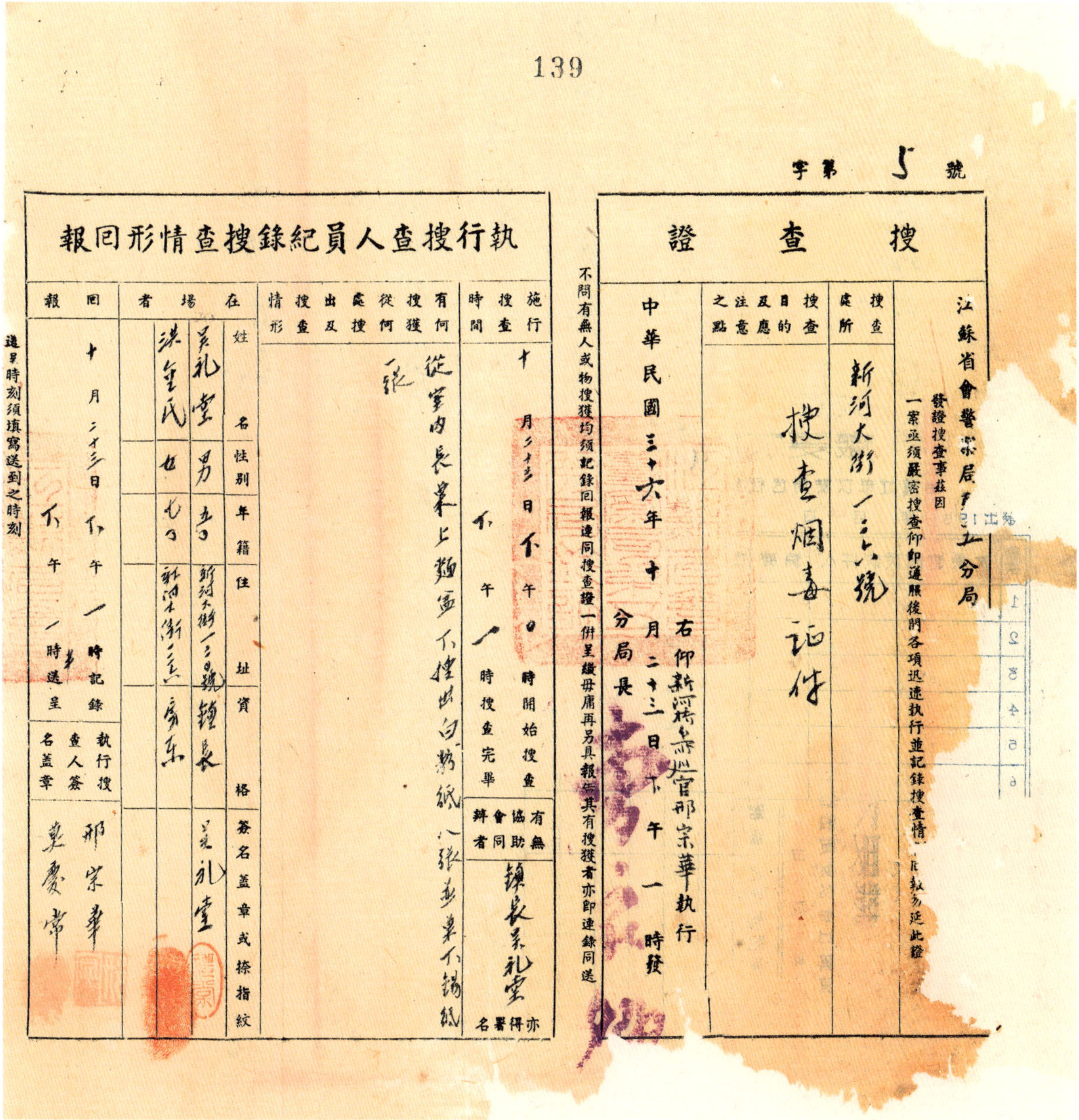
139

字第 5 號

搜查證

江蘇省會警察局第五分局
發證搜查事由因
一案亟須嚴密搜查仰即遵照後開各項迅速執行並記錄搜查情形具報勿延此證

搜查處所：新河大街一二六號
搜查目的及應注意之點：搜查烟毒証件

中華民國三十六年十月二十三日下午一時發
分局長
右仰新河街專警官邢宗華執行

不問有無人或物搜獲均須記錄回報連同搜查證一併呈繳毋庸再另具報其有搜獲者亦即連錄同送

執行搜查人員紀錄搜查情形回報

施行搜查時間：十月二十三日下午一時開始搜查　下午一時搜查完畢
有無協助會同辦者亦得署名：鎮長吳礼堂
有何搜獲從何處搜出及搜查情形：從室內長桌上麵盆下搜出白粉紙八張並桌下錫紙一張

在場者姓名	性別	年齡	籍貫住址	資格	簽名蓋章或捺指紋
吳礼堂	男	48	新河大街一二六號	鎮長	吳礼堂
洪全氏	女	[illegible]	新河大街一二六	房東	

回報：十月二十三日下午一時記錄　下午一時送呈
執行搜查人簽名蓋章：邢宗華　莫慶常

進呈時刻須填寫送到之時刻

图1-1-5-1

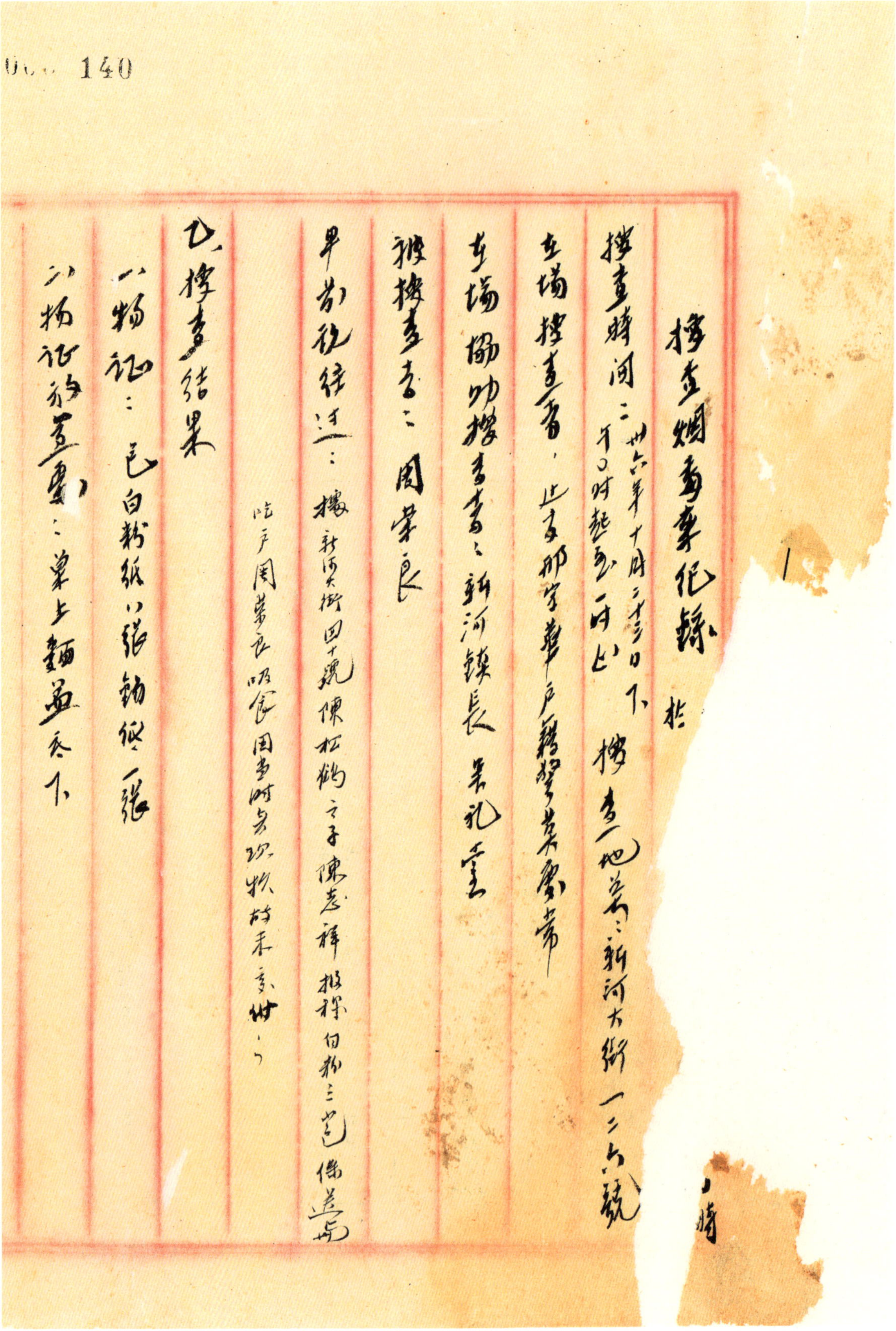
000 140

搜查烟毒案纪录　於　時

搜查時間：卅六年十月二十三日下午〇时起至〇时止　搜查地点：新河大街一二六號

主搜查者：[illegible]户籍警[illegible]

主协助搜查者：新河镇长[illegible]

被搜查者：周荣良

甲、前後经过：据新河大街四十號陈松鹤之子陈志祥报称，伊称三号[illegible]

陆户周荣良吸食，因当时无现赃，故未查获。

乙、搜查结果

一、物证：包白粉纸一张，锡纸一张

二、物证放置处：桌上面盒下

图1-1-5-2

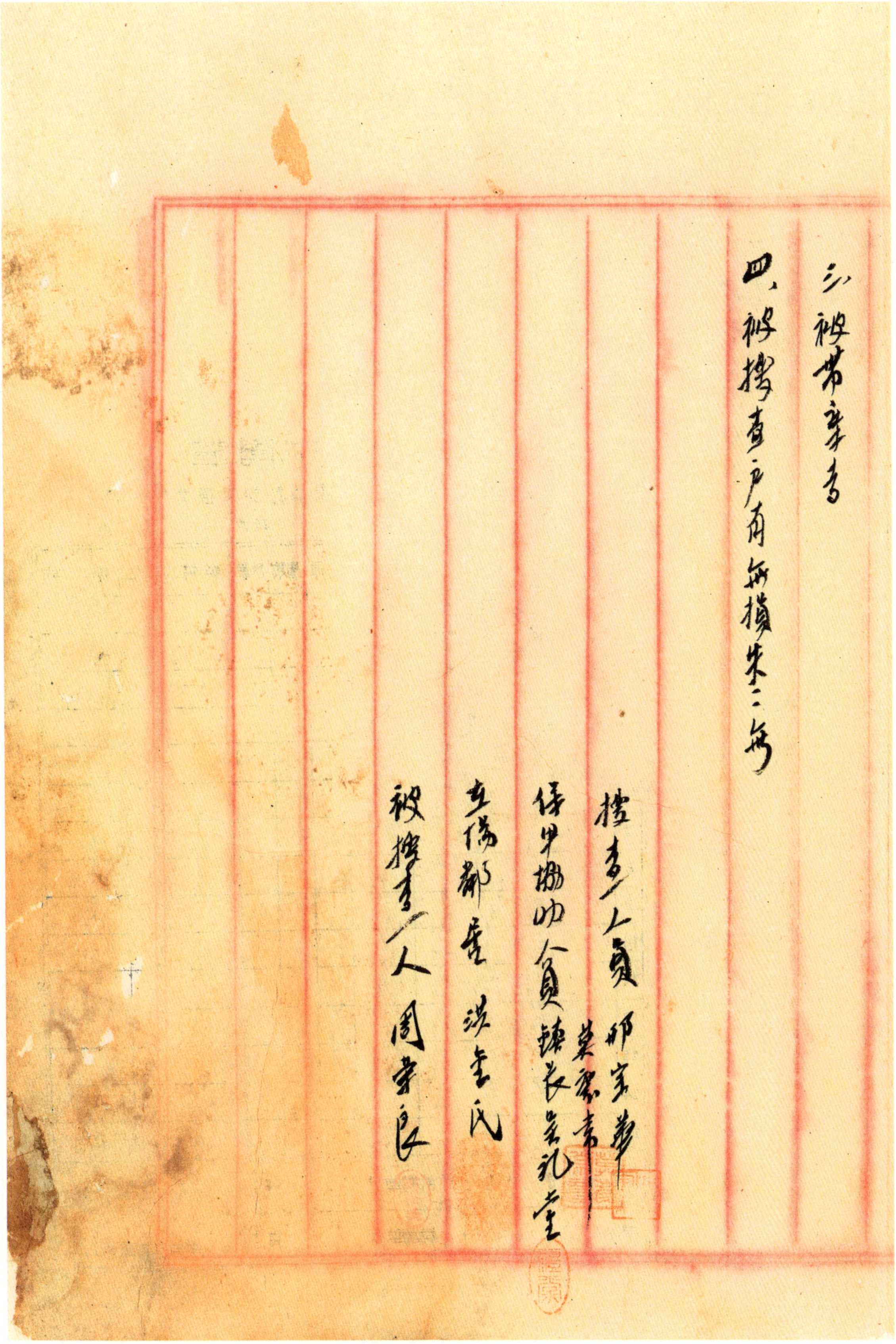
三、被帶案者
四、被搜查戶有無損失　無
搜查人員　邢寶華　莫紫帝
保甲協助人員　鎮長吳孔堂
立保鄰居　洪金氏
被搜查人　周榮良

图1-1-5-3

二、移送类文书

1. 江苏省会警察局第五分局移送刑事案件报告书（张得富伤害案）（1946年）

（档案号：A009-1946-001-0286-0002）

右图为江苏省会警察局第五分局将一起伤害案件移送江苏镇江地方法院检察处时做出的移送刑事案件报告书。该案被告人张得富，男，32岁，职业为皮匠，住所为宝盖山97号；关系人徐长山，男，49岁，左眼被张得富殴致青肿，口鼻被殴，血流满面。报告书显示，张得富构成伤害罪，实犯《刑法》第二百七十七条第一项（伤害人之身体或健康者，处三年以下有期徒刑、拘役或一千元以下罚金）。

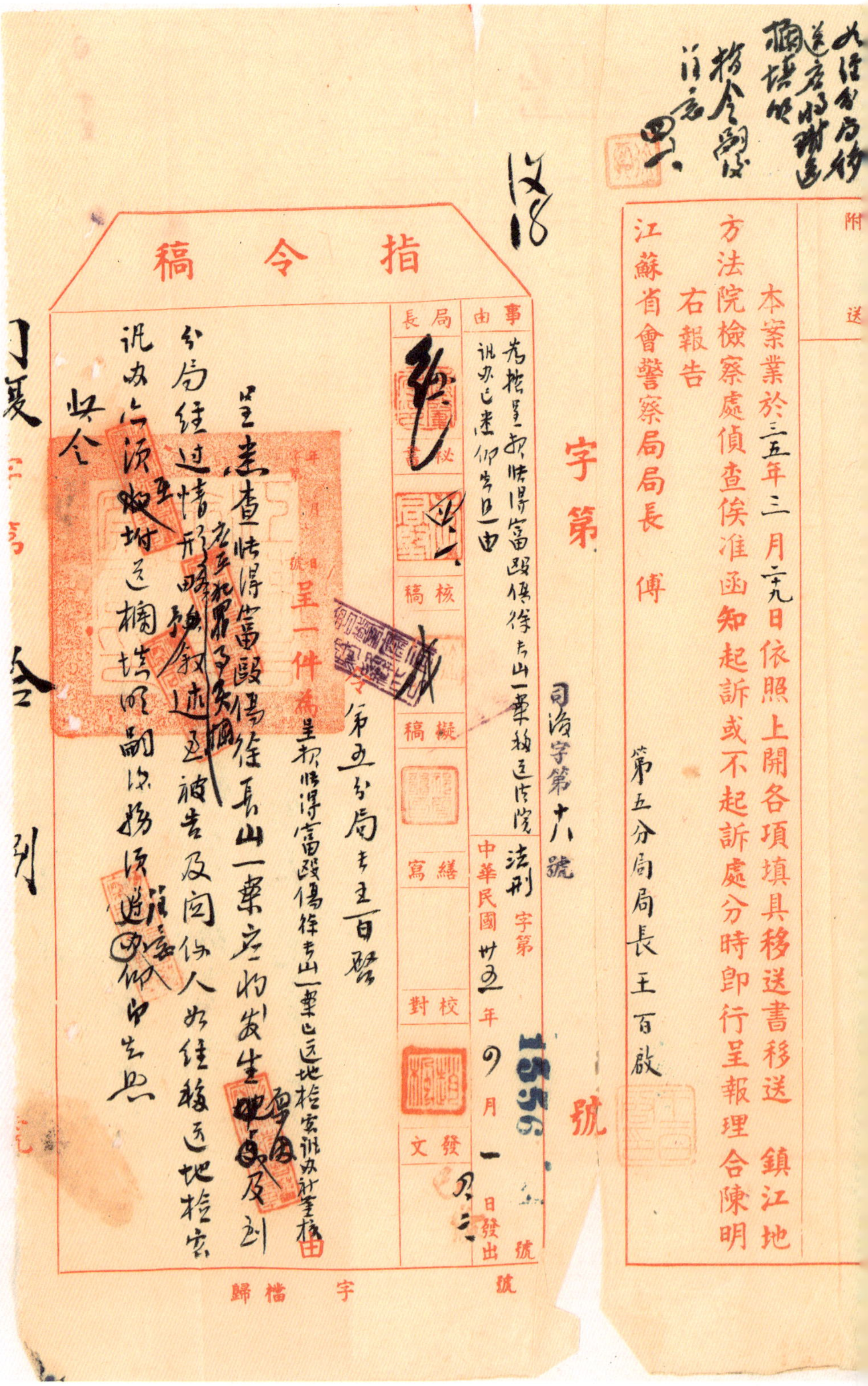
指令稿

事由 局長 秘書 核稿 擬稿 繕寫 校對 發文

法刑 字第 號

中華民國卅五年9月一日發出

歸檔 字 號

司法字第十八號

本案業於三五年三月二九日依照上開各項填具移送書移送鎮江地方法院檢察處偵查俟准函知起訴或不起訴處分時即行呈報理合陳明

右報告

江蘇省會警察局局長 傅

第五分局局長王百啟

图1-2-1

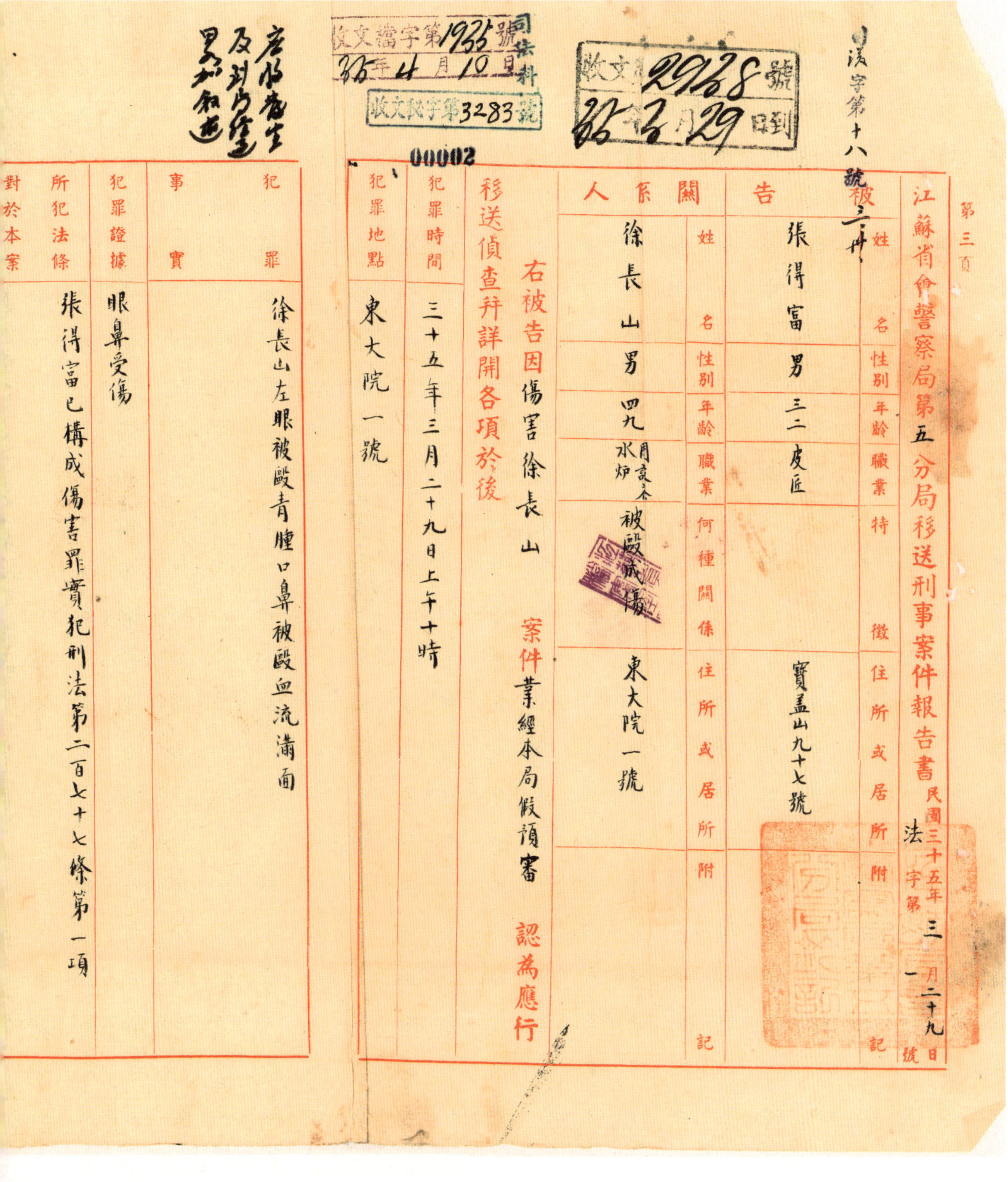

第三頁

江蘇省會警察局第五分局移送刑事案件報告書

民國三十五年三月二十九日　法字第一號

收文2968號　35年3月29日到

收文檔字第1935號　35年4月10日

收文秘字第3283號

司法科

00002

	告	關係人
姓名	張得富	徐長山
性別	男	男
年齡	三二	四九
職業	皮匠	月宮春水炉
特徵 / 何種關係		被毆成傷
住所或居所	寶蓋山九十七號	東大院一號
附記		

右被告因傷害徐長山案件業經本局偵訊審認為應行移送偵查並詳開各項於後

犯罪時間	三十五年三月二十九日上午十時
犯罪地點	東大院一號
犯罪事實	徐長山左眼被毆青腫口鼻被毆血流滿面
犯罪證據	眼鼻受傷
所犯法條	張得富已構成傷害罪實犯刑法第二百七十七條第一項
對於本案	

2. 江苏省会警察局刑事案件移送书（1946年）（管长庚等聚众殴伤案）（档案号：A009-1946-001-0286-0018）

右图为江苏省会警察局将一起斗殴案件移送镇江地方法院检察处时做出的刑事案件移送书。该案被告人有管长庚等8人，关系人有陈玉梅等7人。犯罪时间：1946年5月2日上午12时；犯罪地点：镇江县大西路钓鱼巷；犯罪过程：陈玉梅之女桂红与管长庚之弟管长荣发生口角，引发陈锦堂、黄小三子、陈锦扬、管长庚、张三麻子等人之间的互殴。

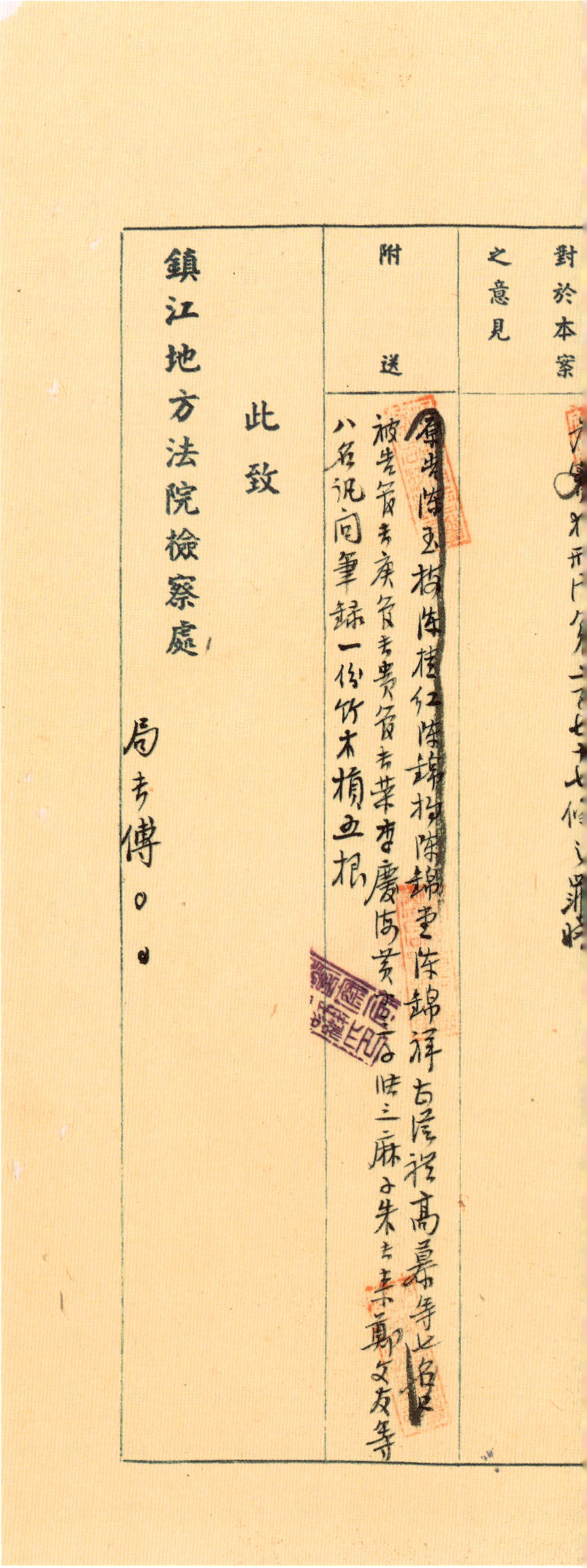

對於本案之意見

附送　原告陳玉梅陳桂红陳錦扬陳錦堂陳錦祥吉彦程高慕等七名　被告管长庚管长贵管长荣李慶海黄應康陆三麻子朱长来鄭文友等八名訊問筆錄一份竹木槓五根

此致

鎮江地方法院檢察處

局长傅

图 1-2-2

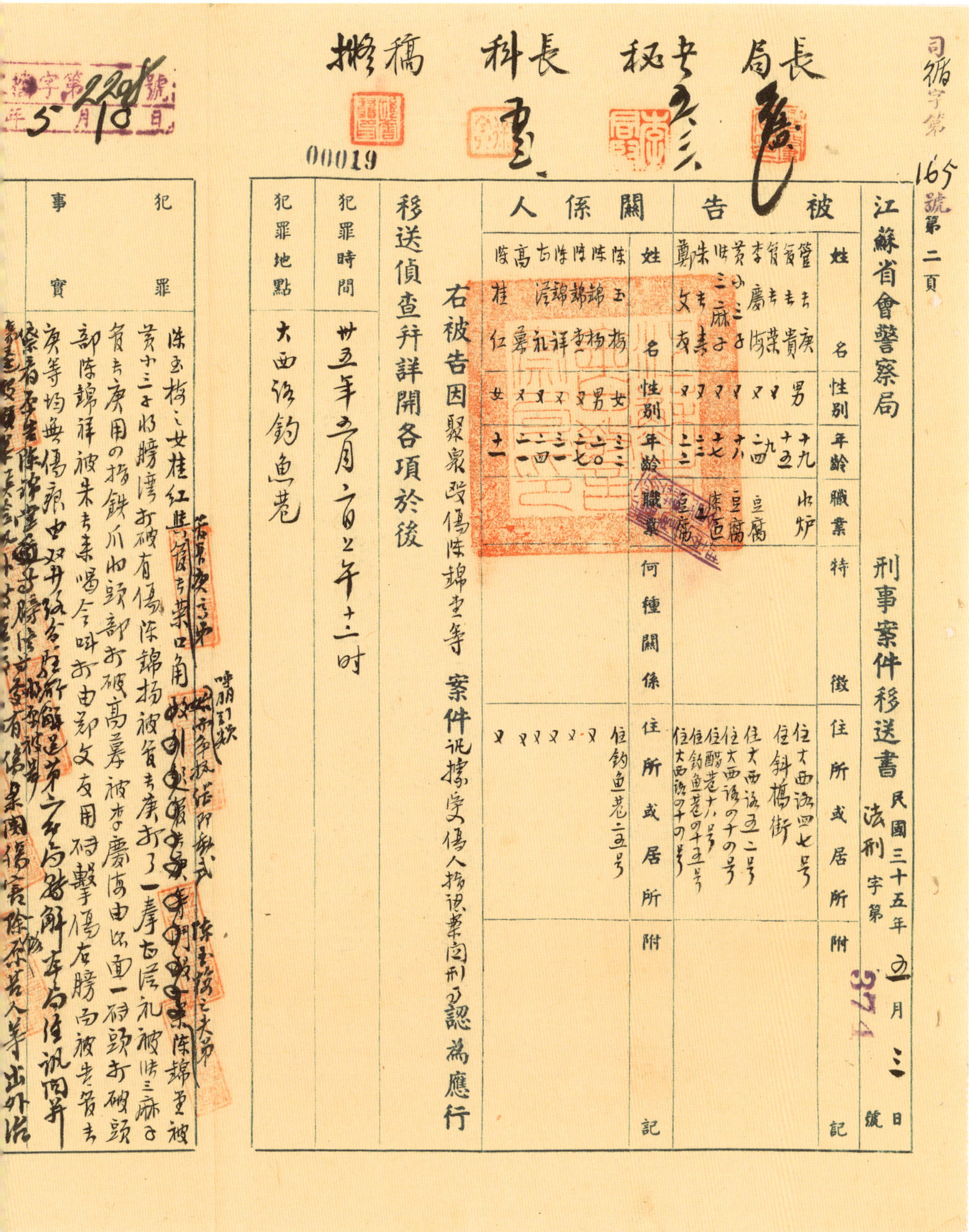

司循字第165號

第二頁

局長　主秘　科長　擬稿

第2208號　5月18日

00019

江蘇省會警察局 刑事案件移送書

民國三十五年五月三日 法刑字第 374 號

被告

姓名	性別	年齡	職業	特徵	住所或居所	附記
管吉庚	男	十九	水炉		住大西路四七号	
貿吉貴	又	十五			住斜橋街	
貿吉榮	又	二九			住大西路五二号	
李慶海	又	二四	豆腐		住大西路四十四号	
黃小三子	又	十八	豆腐		住醋巷十八号	
陳三麻子	又	十七	陳豆腐		住釣魚巷四十五号	
朱吉素	又	二三			住大西路四十四号	
鄭文友	又	二二	豆腐			

關係人

姓名	性別	年齡	職業	何種關係	住所或居所	附記
陳玉梅	女	三二			住釣魚巷二五号	
陳錦楊	男	二〇			又	
陳錦李	又	二七			又	
陳浮祥	又	三一			又	
古浮礼	又	二四			又	
高慕	又	二一			又	
陳桂紅	女	十一			又	

右被告因聚眾毆傷陳錦李等 案件訊據受傷人指認案內刑事犯認為應行 移送偵查并詳開各項於後

犯罪時間：卅五年五月二日午十二时

犯罪地點：大西路釣魚巷

犯罪事實：陳玉梅之女桂紅與貿吉榮口角……陳錦李被黃小三子將膀灣打破有傷陳錦楊被貿吉庚打了一拳古浮礼被陳三麻子貿吉庚用四指鐵爪將頭部打破高慕孝被李慶海由後面一磚頭打破頭部陳錦祥被朱吉素喝令叫打由鄭文友用磚擊傷右膀而被告貿吉庚等均無傷痕由双井路分駐所解送前來本局經訊問并察看受害陳錦……有傷某園傷害除……出外治

3. 江苏省会警察局解案单（周杨氏烟毒案）（1946年）（档案号：A009-1946-001-0403-0001）

下图为江苏省会警察局将一起吸毒案件移送镇江县政府时出具的解案单。解送人周杨氏，38岁，江都人，住址为邹家巷73号，职业为做小生意。该解案单显示：“第三分局王家巷分驻所官警据报周贵芬吸食白面，当即前往，在该氏家搜出戒烟膏小半碗，随将人证带所。据供以前吸烟，现在吸食戒烟膏施戒，并供周杨氏家贩卖白面等语，嗣经勒令该氏率同前往购买，在周杨氏家买出白面一小包，旋将周杨氏连同毒品一并带所解转到局。”

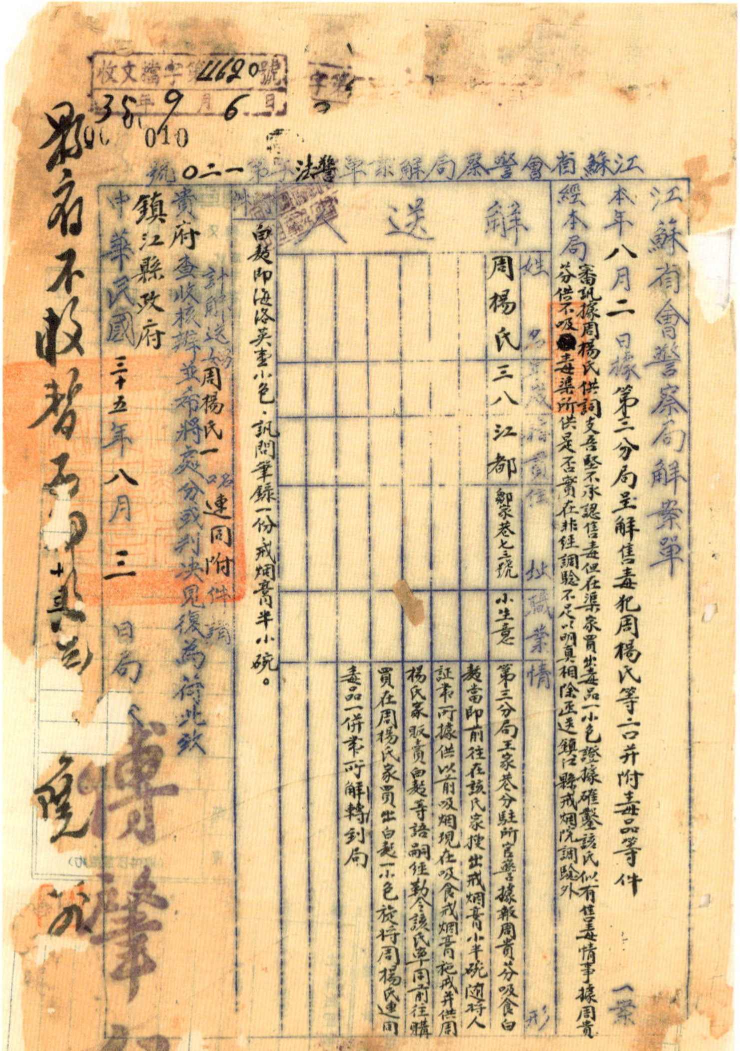
收文檔字第4620號 35年9月6日
江蘇省會警察局解案單 警法字第一二〇號
江蘇省會警察局解案單
本年八月二日據第三分局呈解售毒犯周楊氏等一口并附毒品等件一案
經本局審訊據周楊氏供詞支吾堅不承認售毒但在渠家買出毒品一小包證據確鑿該氏似有售毒情事據周貴芬供不吸●毒渠所供是否實在非經調驗不足以明真相除函送鎮江縣戒烟院調驗外

解送人	
姓名	周楊氏
年齡	三八
籍貫	江都
住址	鄒家巷七三號
職業	小生意
案情	第三分局王家巷分駐所官警據報周貴芬吸食白麪當即前往在該氏家搜出戒烟膏小半碗隨將人證帶所據供以前吸烟現在吸食戒烟膏施戒并供周楊氏家販賣白麪等語嗣經勒令該氏率同前往購買在周楊氏家買出白麪一小包旋將周楊氏連同毒品一併帶所解轉到局

白麪即海洛英壹小包、訊問筆錄一份、戒烟膏半小碗。
計解送人犯周楊氏一名連同附件請
貴府查收核辦并希將處分或判決見復為荷此致
鎮江縣政府
中華民國三十五年八月三日 局長

图1-2-3

第二章 检察官诉讼文书

对于近代中国而言，检察制度完全属于舶来品，因为传统中国从未设置过专司侦查与公诉的司法机构。在清末变法修律的浪潮中，中国通过向大陆法系国家学习，初步建构起检察制度。清政府出台的《法院编制法》规定“各审判衙门分别配置检察厅”，检察官的职责包括“一，刑事：遵照刑事诉讼律及其他法令所定实行搜查、处分、提起公诉、实行公诉并监察判断之执行；二，民事及其他事件：遵照民事诉讼律及其他法令所定为诉讼当事人或公益代表人，实行特定事宜”。[①] 民国建立后，北洋政府基本延续了清末的检察制度。南京国民政府建立后，于1927年8月对检察制度做出了“审检合署”的重大改革举措。“即如检察制度，体察现在国情，参酌各国法制，实无专设机关之必要……将各级检察厅一律裁撤，所有原日之检察官暂行配置于各该级法院之内，暂时仍旧行使检察职权。”[②] 1932年，南京国民政府出台《法院组织法》，进一步完善“审检合署”的制度细节，规定“最高法院设检察署，置检察官若干人，以一人为检察长，其他法院及分院各置检察官若干人，以一人为首席检察官，其检察官员额仅有一人时不置首席检察官”。[③]《法院组织法》还对检察官的职权及其行使、任用和待遇等问题做出详细规定。至此，近代中国的检察制度基本定型。

近代镇江检察机构的形成与变迁过程，与上述立法进程几乎同步。1911年，镇江地方检察厅和镇江商埠初级检察厅成立，各有检察官3人和1人。1914年，更名后的丹徒地方检察厅和丹徒初级检察厅被北洋政府裁撤。1923年，丹徒地方检察厅恢复成立。1927年，丹徒地方检察厅被裁撤，继而成立丹徒地方法院检察处。1928年更名为镇江地方法院检察处。据1936年的统计，该处计有首席检察官1名、检察官2名、候补检察官1名。[④] 除了镇江地方法院检察处，近代镇江的检察机构还有成立于1935年的江苏高等法院第五分院检察处（1946年更名为江苏高等法院第一分院检察处，1948年更名为江苏高等法院镇江分院检察处）。据1947年的统计，江苏高等法院第一分院检察处有首席检察官1人、检察官3人、主任书记官1人、人事管理员1人、书记官5人、人

① 《宪政编查馆奏定法院编制法并各项暂行章程》，《国风报》第6期，1910年，第85页。

② 《裁撤各级检察厅并改定检察长名称令》，司法院秘书处公报室：《国民政府司法例规》，1930年，第162页。

③ 《法院组织法》，《法令周刊》第123期，1932年，第24页。

④ 唐华彭：《镇江地方法院研究（1928—1949）》，中国法制出版社，2014年，第83—84页。

事雇员1人、录事7人，共计19人。①

值得一提的是，近代中国检察制度的运行效果并不如人意，要求废除检察制度的声音从未停止。一方面，民众对犯罪行为必须由检察官提起诉讼的制度设计理念缺乏足够的认可，“犯罪行为既侵害公益，又侵害私权……对于提起公诉之权，非仅限国家专权行使，自无疑义，然国家诉追主义，则以公诉权委诸公益代表机关之检察官，是与公诉权之本质相矛盾矣”②。另一方面，检察制度在实际运行中存在着官僚化、腐败化的不良倾向，为社会所诟病。“检察官往往滥用其检察之职权，在刑事则对于搜索、逮捕、拘提、羁押，益肆其暴横之手段，而在民事则对于违反公益之行为，益显其要挟之声势。”③ 尽管检察制度最终得以保留，但上述反对意见并非没有价值，其所揭示的问题值得时人思考、后人警惕。

镇江近代司法档案中以检察官为主体的诉讼文书，主要分为如下两类：

第一类是侦查类文书，主要包括办案报告和通缉书，反映了民国镇江检察官开展刑事侦查的历史面貌。其中史料价值最高的当属形成于1912年的镇江地方检察厅的系列办案报告，报告内容详细、字迹工整、品相完好，既反映了检察官开展刑事侦查的步骤流程，也展现了民初镇江的社会治安状况。通缉是一种重要的侦查措施，根据南京国民政府1928年《刑事诉讼法》的规定，刑事诉讼侦查阶段的通缉由检察官负责。该法第五十条规定：“通缉被告应用通缉书，侦查中由首席检察官、审判中由法院行之。”④ 本部分选取了两份镇江地方法院首席检察官签发的通缉书。

第二类是起诉类文书，包括起诉书、上诉书、不起诉书、再议处分书等。需要说明的是：1. 不起诉是检察官的一项重要职权⑤，但不起诉决定极易引发被害人及社会公众的不满，有人认为其“致犯罪难得审判之机会，大背国家设置检察官之本旨”⑥，属于近代检察制度存废之争的焦点问题，故本章予以重点选取；2. 检察官做出不起诉决

---

① 《江苏高等法院第一分院检察处职员录》，镇江市档案馆藏，档案号：A019-1946-001-0392-0004。

② 翟晋夫：《再论检察制度之当废并答孙增厚先生》，《政治评论》第133号，1934年，第79页。

③ 薛遗生：《论我国检察制度之可废》，《法律周刊》第32、33期合刊，1924年，第19页。

④ 《刑事诉讼法》，《司法公报》第17期，1928年，第7页。

⑤ 南京国民政府1928年颁行的《刑事诉讼法》将检察官不起诉条件分为法定情形和酌定情形。前者包括：“一、起诉权已消灭者；二、犯罪嫌疑不足者；三、行为不成犯罪者；四、法律应免除其刑者；五、对于被告无审判权”，后者包括“一、属于初级法院管辖者；二、情节轻微以不起诉为有实益者；三、被害人不希望处罚者”。参见《刑事诉讼法》，《司法公报》第17期，1928年，第30页。

⑥ 玉斯：《论检察制度的存废》，《法治周报》第1卷第45期，1933年，第2页。

定后，被害人可以通过再议程序进行救济[①]，其亦属于检察制度存废之争的讨论话题，本章选取了最高法院检察署、江苏高等法院检察处、镇江地方法院检察处、上海地方法院检察处等做出的多份再议处分书。

① 南京国民政府1928年《刑事诉讼法》第二百四十八条规定："告诉人接受不起诉处分书后得于七日内以书状叙述不服之理由，经由原检察官声请再议。原检察官认为声请有理由者，应撤消其处分，继续侦查或起诉。原检察官认为声请无理由者，应将该案卷宗及证据物件送交上级法院首席检察官。"《刑事诉讼法》，《司法公报》第17期，1928年，第30页。

一、侦查类文书

1. 江苏镇江地方检察厅办理盗案报告（金炳昭被盗、被劫、被伤案）（1912年）（档案号：A020-1911-001-0001-0001）

下图为镇江地方检察厅1912年做出的一份办理盗案报告。案发时间："十月二十七日"（1911年）；报案时间："十月二十九日"（1911年）；案发地点：谏壁河外江口，距城

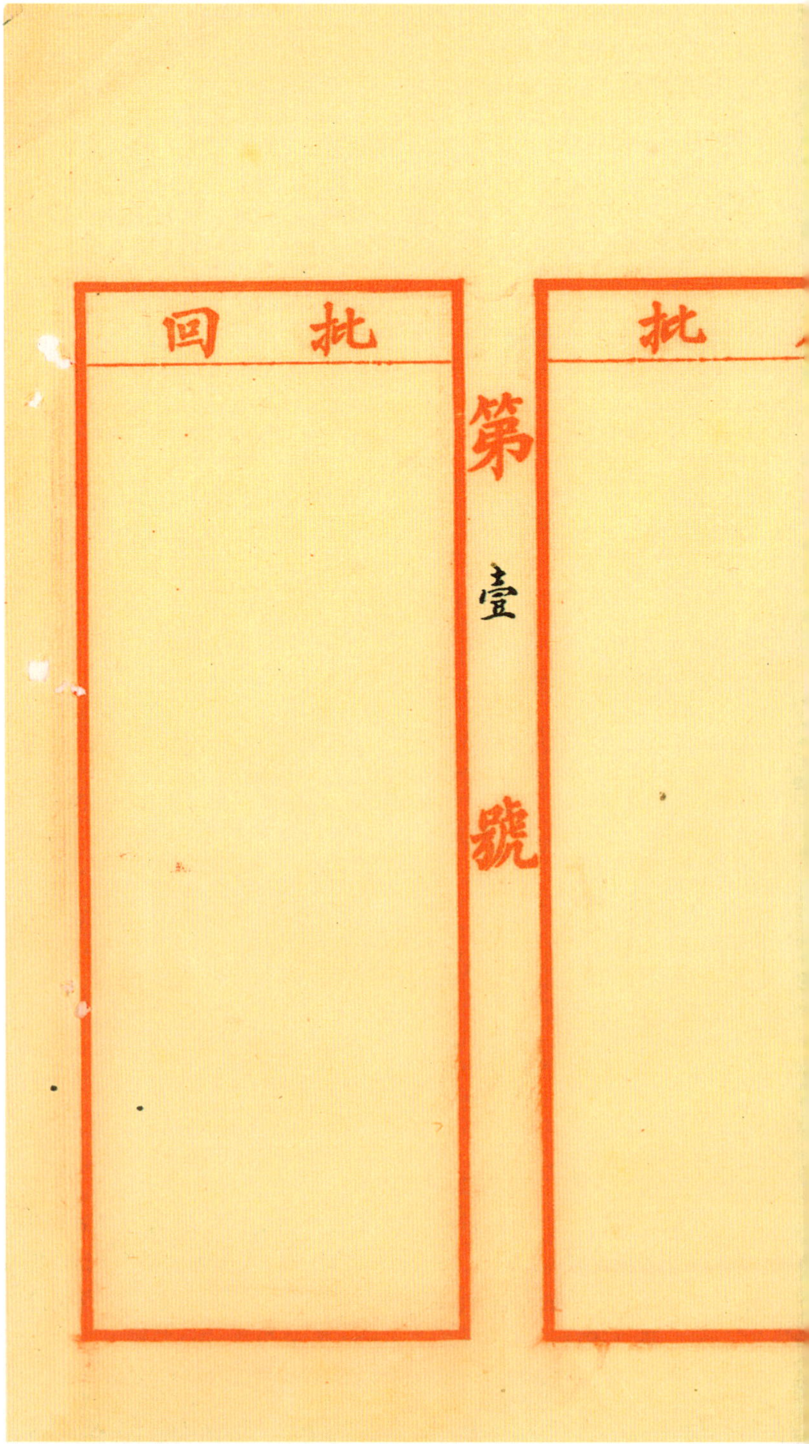

图2-1-1

22里；被害人：金炳昭、金炳昌、徐顺华。接报后，镇江地方检察厅检察长笪世英率同录事赵葆青、检验吏郭荣春，并片请东关汛会同勘验，“勘得事主金炳昭江摆船系楠木置成，身长四丈七尺三寸，船桅有刀砍痕迹，舱内有翻乱情形。验得事主弟金炳昌小腹有微伤一处，船伙徐顺华顶心有刀伤一处，经检验员验明并勘毕绘图附卷”。镇江地方检察厅“移请丹徒县民政署及水陆总巡三江营、大沙汛营警等一体严缉赃贼，务获解究”。

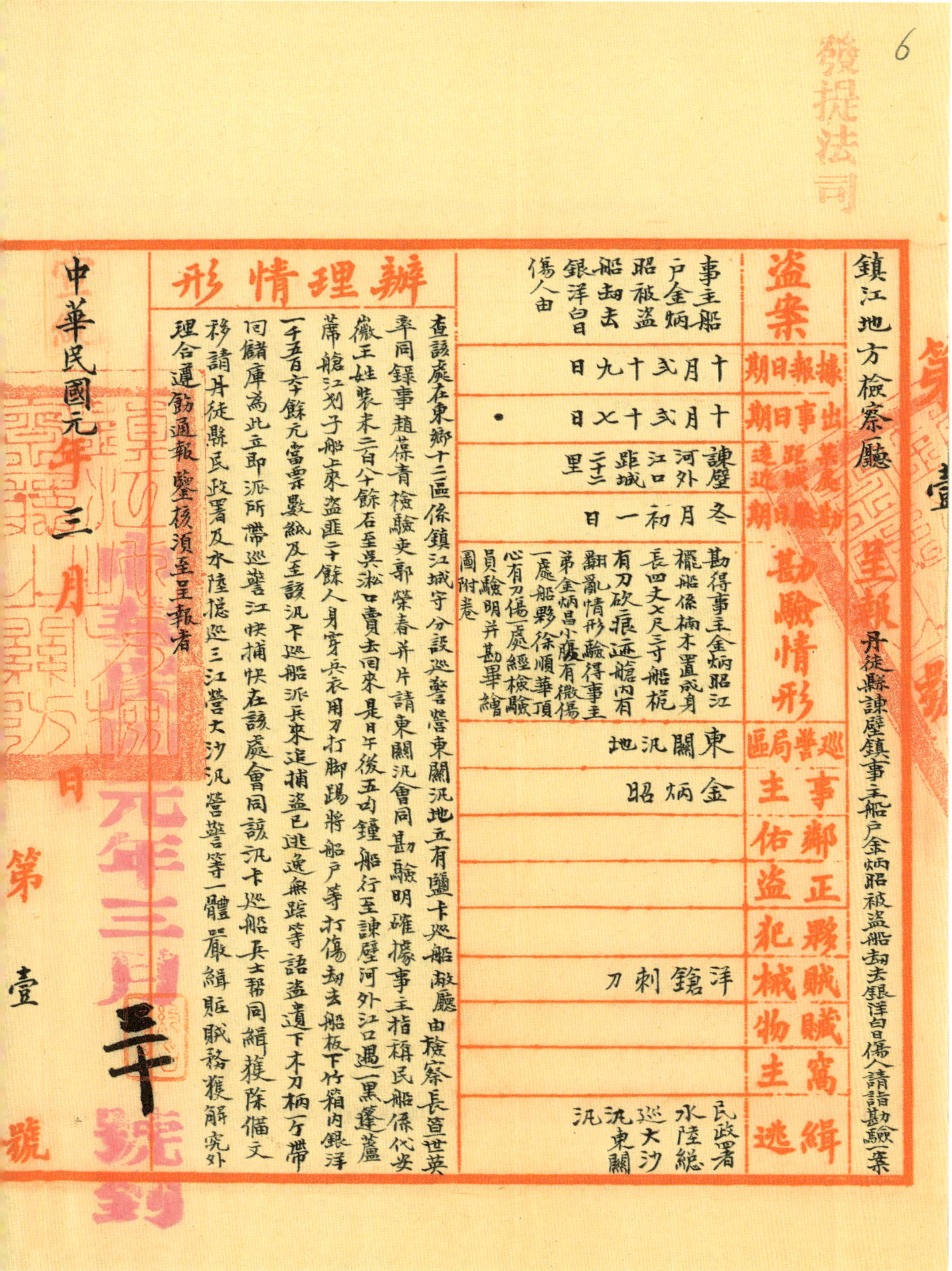
6

發提法司

鎮江地方檢察廳　呈報　丹徒縣諫壁鎮事主船戶金炳昭被盜船刦去銀洋白日傷人請詣勘驗一案

盜案	事主船戶金炳昭被盜船刦去銀洋白日傷人由
據報日期	十月弍十九日
出事日期	十月弍十七日
出事處所距城遠近	諫壁河外江口距城二十三里
勘驗日期	冬月初一日
勘驗情形	勘得事主金炳昭江擺船係楠木置成身長四丈七尺三寸船桅有刀砍痕迹艙內有翻亂情形驗得事主弟金炳昌小腹有微傷一處船夥徐順華頂心有刀傷一處經檢驗員驗明并勘畢繪圖附卷
巡警局區	東關汛地
事主	金炳昭
鄰佑	
正盜	
夥犯	
賊械	洋鎗刺刀
贓物	
窩主	
緝逃	民政署　水陸總巡大沙汛東關汛

辦理情形

查該處在東鄉十二區係鎮江城守分設巡警營東關汛地並有鹽卡巡船敝廳由檢察長笪世英率同錄事趙葆青檢驗吏郭榮春并片請東關汛會同勘驗明確據事主指稱民船係代安徽王姓裝米二百八十餘石至吳淞口賣去回來是日午後五句鐘船行至諫壁河外江口遇一黑篷蘆蓆艙江划子船上來盜匪二十餘人身穿兵衣用刀打腳踢將船戶等打傷刦去船板下竹箱內銀洋一千五百六十餘元當票數紙及至該汛卡巡船派兵來追捕盜已逃逸無踪等語盜遺下木刀柄一個帶回儲庫為此立即派所帶巡警江快捕快在該處會同該汛卡巡船兵士幫同緝獲除備文移請丹徒縣民政署及水陸總巡三江營大沙汛營警等一體嚴緝賍賊務獲解究外理合遵飭通報鑒核須至呈報者

中華民國元年三月　日

第壹號

三十

2. 江苏镇江地方检察厅办理命案报告（孙景元枪杀人）（1912年）（档案号：A020-1911-001-0001-0001）

下图为镇江地方检察厅1912年做出的一份办理命案报告。案发时间："元月二十三日"（1912年）；报案时间："元月二十六日"（1912年）；案发地点：丹徒县东乡大港镇丁岗村，距城56里；被害人：孙信元。接报后，镇江地方检察厅派检察官前往相验，

图2-1-2

“验得该尸年三十三岁，面色黄白，左乳枪伤一处，围圆一寸二分，焦黑色，骨已损，枪眼有血流出，枪子未出。右腋肢下有枪伤一处，围圆八分，深四分，骨未损，焦黑色，有血水流出，枪子未出。经检验员如法相验、唱报，委系生前受枪伤身死，余无别故”。验毕，检察官令死者亲属孙瑞芝等备棺殓埋，将孙信元妻子孙谢氏带厅起诉，移执法部严拿凶手孙景元。

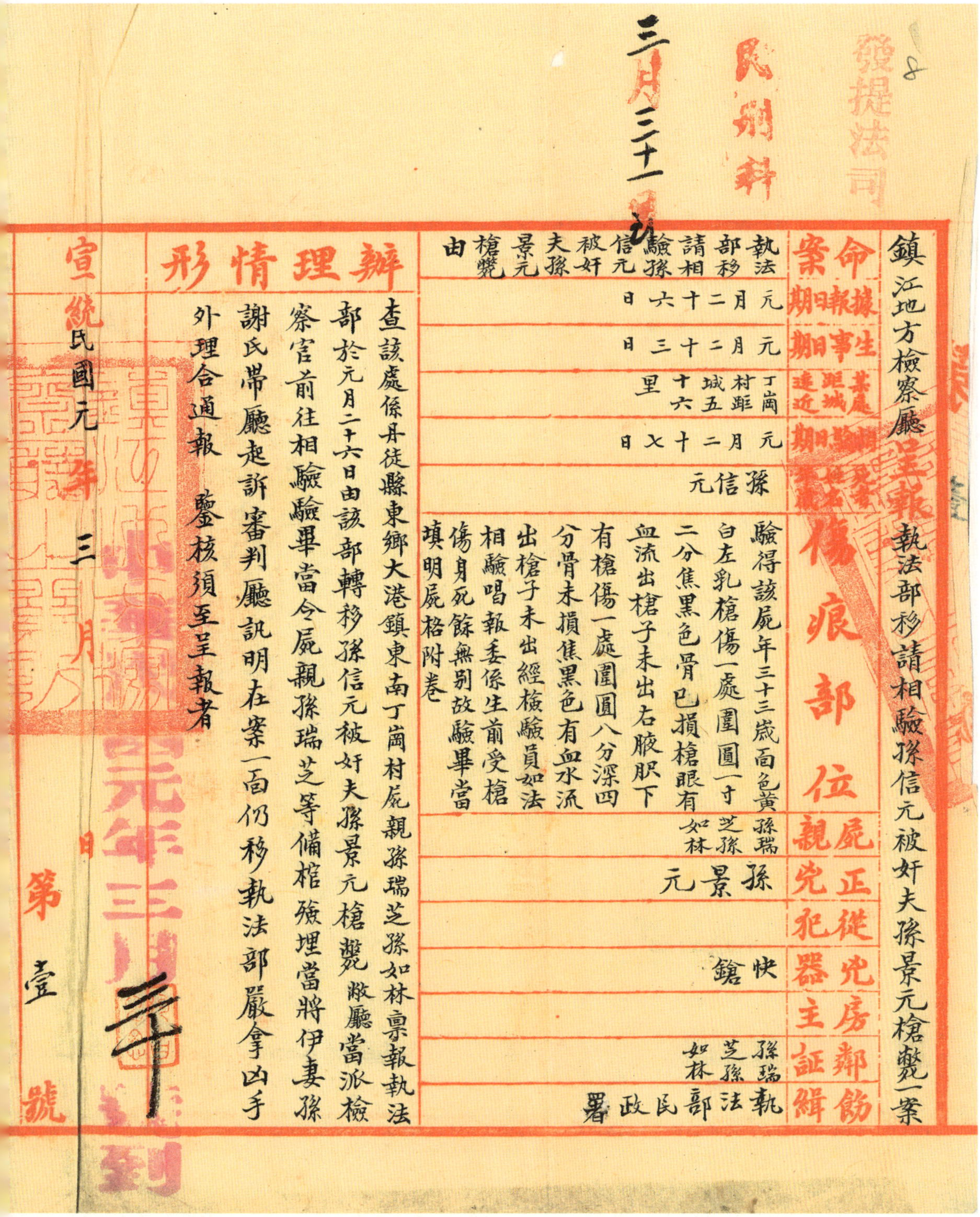
發提法司
民刑科
三月三十一日
鎮江地方檢察廳呈報執法部移請相驗孫信元被奸夫孫景元槍斃一案

命案	執法部移請相驗孫信元被奸夫孫景元槍斃由
據報日期	元月二十六日
生事日期	元月二十三日
屍所距城遠近	丁崗村距城五十六里
相驗日期	元月二十七日
屍名	孫信元
傷痕部位	驗得該屍年三十三歲面色黃白左乳槍傷一處圍圓一寸二分焦黑色骨已損槍眼有血流出槍子未出右腋肢下有槍傷一處圍圓八分深四分骨未損焦黑色有血水流出槍子未出經檢驗員如法相驗唱報委係生前受槍傷身死餘無別故驗畢當填明屍格附卷
屍親	孫瑞芝　孫如林
正從兇犯	孫景元
兇器	快鎗
房鄰	孫瑞芝　孫如林
主飾證緝	執法部　民政署

辦理情形

查該處係丹徒縣東鄉大港鎮東南丁崗村屍親孫瑞芝孫如林稟報執法部於元月二十六日由該部轉移孫信元被奸夫孫景元槍斃　敝廳當派檢察官前往相驗驗畢當令屍親孫瑞芝等備棺殮埋當將伊妻孫謝氏帶廳起訴審判廳訊明在案一面仍移執法部嚴拿凶手外理合通報　鑒核須至呈報者

宣統民國元年三月　日　第壹號

三十

3. 江苏镇江地方检察厅办理盗案报告（张恒源、王尚德、张瑞祥盐栈、布店被劫案）（1912年）（档案号：A020-1911-001-0001-0001）

下图为镇江地方检察厅1912年做出的一份办理盗案报告。案发时间："冬月初六日"（1911年）；报案时间："冬月初七日"（1911年）；案发地点：高资镇，距城30里；被害人：张恒源、王尚德、张瑞祥。镇江地方检察厅"勘得高资镇街道由东至西长半里，张恒源盐栈是坐南朝北，前后共九间，店门转脱落，账房板壁钟冲毁。王尚德布店在其对

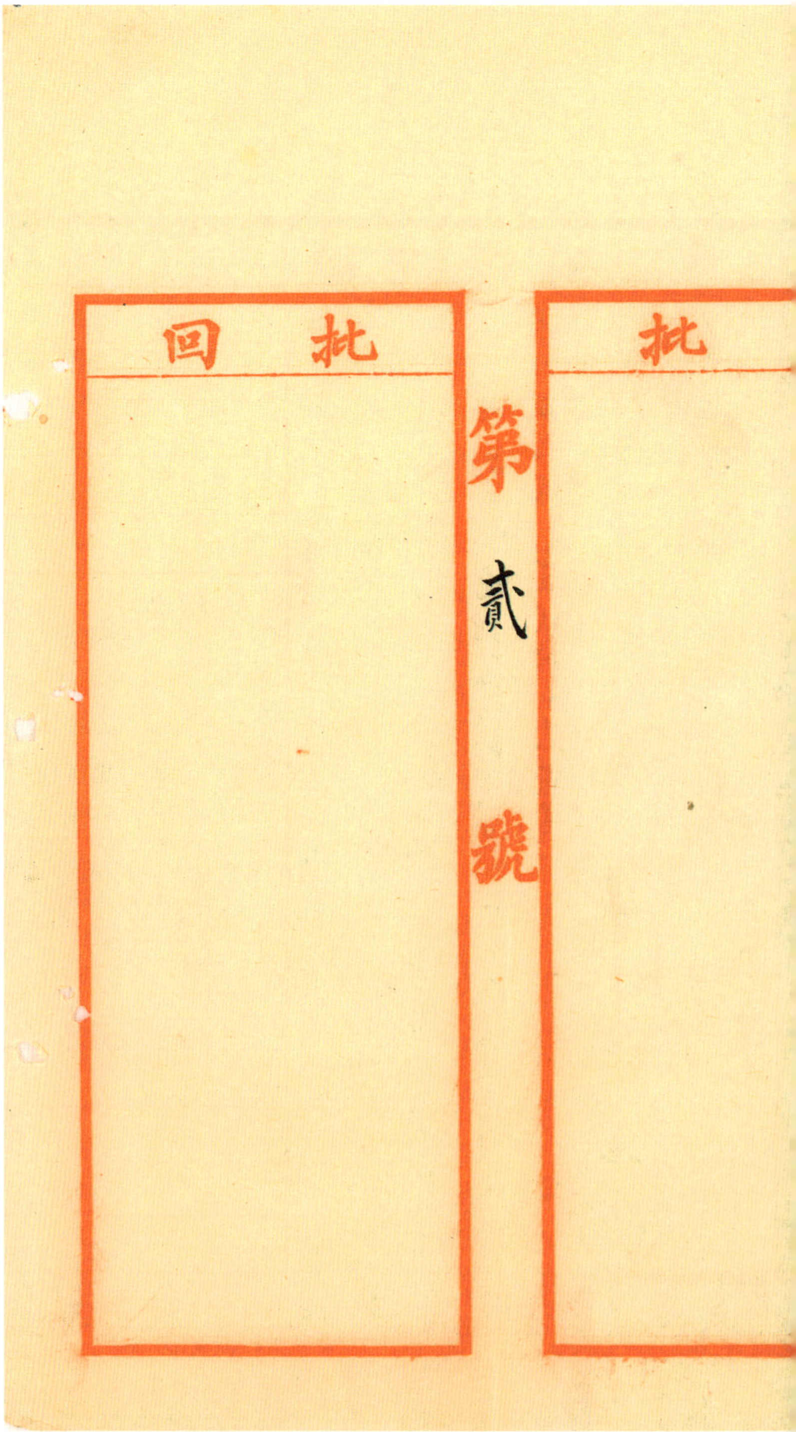

图2-1-3

面西首，坐北朝南，前后共两进，店门闩断，柜台及后进有布物烧毁。张瑞祥布店在其西首对面，坐北朝南，前后共四间，店门闩断，货架空，地上有碎布坏衣”。该报告还显示，镇江地方检察厅“查该镇离城已远，既无团练墩防，溃兵五六十先后连劫三家，情节重大，除咨请军政分府调集兵士先临该镇防守，乘机捕获正盗真赃，并移请民政署迅即饬派捕快严获赃贼解究”。

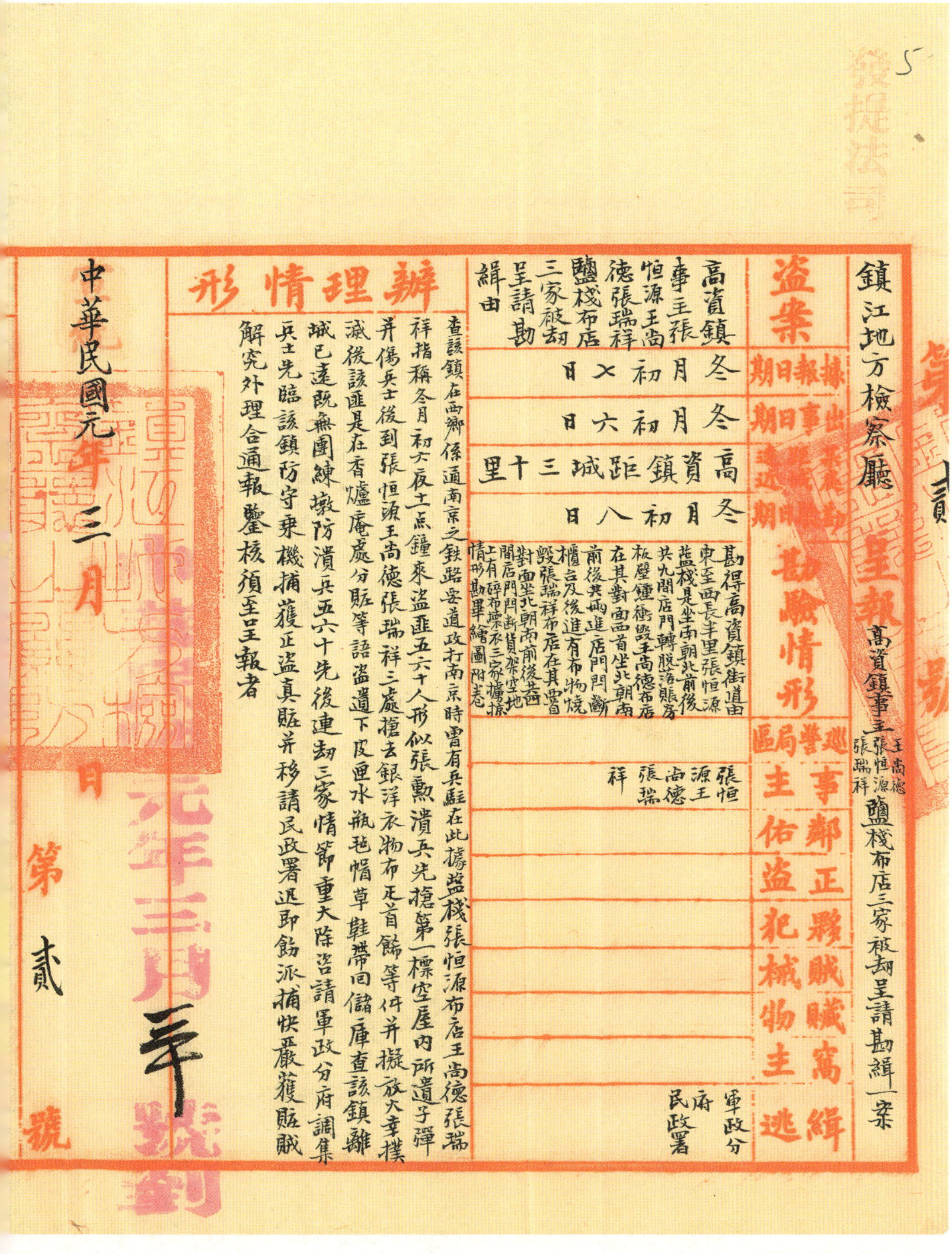
發提法司

鎮江地方檢察廳

呈報高資鎮事主王尚德、張恒源、張瑞祥鹽棧布店三家被劫呈請勘緝一案

盜案	高資鎮事主張恒源王尚德張瑞祥鹽棧布店三家被劫呈請勘緝由
據報日期	冬月初七日
出事日期	冬月初六日
遠近	高資鎮距城三十里
出勘日期	冬月初八日
勘驗情形	勘得高資鎮街道由東至西長半里，張恒源鹽棧是坐南朝北，前後共九間，店門轉脫，落賬房板壁鐘衙毀。王尚德布店在其對面西首，坐北朝南，前後共兩進，店門閂斷，櫃台及後進有布物燒毀。張瑞祥布店在其西首對面，坐北朝南，前後共四間，店門閂斷，貨架空，地上有碎布壞衣。三家擄掠情形勘畢繪圖附卷
巡警局區	
事主	張恒源、王尚德、張瑞祥
鄰佑	
正盜	
夥犯	
賊械	
贓物	
窩主	
緝逃	軍政分府、民政署

辦理情形

查該鎮在西鄉，係通南京之鐵路要道，攻打南京時曾有兵駐在此。據鹽棧張恒源布店王尚德張瑞祥指稱，冬月初六夜十一點鐘來盜匪五六十人，形似張勳潰兵，先搶第一標空屋內所遺子彈并傷兵士，後到張恒源王尚德張瑞祥三處搶去銀洋衣物布疋首飾等件，并擬放火幸撲滅。後該匪是在香爐庵處分贓，等語。盜遺下皮匣水瓶毡帽草鞋帶回儲庫。查該鎮離城已遠，既無團練墩防，潰兵五六十先後連劫三家，情節重大，除咨請軍政分府調集兵士先臨該鎮防守，乘機捕獲正盜真贓，并移請民政署迅即飭派捕快嚴獲贓賊解究外，理合通報鑒核，須至呈報者。

中華民國元年三月　日

第貳號

4. 江苏镇江地方检察厅办理命案报告（无名男尸案）（1912年）（档案号：A020-1911-001-0001-0001）

下图为镇江地方检察厅1912年做出的一份办理命案报告。案发及报案时间：“十一月十一日”（1911年）；案发地点：瓦山脚下，距丹阳城1里。当日丹阳西城外警务第一区大围坊地保沈云报称发现有无名男尸1具，镇江地方检察厅派员会同该区巡官，传同

回批

第貳號

批

图2-1-4

地保到场相验，“验得该尸身仰卧塘边，头向岸上，足向水边，项有细麻绳一根。年约十八九岁，身长四尺一寸，膀宽一尺四寸。身穿柳条小褂、青布棉袄、元色背心、蓝布夹裤。经检验员如法相验，据唱报，委系生前被勒身死”。验后镇江地方检察厅饬令该地保备棺成殓，钉青抬埋。

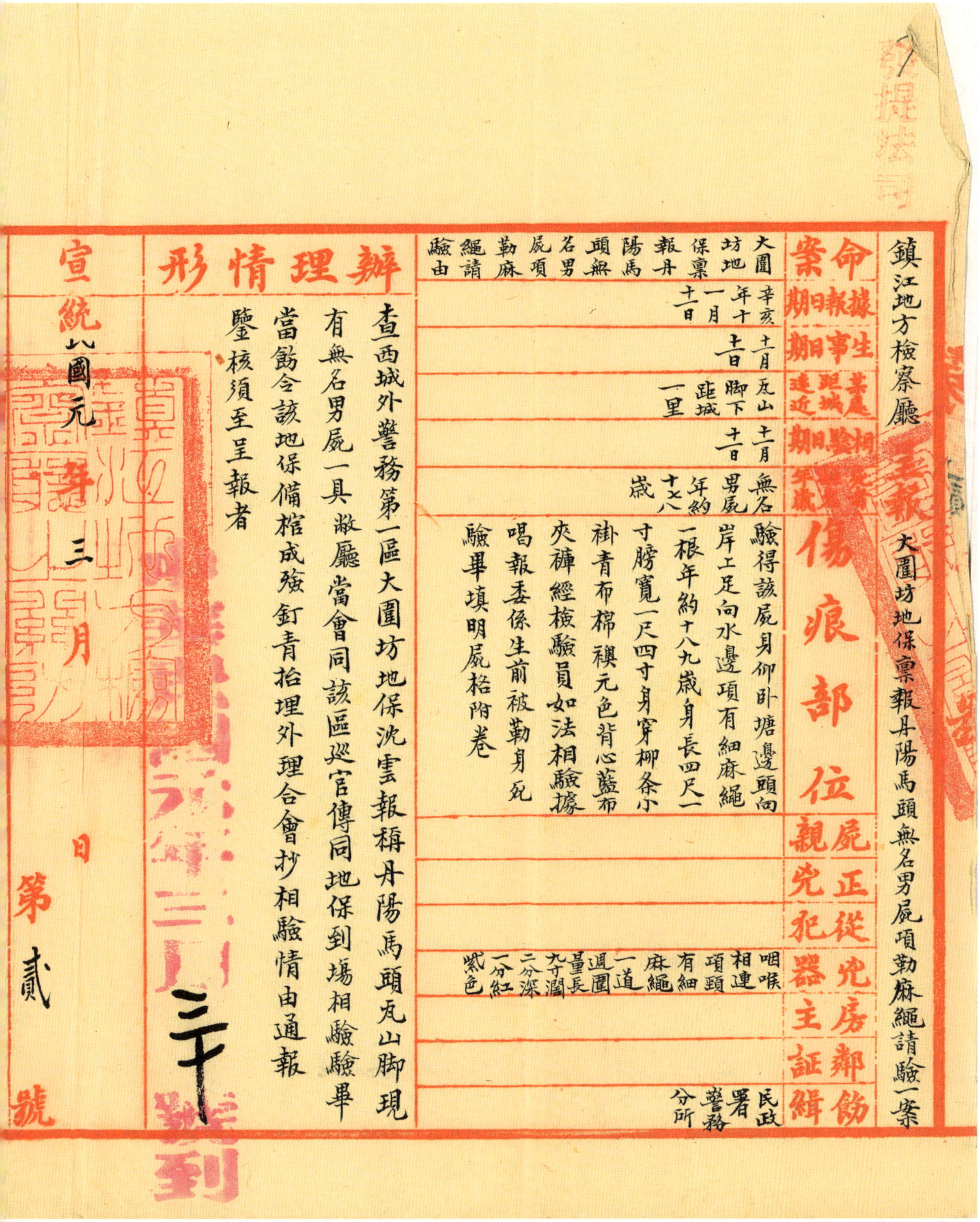

5. 江苏镇江地方检察厅办理盗案报告（周仲华等被劫伤人案）（1912年）（档案号：A020-1911-001-0001-0001）

下图为镇江地方检察厅1912年做出的一份办理盗案报告。案发时间："元月十五日"（1912年）；报案时间："元月十六日"（1912年）；案发地点：永固洲二段福字圩，离城8里；被害人：周仲华一家。接报后，镇江地方检察厅派检察官带同录事前往该处勘验，

图2-1-5

“勘得事主周仲华家系芦蓬草屋五间，前后有门，后门被盗冲损。东边房内，床上被满血迹，木箱盖被刀劈开。西边正房所隔板壁已被冲去一半。仲华、仲荣、仲福、广聚、周李氏、周马氏及其两女刀伤由检验员验明”。镇江地方检察厅将该案“移军政分府及民政长、警务所、瓜洲营水陆总巡一体严缉赃贼解究”。

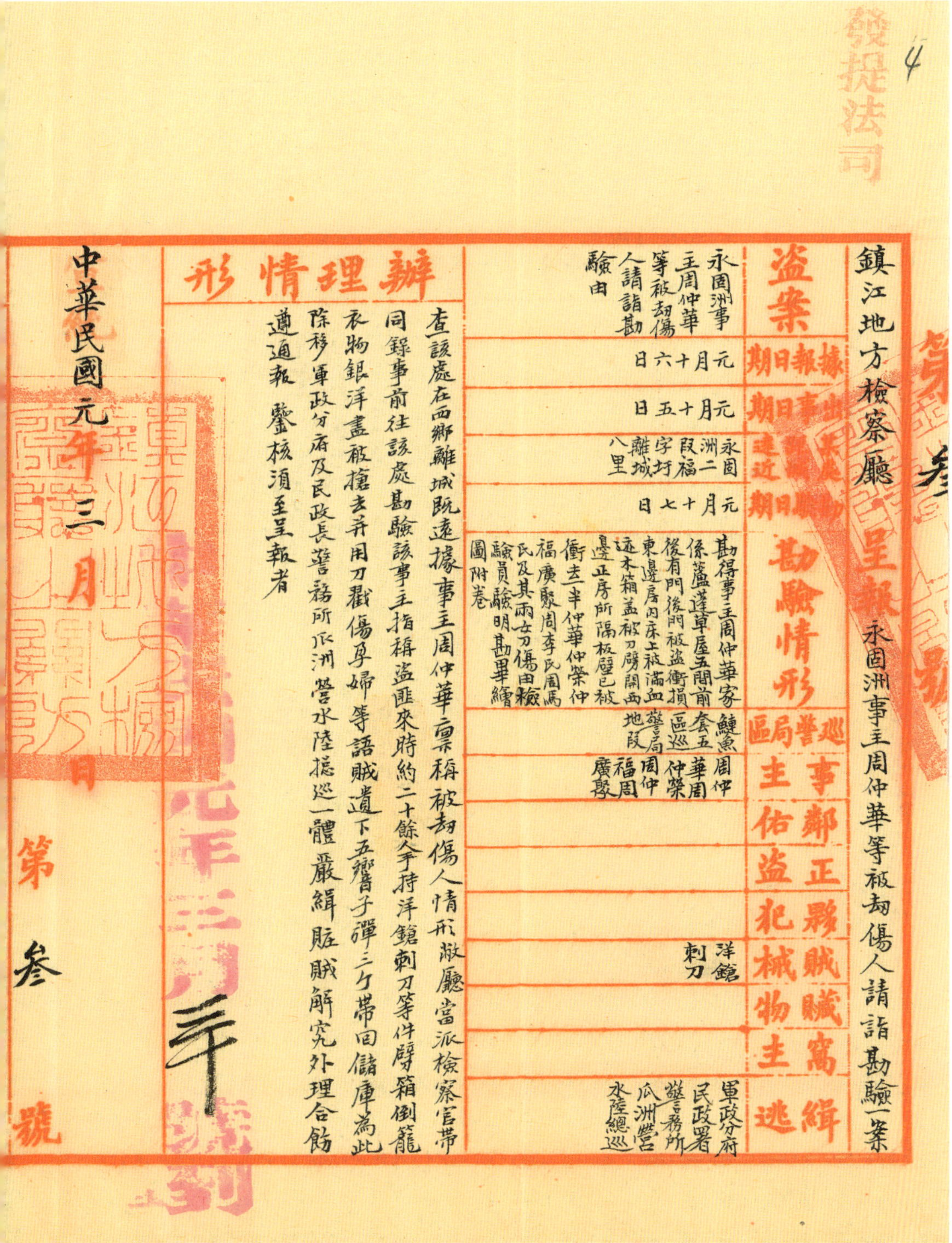
發提法司

鎮江地方檢察廳 呈報 第叁號

永固洲事主周仲華等被刼傷人請詣勘驗一案

盜案	永固洲事主周仲華等被刼傷人請詣勘驗由
據報日期	元月十六日
出事日期	元月十五日
出事地方遠近	永固洲二段福字圩離城八里
勘驗日期	元月十七日
勘驗情形	勘得事主周仲華家係蘆蓬草屋五間前後有門後門被盜衝損東邊房內床上被滿血迹木箱蓋被刀劈開西邊正房所隔板壁已被衝去一半仲華仲榮仲福廣聚周李氏周馬氏及其兩女刀傷由檢驗員驗明勘畢繪圖附卷
巡警局區	鰱魚套五區巡警局地段
事主	周仲華 周仲榮 周仲福 周廣聚
鄰佑	
正盜	
夥犯	
賊械	洋鎗 刺刀
贓物	
窩主	
緝逃	軍政分府 民政署 警務所 瓜洲營 水陸總巡

辦理情形

查該處在西鄉離城既遠據事主周仲華稟稱被刼傷人情形敝廳當派檢察官帶同錄事前往該處勘驗該事主指稱盜匪來時約二十餘人手持洋鎗刺刀等件劈箱倒籠衣物銀洋盡被搶去并用刀戳傷孕婦等語賊遺下五響子彈三个帶回儲庫為此除移軍政分府及民政長警務所瓜洲營水陸總巡一體嚴緝賍賊解究外理合備文通報 鑒核須至呈報者

中華民國元年三月 日

第叁號

6. 江苏镇江地方检察厅盗案办理报告（张恒源等被劫案）（1912年）（档案号：A020-1911-001-0001-0001）

下图为镇江地方检察厅于1912年做出的一份盗案办理报告。案发时间："元月十五日"（1912年）；报案时间："元月十六日"（1912年）；案发地点：丹徒县东南乡辛丰镇，离城30里；被害人：张恒源盐栈、信源米行、瑞成米行、森泰木厂等4家商户。接报后，

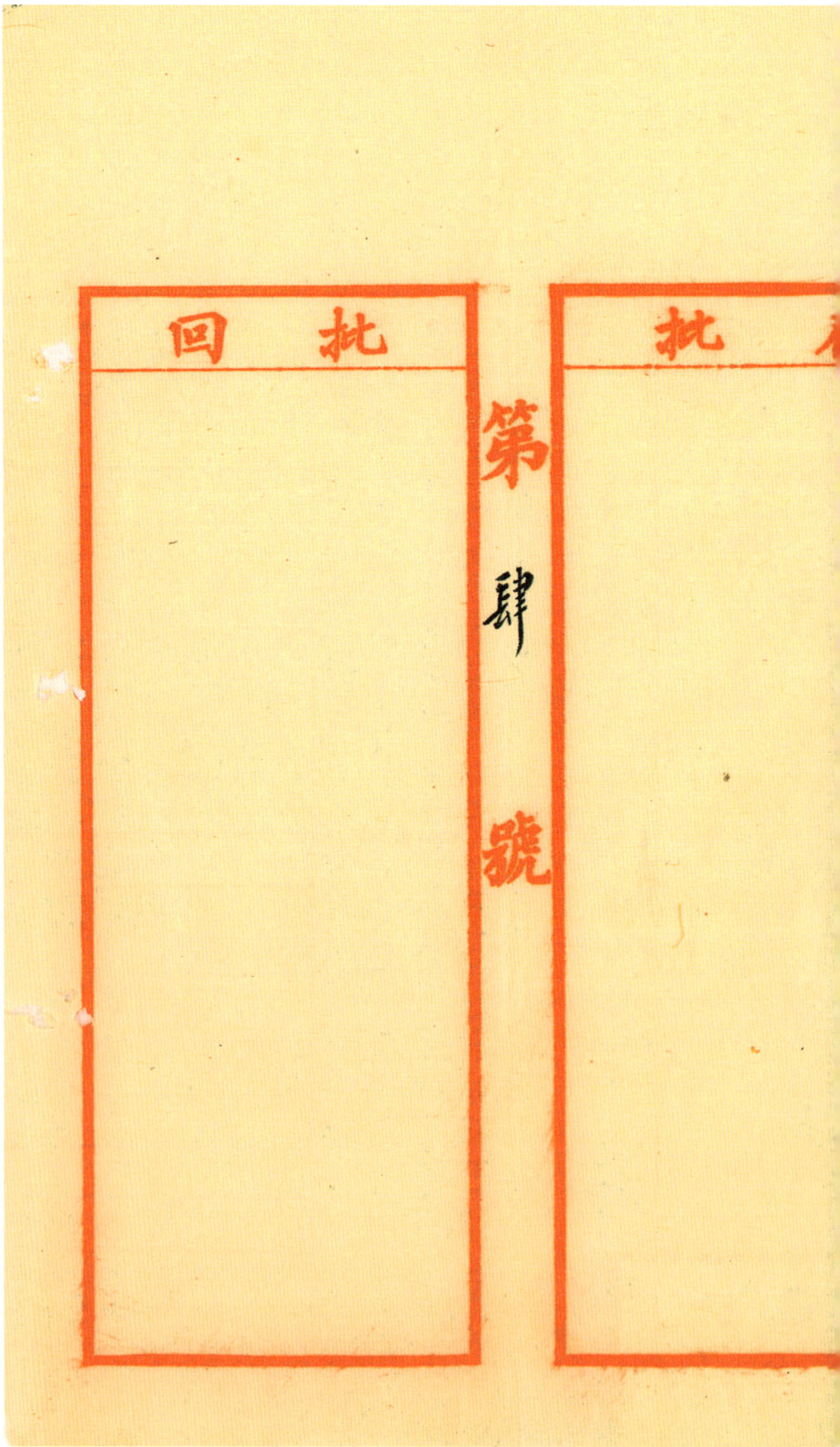

图2-1-6

镇江地方检察厅派检察官前往勘验，“勘得事主张恒源门面瓦屋二间，排门闩已断，账房内钱柜、钱箱盖门均被劈开，地下有烧毁物件，门外有格杀盗匪遗尸，经检验员验明，委系生前刀伤身死。信源、瑞成、森泰三家门闩均断落，钱柜、账箱劈破，惟信源内管事人左臂受伤”。镇江地方检察厅将该案移“军政分府、民政长及各营警务一体严缉赃贼解究”。

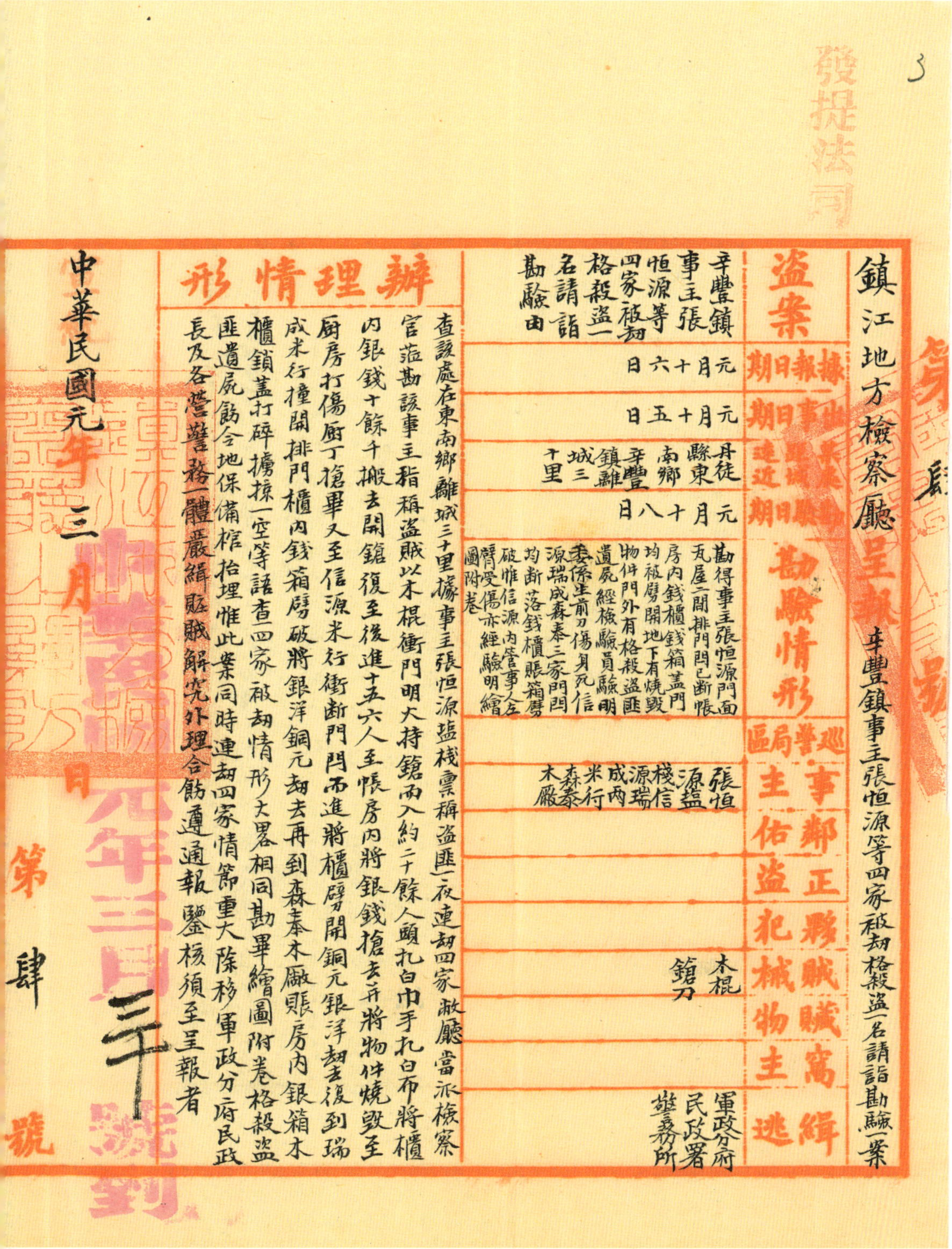

鎮江地方檢察廳呈報
辛豐鎮事主張恒源等四家被劫格殺盜一名請詣勘驗一案

發提法司

盜案	辛豐鎮事主張恒源等四家被劫格殺盜一名請詣勘驗由
據報日期	元月十六日
出事日期	元月十五日
距城遠近	丹徒縣東南鄉辛豐鎮離城三十里
勘驗日期	元月十八日
勘驗情形	勘得事主張恒源門面瓦屋二間排門閂已斷帳房內錢櫃錢箱蓋門均被劈開地下有燒毀物件門外有格殺盜匪遺屍經檢驗員驗明委係生前刀傷身死信源瑞成森泰三家門閂均斷落錢櫃賬箱劈破惟信源內管事人左臂受傷亦經驗明繪圖附卷
事主	張恒源鹽棧 信源 瑞成米行 森泰木廠
鄰佑	
盜犯	
械	木棍 鎗刀
物主	
巡警區局	軍政分府 民政署 警務所
正賊	
贓	
窩	
緝逃	

辦理情形

查該處在東南鄉離城三十里據事主張恒源鹽棧稟稱盜匪一夜連劫四家敝廳當派檢察官蒞勘該事主指稱盜賊以木棍衝門明火持鎗而入約二十餘人頭扎白巾手扎白布將櫃內銀錢十餘千搬去開鎗復至後進十五六人至帳房內將銀錢搶去并將物件燒毀至廚房打傷廚丁搶畢又至信源米行衝斷門閂而進將櫃劈開銅元銀洋劫去復到瑞成米行撞開排門櫃內錢箱劈破將銀洋銅元劫去再到森泰木廠賬房內銀箱木櫃鎖蓋打碎擄掠一空等語查四家被劫情形大畧相同勘畢繪圖附卷格殺盜匪遺屍飭令地保備棺抬埋惟此案同時連劫四家情節重大除移軍政分府民政長及各營警務一體嚴緝賍賊解究外理合飭遵通報鑒核須至呈報者

中華民國元年三月　日

第肆三十號

7. 江苏镇江地方法院检察处通缉书（屠广发烟毒案）（1936年）（档案号：A020-1936-002-1124-0001）

下图为镇江地方法院检察处首席检察官黄用中1936年6月10日做出的一份通缉书。被告人：屠广发，男，38岁，江都人，住小街，犯罪时间为1933年12月间。检察官依1933年修正的《禁烟法》第十一条“吸食鸦片、施打吗啡或使用鸦片之代用品者，处六个月以下有期徒刑、拘役或三百圆以下罚金，有瘾者并应限期令其戒绝”之规定起诉屠广发，屠在逃，迭经饬传未获，遂予以通缉。

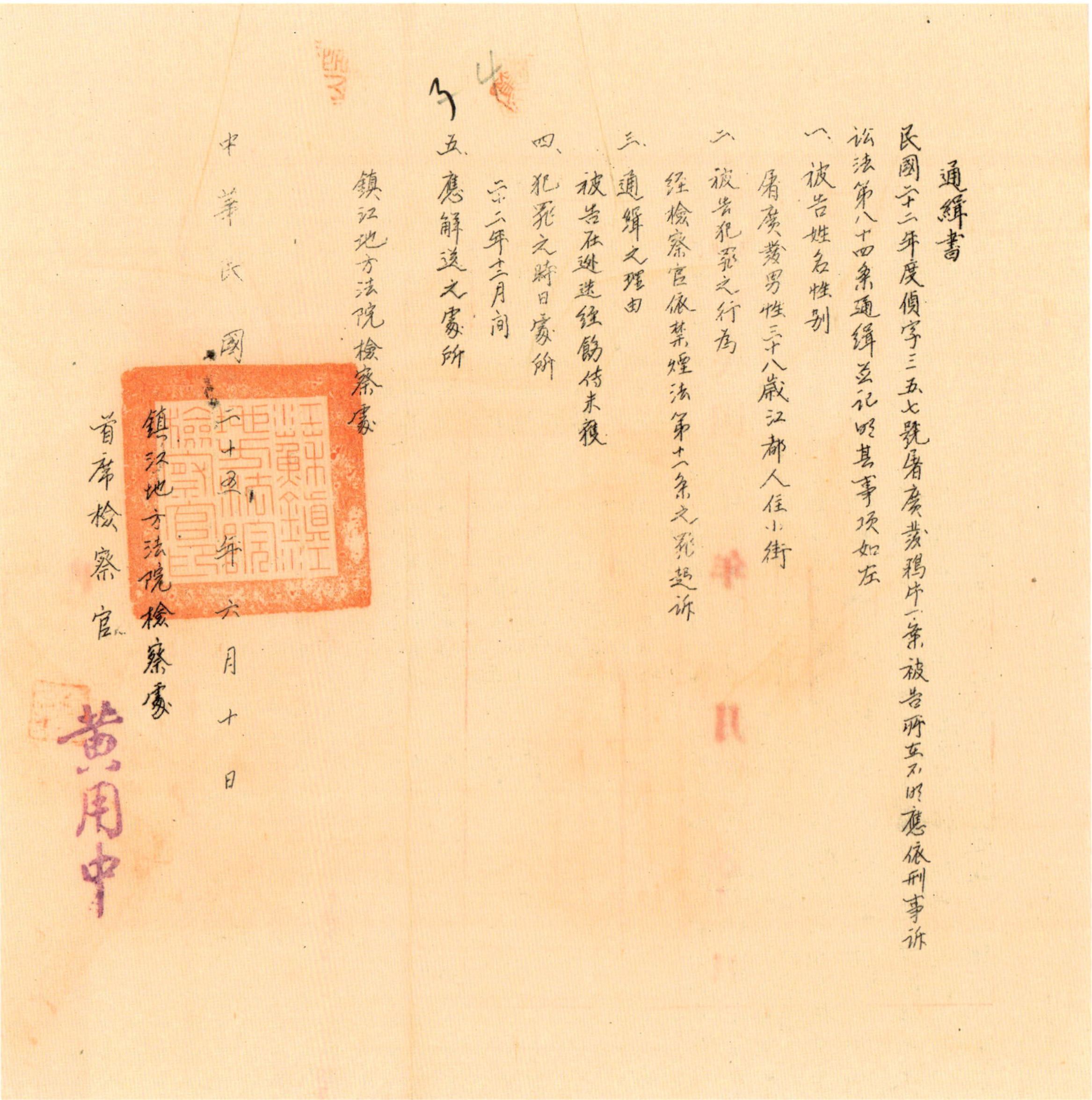

通緝書

民國廿二年度偵字三五七號屠廣發鴉片一案被告所在不明應依刑事訴訟法第八十四條通緝並記明其事項如左

一、被告姓名性別

屠廣發男性三十八歲江都人住小街

二、被告犯罪之行為

經檢察官依禁煙法第十一條之罪起訴

三、通緝之理由

被告在逃迭經飭傳未獲

四、犯罪之時日處所

廿二年十二月間

五、應解送之處所

鎮江地方法院檢察處

中華民國二十五年六月十日

鎮江地方法院檢察處

首席檢察官 黃用中

图2-1-7

8. 江苏镇江地方法院检察官通缉书（梁世亭脱逃案）（1936年）（档案号：A020-1936-002-1122-0001）

下图为镇江地方法院首席检察官李师沆于1936年10月26日做出的一份通缉书。被告人梁世亭，男，43岁，南宿州人，住梁家苑，犯罪时日为“二十一年一月十四日”，犯罪地点为“镇江小火车站”。通缉书载，案由为“鸦片”，通缉理由为“逃亡”，解送处所为“镇江地方法院检察处”。

梁世亭因鸦片案被镇江地方法院刑庭判处有期徒刑三个月，逃匿无踪，迭经饬警拘提均未获案，故被镇江地方法院检察处通缉。

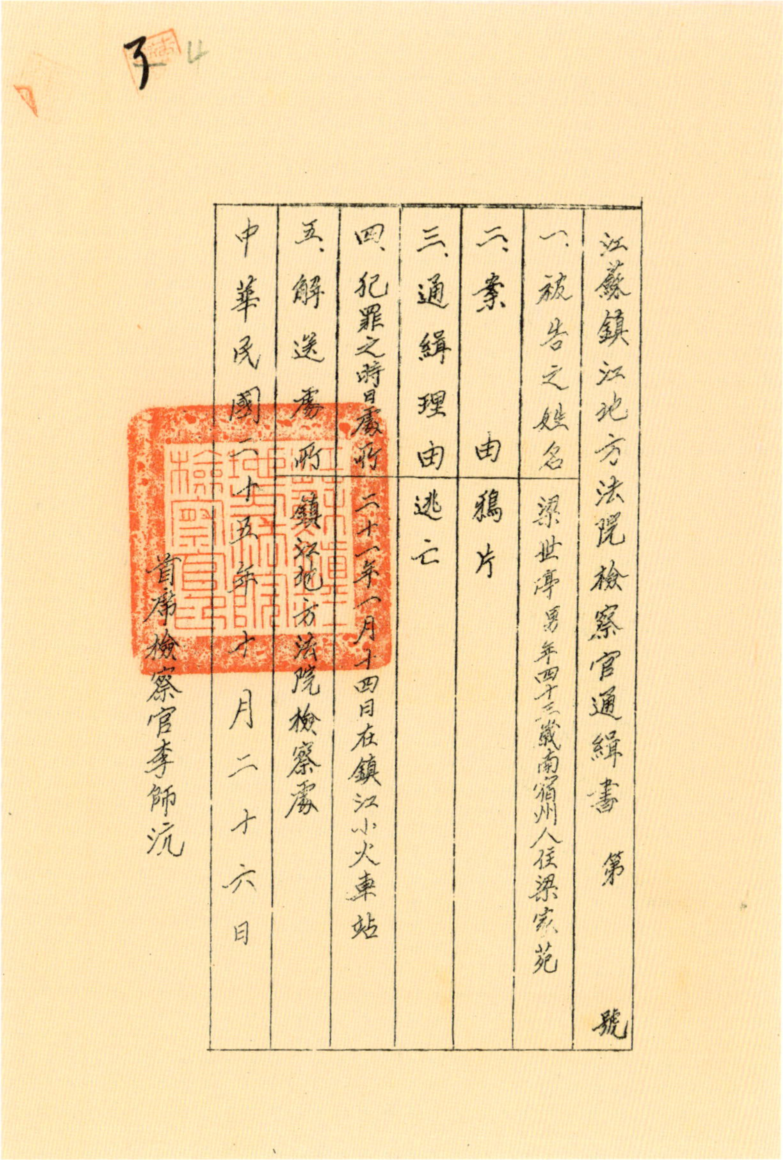
江蘇鎮江地方法院檢察官通緝書　第　號
一、被告之姓名　梁世亭男年四十三歲南宿州人住梁家苑
二、案　由　鴉片
三、通緝理由　逃亡
四、犯罪之時日處所　二十一年一月十四日在鎮江小火車站
五、解送處所　鎮江地方法院檢察處
中華民國二十五年十月二十六日
首席檢察官李師沆

图2-1-8

二、起诉类文书

1. 江苏镇江地方法院不起诉书抄件（袁长泰、袁式之土劣案）（1929年）（档案号：A020-1929-002-0921-0001）

右图为镇江地方法院检察官颜昌焘于1929年4月6日做出的不起诉书抄件。曹如宾的母亲曹苏氏到镇江地方法院控诉，称其子曹如宾“向食鸦片”，在袁长泰、袁式之的诱骗逼迫下负债累累，最终被迫向袁长泰出售田地50亩用于还债。检察官认为：“查原告诉人曹苏氏指诉被告袁长泰重利盘剥及压卖不动产各节，纯属片面之陈述，绝未有丝毫证据可以证明，自难置信……且曹如宾年已四十，何致无故甘愿受此巨大损失？所言殊反情理，况据证人冯镜如、陈茂盛供称，当买田兑价时系付的钱并未抵有借款等语更可证明……被告袁长泰、袁式之实无犯罪嫌疑，爰依《刑事诉讼法》第二百四十四条第二款不起诉。”

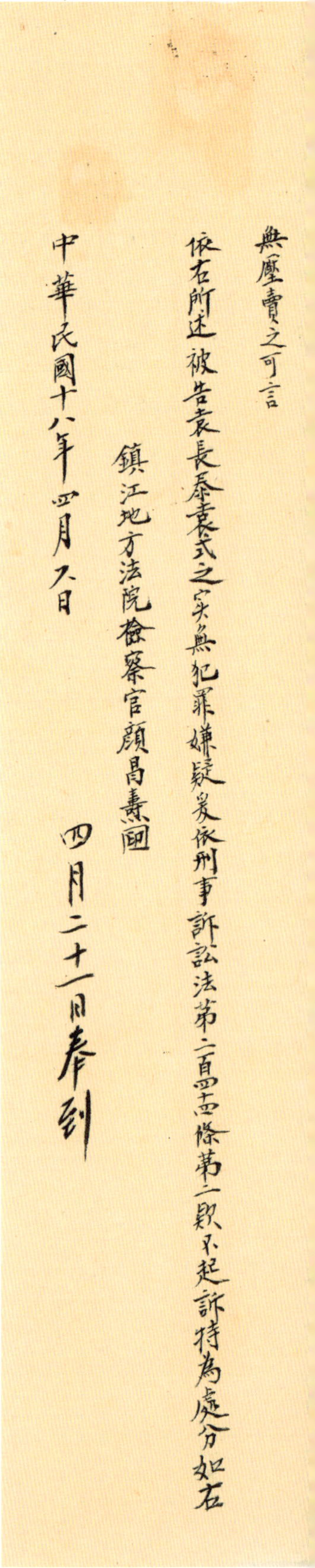
無壓賣之可言
依右所述被告袁長泰袁式之实無犯罪嫌疑爰依刑事訴訟法第二百四十四條第二款不起訴特為處分如右
鎮江地方法院檢察官顏昌燾印
中華民國十八年四月六日
四月二十一日奉到

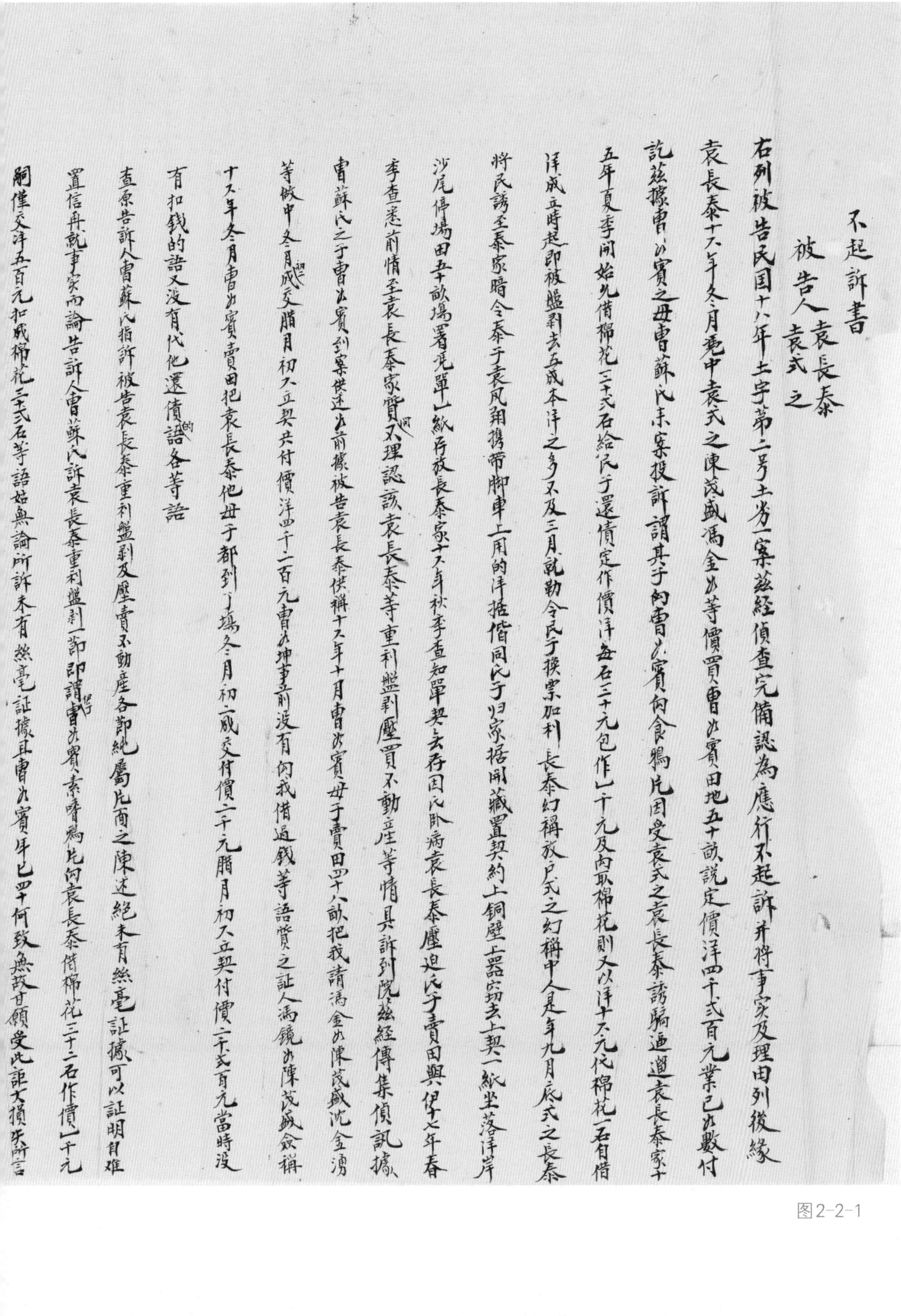

不起訴書

被告人袁長泰 袁式之

右列被告民国十八年土字第二号土劣一案茲經偵查完備認為應行不起訴并將事实及理由列後

緣袁長泰十八年冬月邀中袁式之陳茂盛馮金山等價買曹次賓田地五十畝說定價洋四千式百元業已如數付訖茲據曹次賓之母曹蘇氏来案投訴謂其子向曹次賓向食鴉片因受袁式之袁長泰誘騙通邀袁長泰家十五年夏季開始允借棉花三十式石給民子還債定作價洋每石三十元包作一千元及向取棉花則又以洋十六元伐棉花一石自借洋成立時起即被盤剥去至成本洋之多不及三月就勒令民子換票加利　長泰幻稱放戶式之幻稱中人是年九月底式之長泰將民誘至泰家暗令泰子袁凤翔携帶脚車上用的洋插偕同民子归家搭闹藏置契約上銅壁上器皿切去土契一紙坐落洋岸沙尾停場田五十畝塲署兒單山紙存放長泰家十八年秋季查知單契去存因民卧病袁長泰壓迫民子賣田與伊十七年春季查悉前情至袁長泰家質問又理認該袁長泰等重利盤剥壓買不動産等情具訴到院茲經傳集偵訊據曹蘇氏之子曹次賓到案供述如前據被告袁長泰供稱十八年十月曹次賓母子賣田四十八畝把我請馮金山陳茂盛沈金湧等做中冬月初二成交腊月初八立契共付價洋四千二百元曹次坤事前没有向我借過錢等語質之証人馮鏡如陳茂盛僉稱十八年冬月曹次賓賣田把袁長泰他母子都到了塲冬月初二成交付價二千元腊月初八立契付價二千式百元當時没有扣錢的語又没有代他還債的語各等語

查原告訴人曹蘇氏指訴被告袁長泰重利盤剥及壓賣不動産各節純屬片面之陳述絕未有絲毫証據可以証明自难置信再就事实而論告訴人曹蘇氏訴袁長泰重利盤剥一節即謂得曹次賓素嗜鴉片向袁長泰借棉花三十二石作價一千元嗣僅交洋五百元扣成棉花三十式石等語姑無論所訴未有絲毫証據且曹次賓年已四十何致無故甘願受此鉅大損失所言

图2-2-1

2. 江苏高等法院再议处分书（吴信礼等妨害权利案）（1929年）（档案号：A020-1929-002-0545-0001）

下图为江苏高等法院检察处于1929年7月20日做出的再议处分书。再议处分书载："查阅卷宗，声请人吴金保向吴孔氏买田，被告吴信礼向吴孔氏之子吴瑞根买田。该项田亩既以民事涉讼，在未解决以前，已应受民事之拘束。况据吴金保供称，吴信礼夫妇睡卧田内，阻止耕种，既非具有强暴胁迫之行为，即无所谓妨害权利，自与《刑法》第三百十八条之规定要件不符……原处分尚非不合，吴金保之再议理由，仍以补传证人为唯一之主张，殊难认为正当，爰依《刑事诉讼法》第二百五十条第一项前段之规定，予以驳回。"

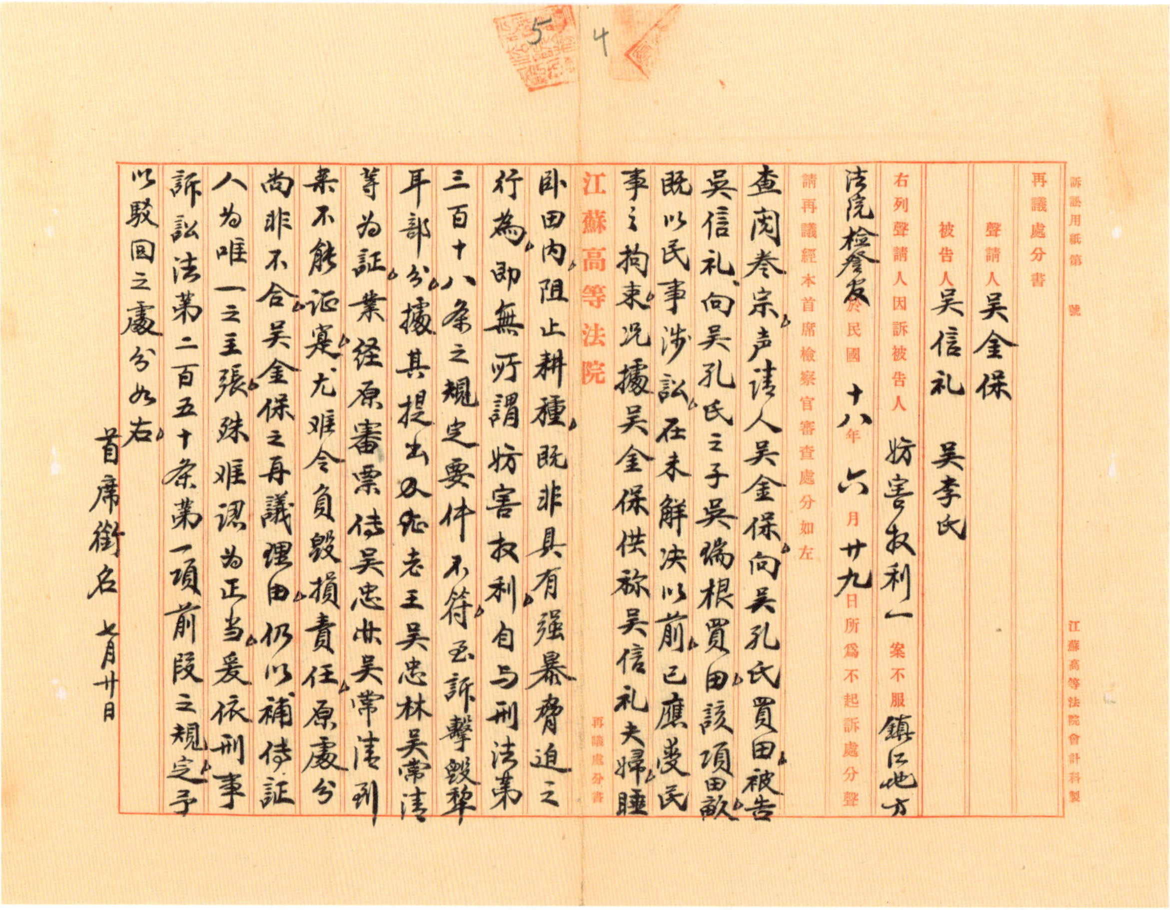
訴訟用紙第　號

再議處分書

聲請人 吴金保

被告人 吴信礼 吴李氏

右列聲請人因訴被告人妨害权利一案不服镇江地方法院檢察官於民國十八年六月廿九日所爲不起訴處分聲請再議經本首席檢察官審查處分如左

查阅卷宗，声請人吴金保向吴孔氏買田，被告吴信礼向吴孔氏之子吴瑞根買田，該項田畝既以民事涉訟，在未解决以前，已應受民事之拘束。况據吴金保供称，吴信礼夫婦睡卧田内，阻止耕種，既非具有强暴脅迫之行為，即無所謂妨害权利，自与刑法第三百十八条之規定要件不符。至訴擊毁犁耳部分，據其提出之證人王吴忠林、吴常清等為証，業经原審票傳吴忠世、吴常清到案，不能证實，尤难令負毁損責任。原處分尚非不合，吴金保之再議理由仍以補傳証人為唯一之主張，殊难認為正当。爰依刑事訴訟法第二百五十条第一項前段之規定，予以駁回之處分如右。

首席銜名 七月廿日

江蘇高等法院

再議處分書

江蘇高等法院會計科製

图2-2-2

3. 江苏镇江地方法院检察处再议处分书（陈肖文诈欺案）（1929年）（档案号：A020-1929-002-0714-0001）

本组图为镇江地方法院检察处首席检察官徐世勋于1929年10月11日做出的再议处分书。声请人：熊芝开；被告人：陈肖文。熊芝开提出，陈肖文多次向其诈取钱财。“阴历四月初一日，栽民家圂圊妨碍交通，遣派家丁将民拘至伊家，经伊佃徐加贵劝给十元，交伊家丁季厚祥收去寝事。又二十三日借民田有蝗蝻为题，令局丁将民捕至伊家，勒民出洋数十元。当因难逃伊网，允给三十六元，先凭伊管账之王国源及邻人王竹庆交给三十元，下欠六元，仍派家丁、局丁追索，并欲格外索民酬劳费十余元……”熊芝开将陈肖文诉至东台县政府，请求追究其诈欺取财的刑事责任。1929年8月26日，东台县政府做出不起诉决定。熊芝开不服该决定，依据相关法律规定，向镇江地方法院提出再议声请。

镇江地方法院检察处首席检察官徐世勋认为：“熊芝开所诉陈肖文以限拆圂圊及不灭蝗蝻为由先后诈财各情，全属虚诬。至所称借二五库券勒索一节，业经该县前县长查明全属子虚，而熊芝开复不能举出何种确切证据，更无诈欺之可言。本案被告人陈肖文被诉诈欺取财犯罪不能证明。原处分依《刑事诉讼法》第二百四十四条第二款不予起诉，自属正当。乃该告诉人熊芝开声请再议意旨，徒以‘县委至乡调查此案，陈肖文钱能役鬼，势可通天，难免贿赂’等无据空言相攻击，毫无理由，合依同法第二百五十条驳回之。”

1935年前南京国民政府《法院组织法》实施以前，镇江地方法院管辖镇江一县的一审民刑案件，同时也管辖镇江、丹阳、金坛、扬中、江都、泰县、泰兴、如皋、仪征、高邮、兴化、东台的二审民刑案件。该再议处分书即是镇江地方法院对东台实施二审管辖权的体现。1935年《法院组织法》实施后，镇江地方法院仅管辖镇江一县的一审民刑案件，上述各县的二审民刑案件由江苏高等法院第五分院（驻镇江）管辖。

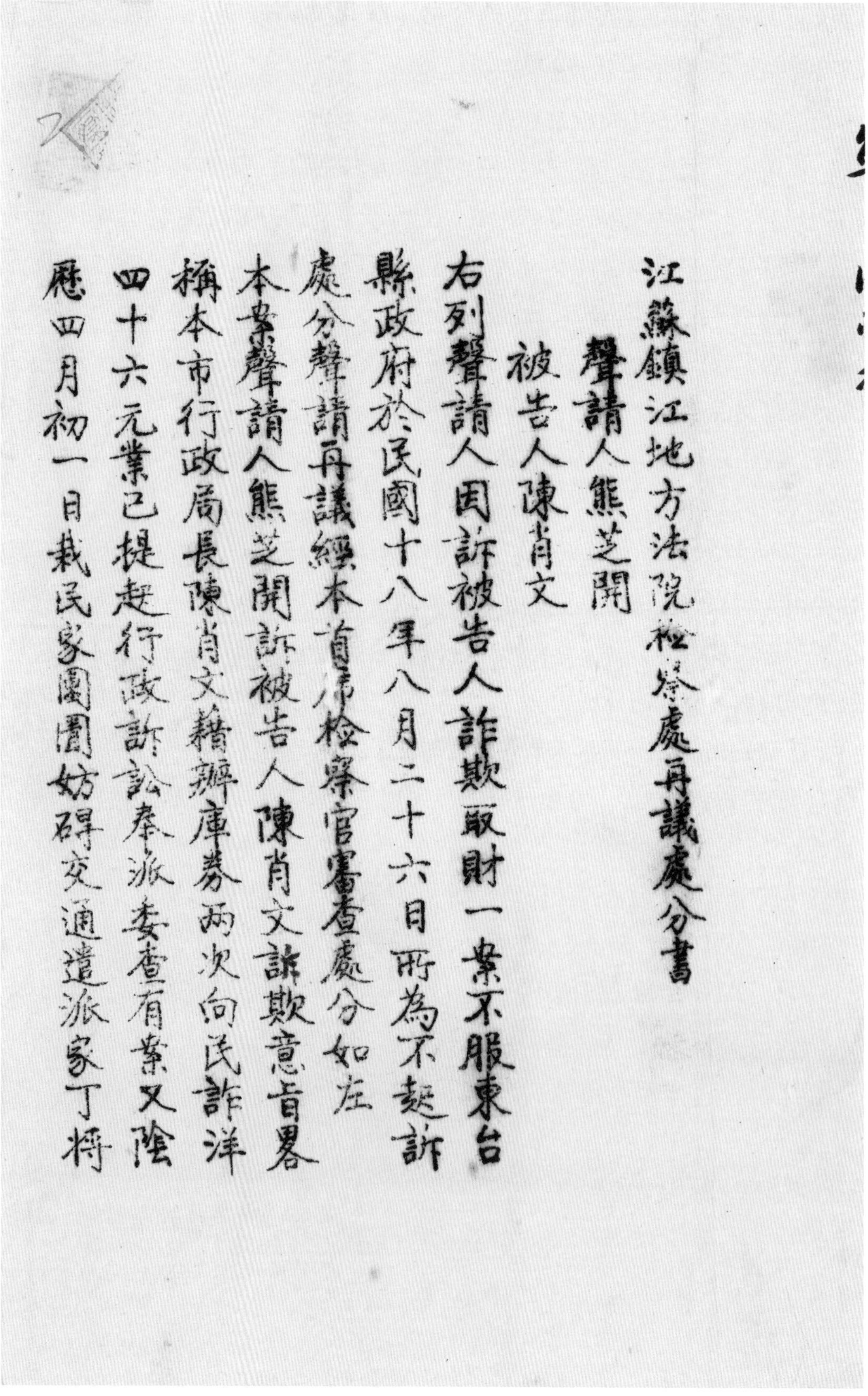
江蘇鎮江地方法院檢察處再議處分書
聲請人熊芝開
被告人陳肖文
右列聲請人因訴被告人詐欺取財一案不服東台
縣政府於民國十八年八月二十六日所為不起訴
處分聲請再議經本首席檢察官審查處分如左
本案聲請人熊芝開訴被告人陳肖文詐欺意旨畧
稱本市行政局長陳肖文籍辦庫劵兩次向民詐洋
四十六元業已提起行政訴訟奉派委查有案又陰
歷四月初一日栽民家園圍妨碍交通遣派家丁將

图2-2-3-1

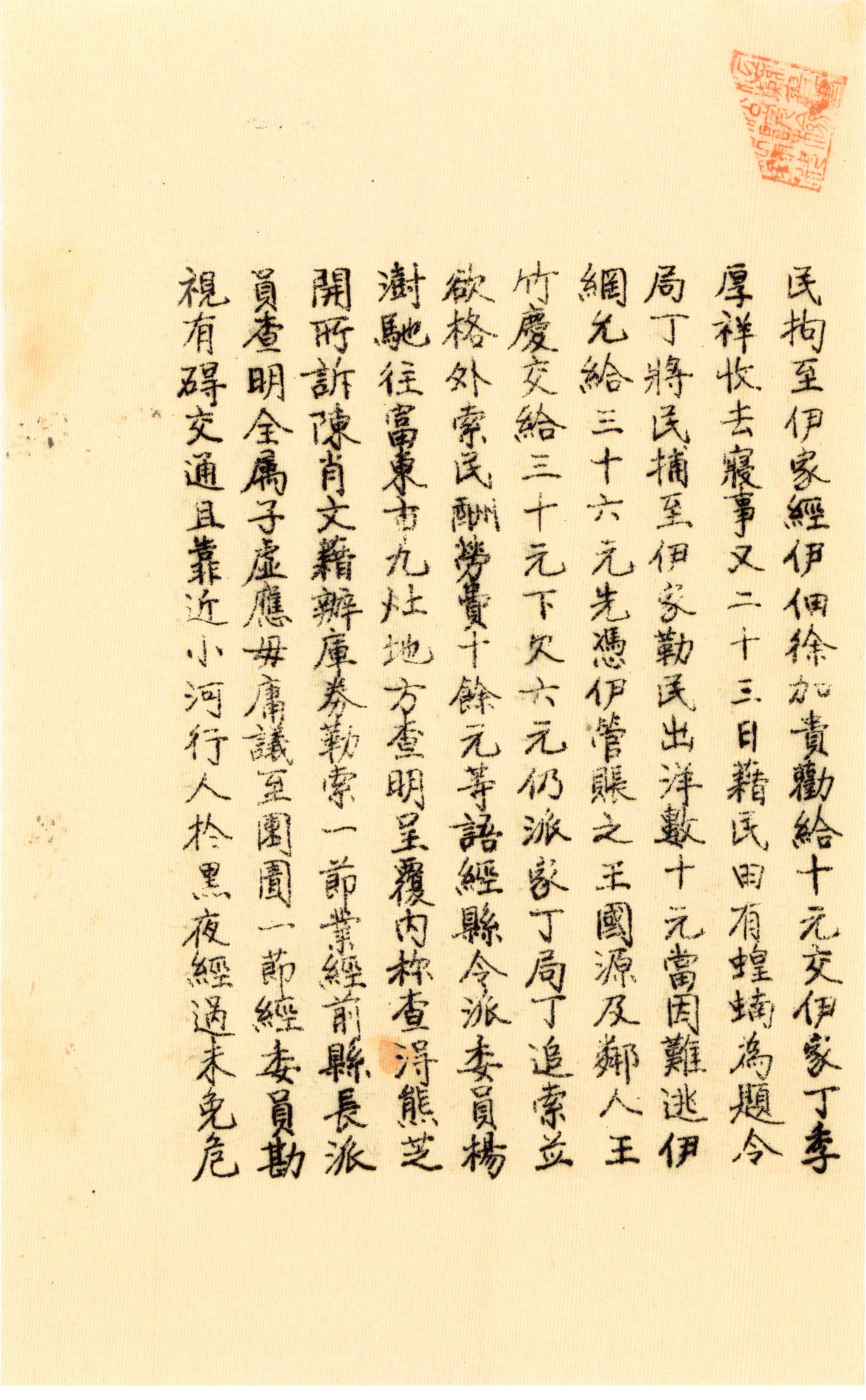
民拘至伊家經伊佃徐加貴勸給十元交伊家丁季
厚祥收去寢事又二十三日藉民田有蝗蝻為題令
局丁將民捕至伊家勒民出洋數十元當因難逃伊
綱允給三十六元先憑伊管賬之王國源及鄰人王
竹慶交給三十元下欠六元仍派家丁局丁追索並
欲格外索民酬勞費十餘元等語經縣令派委員楊
澍馳往當東市九灶地方查明呈覆內稱查得熊芝
開所訴陳肖文藉辦庫券勒索一節業經前縣長派
員查明全屬子虛應毋庸議至團圍一節經委員勘
視有碍交通且靠近小河行人於黑夜經過未免危

图2-2-3-2

險值茲夏令穢氣四溢亦不宜于衛生復詢鄰人僉
謂陳肖文平日頗憐其貧苦何得有索詐十元之舉
況所称之徐家貴即徐嘉貴年已六十開係客籍自
來該市開設徐義泰雜貨布店已有多年並未佃種
陳肖文田畝所云家丁李厚祥早已不在陳肖文家
服役是所稱徐嘉貴勸伊給十元交李厚祥收去云
云似不足信至蝗蝻問題允給三十六元一節查悉
此事係熊習開與張遠威田壤相連熊田發現蝗蝻
漸漸跳入張田張向熊商催其挖濠撲滅熊置不理
張以本市行政局長陳肖文治蝗外出即赴富安公

图2-2-3-3

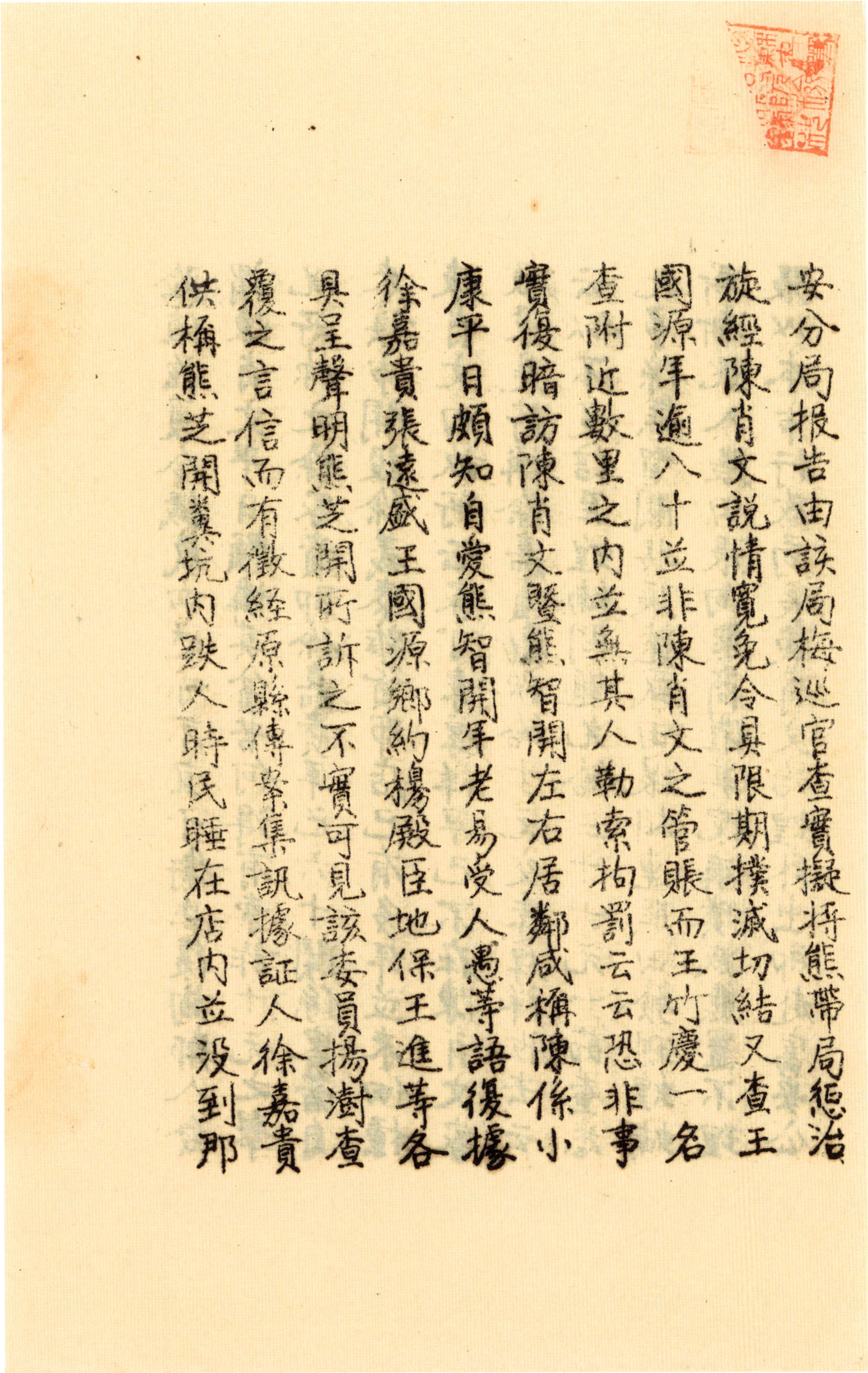

安分局報告由該局梅巡官查實擬將熊帶局懲治旋經陳肖文說情寬免令具限期撲滅切結又查王國源年逾八十並非陳肖文之管賬而王竹慶一名查附近數里之內並無其人勒索拘罰云云恐非事實復暗訪陳肖文暨熊智開左右居鄰咸稱陳係小康平日頗知自愛熊智開年老易受人愚等語復據徐嘉貴張遠盛王國源鄉約楊殿臣地保王進等各具呈聲明熊芝開所訴之不實可見該委員揚澍查覆之言信而有徵經原縣傳案集訊據證人徐嘉貴供稱熊芝開糞坑內跌入時民睡在店內並沒到那

图2-2-3-4

地方上去也沒有代熊芝開墊錢的話民人房子住的熊芝開的本家的民人並沒有人種陳育文的田這王竹慶民人並不知道他叫個王竹慶又據汪國源供称年八十二歲今年蝗蟲的事是西市梅巡官去查勘在徐姓店内說話是不錯的並沒有叫熊芝開出錢的話僅叫他具了一張結也沒有陳育文叫出錢的話是實又李厚祥供稱熊芝開為蝗蟲的事是姓張的在富西公安局報告經梅巡官去查是不錯的至於糞坑的事是夏許臣跌在那裡與陳育文無關陳育文連這件事體縂不知道的又張遠盛供

图2-2-3-5

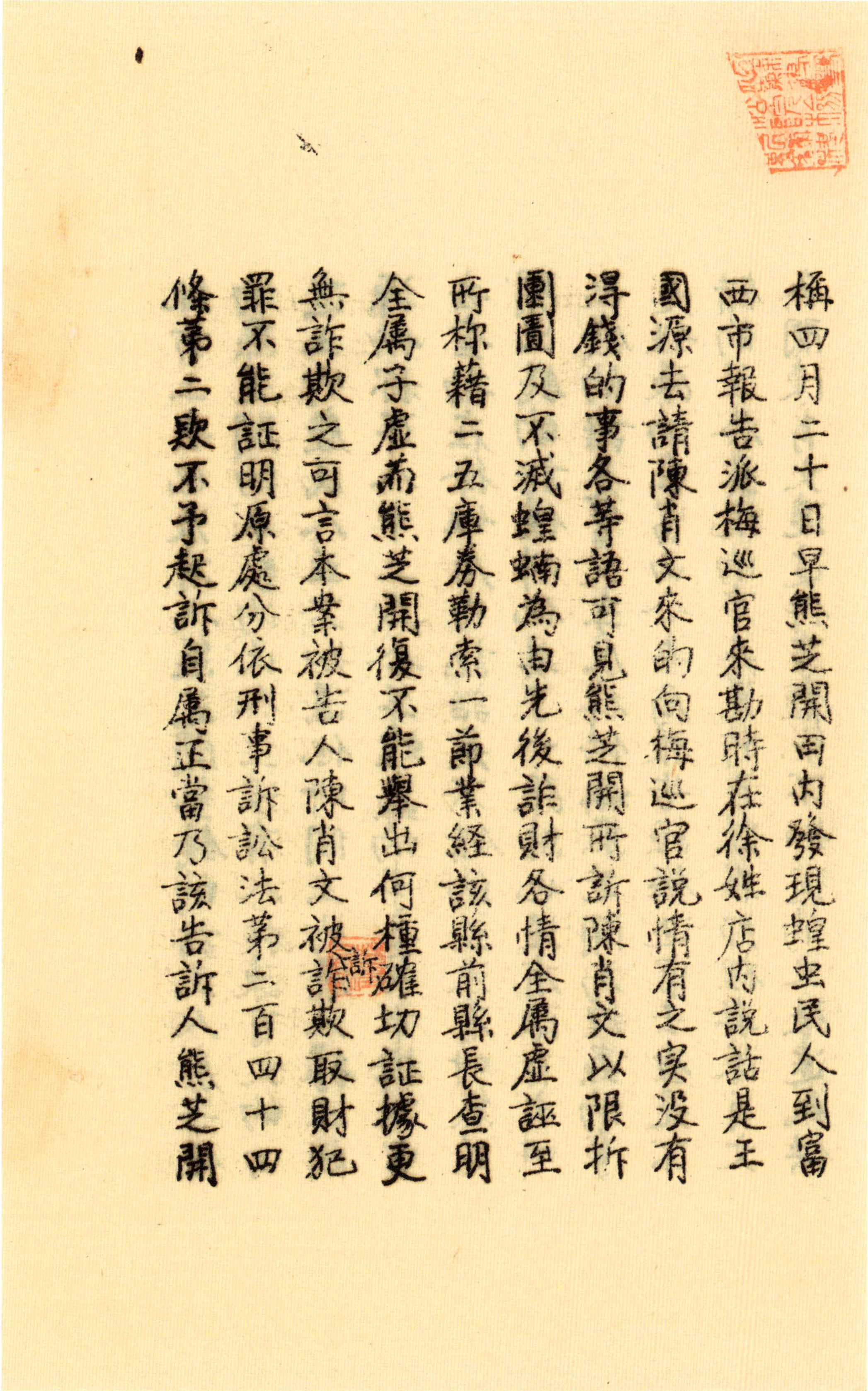

稱四月二十日早熊芝開田內發現蝗虫民人到富西市報告派梅巡官來勘時在徐姓店內說話是王國源去請陳肖文來的向梅巡官說情有之实没有得錢的事各等語可見熊芝開所訴陳肖文以限折團圓及不滅蝗蝻為由先後詐財各情全屬虛誣至所称藉二五庫券勒索一節業經該縣前縣長查明全屬子虛而熊芝開復不能舉出何種確切証據更無詐欺之可言本案被告人陳肖文被訴詐欺取財犯罪不能証明爰處分依刑事訴訟法第二百四十四條第二欵不予起訴自屬正當乃該告訴人熊芝開

图2-2-3-6

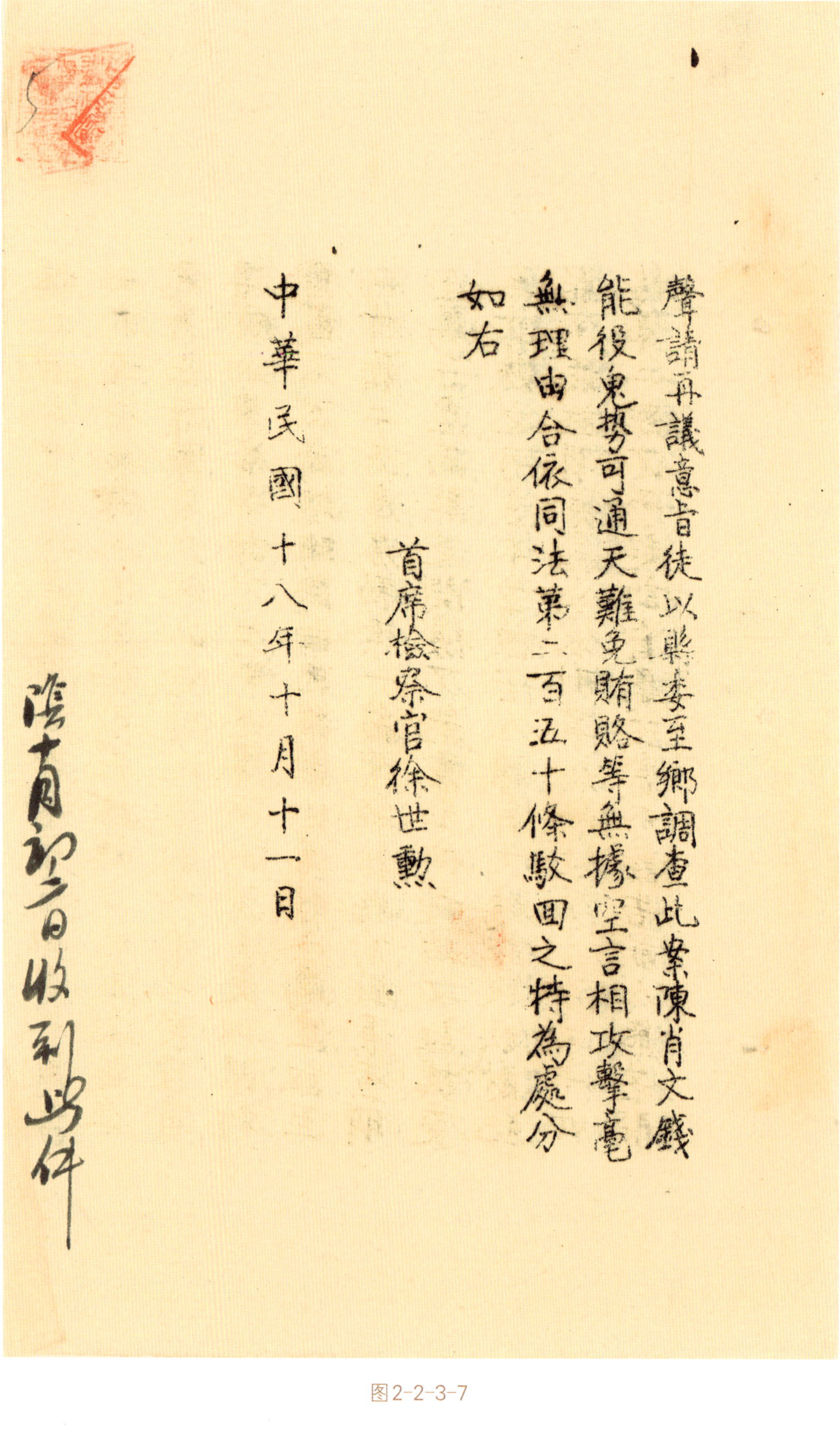

聲請再議意旨徒以縣委至鄉調查此案陳肖文錢能役鬼勢可通天難免賄賂等無據空言相攻擊毫無理由合依同法第二百五十條駁回之特為處分如右

首席檢察官徐世勳

中華民國十八年十月十一日

陳肖文二日收到此件

图2-2-3-7

4. 江苏镇江地方法院检察处不起诉书（李长有过失致死案）（1929年）（档案号：A020-1930-002-0473-0001）

本组图为镇江地方法院检察官胡亮于1929年12月21日做出的不起诉书。被告人李长有系船工，1932年11月5日晚9时许，李长有所驾船只与胡长保所驾船只在长江江面发生碰撞，胡长保所驾船只“乘客郑邵氏、郑盛仪、刘才壮、秦瑞生、秦瑞云及胡长保之妻暨二岁之子俱坠落江中，旋郑盛仪、胡长保等为他划所救，郑邵氏、胡长

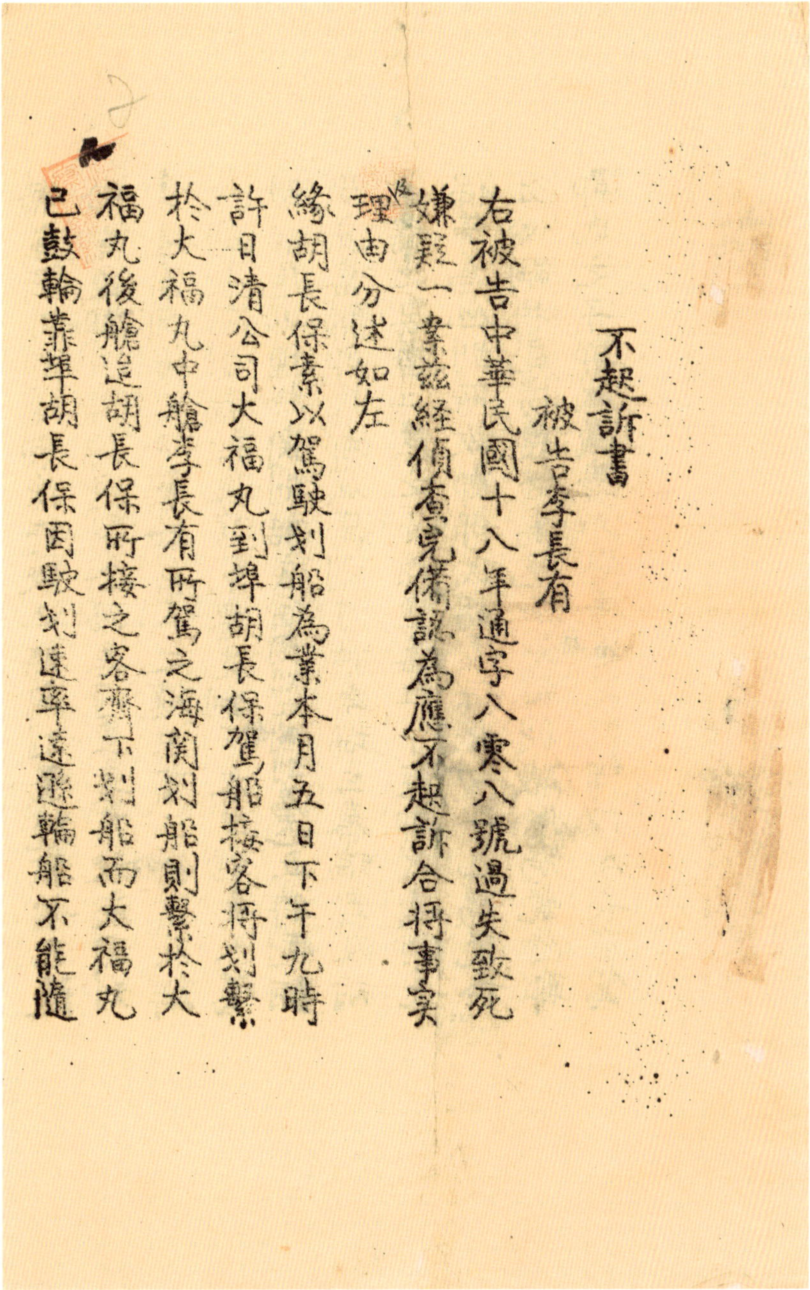

不起訴書
被告李長有
右被告中華民國十八年通字八零八號過失致死嫌疑一案茲經偵查完備認為應不起訴合將事实理由分述如左
緣胡長保素以駕駛划船為業本月五日下午九時許日清公司大福丸到埠胡長保駕船接客將划繫於大福丸中艙李長有所駕之海関划船則繫於大福丸後艙迨胡長保所接之客齊下划船而大福丸已鼓輪靠埠胡長保因駛划速率遠遜輪船不能隨

图2-2-4-1

保之幼子已溺毙于江心”。镇江地方法院检察处侦查后认为：“胡长保划船之倒翻，李长有既因不及解缆退让之故，并无撞翻胡长保船之故意及撞翻胡长保船之过失，则其对于郑邵氏及胡长保二岁幼子之溺毙，自无刑事上责任可言，合依《刑事诉讼法》第二百四十四条第二款不起诉。”

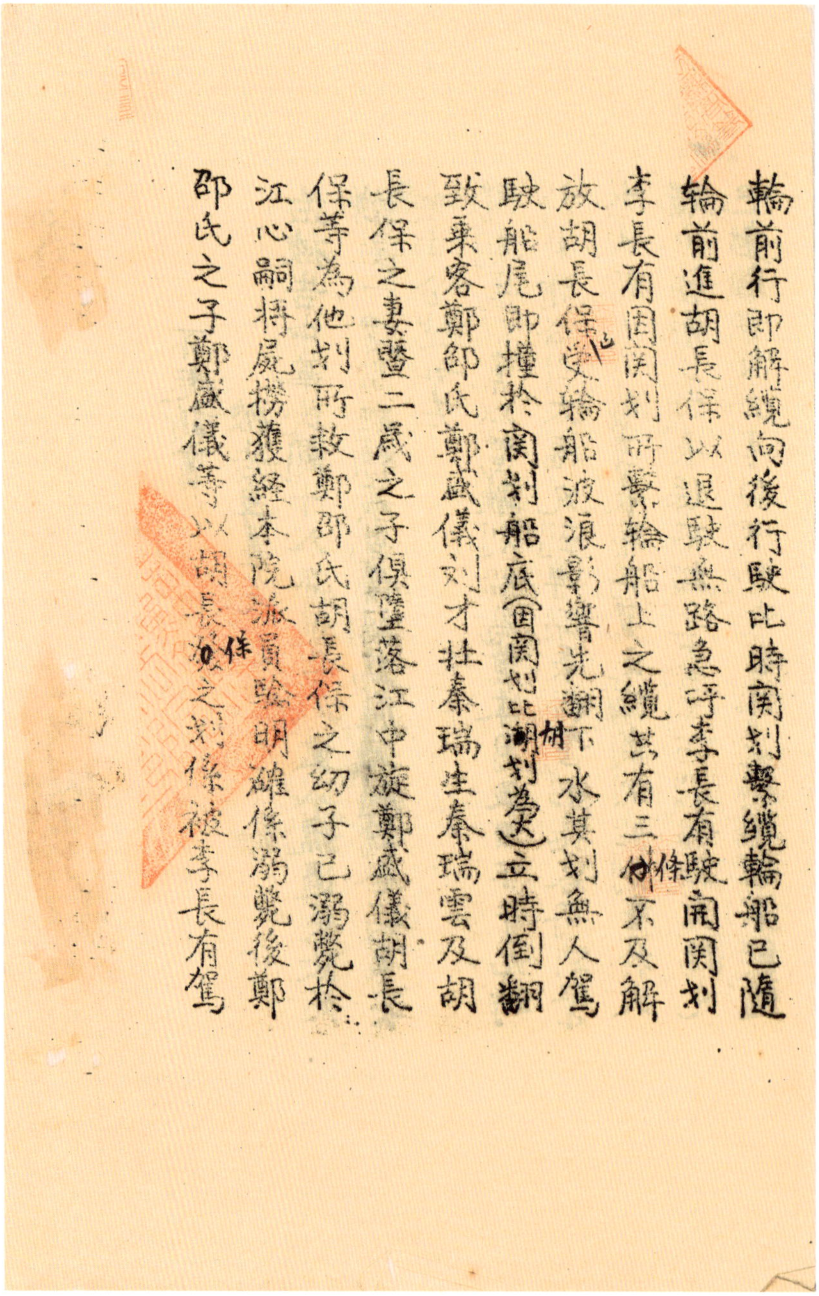
輪前行即解纜向後行駛比時閔划繫纜輪船已隨
輪前進胡長保以退駛無路急呼李長有駛開閔划
李長有因閔划所繫輪船上之纜共有三條不及解
放胡長保受輪船波浪影響先翻下水其划無人駕
駛船尾即撞於閔划船底(因閔划比胡划為大)立時倒翻
致乘客鄭邵氏鄭葳儀刘才壯秦瑞生秦瑞雲及胡
長保之妻暨二歲之子俱墮落江中旋鄭葳儀胡長
保等為他划所救鄭邵氏胡長保之幼子已溺斃於
江心嗣將屍撈獲經本院派員驗明確係溺斃後鄭
邵氏之子鄭葳儀等以胡長保之划係被李長有駕

图2-2-4-2

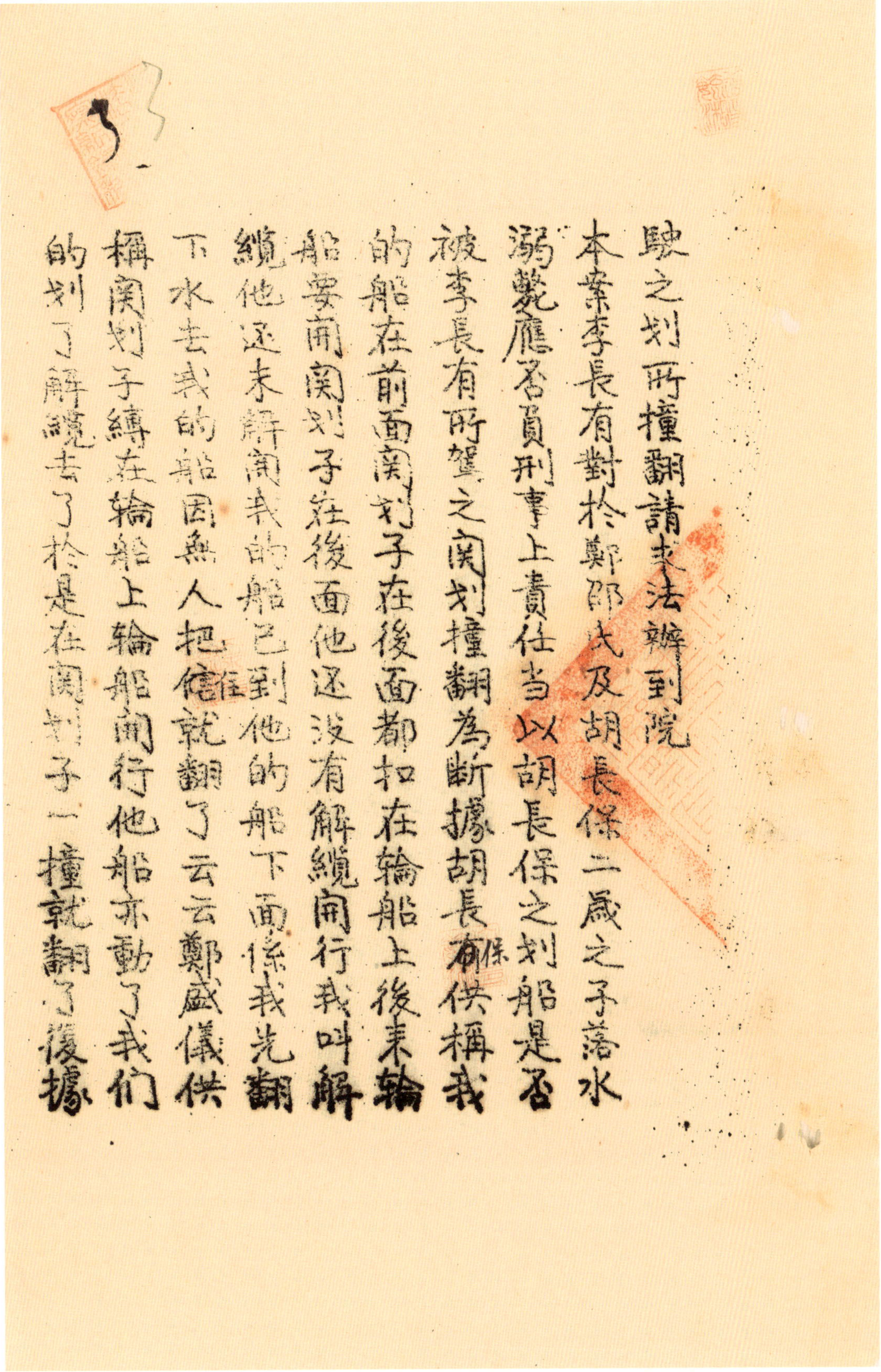

駛之划所撞翻請求法辦到院
本案李長有對於鄭邵氏及胡長保二歲之子落水
溺斃應否負刑事上責任當以胡長保之划船是否
被李長有所駕之関划撞翻為斷據胡長保供稱我
的船在前面関划子在後面都扣在輪船上後來輪
船要開関划子在後面他还没有解纜開行我叫解
纜他还未解開我的船已到他的船下面係我先翻
下水去我的船因無人把住就翻了云云鄭盛儀供
稱関划子縛在輪船上輪船開行他船亦動了我们
的划了解纜去了於是在関划子一撞就翻了後據

图2-2-4-3

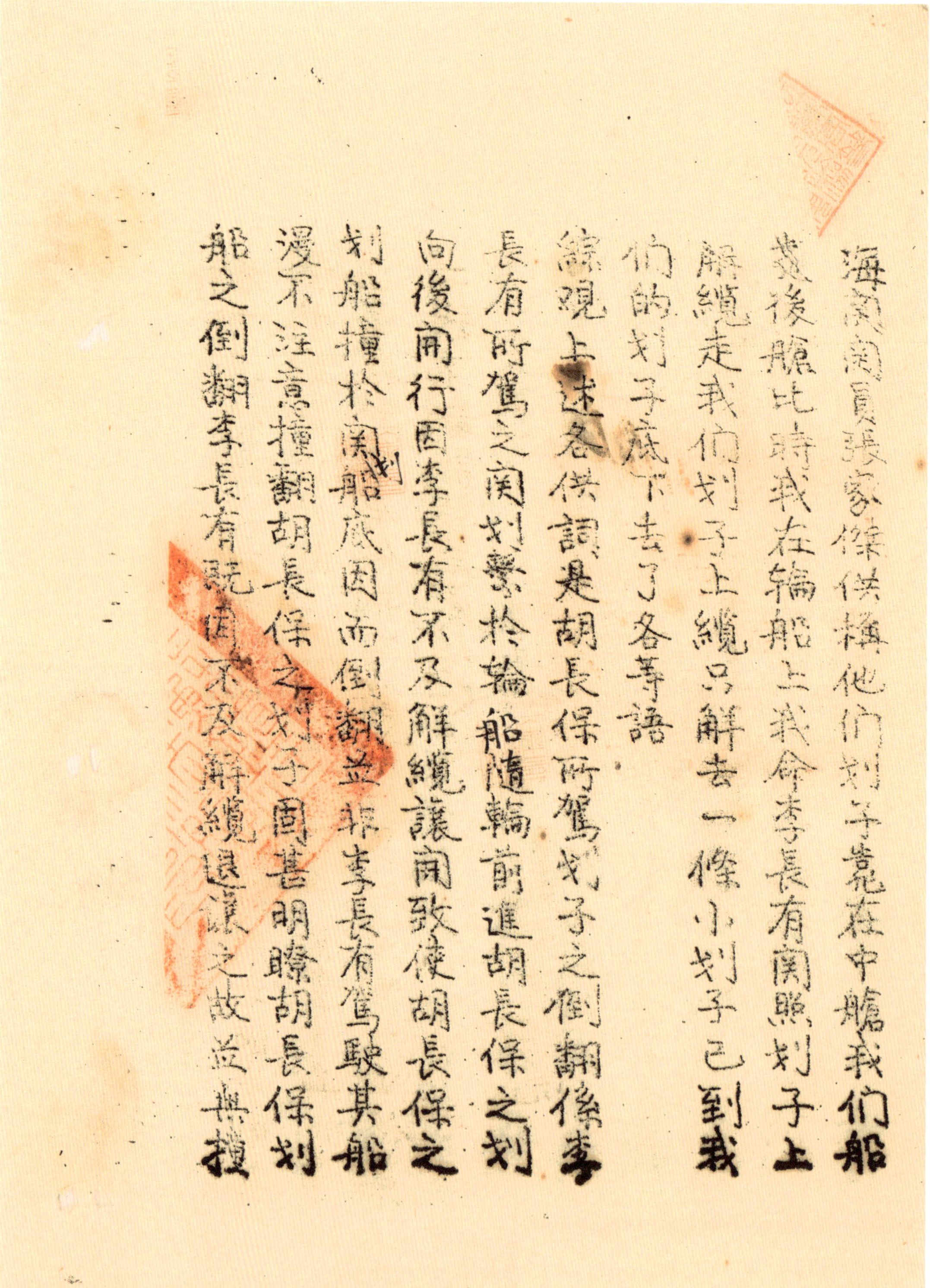

海関関員張家傑供稱他们划子靠在中艙我们船旁後艙比時我在輪船上我命李長有関照划子上解纜走我们划子上纜只解去一條小划子已到我们的划子底下去了各等語

綜覌上述各供詞是胡長保所駕划子之倒翻係李長有所駕之関划繫於輪船隨輪前進胡長保之划向後開行因李長有不及解纜讓開致使胡長保之划船撞於関划船底因而倒翻並非李長有駕駛其船漫不注意撞翻胡長保之划子固甚明瞭胡長保划船之倒翻李長有既因不及解纜退讓之故並無撞

图2-2-4-4

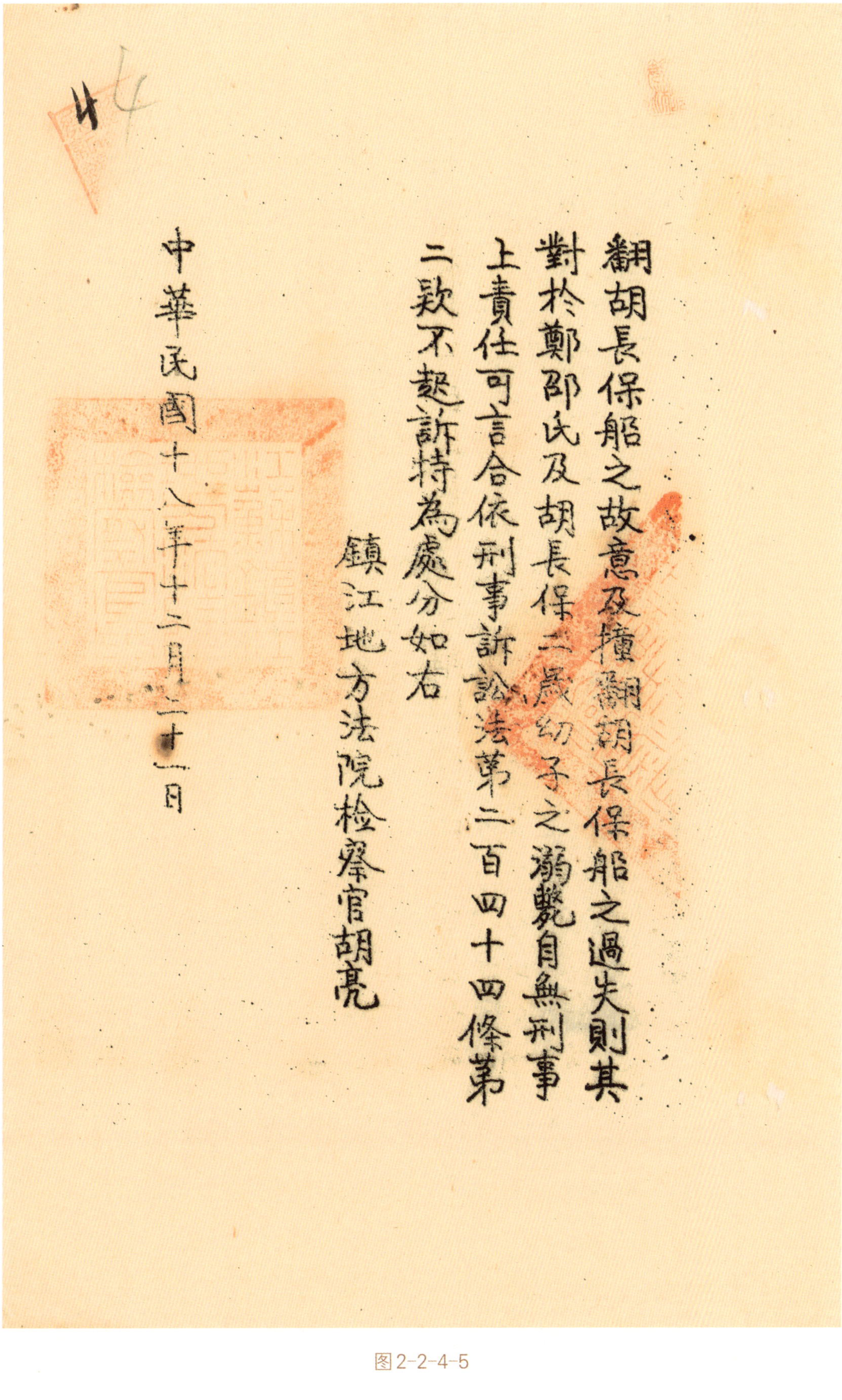

44

翻胡長保船之故意及擅翻胡長保船之過失則其
對於鄭邵氏及胡長保二歲幼子之溺斃自無刑事
上責任可言合依刑事訴訟法第二百四十四條第
二款不起訴特為處分如右

鎮江地方法院檢察官胡亮

中華民國十八年十二月二十一日

图2-2-4-5

5. 最高法院检察署处分书（陈立人等侵占案）（1930年）（档案号：A020-1929-002-0697-0001）

本组图为最高法院检察署检察长郑烈、书记官曾师农于1930年3月26日做出的处分书。声请人：夏云山，男，36岁，镇江县人，住盆汤巷；被告人：陈立人、纪永年、柳步云、高瑞图、李德洪。夏云山是大观园浴堂的经理，其认为陈立人等5人互相勾结侵占大观园应得之利息，遂向镇江地方法院提起诉讼，后又不服江苏高等法院所为驳回声请再议处分，向最高法院声请再议。最高法院检察署检察长郑烈结合在案证据，对夏云山的声请做出部分认可的决定。

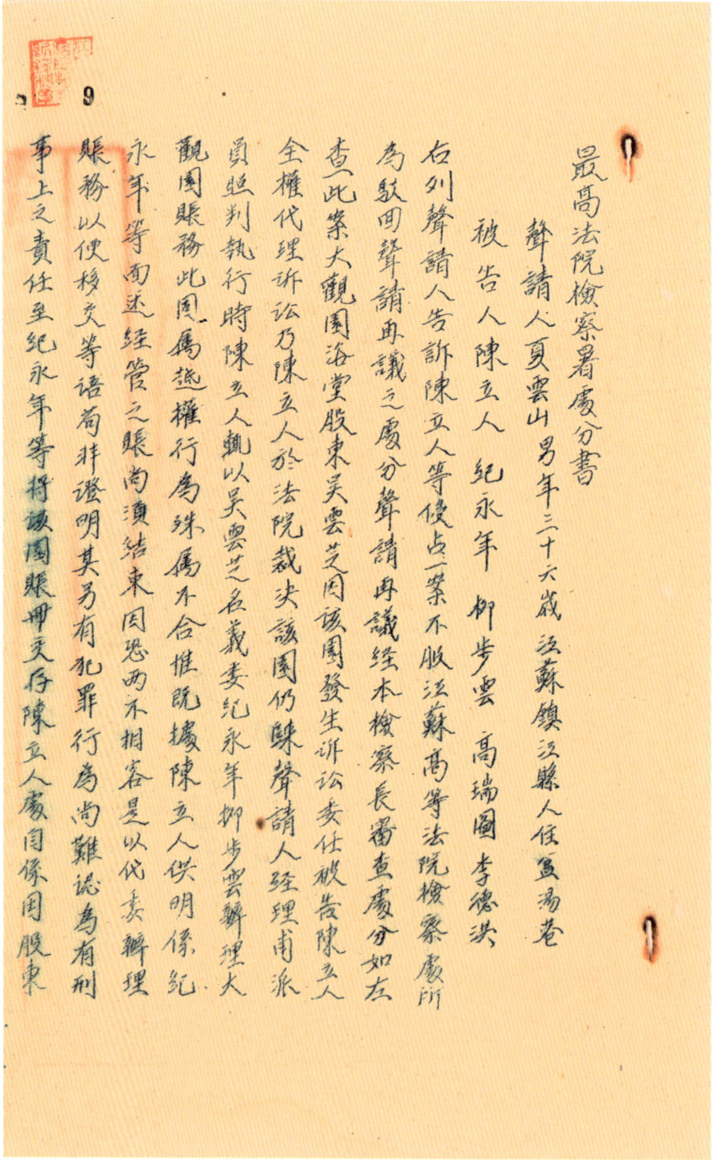
9

最高法院檢察署處分書

聲請人夏雲山男年三十六歲江蘇鎮江縣人住盆湯巷

被告人陳立人 紀永年 柳步雲 高瑞圖 李德洪

右列聲請人告訴陳立人等侵占一案不服江蘇高等法院檢察處所為駁回聲請再議之處分聲請再議經本檢察長審查處分如左

查此案大觀園浴堂股東吳雲芝因該園發生訴訟委任被告陳立人全權代理訴訟乃陳立人於法院裁決該園仍歸聲請人經理甫派員照判執行時陳立人輒以吳雲芝名義委紀永年柳步雲辦理大觀園賬務此固屬越權行為殊屬不合惟既據陳立人供明係紀永年等兩造經管之賬尚須結束因恐兩不相容是以代委辦理賬務以便核交等語苟非證明其另有犯罪行為尚難認為有刑事上之責任至紀永年等將該園賬冊交存陳立人處自係因股東

图2-2-5-1

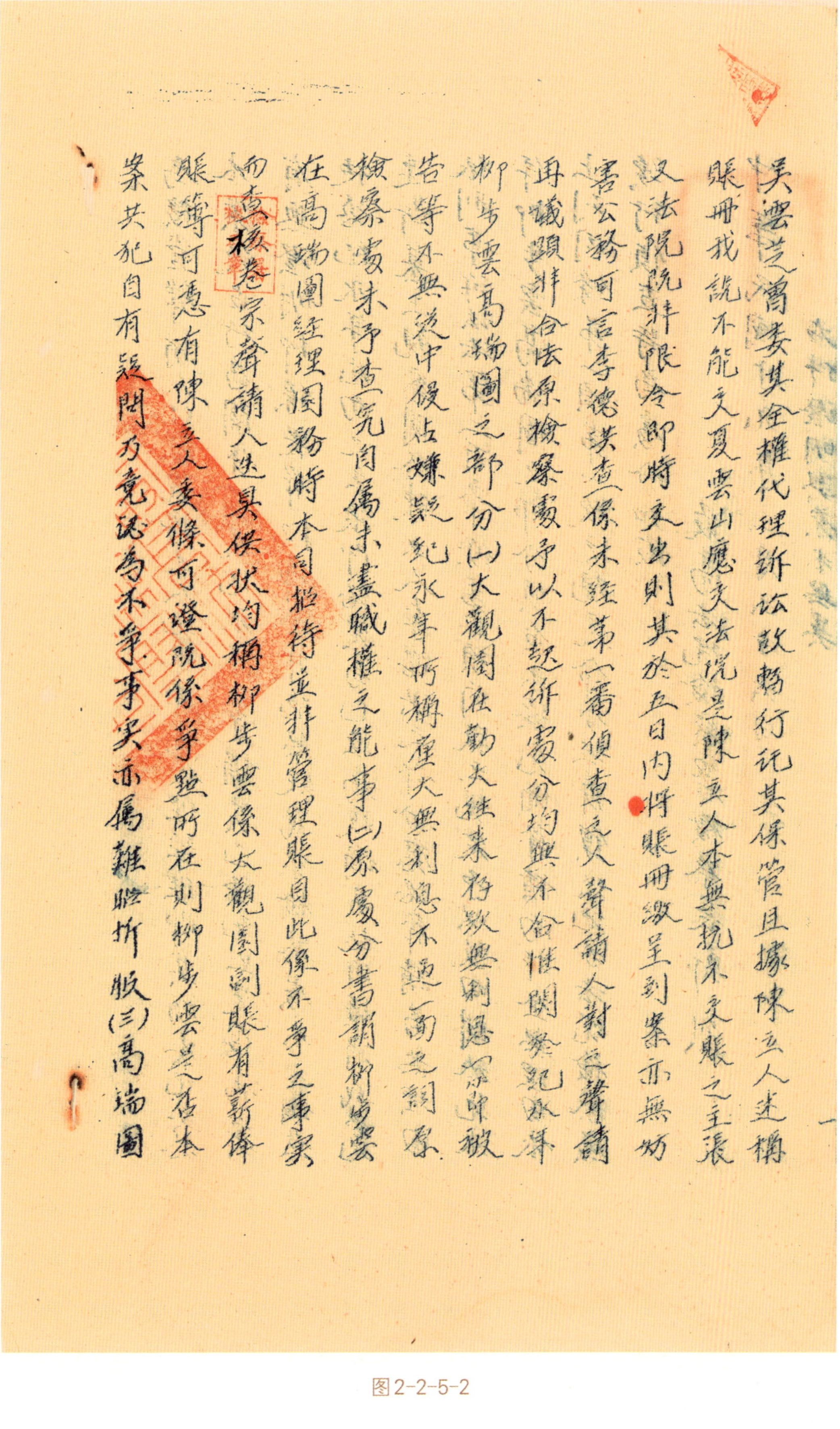
吴雲芝曾委其全權代理訴訟故暫行託其保管且據陳立人述稱
賬冊我説不能交夏雲山應交法院是陳立人本無抗不交賬之主張
又法院既非限令即將交出則其於五日内將賬冊繳呈到案亦無妨
害公務可言李德洪查係未經第一審偵查之人聲請人對之聲請
再議顯非合法原檢察處予以不起訴處分均無不合惟關於紀永年
柳步雲高瑞圖之部分(一)大觀園在勤大往來存款無利息此即被
告等不無從中侵占嫌疑紀永年所稱雇大無利息不過一面之詞原
檢察處未予查究自屬未盡職權之能事(二)原處分書謂柳步雲
在高瑞圖經理園務時本司招待並非管理賬目此係不爭之事實
而查核卷宗聲請人迭具供狀均稱柳步雲係大觀園副賬有薪俸
賬簿可憑有陳立人委條可證既係爭點所在則柳步雲是否本
案共犯自有疑問乃竟認為不爭事實亦屬難以折服(三)高瑞圖

图2-2-5-2

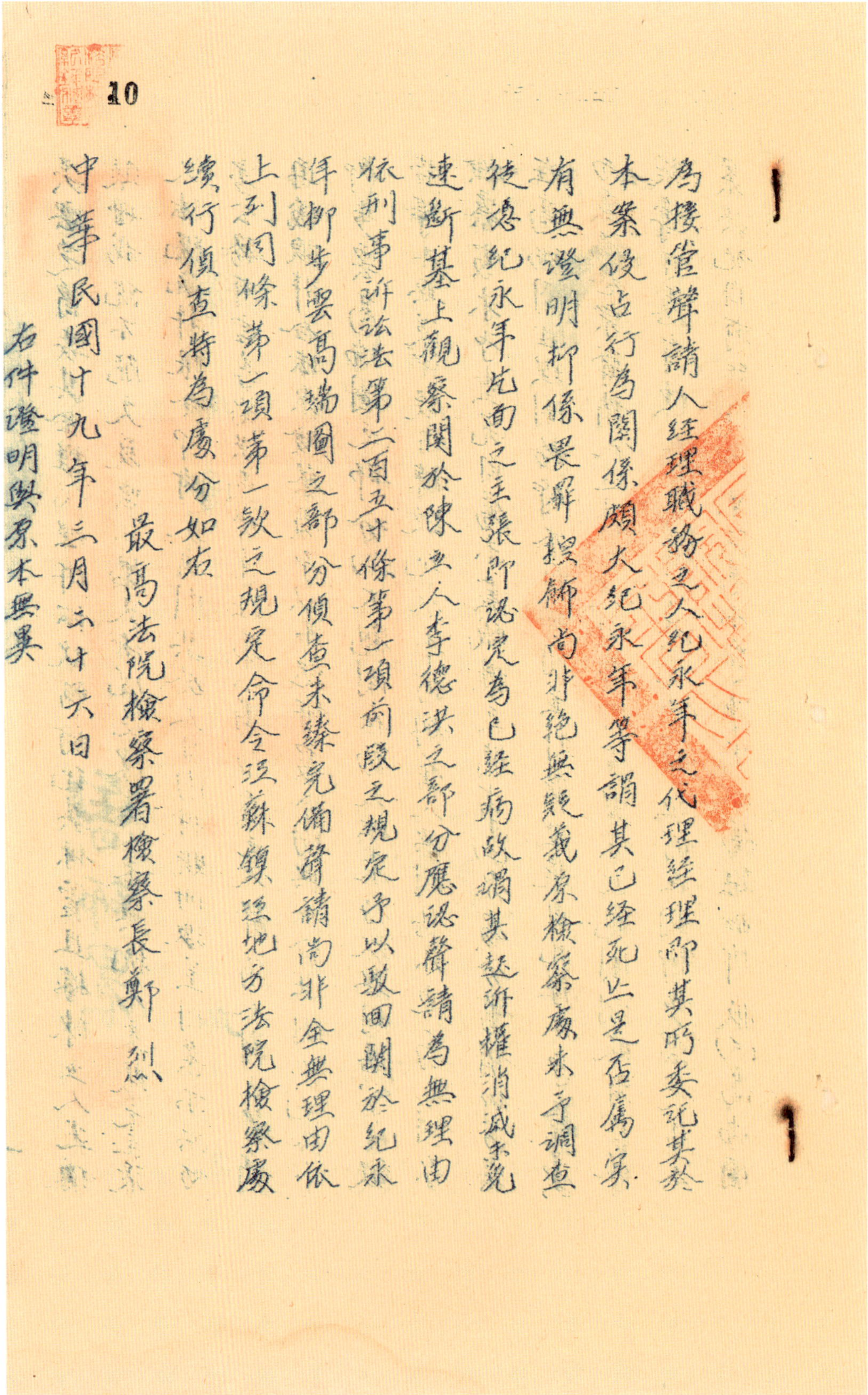
10

為接管聲請人經理職務之人紀永年之代理經理即其所委託其替
本案侵占行為關係頗大紀永年等謂其已經死亡是否屬實
有無證明抑係畏罪規避尚非絕無疑義原檢察處未予調查
徒憑紀永年片面之主張即認定為已經病故謂其起訴權消滅未免
速斷基上觀察關於陳立人李德洪之部分應認聲請為無理由
依刑事訴訟法第二百五十條第一項前段之規定予以駁回關於紀永
年柳步雲髙端圖之部分偵查未臻完備聲請尚非全無理由依
上列同條第一項第一款之規定命令江蘇鎮江地方法院檢察處
續行偵查特為處分如右

最高法院檢察署檢察長鄭　烈

中華民國十九年三月二十六日

右件證明與原本無異

图2-2-5-3

書記官　曾師農
中華民國十九年四月五日

图2-2-5-4

6. 最高法院检察署处分书（刘季平等略诱及重婚案）（1931年）（档案号：A020-1931-002-0295-0001）

右图为最高法院检察署检察长郑烈于1931年6月8日做出的处分书。王家珠因诉刘季平等略诱及重婚一案，不服江苏高等法院首席检察官所为驳回之处分，声请再议。处分书载："本案声请人王家珠系嫁与刘季平为侧室，业经载诸婚约，而声请人在婚约上所盖图章，又核与其寄刘季平及陈桐冈两信上所盖图章相符，则婚约之非伪造，而声请人系自愿作妾，事实至为明了。既系自愿作妾，则沈式园、陈桐冈、陈声和之居中介绍，自不得谓之略诱，而娶妾并不发生婚姻关系，是刘季平纵有妻在，亦不构成重婚罪。声请人无可抵赖，乃称图章系刘季平代刻、刘季平加盖，该章于其所伪造之婚约又复授与使用，以为推卸重婚证据，饰词狡辩，不能认为有理。原首席检察官驳回再议并无不合。本件声请再议仍应依法驳回。"

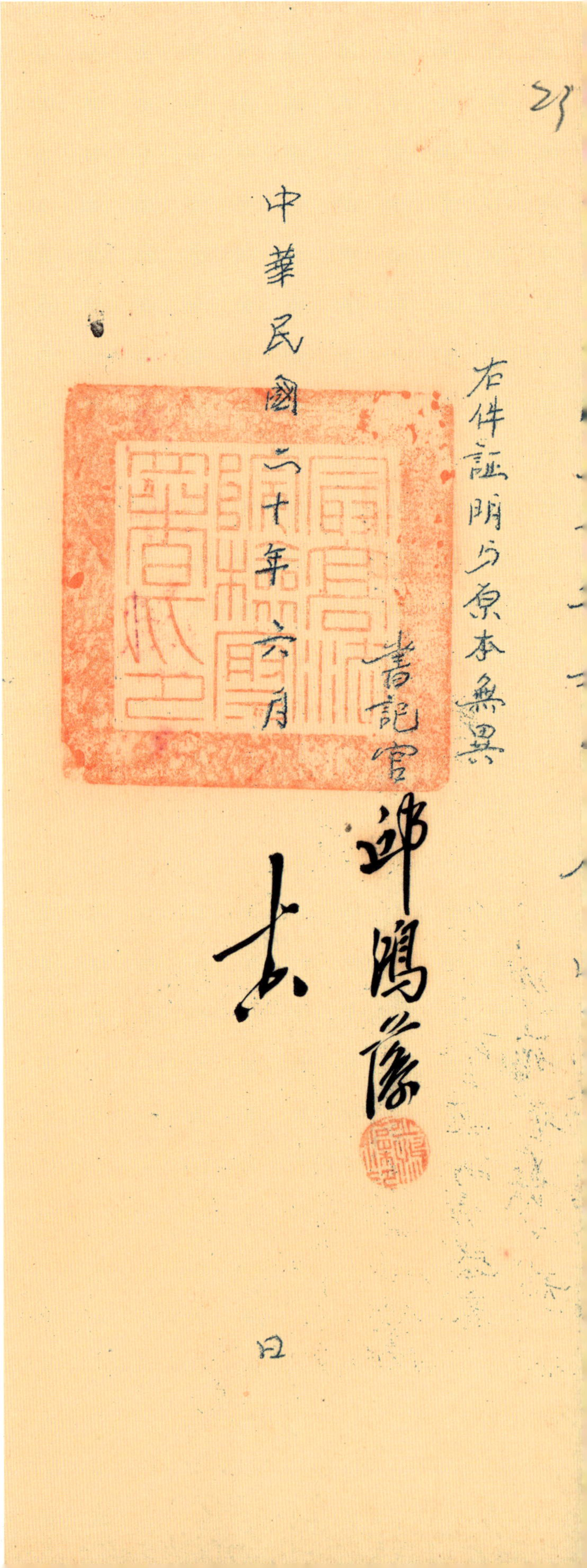

图2-2-6

22

最高法院檢察署處分書

声請人王家珠

右列声請人因告訴劉季平等略誘及重婚一案不服江蘇高等法院首席檢察官於民國二十年三月十一日所為駁回之處分声請再議經本檢察長審核認為應行駁回特述理由于后

本案声請人王家珠係嫁與劉季平為側室業經載諸婚約而声請人在婚約上所盖圖章又核與其寄劉季平及陳桐岡兩信上所盖圖章相符則婚約之非偽造而声請人係自願作妾事實至為明瞭既係自願作妾則沈式園陳桐岡陳声和之居中介紹自不得謂之略誘而娶妾並不發生婚姻関係是劉季平縱有妻在亦不構成重婚罪声請人無可抵賴乃稱圖章係劉季平代刻劉季平加盖該章於其所偽造之婚約又復授與使用以為推卸重婚証據飾詞狡辯不能認為有理原首席檢察官駁回再議並無不合本件声請再議仍應依法駁回特處分如右

7. 江苏镇江地方法院检察处再议处分书（许春良、许谈氏侵占案）（1931年）

（档案号：A020-1931-002-0347-0001）

右图为镇江地方法院首席检察官徐尔僖于1931年9月25日做出的再议处分书。声请人：马骈卿；被告人：许春良、许谈氏。马骈卿因诉许春良、许谈氏侵占一案，不服江都县法院检察处所为不起诉处分，声请再议。徐尔僖认为："本案被告等是否盗伐坟树，应以有无证据为断。查声请人指被告伐树，不特无丝毫证据，即其所称盗伐日期，亦复不能确定。徒凭片面臆测，自难凭信。至证人许元盛与王秀冬纵令到案，亦仅能证明看管坟山之经过，并未目睹被告等窃树，殊无传讯必要。如果被告等确有于民国十五年伐树事实，该声请人于民国十六年扫墓时即经发觉，何以当时并不告诉，直至四年以后始予追究？尤属不近情理。原检察官不予起诉，尚无不合，本件声请非有理由，爰依《刑事诉讼法》第二百五十条前段驳回。"

图2-2-7

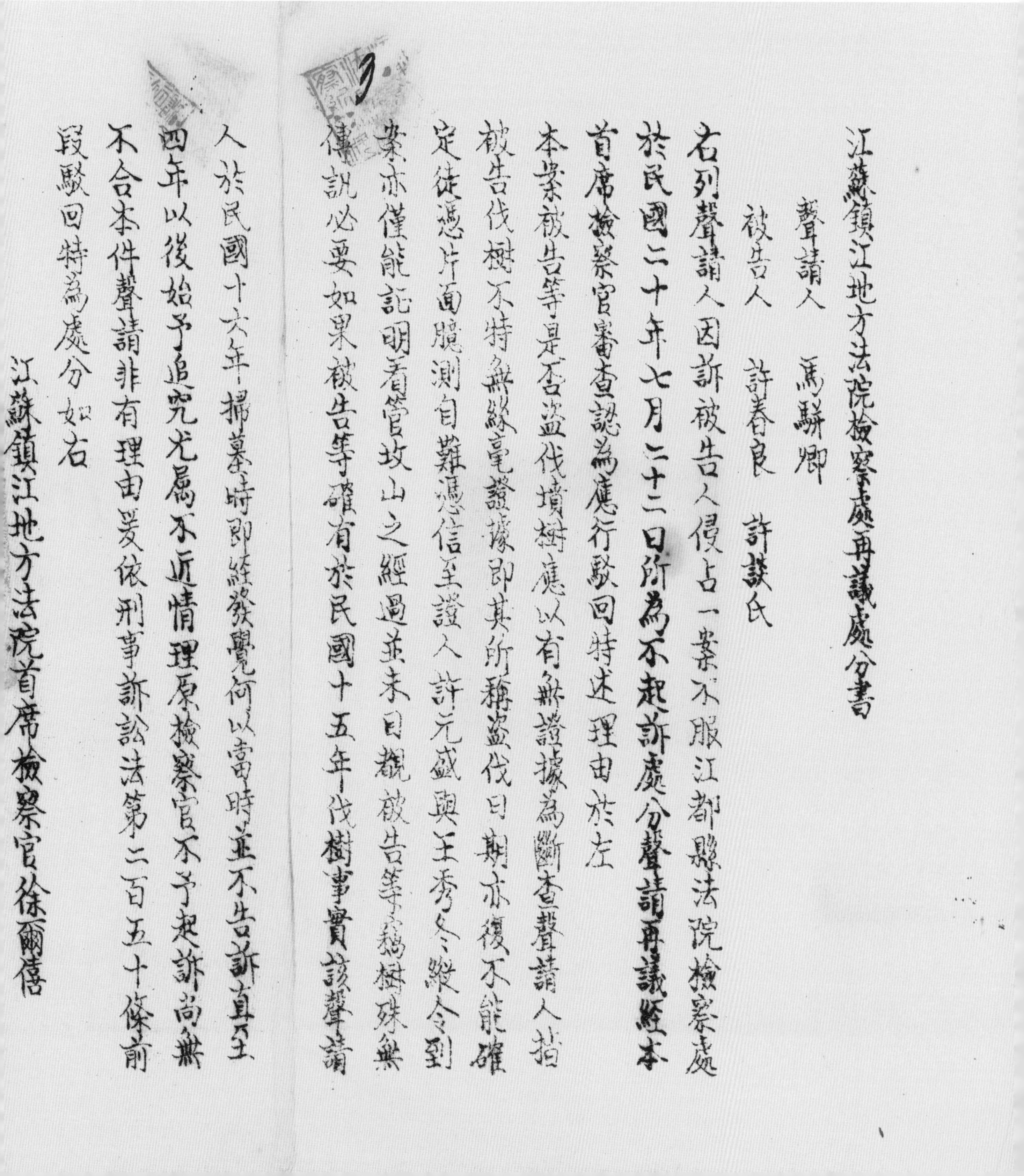
江蘇鎮江地方法院檢察處再議處分書
聲請人　馬駢卿
被告人　許春良　許談氏
右列聲請人因訴被告人侵占一案不服江都縣法院檢察處
於民國二十年七月二十二日所為不起訴處分聲請再議經本
首席檢察官審查認為應行駁回特述理由於左
本案被告等是否盜伐墳樹應以有無證據為斷查聲請人指
被告伐樹不特無絲毫證據即其所稱盜伐日期亦復不能確
定徒憑片面臆測自難憑信至證人許元盛與王秀文之縱令到
案亦僅能証明看管坟山之經過並未目覩被告等之砍樹殊無
傳訊必要如果被告等確有於民國十五年伐樹事實該聲請
人於民國十六年掃墓時即經發覺何以當時並不告訴直至
四年以後始予追究尤屬不近情理原檢察官不予起訴尚無
不合本件聲請非有理由爰依刑事訴訟法第二百五十條前
段駁回特為處分如右
江蘇鎮江地方法院首席檢察官徐爾僖

8. 江苏吴县地方法院不起诉处分书（孙其镛诈欺侵占案）（1934年）（档案号：A020-1934-002-0369-0015）

本组图为吴县地方法院检察官吕文钦于1934年5月12日做出的不起诉处分书。被告：孙其镛，男，53岁，浙江杭县人，住苏州金狮河沿1号，因涉嫌诈欺侵占被立案侦查。孙其镛为交通部上海航政局镇江办事处主任。1934年1月，上海航政局奉交通

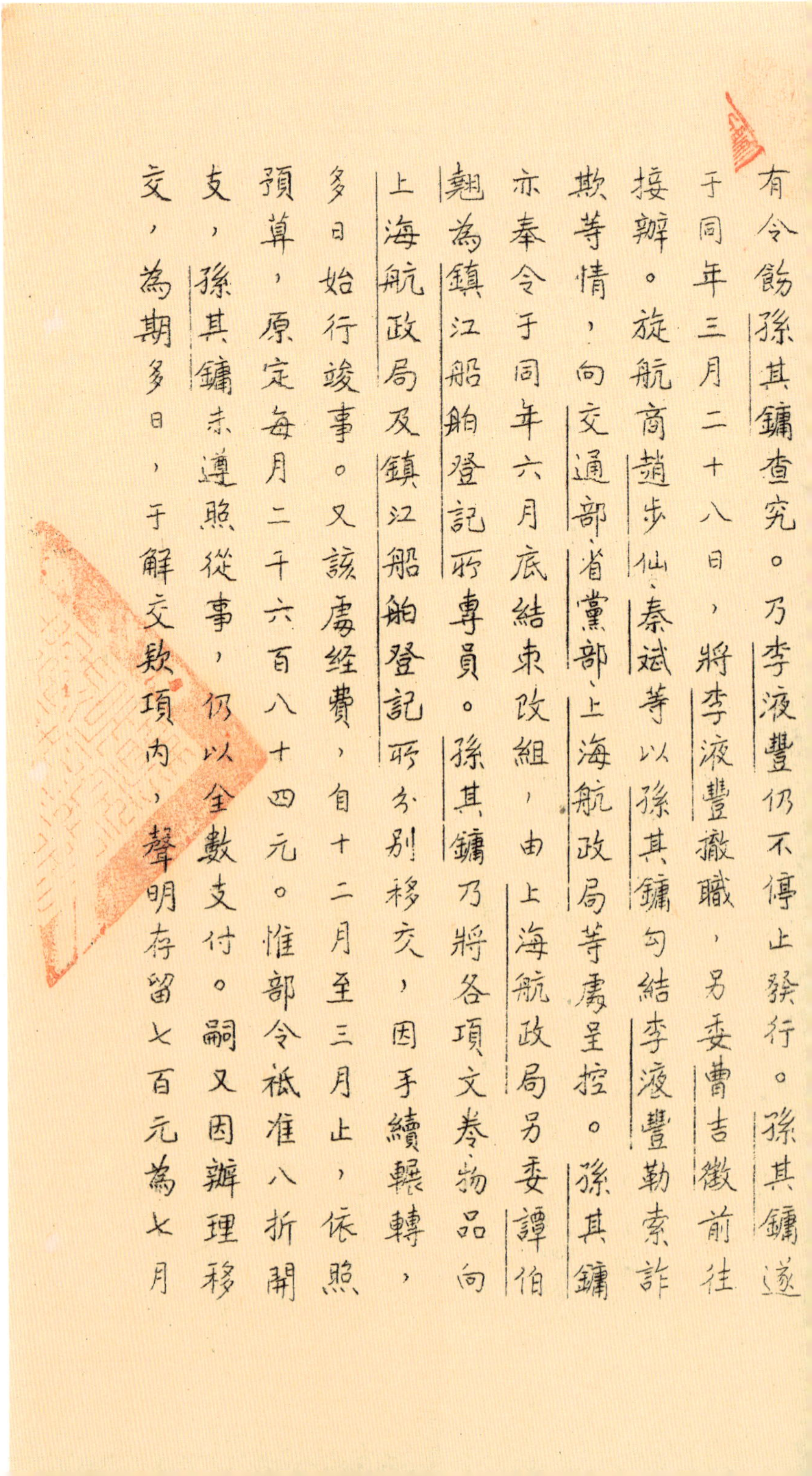
有令飭孫其鏞查究。乃李液豐仍不停止發行。孫其鏞遂
于同年三月二十八日，將李液豐撤職，另委曹吉徵前往
接辦。旋航商趙步仙、秦斌等以孫其鏞勾結李液豐勒索詐
欺等情，向交通部、省黨部、上海航政局等處呈控。孫其鏞
亦奉令于同年六月底結束改組，由上海航政局另委譚伯
翹為鎮江船舶登記所專員。孫其鏞乃將各項文卷物品向
上海航政局及鎮江船舶登記所分别移交，因手續輾轉，
多日始行竣事。又該處經費，自十二月至三月止，依照
預算，原定每月二千六百八十四元。惟部令祇准八折開
支，孫其鏞未遵照從事，仍以全數支付。嗣又因辦理移
交，為期多日，于解交款項內，聲明存留七百元為七月

部令，以孙其镛前被泰县航商代表秦斌等呈控朋比为奸、诈欺取财，移送法院究办。吕文钦认为，无法证明孙其镛有教唆他人或共同舞弊之行为，仅属用人不当，难以认定其构成犯罪。在经费问题上，孙其镛支出在原预算范围之内，并未虚报，不触犯刑法。据此，吴县地方法院做出决定："本案被告犯罪嫌疑不足及行为不成犯罪，合依《刑事诉讼法》第二百四十四条第二、三两款，处分不起诉。"

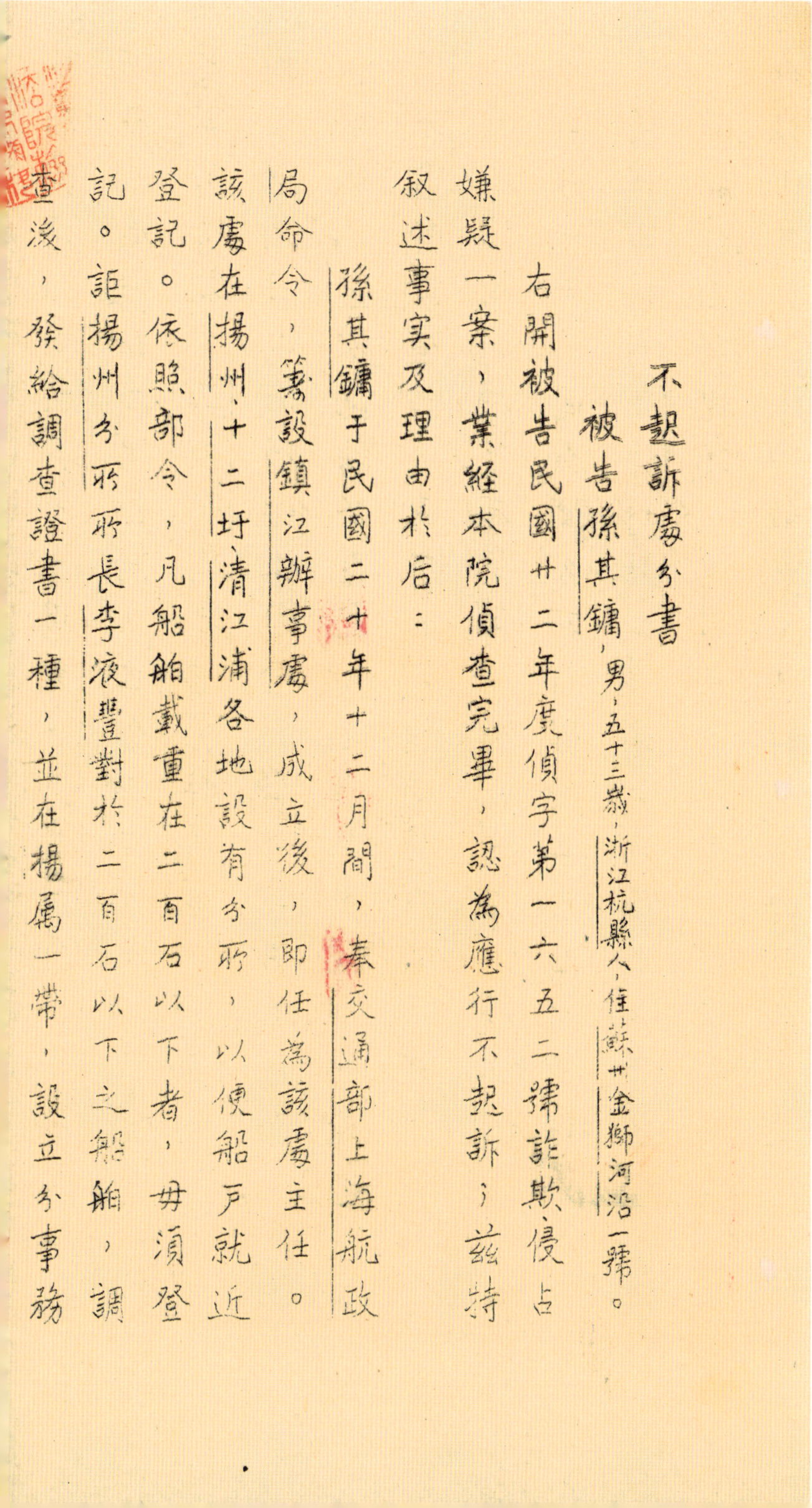
不起訴處分書
被告孫其鏞，男，五十三歲，浙江杭縣人，住蘇州金鄉河沿一號。
右開被告民國卅二年度偵字第一六五二號詐欺侵占嫌疑一案，業經本院偵查完畢，認為應行不起訴，茲特敘述事實及理由於后：
孫其鏞于民國二十年十二月間，奉交通部上海航政局命令，籌設鎮江辦事處，成立後，即任為該處主任。該處在揚州、十二圩、清江浦各地設有分所，以便船戶就近登記。依照部令，凡船舶載重在二百石以下者，毋須登記。詎揚州分所所長李液豐對於二百石以下之船舶，調查後，發給調查證書一種，並在揚屬一帶，設立分事務

图2-2-8-1

泰縣縣政府票傳，並無其人。據趙步仙、秦斌等呈內所載揚州分所在各處設立分事務所，並發給二百石以下調查証，任意敲詐等語；李液豐固不無舞弊情事。但質之孫其鏞則稱：「船泊在二百石以上取登記費，二百石以下不收的。以前我已迭次通告各登記所不准收取額外非法的費用。李液豐發調查證，因有人到總局裡控告，我把他撤職的。我決沒有此種荒唐的事。」檢閱卷宗，孫其鏞于二十一年二月一日，因風聞分所有發給二百石以下調查證情事，曾代電揚州、十二圩、清江浦各分所制止。三月二十八日，並將李液豐撤職，是其用人不當，固屬咎無可辭。惟刑法上犯罪，須以故意為要件，本案既不能證明份半月办理結束經費，而餘数四十元，亦未隨解。本年一月間，上海航政局奉交通部令以孫其鏞前被泰縣航商代表秦斌等呈控朋比為奸，詐欺取財一案，飭即移送法院究辦。乃檢同卷宗，函送上海地方法院核辦，並追索未照八折開支之溢支洋二千一百四十六元零七分，存留之結束費洋七百元，及未解之餘數洋四十元。上海地方法院以不属其管轄，移送鎮江地方法院辦理。旋鎮江地方法院據孫其鏞呈以居住蘇州，且復患病，請轉呈高檢處發交吳縣地檢處偵查等語，將本案卷宗，呈經　江蘇高等法院檢察官依法院編制法第一百條規定，發交偵查到院。

图2-2-8-2

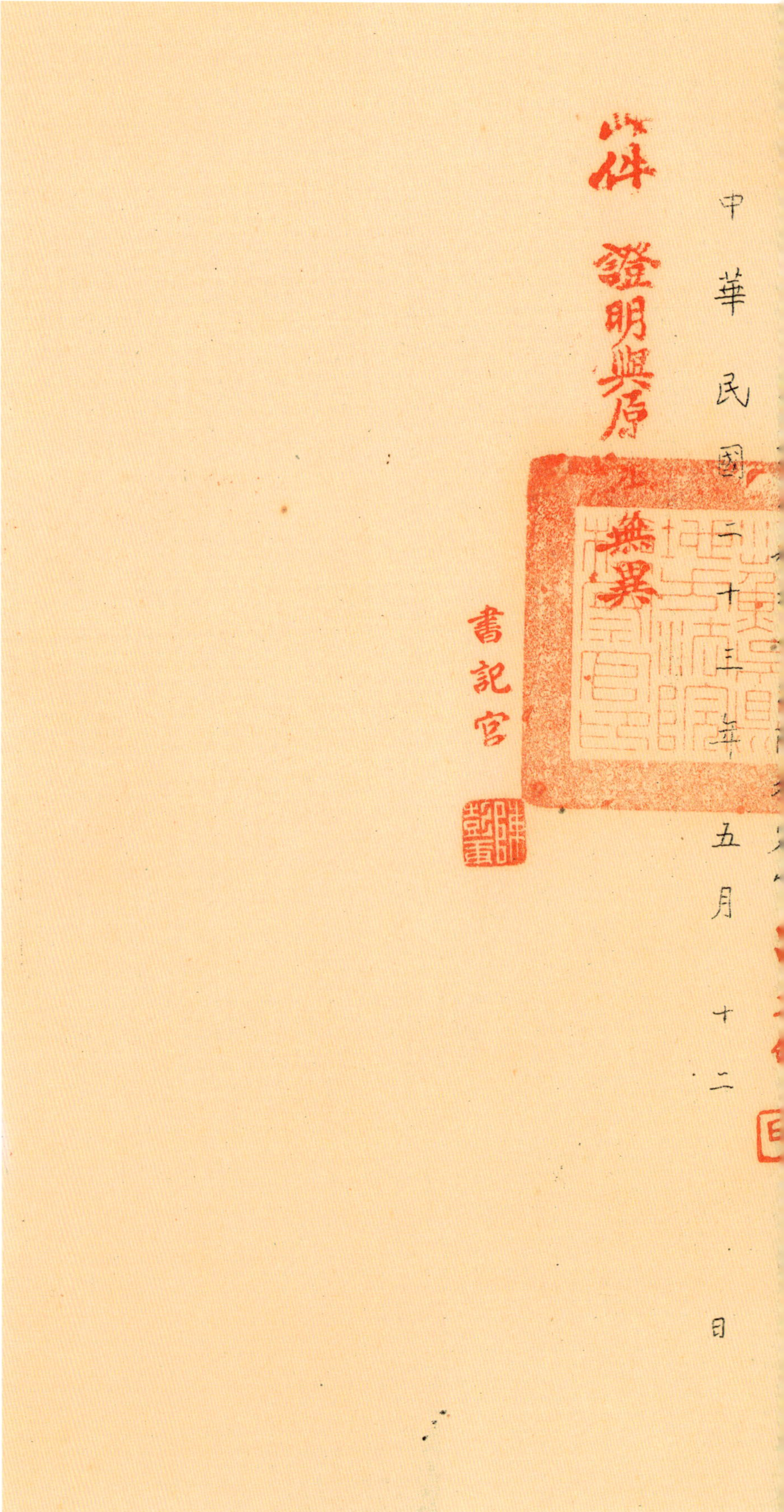

中華民國二十三年五月十二日

件證明與原本無異

書記官

孫其鏞有教唆李液豐或共同舞弊行為，則孫其鏞除應負行政上相當責任外，自難認為構成犯罪。又孫其鏞對于經費，未遵部令八折開支，固有未合。但其所支出者，仍在原預算範圍之內，既非虛浮報支，不過發生處分是否得當問題，尚不觸犯任何刑章。又扣發辦理移交半月經費洋七百元，業經孫其鏞一再請求，偵查時並提出各職員領薪簿為憑，其應否開支，亦屬行政上問題，與不法之侵占有別。至餘數四十元，雖未隨同報解，但報銷冊內，既有賬目可稽，足徵並無侵占之意思，亦不能以繳款遲緩，認為犯罪。本案被告犯罪嫌疑不足及行為不成犯罪。合依刑事訴訟法第二百四十四條第二三兩款，

图2-2-8-3

9. 江苏高等法院再议处分书（李得高等伤害人致死案）（1934年）（档案号：A020-1934-002-0488-0001）

下图为江苏高等法院于1934年7月17日做出的再议处分书。声请人：许兆蓉；被告人：李得高、王希贤、李保良。许兆蓉因诉李得高、王希贤、李保良伤害人致死案，不服镇江地方法院检察官于1934年6月13日所为不起诉处分，声请再议。再议处分书载："按声请再议，以告诉人接受不起诉处分书后七日内为限，经《刑事诉讼法》第二百四十八条第一项明白规定。本案声请人许兆蓉系于本年六月十八日接受不起诉处分书，填明送证在卷。截至同月二十五日止，其再议期限即已届满，乃该声请人延至七月十日始向原检察处具状声请再议，依照上开规定，显已逾期，应予驳回。"

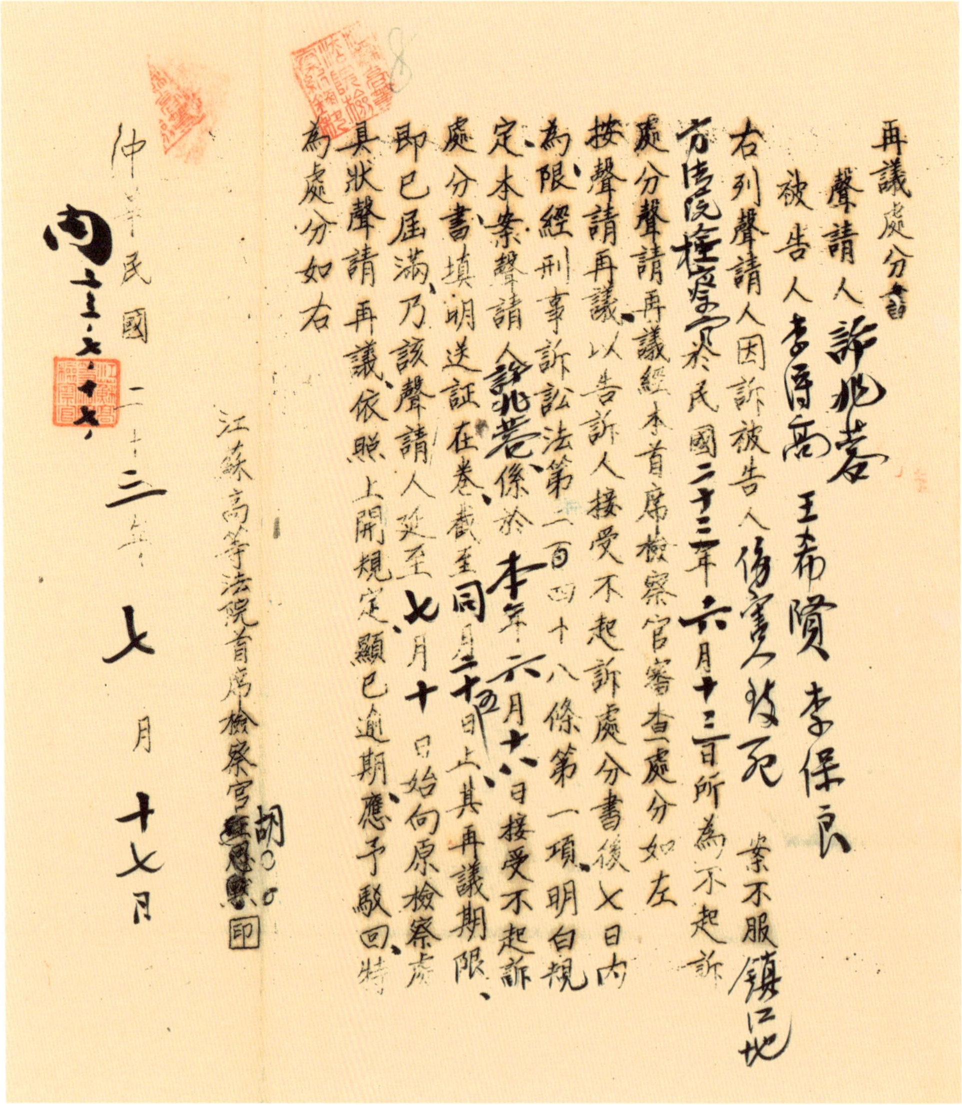
再議處分書
聲請人許兆蓉
被告人李得高 王希賢 李保良
右列聲請人因訴被告人傷害人致死案不服鎮江地方法院檢察官於民國二十三年六月十三日所為不起訴處分聲請再議經本首席檢察官審查處分如左
按聲請再議以告訴人接受不起訴處分書後七日內為限經刑事訴訟法第二百四十八條第一項明白規定本案聲請人許兆蓉係於本年六月十八日接受不起訴處分書填明送証在卷截至同月二十五日止其再議期限即已屆滿乃該聲請人延至七月十日始向原檢察處具狀聲請再議依照上開規定顯已逾期應予駁回特為處分如右
江蘇高等法院首席檢察官 胡○○ 印
中華民國二十三年七月十七日

图2-2-9

10. 江苏镇江地方法院起诉书（陈杰三强盗案）（1936年）（档案号：A020-1936-002-0718-0010）

下图为镇江地方法院检察官方理琴于1936年11月21日做出的起诉书。被告人：陈杰三，男，33岁，清江人，职业为小贩。起诉书载：“被告陈杰三于本年五月十六日揭晓，在龙王庙运河地方伙同张宽荣、金永发携械抢劫船户韦玉民法币、银元及首饰等件。当时仅追获金永发一名，被告陈杰三及在逃张宽荣均未获案。经江苏省保安司令部严缉有案，嗣据密报于本月十八日被水上公安队第四区拿获，解送到案。”方理琴根据陈杰三及金永发的供词认为“被告实犯《刑法》第三百三十条第一项之罪嫌，应依《刑事诉讼法》第二百三十条第一项起诉”。

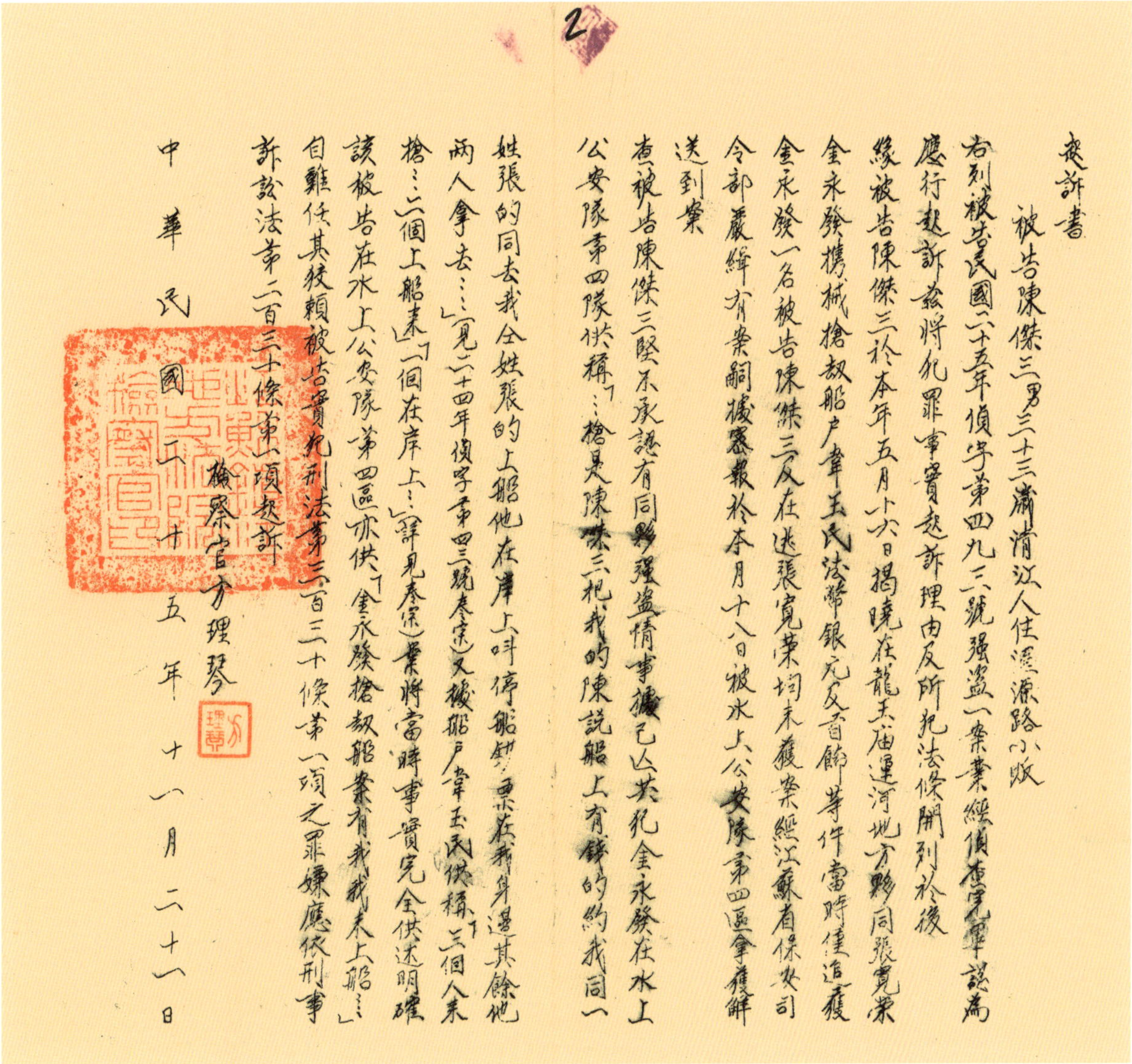
2

起訴書

被告陳傑三 男 三十三歲 清江人 住還源路 小販

右列被告民國二十五年偵字第四九三號強盜一案業經偵查完畢認為應行起訴茲將犯罪事實起訴理由及所犯法條開列於後

緣被告陳傑三於本年五月十六日揭曉在龍王廟運河地方夥同張寬榮金永發携械搶劫船户韋玉民法幣銀元及首飾等件當時僅追獲金永發一名被告陳傑三及在逃張寬榮均未獲案經江蘇省保安司令部嚴緝有案嗣據密報於本月十八日被水上公安隊第四區拿獲解送到案

查被告陳傑三堅不承認有同夥強盜情事據已處共犯金永發在水上公安隊第四隊供稱「……搶是陳傑三把我的陳説船上有錢的約我同一姓張的同去我全姓張的上船他在岸上叫停船鈔票在我身邊其餘他兩人拿去……」（見二十四年偵字第四三號卷宗）又據船户韋玉民供稱「……三個人來搶……二個上船來一個在岸上……」（詳見卷宗）業將當時事實完全供述明確該被告在水上公安隊第四區亦供「金永發搶劫船案有我我未上船……」自難任其狡賴被告實犯刑法第三百三十條第一項之罪嫌應依刑事訴訟法第二百三十條第一項起訴

檢察官方理琴

中華民國二十五年十一月二十一日

图2-2-10

11. 江苏上海地方法院检察官上诉理由书（苏殿臣强盗案）（1937年）（档案号：A019-1948-001-0709-0118）

本组图为上海地方法院检察官黄梅清于1937年6月10日做出的上诉理由书。被告人：苏殿臣，男，27岁，住上海市高昌庙湖北会馆对过，职业为推小车。因强盗一案，上海地方法院刑庭第一审判决苏殿臣“窃取他人之动产一罪处拘役十五日，伤害人身体一罪处有期徒刑二月，以强暴胁迫妨害他人行使权利未遂一罪，处有期徒刑二月，执行有期徒刑二月，拘役十五日”。黄梅清认为该判决有误，在法定期间内声明上诉，上诉理由为：“被告苏殿臣于本年五月十三日，在南市康衢路第二四一号偷掘上海市鸭

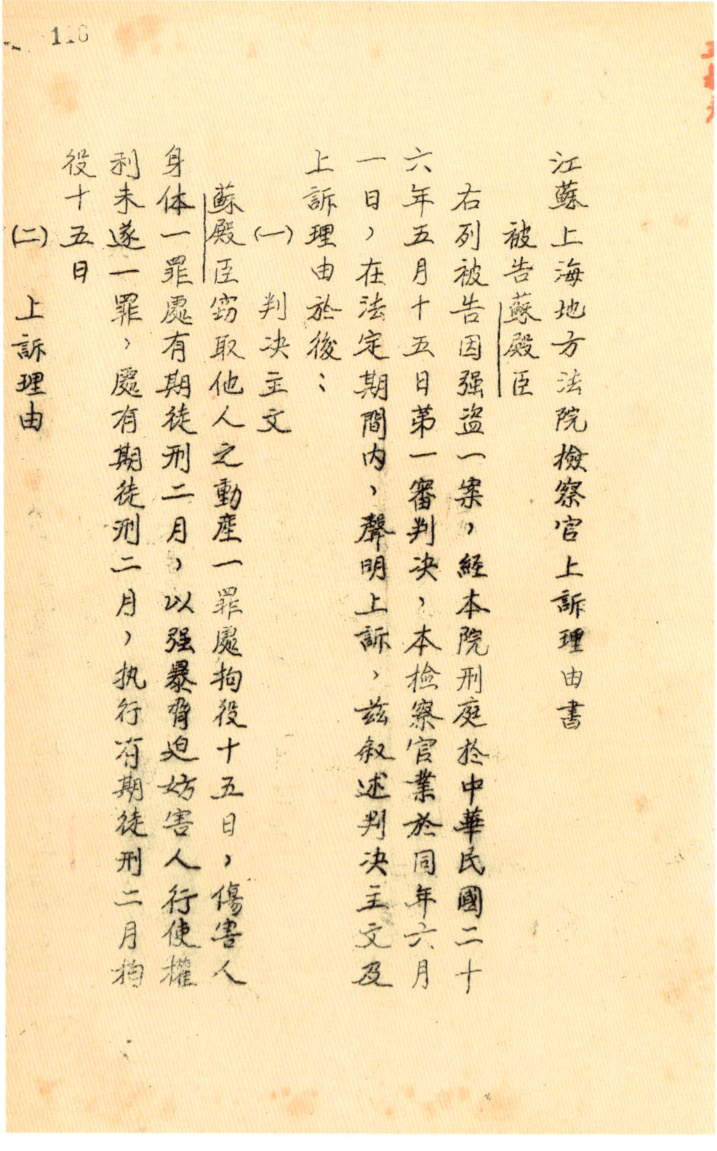
江蘇上海地方法院檢察官上訴理由書
被告蘇殿臣
右列被告因強盜一案，經本院刑庭於中華民國二十六年五月十五日第一審判決，本檢察官業於同年六月一日，在法定期間內，聲明上訴，茲敘述判決主文及上訴理由於後：
(一)判決主文
蘇殿臣竊取他人之動產一罪處拘役十五日，傷害人身体一罪處有期徒刑二月，以強暴脅迫妨害人行使權利未遂一罪，處有期徒刑二月，執行有期徒刑二月拘役十五日
(二)上訴理由

图2-2-11-1

毛生业合作社租地泥土，当被该社宓鹤荣发觉，前往抓获时，被告意图脱逃，用掘土钉耗，将宓鹤荣右手钩伤，乘机遁去，随即率流氓数人携带铁木棍前来，将拉土小车抢回，当被保卫团团员抓获等情，业经告诉人宓鹤荣诉指历历，尚属实情，即被告亦供认挖掘别人土地、钩伤宓鹤荣不讳，是被告窃取他人之物未遂，因脱免逮捕、湮灭证据，当场施以强暴胁迫行为，依《刑法》第三百二十九条规定，自应以强盗未遂论罪……原审认定事实，适用法律尚有未合，自应提起上诉，请求撤销原判，另为适当之判决。”

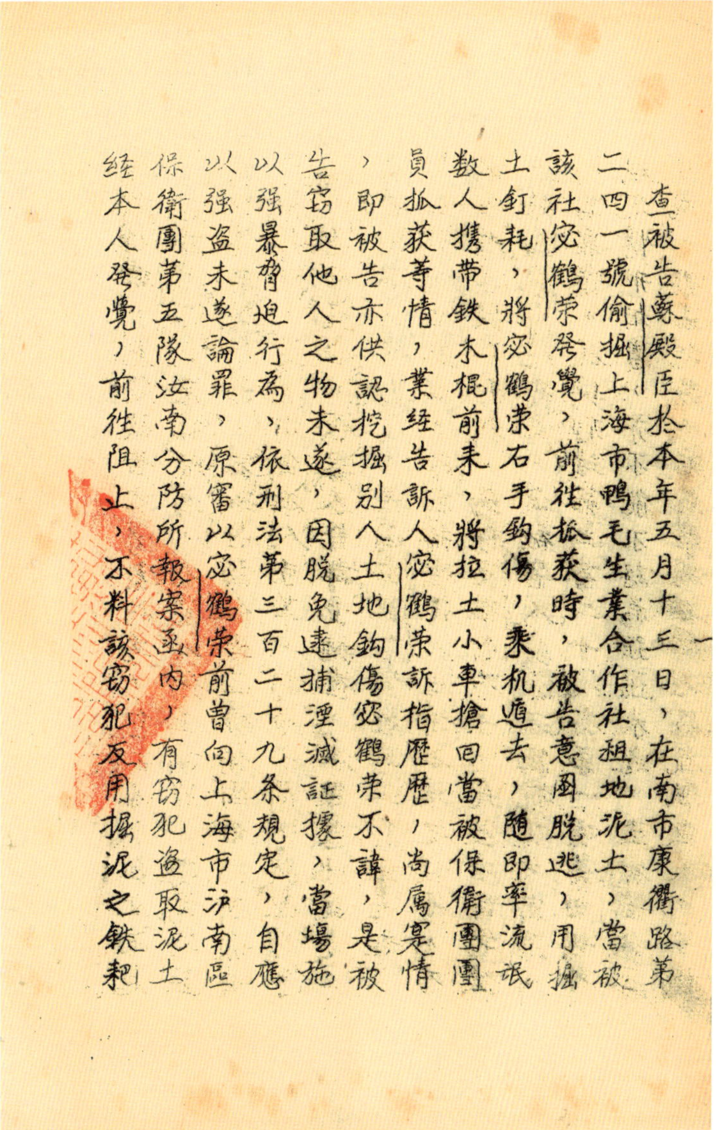
查被告蘇殿臣於本年五月十三日，在南市康衢路第
二四一號偷掘上海市鴨毛生業合作社租地泥土，當被
該社宓鶴榮發覺，前往抓獲時，被告意圖脫逃，用掘
土釘耗，將宓鶴榮右手鈎傷，乘机遁去，隨即率流氓
數人携帶鉄木棍前來，將拉土小車搶回當被保衛團團
員抓獲等情，業經告訴人宓鶴榮訴指歷歷，尚屬實情
，即被告亦供認挖掘別人土地鈎傷宓鶴榮不諱，是被
告窃取他人之物未遂，因脫免逮捕湮滅証據，當場施
以強暴脅迫行為，依刑法第三百二十九条規定，自應
以強盜未遂論罪，原審以宓鶴榮前曾向上海市泸南區
保衛團第五隊汝南分防所報案函內，有窃犯盜取泥土
經本人發覺，前往阻止，不料該窃犯反用掘泥之鉄耙

图2-2-11-2

110

行兇之語，遂謂被告之傷害行為，純因不服阻止而起，并非因脱免逮捕所為，不能以强盗論罪，認為窃盗與傷害兩罪併罰，不知告訴人致函保衛團分防所報告窃盗情形，是否出自本人手筆，詞句之間，與犯罪事實，是否盡合，原審未曾詳予調查，本難據此認定，即使被告傷害行為，係因窃鶴榮前往阻止窃盗而起，則窃鶴榮之阻止，即為排除他人目前不法之侵害，乃被告將其掘土釘耙，鈎傷窃鶴榮右手，是被告因窃盗（移動他人動產）而施强暴脅迫行為，使被害人處於不能抗拒之狀態，核其罪情，反與刑法第三百二十八條第一項第四項所規定情形相當，亦不能不認為强盗未遂，至被告偷土未成，逃去之後，随即帶同不知姓名流氓数人，手攜

图2-2-11-3

鉄木棍，前來搶回偷土小車，其目的，毋非為湮滅罪
証，是時宓鶴荣既未離去被告犯罪場所，而被告偷土
小車又未移動地點，核其行為與刑法第三百二十九条
規定當場施以強暴脅迫情形亦屬相當，原審謂告訴人
扣留土車，係為保留証據以行使告訴權，被告對之，
加以強暴脅迫行為，認為妨害告訴人行使權利未遂，
依刑法第三百零四条、以妨害自由處斷，更不相侔，
依上論據，原審認定事實，適用法律尚有未合，自應
提起上訴，請求撤銷原判，另為適當之判決。此致
本院刑庭轉呈
江蘇高等法院
中華民國二十六年六月十日
檢察官黃梅清

图2-2-11-4

第三章 推事诉讼文书

中国近代意义上的审判制度，在清末变法修律和官制改革的历史浪潮中产生。清政府将新式审判机构分为四级——大理院、高等审判厅、地方审判厅和初级审判厅。北洋政府延续了此种设置模式。南京国民政府将新式审判机构改为三级——最高法院、高等法院和地方法院。近代镇江新式审判机构的设立和变迁，完全按照上述规定展开。1911年，镇江商埠初级审判厅和镇江地方审判厅成立，后于1914年被北洋政府裁撤。1923年丹徒地方审判厅恢复，1927年改组为丹徒地方法院，1928年更名为镇江地方法院。1935年，为方便当事人上诉，江苏高等法院在镇江设立江苏高等法院第五分院，抗战胜利后先后更名为江苏高等法院第一分院和江苏高等法院镇江分院。

清末民国时期，人们将新式审判机构中的审判人员称为“推事”或“法官”。在中国传统社会，负责处理刑事案件的官员的官职名称为“推丞”“推官”“推直官”“推勘官”或“推事”。其中“推事”指“宋朝大理寺推丞、评事的省称”，“处理折狱、鞠谳等事宜”。[①] 清末立法继承了这一名称，并将其扩展到指代各级新式审判机构中的审判人员，如《法院编制法》第四条规定“初级审判厅为独任制，其审判权以推事一员行之”[②]。“法官”原指“战国秦时执掌法律条文的官吏，后用以称法司之官”[③]，在清末变法修律时亦被继承，用以指代新式审判机构中的审判人员，如法部曾制定《法官考试任用暂行章程》等规定。不过总体而言，“推事”的使用更为正式和普遍。

与检察官数量相比，近代镇江新式审判机构的推事人数较多。1936年的镇江地方法院有推事13人，其中院长1人、庭长1人、普通推事4人、候补推事2人、学习推事5人。[④] 1947年的江苏高等法院第一分院有推事9人，其中院长1人、庭长2人、普通推事6人。[⑤] 他们大多具有较高的学历和丰富的司法经验。

推事在诉讼活动中的主要职责是通过审理案件做出判决或裁定，故推事诉讼文书主要指刑事／民事判决书或裁定书。清末民国时期，推事诉讼文书的格式渐趋统一。其

---

① 张政烺主编《中国古代职官大辞典》，河南人民出版社，1990年，第909页。

② 《宪政编查馆奏定法院编制法并各项暂行章程》，《国风报》第6期，1910年，第75—76页。

③ 张政烺主编《中国古代职官大辞典》，河南人民出版社，1990年，第684页。

④ 唐华彭：《镇江地方法院研究（1928—1949）》，中国法制出版社，2014年，第83—84页。

⑤ 《江苏高等法院第一分院职员录》，镇江市档案馆藏，档案号：A019-1946-001-0392-0006。

原因在于，当时人们已然认识到："民刑诉讼因案情各异，而裁判之内容亦几无一相同，然此系就实体法言之也，若依程序法观察，则各案裁判之程式及引用法律之条文，或完全相符，或大同小异，自有其不变者在。"[①] 在此认知指引下，自清末的法部到南京国民政府的司法行政部，长期不间断地颁发通用格式，对不同类型推事诉讼文书的具体行文细节做出规定。如1947年司法行政部颁发有关声请诉讼救助的民事裁定格式，规定主文部分有两种写法："（1）声请驳回。声请诉讼费用，由声请人负担。（2）准予诉讼救助。"[②] 值得一提的是，清末民国时期，统一诉讼文书行文格式具有维护国家司法统一的积极意义。

本章主要选取镇江近代司法档案中的推事诉讼文书部分，包括以下两类：

一是刑事类文书，包括刑事判决和刑事裁定，分别由最高法院、江苏高等法院、江苏高等法院第一/镇江分院、江苏镇江地方法院等司法机构的推事做出。案由涉及强盗、妨害名誉、杀人、伤害、侵占、窃盗、违反印花税法、违反所得税法等，皆为民国时期常见的刑事案件，能够在一定程度上反映出镇江及苏南地区的社会治安状况。

二是民事类文书，包括民事判决和民事裁定，分别由江苏高等法院第一/镇江分院、江苏镇江地方法院、江苏泰县地方法院的推事做出。案由涉及监护、离婚、终止租约、欠款、债务、确认产权、给付、房屋基地等，皆为民国时期常见的民事案件，能够在一定程度上反映出镇江及周边地区的民商事纠纷状况。此外，镇江市档案馆还收藏有较为少量的清代丹徒知县判词手抄本，本部分根据篇幅及手抄本的保存情况，酌情进行了收录。

---

① 谢森、殷士杰、陈吉墀：《民刑事裁判大全》，会文堂新记书局，1932年，第1页。

② 《民事裁判书格式》，《法令周刊》第10卷第6期，1947年，第10页。

一、刑事类文书

1. 兼理司法宝应县政府刑事判决（汪跎子等窃盗、强盗、伪证案）（1936年）

（档案号：A019-1936-001-0227-0080）

本组图为江苏宝应县政府1936年9月14日做出的刑事判决。被告人有汪跎子、陈小春、龚玉书、冯盛章、王万辉、刘传真、徐殿元、李长元等8人，其中陈小春已死亡。判决书载："汪跎子、冯盛章与已故陈小春及在逃不详姓名者约二十人，于民国二十四年废历四月初六日夜间，分持枪刀，同至邑属汜西庄杨学义家，意图抢劫财物，实施强暴胁迫。当因杨学义鸣枪抗拒，未得入室，即至邻户杨永德家绑架勒赎，并将其妻杨陈氏当场杀死于其门外……临行复将杨学义之外厢房三间放火烧毁，掳同杨永德至东南兴隆角上船，开往芦柴棵停泊。至同月九日晚间，冰雹交加，乘机逃脱。同月十三日，汪跎子同已故陈小春于涂沟镇复又窃取邹汉钟红马一匹，骑至黎城镇即被追踪捕获。"宝应县政府审理后，根据《刑事诉讼法》第二百九十一条，第二百九十三条第一项，第二百九十五条第五款，《刑法》第二条第一项但书，第二十八条，第三百三十二条第一款、第三款、第四款，第三百二十条第一项，第五十一条第四款，第三十七条第一项，判决"汪跎子、冯盛章共同强盗而杀人、放火、掳人、勒赎，各处无期徒刑；汪跎子窃盗，处有期徒刑六月，执行无期徒刑；汪跎子、冯盛章均褫夺公权终身。龚玉书、王万辉、刘传真、徐殿元、李长元均无罪。陈小春不受理"。

清末民国时期，新式法院并未在全国普遍设立，未设立新式法院的县由县知事或县长兼理司法。1936年的江苏宝应县即由县长兼理司法。

加七字
去二字

主文

汪跎子馮咸章共同擄人勒贖（強盜而殺人放火）各處無期徒刑

汪跎子竊盜處有期徒刑六月併合執行無期徒刑

汪跎子馮咸章均褫奪公權終身

龔玉書王萬輝劉傳真徐殿元李長元均無罪

陳小春不受理

楊德宣印

事實

緣汪跎子馮咸章與已故陳小春及在逃不詳姓名者約二十人於民國二十四年廢曆四月初六日夜間分持槍刀同至

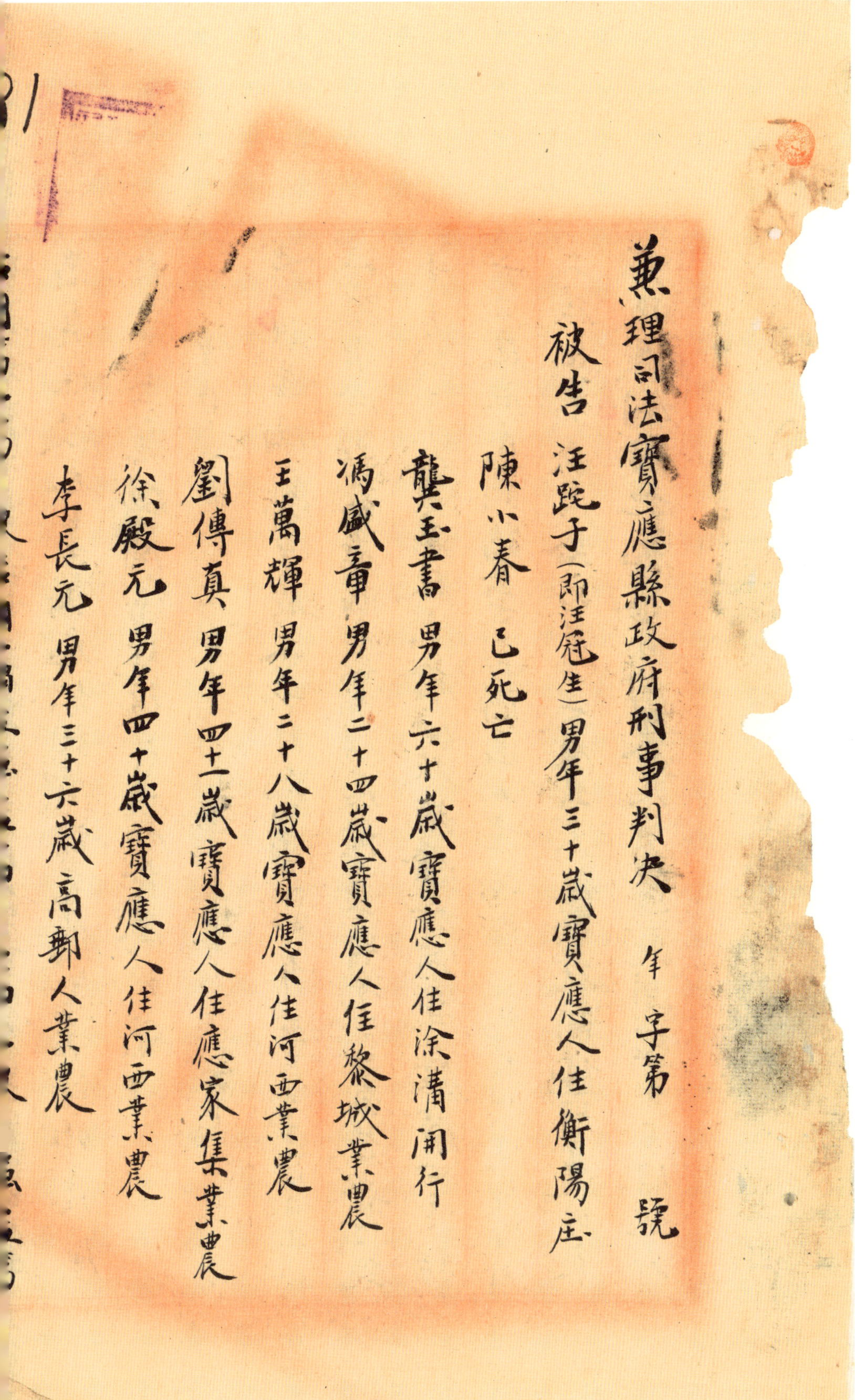

兼理司法寶應縣政府刑事判決　年　字第　號

被告　汪跎子（即汪冠生）男年三十歲寶應人住衡陽庄

陳小春　已死亡

龔玉書　男年六十歲寶應人住涂溝閘行

馮鹹章　男年二十四歲寶應人住黎城業農

王萬輝　男年二十八歲寶應人住河西業農

劉傳真　男年四十二歲寶應人住應家集業農

徐殿元　男年四十歲寶應人住河西業農

李長元　男年三十六歲高郵人業農

图3-1-1-1

加字

[illegible]
萬真徐殿元李長元供詞矛盾認有偽證嫌疑均應屬
於普通司法機關審理復行一併發交到縣
楊德宣印

理由

查被告馮盛章於本政府民國二十四年五月二十四日及於
江蘇淮陰勦匪區臨時審理處偵查時業已自白與汪跎
千等約二十人十五枝長槍四枝短槍於同年廢曆四月初
六日夜間同到楊學義的庄上先搗那一家大門沒有打開
又搗他家後門恰巧有一女人出來他們就問她那邊那家
有沒有鋼槍她說沒有向東走東邊就開槍了才將她打

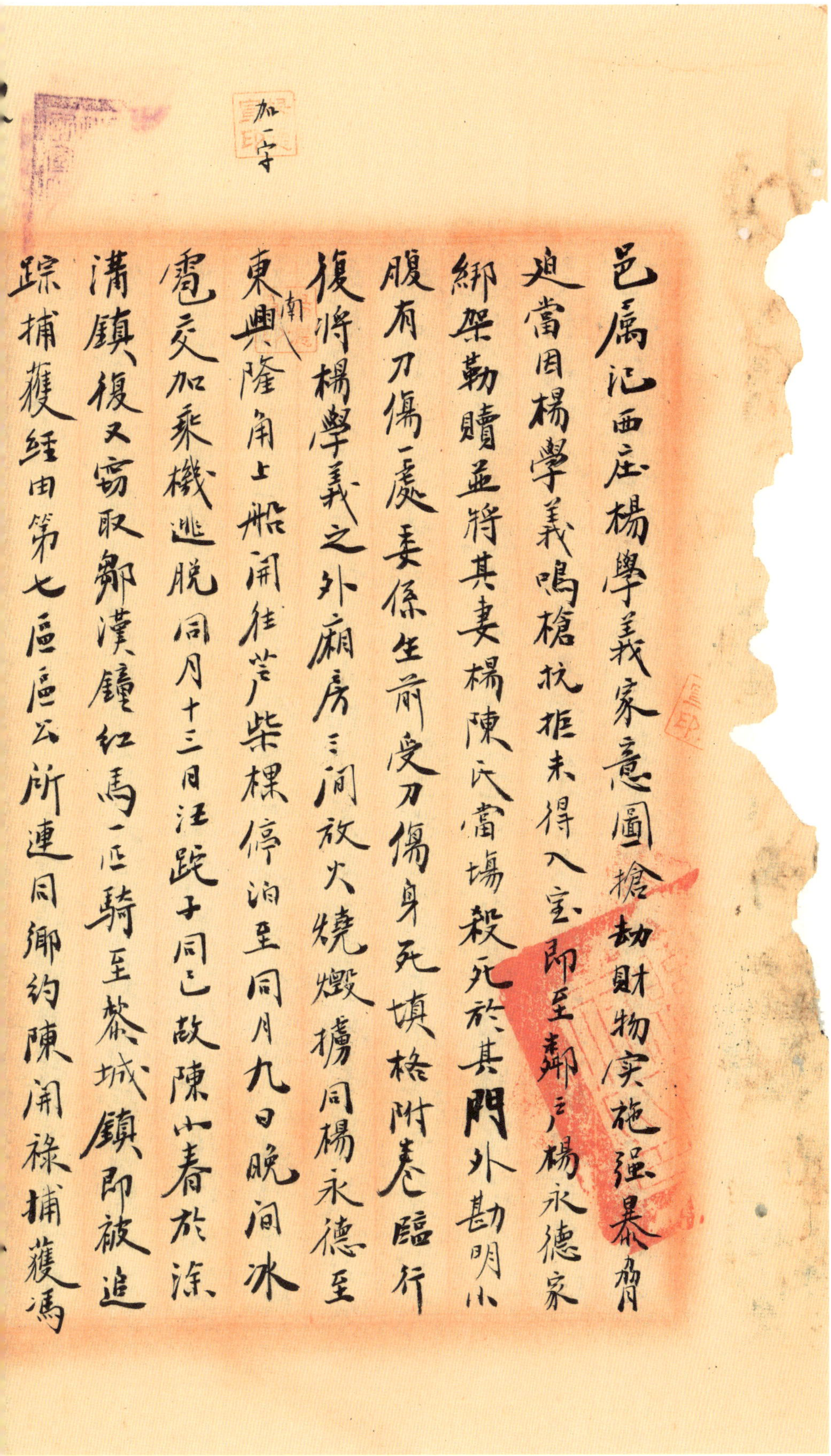

加一字

邑屬汜西庄楊學義家意圖搶劫財物實施强暴脅
迫當因楊學義鳴槍抗拒未得入室即至鄰、楊永德家
綁架勒贖並將其妻楊陳氏當場殺死於其門外勘明小
腹有刀傷一處委係生前受刀傷身死填格附卷臨行
復將楊學義之外廂房三間放火燒燬擄同楊永德至
東興南隆角上船開往芦柴棵停泊至同月九日晚間冰
雹交加乘機逃脫同月十三日汪既十同已故陳小春於涂、
溝鎮復又竊取鄭漢鐘紅馬一匹騎至蔡城鎮即被追
蹤捕獲經由第七區區公所連同鄉約陳開祿捕獲馮

图3-1-1-2

學義民國二十四年五月二十九日狀稱聽有龔玉書口音知其在內等語於同日訊問時又謂係戴萬啟供的（指在水上省公安隊第四區偵緝隊）復謂是我侄兒（指楊永德）在船上看見他的同年八月七日於江蘇淮陰劉匪區臨時審理處更謂我不知道是那些匪楊永德則謂廢曆四月初七日早晨我在船上黃板底下從縫中看見土匪將龔玉書拖出來責其料底不實擬將槍決再四哀求天明令其滾去又謂看見的糢糢糊糊現在再認恐怕不很記得了「問那麼你也不能看見龔玉書啊」竟

死以後就放火並抬走一個男子漢核與事實相符雖據
述稱係被脅迫始與同行云云第無證據方法難容飾詞
卸責被告汪跎子堅決否認為匪情事始則供稱同月四
日五日宿於本縣城外韓大房客棧继又謂係五月六日前
後既不一致復經質訊韓大房客棧主人韓必林證稱汪跎
子並無在其客棧住宿事實又謂同月六日宿於涂溝李
泰順家及訊問李泰順亦謂無其事實顯屬狡展被
告馮威章指證其持長槍確有共同參與行為犯罪已
足證明竊盜部分係被追踪當場捕獲已據被害人鄭

图3-1-1-3

加一字

真家駢熿施學周閔樹基述称上街買東西經過刘付
真家看見王萬輝李長元劉付真還有一人不認識
共同看牌施鴻珍述稱同月七日晨王萬輝買香烟他
對我說是初六日下午看牌看到這時候的等語互相
佐證顯屬實在同時王萬輝應即不能再有參與擄人
勒贖情事極為明瞭李長元徐殿元證稱同月六日夜
共同玩耍紙牌等語亦即不能謂係偽證劉傳真始則
雖謂係在同月初五日夜玩耍紙牌等語但於尚未具
結之前業已自白錯誤均應宣告無罪被告陳小春已

去一字

加一字

未能對答殊有矛盾之嫌，且據稱當時既已知之，而於
呈報被盜請求復勘狀內何竟隻字未能提及盜匪
姓名，是亦不無疑竇。龔玉書謂同月六日下午係為招
銃有船裝載秧草，即晚宿於舟中，次晨開往六安，聞至
陳春發家午膳等語，業經招銃有陳春發証明屬實，
應認犯罪嫌疑不能證明。王萬輝同劉傳真、徐殿元、
李長元於同月六日下午係在劉付真家共同玩耍紙牌，
直至翌晨始散之事實，證諸紀鳳揚述稱同月四日為
父親做六七，王萬輝確在其家五日下午去的楊學志

图3-1-1-4

清理積案委員楊德宣

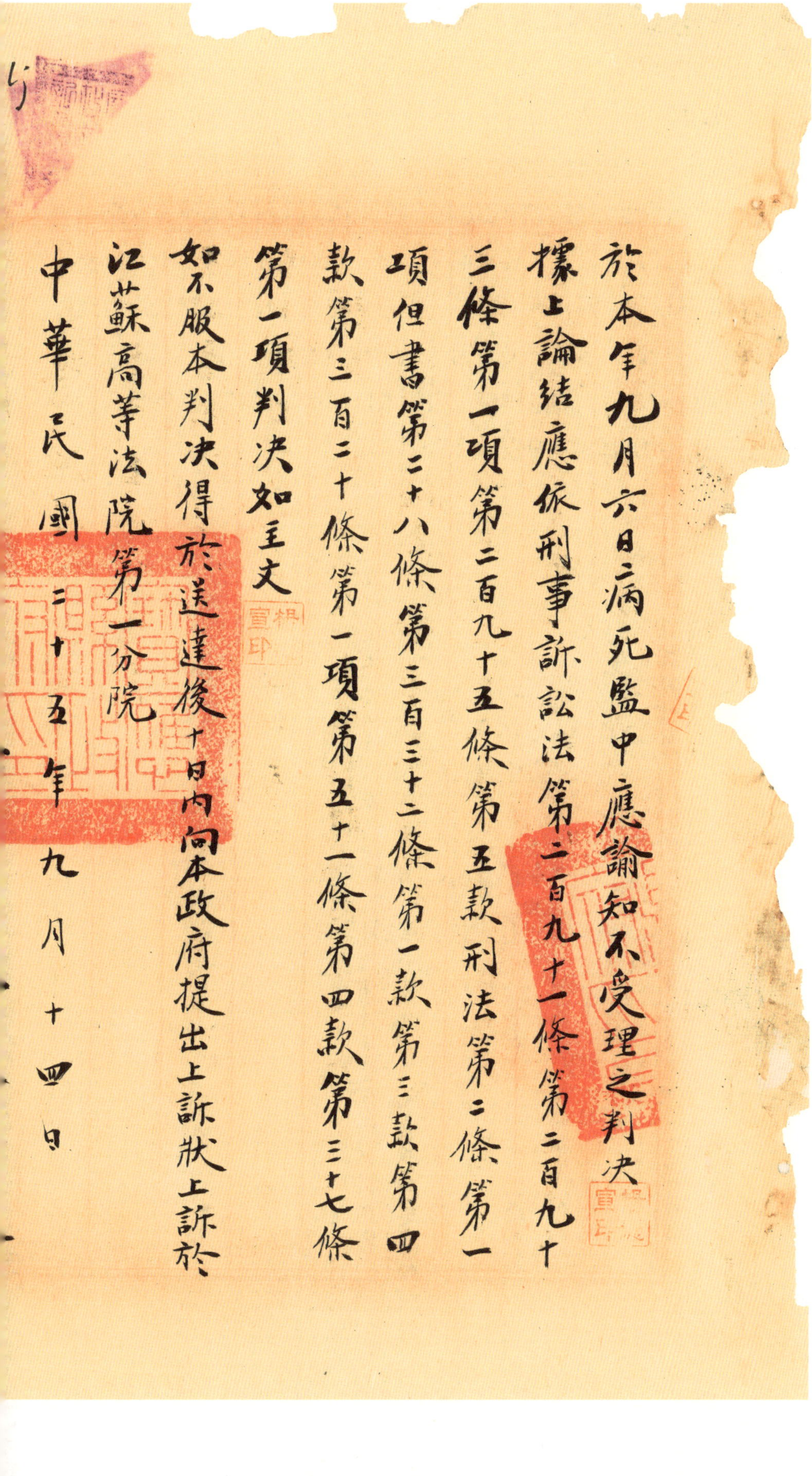
於本年九月六日病死監中應諭知不受理之判決
據上論結應依刑事訴訟法第二百九十一條第二百九十
三條第一項第二百九十五條第五款刑法第二條第一
項但書第二十八條第三百三十二條第一款第三款第四
款第三百二十條第一項第五十一條第四款第三十七條
第一項判決如主文
如不服本判決得於送達後十日内向本政府提出上訴狀上訴於
江蘇高等法院第一分院
中華民國二十五年九月十四日

图3-1-1-5

2. 江苏镇江地方法院刑事判决（周靖妨害名誉及恐吓案）（1936年）（档案号：A020-1936-001-0121-0001）

本组图为镇江地方法院刑事庭推事朱应瑞于1936年10月26日做出的刑事判决。自诉人：杨丽兰，女，26岁，江宁人，住荷塘杨源泰粮行；代理人：律师陈立人、陈达人；被告人：周靖，男，22岁，住福安里43号，新闻记者。判决书载："被告周靖充外勤新闻记者，于本年八月二十一日突到自诉人家，要求面谈，被拒绝后复于同月二十三日着人送信，约自诉人在公园快活林谈话。因自诉人未至，更亲自前往，比由自诉人店内经理何雨青代见，即以有一稿件对自诉人名誉有关为词，恐吓自诉人给与金钱，不遂，更于同月二十五号送登苏报新闻，对自诉人加以诽谤。自诉人以周靖妨害名誉及恐吓，自诉到院。"镇江地方法院经审理，判处周靖有期徒刑十个月，缓刑三年。

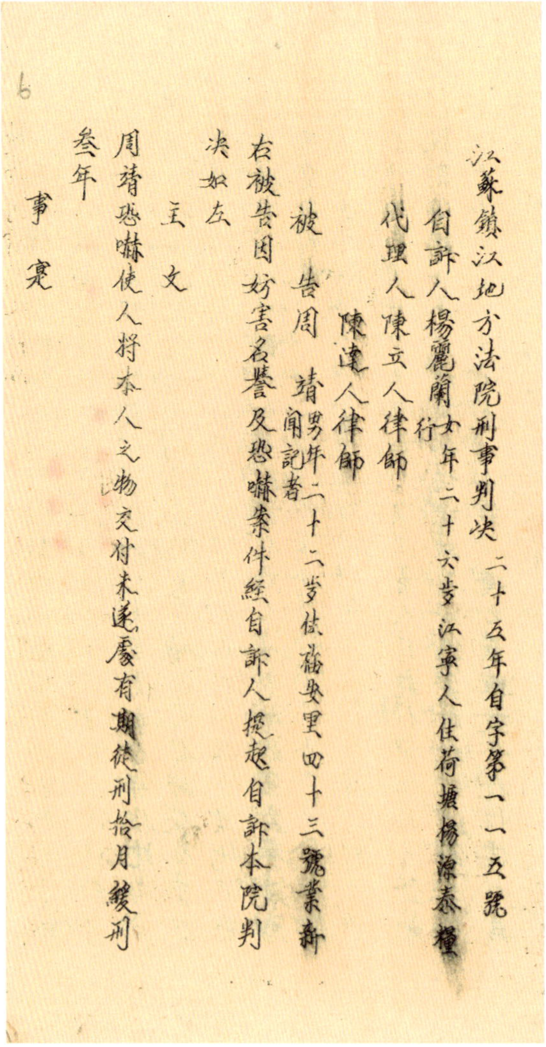
江蘇鎮江地方法院刑事判決 二十五年自字第一一五號
自訴人楊麗蘭 女年二十六歲江寧人住荷塘楊源泰糧行
代理人陳立人律師
陳達人律師
被 告周 靖 男年二十二歲住福安里四十三號業新聞記者
右被告因妨害名譽及恐嚇案件經自訴人提起自訴本院判
決如左
主 文
周靖恐嚇使人將本人之物交付未遂處有期徒刑拾月緩刑
叁年
事 實

图3-1-2-1

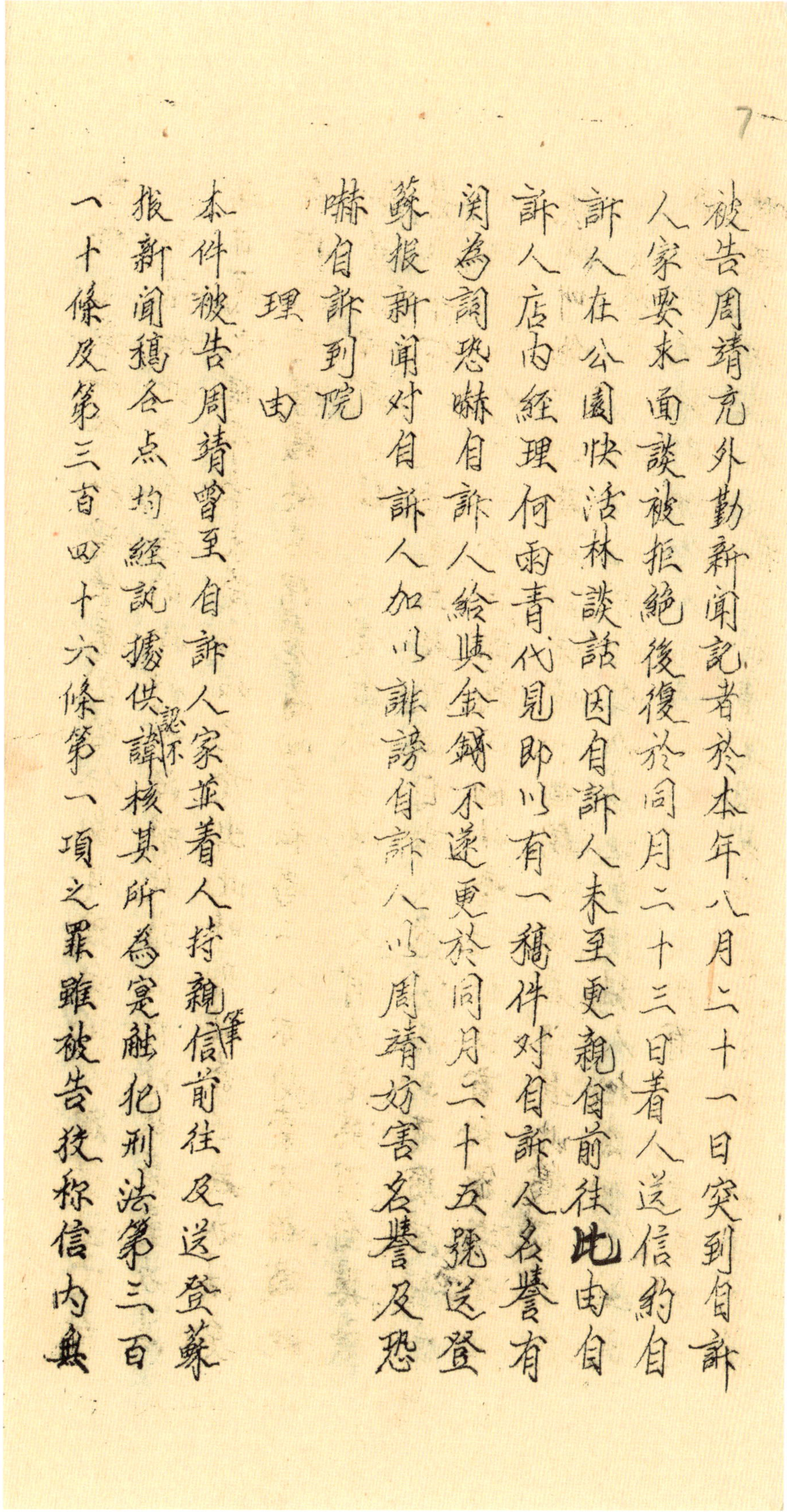

被告周靖充外勤新闻記者於本年八月二十一日突到自訴人家要求面談被拒絶後復於同月二十三日着人送信約自訴人在公園快活林談話因自訴人未至更親自前往此由自訴人店內經理何雨青代見即以有一稿件对自訴人名譽有関為詞恐嚇自訴人給與金錢不遂更於同月二十五號送登蘇報新闻对自訴人加以誹謗自訴人以周靖妨害名譽及恐嚇自訴到院

理　由

本件被告周靖曾至自訴人家並着人持親筆信前往及送登蘇報新闻稿各点均經訊據供認不諱核其所為寔触犯刑法第三百一十條及第三百四十六條第一項之罪雖被告狡称信內無

图3-1-2-2

8

恐嚇之意所登新聞係屬实情但觀其致自訴人親筆函內有
我所以如此完全為的你們如須解救請至快活林商量办法
前日我之稿件幸未發出如已發出此時恐岫奇已無办法矣
等語而同時據供與楊麗蘭岫奇和尚二人亦均素不相識既
均素不相識則稿件之發出與否岫奇之有办法與否自與被
告無干何以被告竟無故致函自訴人急急関切有逾常情記
以記人何雨青之記言称我问他什麽話他說有秘密話要面
談我叫他对我談他說還有一個稿子現在没登此稿發出於
他名譽有関我问他有什麽办法他說拔稿人把幾個錢並說
要五十塊錢則被告意图為自己不法之所有以送登新聞恐
嚇使人將本人之物交付事实瞭然顯無疑问即以妨害名譽

图3-1-2-3

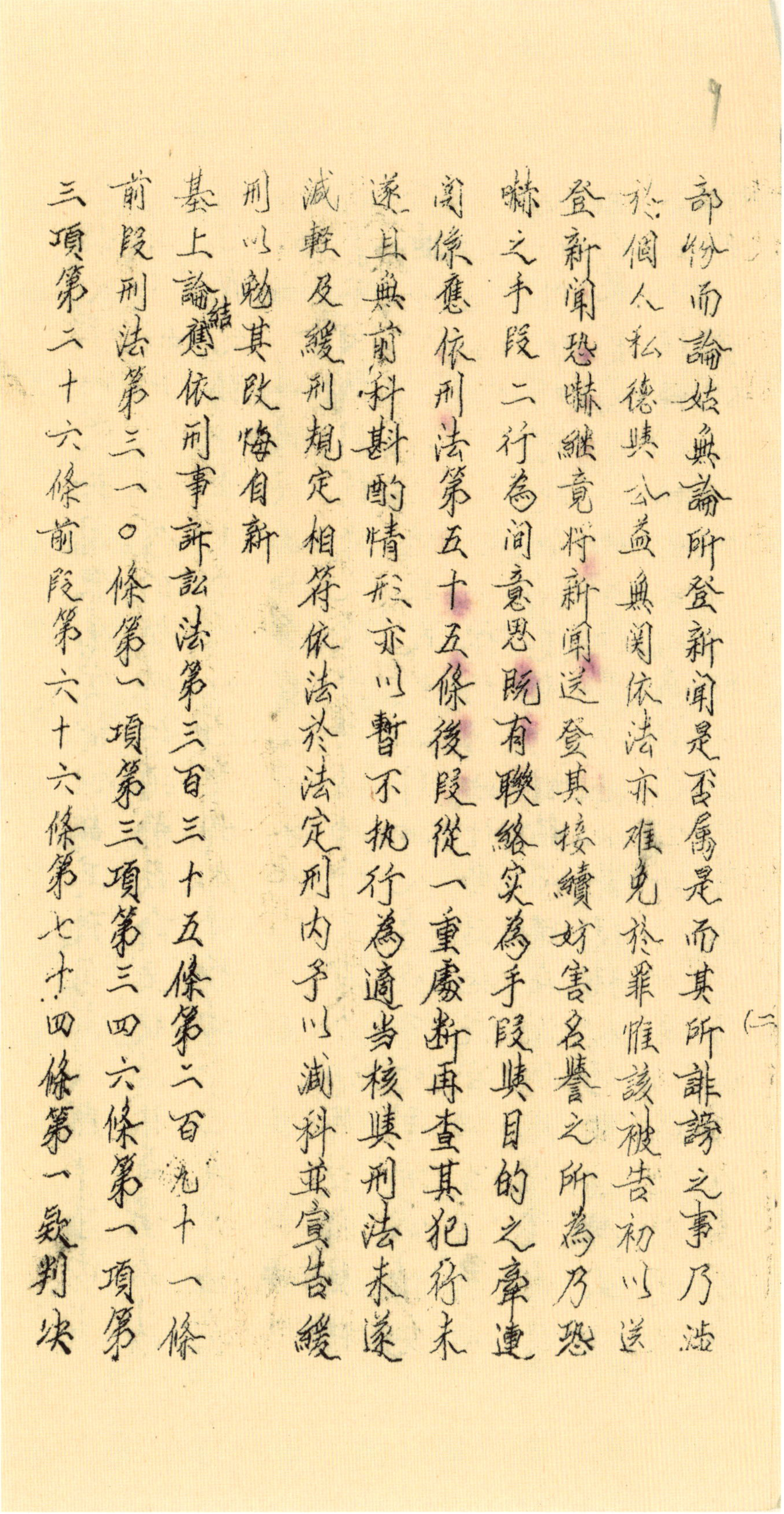

部份而論姑無論所登新聞是否屬是而其所誹謗之事乃涉
於個人私德與公益無関依法亦难免於罪惟該被告初以送
登新聞恐嚇繼竟將新聞送登其接續妨害名譽之所爲乃恐
嚇之手段二行爲間意思既有聯絡实爲手段與目的之牽連
関係應依刑法第五十五條後段從一重處斷再查其犯行未
遂且與前科斟酌情形亦以暫不執行爲適当核與刑法未遂
減輕及緩刑規定相符依法於法定刑内予以減科並宣告緩
刑以勉其改悔自新
基上論結應依刑事訴訟法第三百三十五條第二百九十一條
前段刑法第三一〇條第一項第三項第三四六條第一項第
三項第二十六條前段第六十六條第七十四條第一款判决

图3-1-2-4

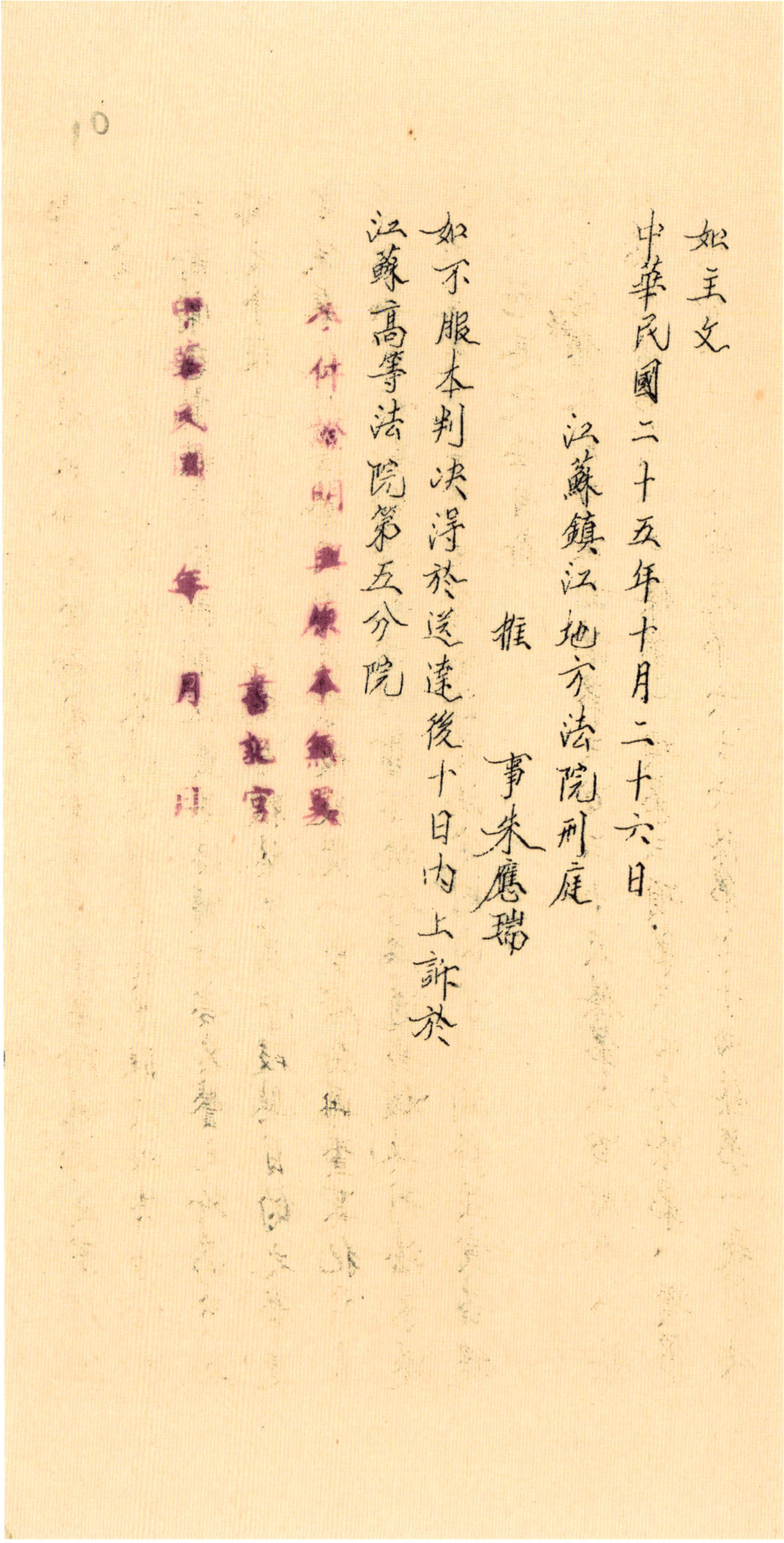

如主文

中華民國二十五年十月二十六日

江蘇鎮江地方法院刑庭

推　事朱應瑞

如不服本判決得於送達後十日内上訴於

江蘇高等法院第五分院

本件證明與原本無異

書記官

中華民國　年　月　日

图3-1-2-5

3. 江苏镇江地方法院刑事判决（宋玉明伤害案）（1936年）（档案号：A020-1936-001-0121-0001）

本组图为镇江地方法院刑事庭推事陈朴生于1936年10月27日做出的刑事判决。被告人宋玉明，男，35岁，河南人，以拾荒为业，住宝盖山。判决书载：“宋玉明以拾荒为生，本年十月十二日，因在薛家巷张文庭家门口拾取木屑，发生口角，将张文庭一推撞伤左眼。经张文庭报警拿获，解由江苏省会公安局第三分局转送本院检察官验明伤痕，侦查起诉。”镇江地方法院综合考量案情后予以轻判：“宋玉明伤害人之身体，处罚金五元，如易服劳役，以一元折算一日，缓刑二年。”

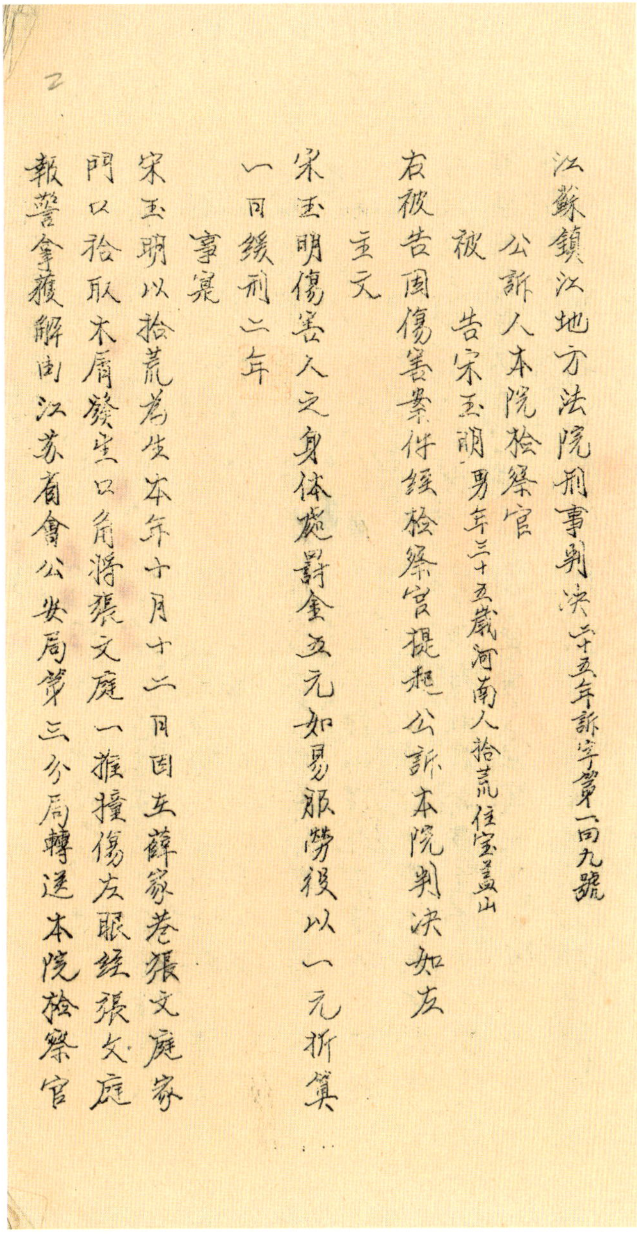

2

江蘇鎮江地方法院刑事判決廿五年訴字第一〇九號

公訴人本院檢察官

被　告宋玉明男年三十五歲河南人拾荒住寶蓋山

右被告因傷害案件經檢察官提起公訴本院判決如左

主文

宋玉明傷害人之身体處罰金五元如易服勞役以一元折算

一日緩刑二年

事實

宋玉明以拾荒為生本年十月十二日因在薛家巷張文庭家

門口拾取木屑發生口角將張文庭一推撞傷左眼經張文庭

報警拿獲解由江蘇省會公安局第三分局轉送本院檢察官

图3-1-3-1

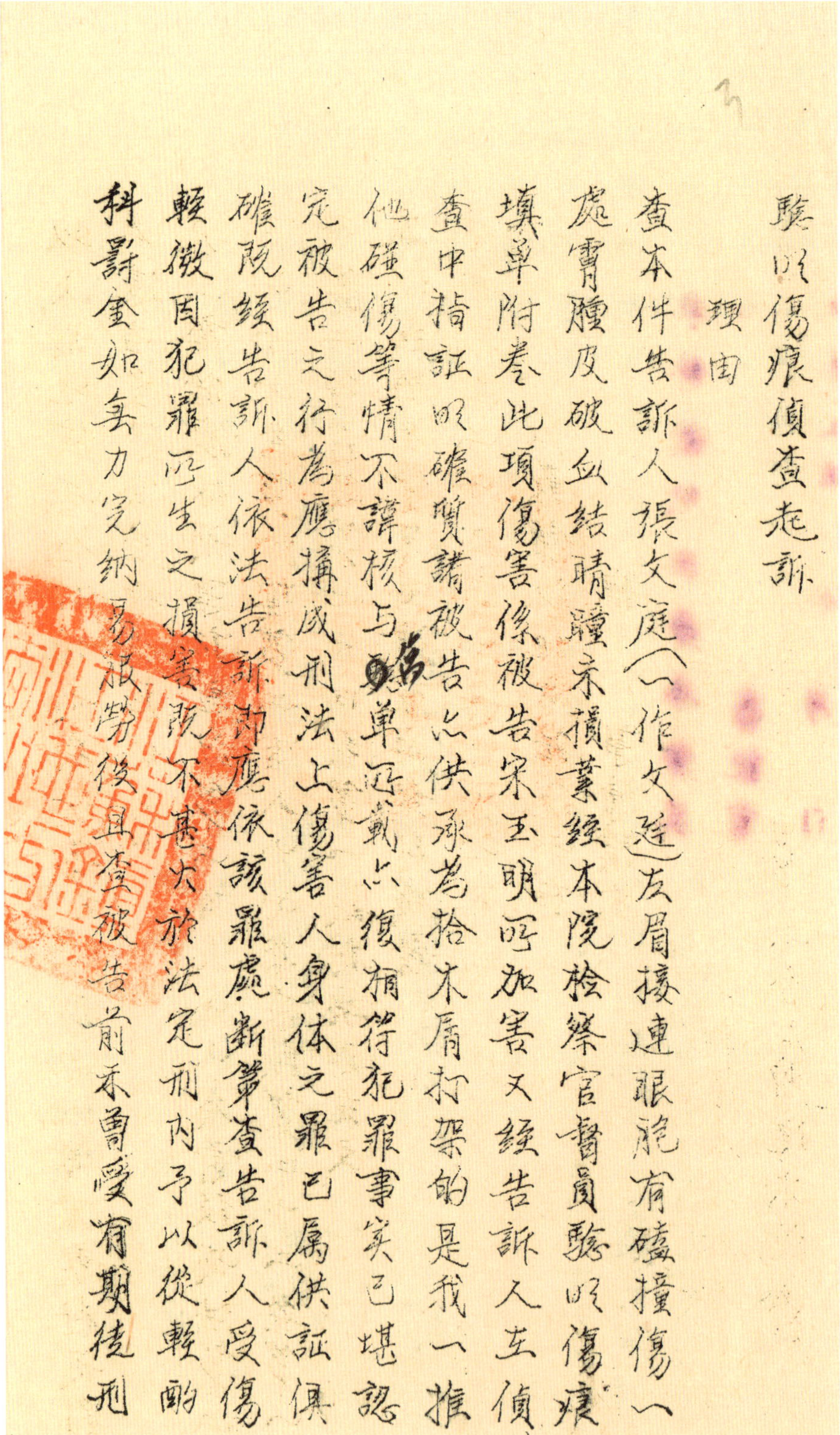
驗明傷痕偵查起訴

理由

查本件告訴人張文庭（一作文廷）左眉接連眼胞有磕撞傷一處青腫皮破血結睛矓亦損業經本院檢察官督員驗明傷痕填單附卷此項傷害係被告宋玉明所加害又經告訴人在偵查中指証明確質諸被告亦供承為拾木屑打架的是我一推他碰傷等情不諱核與驗單所載亦復相符犯罪事實已堪認定被告之行為應構成刑法上傷害人身体之罪已屬供証俱確既經告訴人依法告訴亦應依該罪處斷第查告訴人受傷輕微因犯罪所生之損害既不甚大於法定刑內予以從輕酌科罰金如無力完納易服勞役且查被告前未曾受有期徒刑

图3-1-3-2

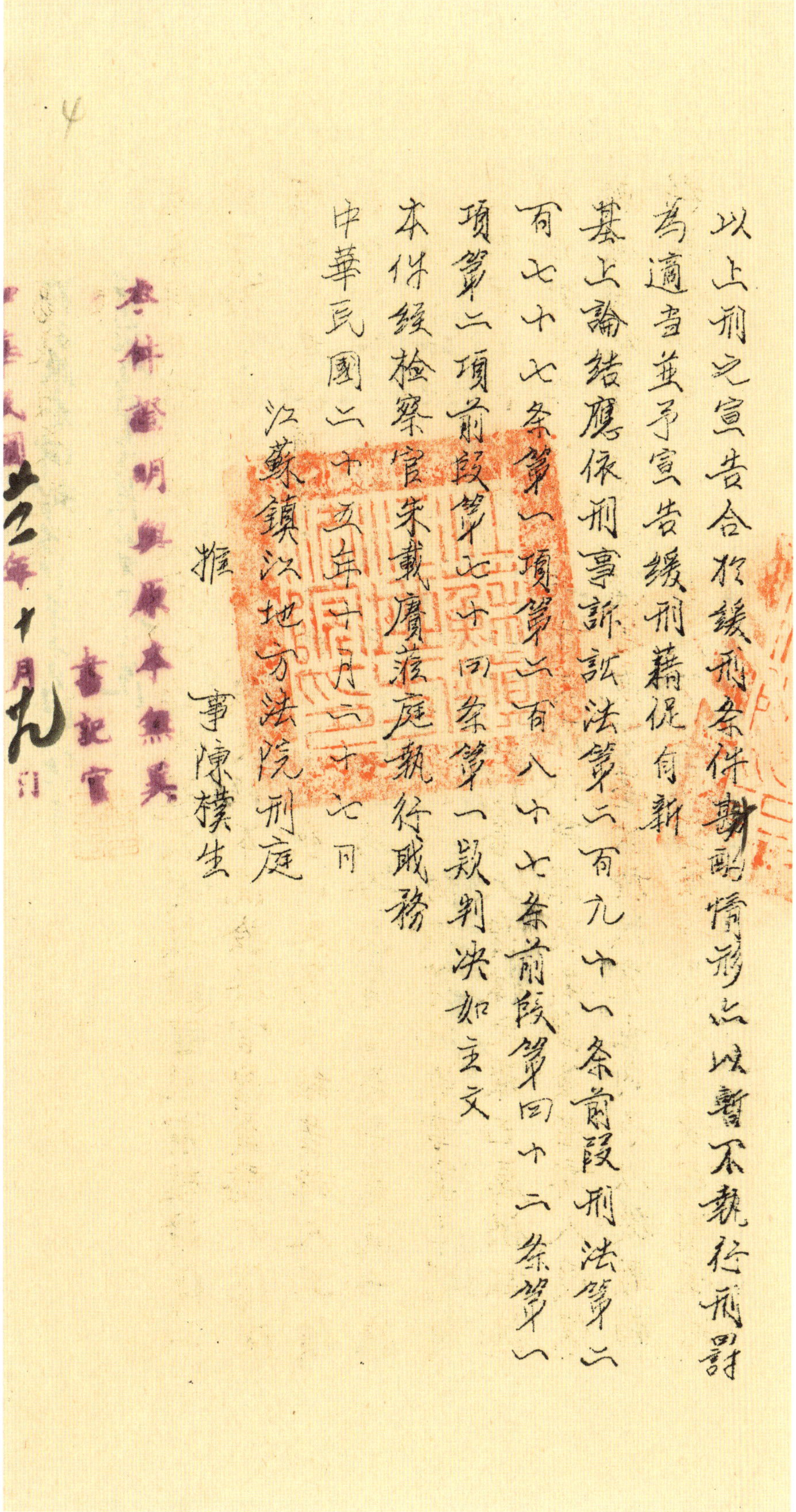

以上刑之宣告合於緩刑条件斟酌情形亦以暫不執行刑罰
為適當並予宣告緩刑藉促自新
基上論結應依刑事訴訟法第二百九十一条前段刑法第二
百七十七条第一項第二百八十七条前段第四十二条第一
項第二項前段第七十四条第一款判決如主文
本件經檢察官宋載賡莅庭執行職務
中華民國二十五年十月二十七日
江蘇鎮江地方法院刑庭
推事陳樸生

本件證明與原本無異
書記官
中華民國廿五年十月廿九日

图3-1-3-3

4. 江苏镇江地方法院刑事判决（樊龙桂侵占案）（1937年）（档案号：A020-1932-002-1250-0001）

本组图为镇江地方法院推事张文奎于1937年5月17日做出的刑事判决。被告人樊龙桂，男，41岁，泗州人，住琴园路41号。判决书载：“樊龙桂受王顺记临时雇佣，带

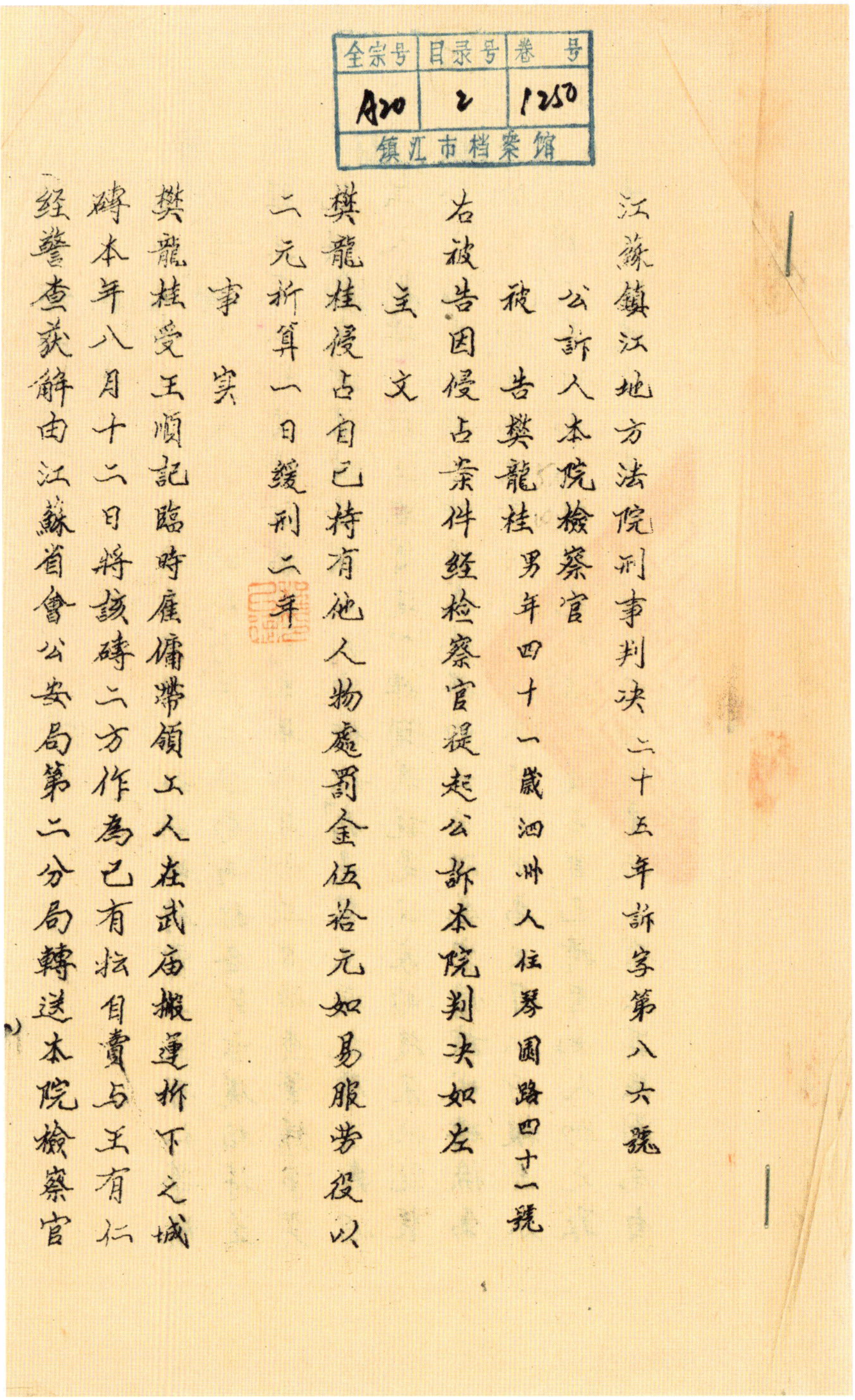

全宗号	目录号	卷号
A20	2	1250

镇江市档案馆

江蘇鎮江地方法院刑事判決 二十五年訴字第八六號

公訴人本院檢察官

被　告樊龍桂 男年四十一歲泗州人住琴園路四十一號

右被告因侵占案件經檢察官提起公訴本院判決如左

主　文

樊龍桂侵占自己持有他人物處罰金伍拾元如易服勞役以二元折算一日緩刑二年

事　實

樊龍桂受王順記臨時雇傭帶領工人在武廟搬運拆下之城磚本年八月十二日將該磚二方作為己有擅自賣與王有仁經警查獲解由江蘇省會公安局第二分局轉送本院檢察官

图3-1-4-1

领工人在武庙搬运拆下之城砖。本年八月十二日，将该砖二方作为己有物，自卖与王有仁。经警查获，解由江苏省会公安局第二分局转送本院检察官侦查起诉。”经过审理，镇江地方法院判决如下：“樊龙桂侵占自己持有他人物，处罚金五十元，如易服劳役，以二元折算一日，缓刑二年。”

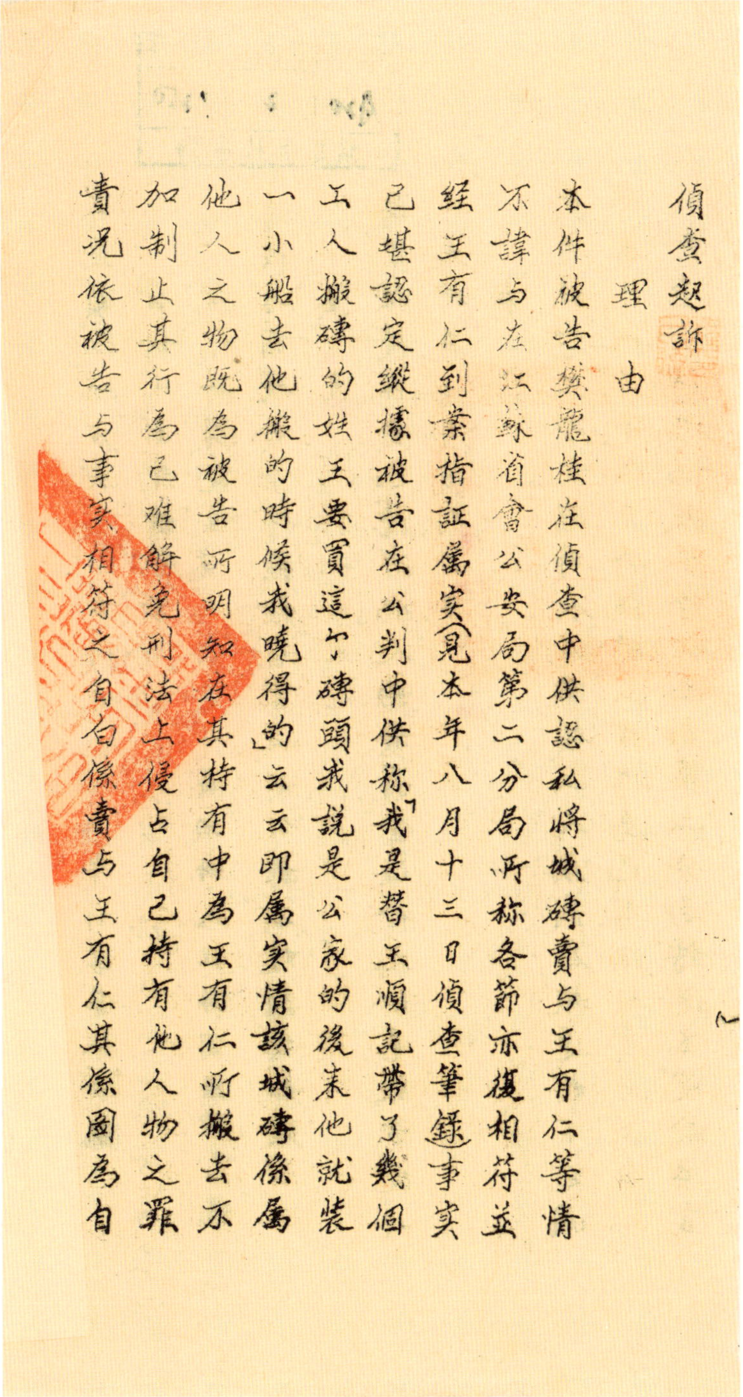
偵查起訴

理由

本件被告樊龍桂在偵查中供認私將城磚賣与王有仁等情不諱与在江蘇省會公安局第二分局所称各節亦複相符並經王有仁到案指証屬实(見本年八月十三日偵查筆錄)事实已堪認定縱據被告在公判中供称「我是替王順記帶了幾個工人搬磚的姓王要買這个磚頭我說是公家的後来他就裝一小船去他搬的時候我曉得」的云云即屬实情該城磚係屬他人之物既為被告所明知在其持有中為王有仁所搬去不加制止其行為已难解免刑法上侵占自己持有他人物之罪責况依被告与事实相符之自白係賣与王有仁其係圖為自

图3-1-4-2

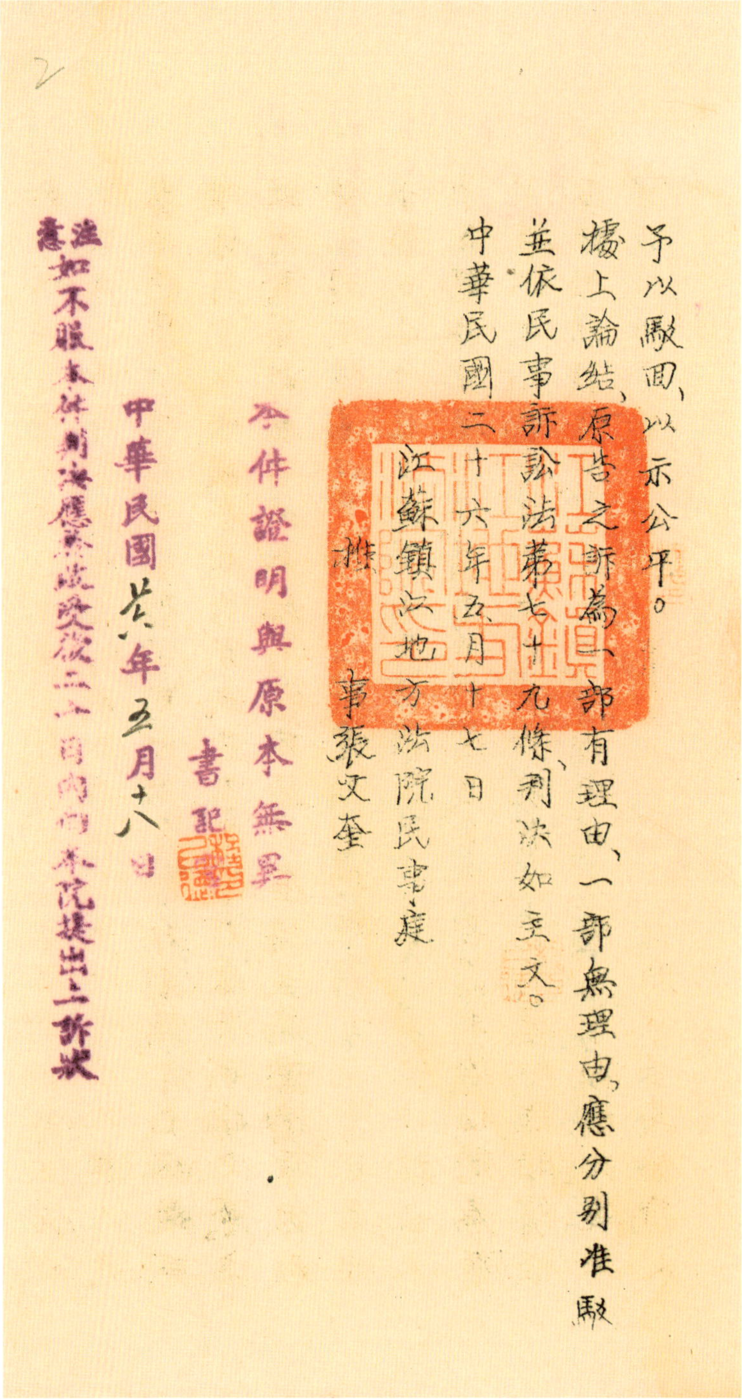

2

予以駁回、以示公平。

據上論結、原告之訴爲一部有理由、一部無理由、應分别准駁

並依民事訴訟法第七十九條、判決如主文。

中華民國二十六年五月十七日

江蘇鎮江地方法院民事庭

推事張文奎

本件證明與原本無異

書記

中華民國廿六年五月十八日

注意 如不服本件判決應於送達後二十日内向本院提出上訴狀

图3-1-4-3

5. 最高法院刑事判决（李昌甫强盗案）（1937年）（档案号：A019-1948-001-0709-0020）

本组图为最高法院刑事第五庭代理审判长推事孙潞，推事欧阳煦、徐造凤、孙原、彭时俊于1937年6月5日做出的刑事判决。上诉人：李昌甫，男，26岁，戏馆卖票为业，住无锡县东新路；张阿囡，男，22岁，澡堂伙计，住无锡县堰桥。判决书载："上诉人等于民国二十四年八月二十一日夜间，伙同共同被告吴顺兴、金志仙（该犯等罪刑已经确定）及在逃文伦仁，潜伏无锡县工人教育馆附近，乘乔浩荣、乔惠荣、荣月铭、荣锡山及徐姓等行经该处，吴顺兴袖出假手枪威吓，劫得钞银九十四元、表一只。"上诉人等因强盗案件不服江苏高等法院1936年6月26日第二审判决，提起上诉。最高法院经过审理后，认为原审法院在证据采信、法律适用等方面存在错误，"上诉意旨从采证上指摘原判决不当，非无理由，应予发回更审，期臻明确。再上诉人等两次犯罪更审后如能证实，则其劫取之乔浩荣等财物既在各事主分别持有之中，自系以一行为而触犯数项之同一罪名，依《刑法》第五十五条应从一重处断。原判决只适用《刑法》第三百三十条第一项，而漏引第五十五条，殊嫌疏忽"，故将"原判决关于李昌甫、张阿囡部分撤销，发回江苏高等法院"。

南京国民政府时期，最高法院系最高审判机关，其隶属于司法院。1928年，南京国民政府出台《国民政府最高法院组织法》，对最高法院的内部组织机构做出详细规定。最高法院设院长一人，综理本院事务，但不得指挥审判。最高法院置民事庭和刑事庭。最高法院配置检察署，检察署置检察长一人，指挥监督并分配该管检察事务，设检察官若干人，处理关于检察之一切事务。

南京国民政府实行三级三审制度，根据《法院组织法》的规定，最高法院管辖权限如下：（1）不服高等法院及其分院第一审判决而上诉之刑事诉讼案件；（2）不服高等法院及其分院第二审判决而上诉之民事刑事诉讼案件；（3）不服高等法院及其分院裁定而抗告之案件；（4）非常上诉案件。该案属于上列第二项。

020

最高法院刑事判決 二十五年度上字第六八〇九號

上訴人 李昌甫 即李昌富男年二十六歲業戲館賣票住無錫縣東新路

張阿囡 男年二十二歲業澡堂夥計住無錫縣堰橋

右上訴人等因强盗案件不服江蘇高等法院中華民國二十五年六月二十六日第二審判決提起上訴本院判決如左

主文

原判決關於李昌甫張阿囡部分撤銷發回江蘇高等法院

理由

核閱全卷原審認定本件上訴人等於民國二十四年八月二十一日夜間夥同共同被告吳順興金志仙（該犯等罪刑已經確定）及在逃文倫仁潛伏無錫縣工人教育館附近乘喬浩榮喬惠榮榮月銘榮錫山及徐姓等行經該處吳順興袖出假手槍威嚇刦得鈔銀九十四元錶一隻逃逸等情係以上訴人等在無錫縣公安局第九分局之自白吳順興在同局及金志仙在公安局所爲不利於己之陳述爲其根據固非無見惟據被害人榮月銘在偵查時之供述謂伊與榮錫山於陰曆八月二十日自申回錫下車後雇乘黃包車擬返榮巷家中行經西門遇一徐姓者同路經過西門外工人教育館西面被不知姓名四人搶刦伊與錫山及徐姓各損失呢帽雨衣皮夾鈔洋不等喬浩榮等之父喬瑞到案陳述及提出喬浩榮之家信並失單謂係於同年陰曆七月二十七日上午四時在馬鞍橋工人教育館附近路上被四五强徒搜刦搶去鈔洋九十五元掛錶一只等語是前後兩次搶案相隔幾近

一

图3-1-5-1

二

一月明係截然兩事原審認上訴人等於八月二十一日同時被刼喬浩榮榮月銘等五人之財物已嫌牽混況二
十四年八月二十一日合諸廢曆則爲七月二十三日與榮月銘等及喬惠榮等先後被刼日期無一相符其認事
更欠明白上訴人等在第九分局雖曾爲一度之自白然其後解由公安局而縣政府而檢察處一再研鞫均極口
呼冤謂在第九分局之供述係受刑誣服而李昌甫之母李林氏並於其子尚押縣府時以該分局長王吉甫非刑
毒打在檢察處具狀告訴經檢察官驗明李昌甫兩膁䠋近下確有左三右二各半道之繩綑傷痕塡有傷單在卷
其爲兩腿併綑一處所致已無疑義縱令偵查結果以此項傷痕尚不能證明由於王吉甫唆使其巡長秦長貴所
加害而予不起訴處分在案然上訴人等在該分局所爲之自白是否出於自由之陳述要亦不無審慮餘地原審
詰問李昌甫云爾是受的什麼刑呢答「用繩子踏槓子」問這是爾碰傷的也未可知何以見得就是刑傷呢答
「如其碰傷兩隻脚上不會全有」而原筆錄於此兩答語下注有（腿上驗視似有痕跡）（驗視兩腿似有痕跡
）等字樣（見原審筆錄第三十八頁後幅）核諸原驗兩腿有繩痕左三右二各半道之傷狀則李昌甫所爲碰
傷不致兩腿全有之辯解亦不能謂爲全無理由原審當庭驗看既尚存有類似痕跡自應督吏明確檢驗以斷定
其是否刑傷何能以不起訴卷內並無刑逼確証而恝置不理共同被告吳順興金志仙在王吉甫瀆職案偵查時
亦稱伊等各受非刑並聽見李昌甫受訊時有喊救之聲本案第一審時並據吳順興述明與張阿囡李昌甫看戲
相打挾怨誣扳各等語與上訴人等所稱仇誣事實並無抵觸原審認爲嗣後串飾是否實在亦有詳求必要上訴
人等所舉反証如戴阿六周炳金等原審均未質訊明確率行定讞不得不認爲於被告有利事項不予注意上訴
意旨從採証上指摘原判決不當非無理由應予發回更審期臻明確再上訴人等兩次犯罪更審後如能証實則

图3-1-5-2

021

其刧取之喬浩榮等財物既在各事主分別持有之中自係以一行爲而觸犯數項之同一罪名依刑法第五十五條應從一重處斷原判決祇適用刑法第三百三十條第一項而漏引第五十五條殊嫌疏忽案經發回併予指明

據上論結應依刑事訴訟法第三百八十九條第三百九十三條判決如主文

中華民國二十六年六月五日

最高法院刑事第五庭

代理審判長推事孫　潞

推事歐陽煦

推事徐造鳳

推事孫　原

推事彭時俊

右正本證明與原本無異

書記官

中華民國二十六年六月三十三日

图3-1-5-3

6. 江苏高等法院刑事裁定（管文彬杀人案）（1937年）（档案号：A019-1948-001-0709-0156）

本组图为江苏高等法院刑事庭审判长推事吴昱恒，推事张秉慈、欧阳澍于1937年10月10日做出的刑事裁定。被告人管文彬，男，24岁，农民，住海门县海丰镇。该案经兼理司法海门县政府审理判决后，移送复判。根据裁定书的记载，该案主要经过是：原告诉人施灿芬(女性)之6岁女陈品芳，随其母至外祖母家暂住，1937年4月3日夜间，被告人管文彬无故叩门，声言拒则放火种种之威胁，意在入内行奸，原告诉人情急启门，奔告其母管王氏、兄管文明及西邻陈曹氏，半小时后回家，陈品芳已溺亡于河内。原审认定陈品芳系“惊醒后奔寻其母（即原告诉人），失足落水”，“然验断书说明陈品芳尸身头有磕伤，手有划伤，似头手先入芦丛，额颊被人加害之状”，江苏高等法院将“本件发回海门县政府更审”。

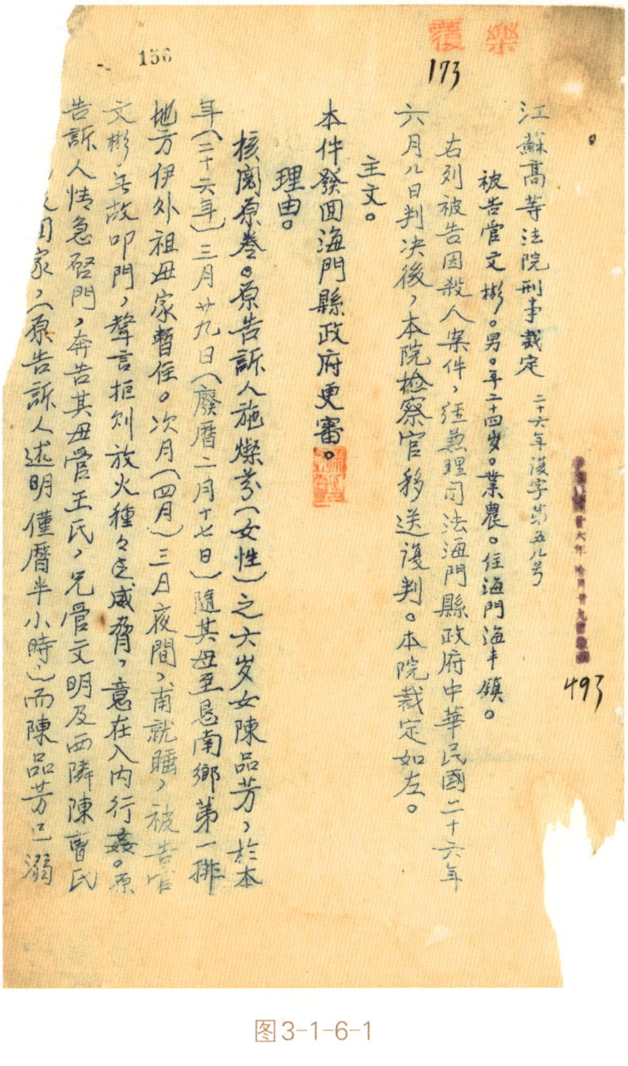

江蘇高等法院刑事裁定　二十六年復字第五九号
被告管文彬。男。年二十四歲。業農。住海門海丰鎮。
右列被告因殺人案件，經兼理司法海門縣政府中華民國二十六年
六月八日判決後，本院檢察官移送復判。本院裁定如左。
主文。
本件發回海門縣政府更審。
理由。
核閱原卷。原告訴人施燦芬（女性）之六岁女陳品芳，於本
年（二十六年）三月廿九日（廢曆二月十七日）隨其母至息南鄉第一排
地方伊外祖母家暫住。次月（四月）三日夜間，甫就睡，被告管
文彬無故叩門，聲言拒則放火種々之威脅，意在入內行姦。原
告訴人情急啓門，奔告其母管王氏，兄管文明及西隣陳曹氏
…回家，（原告訴人述明僅曆半小時）而陳品芳已溺

图3-1-6-1

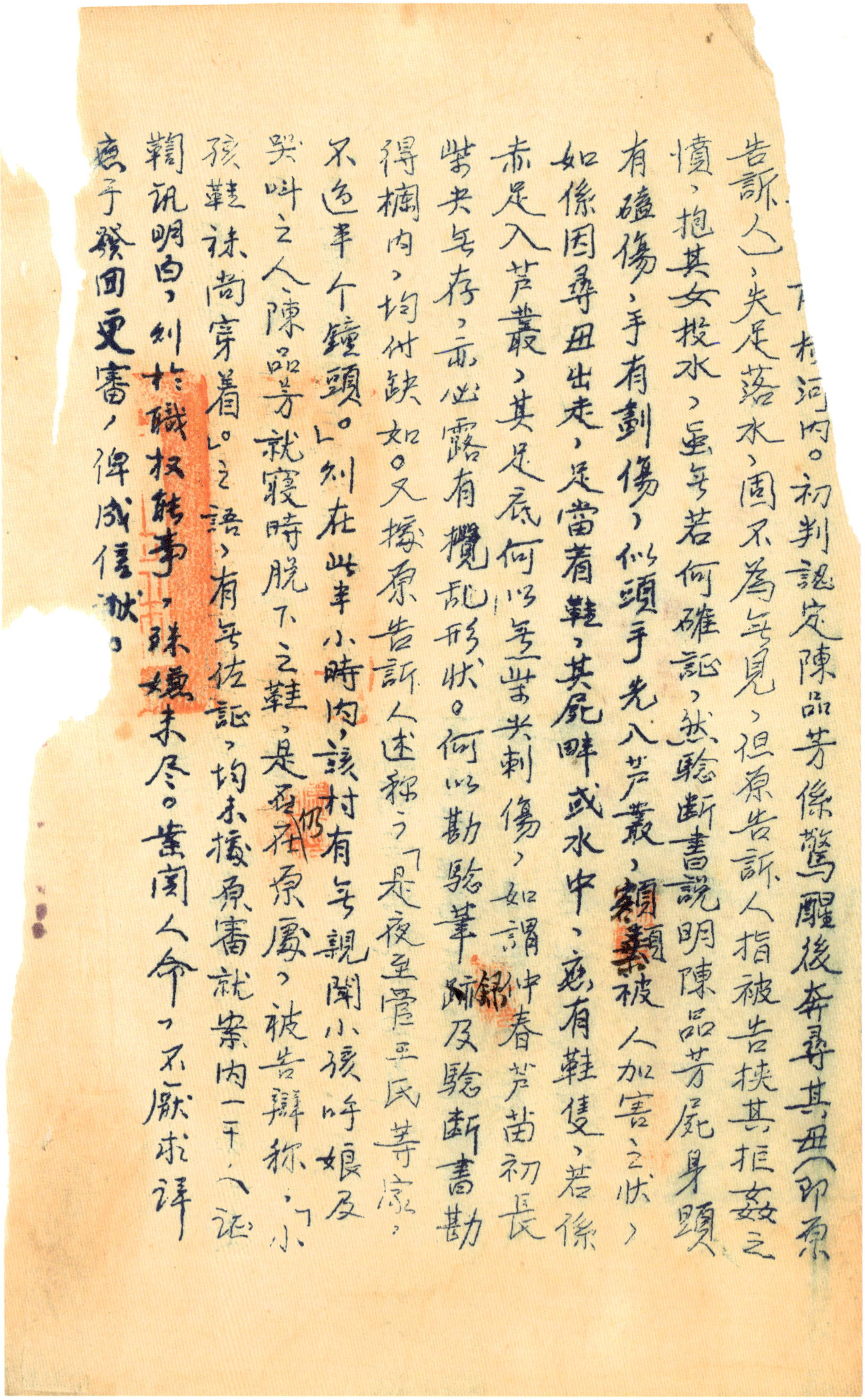

下村河内。初判認定陳品芳係驚醒後奔尋其母（即原告訴人），失足落水，固不為無見，但原告訴人指被告挾其拒姦之憤，抱其女投水，並無若何確証，然驗斷書說明陳品芳屍身頭有磕傷，手有劃傷，似頭手先入芦叢，類被人加害之狀，如係因尋母出走，足當着鞋，其屍畔或水中，應有鞋隻，若係赤足入芦叢，其足底何以並無刺傷，如謂中春芦苗初長無尖無存，亦必露有攪亂形狀。何以勘驗筆錄及驗斷書勘得欄內，均付缺如。又據原告訴人述稱：「是夜至嚴巫民荐家，不過半个鐘頭。」則在此半小時內，該村有無親聞小孩呼娘及哭叫之人，陳品芳就寢時脫下之鞋，是否仍在原處，被告辯称：「小孩鞋襪，尚穿着。」之語，有無佐証，均未據原審就案內一干（証）鞫訊明白，則於職权能事，殊嫌未盡。案関人命，不厭求詳，應予發回更審，俾成信讞。

图3-1-6-2

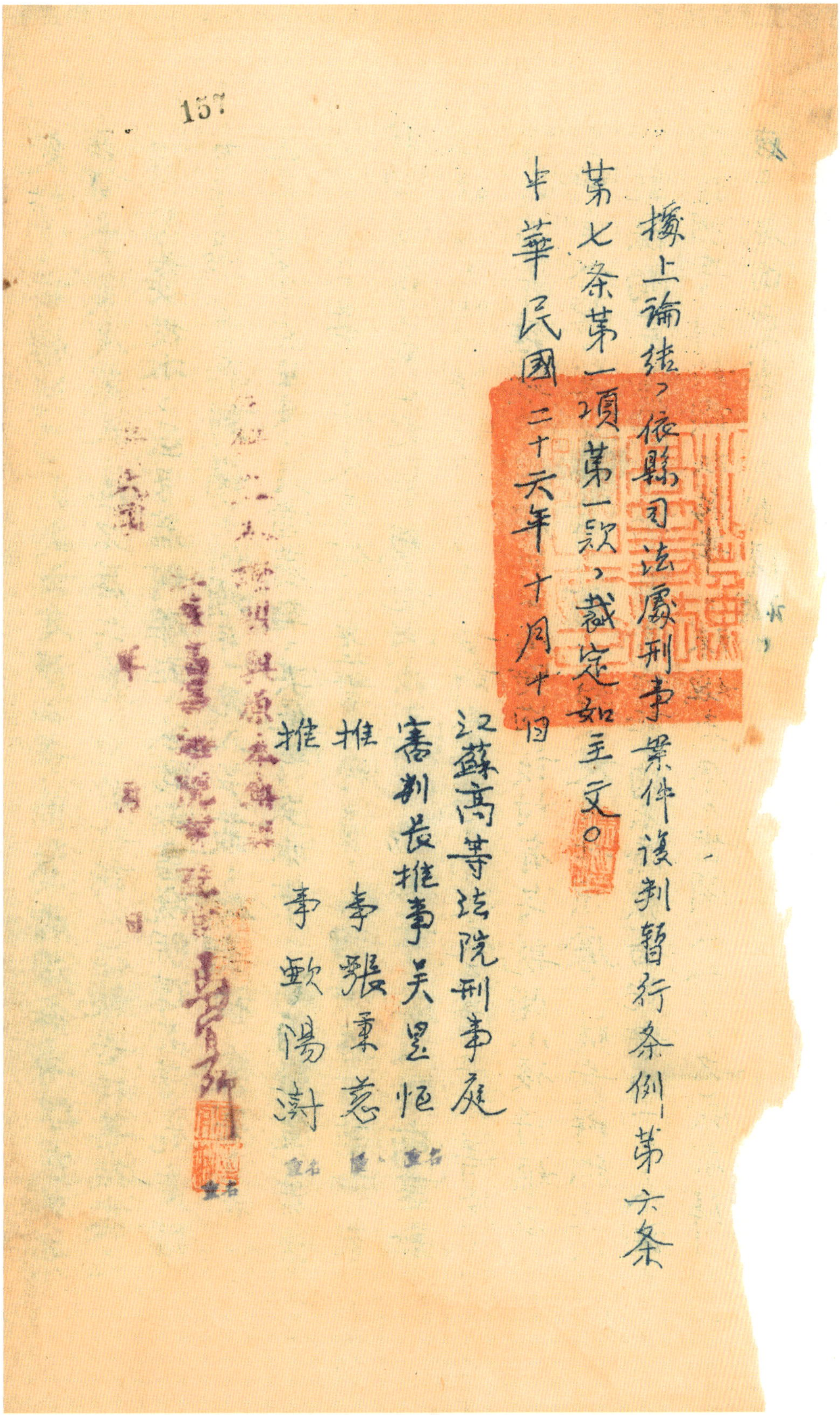
157

據上論結，依縣司法處刑事案件復判暫行条例第六条第七条第一項第一款，裁定如主文。

中華民國二十六年十月廿四日

江蘇高等法院刑事庭

審判長推事吳昱恒

推事張秉慈

推事歐陽濤

图3-1-6-3

7. 江苏镇江地方法院刑事裁定（张薪余号违反所得税法案）（1948年）（档案号：A020-1948-001-0379-0001）

下图为镇江地方法院刑事庭推事夏采苓于1948年1月22日做出的刑事裁定。被告人：张薪余号，设于镇江山巷94号，法定代理人为张薪余。根据裁定书的记载，该案的主要经过是：张薪余号应缴纳1946年度所得税款38 025元，经财政部江苏区直接税局镇江分局于1947年4月23日通知缴纳，逾限3月以上；张薪余号另应缴纳之1947年度所得税款55 400元，经财政部江苏区直接税局镇江分局于1947年12月20日通知缴纳，逾限1月以上。镇江地方法院依《所得税法》第三十九条第一款和第三款、第四十条第四项之规定，裁定“张薪余号滞纳所得税款三万八千零二十五元，处罚锾十一万四千零七十五元；又滞纳所得税款五万五千四百元，处罚锾五万五千四百元；并均限于十日内将罚锾及滞纳税款向本院缴纳”。

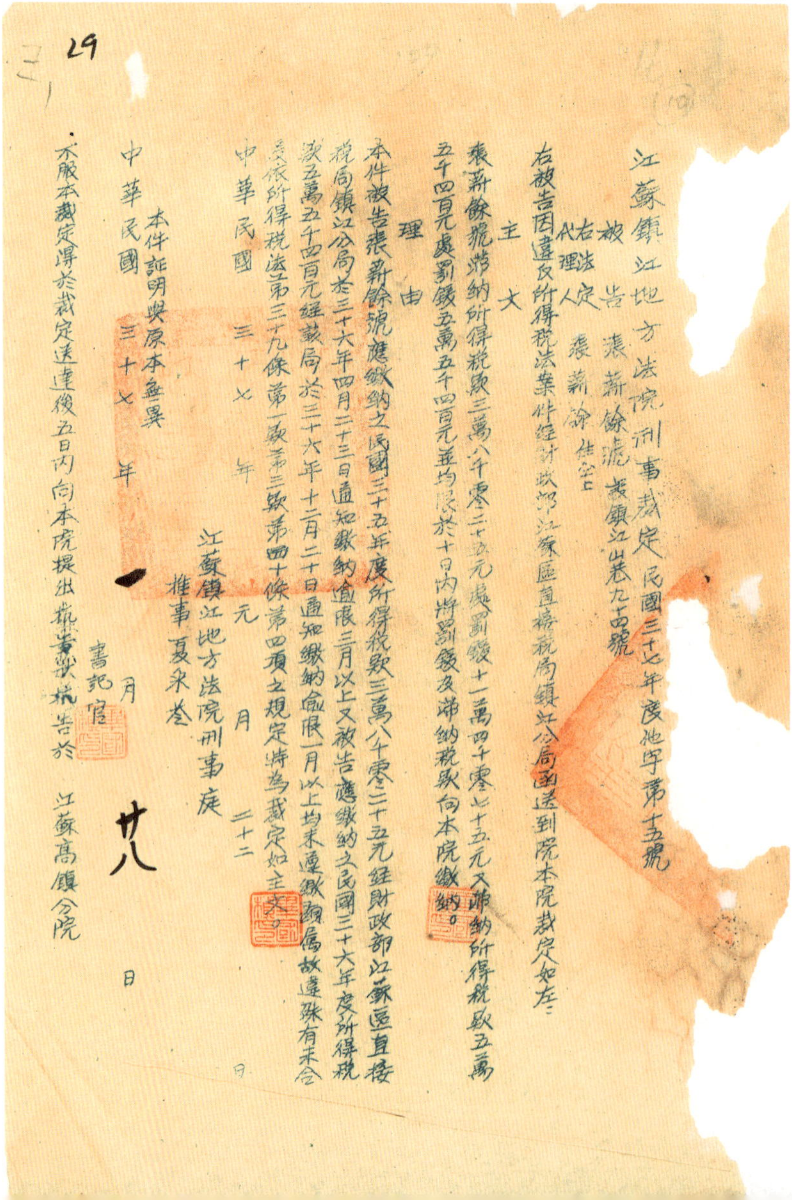
江蘇鎮江地方法院刑事裁定 民國三十七年度他字第十五號

右被告因違反所得稅法案件經財政部江蘇區直接稅局鎮江分局函送到院本院裁定如左：

被告 張薪餘號 設鎮江山巷九十四號

右法定代理人 張薪餘 住同

主文

張薪餘號滯納所得稅款三萬八千零二十五元處罰鍰十一萬四千零七十五元又滯納所得稅款五萬五千四百元處罰鍰五萬五千四百元並均限於十日內將罰鍰及滯納稅款向本院繳納。

理由

本件被告張薪餘號應繳納之民國三十五年度所得稅款三萬八千零二十五元經財政部江蘇區直接稅局鎮江分局於三十六年四月二十三日通知繳納逾限三月以上又被告應繳納之民國三十六年度所得稅款五萬五千四百元經該局於三十六年十二月二十日通知繳納逾限一月以上均未遵繳殊屬故違殊有未合爰依所得稅法第三十九條第一款第三款第四十條第四項之規定將為裁定如主文。

中華民國 三十七 年 元 月 二十二 日

江蘇鎮江地方法院刑事庭 推事 夏釆苓

本件證明與原本無異

中華民國 三十七 年 一 月 廿八 日 書記官

不服本裁定得於裁定送達後五日內向本院提出抗告狀抗告於 江蘇高等法院

图3-1-7

8. 江苏镇江地方法院刑事裁定（邮政储金汇业局违反印花税法案）（1948年）

（档案号：A020-1948-002-0754-0001）

本组图为镇江地方法院刑事庭推事马光临于1948年10月22日做出的刑事裁定。被告人：邮政储金汇业局，设于宝塔路。根据裁定书的记载，该案经过是：邮政储金汇业局于所立银钱收据1张，漏贴印花税票法币15 000元，经财政部镇江国税稽征局获送镇江地方法院调查属实。马光临认为，上述行为显系违反《印花税法》第十六条之规定，除漏贴印花税额仍令补缴外，爰依同法第二十二条及第二十九条，裁定处罚锾法币90 000元，限7日缴纳。

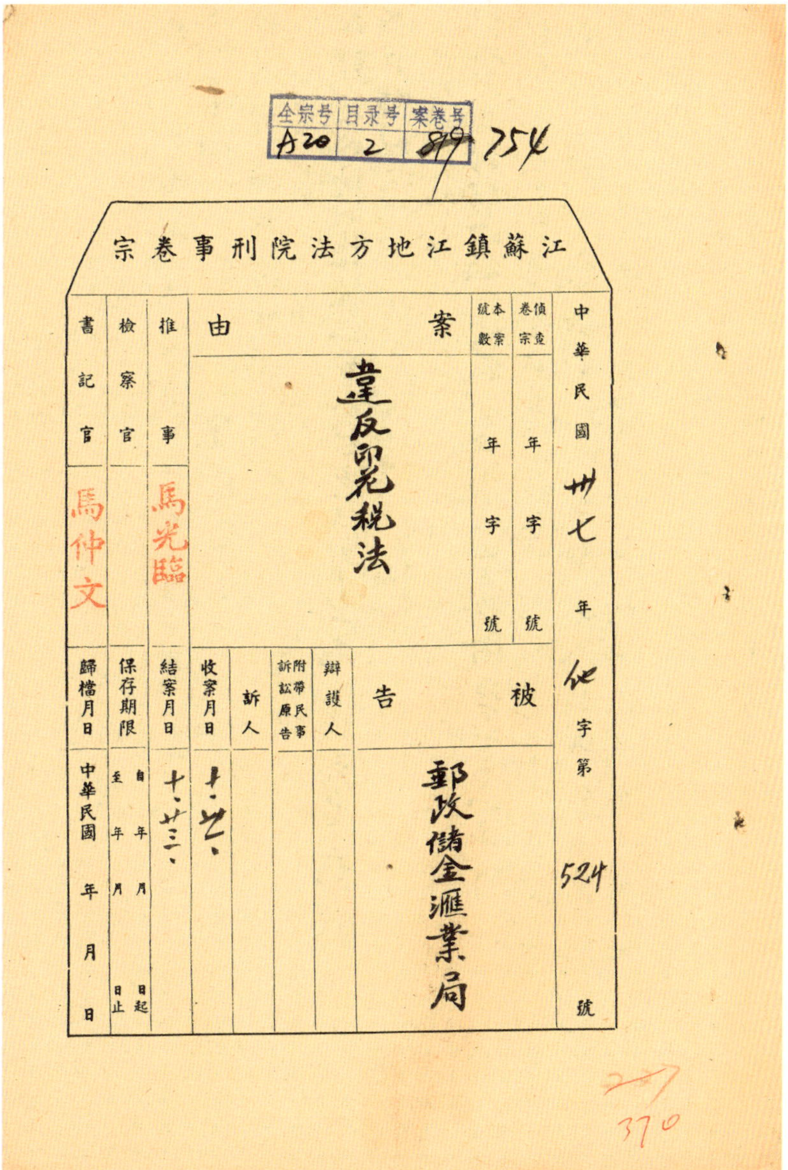

全宗号 A20　目录号 2　案卷号 89　754

江蘇鎮江地方法院刑事卷宗

中華民國卅七年他字第524號

偵查卷宗 年 字 號

本案號數 年 字 號

案由：違反印花稅法

推事：馬光臨

檢察官

書記官：馬仲文

被告：郵政儲金滙業局

辯護人

附帶民事訴訟原告

訴人

收案月日：十·廿·

結案月日：十·廿三·

保存期限：自 年 月 日起 至 年 月 日止

歸檔月日：中華民國 年 月 日

370

图3-1-8-1

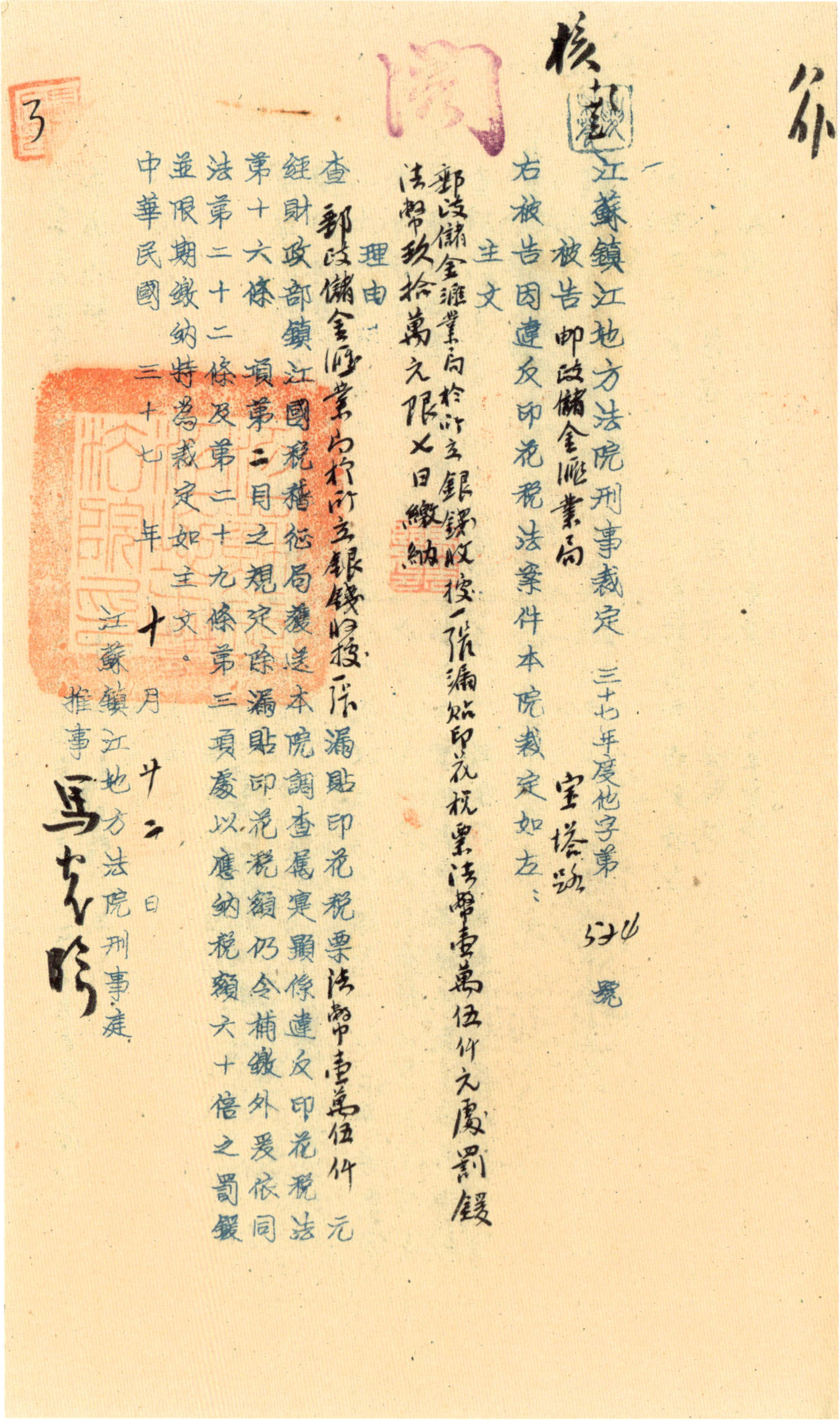
江蘇鎮江地方法院刑事裁定　三十七年度他字第524號

被告　郵政儲金匯業局

右被告因違反印花稅法案件本院裁定如左：

主文

郵政儲金匯業局於所立銀錢收據一張漏貼印花稅票法幣壹萬伍仟元處罰鍰法幣玖拾萬元限五日繳納。

理由

查郵政儲金匯業局於所立銀錢收據一張漏貼印花稅票法幣壹萬伍仟元經財政部鎮江國稅稽征局移送本院調查屬實顯係違反印花稅法第十六條　項第二目之規定除漏貼印花稅額仍令補繳外爰依同法第二十二條及第二十九條第三項處以應納稅額六十倍之罰鍰並限期繳納特為裁定如主文。

中華民國三十七年十月廿二日

江蘇鎮江地方法院刑事庭

推事　馬

图3-1-8-2

二、民事类文书

1. 丹徒知县判词抄件（房产）（1859年）（档案号：A031-2017-001-0000-0047）

下图为丹徒知县有关房产纠纷判词的手抄件，其内容形成于清咸丰九年（1859年），抄录时间不可考，但应不迟于1949年。根据该判词可知，本案的主要内容为房产典押纠纷，但也伴有诬告等刑事内容，丹徒知县对此进行了合并处理，同时训诫了不具备诉讼资格但又发起诉讼的当事人。“道常庸等既无房屋之分，彻行出讼，显系扛架，亦属不合，本应深究……”该判词体现出中国传统司法的“民刑不分”“息讼”等特征。

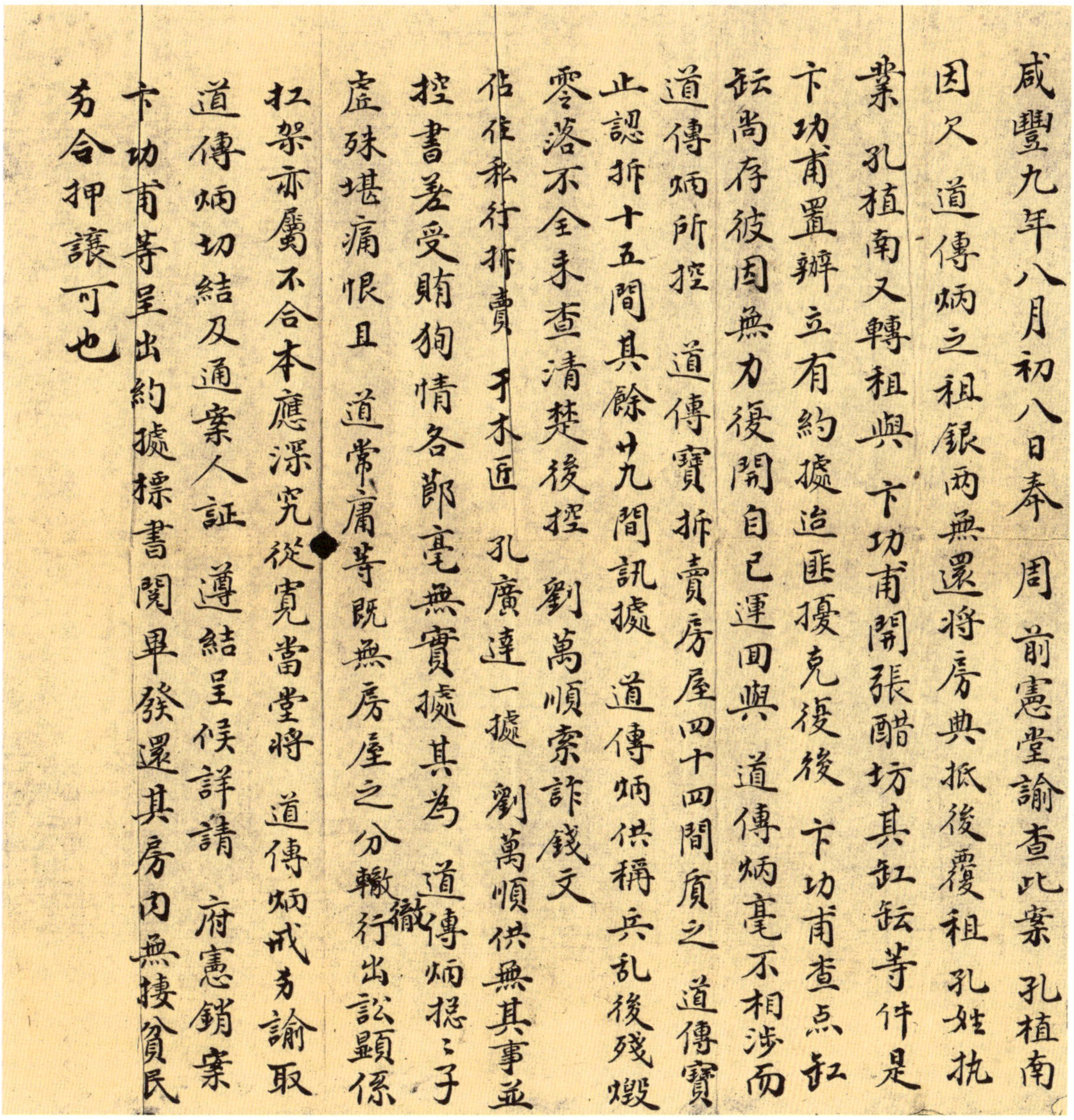
咸豐九年八月初八日奉 周 前憲堂諭查此案 孔植南
因父 道傳炳之祖銀兩無還將房典抵後覆祖 孔姓執
業 孔植南又轉租與 下功甫開張醋坊其缸鉦等件是
下功甫置辦立有約據迨匪擾克復後 下功甫查点缸
鉦尚存彼因無力復開自己運回與 道傳炳毫不相涉而
道傳炳所控 道傳寶拆賣房屋四十四間質之 道傳寶
止認拆十五間其餘廿九間訊據 道傳炳供稱兵乱後残燬
零落不全未查清楚後控 劉萬順索詐錢文
係作私行拆賣 于木匠 孔廣達一據 劉萬順供無其事並
控書差受賄徇情各節毫無實據其為 道傳炳揔之子
虛殊堪痛恨且 道常庸等既無房屋之分徹行出訟顯係
扛架亦屬不合本應深究從寬當堂將 道傳炳戒飭諭取
道傳炳切結及通案人証 道結呈候詳請 府憲銷案
下功甫等呈出約據標書閱畢發還其房內無接貧民
勸合押讓可也

图3-2-1

2. 江苏镇江地方法院民事判决（金基祥诉金杨氏离婚案）（1930年）（档案号：A020-1934-002-0786-0001）

本组图为镇江地方法院民庭于1930年3月1日做出的民事判决。原告：金基祥，男，24岁，住镇江山巷内；原告诉讼代理人：律师方灏；被告：金杨氏，女，22岁，住镇江南门棒营。原告提出离婚，并列明6点理由，被告拒绝离婚。镇江地方法院认为，“按现行法例规定，离婚之诉虽不限有一定条件，然必具有相当理由始能成立”，原告主张离婚理由的第四、五、六项均属空言，依法不能凭信，第一、二、三项与事实有冲突，并不构成离婚的充分理由。据此，镇江地方法院判决“原告之诉驳斥，讼费由原告负担”。在判决书的“理由”部分，推事将大理院判例作为判决依据之一。判决书还显示，在本案审理过程中，镇江地方法院检察官颜昌焘莅庭陈述意见。

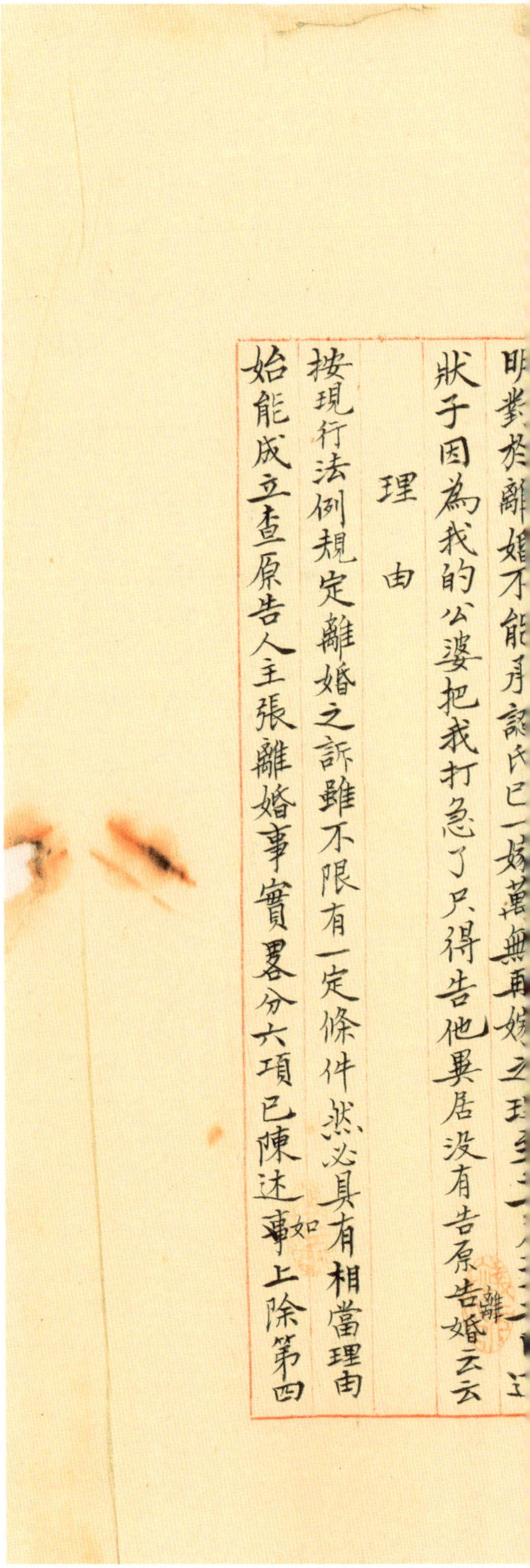
明對於離婚不能承認氏已一嫁萬無再嫁之理
狀子因為我的公婆把我打急了只得告他異居沒有告原告離婚云云
理由
按現行法例規定離婚之訴雖不限有一定條件然必具有相當理由
始能成立查原告人主張離婚事實畧分六項已陳述如上除第四

图3-2-2-1

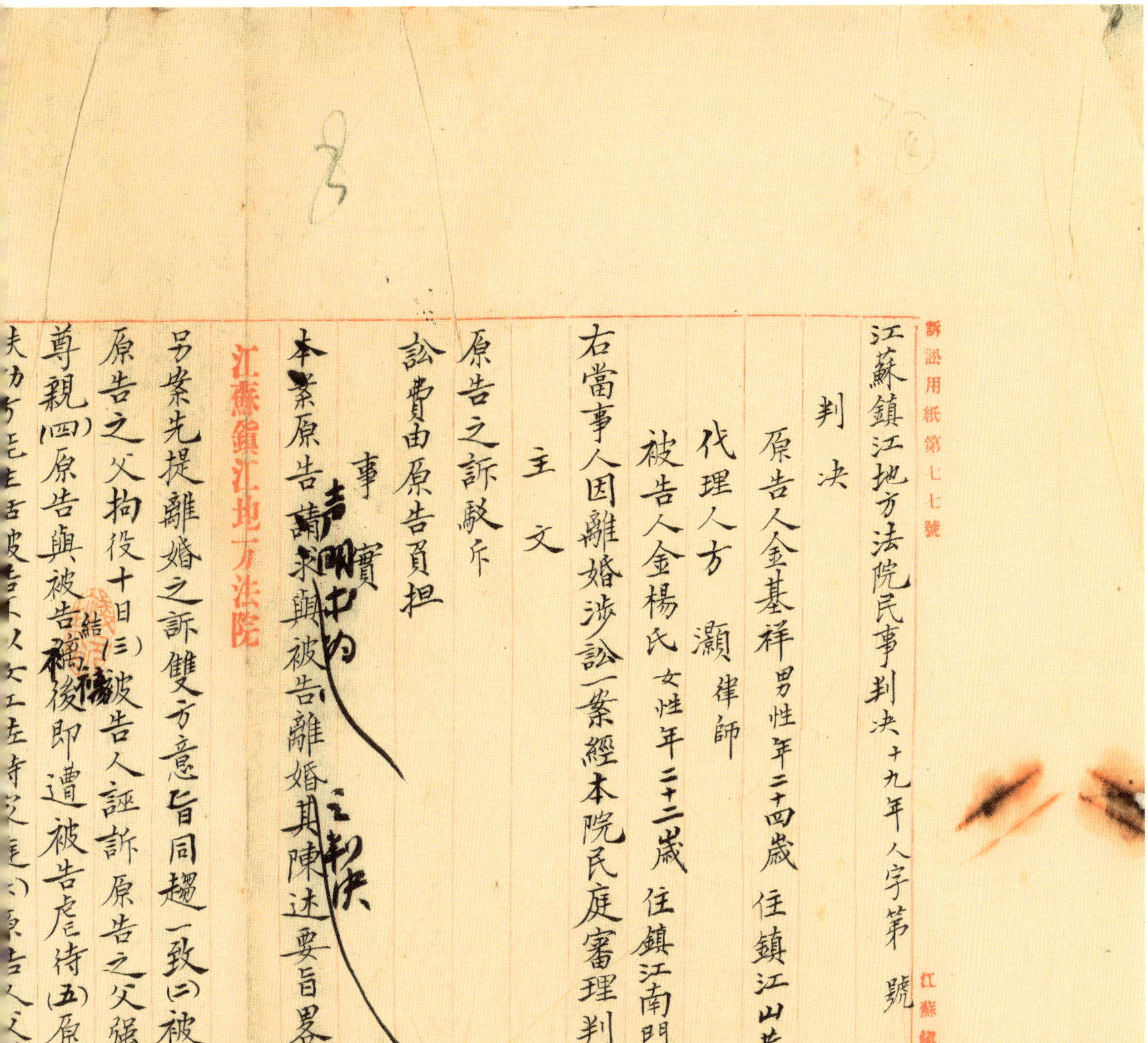
訴訟用紙第七七號

江蘇鎮江地方法院民事判決十九年人字第　號

判決

原告人金基祥 男性年二十四歲 住鎮江山巷内 業商

代理人方　灝 律師

被告人金楊氏 女性年二十二歲 住鎮江南門棒營

右當事人因離婚涉訟一案經本院民庭審理判決如左

主文

原告之訴駁斥

訟費由原告負担

事實

本案原告請求與被告離婚其陳述要旨畧稱(一)被告人金楊氏

江蘇鎮江地方法院

另案先提離婚之訴雙方意旨同趨一致(二)被告人生性險惡致

原告之父拘役十日(三)被告人誣訴原告之父强姦有意公然侮辱

尊親(四)原告與被告結婚後即遭被告虐待(五)原告僅一商夥須被告

訴訟通用紙

江蘇鎮江地方法院會計科製

决如主文

本案經本院檢察官范顔昌熹蒞庭陳述意見

本案上訴在江蘇高等法院當事人如有不服應於收受判

决翌日起二十日内聲明逾期即為確定

江蘇鎮江地方法院民庭

推事陳震春

學習員錢元生學擬

中華民國十九年三月一日

閱

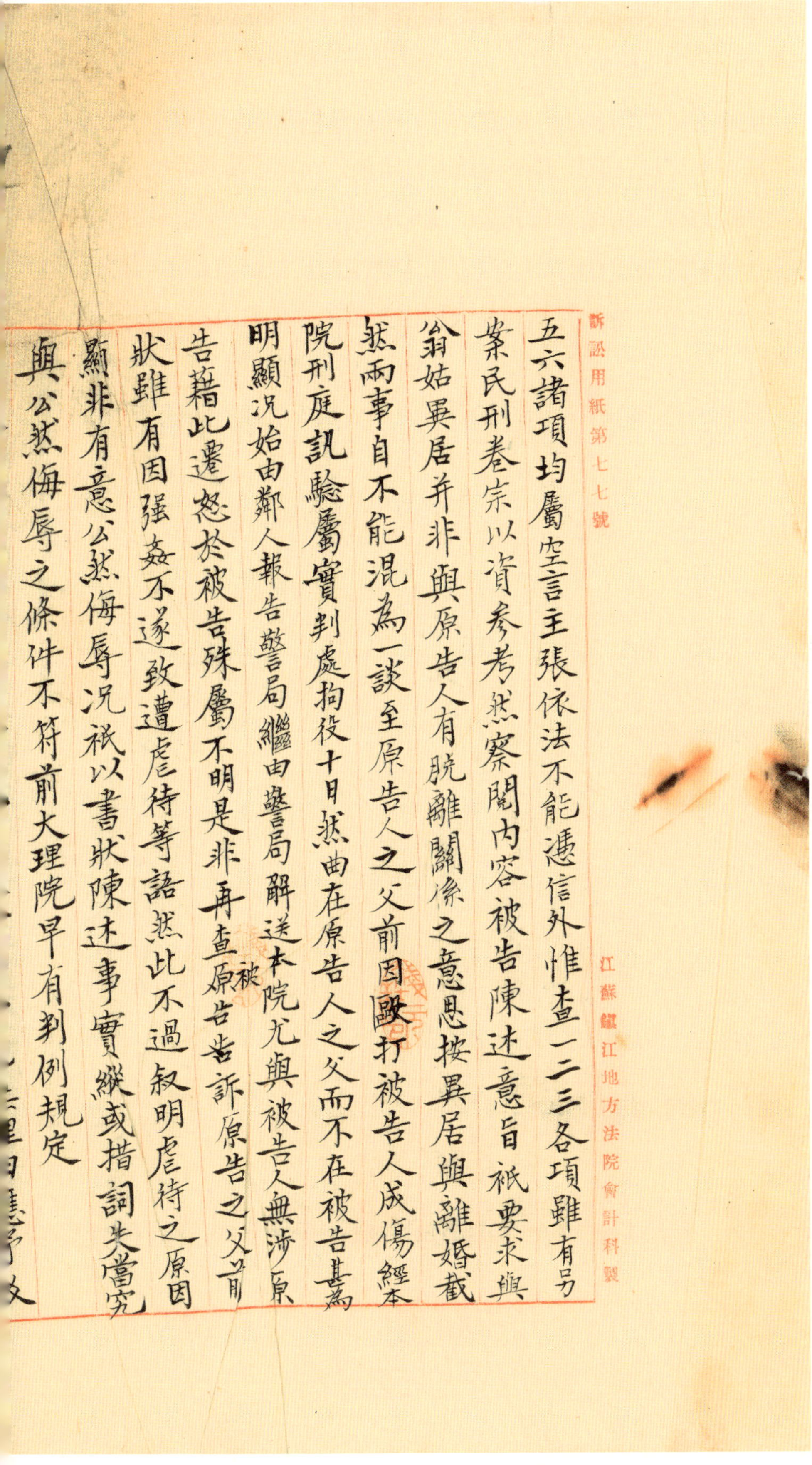
訴訟用紙第七七號

五六諸項均屬空言主張依法不能憑信外惟查一二三各項雖有另
案民刑卷宗以資參考然察閱內容被告陳述意旨祇要求與
翁姑異居并非與原告人有脫離關係之意思按異居與離婚截
然兩事自不能混為一談至原告人之父前因毆打被告人成傷經本
院刑庭訊驗屬實判處拘役十日然曲在原告人之父而不在被告甚為
明顯況始由鄰人報告警局繼由警局解送本院尤與被告人無涉原
告藉此遷怒於被告殊屬不明是非再查原被告告訴原告之父前
狀雖有因強姦不遂致遭虐待等語然此不過敘明虐待之原因
顯非有意公然侮辱況祇以書狀陳述事實縱或措詞失當究
與公然侮辱之條件不符前大理院早有判例規定

江蘇鎮江地方法院會計科製

图3-2-2-2

3. 江苏镇江地方法院民事判决（徐张氏诉徐汤氏监护权案）（1934年）（档案号：A020-1934-001-0082-0013）

本组图为镇江地方法院民事庭推事陈震春于1934年3月15日做出的一份民事判决。原告：徐张氏，47岁，住南乡生圩村；原告诉讼代理人：律师卢兆祺；被告：徐汤氏，29岁，住南乡娄岗村。被告徐汤氏原为徐张氏儿媳，徐张氏儿子死后，徐汤氏带着女儿竹弟改嫁。徐张氏称徐汤氏对竹弟常有虐待行为，要求改变监护权的归属。镇江地方法院认为：本案被告虽因夫亡而再嫁，但和其前夫所生女竹弟之母女关系，不因再婚而消灭，原告所称被告对于竹弟时常打骂一节，并未提出确实证据证明，故难率信，即使属实，仅需在必要范围内惩戒。镇江地方法院判决：“原告之诉驳回。诉讼费用由原告负担。”

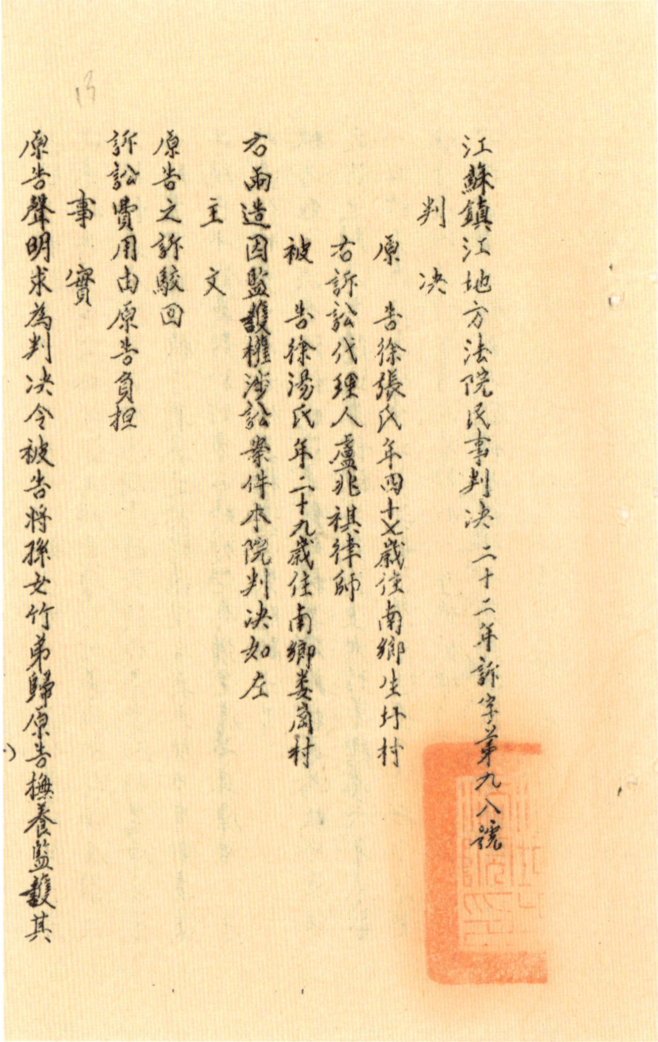
江蘇鎮江地方法院民事判決 二十二年訴字第九八號
判決
原告 徐張氏 年四十七歲 住南鄉生圩村
右訴訟代理人 盧兆祺律師
被告 徐湯氏 年二十九歲 住南鄉婁崗村
右兩造因監護權涉訟案件本院判決如左
主文
原告之訴駁回
訴訟費用由原告負担
事實
原告聲明求為判決令被告將孫女竹弟歸原告撫養監護其

图3-2-3-1

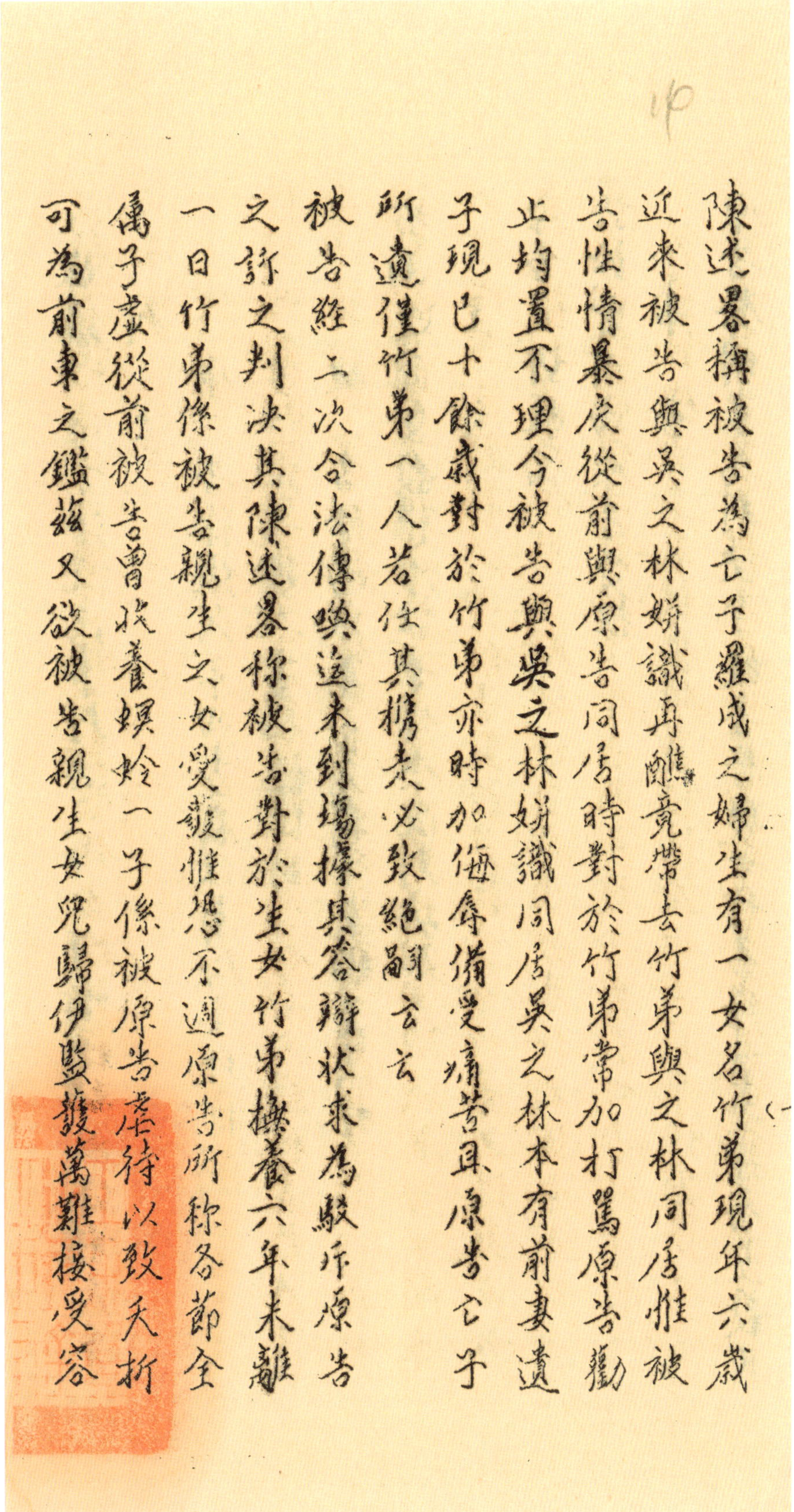

陳述畧稱被告為亡子羅成之婦生有一女名竹弟現年六歲近來被告與吳之林姘識再醮竟帶去竹弟與之林同居惟被告性情暴戾從前與原告同居時對於竹弟常加打罵原告勸止均置不理今被告與吳之林姘識同居吳之林本有前妻遺子現已十餘歲對於竹弟亦時加侮辱備受痛苦且原告亡子所遺僅竹弟一人若任其攜去必致絕嗣云云

被告經二次合法傳喚延不到場據其答辯狀求為駁斥原告之訴之判決其陳述畧稱被告對於生女竹弟撫養六年未離一日竹弟係被告親生之女愛護維恐不週原告所稱各節全屬子虛從前被告曾收養螟蛉一子係被原告虐待以致夭折可為前車之鑑茲又欲被告親生女兒歸伊監護萬難接受容

图3-2-3-2

5

俟被告撫養成年自當飭令歸宗任由徐姓擇配以保前夫骨肉云云

理由

按父母對於未成年之子女有保護及教養之權利義務此為民法第一千零八十四條所明定本件被告雖因夫故而再醮但對於其前夫所生之子女並不因再醮而消滅其母女關係此為當然之解釋從而被告對於其親生女竹弟之保護及教養之權利義務依照上開法條自應由被告任之該原告殊無要求回復親權之餘地至原告所稱被告對於竹弟時常打罵一節查該原告並未提出確定證據證明固難率信即使屬實但對於其子女並無不負擔其義務或濫用其對於子女之權

图3-2-3-3

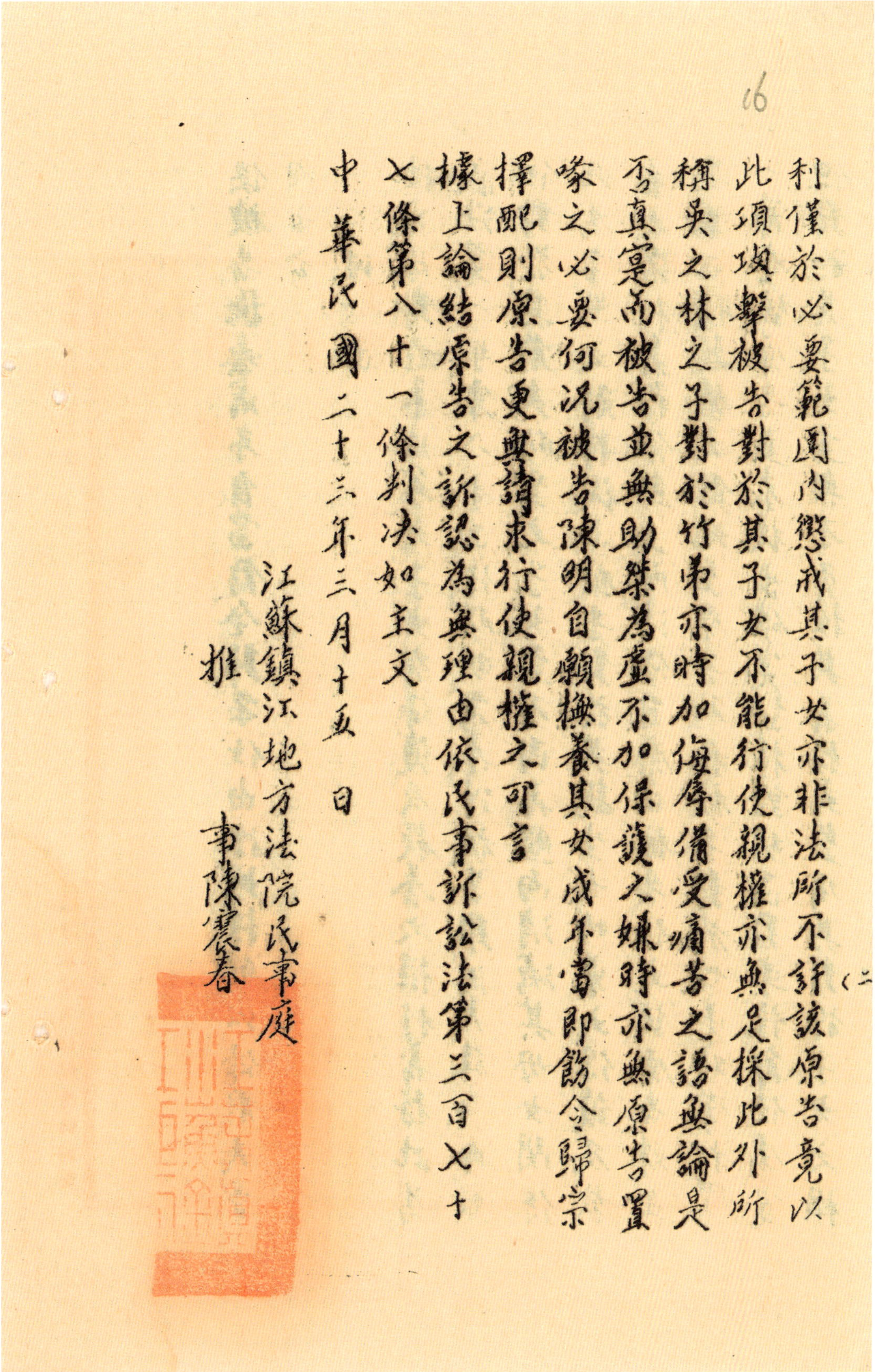

利僅於必要範圍內懲戒其子女亦非法所不許該原告竟以
此項攻擊被告對於其子女不能行使親權亦無足採此外所
稱吳之林之子對於竹弟亦時加侮辱備受痛苦之語無論是
否真實而被告並無助桀為虐不加保護之嫌時亦無原告置
喙之必要何況被告陳明自願撫養其女成年當即飭令歸宗
擇配則原告更無請求行使親權之可言
據上論結原告之訴認為無理由依民事訴訟法第三百七十
七條第八十一條判決如主文
中華民國二十三年三月十五日
江蘇鎮江地方法院民事庭
推事陳震春

图3-2-3-4

4. 江苏镇江地方法院民事判决（李松彂诉许祥芝债务案）（1934年）（档案号：A020-1934-001-0082-0022）

本组图为镇江地方法院民庭推事陈震春于1934年3月21日做出的一份民事判决。原告：李松彂，52岁，住风神庙晋源钱庄；原告诉讼代理人：律师李瑞锡；被告：许祥芝，48岁，住姚一湾；被告诉讼代理人：律师朱欣诲、戴天球。原告称被告“截至民国二十二年一月二十五日止，共欠本利一万七千一百七十八两九钱二分，按照镇江钱业公会议决案，以六七六二五伸洋共二万五千四百零三元二角二分”。被告则称其并非许泽记股东或经理，个人仅欠原告2 000两。判决书载：“本件原告所诉之本利应否责令被告偿还，当审究许泽记字号自许泽民故后，是否由被告承继营业为先决关键……惟查被告亲笔致原告允定归还二千两之信件系用许泽记之书柬，而被告果非许泽之股东兼经理，缘何自己个人所借之二千两，仍假借许泽记之名义？足见许泽记之牌号，自乃父许泽民亡故后归由被告个人营业，灼然可见……”据此，镇江地方法院判决：“被告应偿还原告债款洋二万五千四百零三元二角二分，并自二十二年一月二十六日起至执行终了日止，周年百分之五之迟延利息。诉讼费用由被告负担。”

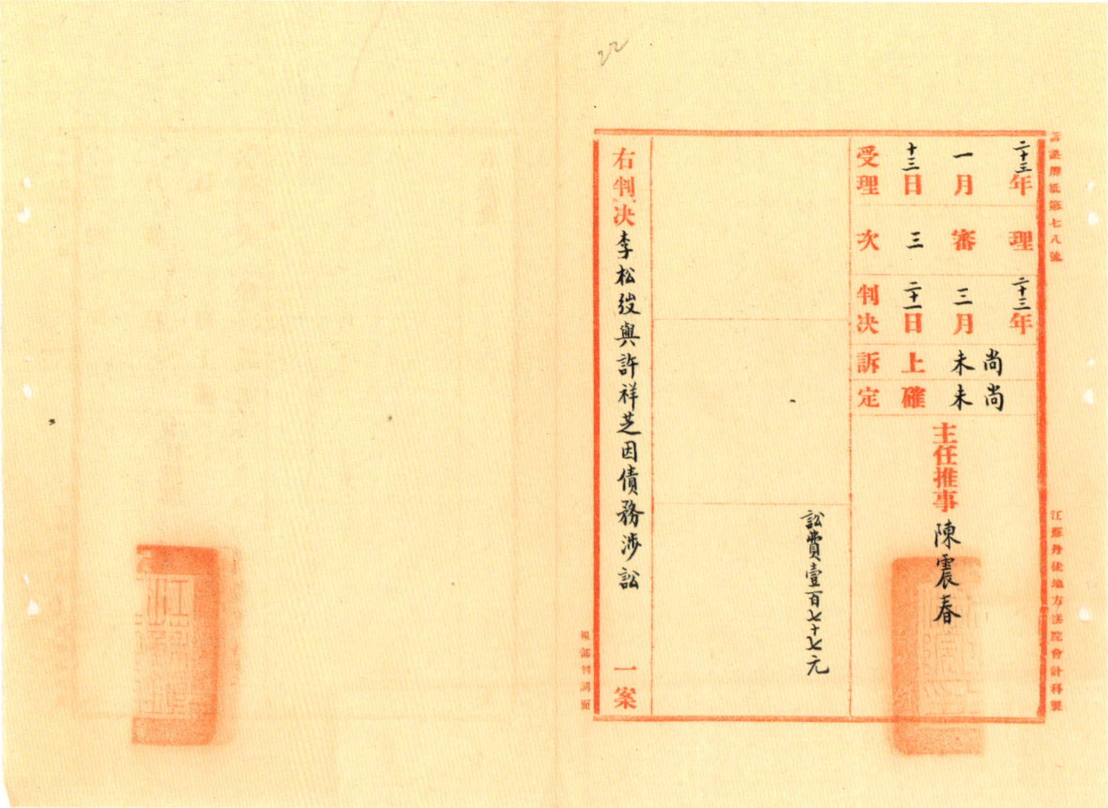
受理 二十三年一月十三日
審理 次 三
判決 二十三年三月二十一日
上訴 尚未
確定 尚未
主任推事 陳震春
訟費壹百七十七元
右判決李松彂與許祥芝因債務涉訟一案

图3-2-4-1

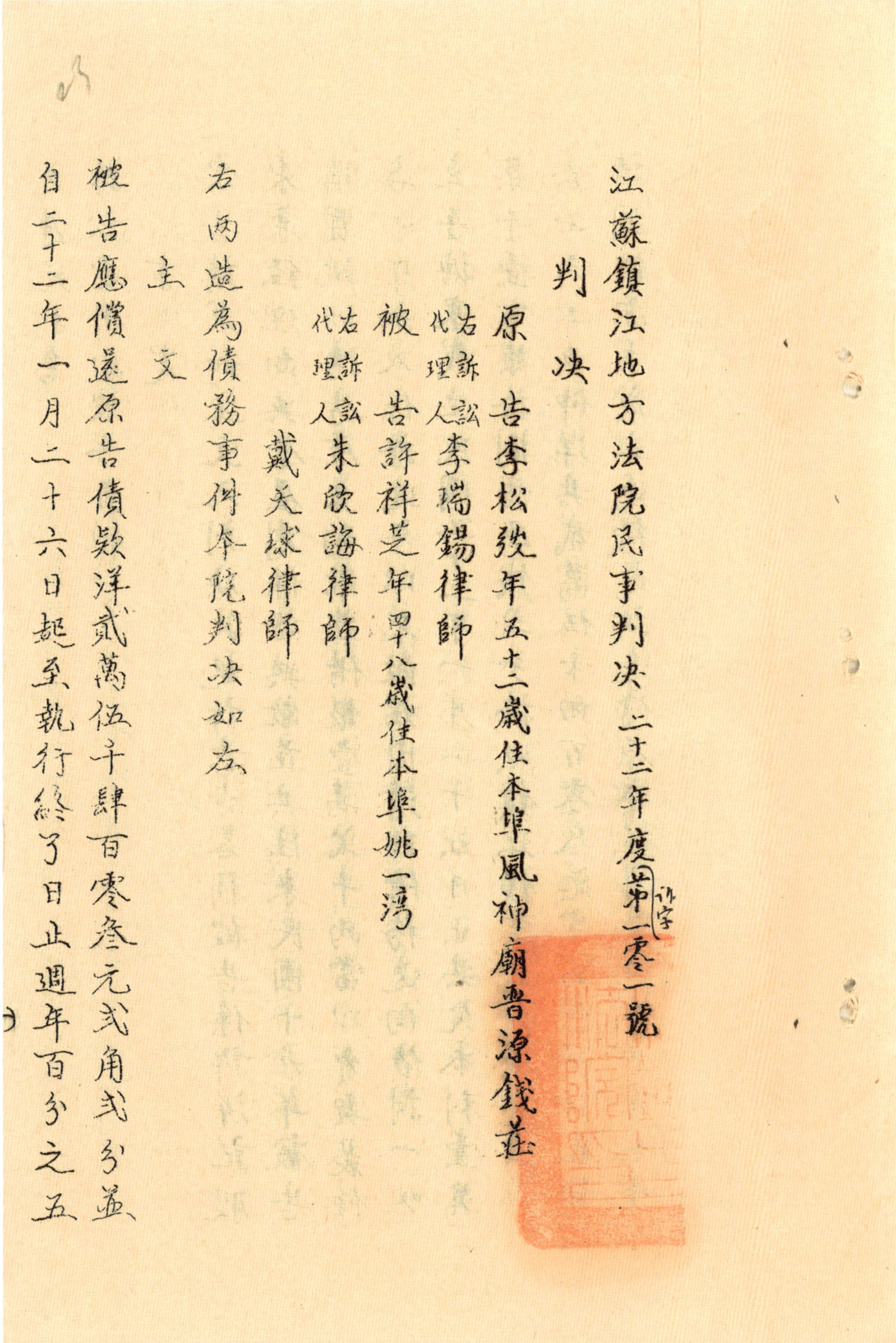
江蘇鎮江地方法院民事判決　二十二年度訴字第一零一號

判決

原告李松發年五十二歲住本埠風神廟晉源錢莊

右訴訟代理人李瑞錫律師

被告許祥芝年四十八歲住本埠姚一灣

右訴訟代理人朱欣論律師

戴天球律師

右兩造為債務事件本院判決如左

主文

被告應償還原告債款洋貳萬伍千肆百零叁元弍角弍分並

自二十二年一月二十六日起至執行終了日止週年百分之五

图3-2-4-2

24

之遲延利息

訴訟費用由被告負担

事寔

原告請求如主文之判決其起訴意旨畧稱被告係許澤記股東兼經理向與房屋為保證與敝莊共往来民國十九年被告購買姚一湾房產又向敝莊借銀壹萬弍千兩當以賣契裝修各一紙加入保證近年以來敝莊因清理債務迭向催討一味支吾搪塞截至民國二十二年一月二十五日止共欠本利壹萬柒千壹百柒拾捌兩玖錢弍分按照鎮江錢業公會議決案以六七六二五伸洋共貳萬伍千四百零叁元弍角弍分前經聲請調解亦未成立殊得起訴追償原本並自二十二年一月二十

图3-2-4-3

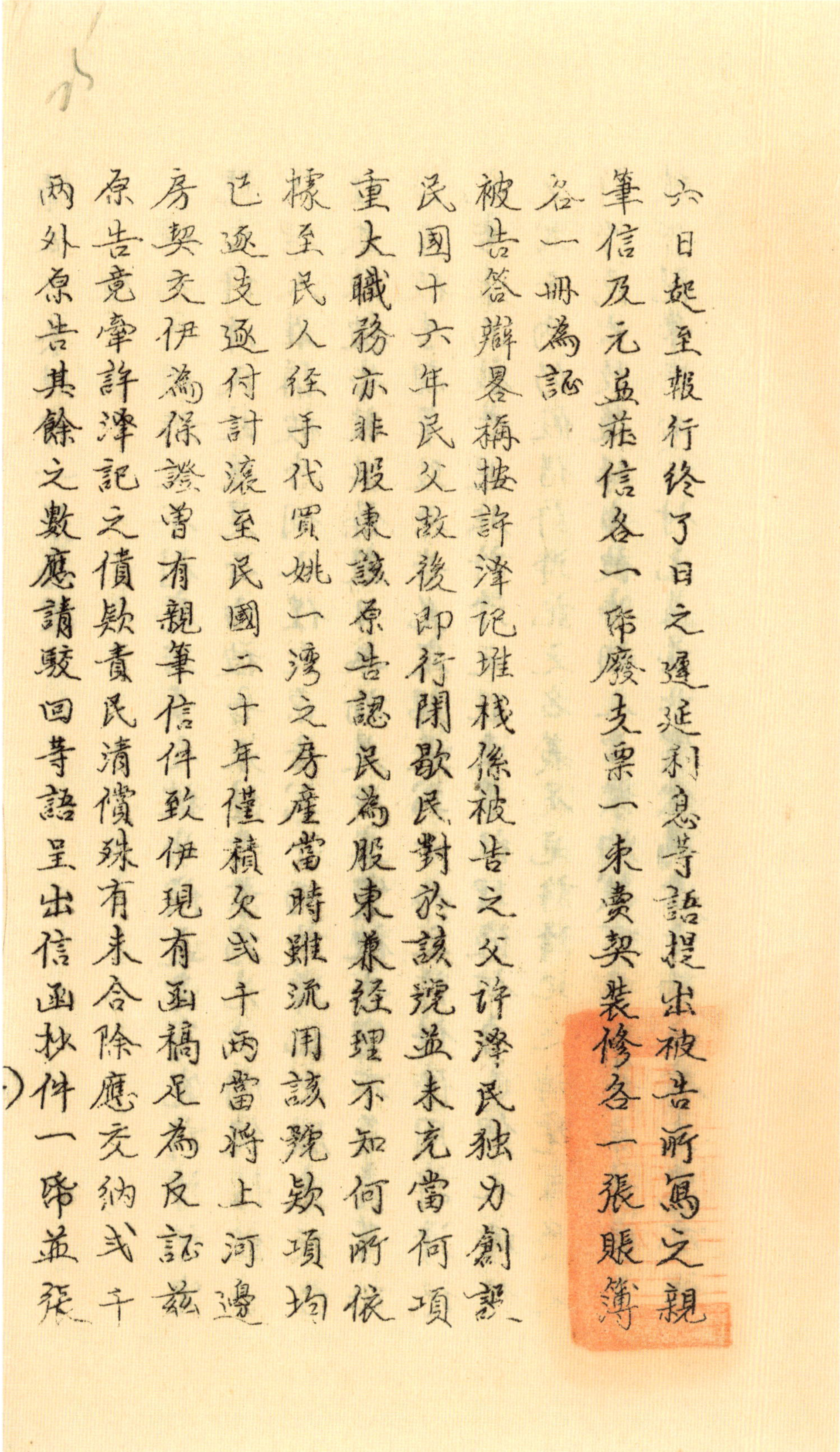

六日起至報行終了日之遲延利息等語提出被告所寫之親
筆信及元益莊信各一帋廢支票一束賣契裝修各一張賬簿
各一冊為証
被告答辯畧稱按許澤記堆棧係被告之父許澤民獨力創設
民國十六年民父故後即行閉歇民對於該號並未充當何項
重大職務亦非股東該原告認民為股東兼經理不知何所依
據至民人經手代買姚一灣之房產當時雖流用該號欵項均
已逐支逐付計滚至民國二十年僅積欠弍千两當將上河邊
房契交伊為保證曾有親筆信件致伊現有函稿足為反証茲
原告竟牽許澤記之債欵責民清償殊有未合除應交納弍千
两外原告其餘之數應請駁回等語呈出信函抄件一帋並房

图3-2-4-4

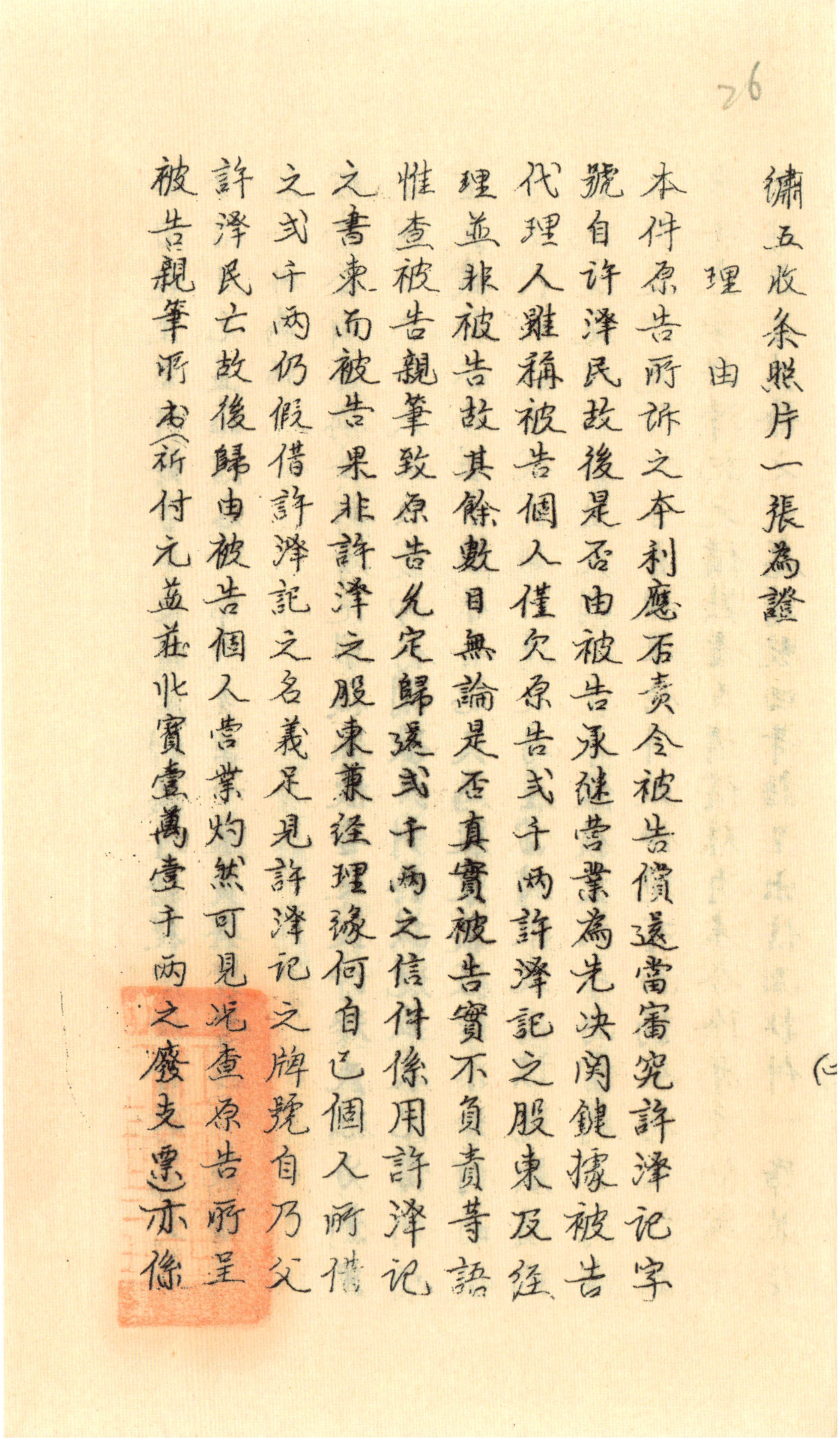

繳五收条照片一張為證

理由

本件原告所訴之本利應否責令被告償還當審究許澤記字號自許澤民故後是否由被告承繼營業為先決関鍵據被告代理人雖稱被告個人僅欠原告弍千兩許澤記之股東及經理並非被告故其餘數目無論是否真實被告實不負責等語惟查被告親筆致原告允定歸還弍千兩之信件係用許澤記之書柬而被告果非許澤記之股東兼經理緣何自己個人所借之弍千兩仍假借許澤記之名義足見許澤記之牌號自乃父許澤民亡故後歸由被告個人營業灼然可見況查原告所呈被告親筆所書祈付元益莊兆實壹萬壹千兩之廢支票亦係

图3-2-4-5

用許泽記圖章而該壹萬壹千两係由元益莊轉交被告承買姚
一灣房屋之賣主陶克猷收取支付亦經元益莊來函証明復
閱陶克猷出筆之賣房契又係寫明賣與許祥記名下是該被
告果非許泽記之股東兼經理何能以許澤記名義所借之郣
欵為購買自己名下之房屋可徵被告為許泽記之股東兼經
理並無疑義該被告徒托空言抗辯非許泽記之股東兼經理
顯屬狡賴自無足採進而研究其數額雖據被告提出函稿僅
承認短欠弍千两惟就該函所記至少可歸弍千两文句觀之
足見被告抗辯之不實況檢閱原告所呈主張數額之賬簿固
無翻裝改訂之嫌即核其歷年之記載亦無塗改或不銜接之
弊再較對訴追之数額與賬簿登記之數目亦屬相符則原告

图3-2-4-6

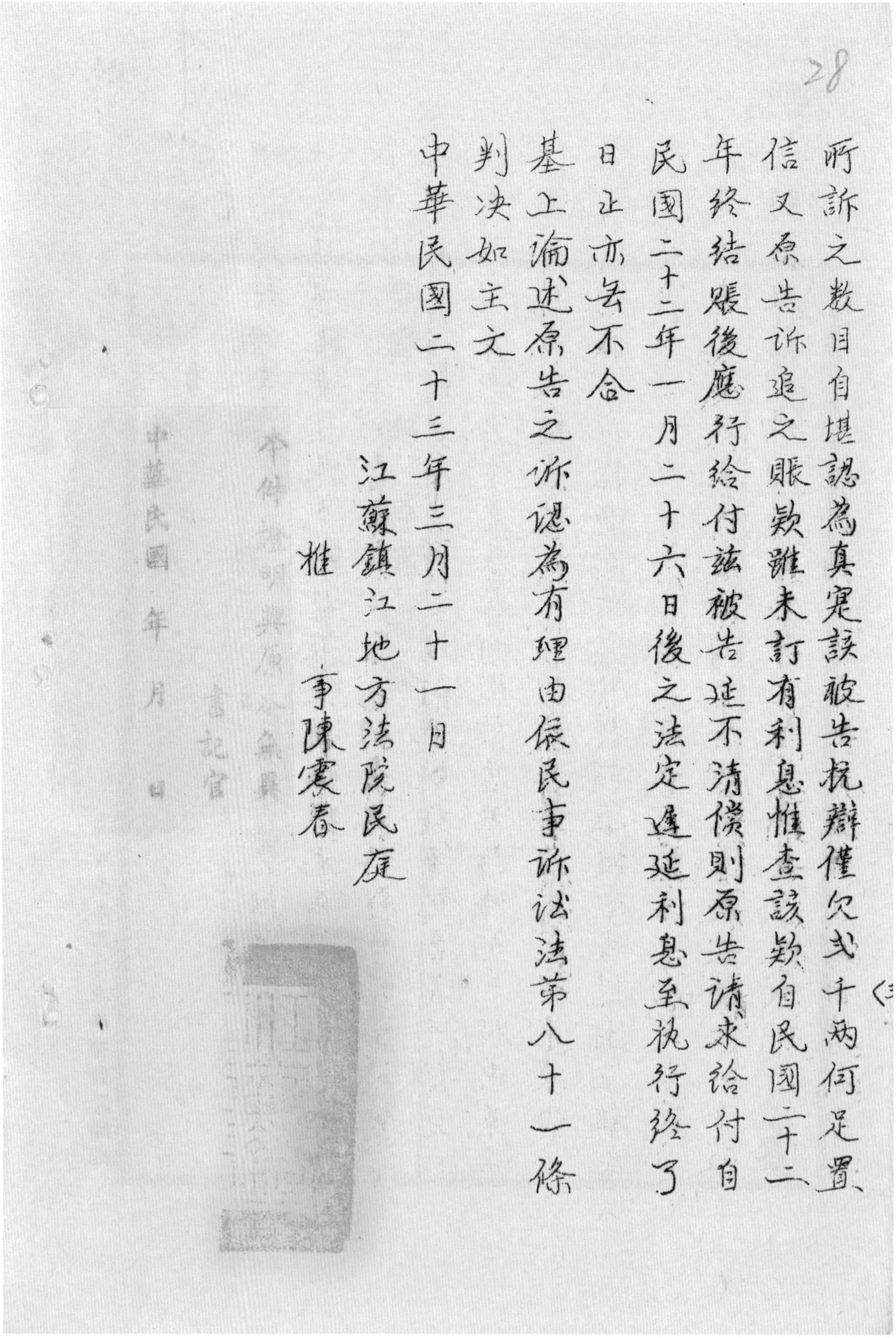
28

所訴之数目自堪認為真寔該被告抗辯僅欠弍千兩何足置信又原告訴追之賬欵雖未訂有利息惟查該欵自民國二十二年年終結賬後應行給付茲被告延不清償則原告請求給付自民國二十二年一月二十六日後之法定遲延利息至執行終了日止亦無不合

基上論述原告之訴認為有理由依民事訴訟法第八十一條

判决如主文

中華民國二十三年三月二十一日

江蘇鎮江地方法院民庭

推事陳震春

本件證明與原本無異

書記官

中華民國　年　月　日

图3-2-4-7

5. 江苏镇江地方法院民事判决（周吉人诉孙道福等欠款案）（1934年）（档案号：A020-1934-001-0082-0055）

本组图为镇江地方法院民庭推事陈震春于1934年3月31日做出的民事判决。原告：周吉人，42岁，住镇江山巷97号；原告诉讼代理人：刘仙桥，45岁，住镇江北门外东码头存仁堂；被告有孙道福、杨铁凡、丁星甫、顾子和、仲震东等5人。原告主张被告应连带偿还本息2 483元。部分被告对此提出异议。镇江地方法院经过审理后认为原告主张合法合理，判决“被告孙道福、杨铁凡、顾子和、丁星甫、仲震东等应连带偿还原告本银二千元，并给付民国二十三年正月份止之利息银币四百八十三元。诉讼费用由被告等平均负担”。

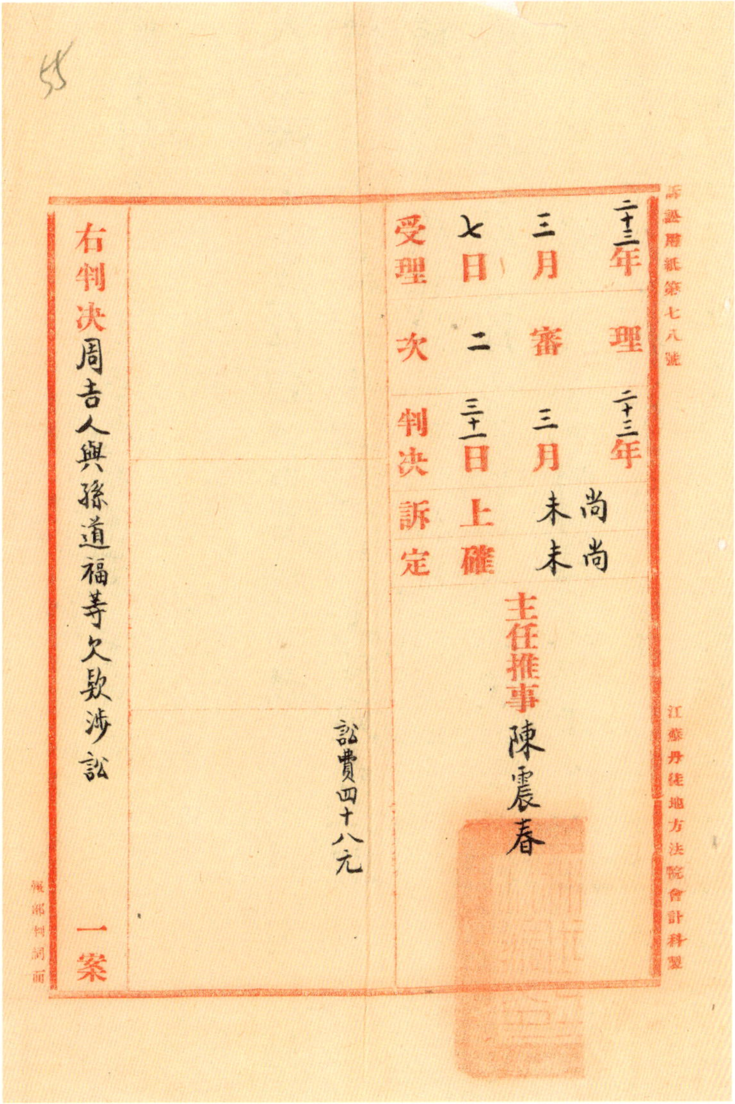
55
受理　二十三年三月七日
審理次　二
判決　二十三年三月三十一日
上訴　尚未
確定　尚未
主任推事　陳震春
訟費四十八元
右判決周吉人與孫道福等欠款涉訟一案

图3-2-5-1

56

江蘇鎮江地方法院民事判決　二十二年度訴字第一零八號

判決

原　告周吉人年四十二歲住鎮江山巷九十七號

右訴訟代理人劉德橋年四十五歲住鎮江北门外東碼頭存仁堂

被　告孫道福年六十歲住鎮江西门橋境

楊軼凡年五十七歲住鎮江楊家门三十一號

丁杲甫年六十二歲住南京花牌樓德太昌五金店

顧子和年五十一歲住鎮江大橋南後街

仲震東年未詳住仙女廟仲萬年蘇行

右兩造因求償欠款涉訟案件本院判決如左

主文

图3-2-5-2

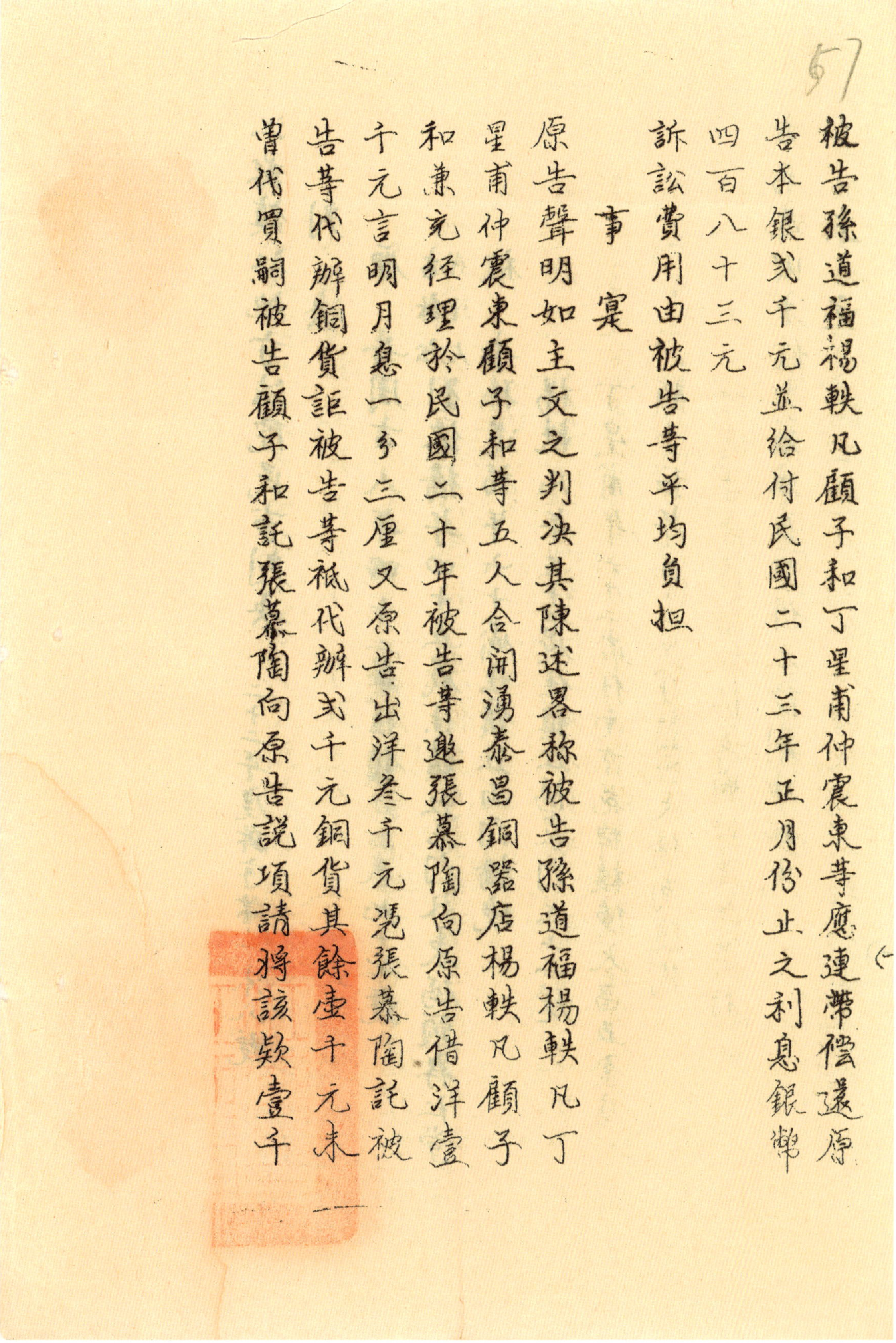

被告孫道福楊軼凡顧子和丁星甫仲震東等應連帶償還原
告本銀弍千元並給付民國二十三年正月份止之利息銀幣
四百八十三元
訴訟費用由被告等平均負担
事　實
原告聲明如主文之判決其陳述畧称被告孫道福楊軼凡丁
星甫仲震東顧子和等五人合開湧泰昌銅器店楊軼凡顧子
和兼充经理於民國二十年被告等邀張慕陶向原告借洋壹
千元言明月息一分三厘又原告出洋叁千元憑張慕陶託被
告等代辦銅貨詎被告等祗代辦弍千元銅貨其餘壹千元未
曾代買嗣被告顧子和託張慕陶向原告說項請將該欵壹千

图3-2-5-3

58

元亦存該店月息亦照一分三厘計算以上兩項借款之利息初猶照付詎至民國二十一年起至今年正月止未付分文共欠利息洋四百八十三元延該號閉歇原告因需款應用託張慕陶迭向被告等催索延不清償迫得訴追云云呈息摺一扣及信件一封為證

被告楊軼凡顧于和對於原告所稱借款及利息以及伊等為湧泰昌股東兼經理等情自認無異被告孫道福自認為湧泰昌股東惟稱店內事務伊不知曉云云

被告丁星甫聲明求為駁回原告關於其一部份之訴之判決述稱伊已於民國十三年一月退股云云

被告仲震東經本院兩次合法傳喚迄未到場亦未具答辯狀

图3-2-5-4

由原告聲請依一造辯論而為判決

理由

本件原告主張被告等股開之湧泰昌號借欠本利弍千四百八十三元既據其提出息摺一扣及信一封証明後經質訊該號股東蕭經理之被告顧子和楊軼凡自認真實而孫道福亦承認為該號股東無異自應負連帶償還之責毋庸置議外至被告丁星甫雖称已於民國十三年一月退股不應負連帶清償之責等語惟查該被告既不能提出証據証明退股之事寔徒以空言抗辯固難置信何況經共同被告顧子和楊軼凡一致供称該被告並無退股等語是該被告對於湧泰昌所負之借款仍應負連帶清償之責了無疑義此外被告仲震東為湧泰昌

图3-2-5-5

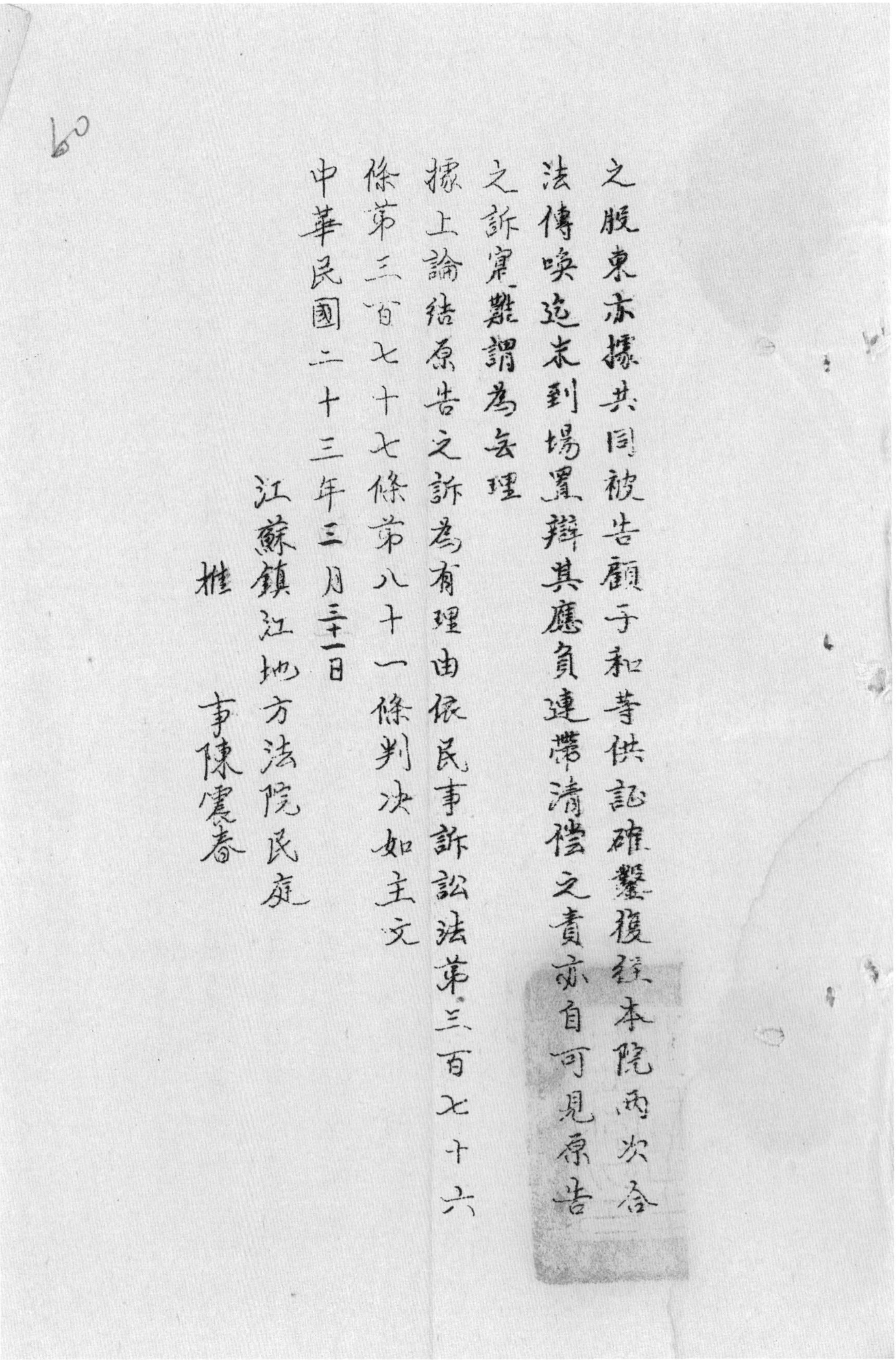

60

之股東亦據共同被告顧于和等供認確鑿復經本院兩次合法傳喚迄未到場置辯其應負連帶清償之責亦自可見原告之訴實難謂為無理

據上論結原告之訴為有理由依民事訴訟法第三百七十六條第三百七十七條第八十一條判决如主文

中華民國二十三年三月三十一日

江蘇鎮江地方法院民庭

推事陳震春

图3-2-5-6

6. 江苏镇江地方法院民事判决（赵唐然上诉赵春潮房屋基地案）（1935年）

（档案号：A020-1935-002-0876-0001）

本组图为镇江地方法院1935年1月31日做出的民事判决。上诉人赵唐然、上诉人诉讼代理人赵崇信、被上诉人赵春潮、被上诉人诉讼代理人赵赞廷，皆住泰兴河头庄。上诉人为房屋基地事件不服泰兴县政府1933年9月27日第一审判决，提起上诉。双方争议的焦点在于是否存在房地产抵押。镇江地方法院审理后推翻了原判决。

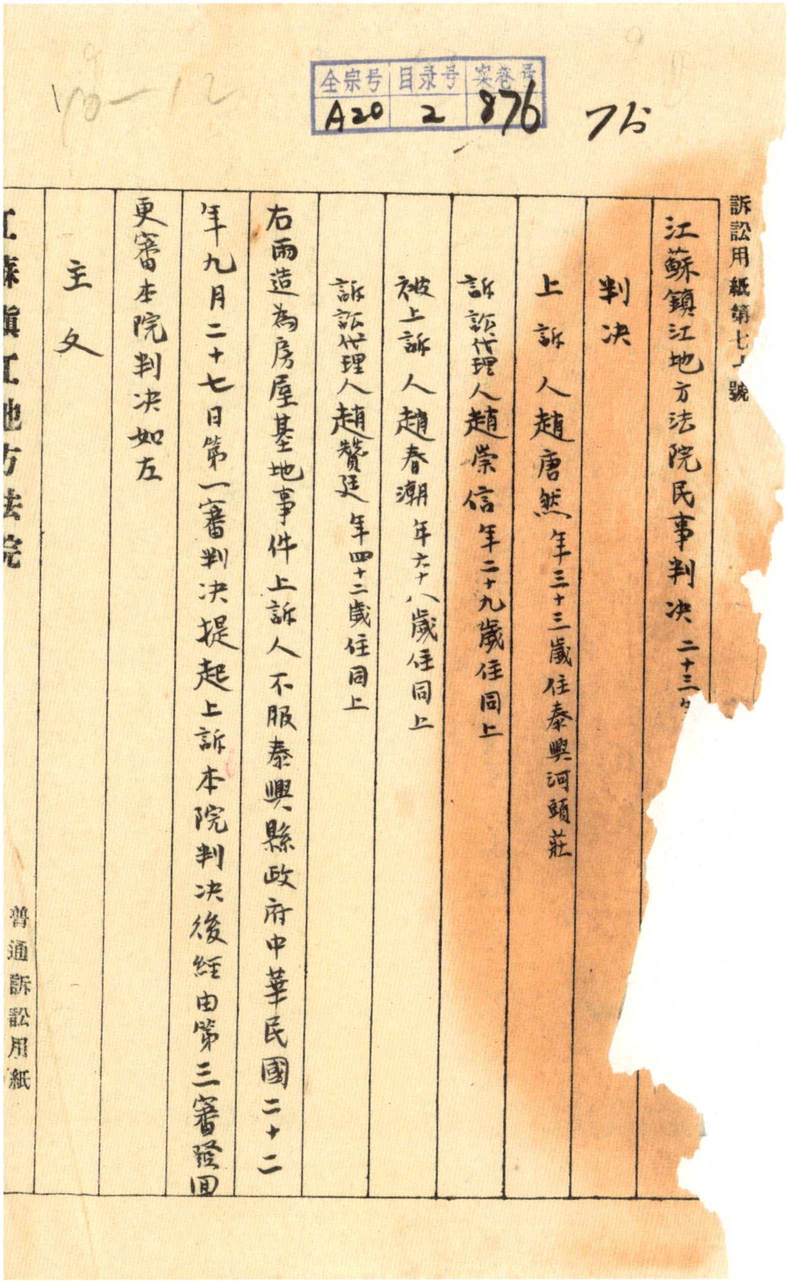
全宗号 目录号 案卷号
A20 2 876

訴訟用紙第七號

江蘇鎮江地方法院民事判決 二十三年

判決

上訴人趙唐然 年三十三歲住泰興河頭莊

訴訟代理人趙崇信 年二十九歲住同上

被上訴人趙春潮 年六十八歲住同上

訴訟代理人趙贊廷 年四十二歲住同上

右兩造為房屋基地事件上訴人不服泰興縣政府中華民國二十二年九月二十七日第一審判決提起上訴本院判決後經由第三審發回更審本院判決如左

主文

江蘇鎮江地方法院

普通訴訟用紙

图3-2-6-1

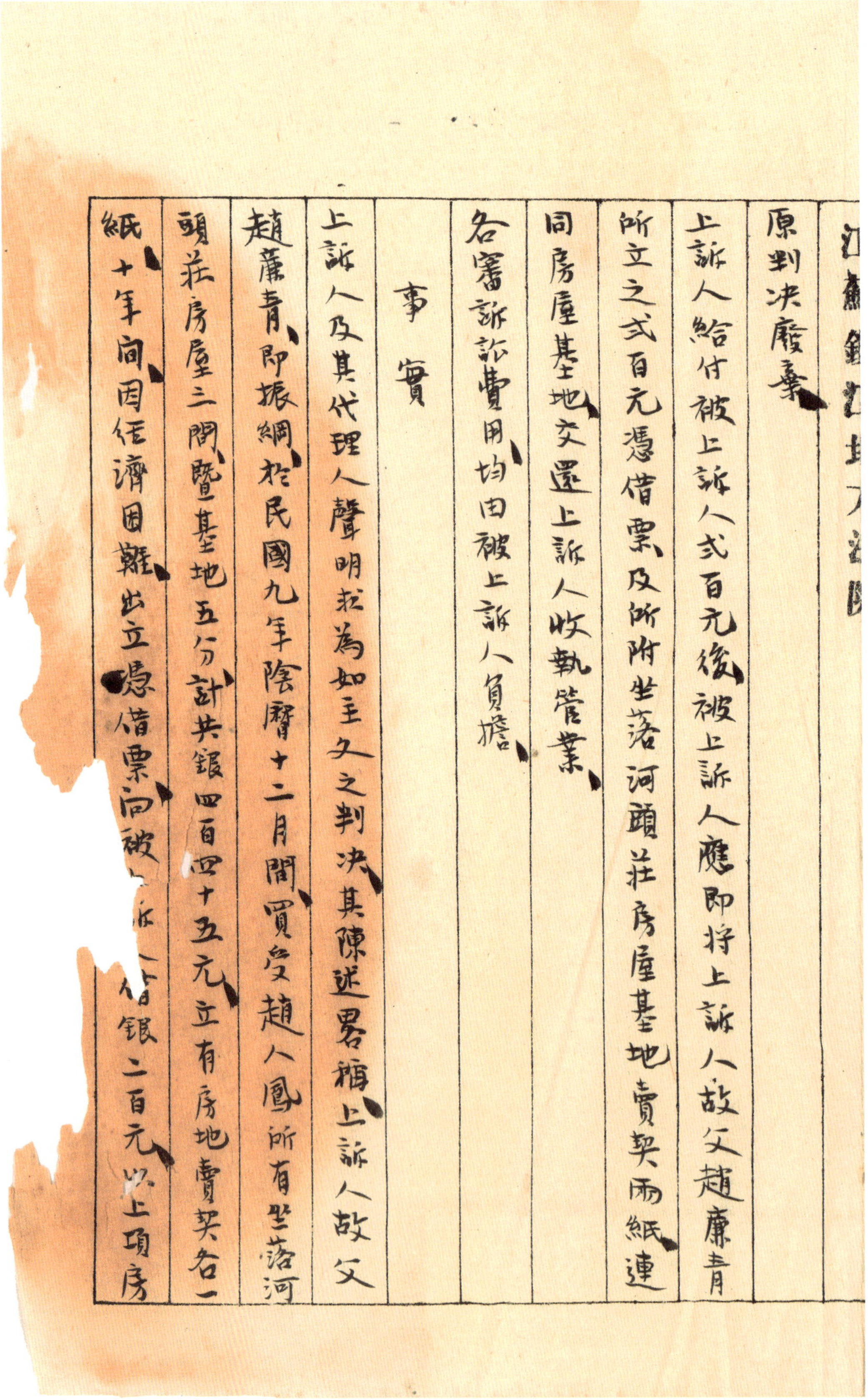

江蘇鎮江地方法院

原判決廢棄

上訴人給付被上訴人弍百元後被上訴人應即將上訴人故父趙廉青所立之弍百元憑借票及所附坐落河頭莊房屋基地賣契兩紙連同房屋基地交還上訴人收執管業

各審訴訟費用均由被上訴人負擔

事實

上訴人及其代理人聲明求為如主文之判決其陳述畧稱上訴人故父趙廉青即振綱於民國九年陰曆十二月間買受趙人鳳所有坐落河頭莊房屋三間暨基地五分計共銀四百四十五元立有房地賣契各一紙十年向因經濟困難出立憑借票向被上訴人借銀二百元以上項房

图3-2-6-2

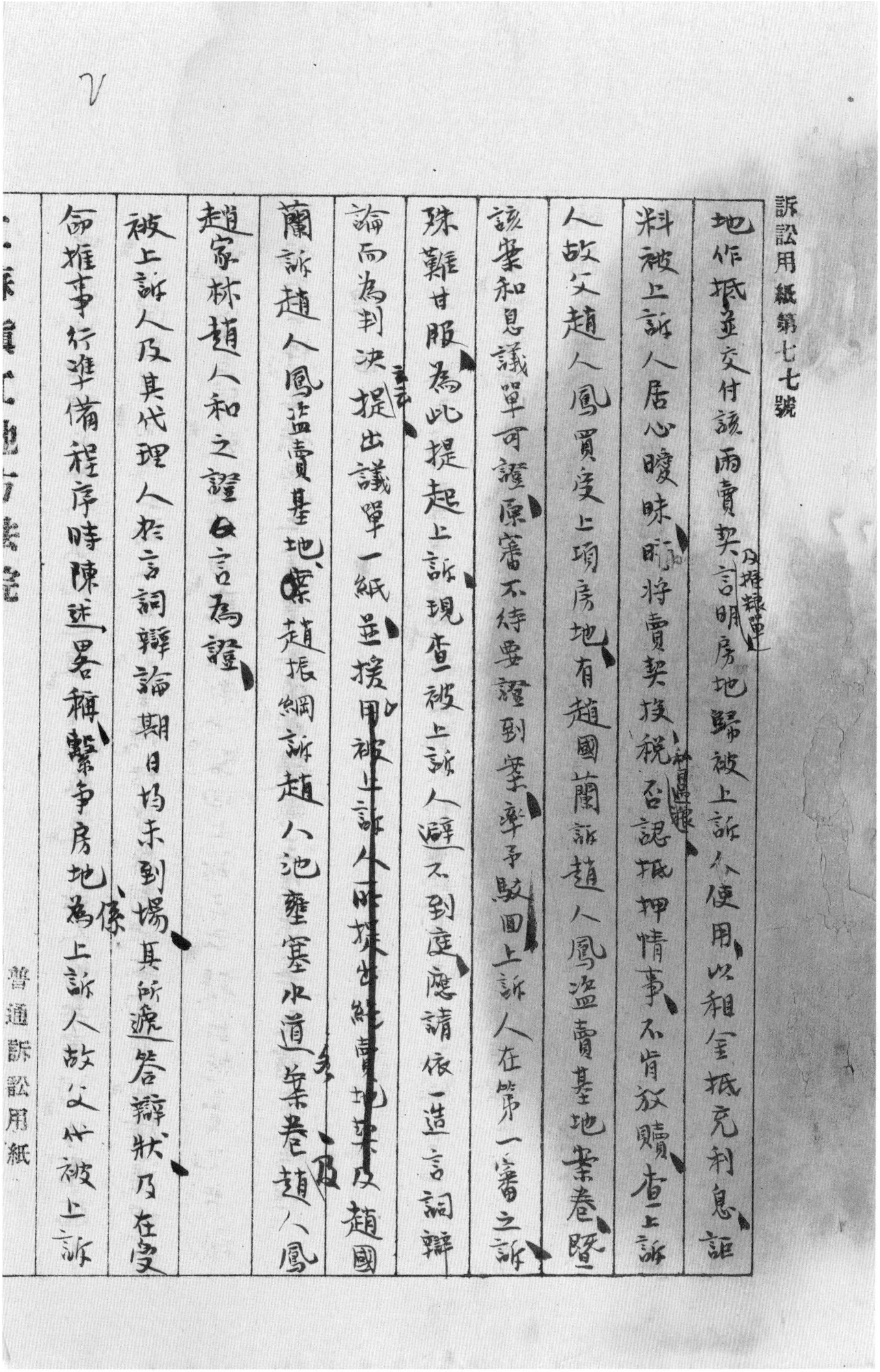

訴訟用紙第七七號

地作抵並交付該兩賣契及推據單言明房地歸被上訴人使用以租金抵充利息詎

料被上訴人居心曖昧將賣契換稅[illegible]否認抵押情事不肯放贖查上訴

人故父趙人鳳買受上項房地有趙國蘭訴趙人鳳盜賣基地案卷暨

該案和息議單可證原審不待要證到案率予駁回上訴人在第一審之訴

殊難甘服為此提起上訴現查被上訴人避不到庭應請依一造言詞辯

論而為判決提出議單一紙並援用被上訴人所提出紙賣地契及趙國

蘭訴趙人鳳盜賣基地案、趙振綱訴趙人池壅塞水道案卷及趙人鳳

趙家林趙人和之證言為證

被上訴人及其代理人於言詞辯論期日均未到場其所遞答辯狀乃在受

命推事行準備程序時陳述畧稱繫爭房地係為上訴人故父此被上訴

普通訴訟用紙

图3-2-6-3

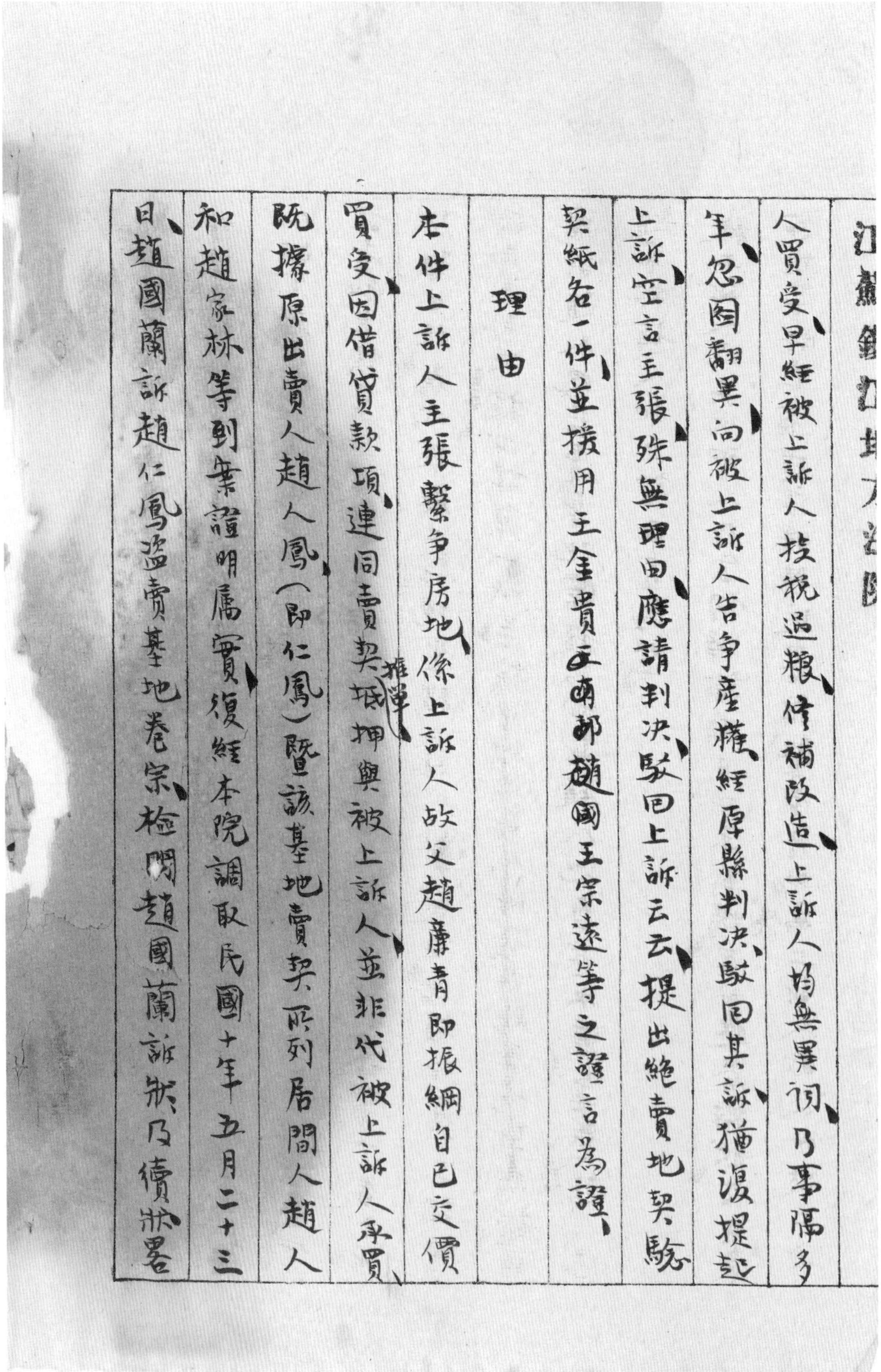

江蘇鎮江地方法院

人買受，早經被上訴人投稅過糧，修補改造，上訴人均無異詞，乃事隔多年，忽圖翻異，向被上訴人告爭產權，經原縣判決，駁回其訴，猶復提起上訴，空言主張，殊無理由，應請判決駁回上訴云云，提出絕賣地契、驗契紙各一件，並援用王全貴、王南郎、趙國、王宗遠等之證言為證。

理由

本件上訴人主張繫爭房地係上訴人故父趙康青即振綱自己交價買受，因借貸款項，連同賣契推單抵押與被上訴人，並非代被上訴人承買，既據原出賣人趙人鳳（即仁鳳）暨該基地賣契所列居間人趙人和、趙家林等到案證明屬實，復經本院調取民國十年五月二十三日趙國蘭訴趙仁鳳盜賣基地卷宗，檢閱趙國蘭訴狀，乃價狀略

图3-2-6-4

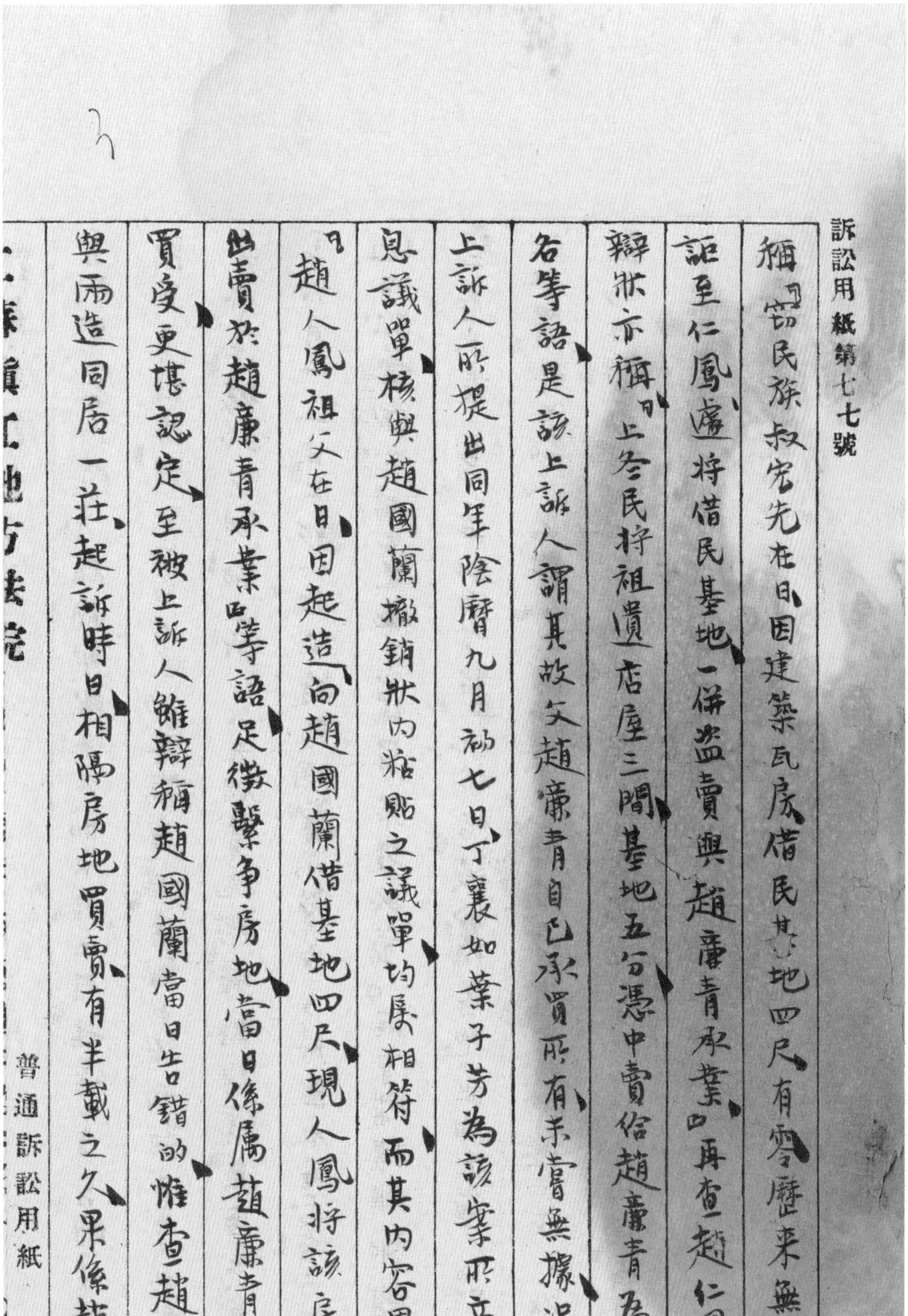

訴訟用紙第七七號

稱「窃民族叔宏先在日因建築瓦房借民基地四尺有零歷来無異
詞至仁鳳盧將借民基地一併盗賣與趙廉青承業」再查趙仁鳳答
辯狀亦稱「上告民將祖遺店屋三間基地五分憑中賣給趙廉青為業」
名等語是該上訴人謂其故父趙廉青自已承買所有未嘗無據况查
上訴人所提出同年陰曆九月初七日丁襄如葉子芳為該案所立之和
息議單核與趙國蘭撤銷狀内粘貼之議單均屬相符而其内容略稱
「趙人鳳祖父在日因起造向趙國蘭借基地四尺現人鳳將該房地
出賣於趙廉青承業」等語足徵繫争房地當日係屬趙廉青自已
買受更堪認定至被上訴人雖辯稱趙國蘭當日告錯的惟查趙國蘭
與兩造同居一莊起訴時日相隔房地買賣有半載之久果係趙廉

普通訴訟用紙

图3-2-6-5

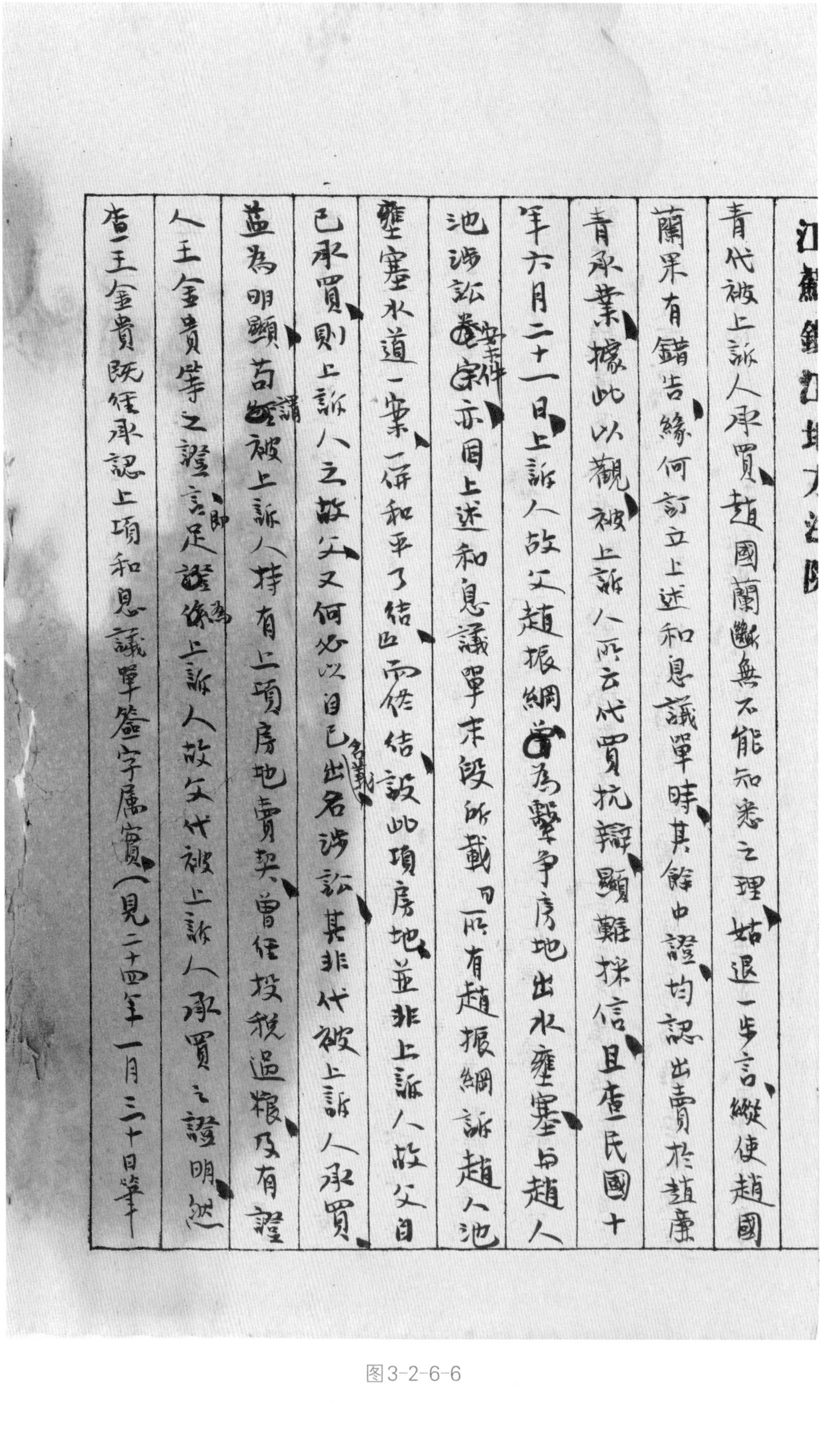

江蘇鎮江地方法院

青代被上訴人承買趙國蘭斷無不能知悉之理姑退一步言縱使趙國
蘭果有錯告緣何訂立上述和息議單時其餘中證均認出賣於趙廉
青承業據此以觀被上訴人所云代買抗辯顯難採信且查民國十
年六月二十一日上訴人故父趙振綱嘗為繫爭房地出水壅塞與趙人
池涉訟案件亦因上述和息議單末段所載「所有趙振綱訴趙人池
壅塞水道一案一併和平了結」而終結設此項房地並非上訴人故父自
己承買則上訴人之故父又何必以自己名義出名涉訟其非代被上訴人承買
益為明顯苟謂被上訴人持有上項房地賣契曾經投稅過糧及有證
人王金貴等之證言即足證為上訴人故父代被上訴人承買之證明然
查王金貴既經承認上項和息議單簽字屬實（見二十四年一月三十日筆

图3-2-6-6

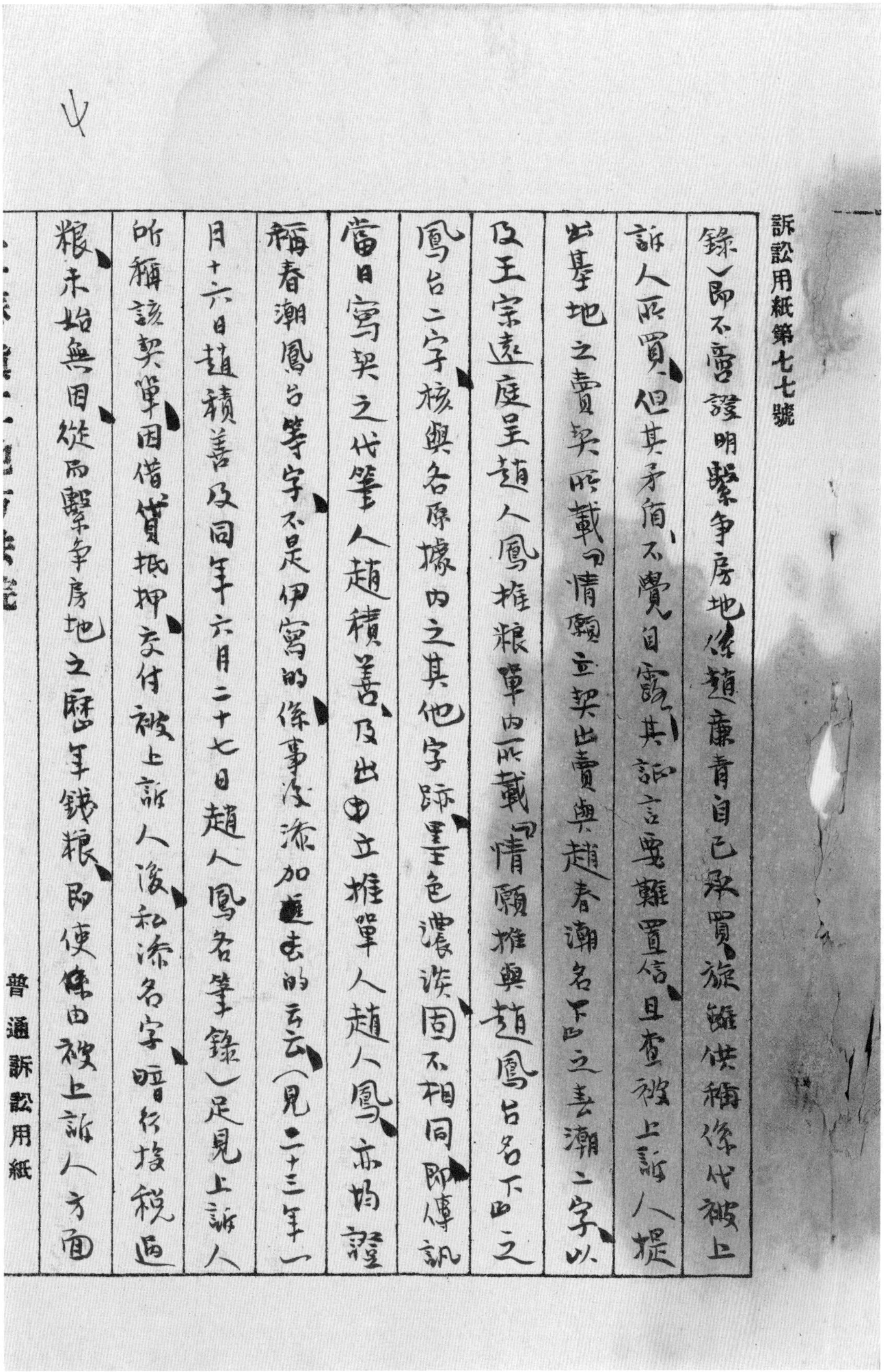
訴訟用紙第七七號

錄）即不啻證明繫爭房地係趙康青自己承買，旋雖供稱係代被上訴人所買，但其矛盾，不覺自露，其證言要難置信。且查被上訴人提出墓地之賣契所載「情願立契出賣與趙春潮名下」之春潮二字，以及王宗遠庭呈趙人鳳推粮單內所載「情願推與趙鳳台名下」之鳳台二字，核與各原據內之其他字跡墨色濃淡，固不相同，即傳訊當日寫契之代筆人趙積善，及出中立推單人趙人鳳，亦均證稱春潮鳳台等字不是伊寫的，係事後添加進去的云云（見二十三年一月十六日趙積善及同年六月二十七日趙人鳳各筆錄），足見上訴人所稱該契單因借貸抵押交付被上訴人後私添名字，暗行投稅過粮，未始無因。從而繫爭房地之歷年錢粮，即使係由被上訴人方面

普通訴訟用紙

图3-2-6-7

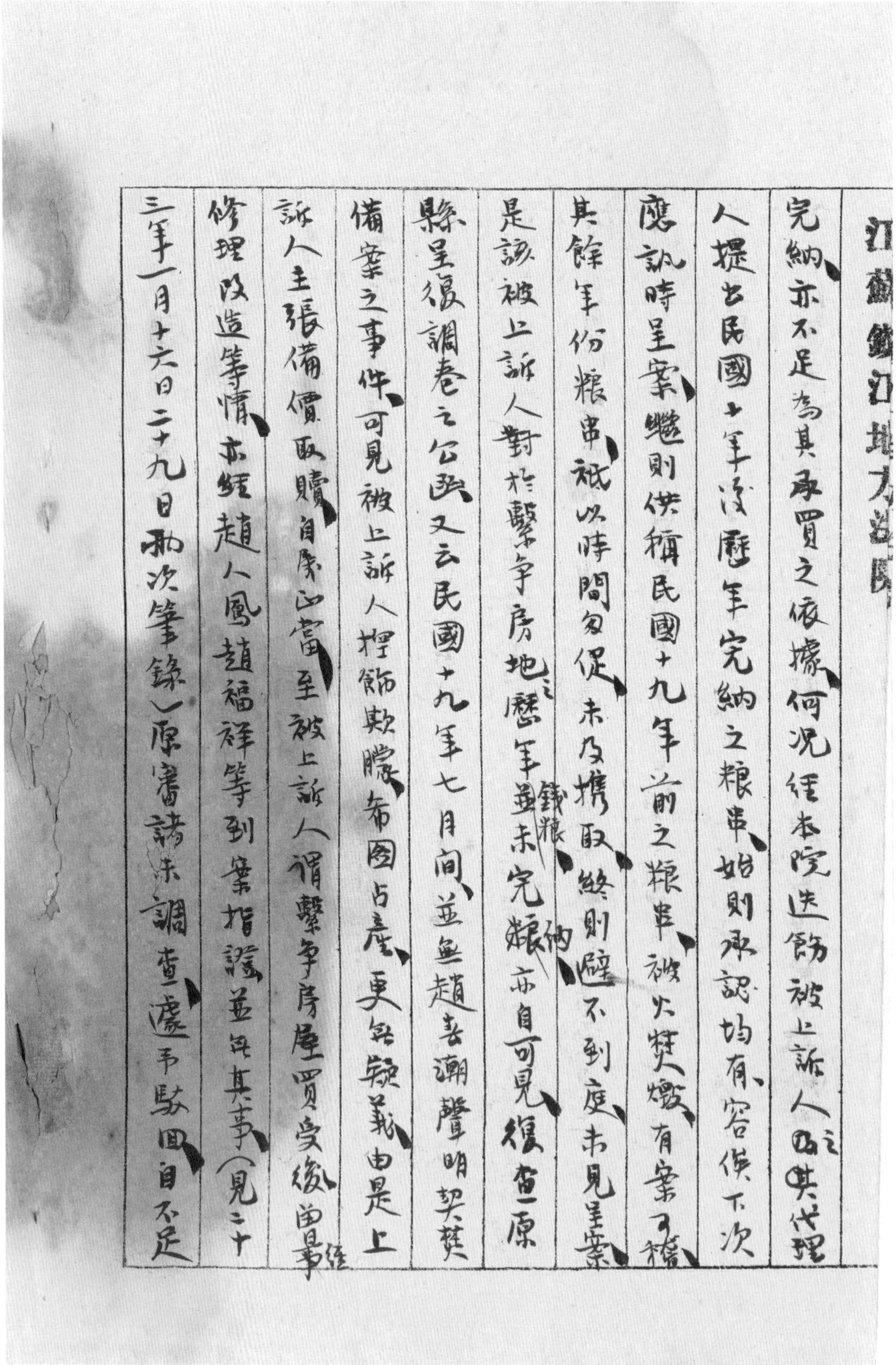

江蘇鎮江地方法院

完納、亦不足為其承買之依據、何況經本院迭飭被上訴人之其代理人提出民國十年後歷年完納之糧串、始則承認均有、容俟下次應訊時呈案、繼則供稱民國十九年前之糧串、被火焚燬、有案可稽、其餘年份糧串、祇以時間匆促、未及攜取、終則避不到庭、未見呈案、是該被上訴人對於繫爭房地之歷年錢糧、並未完納、亦自可見、復查原縣呈復調卷之公函、又云民國十九年七月間、並無趙春潮聲明契據備案之事件、可見被上訴人捏飾欺矇、希圖占產、更無疑義、由是上訴人主張備價取贖、自屬正當、至被上訴人謂繫爭房屋買受後、曾經修理改造等情、亦經趙人鳳趙福祥等到案指證並無其事（見二十三年一月十六日二十九日兩次筆錄）原審諸未調查、遽予駁回、自不足

图3-2-6-8

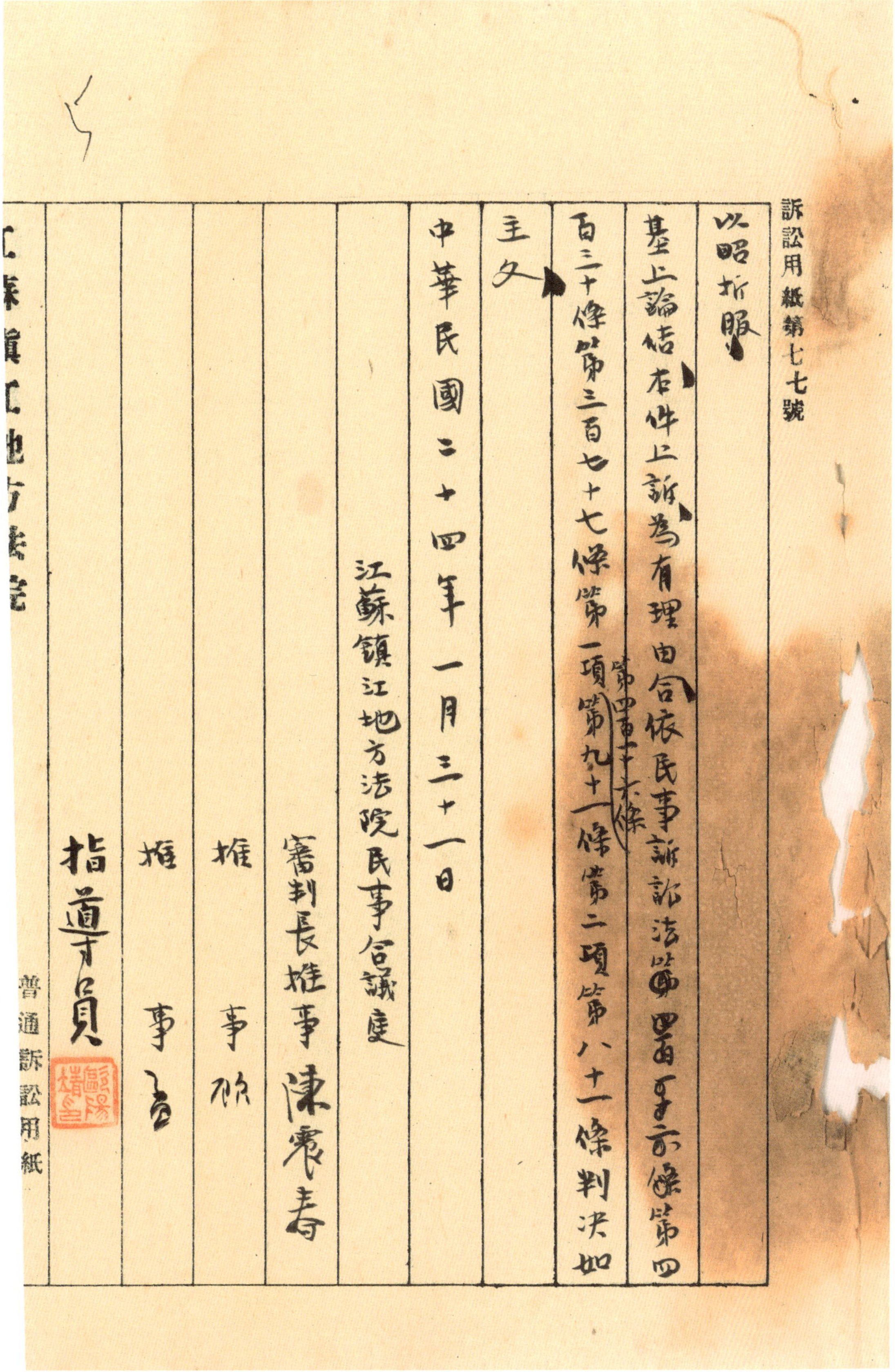

訴訟用紙第七七號

以昭折服

基上論結本件上訴為有理由合依民事訴訟法第四百四十六條第四百三十條第三百七十七條第一項第四百四十六條第九十一條第二項第八十一條判決如

主文

中華民國二十四年一月三十一日

江蘇鎮江地方法院民事合議庭

審判長推事 陳霖壽

推事

推事

指導員

江蘇鎮江地方法院

普通訴訟用紙

图3-2-6-9

7. 江苏高等法院第一分院民事裁定（刘宗贤上诉司仁勇给付租稻案）（1946年）（档案号：A020-1947-002-0207-0001）

下图为江苏高等法院第一分院民事庭审判长推事王家楣及推事童献之、徐永法于1946年11月9日做出的一份民事裁定。声请人刘宗贤，住江浦县太平乡。声请人对于兼理司法江浦县政府第一审判决提起上诉，并声请诉讼救助。该院裁定“本件准予诉讼救助”。

南京国民政府1935年颁行的《民事诉讼法》第一百零七条规定：“当事人无资力支出诉讼费用者，法院应依声请以裁定准予诉讼救助，但显无胜诉之望者不在此限。”第一百一十条规定，准予诉讼救助有如下效力：“一、暂免审判费用；二、免供诉讼费用之担保；三、暂行免付执达员之规费及垫款；四、法院得为受救助人选任律师代理诉讼，暂行免付酬金。”

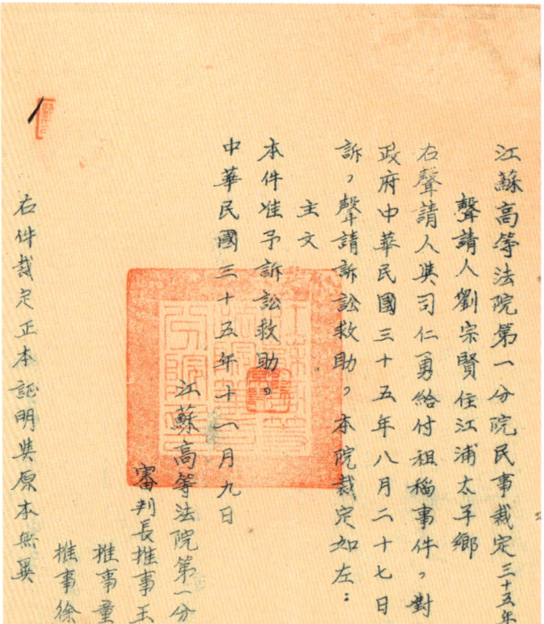

江蘇高等法院第一分院民事裁定三十五年他字第九七號

聲請人劉宗賢住江浦太平鄉

右聲請人與司仁勇給付租稻事件，對於兼理司法江浦縣政府中華民國三十五年八月二十七日第一審判決提起上訴，聲請訴訟救助，本院裁定如左：

主文

本件准予訴訟救助。

中華民國三十五年十一月九日

江蘇高等法院第一分院民事庭

審判長推事王家楣

推事童獻之

推事徐永法

右件裁定正本證明與原本無異

图3-2-7

8. 江苏泰县地方法院民事裁定（帅厚云等上诉帅稳儒确认产权案）（1947年）

（档案号：A020-1947-002-0172-0001）

下图为泰县地方法院民事庭推事邹庸于1947年10月9日做出的民事裁定。上诉人：帅厚云、帅籍儒，皆住在泰兴县二寿乡六保。上诉人不服该院一审判决，提起上诉，未缴纳应缴裁判费国币51 500元。泰县地方法院裁定上诉人于送达本裁定时如数补缴，“如逾期仍不遵行，即认上诉为不合法，依《民事诉讼法》第四百四十一条第一项以裁定驳回”。

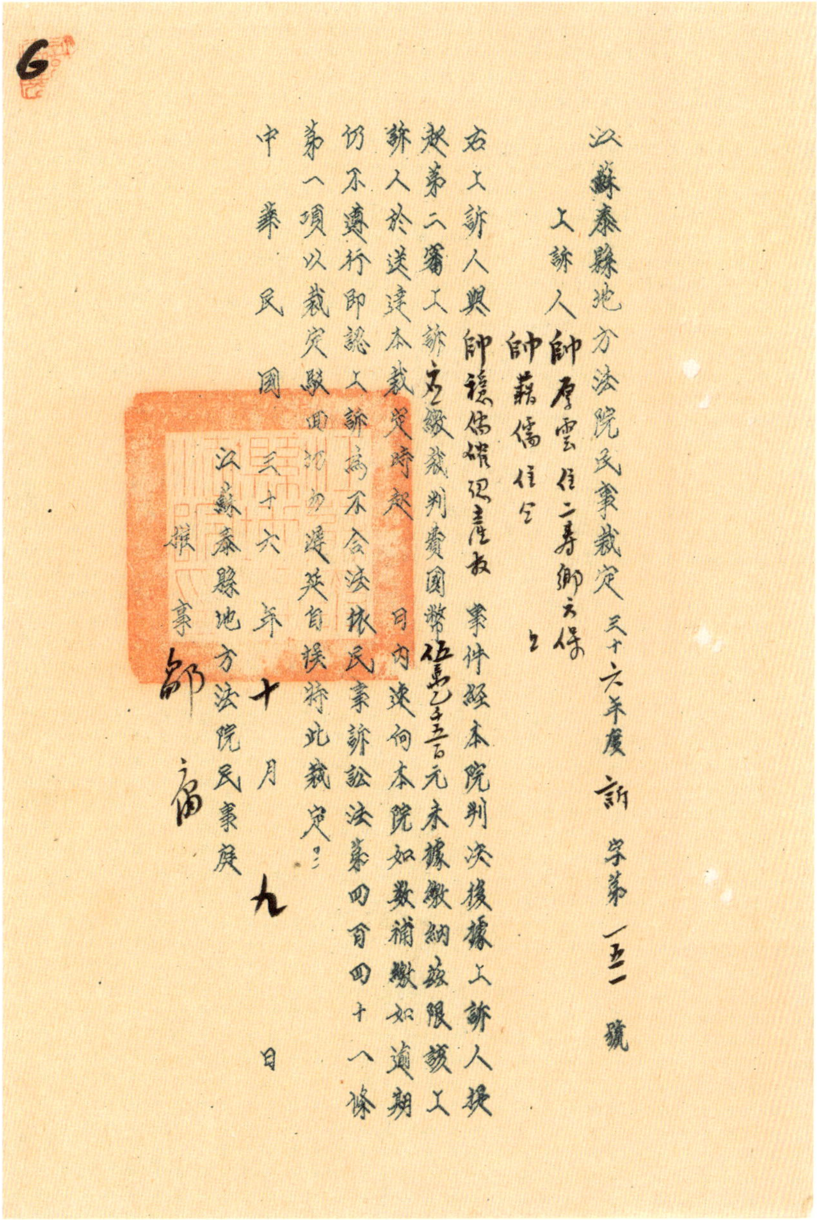

江蘇泰縣地方法院民事裁定　三十六年度訴字第一五一號

上訴人　帥厚雲　住二壽鄉六保

帥藉儒　住仝上

右上訴人與帥穩儒確認產權事件經本院判決援據上訴人提起第二審上訴未繳裁判費國幣伍萬乙千五百元未據繳納茲限該上訴人於送達本裁定時起　日內逕向本院如數補繳如逾期仍不遵行即認上訴為不合法依民事訴訟法第四百四十一條第一項以裁定駁回勿再遲延自誤特此裁定

中華民國三十六年十月九日

江蘇泰縣地方法院民事庭

推事　鄒庸

图3-2-8

9. 江苏高等法院镇江分院民事裁定（何少臣上诉吕兴惠等终止租约案）（1948年）（档案号：A020-1947-002-0562-0089）

右图为江苏高等法院镇江分院民事庭审判长推事吴绳祖及推事蒋昌炜、霍璞于1948年8月5日做出的民事裁定。上诉人：何少臣，住镇江姚一湾潮水沟38号；被上诉人：吕兴惠、吕学文，皆住镇江辛丰镇。上诉人对该院第二审判决不服，提起上诉。江苏高等法院镇江分院根据《民事诉讼法》《复员后办理民事诉讼补充条例》等规定，裁定“上诉驳回。上诉诉讼费用由上诉人负担”。

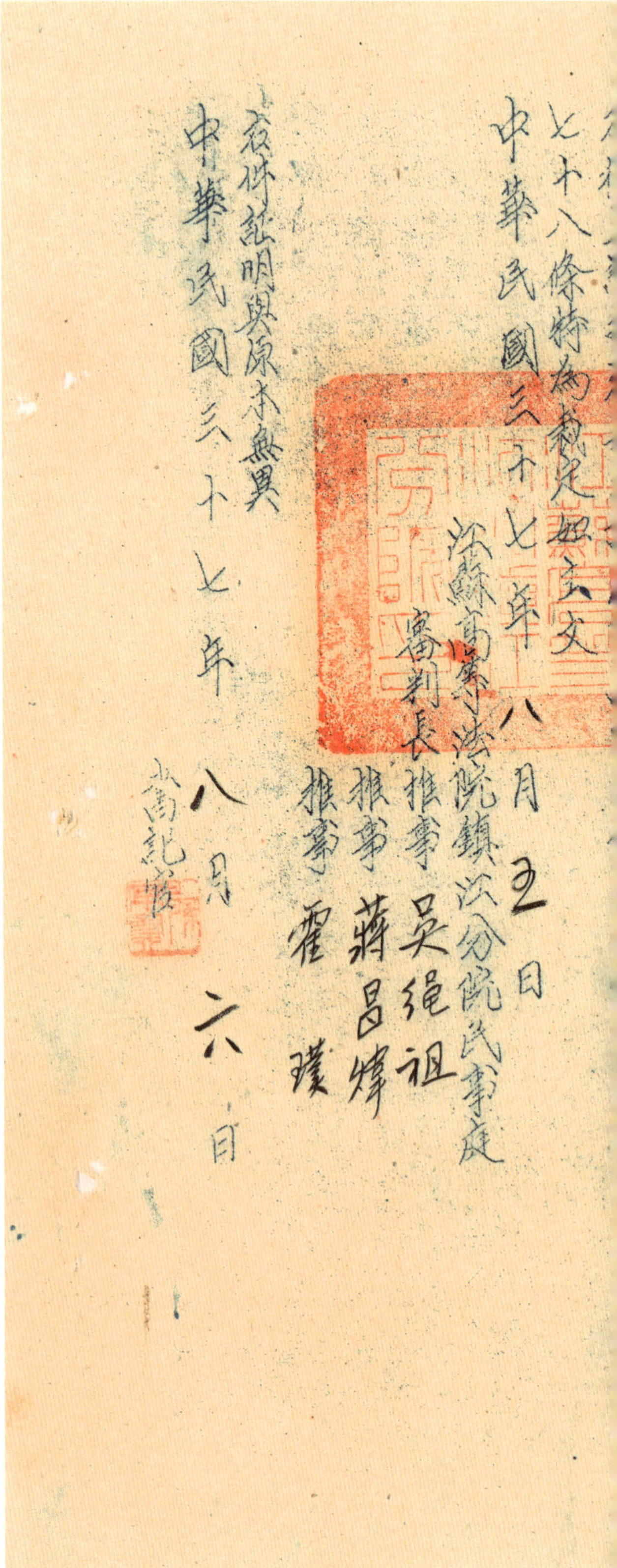

七十八條特為裁定如主文

中華民國三十七年八月五日

江蘇高等法院鎮江分院民事庭

審判長推事 吳繩祖

推事 蔣昌煒

推事 霍璞

右件證明與原本無異

中華民國三十七年八月六日

書記官

图3-2-9

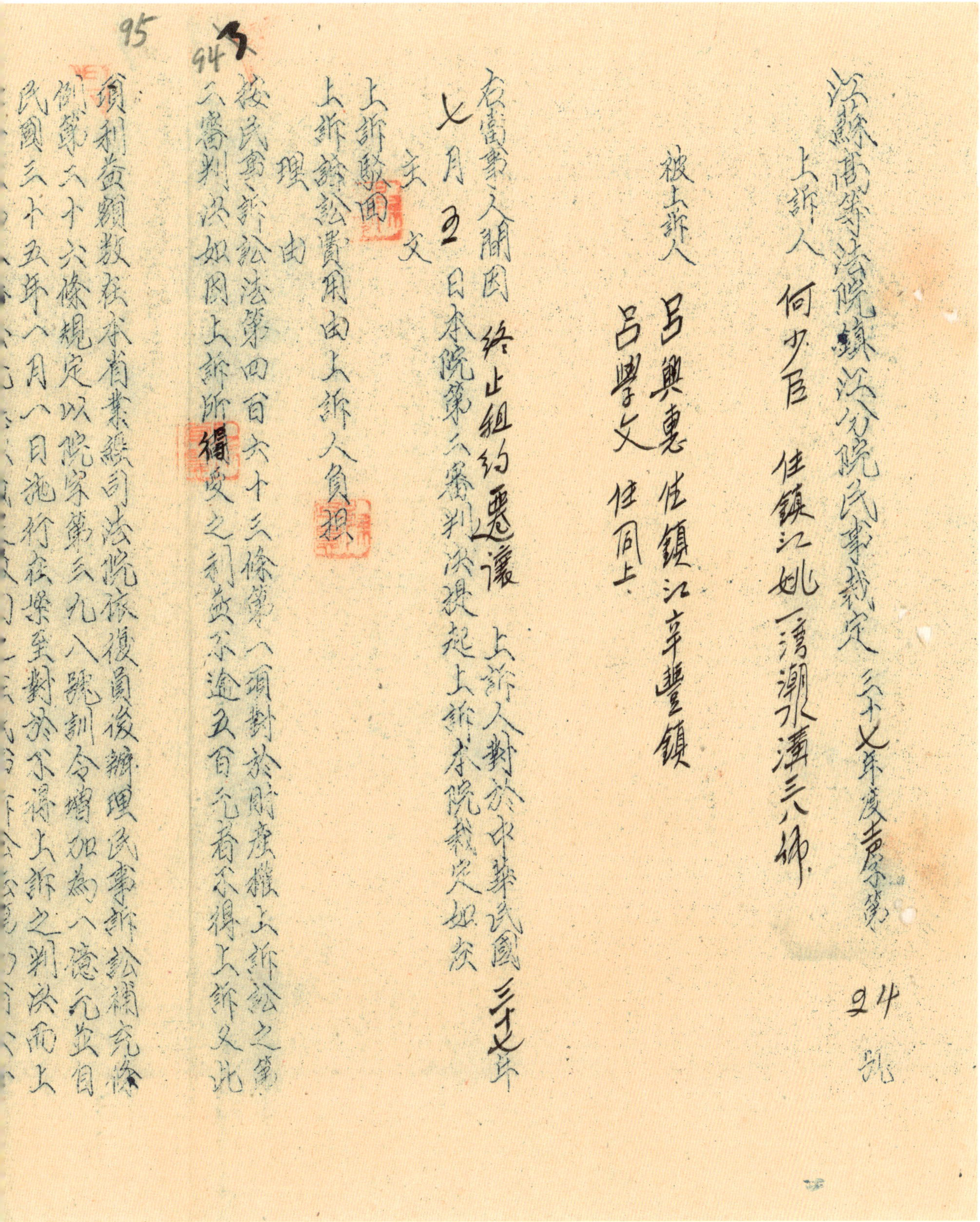

浙江高等法院鎮海分院民事裁定 三十七年度上字第24號

上訴人 何少臣 住鎮江姚一灣潮水灣三八號

被上訴人 呂與惠 住鎮江辛豐鎮

呂學文 住同上

右當事人間因終止租約遷讓上訴人對於中華民國三十七年

七月五日本院第一審判決提起上訴本院裁定如左

主 文

上訴駁回

上訴訴訟費用由上訴人負擔

理 由

按民事訴訟法第四百六十三條第一項對於財產權上訴訟之第

二審判決如因上訴所得受之利益不逾五百元者不得上訴又此

項利益額數在本省業經司法院依復員後辦理民事訴訟補充條

例第六十六條規定以院字第三九八八號訓令增加為八億元並自

民國三十五年八月八日施行在案至對於不得上訴之判決而上

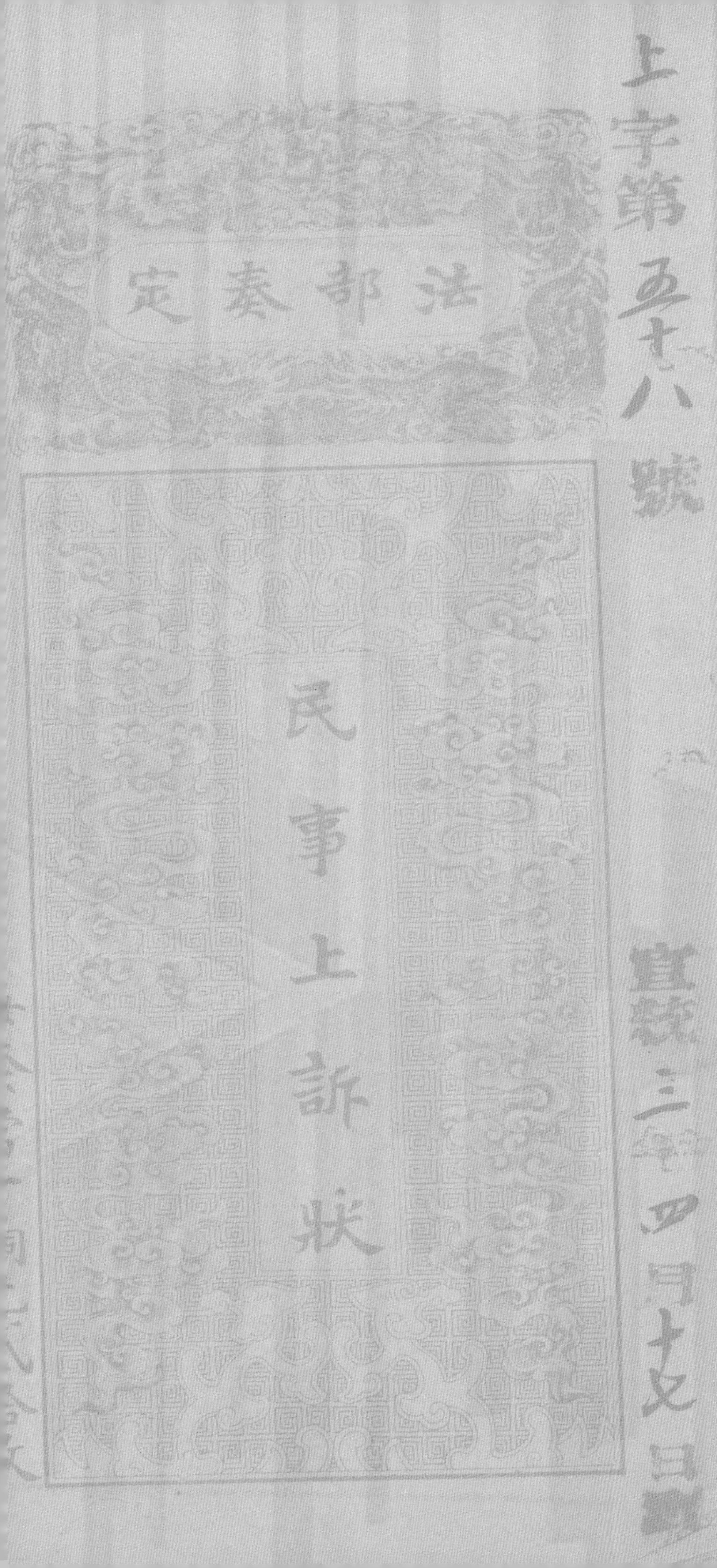

第四章 当事人诉讼文书

“当事人”这一概念系在清末变法修律时被引入中国。清政府在1910年出台的《法院编制法》中即多次使用“当事人”概念，如其第五条规定：“诉讼案件系第一审而繁杂者，经当事人之请求或依审判厅之职权，亦以推事三员之合议庭行之。”[①] 需要指出的是，清末民国时期刑事诉讼中“当事人”的概念与当下有所区别，彼时的“当事人”指“检察官、自诉人及被告”[②]，而当下的“当事人”指“被害人、自诉人、犯罪嫌疑人、被告人、附带民事诉讼的原告人和被告人”[③]。与刑事诉讼不同，清末民国时期民事诉讼中“当事人”的概念与当下几无区别——指“以自己名义向法院起诉之人，及其相对人”，不过其在不同民事诉讼程序中的具体名称有所不同：“（1）在判决程序，称起诉者曰原告，其相对人曰被告；提起上诉者曰上诉人，其相对人曰被上诉人。（2）在督促程序，称求支付命令者曰债权人，其相对人曰债务人。（3）在保全程序，称求假扣押或假处分者曰债权人，其相对人曰债务人。（4）在抗告程序，称提起抗告之人为抗告人，提起再抗告之人为再抗告人。（5）当事人之为声请者，概为声请人。”[④] 为了读者阅读、理解或研究的方便，本章按照当下刑事诉讼法和民事诉讼法中“当事人”的概念外延范围选取档案。

清末民国时期，当事人需要在特定的状纸上撰写诉讼文书，自备状纸无效。1910年法部出台《诉讼状纸通行章程》，规定“发行诉讼状纸系为澄清讼源、改良审判起见，凡已设审判厅地方暨现在筹设并将来增立各审判厅省分，无论旗汉华洋绅民人等，凡赴各级审判厅诉讼者，民事刑事均应一体遵用，违者不予受理”[⑤]。1929年，南京国民政府出台《司法状纸规则》，规定“民事或刑事诉讼除依法得用言词外，应一律购用司法状纸”，司法状纸分为民事状和刑事状，“民事状每套国币六角”“刑事状每套国币三角”。[⑥] 上述规定在司法实践中得到了较好执行——镇江近代司法档案中的当事人文书，基本上都是在司法机构专门发售的状纸上撰写——但其具体内容未必与状纸类型完全对应。

---

① 《宪政编查馆奏定法院编制法并各项暂行章程》，《国风报》第6期，1910年，第76页。
② 《中华民国刑事诉讼法》，《法令周刊》第238期，1935年，第1页。
③ 《中华人民共和国刑事诉讼法》第一百零八条。
④ 郭杏邨编著《民事诉讼法》（上册），商务印书馆，1936年，第53—54页。
⑤ 《法部推广诉讼状纸通行章程》，《新闻报》1910年3月9日第4张第1页。
⑥ 《司法状纸规则》，《司法公报》第8号，1929年，第2页。

清末民国时期，很多当事人的文化水平有限，难以亲自撰写诉讼文书，故纷纷委托亲友、律师或缮状处代为撰写。所谓“缮状处”，指司法机构中专门为当事人撰写诉讼文书的机构。南京国民政府曾出台《各级法院缮状处通则》，强调成立缮状处的目的是“为谋诉讼人缮写或撰拟书状之便利”，强调“缮状人专代诉讼人缮写书状并得依据诉讼人之口述撰拟状词，但不得强制代写代撰”。[①] 不过事与愿违，缮状处在实际运行过程中流弊丛生，或借此吃拿卡要强征费用，或借此包揽词讼敲诈勒索，严重增加了当事人的讼累。此外，从镇江近代司法档案中的当事人诉讼文书内容看，与警察、检察官、推事和律师的诉讼文书相比，相当一部分当事人诉讼文书在法律运用、语言表达和逻辑结构等方面均存在着不足之处，此为当事人诉讼文书的显著特征。

本章选取的当事人诉讼文书，主要包括如下两类：

一类是刑事类文书，包括刑事诉状和再议声请两种，其中前者由抗告状、上诉状和自诉状组成，后者指当事人不接受检察官不起诉决定要求继续侦查和起诉的文书。刑事类文书的案由包括妨害秩序、鸦片、强盗、侵占、和诱等。此外，镇江市档案馆还收藏有较为少量的清代当事人状词手抄本，本部分根据篇幅及手抄本的保存情况，酌情进行了收录。

一类是民事类文书，包括请求状、起诉状、上诉状和辩诉状等。民事类文书的案由包括追缴款项、返还证据、确认产权、田产、所有权等。

① 《各级法院缮状处通则》,《法令周报》第18期，1935年，第156页。

一、刑事类文书

1. 华大抱告状及堂谕抄件（忤逆）（1874年）（档案号：A031-2017-001-0000-0062）

本图为一份抱告状及堂谕抄件，其内容形成于清同治十三年（1874年），抄录的具体时间不可考，但应不迟于1949年。

所谓抱告，指“官吏、生监、妇人以及老幼、残疾等在诉讼时，除少数特定的案件外，他们不能自己独立参与诉讼，而必须由他人代为诉讼”[①]。在本案中，告状人道传宝系丹徒县吏员，抱告人系道传宝家的工人华大。质言之，道传宝碍于自己吏员的身份，无法亲自参与诉讼，故委托其家里工人华大代理诉讼。道传宝称：“职发妻严氏生有三子，长子淦泉，二子已故，三子登第，惟淦泉不务正业，在外游荡，不顾职等衣食，动辙在家吵闹，百般挺忤，充横异常。职同妻严氏实难饮忍，为今情急，将子淦泉扭案喊求。”

所谓堂谕，指州县官审理案件时当场做出的处理批示。丹徒知县做出的堂谕内容为：“查道淦泉年已三十余岁，不能孝养老亲，辙复任性忘为，实属顽梗，应予重责收押，俟其悔过自新，再由道传宝禀请核释。”

在中国传统社会，家长对子孙享有广泛而严厉的惩戒权，其中既包括家长亲自进行惩戒，也包括将子孙送交官府进行惩戒，后者被称为“送惩”。本图即是传统社会家长有关行使送惩权的诉讼文书。在清代，被送惩的子孙一般分为“违反教令”和“不孝”两类。“因违反教令而被送惩的子孙，杖一百；而因不孝送惩的处罚则重得多。”[②]中国的送惩制度有着很强的历史惯性，清末变法修律时制定的《大清民律草案》依然保留了送惩制度，直到南京国民政府1930年颁行的《中华民国民法》才予以取消。

---

① 郭玲：《清代官吏抱告制度初探》，《青海师范大学学报》（社会科学版）2023年第4期，第73页。

② 张晋藩：《中国法制通史》第8卷，中国法制出版社，2021年，第400页。

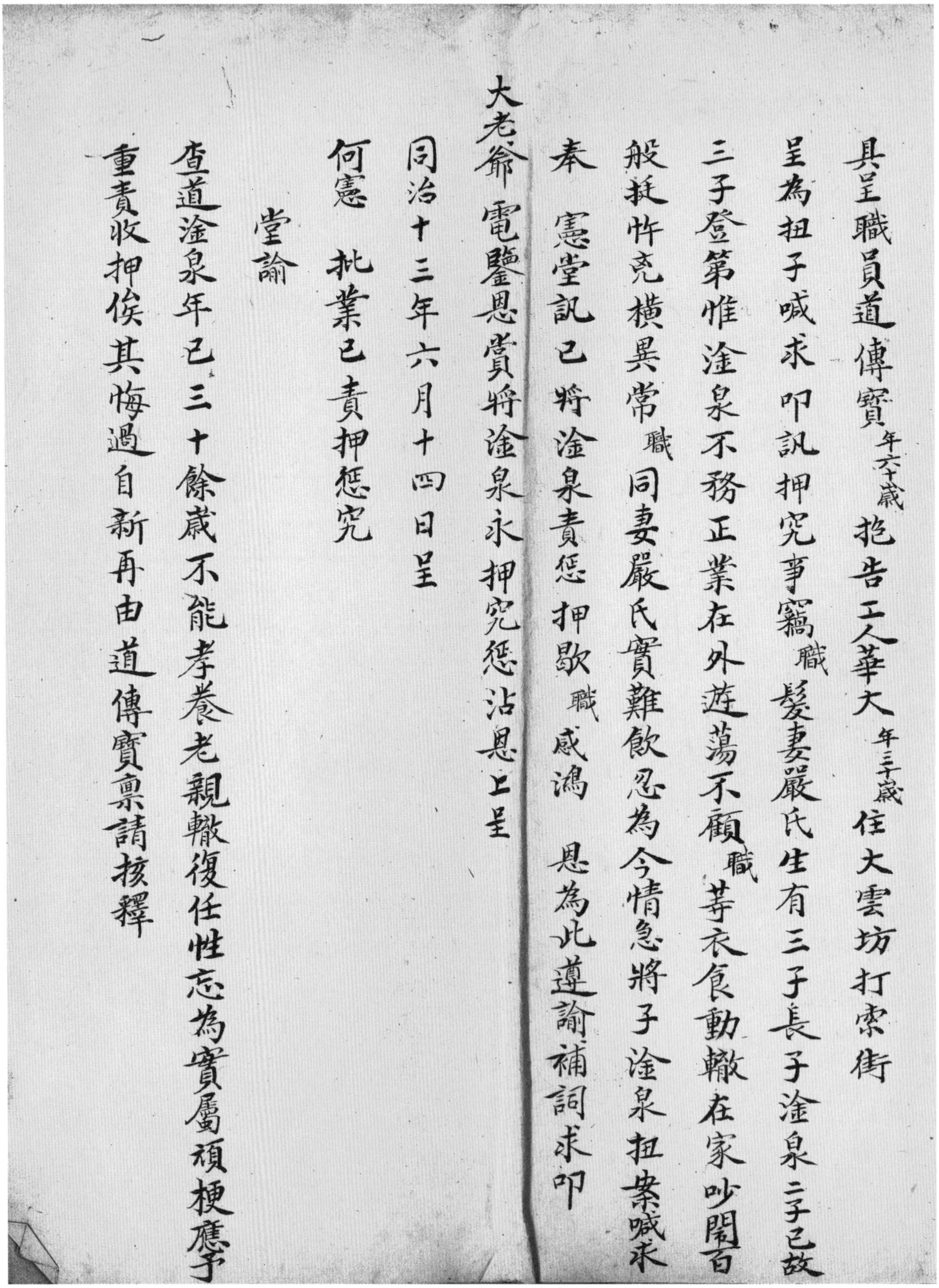
具呈職員道傳寶 年六十歲 抱告工人華大 年三十歲 住大雲坊打索街
呈為扭子喊求叩訊押究事竊職 髮妻嚴氏生有三子長子淦泉 二子已故
三子登第惟淦泉不務正業在外遊蕩不顧職 等衣食動輒在家吵鬧百
般挺忤兇橫異常職 同妻嚴氏實難飲忍為今情急將子淦泉扭案喊求
奉 憲堂訊已將淦泉責懲押歇職 感鴻 恩為此遵諭補詞求叩
大老爺電鑒恩賞將淦泉永押究懲沾恩上呈
同治十三年六月十四日呈
何憲 批業已責押懲究
堂諭
查道淦泉年已三十餘歲不能孝養老親輒復任性忘為實屬頑梗應予
重責收押俟其悔過自新再由道傳寶稟請核釋

图4-1-1

2. 道严氏、严月锄、程仁宝保状及堂谕抄件（忤逆）（1874年）（档案号：A031-2017-001-0000-0062）

下图内容形成于清同治十三年（1874年），抄录时间不可考，但应不迟于1949年。在道淦泉被收押半年后，其母道严氏、舅严月锄、邻程仁宝向丹徒知县提出保释请求。“今传宝病床数月，氏又年迈，无人侍奉。传宝思子痛心，是以挽邀身等作保，带同道严氏来案将淦泉保回备办传宝后事，以全骨肉。而淦泉今已自知悔悟，愿具不再忤尊滋端。”丹徒知县在堂谕中同意了上述请求。

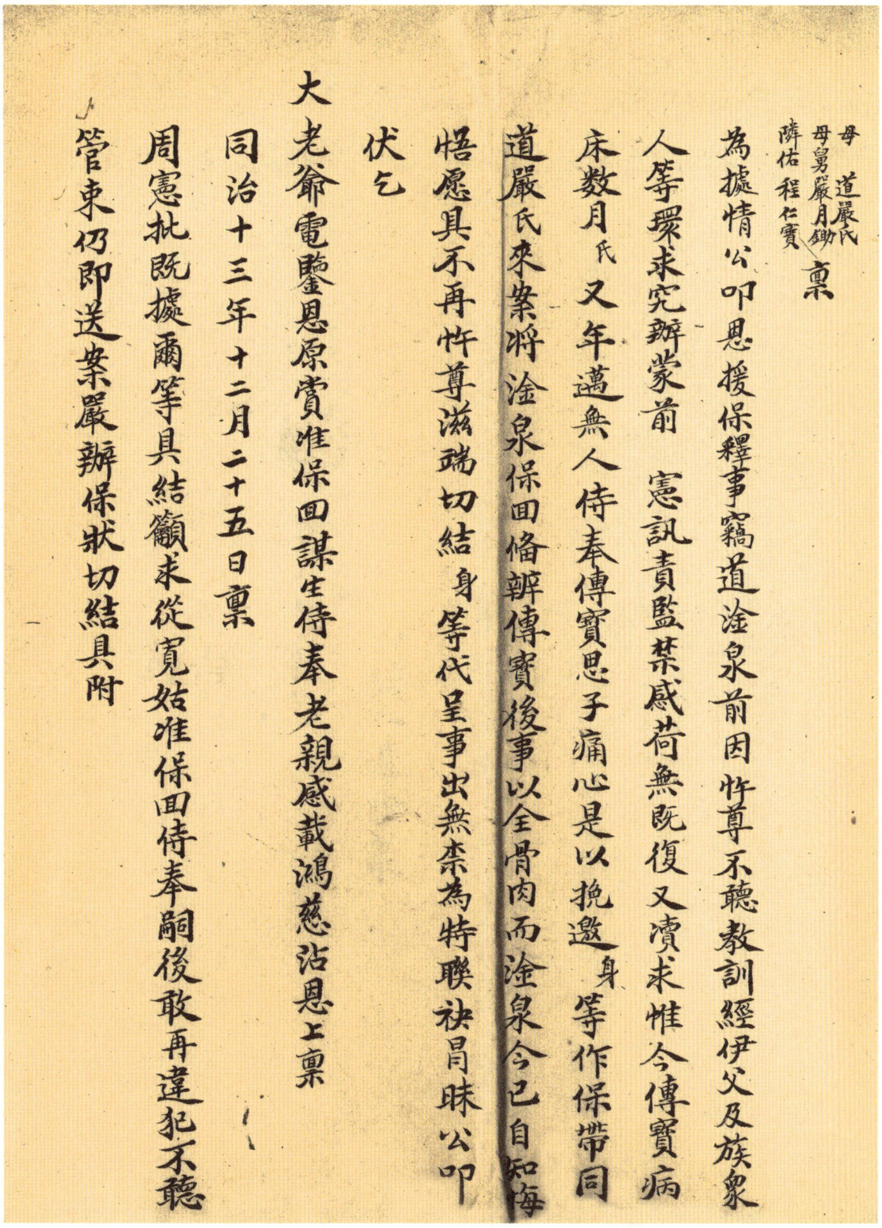

母道嚴氏
母舅嚴月鋤
鄰佑程仁寶　稟

為據情公叩恩援保釋事竊道淦泉前因忤尊不聽教訓經伊父及族衆人等環求究辦蒙前　憲訊責監禁感荷無既復又瀆求惟今傳寶病床數月氏又年邁無人侍奉傳寶思子痛心是以挽邀身等作保帶同道嚴氏來案將淦泉保回備辦傳寶後事以全骨肉而淦泉今已自知悔悟愿具不再忤尊滋端切結身等代呈事出無奈為特聯袂冒昧公叩

伏乞

大老爺電鑒恩原賞准保回謀生侍奉老親感載鴻慈沾恩上稟

同治十三年十二月二十五日稟

周憲批既據爾等具結籲求從寬姑准保回侍奉嗣後敢再違犯不聽管束仍即送案嚴辦保狀切結具附

图4-1-2

3. 朱克钰等抗告状（戴桂芬妨害秩序案）（1928年）（档案号：A020-1928-002-1286-0001）

本组图为抗告人朱克钰、凌彬文向江苏高等法院提出的抗告状。抗告人朱克钰、凌彬文，二人皆39岁，镇江县人，现住镇江地方法院南首德盛旅馆。据抗告人称，戴桂芬在江北传播大刀会邪说，发展会众至数百人，“将本邑岁丰、上党两乡村庄烧毁数十，杀人无算，民等两家财产完全灰烬”。镇江地方法院对戴桂芬判处拘役20日，抗告人认为刑罚畸轻，继而提出上诉，镇江地方法院检察官认为“此案判决尚无不合……无庸上诉”。抗告人故向位于苏州的江苏高等法院提出抗告，要求“调卷审查，令行原检察官提起上诉，将戴桂芬从重加罪”。

南京国民政府于1928年颁布的《刑事诉讼法》第四百四十条规定：“当事人对于法院之裁定有不服者，得抗告于直接上级法院，但有特别规定者不在此限。”

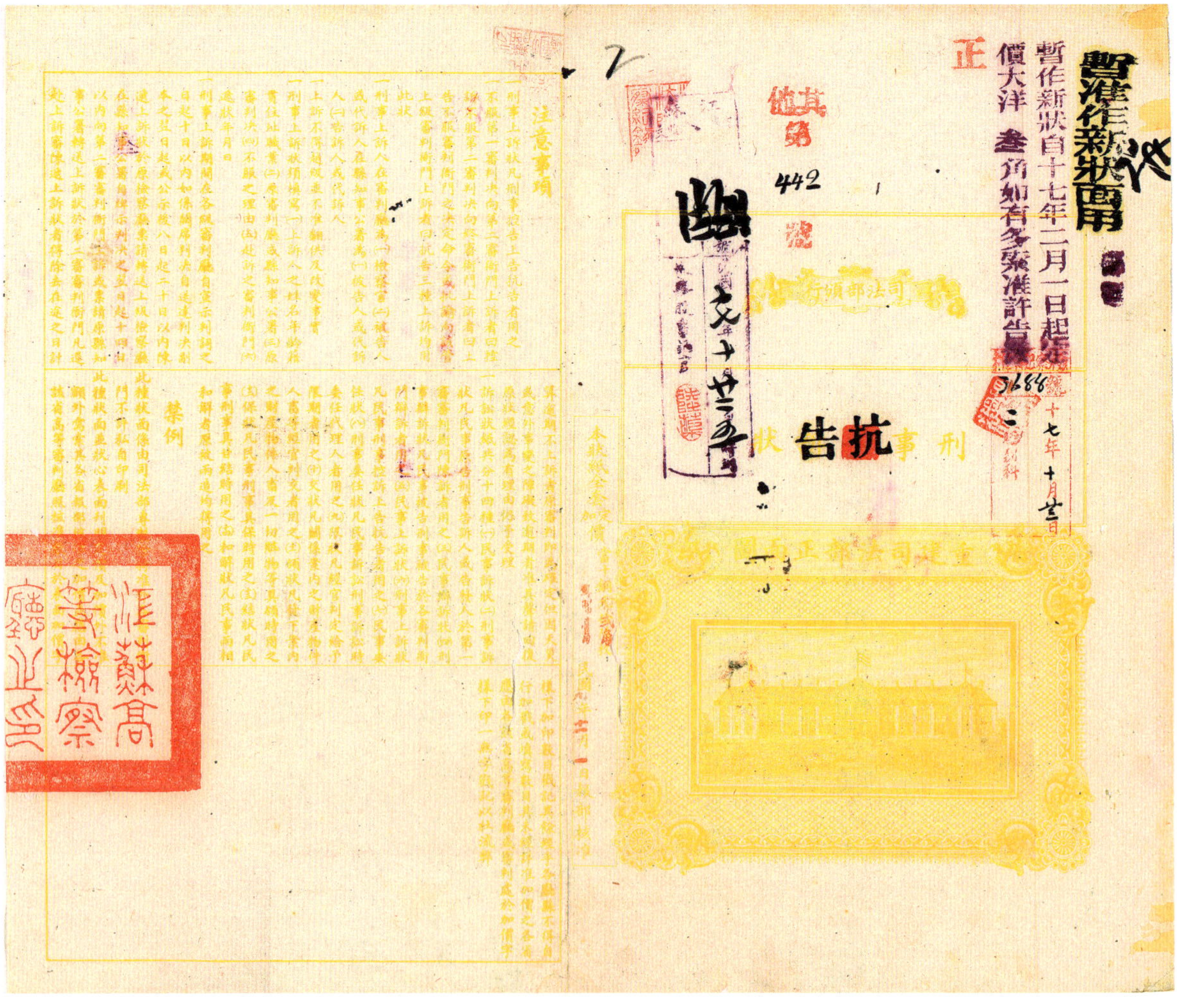
暫准作新狀用
暫作新狀自十七年二月一日起
價大洋叁角如有多索准許告發
刑事抗告狀
注意事項
禁例

图4-1-3-1

2

告

刑事訴人	姓名	年齡	籍貫	住址	職業
	朱克鈺	三十九	鎮江縣	鎮江地方法院南首德盛旅館	商業
	凌彬文	仝上	仝上	仝上	初級小學校校長

為　一案不服上訴事

為鎮江地方法院初字五三號戴桂芬妨害秩序案、檢察官不許上訴、聲明抗告事、竊戴桂芬向在江北以大刀會邪説惑人、本邑上黨鄉居民凌朝柏、朱思道、朱思義、朱昌松藉圖聚斂、於陰歷本年二月間前往北江北寶應地方、將其約來、倡首創設大刀會、強迫民衆入會、每人納費三元、人數多至數百、款以萬計、均為戴與凌朝柏、朱思道等受用、戴桂芬且以吞符念咒等術妄行授人、遂啓客民之小

图4-1-3-2

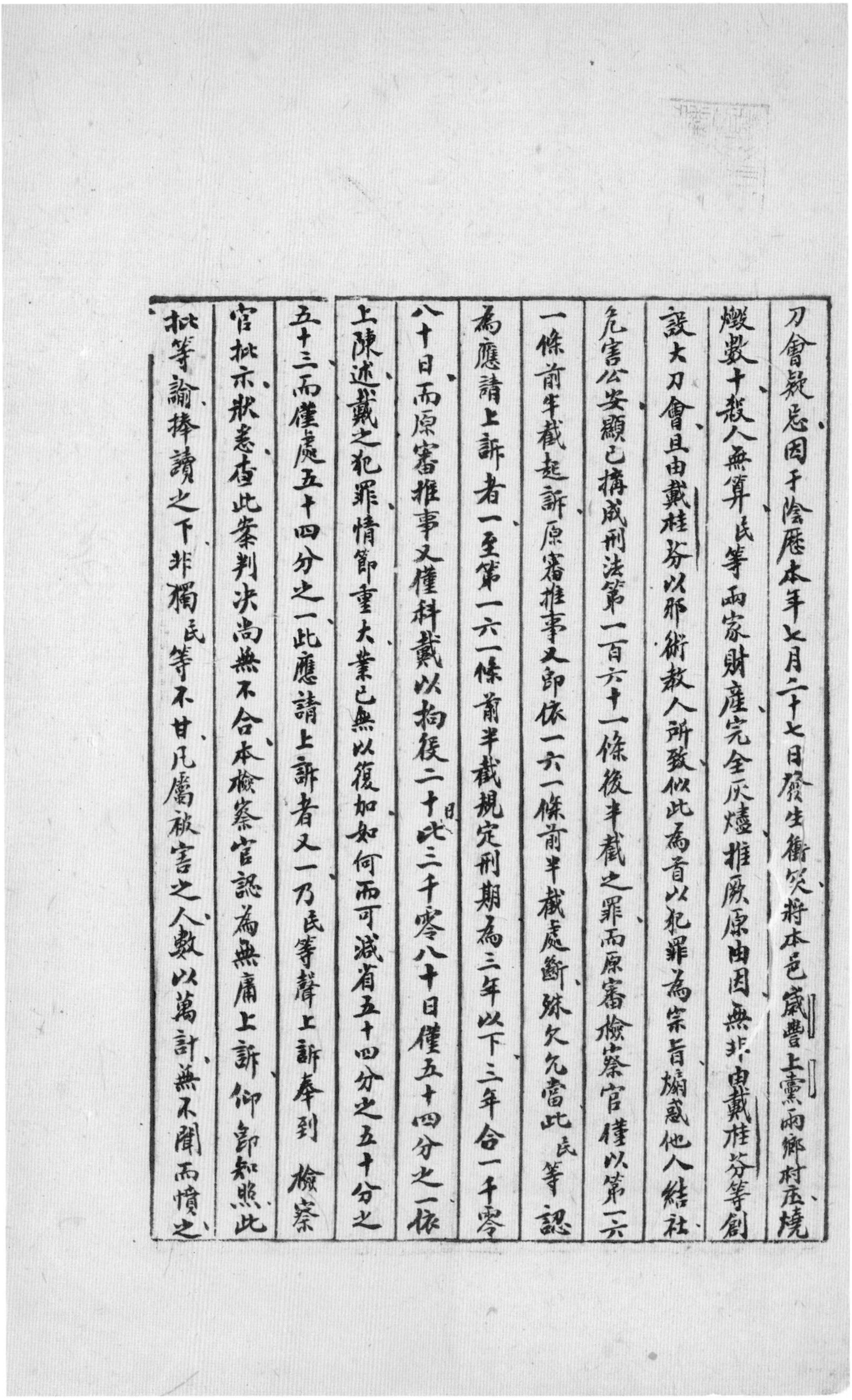

刀會疑忌因于陰歷本年七月二十七日發生衝突將本邑歲豐上黨兩鄉村庄燒
燬數十殺人無算民等兩家財產完全灰燼推厥原由因無非由戴桂芬等創
設大刀會且由戴桂芬以邪術教人所致似此為首以犯罪為宗旨煽惑他人結社
危害公安顯已構成刑法第一百六十一條後半截之罪而原審檢察官僅以第一六
一條前半截起訴原審推事又即依一六一條前半截處斷殊欠允當此民等認
為應請上訴者一至第一六一條前半截規定刑期為三年以下三年合一千零
八十日而原審推事又僅科戴以拘役二十日比三千零八十日僅五十四分之一依
上陳述戴之犯罪情節重大業已無以復加如何而可減省五十四分之五十分之
五十三而僅處五十四分之一此應請上訴者又一乃民等聲上訴奉到檢察
官批示狀悉查此案判決尚無不合本檢察官認為無庸上訴仰即知照此
批等諭捧讀之下非獨民等不甘凡屬被害之人數以萬計無不聞而憤之

图4-1-3-3

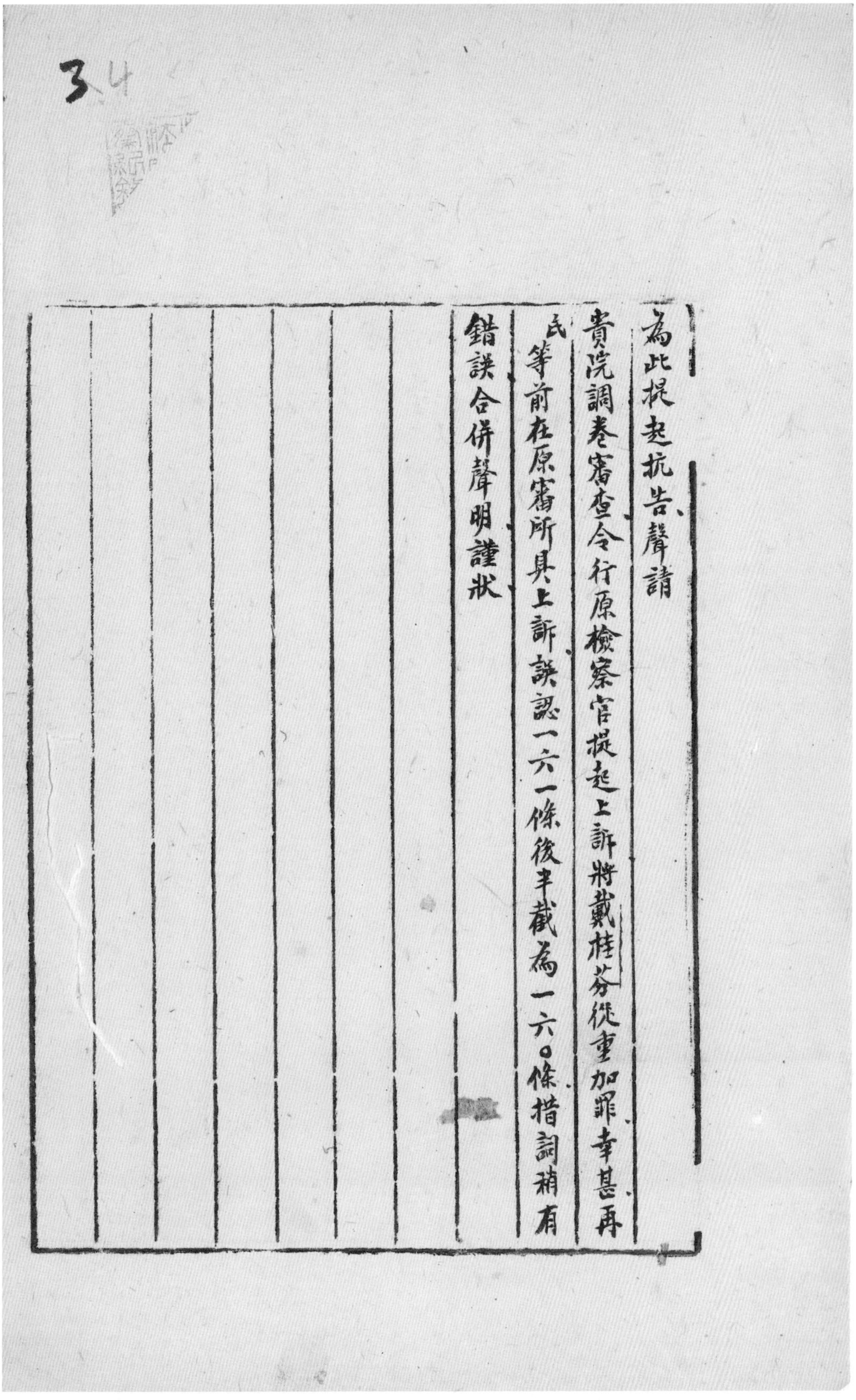

3.4

為此提起抗告、聲請
貴院調卷審查令行原檢察官提起上訴將戴桂芬從重加罪幸甚再
民等前在原審所具上訴誤認一六一條後半截為一六〇條措詞稍有
錯誤合併聲明謹狀

图4-1-3-4

图4-1-3-5

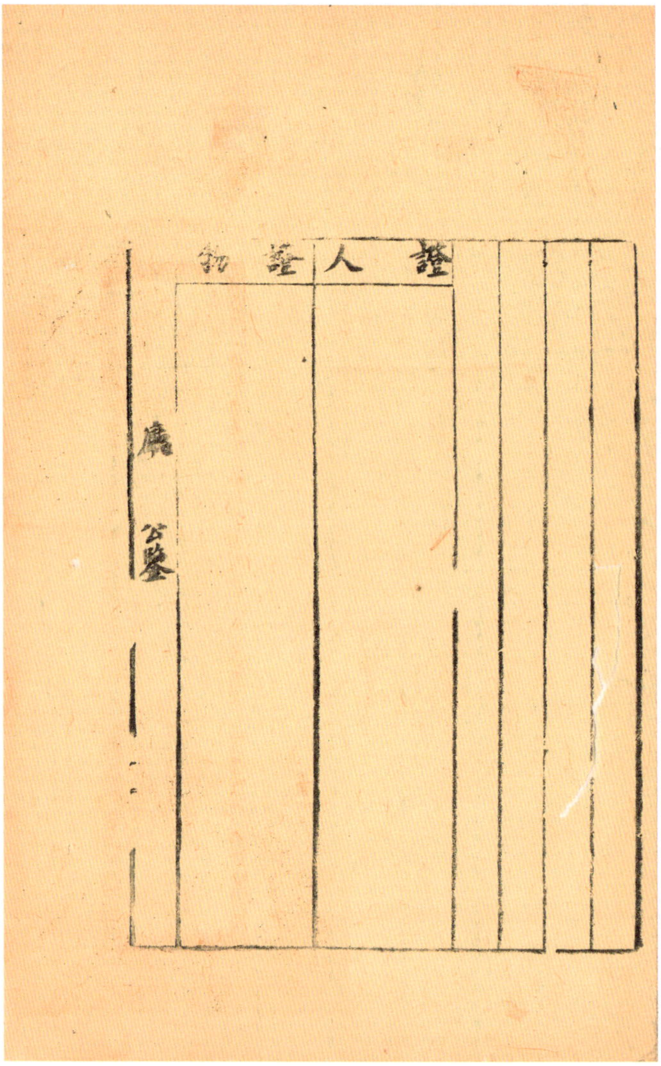

證人簽押

廳

公鑒

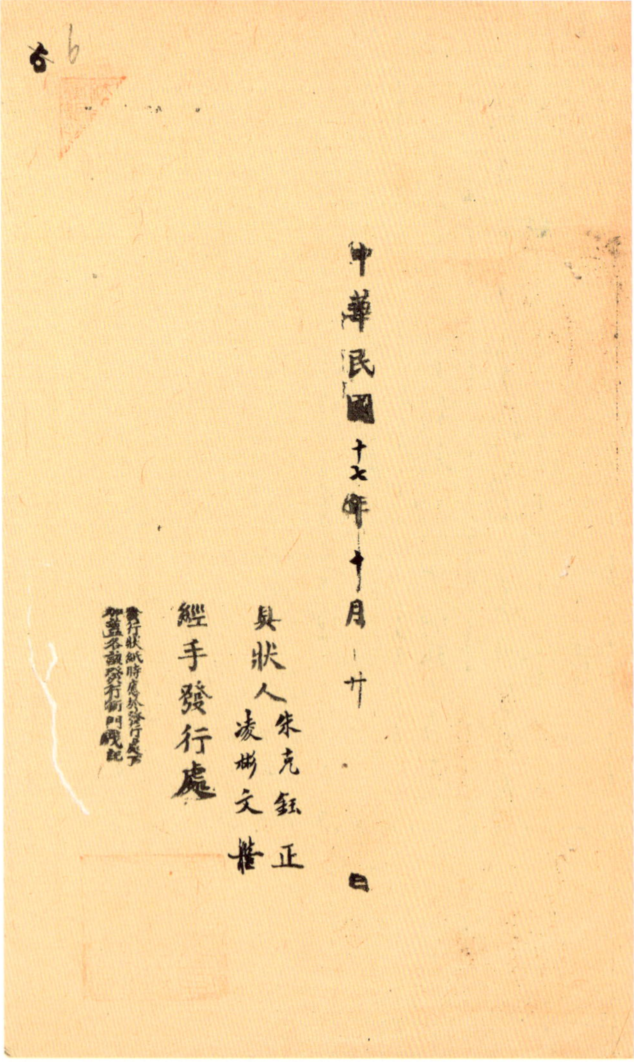

中華民國十七年十月廿日

具狀人 朱克鈺 正

凌樹文 權

經手發行處

發行狀紙時應於發行處下加蓋名號發行衙門戳記

图4-1-3-6

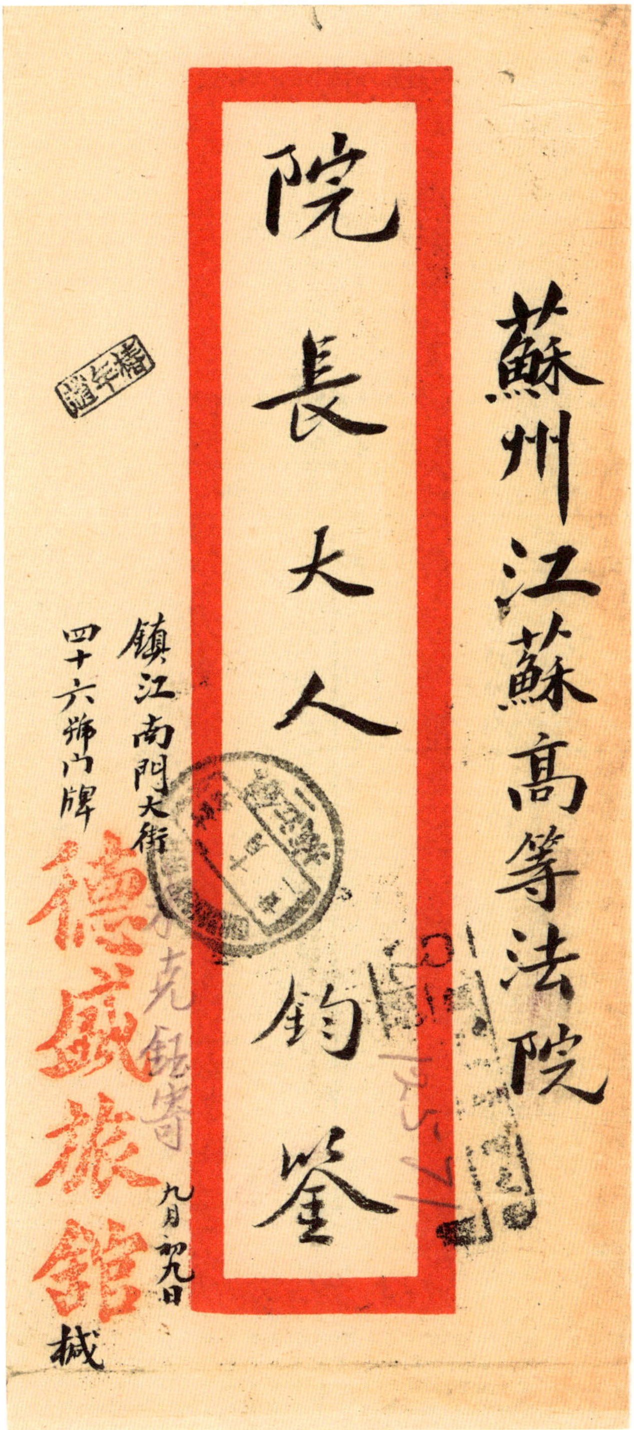

蘇州江蘇高等法院

院長大人　鈞鋻

克銘寄

九月初九日

鎮江南門大街

四十六號門牌

德盛旅館緘

图4-1-3-7

4. 卢薪宜上诉状（陈辅周吸食鸦片案）（1930年）（档案号：A020-1930-002-0736-0001）

本组图为上诉人卢薪宜不服江苏高等法院第二审判决提起的上诉状。上诉人：卢薪宜，男，40岁，镇江人，家住江苏东台县溱潼镇。根据该上诉状的记载，卢薪宜向泰县政府告诉陈辅周吸食鸦片等事，泰县政府判决陈辅周无罪并判处卢薪宜“诬告二月刑罪”，卢薪宜不服，上诉于江苏高等法院，该院驳回上诉，卢薪宜继续向最高法院提起上诉。

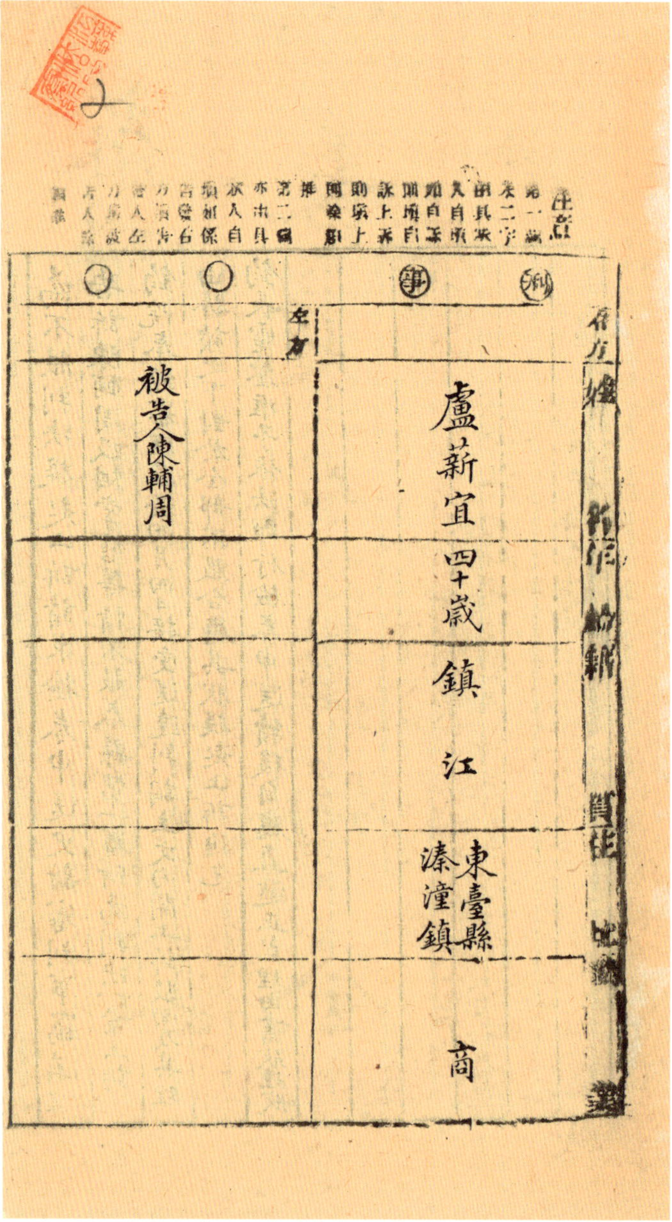

盧薪宜
四十歲
鎮江
東臺縣溱潼鎮
商

被告人陳輔周

图4-1-4-1

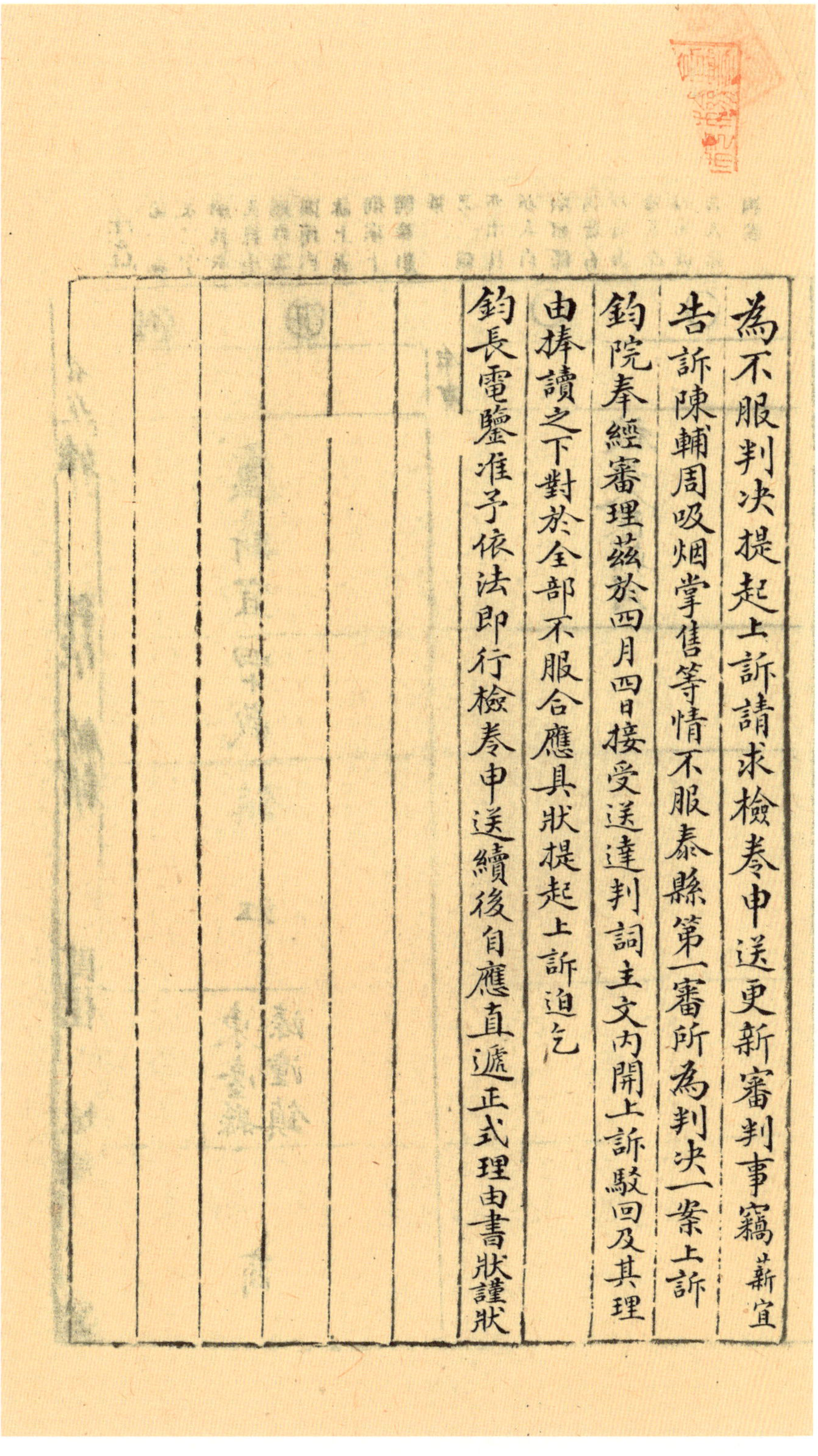

為不服判決提起上訴請求檢卷申送更新審判事竊薪宜
告訴陳輔周吸烟掌售等情不服泰縣第一審所為判決一案上訴
鈞院奉經審理茲於四月四日接受送達判詞主文內開上訴駁回及其理
由捧讀之下對於全部不服合應具狀提起上訴迫乞
鈞長電鑒准予依法即行檢卷申送續後自應直遞正式理由書狀謹狀

图4-1-4-2

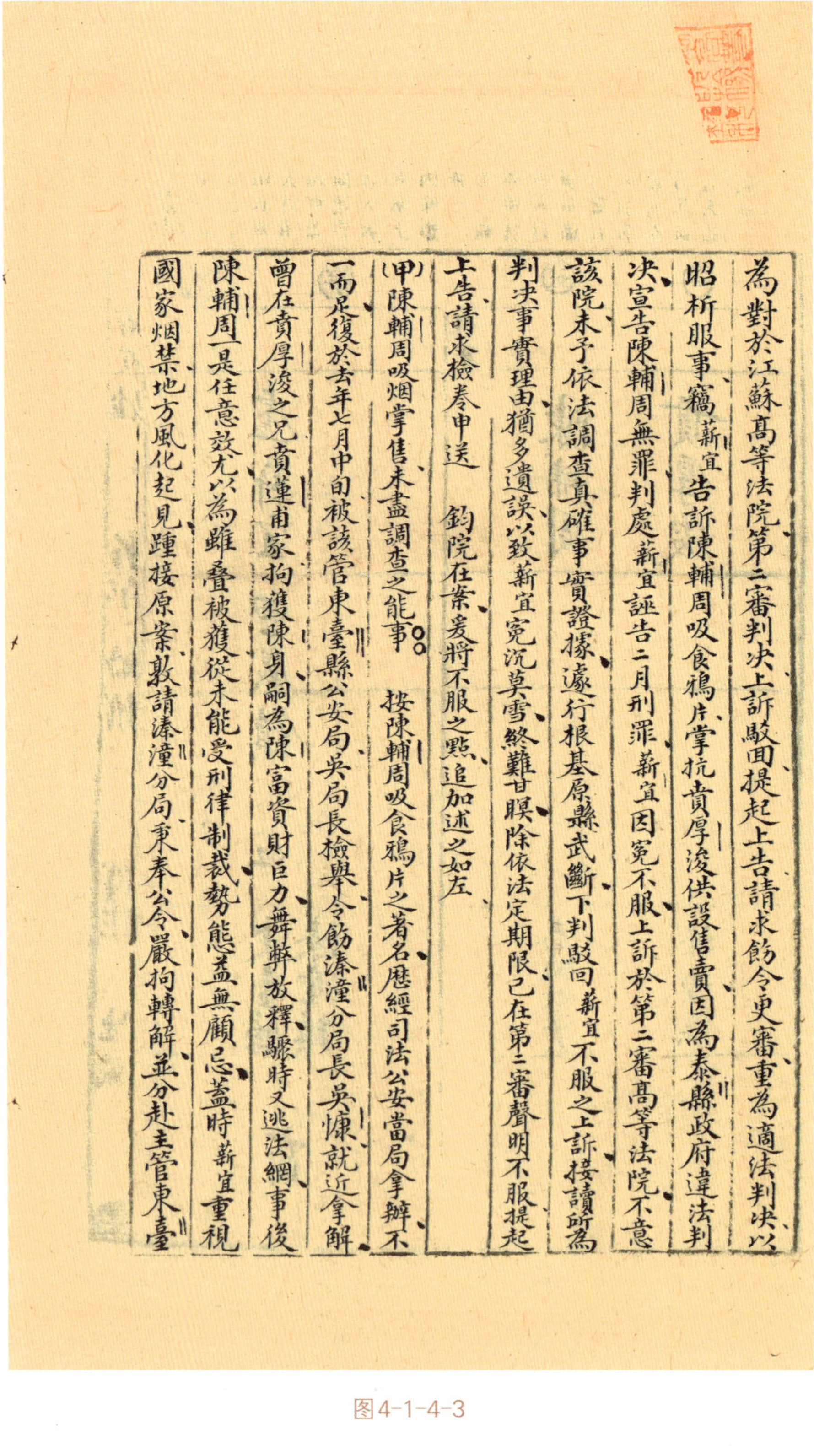
為對於江蘇高等法院第二審判決上訴駁回提起上告請求飭令更審重為適法判決以
昭折服事竊薪宜告訴陳輔周吸食鴉片掌抗貴厚浚供設售賣因為泰縣政府違法判
決宣告陳輔周無罪判處薪宜誣告二月刑罰薪宜因冤不服上訴於第二審高等法院不意
該院未予依法調查真確事實證據遽行根基原縣武斷下判駁回薪宜不服之上訴接讀所為
判決事實理由猶多遺誤以致薪宜冤沉莫雪終難甘瞑除依法定期限已在第二審聲明不服提起
上告請求檢卷申送 鈞院在案爰將不服之點追加述之如左
(甲)陳輔周吸烟掌售未盡調查之能事。 按陳輔周吸食鴉片之著名歷經司法公安當局拿辦不
一而足復於去年七月中旬被該管東臺縣公安局吳局長檢舉令飭溱潼分局長吳煉就近拿解
曾在貴厚浚之兄貴蓮甫家拘獲陳身嗣為陳富資財巨力舞弊放釋驟時又逃法網事後
陳輔周一是任意效尤以為雖疊被獲從未能受刑律制裁勢態益無顧忌蓋時薪宜重視
國家烟禁地方風化起見踵接原案敦請溱潼分局秉奉公令嚴拘轉解並分赴主管東臺

图4-1-4-3

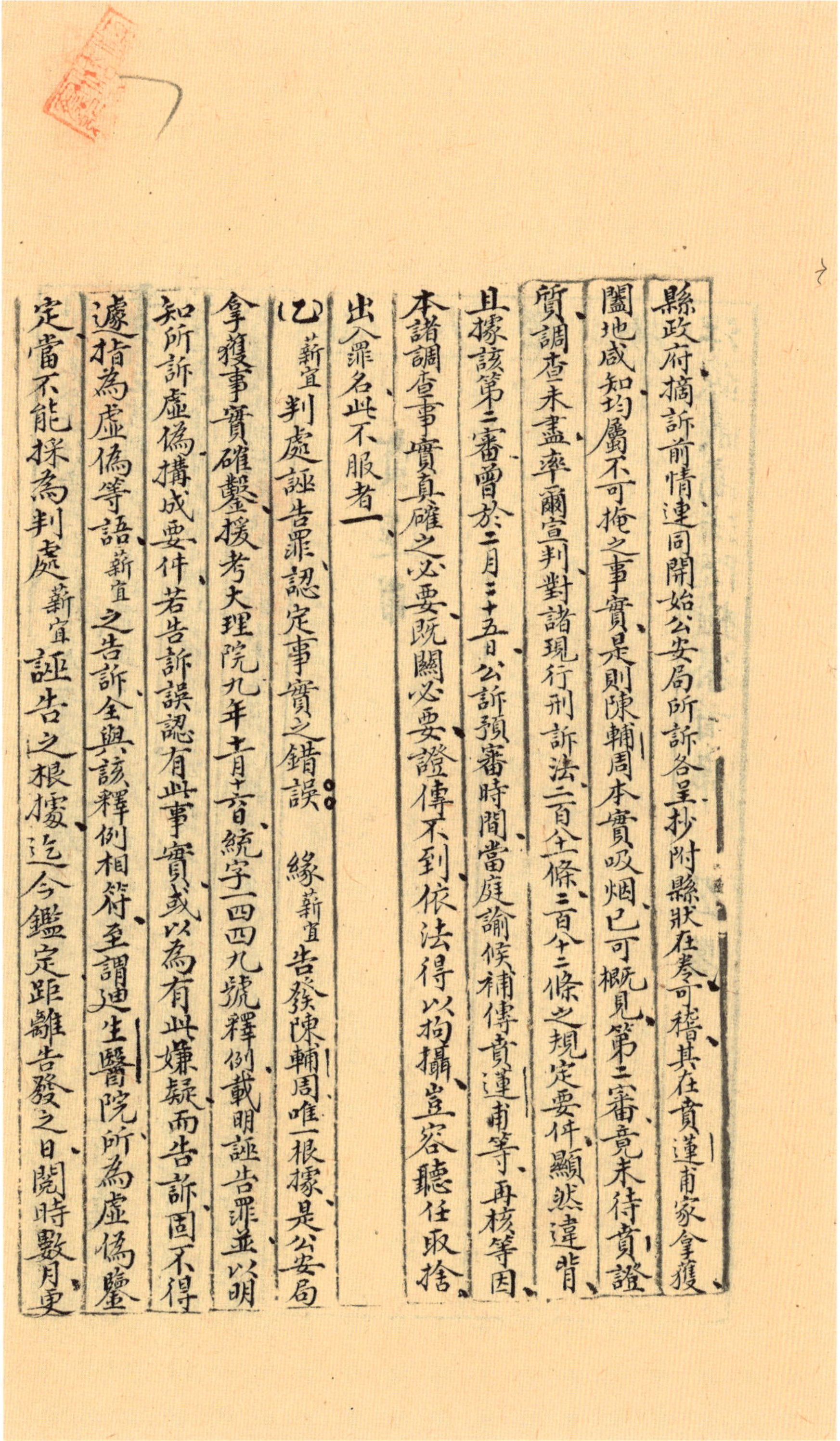
縣政府摘訴前情連同開始公安局所訴各呈抄附縣狀在卷可稽其在貢蓮甫家拿獲
鬮地咸知均屬不可掩之事實是則陳輔周本實吸烟已可概見第二審竟未待貢證
質調查未盡率爾宣判對諸現行刑訴法二百八十一條三百八十二條之規定要件顯然違背
且據該第二審曾於二月二十五日公訴預審時間當庭諭候補傳貢蓮甫等再核等因
本諸調查事實真確之必要既關必要證傳不到依法得以拘攝豈容聽任取捨
出入罪名此不服者一
(乙)薪宜判處誣告罪認定事實之錯誤：　緣薪宜告發陳輔周唯一根據是公安局
拿獲事實確鑿援考大理院九年十二月十六日統字一四四九號釋例載明誣告罪並以明
知所訴虛偽構成要件若告訴誤認有此事實或以為有此嫌疑而告訴固不得
遽指為虛偽等語薪宜之告訴全與該釋例相符至謂迪生醫院所為虛偽鑒
定當不能採為判處薪宜誣告之根據迄今鑑定距離告發之日閱時數月更

图4-1-4-4

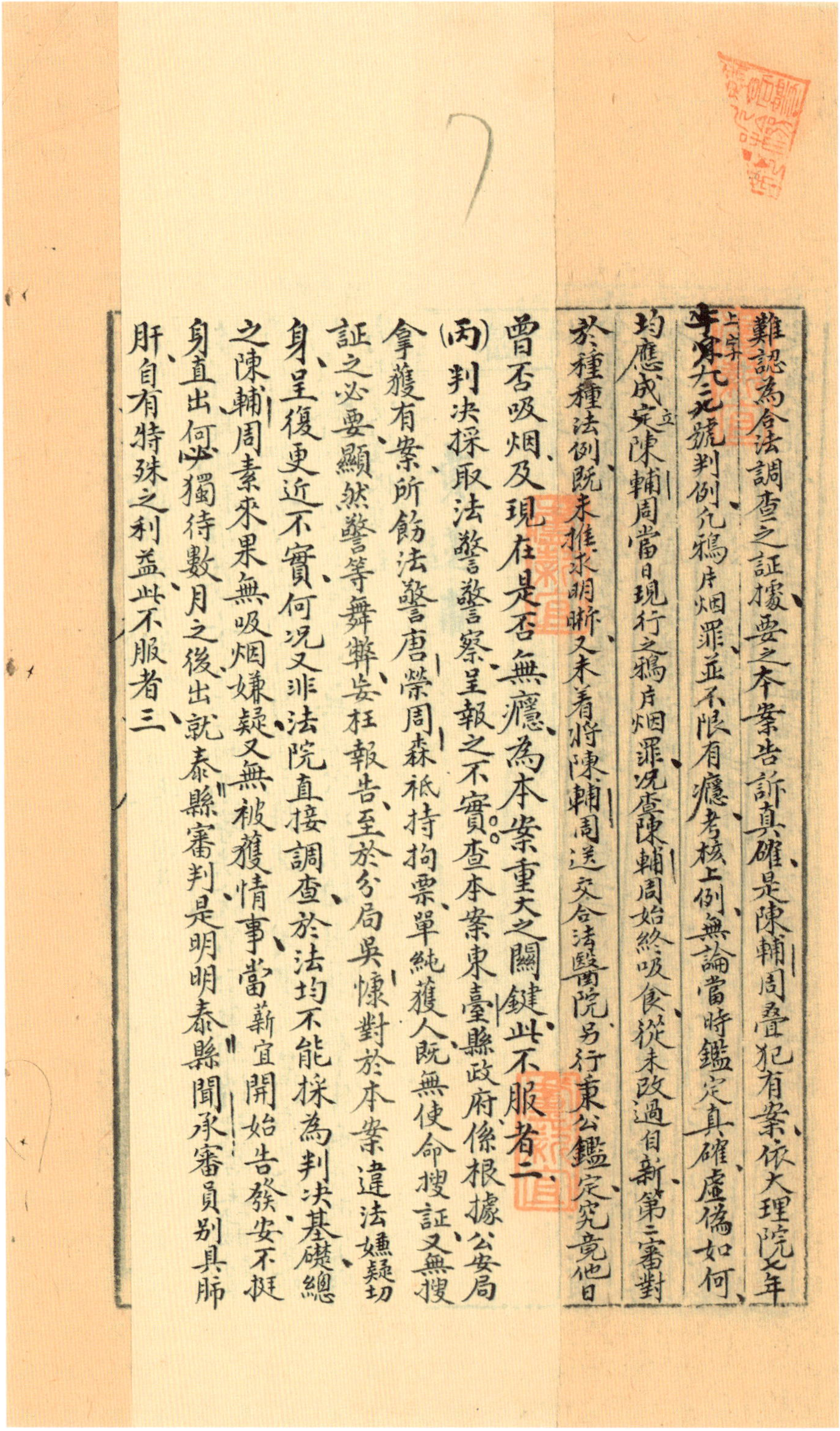

難認為合法調查之証據、要之本案告訴真確、是陳輔周疊犯有案、依大理院七年
上字第六九三號判例、凡鴉片烟罪並不限有癮、考核上例、無論當時鑑定真確虛偽如何、
均應成立、陳輔周當日現行之鴉片烟罪、况查陳輔周始終吸食、從未改過自新、第二審對
於種種法例既未推求明晰、又未着將陳輔周送交合法醫院另行秉公鑑定、究竟他日
曾否吸烟、及現在是否無癮、為本案重大之關鍵、此不服者二、
(丙)判決採取法警警察呈報之不實。查本案東臺縣政府係根據公安局
拿獲有案、所飭法警唐榮周森祇持拘票單純獲人、既無使命搜証、又無搜
証之必要、顯然警等舞弊妄枉報告、至於分局吳懍對於本案違法嫌疑切
身、呈復更近不實、何况又非法院直接調查、於法均不能採為判決基礎、總
之陳輔周素來果無吸烟嫌疑、又無被獲情事、當薪宜開始告發、安不挺
身直出、何必獨待數月之後出就泰縣審判、是明明泰縣聞承審員別具肺
肝、自有特殊之利益、此不服者三、

图4-1-4-5

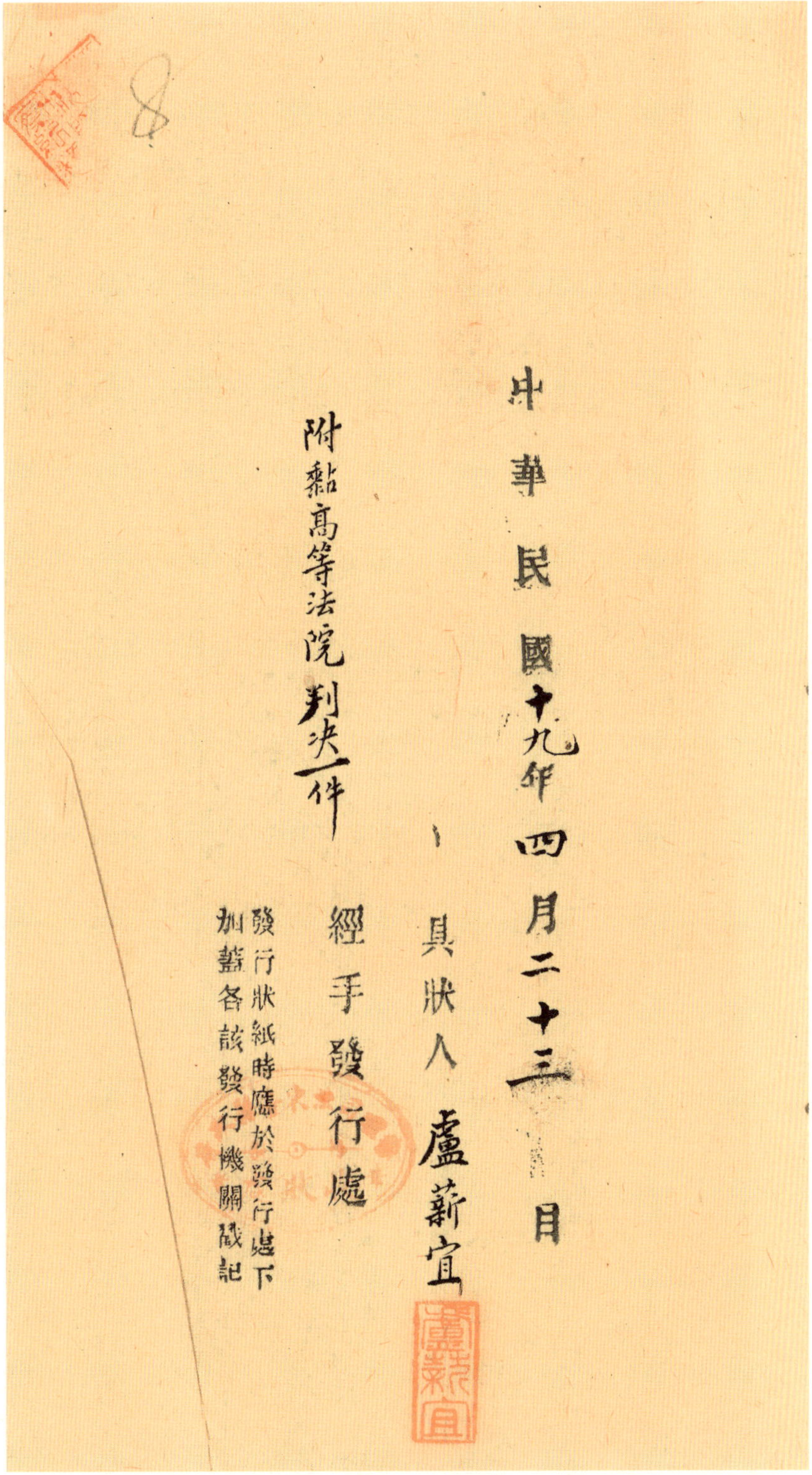
8

中華民國十九年四月二十三日

具狀人盧薪宜

經手發行處

發行狀紙時應於發行處下
加蓋各該發行機關戳記

附黏高等法院判決一件

图4-1-4-6

5. 王聚伍上诉状（缪长钧等诬告案）（1932年）（档案号：A020-1932-002-0155-0001）

本组图为上诉人王聚伍向江苏高等法院提出的上诉状。上诉人：王聚伍，男，73岁，原籍萧县，现寄住镇江京畿岭西首张玉兴饭店；被上诉人：缪长钧、吴秋荣、明保卿，家住镇江县高资乡。据上诉人称，其子王少棠在任职高资乡保卫团排长期间，与该团团总吴秋荣意见多有不合，继而成仇，吴秋荣重金贿赂镇江县县长，诬告王少棠通匪，并将明保卿家中搜到的枪支诬告为王少棠所有，吴秋荣还唆令缪长钧向江苏省民政厅诬告王少棠通匪。江苏省保安处判处王少棠无期徒刑，王聚伍不服，向江苏省政府提起行政诉愿，被以该案系刑事诉讼为由驳回，王聚伍遂向江苏高等法院提起上诉。

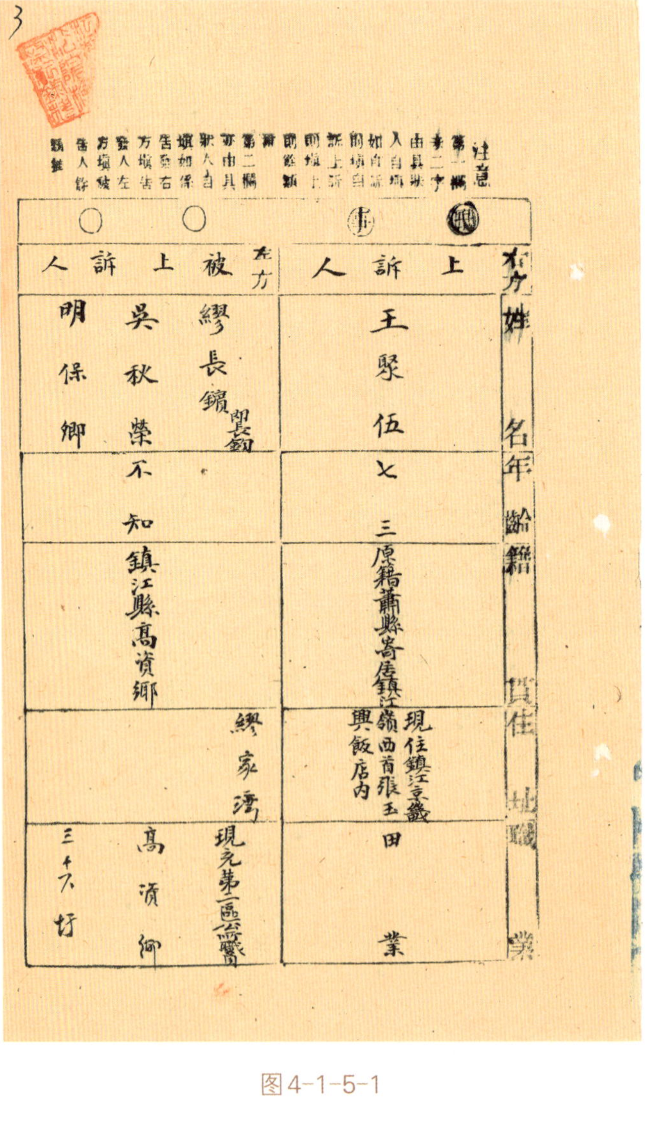

右方	上訴人	左方 被上訴人		
姓名	王聚伍	繆長鏞（即長鈞）	吳秋榮	明保卿
年齡	七十三		不知	
籍貫	原籍蕭縣寄居鎮江		鎮江縣高資鄉	
住址	現住鎮江京畿嶺西首張玉興飯店内	繆家灣		
職業	田業	現充第一區區長	高資鄉	三十六圩

图4-1-5-1

為抄呈省府批示指定刑事不服保安處違法處分提起上訴並捧原縣柏照批示訴叩請求
調卷親提懲法畏避原告首衛之總長鐄即長鈞等與民子王少棠雙方對質以分
虛實而重紀律事竊民子王少棠於民國十八年間充任高資鄉三十六圩保衛
團排長時與該管直轄之保衛團團總吳秋棠雙方意見不合遇事諸多
不遂故而成仇而吳姨嫌懷恨在心以捏名向鎮江縣密告民子為匪一面用重
金賄囑而孔縣長受其賄賂於十八年八月二十日孔縣長派隊赴鄉至民子排長
長室內口稱奉縣拿獲等語民子聞訊之下遂與蔣隊長要正式公文蔣當取
出孔縣長手諭內開頃據密告三十六圩保衛團排長王少雲通匪着蔣隊長
帶隊前往拿獲來案以憑核辦等示民子當即回稱此系諭係獲王少雲
並非王少棠何能張冠李戴乃該隊不原其情云及王少雲即王少棠不由
分說即向民子所住排長室內逐細搜查真實無槍械等物不由

图4-1-5-2

4

分說隨即捆綮一面至民家四處搜查毫無違犯物品亦無槍械子彈當將民子一
人帶縣收押隨有該鄉民眾丁棠道丁雨生等先後連呈三次公保不准吳因
無証據雖意想天開於月餘後乃由明保鄉家抄獲槍械二支栽害民媳送
至明家其意以為藉明保鄉家之槍械誣栽王少堂之家此種証據足以斷民子
死命孔縣不知私謀詭計隨提明保鄉到庭與民子對質民子當庭供稱若
少棠家如有槍械當時拿獲時有隊士十餘人在家四處搜查毫無槍械至今
已延擱月餘復云棠妻送至明家豈有此理孔縣長除不收押明保鄉反而縱放
保釋吳秋棠因誣栽陷害未成後又唆令伊親繆長鈞捏名繆長鑽等赴前
民政廳繆任內呈訴民子匪首王少棠既獲請明正典刑由當奉民廳批示呈悉着
不等提出確寔証據如有被害者着即來廳呈訴以凴飭縣法辦等批一面將繆
長鑽之原呈令縣傳案質訊當奉縣府通傳質訊初次到庭者僅連署人陳立

图4-1-5-3

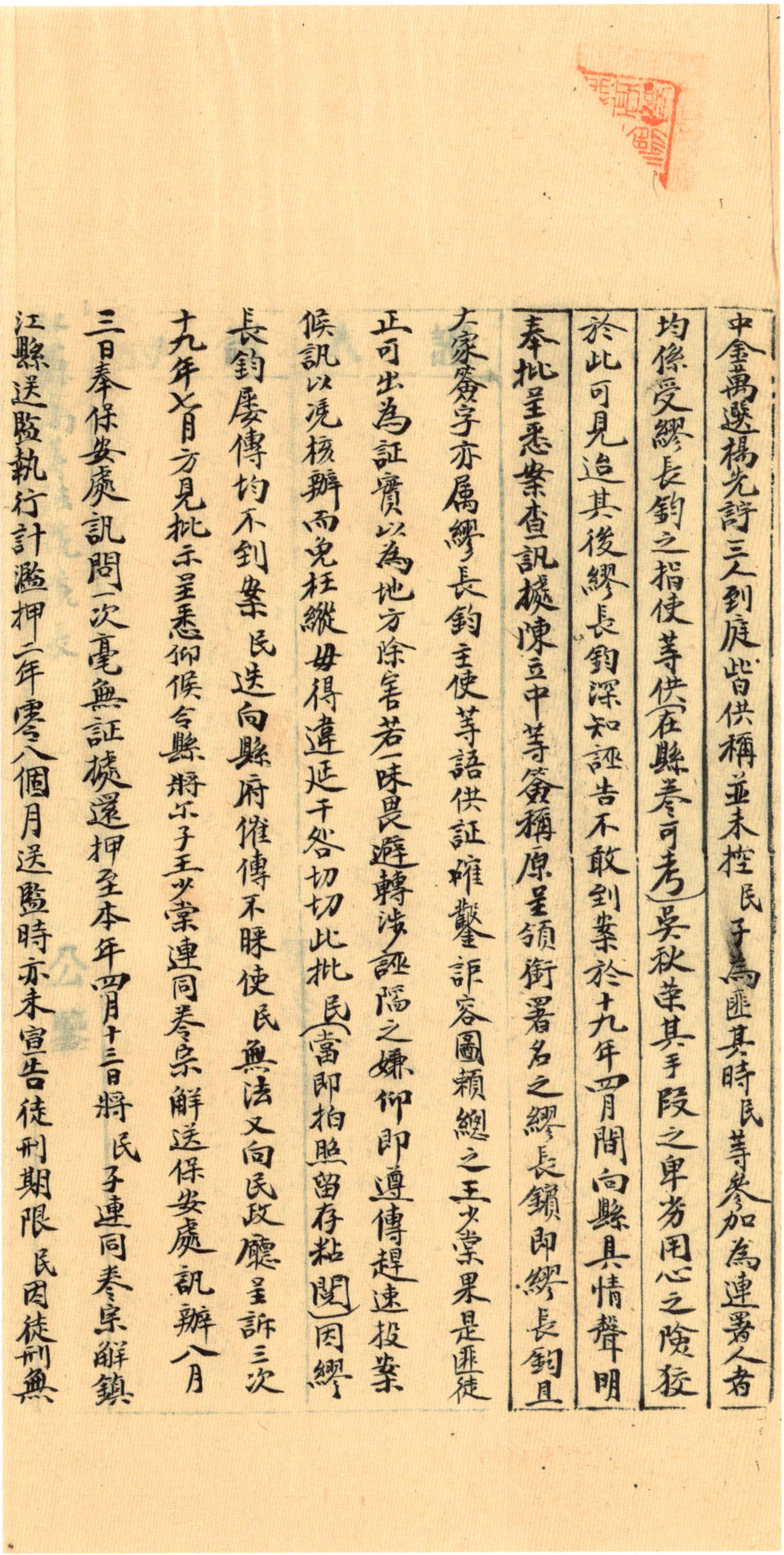

中金萬遴楊光詩三人到庭皆供稱並未控民子為匪其時民等參加為連署人者
均係受繆長鈞之指使等供（在縣卷可考）吳秋棠其手段之卑劣用心之險狡
於此可見迨其後繆長鈞深知誣告不敢到案於十九年四月間向縣具情聲明
奉批呈悉案查訊據陳立中等僉稱原呈領銜署名之繆長鎮即繆長鈞且
大家簽字亦屬繆長鈞主使等語供証確鑿詎容圖賴總之王少棠果是匪徒
正可出為証實以為地方除害若一味畏避轉涉誣陷之嫌仰即遵傳趕速投案
候訊以憑核辦而免枉縱毋得違延干咎切切此批民（當即拍照留存粘閱）因繆
長鈞屢傳均不到案民迭向縣府催傳不睬使民無法又向民政廳呈訴三次
十九年七月方見批示呈悉仰候令縣將民子王少棠連同卷宗解送保安處訊辦八月
三日奉保安處訊問一次毫無証據還押至本年四月十三日將民子連同卷宗解鎮
江縣送監執行計濫押二年零八個月送監時亦未宣告徒刑期限民因徒刑無

图4-1-5-4

5

期當向該處請示徒刑期限並請發給理由事實判書奉批尔子王少棠判處無期
徒刑依照院字六四五號毋庸製造判詞等批當經列條向省政府提起訴願七月一日奉
江蘇省政府顧一三三號批呈悉查尔子王少棠判處無期徒刑係受刑事裁判並非行
政處分依訴願法規定不能提起訴願仰即知照此批但此案行政機關皆被吳
繆等用金錢賄囑任意違法留呈捏寃滿扎三年零八個月之久頃今方奉省批
查尔子王少棠判處無期徒刑係受刑事裁判等語民見閱之下不禁躍然迴想
刑事裁判係法院範圍查本年四月十九日江聲報載司法行政部昨通令各級法院
略謂凡科處刑罰重事實證據不得憑諸推測或誘為心正而判決在案今保安處
判處民子無期徒刑毫無事實證據純係推測判處寔屬違背部令民
欲向
鈞院提起上訴由來久矣無如延治剿匪法係屬行政範圍民未奉
省批以前倘向
鈞院上訴庶幾不明職權只得隱忍吞聲是僅向省府訴願哀求今
省府既批明民子判處無期徒刑係屬刑事裁決民方知此案歸入正途如
撥雲霧而見青天現矣且不獨民子之寃可伸而寔秋棠明保卿繆長釗等誣
告之罪已難逃法網惟民子被安處純屬推測判處無期徒刑有不服五點列於後

图4-1-5-5

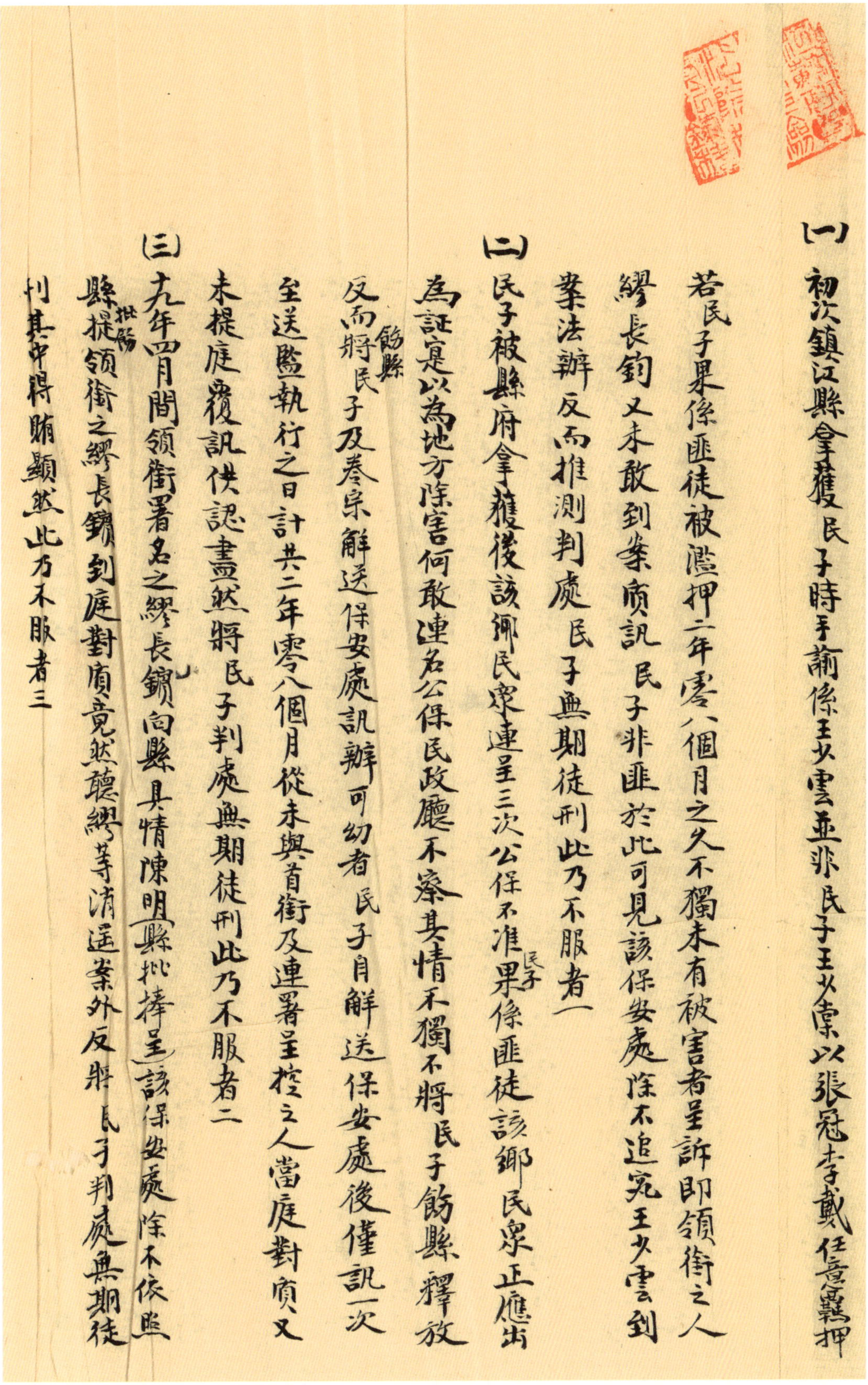

(一)

初次鎮江縣拿獲民子時手諭係王少雲並非民子王以凜以張冠李戴任意羈押若民子果係匪徒被濫押二年零八個月之久不獨未有被害者呈訴即領銜之人繆長鈞又未敢到案質訊民子非匪於此可見該保安處除不追究王少雲到案法辦反而推測判處民子無期徒刑此乃不服者一

(二)

民子被縣府拿獲後該鄉民眾連呈三次公保不准民子果係匪徒該鄉民眾正應出為証寔以為地方除害何敢連名公保民政廳不察其情不獨不將民子飭縣釋放反而飭縣將民子及卷宗解送保安處訊辦可幼者民子自解送保安處後僅訊一次至送監執行之日計共二年零八個月從未與首銜及連署呈控之人當庭對質又未提庭覆訊供認盡然將民子判處無期徒刑此乃不服者二

(三)

九年四月間領銜署名之繆長鐄向縣具情陳明(縣批據呈)該保安處除不依照縣批飭提領銜之繆長鐄到庭對質竟然聽繆等消遥案外反將民子判處無期徒刑其中得賄顯然此乃不服者三

图4-1-5-6

6

（四）吳秋榮以明保卿家之槍械戕害民子奉縣府飭傳明保卿與民子對質明保卿當已無言圖賴並供認此槍寔係民家並非王少棠家之槍等供（在縣卷）該保安處不獨不核閱縣卷飭提明保卿到案治戕害之罪反將民子判處無期徒刑此乃不服者四

（五）查諸行律定理凡處刑法非証據確鑿事寔所在及領銜呈控之人到庭對質供認不諱後方可科處今民子既無証據又無事寔且又領銜之人又未到庭質訊又未將民子覆訊供認僅然推測判處民子無期徒刑此乃不服者五

綜上各節若不請求調卷親提誣戕陷害之密告人吳秋榮始終未曾到案領銜之繆長鑽即長鈞藉槍戕害之明保卿及全案人証與民子三面對質不獨民子之冤可伸而且吳繆明等誣告之罪難逃法網為此提起上訴並將原縣拍照之批粘呈追叩

鈞院俯電賞准令飭鎮江縣將全案及在監之民子王少棠亦齊解蘇並乞

图4-1-5-7

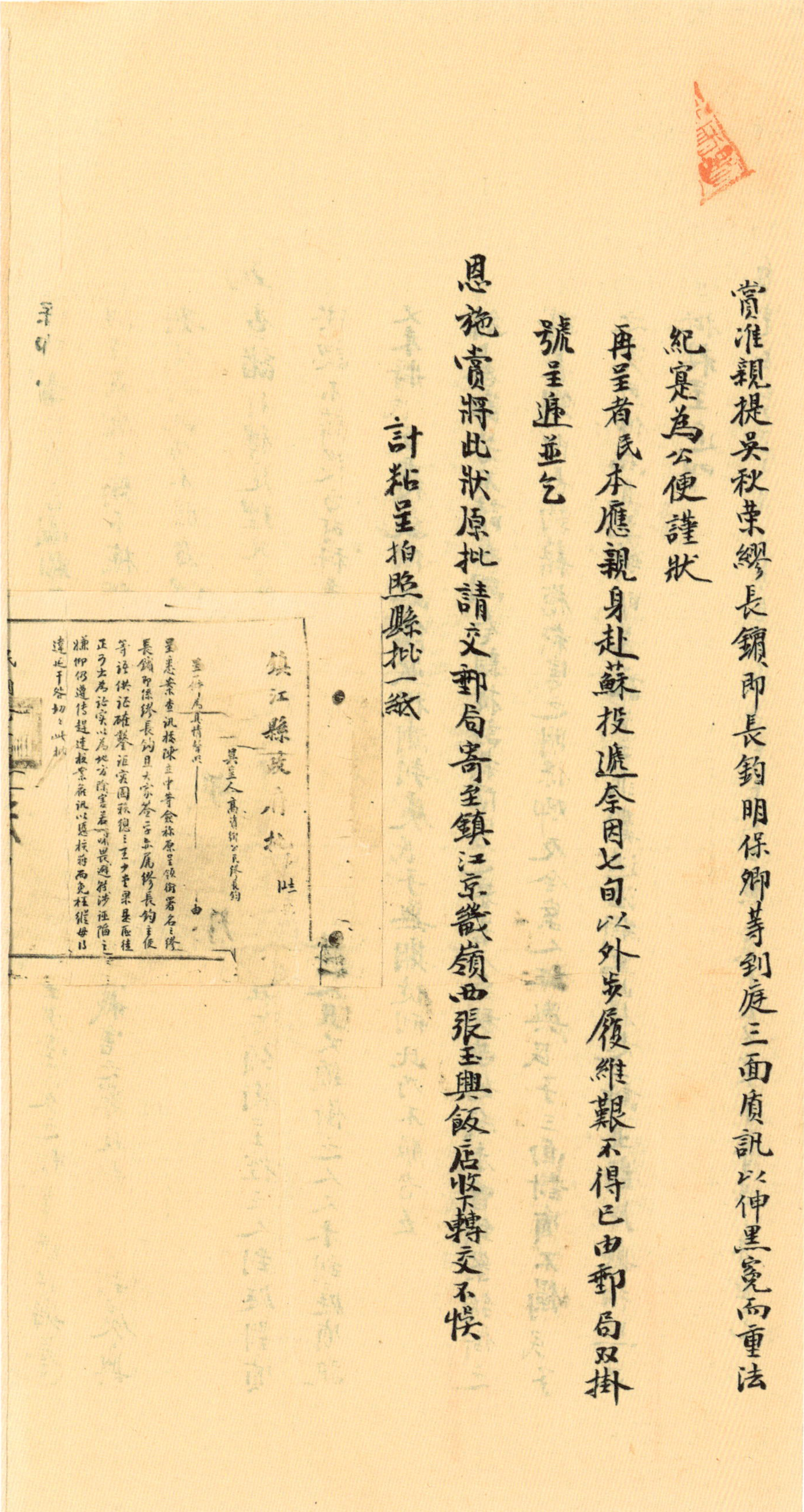

賞准親提吳秋棠繆長鎮即長鈞明保卿等到庭三面質訊以伸黑冤而重法
紀寔為公便謹狀
再呈者民本應親身赴蘇投遞奈因七旬以外步履維艱不得已由郵局双掛
號呈遞並乞
恩施賞將此狀原批請交郵局寄至鎮江京畿嶺西張王興飯店收下轉交不悞
計粘呈拍照縣批一紙

图4-1-5-8

6. 倪松山再议声请（孙九儿等和诱案）（1932年）（档案号：A020-1932-002-0360-0001）

本组图为倪松山向镇江地方法院检察处提交的再议声请。再议声请人：倪松山，男，45岁，家住镇江县辛丰乡倪家村；被告人：孙九儿、倪才喜、吕万保，皆住镇江县辛丰乡。据声请状的记载，倪松山“妻朱氏被姨夫孙九儿胞弟倪才喜卖于南吕村之吕万保为妻”，镇江地方法院检察官对此不予起诉，倪松山遂向镇江地方法院提起再议。

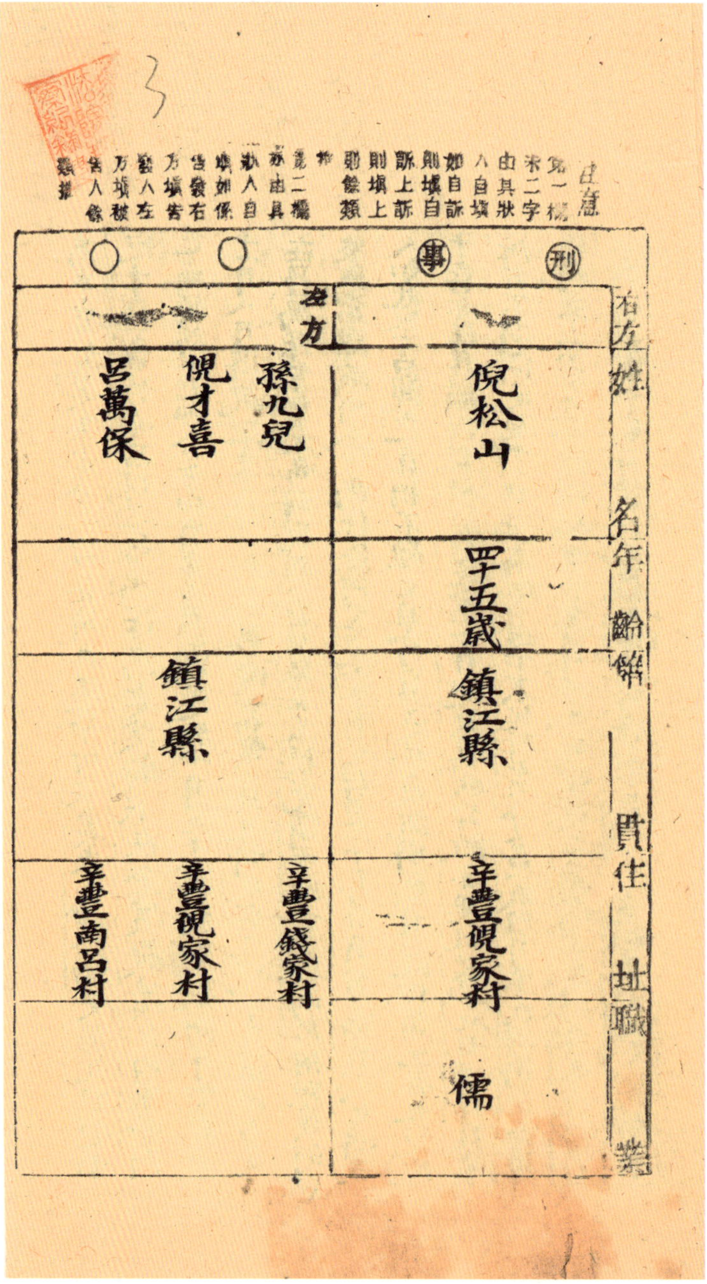

注意 第一欄二字由具狀人自填，如自訴則填自訴，上訴則填上訴，餘類推。第二欄由具狀人自填，如係告發填右告方，填左告人，被告方填被告人，餘類推。

（刑）（事）〇〇

	右方	左方
姓名	倪松山	孫九兒、倪才喜、呂萬保
年齡	四十五歲	
籍貫	鎮江縣	鎮江縣
住址	辛豐倪家村	辛豐錢家村、辛豐倪家村、辛豐南呂村
職業	儒	

图4-1-6-1

图4-1-6-2

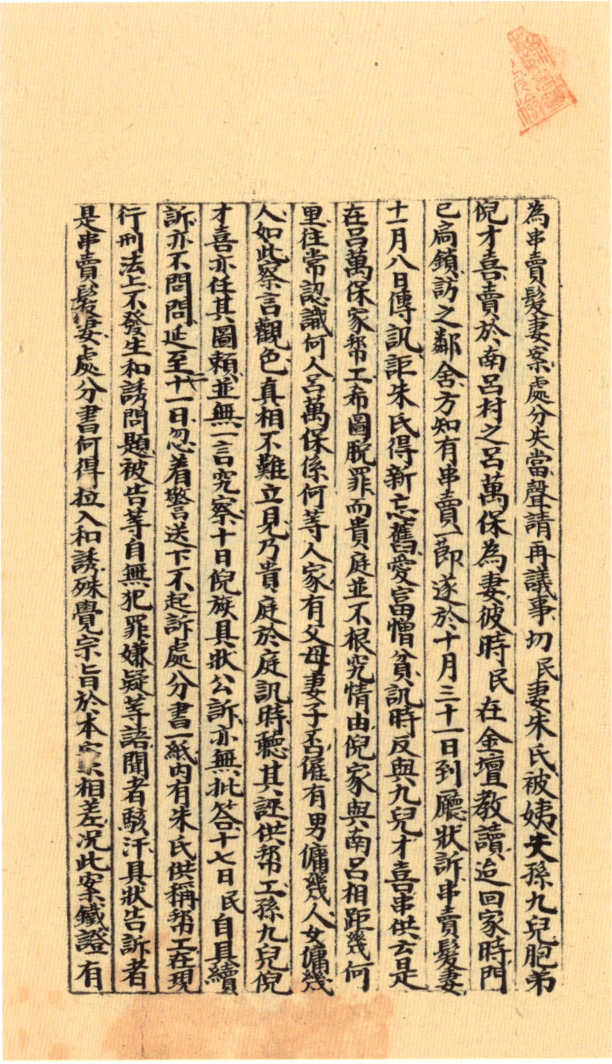
為串賣髮妻案處分未當聲請再議事。切民妻朱氏被姨夫孫九兒胞弟
倪才喜賣於南呂村之呂萬保為妻。彼時民在金壇教讀，迨回家時門
已扃鎖，訪之鄰舍，方知有串賣一節，遂於十月三十一日到廳狀訴串賣髮妻，
十一月八日傳訊，詎朱氏得新忘舊，愛富憎貧，訊時反與九兒、才喜串供，云是
在呂萬保家幫工，希圖脫罪，而貴庭並不根究情由。倪家與南呂相距幾何
里？往常認識何人？呂萬保係何等人家，有父母妻子否？僱有男傭幾人，女傭幾
人？如此察言觀色，真相不難立見，乃貴庭於庭訊時聽其誑供幫工，孫九兒、倪
才喜亦任其圖賴，並無一言究察。十日倪族具狀公訴，亦無批答。十七日民自具續
訴，亦不問問，延至廿一日忽着警送下不起訴處分書一紙，內有朱氏供稱幫工在現
行刑法上不發生和誘問題，被告等自無犯罪嫌疑等語，聞者駭汗。具狀告訴者
是串賣髮妻，處分書何得拉入和誘？殊覺宗旨於本案相差。況此案鐵證有

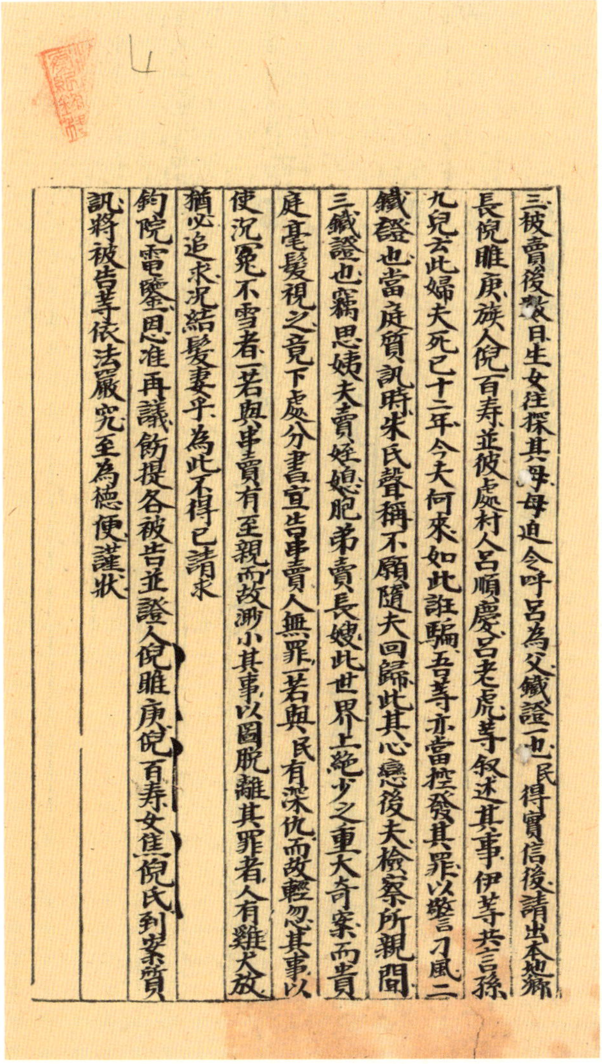
三：被賣後數日生女，往探其母，母迫令呼呂為父，鐵證一也。民得實信後，請出本地鄉
長倪睢庚、族人倪百壽，並彼處村人呂順慶、呂老虎等敘述其事，伊等共言孫
九兒云此婦夫死已十二年，今夫何來？如此誑騙，吾等亦當控發其罪，以警刁風，二
鐵證也。當庭質訊時，朱氏聲稱不願隨夫回歸，此其心戀後夫，檢察所親聞，
三鐵證也。竊思姨夫賣姪媳，胞弟賣長嫂，此世界上絕少之重大奇案，而貴
庭毫髮視之，竟下處分書，宣告串賣人無罪，若與民有深仇，而故輕忽其事，以
使沉冤不雪者；若與串賣有至親，而故渺小其事，以圖脫離其罪者。人有雞犬放，
猶必追求，況結髮妻乎？為此不得已請求
鈞院電鑒，恩准再議，飭提各被告並證人倪睢庚、倪百壽、女侄倪氏到案質
訊，將被告等依法嚴究，至為德便。謹狀

图4-1-6-3

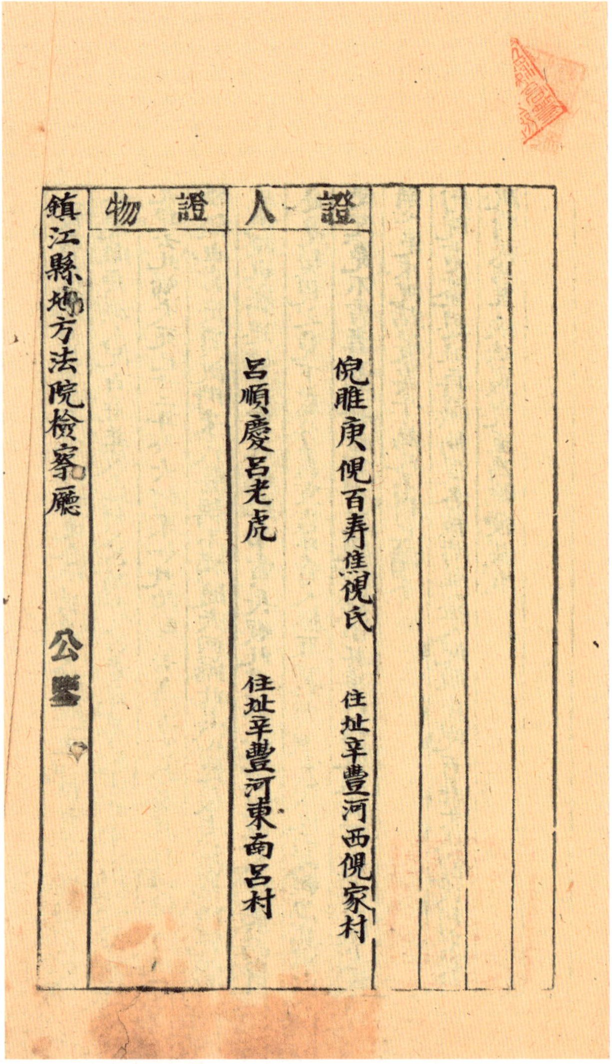

證人
倪雎庚 倪百寿 倪倪氏
住址辛豐河西倪家村
呂順慶 呂老虎
住址辛豐河東南呂村
證物
鎮江縣地方法院檢察廳 公鑒

图4-1-6-4

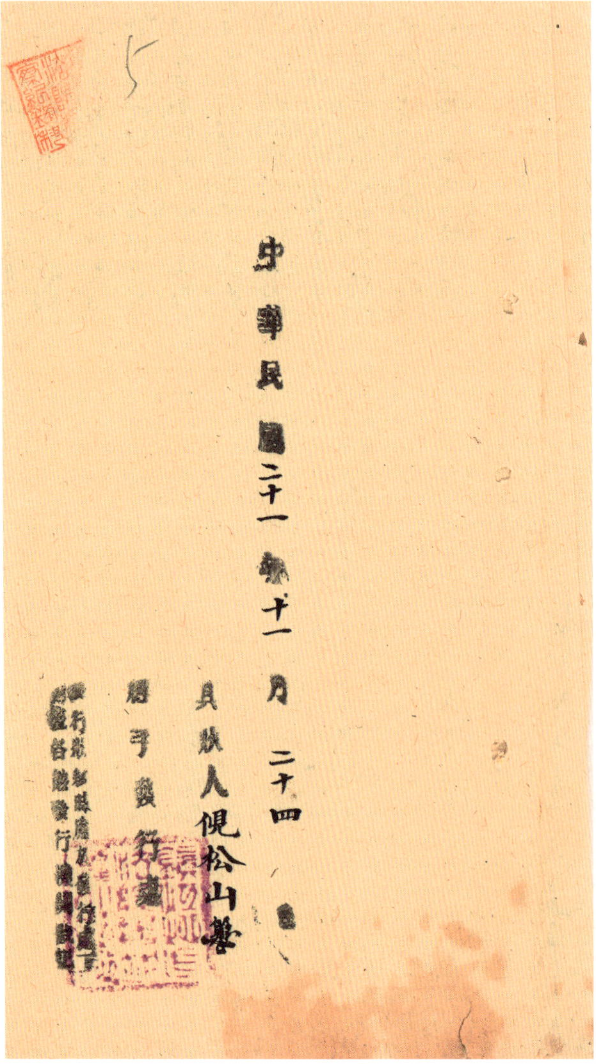

中華民國二十一年十一月二十四日
具狀人倪松山擘

图4-1-6-5

7. 殷芷沅自诉状（曲宗礼侵占案）（1947年）（档案号：A020-1947-002-0216-0001）

本组图为自诉人殷芷沅向镇江地方法院提交的自诉状。自诉人：殷芷沅，54岁，江苏吴县人，住镇江中山路151号；被告人：曲宗礼，58岁，山东人，住镇江中山路151号。自诉人称："原告凭中保租赁被告所有中山路一五一号楼房两间居住，因加租不遂发生诉讼，第一审以原告有病依法声请延期未蒙批准，遂受缺席裁判而败诉。现已依法上诉，业已接奉传票，讵料该被告竟设法蒙蔽江苏省新闻处，谓原告占住其房屋已败诉，当执行迁让，将原告所住楼房连同其余房屋一并重行出租与新闻处……并突于十月二十七日下午四五时左右，由该被告率领新闻处警卫一班计十四人，将原告所居两间楼房之外一间门上铁锁敲去，使新闻处警卫入内占住……"自诉人向镇江地方法院提起刑事自诉。

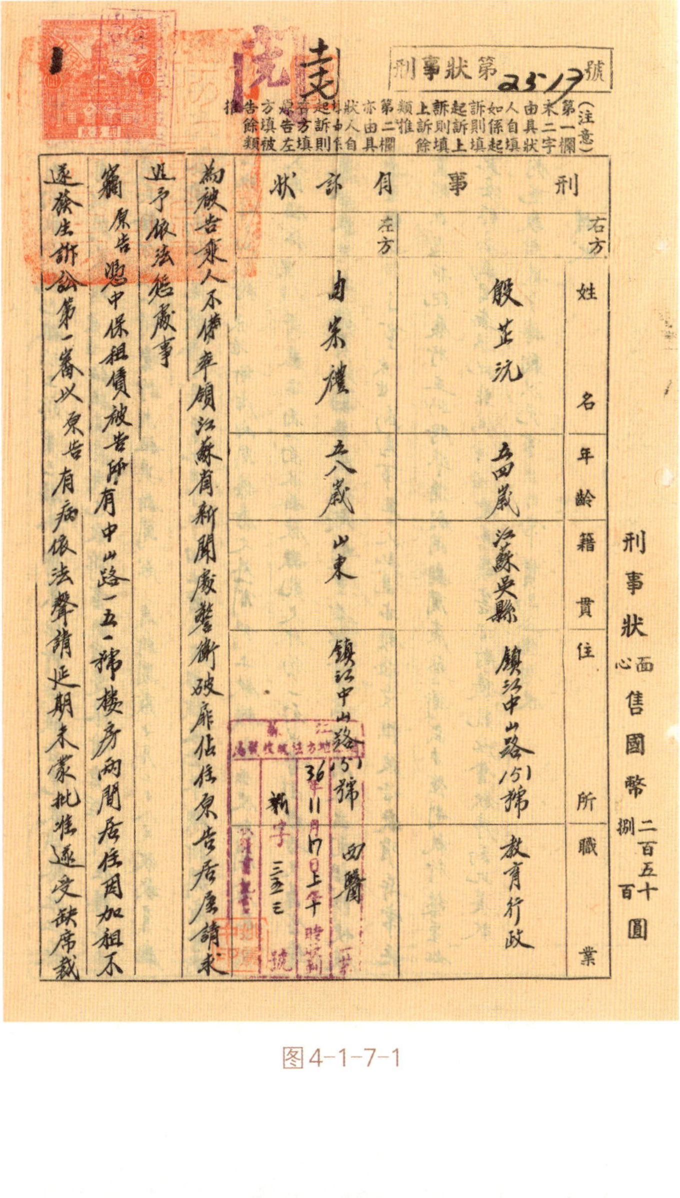
刑事狀第2517號

刑事自訴狀

	姓名	年齡	籍貫	住所	職業
右方	殷芷沅	五四歲	江蘇吳縣	鎮江中山路151號	教育行政
左方	曲宗禮	五八歲	山東	鎮江中山路151號	西醫

為被告乘人不備率領江蘇省新聞處警衛破扉佔住原告房屋請求迅予依法懲處事

竊原告憑中保租賃被告所有中山路一五一號樓房兩間居住因加租不遂發生訴訟第一審以原告有病依法聲請延期未蒙批准遂受缺席裁

刑事狀　面售國幣二百五十圓　心捌百

图4-1-7-1

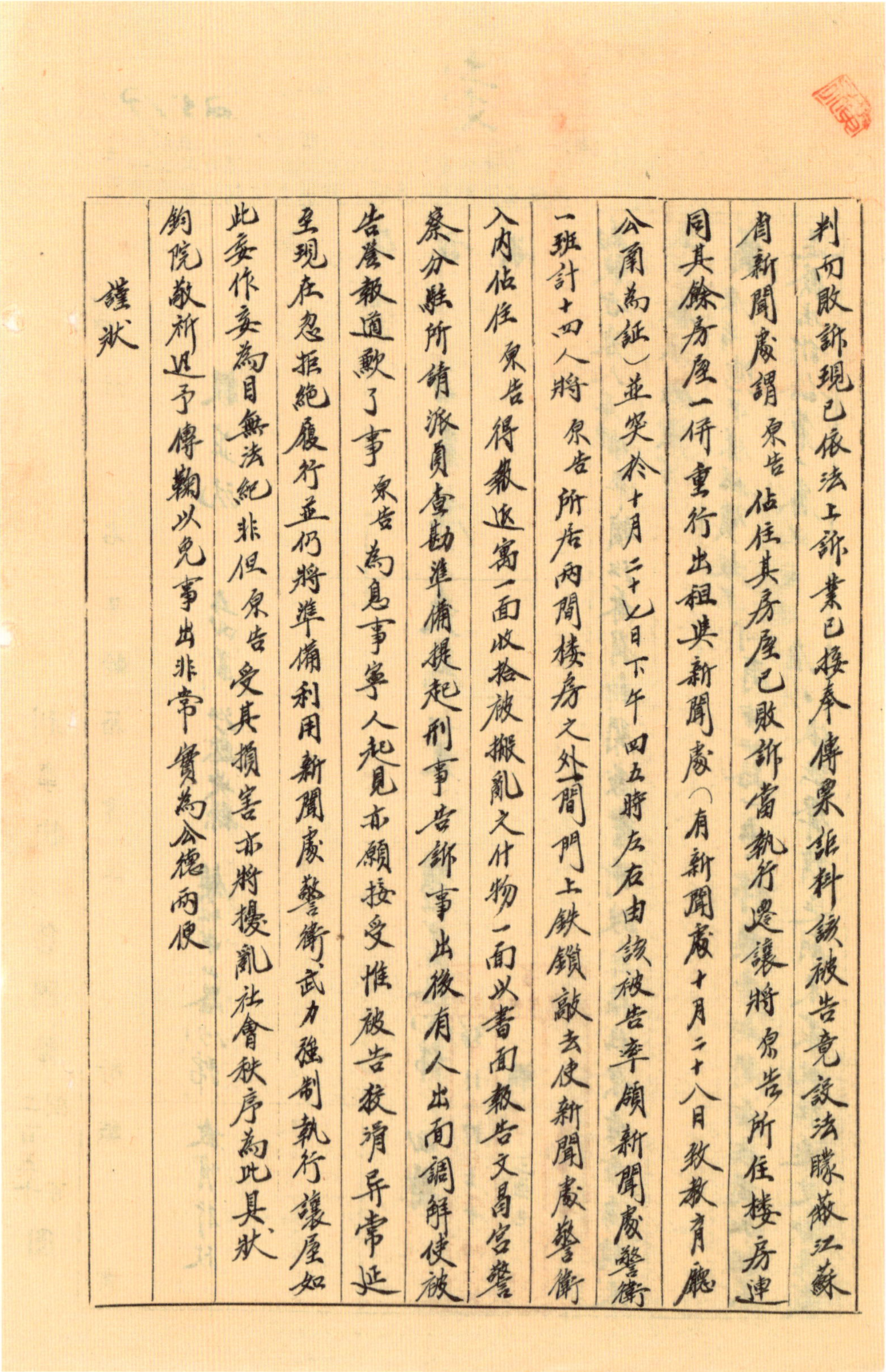

判而敗訴現已依法上訴業已接奉傳票詎料該被告竟設法朦蔽江蘇省新聞處謂原告佔住其房屋已敗訴當執行遷讓將原告所住樓房連同其餘房屋一併重行出租與新聞處（有新聞處十月二十八日致教育廳公函為証）並突於十月二十七日下午四五時左右由該被告率領新聞處警衛一班計十四人將原告所居兩間樓房之外間門上鐵鎖敲去使新聞處警入內佔住原告得報返寓一面收拾被擲亂之什物一面以書面報告文昌宮警察分駐所請派員查勘準備提起刑事告訴事出後有人出面調解使被告登報道歉了事原告為息事寧人起見亦願接受惟被告狡猾异常延至現在忽拒絕履行並仍將準備利用新聞處警衛、武力強制執行讓屋如此妄作妄為目無法紀非但原告受其損害亦將擾亂社會秩序為此具狀

鈞院鑒核祈迅予傳鞫以免事出非常實為公德兩便

謹狀

图4-1-7-2

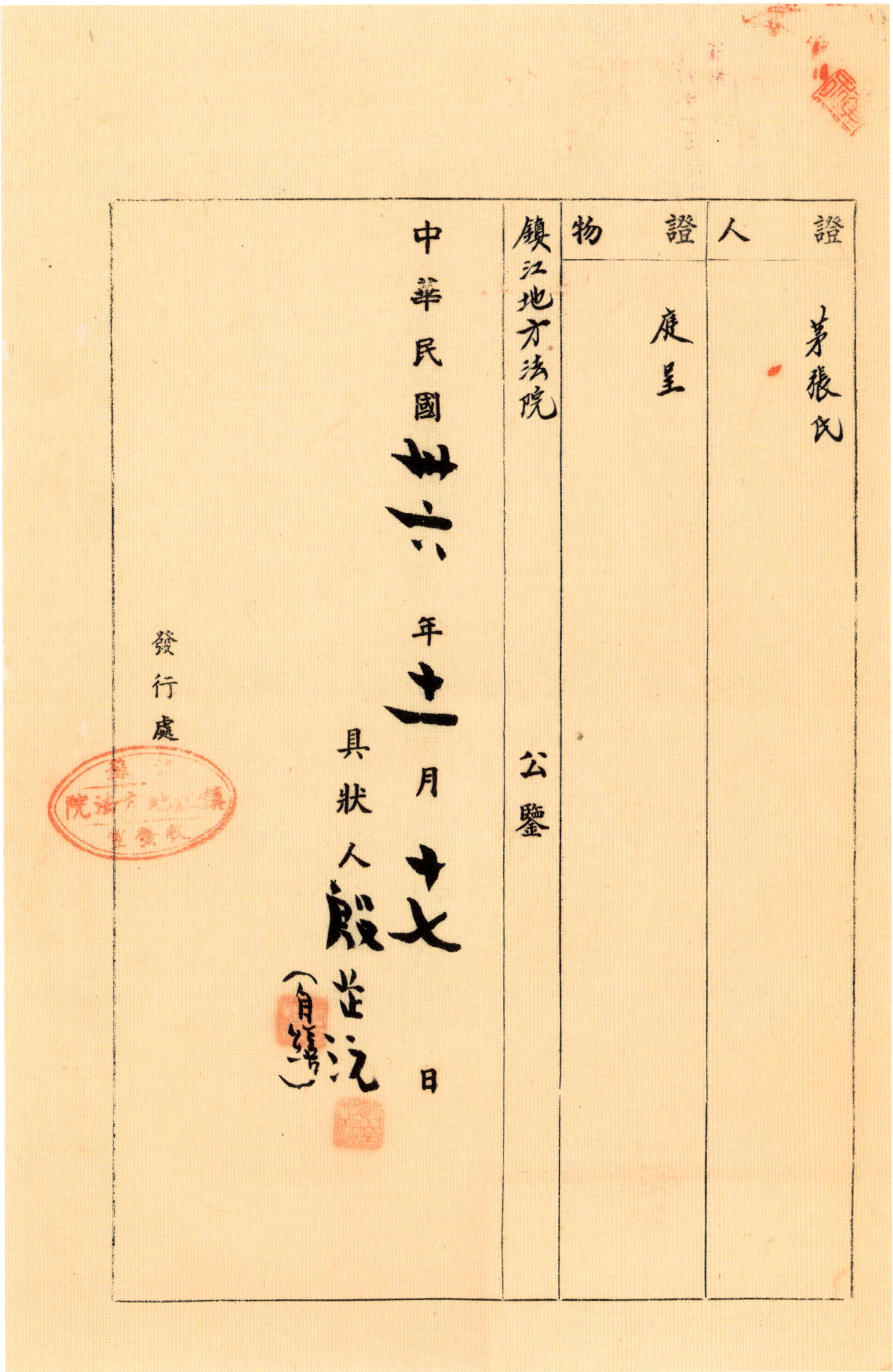

證人	茅張氏
證物	庭呈

鎮江地方法院　公鑒

中華民國卅六年十二月十七日

具狀人　殷藍沅（自繕）

發行處

图4-1-7-3

二、民事类文书

1. 王老三上诉状（追缴款项）（1911年）（档案号：A020-1911-002-0381-0001）

本组图为上诉人王老三向江苏高等审判厅提交的上诉状及江苏高等审判厅的批文。上诉人：王老三，22岁，女，太平厅（今江苏扬中市）人，住承天寺前东岛徐机房内；被上诉人：孙嘉宾。上诉人称："女零丁孤苦，欲图自立，乃投女师学习缝纫，随师散做，相安无事。突有好事劣董孙嘉宾，听信伊子恶少孙荣麟之言，造意耸令女父出头，前赴厅署捏控郭本青奸拐等情。女父被其胁迫，虽女一再剖白，仍畏该董威权，置诸不顾。女不得已赴厅辩诉，蒙厅宪以所控无据，传女叔翁收领完案。讵该劣董以女为敲诈之具，不遂不休，复赴镇江府诬控。因思事果属实，业经夫家领回，亦应全女颜面，何得哓哓不休。迨至府准移提，郭本青畏累，不得不买静求安，出洋四百元寝事……"王老三上诉到江苏高等审判厅，请求"宪台大人俯怜下情，恩准备案，俾女得谋自给，不致再被嫁卖，更饬提劣董孙嘉宾到案讯明，追缴所敲郭姓洋四百元，以充地方经费，并追毁女父被勒笔据，以援蚁命而儆贪鄙"。值得注意的是，该上诉状中有"欲图自立""立宪时代，文明大开""能尽国民义务者，女界不乏其人""跳出牢笼"等表述，体现出清末的时代特征及女性权利的觉醒。

江苏高等审判厅在其批文中指出："本厅为江苏全省最高审判衙门，越控之诉不便违章受理。"

1910年11月，江苏高等审判厅在苏州桃花坞成立，其下设书记室、刑事一庭、刑事二庭、民事一庭、民事二庭。根据清政府《法院编制法》的规定，江苏高等审判厅管辖如下案件：一、不服地方审判厅第一审判决而控诉之案件；二、不服地方审判厅第二审判决而上告之案件；三、不服地方审判厅之决定或其命令，按照法令而抗告之案件；四、不属大理院之宗室觉罗第一审案件。

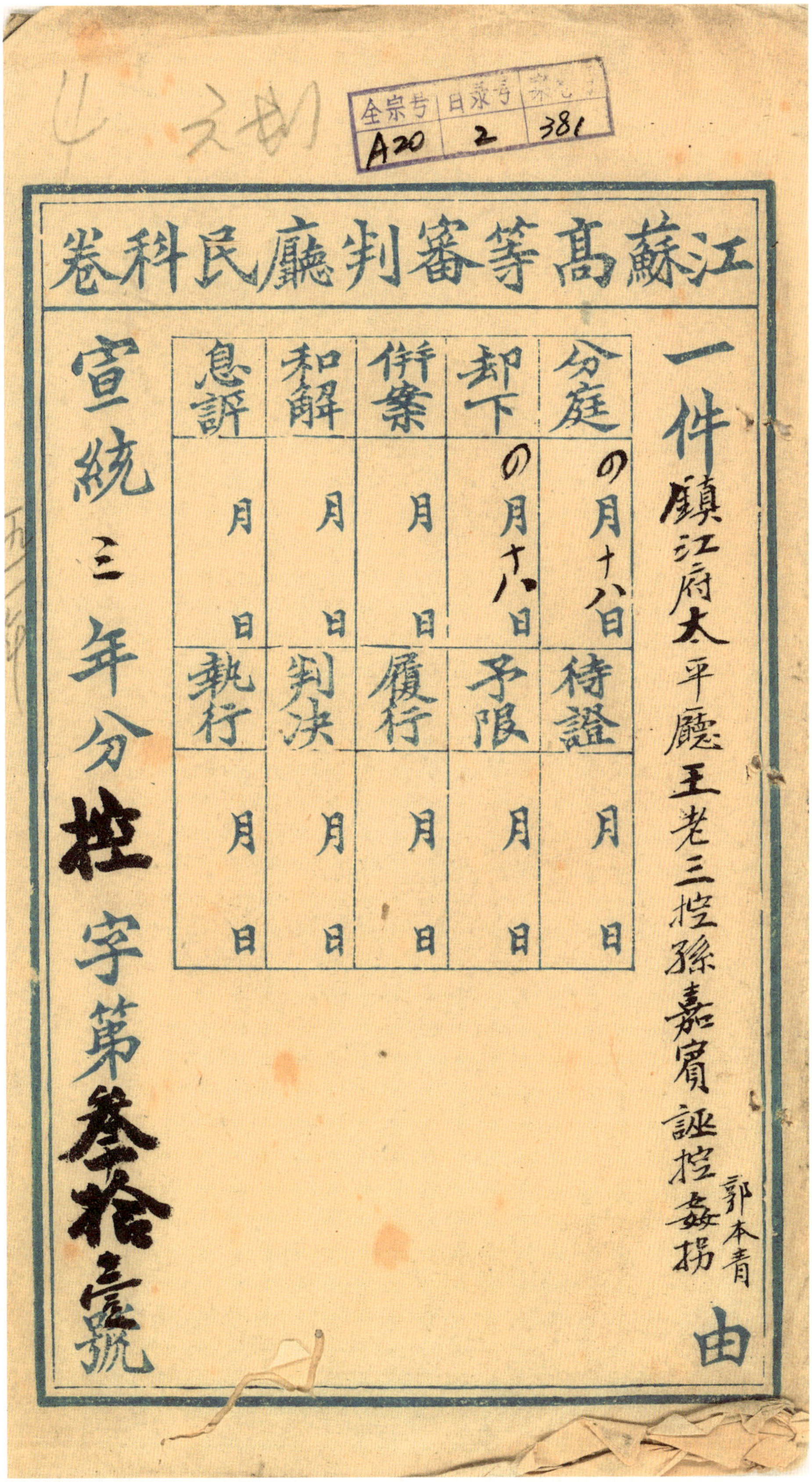
全宗号 A20　目录号 2　案卷号 381

江蘇高等審判廳民科卷

一件鎮江府太平廳王老三控孫嘉賓誣控姦拐郭本青由

分庭	却下	併案	和解	息訴
○月十八日	○月十八日	月日	月日	月日
待證	予限	履行	判決	執行
月日	月日	月日	月日	月日

宣統三年分控字第叁拾壹號

图4-2-1-1

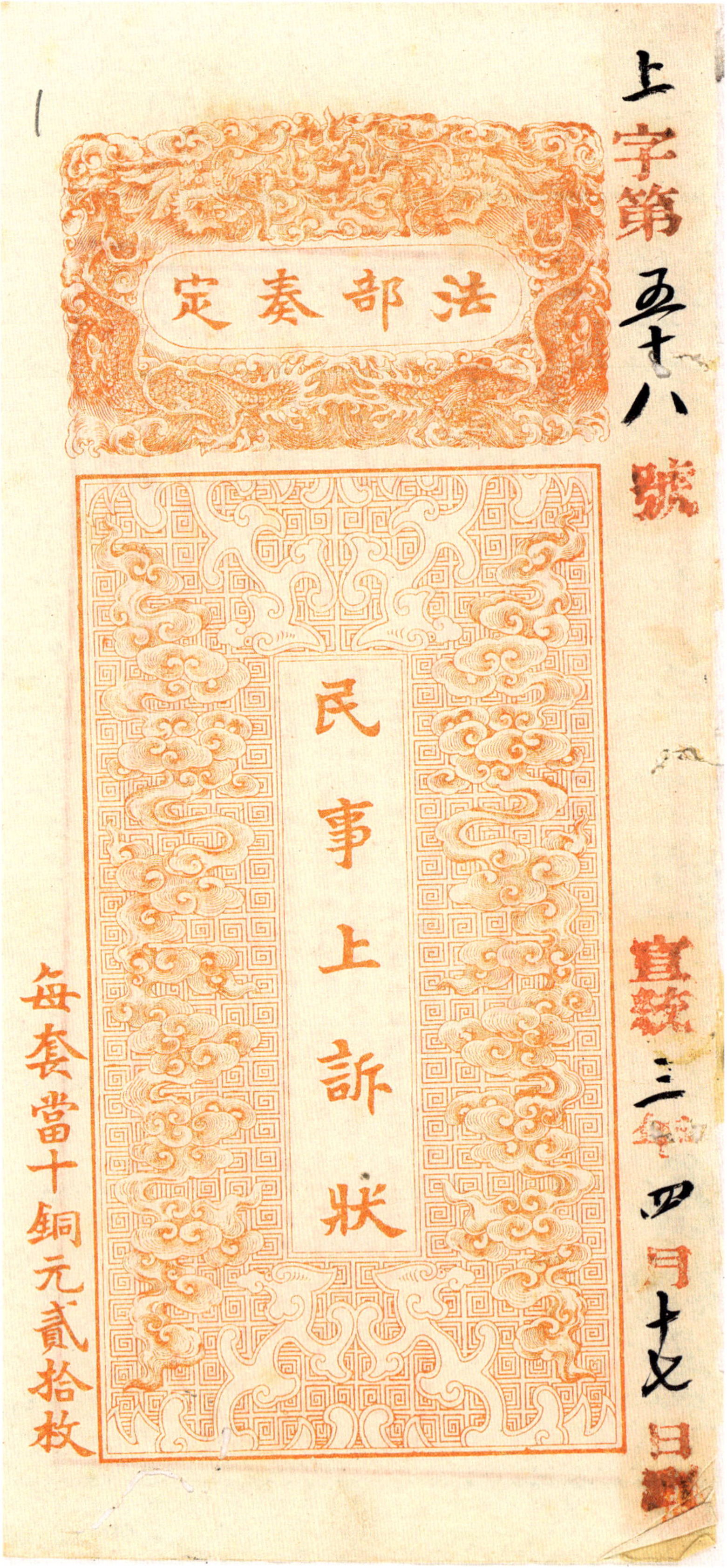
上字第五十八號

法部奏定

民事上訴狀

宣統三年四月十七日

每套當十銅元貳拾枚

图4-2-1-2

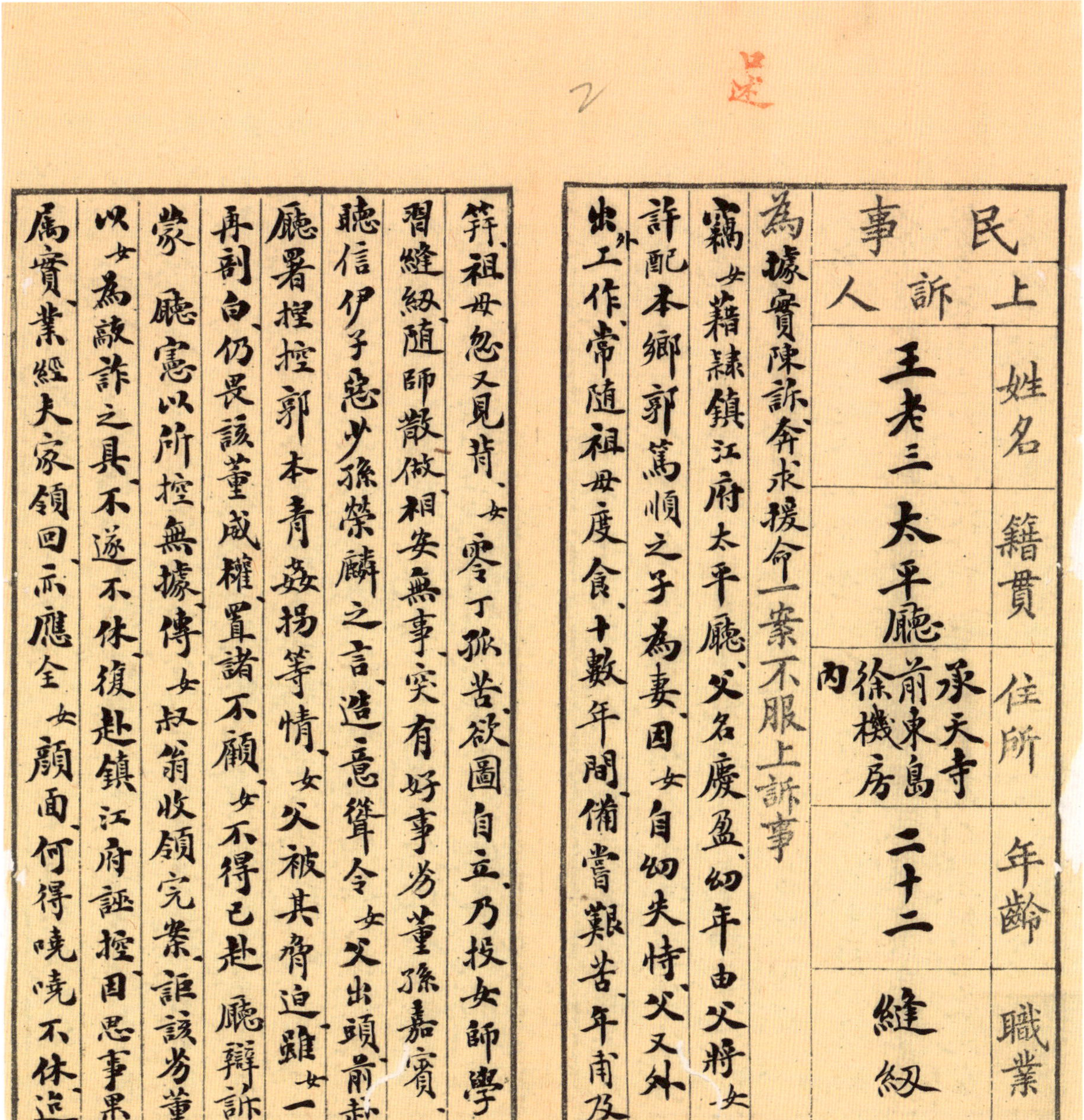

民事

上訴人

姓名	籍貫	住所	年齡	職業
王老三	太平廳	承天寺前東島內徐機房	二十二	縫紉

為據實陳訴奔求援命一案不服上訴事
竊女籍隸鎮江府太平廳，父名慶盈，幼年由父將女
許配本鄉郭篤順之子為妻。因女自幼失恃，父又外
外出工作，常隨祖母度食。十數年間，備嘗艱苦，年甫及
笄，祖母忽又見背，女零丁孤苦，欲圖自立，乃投女師學
習縫紉，隨師散做，相安無事。突有好事劣董孫嘉賓
聽信伊子惡少孫榮麟之言，造意聳令女父出頭，前赴
廳署揑控郭本青姦揚等情。女父被其脅迫，雖女一
再剖白，仍畏該董威權，置諸不顧。女不得已赴廳辯訴，
蒙廳憲以所控無據，傳女叔翁收領完案。詎該劣董
以女為敲詐之具，不遂不休，復赴鎮江府誣控，因思事果
屬實，業經大家領回，而廳全女顏面，何得嘵嘵不休，迨

图4-2-1-3

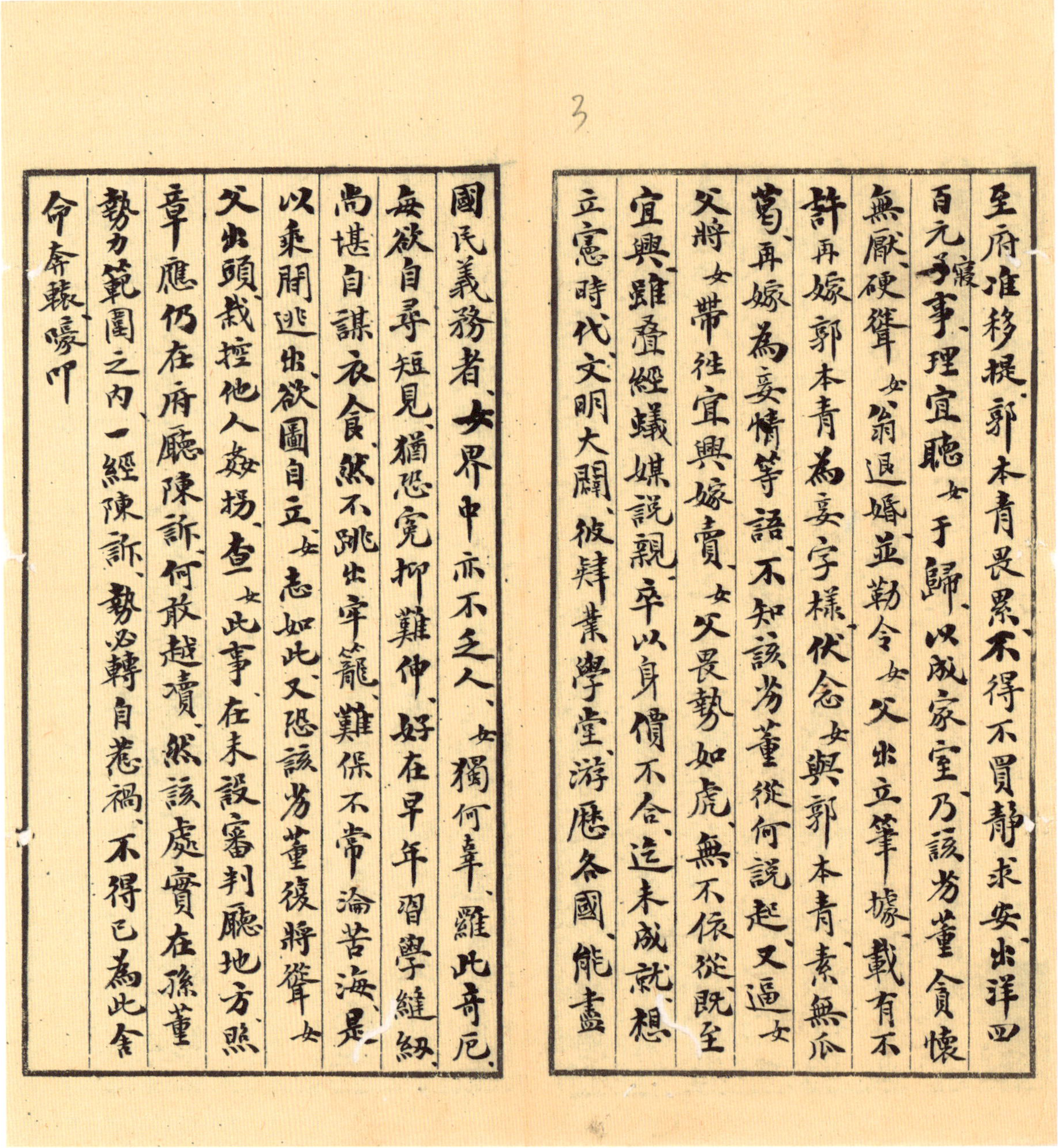
3

至府准移提、郭本青畏累、不得不買靜求安、出洋四
百元寢事、理宜聽女于歸、以成家室、乃該劳董貪懷
無厭、硬聳女翁退婚、並勒令女父出立筆據、載有不
許再嫁郭本青為妾字樣、伏念女與郭本青素無瓜
葛、再嫁為妾情等語、不知該劳董從何說起、又逼女
父將女帶往宜興嫁賣、女父畏勢如虎、無不依從、既至
宜興、雖叠經蟻媒說親、卒以身價不合、迄未成就、想
立憲時代、文明大闢、彼肄業學堂、游歷各國、能盡
國民義務者、女界中亦不乏人、女獨何辜、罹此奇厄、
每欲自尋短見、猶恐冤抑難伸、好在早年習學縫級、
尚堪自謀衣食、然不跳出牢籠、難保不常淪苦海、是
以乘間逃出、欲圖自立、女志如此、又恐該劳董復將聳女
父出頭、裁控他人姦拐、查女此事在未設審判廳地方、照
章應仍在府廳陳訴、何敢越瀆、然該處實在孫董
勢力範圍之內、一經陳訴、勢必轉自惹禍、不得已為此含
命奔轅喙叩

图4-2-1-4

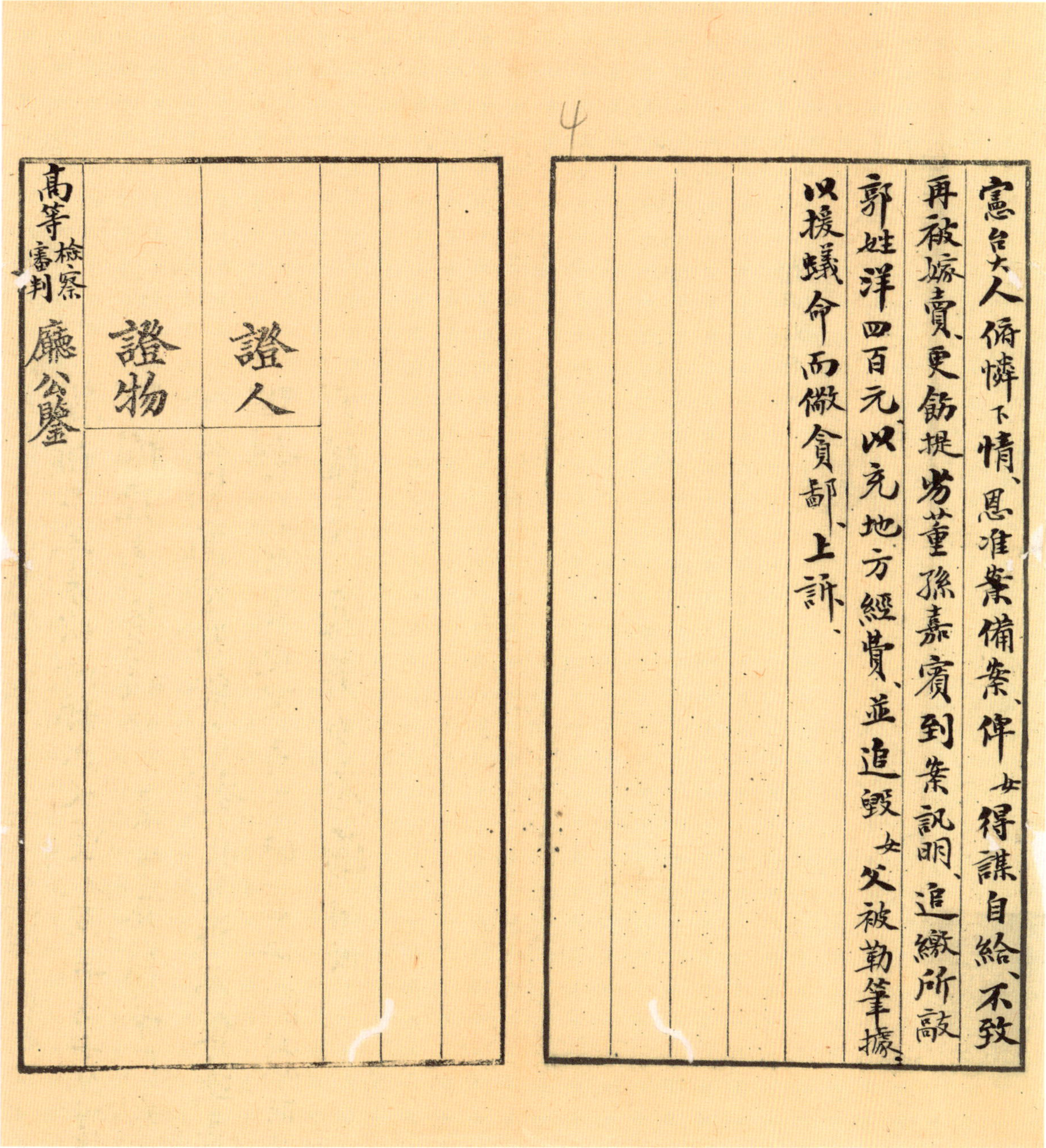

憲台大人俯憐下情、恩准案備案、俾女得謀自給、不致再被嫁賣、更飭提劣董孫嘉賓到案訊明、追繳所敲郭姓洋四百元、以充地方經費、並追毀女父被勒筆據、以援蟻命而儆貪鄙、上訴、

證人

證物

高等檢察審判廳公鑒

图4-2-1-5

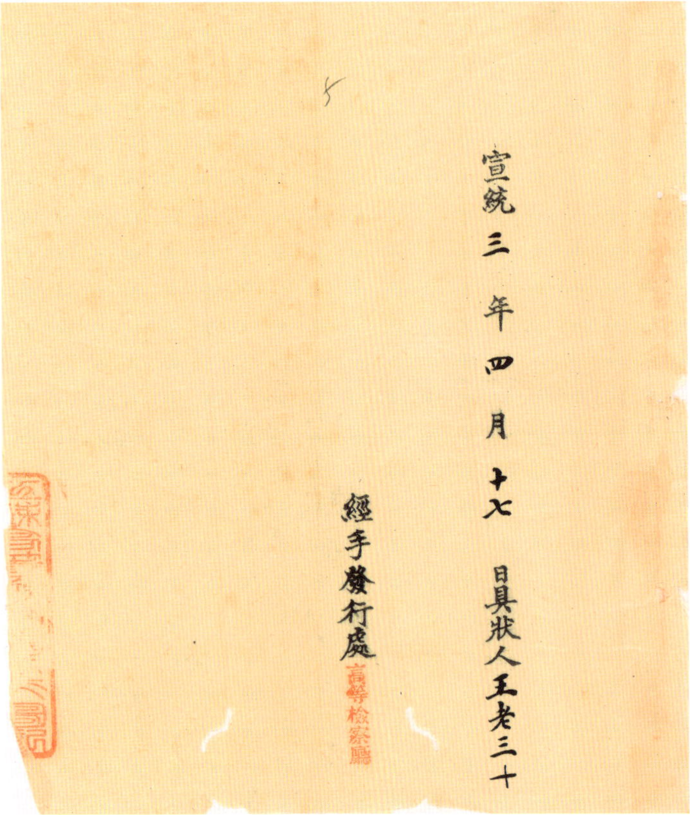

宣統三年四月十七日具狀人王老三十

經手發行處　高等檢察廳

图4-2-1-6

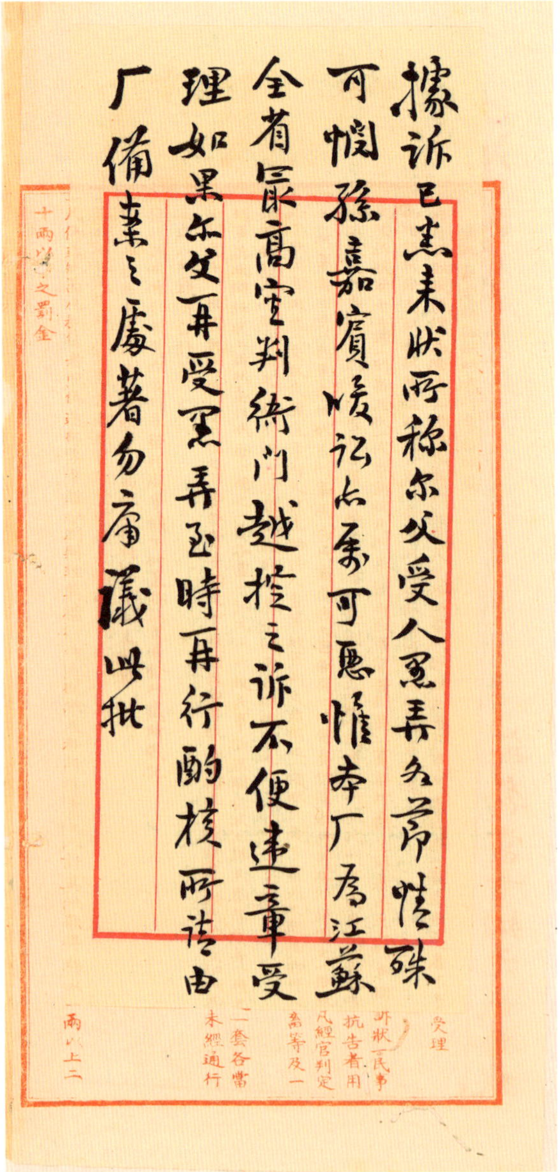

據訴已悉来狀所稱尒父受人冤弄多节情殊可憫孫嘉賓唆訟亦系可恶惟本厂為江蘇全省最高審判衙门越控之訴不便違章受理如果尒父再受冤弄至時再行酌核所請由厂備案之處著勿庸議此批

图4-2-1-7

2. 江毓亨请求状（返还证据）（1930年）（档案号：A020-1929-002-0322-0001）

本组图是请求人江毓亨、江绍林向江苏高等法院提交的请求状。江毓亨、江绍林皆是镇江县人，农民。请求人称：“窃民等于民国十七年五月十七日不服镇江地方法院第一审判决拒绝江春荣异子上谱一案提起上诉……后经亲族出来和解，民等于上年五月四日具状请求销案，业蒙恩批，核准在案。查本案起诉之时，呈有证物草谱三本，民等第二审在上诉状中又附呈正谱三本，民等因诉讼奉批核准和解，迄已年余，屡赴镇江法院具领该谱，奉批原卷在于钧院，尚未发回。惟谱据系族中统系要证，未敢稽迟具领，为此具状请求，伏乞钧长鉴赐核准，迅将该案原卷连同江氏正草家谱六本一并发回镇江地方法院，俾可再往领回，实为德便。”

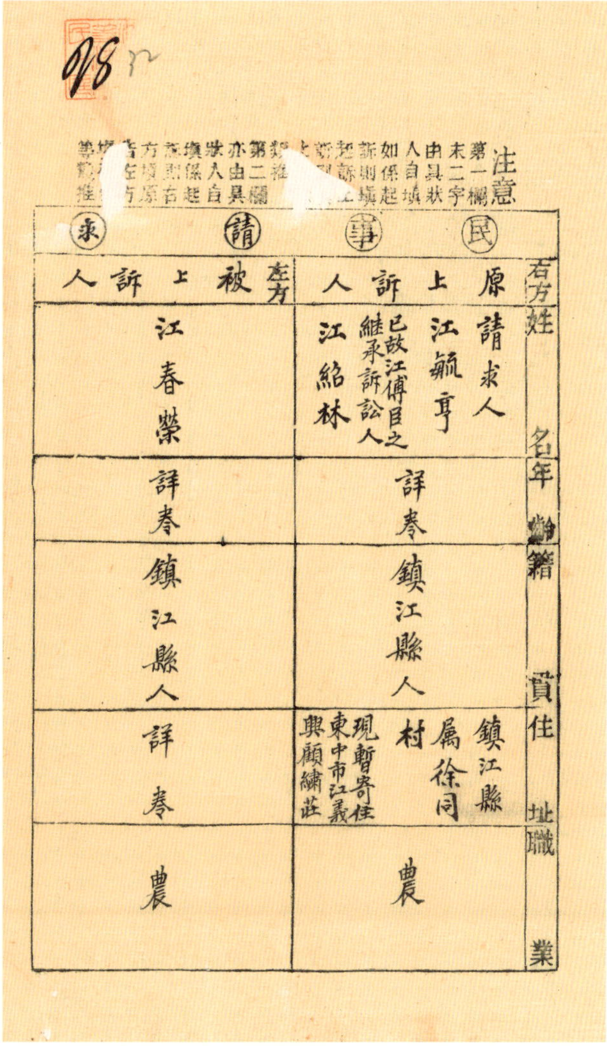

民事請求

右方	原上訴人	左方被上訴人
姓名	請求人 江毓亨 已故江傅目之繼承訴訟人 江紹林	江春榮
年齡	詳卷	詳卷
籍貫	鎮江縣人	鎮江縣人
住址	鎮江縣屬徐司村 現暫寄住東中市江義興顧繡莊	詳卷
職業	農	農

图4-2-2-1

为請求發田原卷以資領還証物俯賜核准事竊民
等於民國十七年五月十七日不服鎮江地方法院第一審判
決拒絕江春榮異子上譜一案提起上訴幸逢
鈞院秦鏡高懸洞燭其偽開庭訊明于同年六月十三日
廢棄鎮江法院原判決民等上訴得直里族同感被上
訴人江春榮尤希儌倖提起第三審上告
最高法院判經發回更審奉
鈞院傳訊始則被上訴人迭傳不到後經親族出來和解民
等於上年五月四日具狀請求銷案業蒙
恩批核准在案查本案起訴之時呈有証物草譜三本民
等第二審在上訴狀中又附呈正譜三本民等因訴訟奉批

图4-2-2-2

核准和解迄已年餘屢赴鎮江法院具領該譜奉批原
卷在于
鈞院尚未發回惟譜據係族中統系要証未敢稽遲具領
為此具狀請求伏乞
鈞長鑒賜核准迅將該案原卷連同江氏正草家譜六本一
併發回鎮江地方法院俾可再往領回實為
德便再江傅臣現已病故特邀伊子江紹林繼承相續前案合
併聲明謹狀

图4-2-2-3

图4-2-2-4

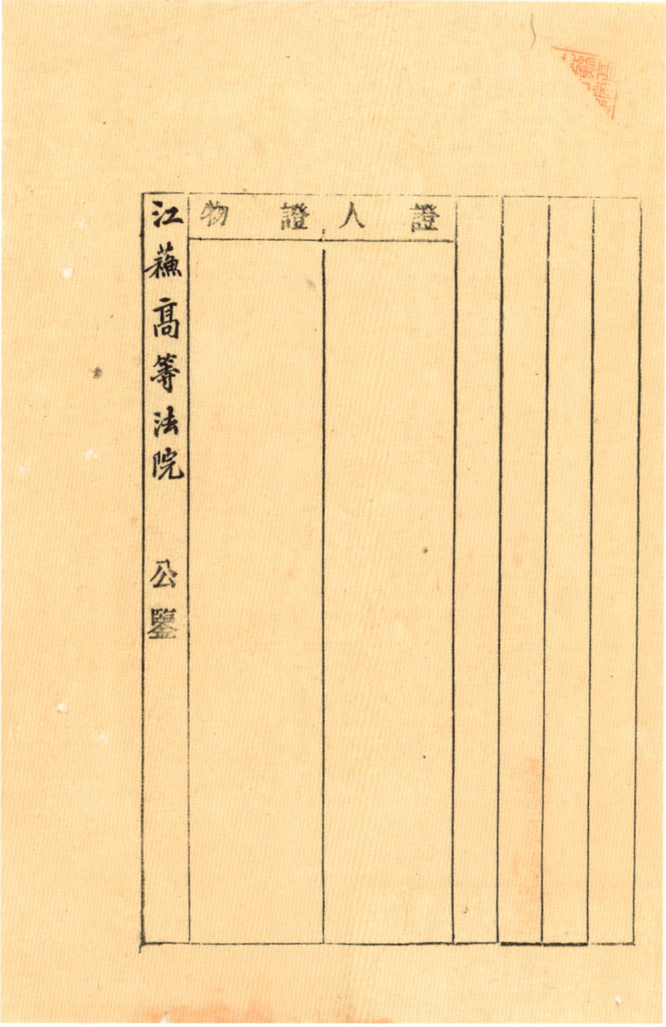

證人 證物

江蘇高等法院　公鑒

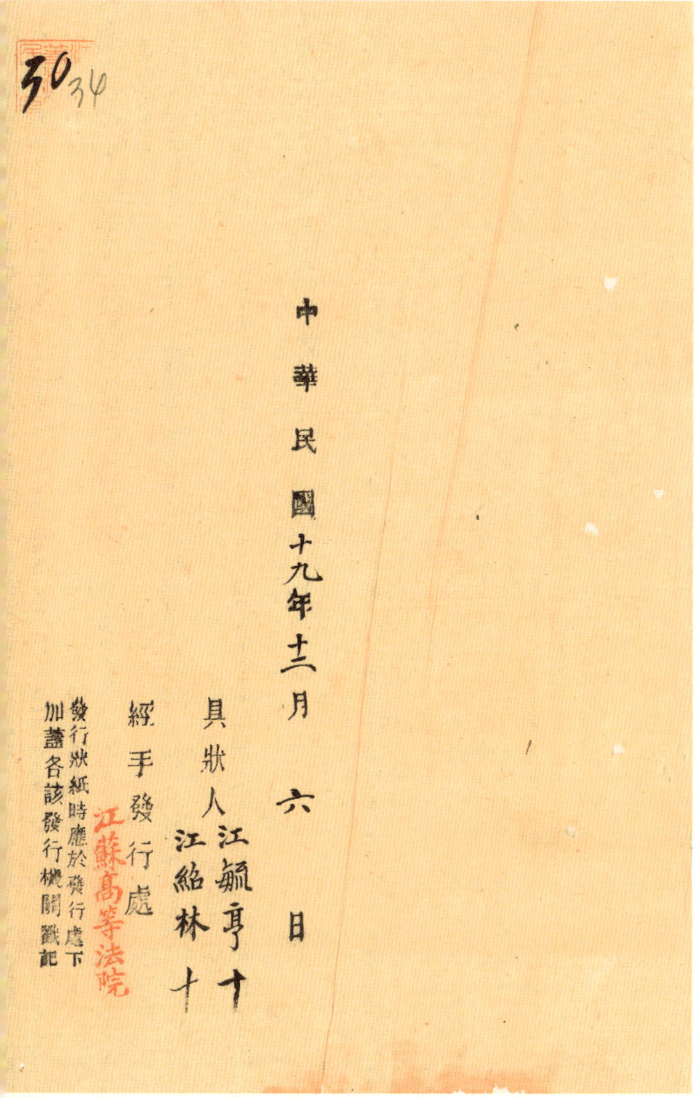

30 34

中華民國十九年十二月　六　日

具狀人　江毓亭　十
江紹林　十

經手發行處　江蘇高等法院

發行狀紙時應於發行處下
加蓋各該發行機關戳記

图4-2-2-5

3. 帅稳儒起诉状（确认产权案）（1947年）（档案号：A020-1947-002-0172-0064）

本组图是原告帅稳儒向泰县地方法院提交的民事起诉状。原告：帅稳儒，64岁，泰县人，住泰县二区二寿乡六保八甲六户；被告：帅厚云、帅籍儒。按照该起诉状的

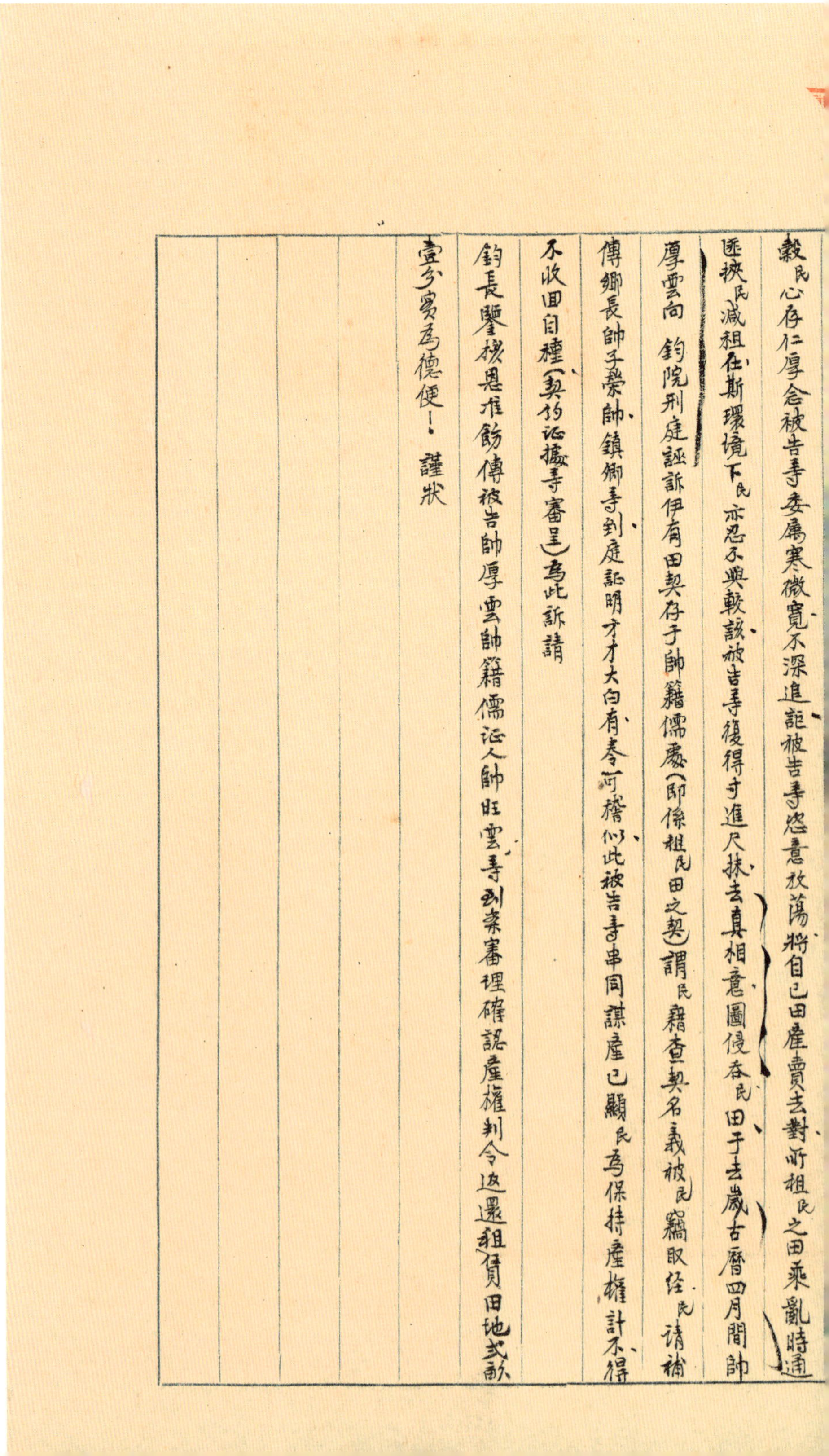

毅民心存仁厚念被告等妄屬寒微寬不深追詎被告等恣意放蕩將自己田產賣去對祈祖民之田乘亂時遁
匿換民減租在斯環境下民亦忍不與較詎被告等得寸進尺抹去真相意圖侵吞民田于去歲古曆四月間帥
厚雲向 鈞院刑庭誣訴伊有田契存于帥籍儒處（即係祖民田之契）謂民藉查契名義被民竊取經民請補
傳鄉長帥子榮帥鎮卿等到庭証明才才大白有本可稽似此被告等串同謀產已顯民為保持產權計不得
不收田自種（契約証據等審呈）為此訴請
鈞長鑒核恩准飭傳被告帥厚雲帥籍儒証人帥旺雲等到案審理確認產權判令返還租賃田地貳畝
壹分零為德便！ 謹狀

表述，本案争议标的为“庄中洗澡汪西高田两丘，共计三亩三分”，1937年由原告买入。1941年，原告将部分土地出借给其家族之胞叔帅厚云、堂弟帅籍儒，但后两者企图将土地据为己有。原告向泰县地方法院提起诉讼，请求“确认产权，判令返还租赁田地二亩一分”。

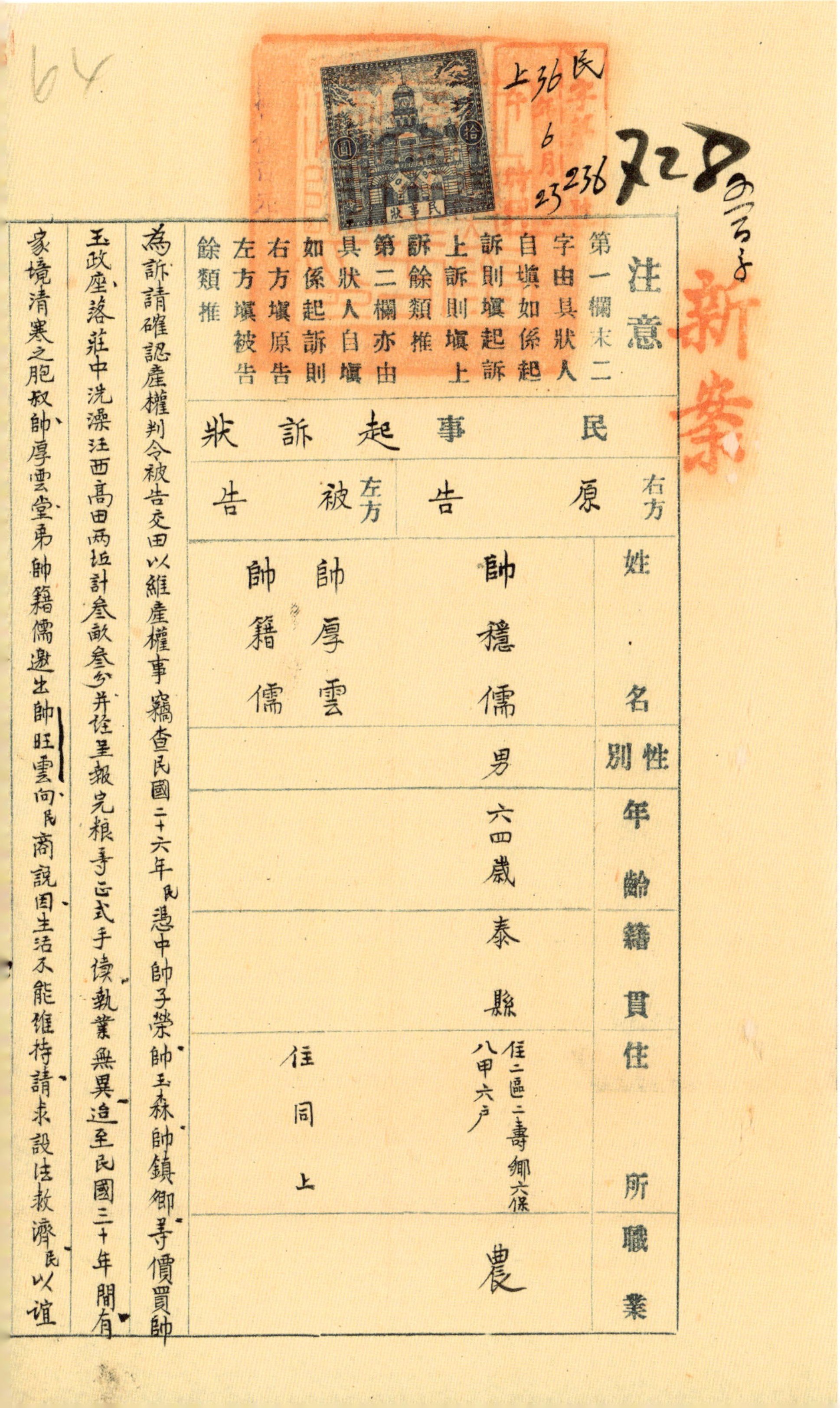

注意

第一欄末二字由具狀人自填如係起訴則填起訴上訴則填上訴餘類推

第二欄亦由具狀人自填如係起訴則右方填原告左方填被告餘類推

民事起訴狀

	姓名	性別	年齡	籍貫	住所	職業
右方 原告	帥穩儒	男	六四歲	泰縣	住二區二壽鄉六保八甲六户	農
左方 被告	帥厚雲				住同上	
	帥籍儒					

為訴請確認產權判令被告交田以維產權事竊查民國二十六年民憑中帥子榮帥玉森帥鎮卿等價買帥玉政座落莊中洗澡汪西高田兩坵計叁畝叁分并經呈報完粮等正式手續執業無異迨至民國三十年間有家境清寒之胞叔帥厚雲堂弟帥籍儒邀出帥旺雲向民商說因生活不能維持請求設法救濟民以誼

图4-2-3-1

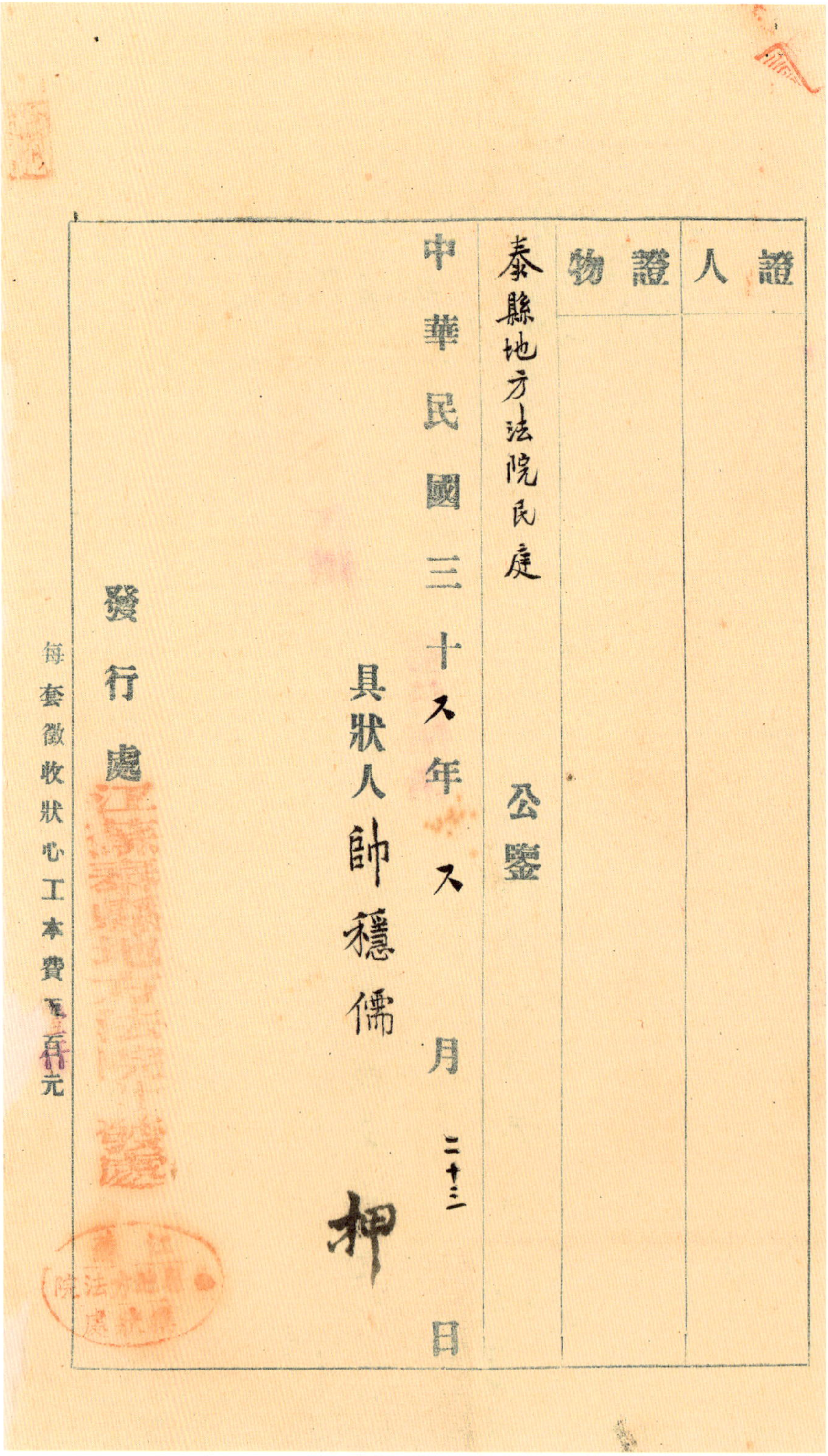

證人

證物

泰縣地方法院民庭　公鑒

中華民國三十乂年乂月二十三日

具狀人師穩儒　押

發行處

每套徵收狀心工本費[illegible]元

图4-2-3-2

4. 孙象能等辩诉状（土地纠纷）（1948年）（档案号：A020-1948-002-0379-0011）

本组图为被告孙象能、孙家旺、孙传法、孙宪芳、孙象杲向高淳县司法处提交的辩诉状，请求司法处驳回原告李维浩等人的诉讼请求，并要求原告承担诉讼费用。本案是一个土地确权案件，原告称高淳县崇教二区官溪河以东草滩一块属于河道公有土地，被告辩称该土地在明朝即属于其先祖昺五公所有，“此乃完全属于被告所有之私产，并非河道公有之土地，今原告乃竟意想天开，谓为公有，妄思纂（篡。——编者注）夺，违法起诉”。该辩诉状从“事实”和“理由”两个方面展开。

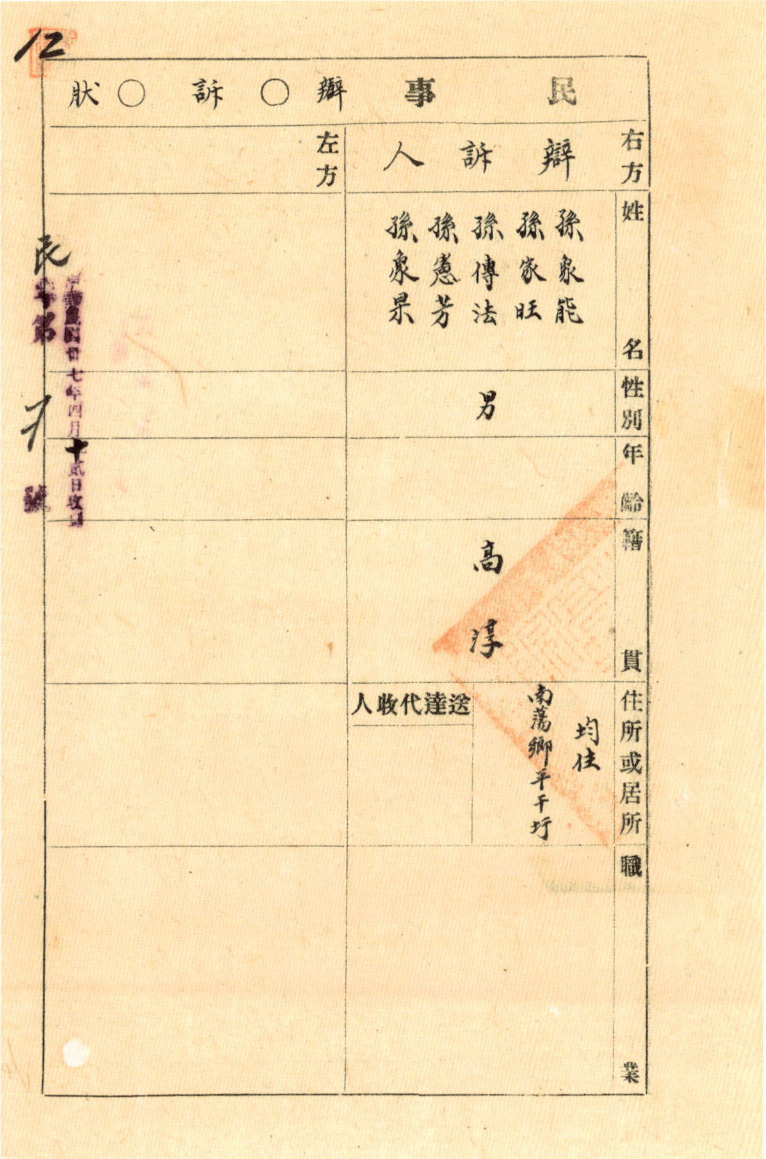
12

民事辯○訴○狀

右方	辯訴人	左方
姓名	孫象能　孫家旺　孫傳法　孫憲芳　孫象杲	
性別	男	
年齡		
籍貫	高淳	
住所或居所	均住南蕩鄉平千圩　送達代收人	
職業		

民字第　號

图4-2-4-1

為依法提出答辯請予駁斥原訴並命負担訟費以維產权而免侵奪由竊以原告李維浩等請求確認產权一案謹將本案事實及理由分別申

辯如左。

(甲)事實、緣被告等先祖禺五公遺有坐落本縣崇教二區官溪河以東草灘一塊此灘接連被告孫姓坟地原為禺五公所有之田嗣

經先祖於明朝時代廢田成灘改蔭祖塋並蓄草料之用被告全村每年全賴該灘之草充作田地收益之肥料執有光緒年間印单為據○

歷代相傳毫無異議且經三圩圩王正聚等(即原告三圩之圩董)曾向被告禺五公支下商借灘沿挑土立有借約存証○其借約之內容

係民國二十年大水成災出於萬不得已下次不得援例等樣此乃完全屬於被告所有之私產並非河道公有之土地今原告乃竟意

想天開謂為公有妄思纂奪違法起訴申述事實如左上

(乙)理由：查被告所有祖遺之草灘執據管業歷有數代全屬被告之私產已為不爭之事實然該灘位處官溪河東並非

河道公有土地不然原告如認此灘係為公有何以立據求向被告禺五公借灘挑土至蕪當宜溧往來船商自有官溪大河便利交

況灘並不突出河心確不阻塞水道天然界限踏勘自明蓋此灘如果真正有碍交通而往來之船商何以迄今默無一言又如該灘

實有撗阻水流危及三圩圩堤情事而該原告豈有早不訴願之理但該灘既不阻水道且不危害圩堤是不得藉詞撗争

有妨被告之權利至原告所謂縣誌文藝內載對於官溪河灘不得朦混領单以及本縣參議會議決查禁兩岸河灘不得

图4-2-4-2

13

占為私有又經縣府佈告重申禁令各節此乃完全係指公有之河灘而言當與私有之草灘有異須知公有與私有是有天壤之
别且莫謂被告所有之灘全屬私有草灘即使果真公有河灘而人民權利之喪得亦不得僅由行政官署以命令行之再參
議會對人民産權之議決案更無民事法令之效力此有大理院八年統字第一〇六四號及九年統字第一二二九號解釋均可參証
又凡如民間之産權若能均由行政官署處分無效則民間私有之土地豈不完全喪失乎今該原告竟以春築取土困難藉詞擅
提確認之訴實屬非法已極依法辯訴如理由

（丙）請求目的（一）請求駁斥原告之訴以維産權（二）請求判令原告負担訟費

謹狀

證人

證物　附圖並借約各一紙

逕送辯狀副本

江蘇高淳縣司法處審判官蔺

公鑒

图4-2-4-3

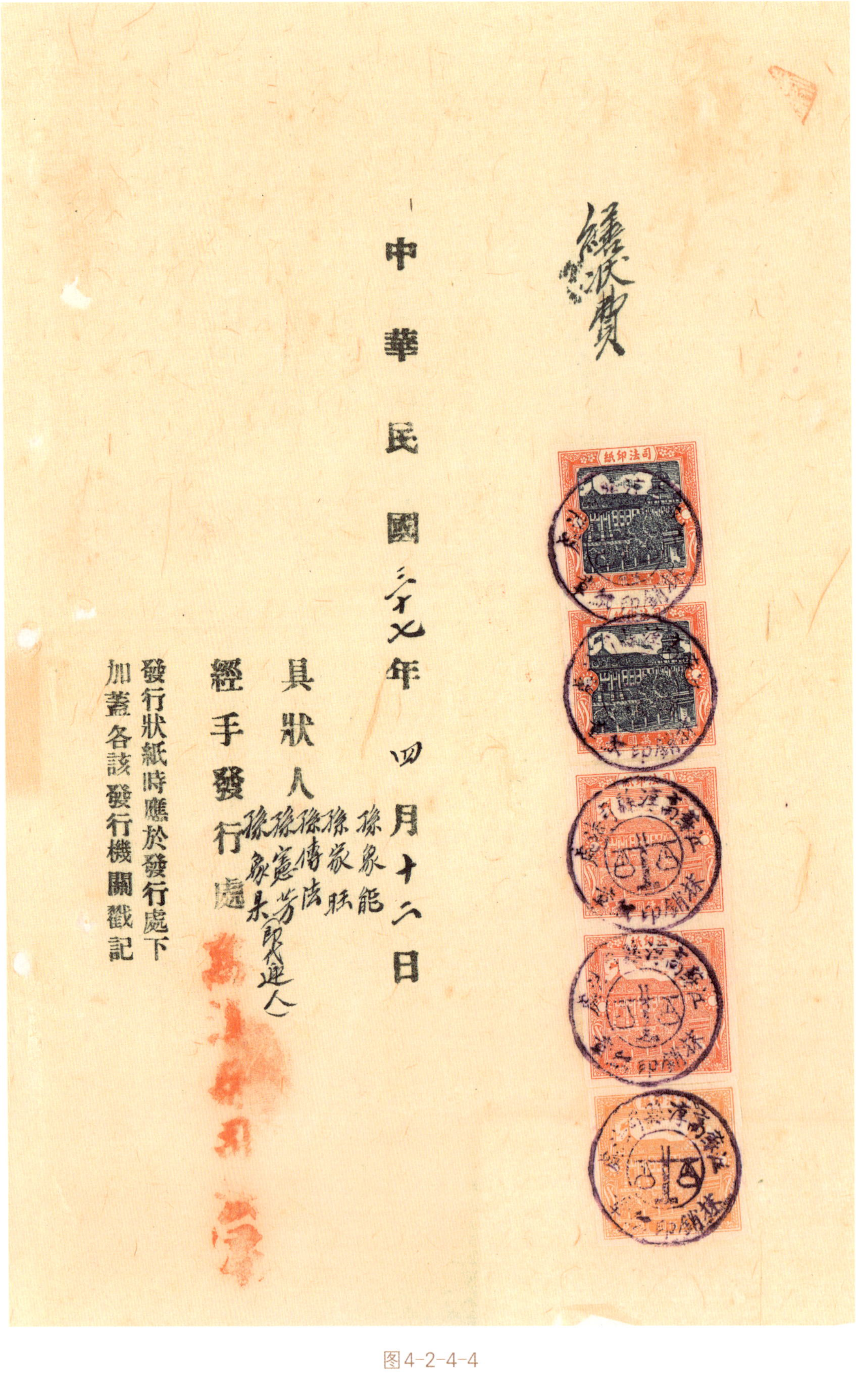

繕狀費

司法印紙

中華民國三十七年四月十二日

具狀人　孫象能　孫家賑　孫傳法　孫憲芳　孫象呆（即代理人）

經手發行處

發行狀紙時應於發行處下加蓋各該發行機關戳記

图4-2-4-4

5. 张修宏辩诉状（所有权纠纷）（1948年）（档案号：A020-1948-002-0651-0001）

本组图是被上诉人张修宏向江苏高等法院第一分院提交的答辩状。上诉人：陈建文、陈德涛；被上诉人：张修宏，仪征县人，现住真州镇小市口种德堂对门，皮匠。该案一审仪征县司法处判决上诉人返还被上诉人田亩及小麦。上诉人不服一审判决，上诉至江苏高等法院第一分院，被上诉人张修宏向该院提交答辩状，请求驳回上诉、维持原判。

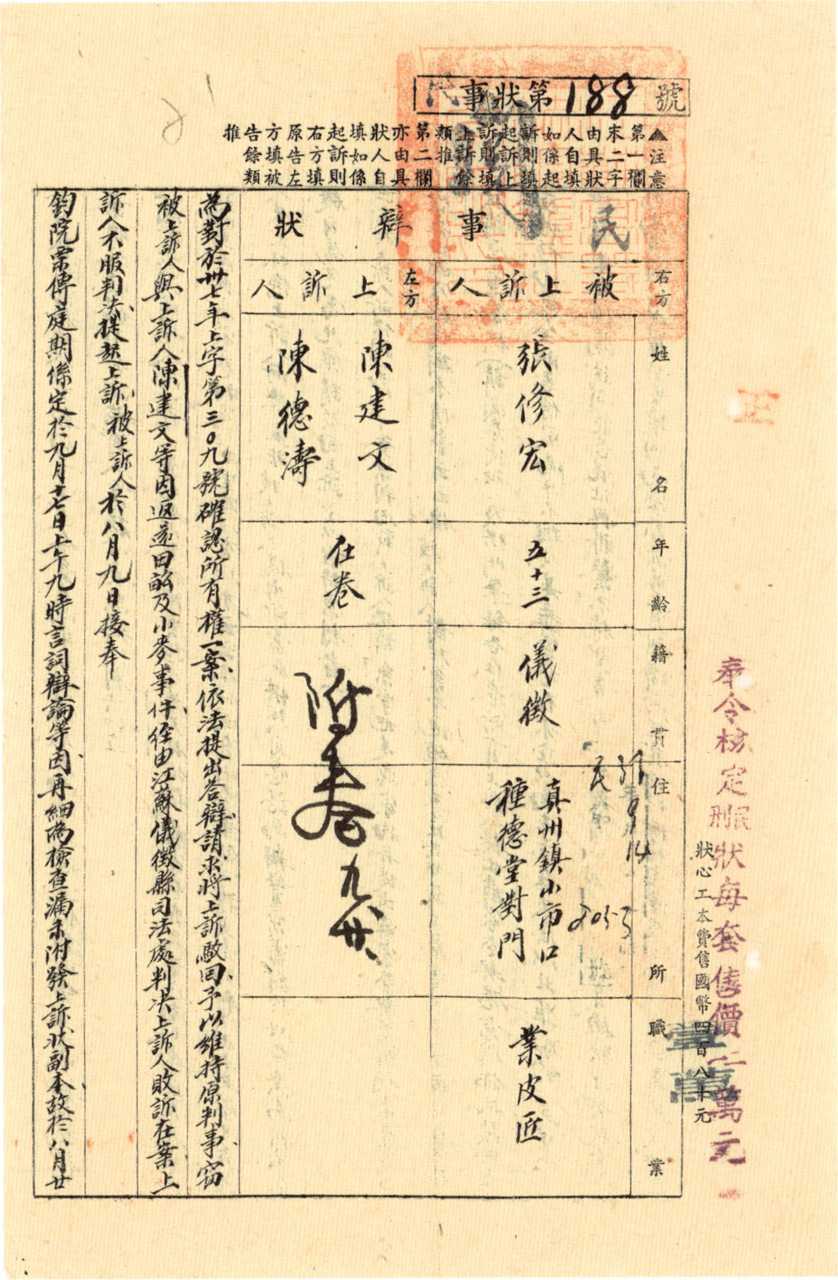
民事狀第188號

注意
第一欄末二字由具狀人自填如係起訴則填起訴上訴則填上訴餘類推
第二欄亦由具狀人自填如係起訴則右方填原告左方填被告餘類推

民事辯狀

	右方 被上訴人	左方 上訴人
姓名	張修宏	陳建文 陳德濤
年齡	五十三	在卷
籍貫	儀徵	
住所	真州鎮小市口種德堂對門	
職業	皮匠	

為對於卅七年上字第三〇九號確認所有權一案，依法提出答辯，請求將上訴駁回，予以維持原判事竊
被上訴人與上訴人陳建文等因返還田畝及小麥事件，經由江蘇儀徵縣司法處判決上訴人敗訴在案，上
訴人不服判決，提起上訴，被上訴人於八月九日接奉
鈞院當傳庭期，係定於九月廿七日上午九時言詞辯論等因，再細為檢查漏未附發上訴狀副本，故於八月廿

图4-2-5-1

六日，狀請飭科補發文郵向送達，迄今多日，尚未奉到繕本，且兩庭期迫近，似難延緩，至上訴人如何謀捏和
案後添情，姑不具論，茲將本案核心要點辯供判決如左
一、關於上訴人所舉人證一節　查原判內載，經傳質證人朱天林供稱「聶家巷在我朱庄南面，李庄在我朱庄
北面，李庄與聶家巷相隔三四里地，沒有樹木」云云，本件固有附卷筆錄可稽，更奉到判決正本為證，且查證
人朱天林係上訴人所舉，並非被上訴人提出，所當庭供詞，自應認為翔實，原審對於此點採為判決基
礎，自屬允當，此應請駁回上訴，予以維持原判者一。
二、關於上訴人所供詞一節　查原判內載，上訴人供稱「系爭地是我家的」，並提出聶家巷契據證明未有侵占
原告田畝及砍伐樹木情事云云。按被上訴人對於系爭地確係李庄而非聶家巷，曾將本案經過實情
狀請原審察核（請閱卷便知）及供明筆錄各在卷，所有上訴人提出聶家巷契據，意圖飾詞抵賴，顯與李
庄地形面貌全非，妄係風馬牛不相及。是聶家巷在朱庄以南，李庄在朱庄以北，非離約三四里之遙
中有朱庄阻隔，試問能否混扯與聯繫，不待智者當能分辨，須知被上訴人持有補稅印契執憑，此
外尚有祖墳叁座於塋壙內，而壙外亦塋有祖墳兩座，其地形係切肉連皮，四址明白，原審採取心證

图4-2-5-2

認尚飾詞辯解，不足採信，委無不合，此應請駁回上訴，予以維持原判者二。
綜上所述，本件上訴人既謂因叔侄漁利，又係朋分相互作惡欺被上訴人忠懦無能，魚肉可喚，乃上訴人妄提上訴，殊屬無理，爰特依法提出答辯狀，請
鈞院鑒核，准將上訴駁回，予以維持原判決，以符法制而保權利。
謹狀
江蘇高等法院第一分院　公鑒
中華民國三十八年　月　日

图4-2-5-3

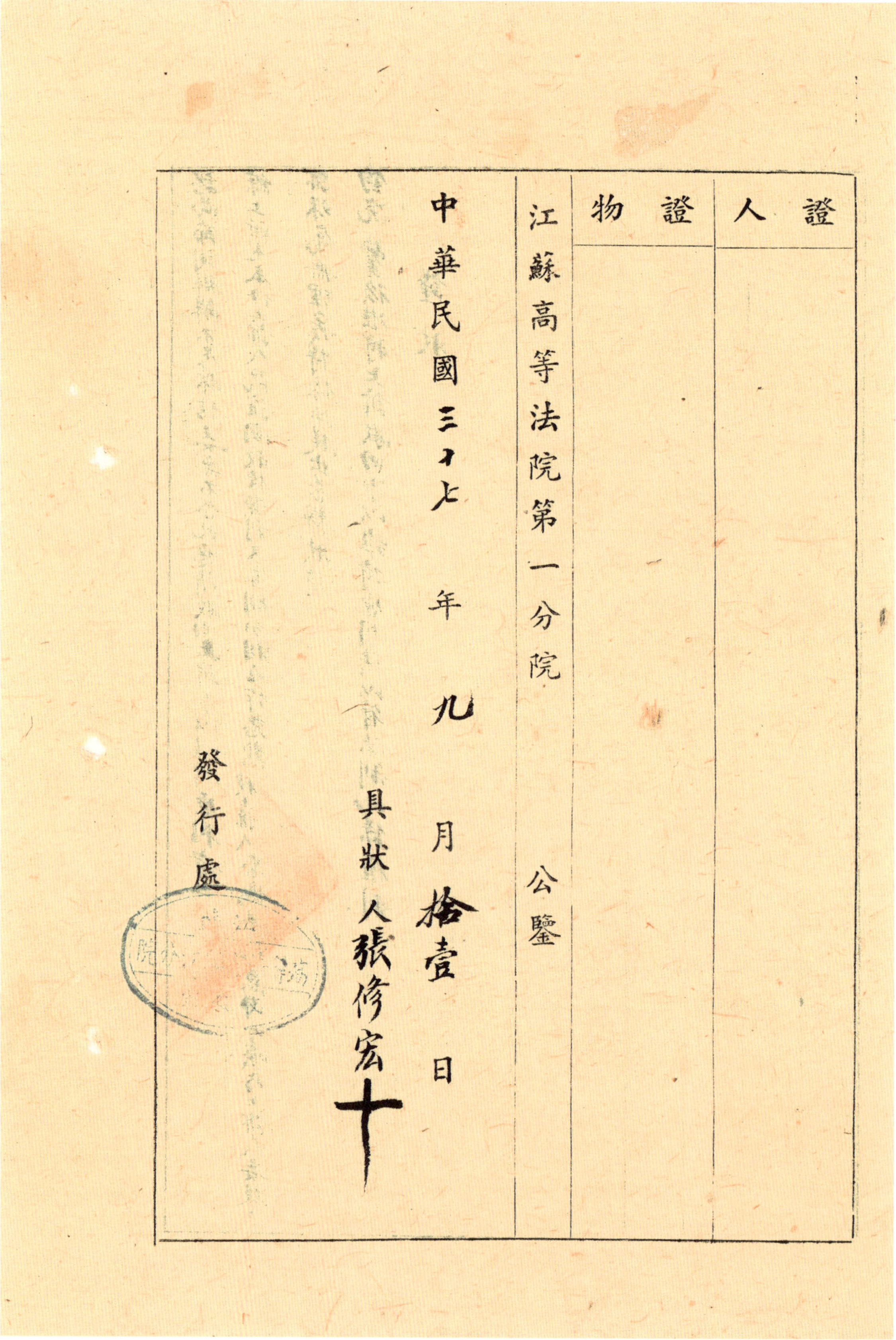

證人	證物

江蘇高等法院第一分院　公鑒

中華民國三十七年九月拾壹日

具狀人張修宏 十

發行處

图4-2-5-4

第五章 律师诉讼文书

律师制度在清末变法修律时被引入中国，1906年清政府制定的《刑事民事诉讼法（草案）》即设置了有关律师的条款。1912年北洋政府颁行的《律师暂行章程》是中国历史上第一部专门针对律师制度的法律规范，其规定“中华民国人民满二十岁以上之男子”且“依律师考试章程考试合格或依本章程有免考试之资格者”可以担任律师[①]，自此律师正式登上近代中国的法律舞台。江苏是近代中国“推行律师制度较早、律师人数较多的省份之一”[②]。其中，作为江苏的重要城市，镇江在清末审检厅建立后即有律师执业。1923年，全县律师达56人；1931年则增至144人；抗战结束后的1946年，律师有38人，1947年挂牌律师事务所达30余家，多为个人开业，也有两人以上的合伙事务所。[③]根据现有史料，镇江在1920年代还成立了律师公会，承担在镇律师的呈报名录、办案统计、风纪监督、奖励惩戒等事项。[④]除了上述日常工作，镇江律师公会还曾推举会员参加冤狱赔偿运动、提出刑法修正草案、组建贫民法律扶助会、慰劳抗战将士，展现了近代镇江律师在法制改革、服务社会、效力国家等方面的情怀。

律师诉讼文书是律师接受当事人委托为当事人提供顾问、咨询、辩护等法律服务的基本工具，事关当事人的切身利益、司法审判的顺利展开和司法机关的有效运行，故其构成政府监管律师行业的重点事项。例如，1920年北洋政府规定“律师无代理关系而为人撰拟词状，应于状末署名盖章”，“各该受诉衙门接收民刑诉状，如有发见系由律师撰拟而不于状末亲自署名或署名而不盖章者”，应“提付惩戒，勿稍宽贷”。[⑤]再如，1948年江苏高等法院制定《江苏各地律师办案收受酬金数目标准》，其中规定“撰拟民事第一审书状，每件八十万元至一百廿万元，但声请书仅得收五分之一”，“撰拟民事第二审书状，每件一百廿万至二百万元，但声请书仅得收五分之一”，“撰拟民事第三审书状，每件二百万至三百万元，但声请书仅得收五分之一”……[⑥]

---

① 《司法部订定律师暂行章程》，《江苏司法汇报》第7期，1912年，第1页。

② 江苏省地方志编纂委员会编《江苏省志·司法志》，江苏人民出版社，1997年，第21页。

③ 参见镇江市志地方编纂委员会编《镇江市志》（上册），上海社会科学院出版社，1993年，第423页。

④ 1924年5月26日，丹徒律师公会“在城内红梅阁开春季常会，先后到有会员五十二人，已足法定人数，地检厅特派朱检察官到场监视……”《律师公会之选举》，《时报》1924年5月29日第2张。

⑤ 《律师撰拟诉状不署名盖章者应提付惩戒令》，《司法公报》第121期，1920年，第44页。

⑥ 《江苏各地律师办案收受酬金数目标准》，镇江市档案馆藏，档案号：A020-1948-001-0311-0076。

优秀的律师应当具备坚定的公平正义理念、坚实的法学知识基础、良好的表达沟通能力、敏锐的社会观察能力和较强的抽象思维能力。其中，诉讼文书的撰写是律师书面表达沟通能力的集中体现，有着不同于其他类型文书的特殊要求，时人将其总结为“达”“简”“周”“严”四点。“达者，理论明通，文辞显豁之谓也。简者，要言不繁，一语破的之谓也。周者，思虑缜密，因果了然之谓也。严者，一字轻重，不能妄下之谓也。”“律师苟于撰拟书状之时，就上述四项，悉心研究，自能气盛言直，叙事敷词，备臻妥协。”[①] 由此观察镇江近代司法档案中的律师诉讼文书，其与同一体裁类型的当事人诉讼文书相比，在法理运用、法条引用、逻辑结构、遣词造句、行文书写等方面确实存在着较为明显的优势。

本章选取的镇江近代司法档案中的律师诉讼文书，大部分形成时间在1945年抗战胜利后，分为如下两类：

一类是刑事类文书，包括上诉状、阅卷声请书、声请状等，分别由律师丁光祖、张绍诗、孙锡中、高天摩等撰写，案由涉及诈欺、贪污、杀人等。

二是民事类文书，包括起诉状和上诉状，分别由律师李亚生、陈达人、杨璞真等撰写，案由涉及确认股权、返还、田产纠纷等。值得一提的，上述杨璞真律师是近代首位在镇江司法机构出庭的女律师，其系高邮人，毕业于上海法政女子学校，1931年开始在镇江执业，1931年6月“为陈玉书上诉张国钧侵占毁损案，受被告委任出庭辩护，镇江地方法院有女律师出庭，杨乃为破题儿第一遭”[②]。

---

① 郭卫、周定枚编辑《律师办事手续程式汇述》，上海法学编译社，1937年，第63页。

② 《女律师首次出庭　镇江地方法院破题儿第一遭》，《新江苏报》1931年6月9日第6版。

一、刑事类文书

1. 律师丁光祖、张绍诗撰上诉状（朱慎之诈欺案）（1929年）（档案号：A020-1929-002-0259-0001）

本组图为律师丁光祖、张绍诗为杭德馨撰写的刑事上诉状。上诉人：杭德馨，男，64岁，江都人，住左卫街；被上诉人：朱慎之，男，45岁，江都人，住江都万华旅馆。上诉人不服镇江地方法院就朱慎之上诉诈欺一案所为之判决，上诉至江苏高等法院。作为律师撰写的上诉状，该状书写规范工整，叙述详细完整，阐释条理清晰。按照规定，丁光祖、张绍诗皆在状末签名盖章。

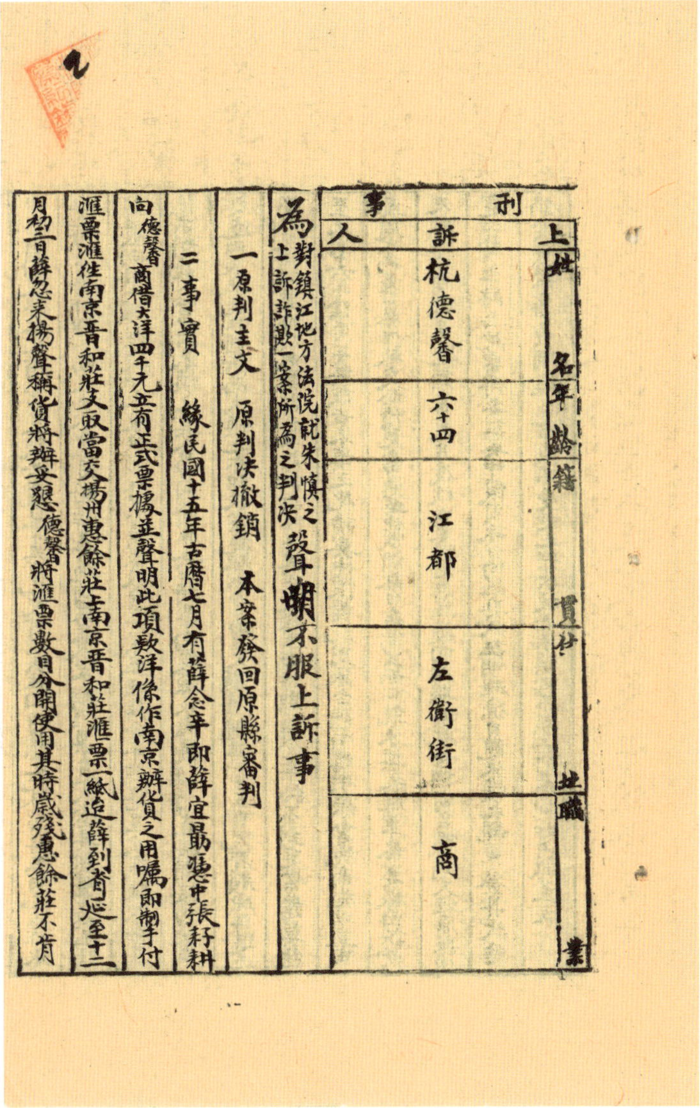

刑事上訴人

姓名	年齡	籍貫	住址	職業
杭德馨	六十四	江都	左衛街	商

為對鎮江地方法院就朱慎之上訴詐欺一案所為之判決聲明不服上訴事

一　原判主文　原判決撤銷　本案發回原縣審判

二　事實　緣民國十五年古曆七月有薛念辛即薛宜鼎憑中張耔耕向德馨商借大洋四千九百元有正式票據並聲明此項款洋係作南京辦貨之用囑即劃付匯票匯往南京晉和莊支取當交揚州惠餘莊南京晉和莊匯票一紙迨薛到省延至十二月初三日薛忽來揚聲稱貨將辦妥懇德馨將匯票數目分開使用其時嵗殘惠餘莊不肯

图5-1-1-1

三不服之理由　按第二審判略謂本案自訴已否撤回應以朱慎之出名被進之撤回自訴狀是否真實為斷當命朱慎之書寫花押選任鑑定人令其鑑定據稱判然各異又撤銷狀稿與其他刑續狀稿亦無一字一筆相同等語查比對筆跡雖為採証方法然要以平時書寫者始足為真實之發現非可以臨時所作者為標準蓋平時書寫由其天然之姿勢構成而臨時所作者往往知有利害之出入故意變更其平時筆意使人不易鑑定陷於錯誤也今原審既據被告朱慎之陳述略謂歷次呈進訴狀均係本人親筆簽字是成帙之案卷中該被告朱慎之訴狀所簽字押無慮數十若論比對花押首先應將存卷從前之花押一一對驗以辨其一律親手簽字之陳述是否真偽如其非虛然後再將其撤回自訴之狀結花押與之切實比驗乃原審不此之圖僅就其令命臨時所簽之一二花押選任鑑定殊不知人之狡詐最難防閑今明明令其臨時特寫花押專為比驗之用以狡詐百出之朱慎之更何難故意變作特殊之結構使人陷於錯悞之認辨在臨時命令書寫字押以供比驗之辦法雖屬亦為法例所認許然按通常証據法則乃對於除卻臨時繕寫外別無比証標準者而設今被告自認其歷次訴狀之簽字

出票因向復源永代借滙票五張共大洋三千五百元交付携去並同時議定此外留存五百元以作水
脚之用其後薛即不面直至次年二月將薛尋遇詢據薛念辛稱滙票遺失當具親筆憑函請
該店照例掛失轉經復源永東尹順祥呈請縣政府存案並經薛念辛親繕呈文底稿收存爲
據不料薛忽串出朱慎之其人帶同聯軍兵士持票向復源永滋擾德馨直接間接均受串
詐遂即依法提起刑訴而朱慎之亦即投案詭稱當日曾交德馨現洋一千五百元非將原洋退還
不允交出滙票亦提起欺詐之反訴訟訴經年其中更經軍事時期薛念辛終不到庭案懸莫結
至民國十六年陰曆年終被告朱慎之挽請吳仲懷轉挽周詠台調解釋明誤會婉商施助並由
吳周代爲籌募洋款交給清楚當憑吳仲懷周詠台在場三面目覩朱慎之親筆簽具撤回訴狀
及結狀向原縣呈遞銷案數月後被告朱慎之忽然復向原縣具狀妄稱竊名朦銷又經原縣傳
庭比驗筆跡無訛票傳要証吳仲懷周詠台均經具狀証明確係目覩朱慎之親筆簽具狀結
銷案原縣審查明確遂予以不受理之判決被告朱慎之不服上訴奉判如上録主文

图5-1-1-2

4

意特殊結構之一二畫押為據且其簽具撤回狀結花押時有彼請之調人吳仲懷周詠台為証又均於原縣具狀証明確係目覩朱慎之當場親筆簽具狀結在卷乃原審既置原案証言於不顧復不票傳証人到庭詢取供述以為証據是未盡職權上之能事遽行武断判決顯違法例此不服者四

抑有陳者上訴被告朱慎之歷次翻案之陳述自認經其挽出調人吳仲懷周詠台婉勸收取大洋七百元等語此當為確實可信之事實矣夫七百元之洋款不為不鉅倘果無切實銷案辦法試問於調人安所措詞況調人勸德馨施助者無非免累息訟苟朱慎之並不自願親筆簽具結狀德馨又何肯輕受婉勸遽予施助如曰友善則已結訟數載毫無情誼之可言如曰信用則彼已詐擾百出飽受其侵害德馨雖極忠懦亦断不視其親筆簽字銷案而中途忽予以七百元之鉅數資敵自擾之理此明係朱慎之以為詐擾之得計復施故伎而再施其擾詐此端一開不獨案無終結之

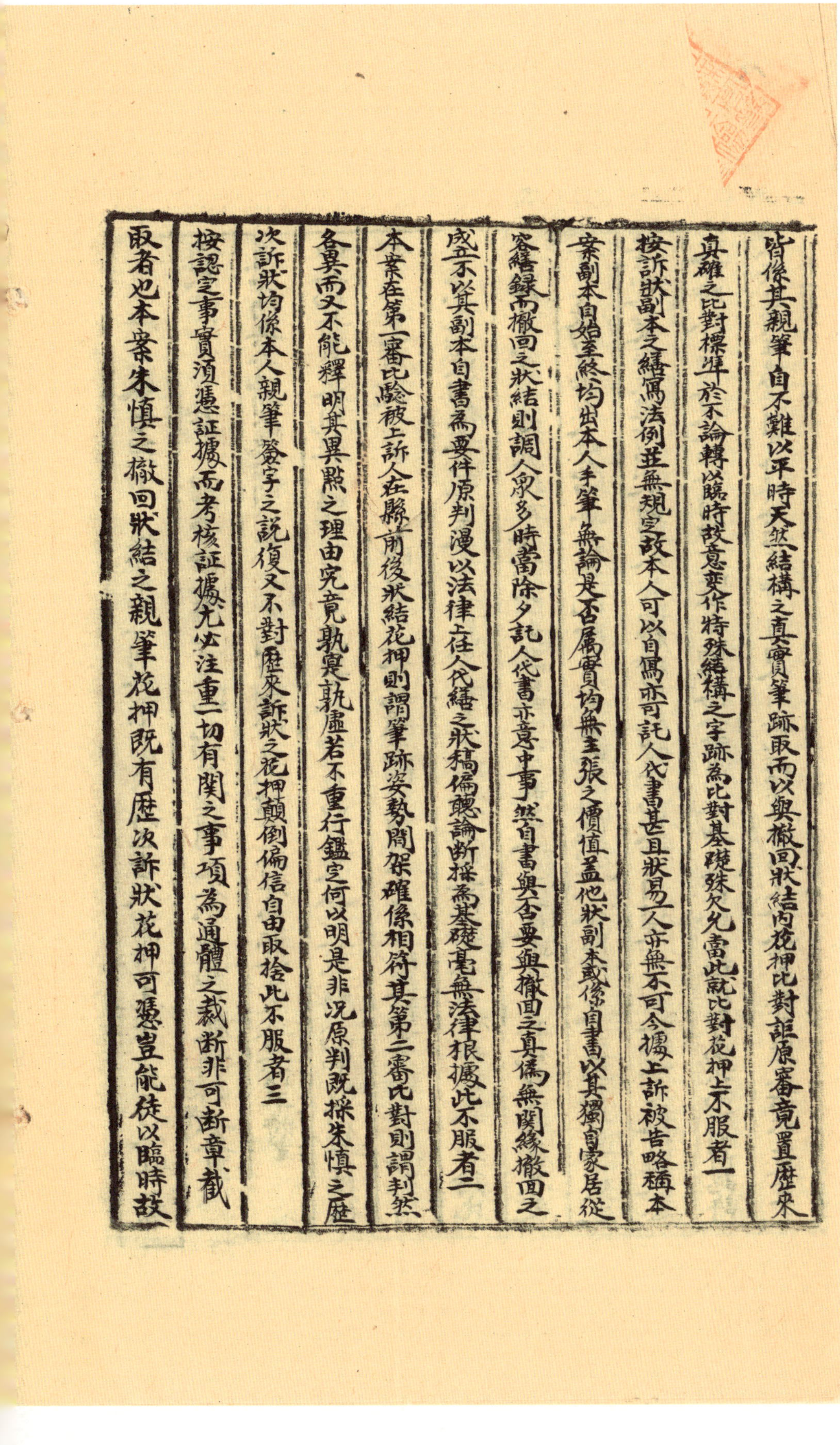

皆係其親筆自不難以平時天然結構之真實筆跡取而以與撤回狀結內花押比對詎原審竟置歷來
真確之比對標準於不論轉以臨時故意變作特殊結構之字跡為比對基礎殊欠允當此就比對花押上不服者一
按訴狀副本之繕寫法例並無規定故本人可以自寫亦可託人代書甚且狀易一人亦無不可今據上訴被告略稱本
案副本自始至終均出本人手筆無論是否屬實均無主張之價值蓋他狀副本或係自書以其獨自家居從
容繕錄而撤回之狀結則調人眾多時當除夕託人代書亦意中事然自書與否要與撤回之真偽無關緣撤回之
成立不以其副本自書為要件原判漫以法律上任人代繕之狀稿偏聽論斷採為基礎毫無法律根據此不服者二
本案在第一審比驗被上訴人在縣前後狀結花押則謂筆跡姿勢間架確係相符其第二審比對則謂判然
各異而又不能釋明其異點之理由究竟孰真孰虛若不重行鑑定何以明是非況原判既採朱慎之歷
次訴狀均係本人親筆簽字之說復又不對歷來訴狀之花押顛倒偏信自由取捨此不服者三
按認定事實須憑證據而考核證據尤必注重一切有關之事項為通體之裁斷非可斷章截
取者也本案朱慎之撤回狀結之親筆花押既有歷次訴狀花押可憑豈能徒以臨時故一

图5-1-1-3

5

中華民國十八年五月　日

具狀人杭德馨（杭德馨印）

繕寫人（姓名未填）

經手發行處江蘇高等法院檢察處

發行狀紙[illegible]處
加蓋[illegible]衙門戳記

律師丁光祖（印）

律師張紹詩（印）

日抑且受害伊於胡底爰依刑事訴訟法第三百八十九條及第三百九十一條第六項之
規定認原判違背法令提出上訴理由書仰祈
鈞長鑒核廢棄第二審判决維持第一審判决以杜詐擾除向鎮江地方法院聲
明上訴請求檢卷申送外謹狀

證人	證物

江蘇高等法院　公鑒

图5-1-1-4

2. 律师孙锡中阅卷声请书（谢在中贪污案）（1948年）（档案号：A020-1947-002-1194-0001）

下图为律师孙锡中向六合地方法院提交的阅卷声请书。该声请书载：“本律师经指定任为辩护人，所有本案卷宗亟待查阅，为此声请大院即将全卷连同附件交给阅览钞录。”

南京国民政府1935年颁行的《刑事诉讼法》第三十三条规定：“辩护人得检阅卷宗及证物，并得抄录之。”

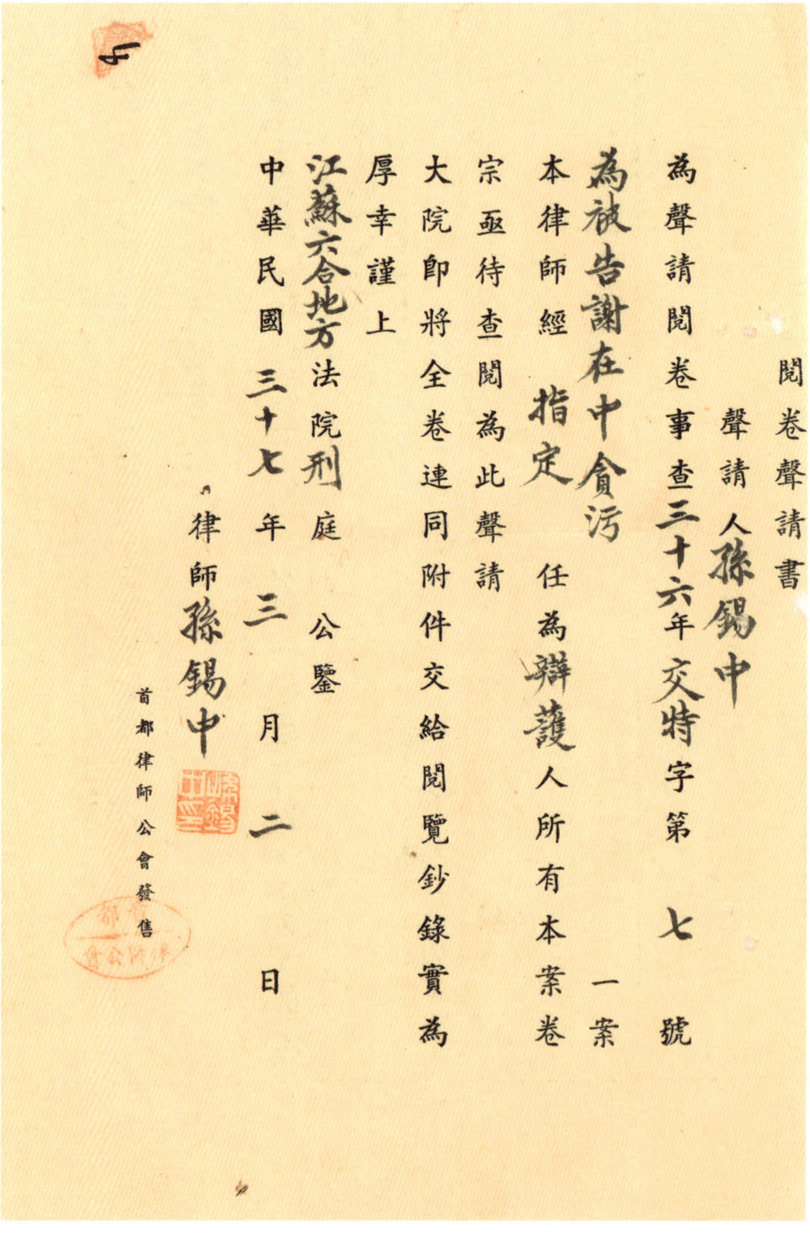
閱卷聲請書

聲請人孫錫中

為聲請閱卷事查三十六年交特字第七號

為被告謝在中貪污一案

本律師經指定任為辯護人所有本案卷

宗亟待查閱為此聲請

大院即將全卷連同附件交給閱覽鈔錄實為

厚幸謹上

江蘇六合地方法院刑庭公鑒

中華民國三十七年三月二日

律師孫錫中

首都律師公會發售

图5-1-2

3. 律师高天摩撰声请状（张恨愚杀人案）（1948年）（档案号：A020-1948-002-0988-0001）

本组图为律师高天摩为被告人张恨愚撰写的刑事声请状。张恨愚因涉嫌故意杀人在押，高天摩代张恨愚向镇江地方法院提出“补传人证分函调查，以利诉讼进行，而期雪冤”，其从5个方面展开论述：（1）被告人有无杀害张雍冲之必要仇恨；（2）被告人有无谋杀张雍冲之时间、空间；（3）被告人心理与侦查者之心理显有歧异；（4）凶器伤痕及凶手往返路线勘验记载互各不符；（5）被告人等之共同被告各有缘因。与一般的当事人诉讼文书相比，该律师诉讼文书的逻辑层次分明，善于从证据方面进行阐释，体现出了律师的专业水准。

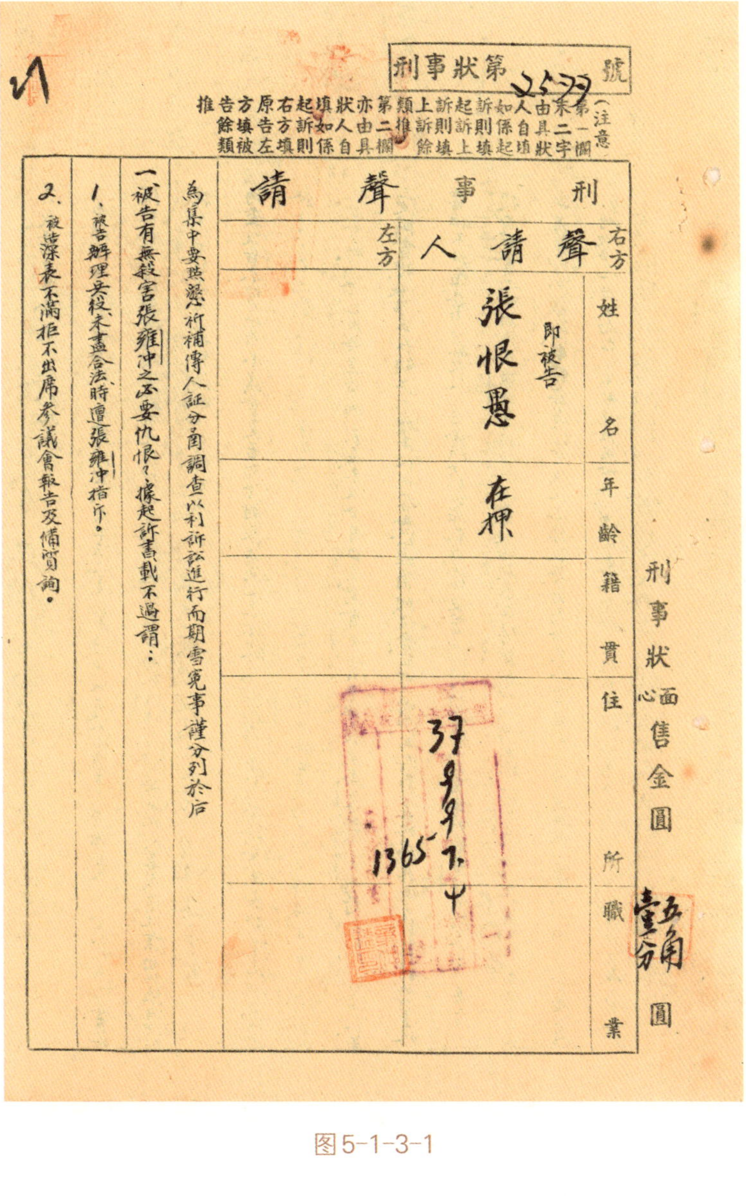
21

刑事狀第 2579 號

（注意：第一欄末二字由具狀人自填，如係起訴則填起訴，上訴則填上訴，餘類推。第二欄亦由具狀人自填，如係起訴則填右方原告、左方被告，餘類推）

刑事聲請

右方 聲請人 姓名 張恨愚 即被告 年齡 在押 籍貫 住所 職業

左方

為集中要點懇祈補傳人証分函調查以利訴訟進行而期雪冤事謹分列於后

一、被告有無殺害張雍冲之必要仇恨？據起訴書載不過謂：

1、被告辦理兵役，未盡合法，時遭張雍冲指斥。

2、被告深表不滿，拒不出席參議會報告及備質詢。

刑事狀面售金圓　圓

图5-1-3-1

嫌，遂以殺人之手段為防止彈劾之方式，除卻特殊變端過度周納容或有之，要於通常人情事理之下，為絕無之事，此其三。

二、被告有無謀殺張雍冲之時間空間。

1、被告在句容於二十六年十月軍事科奉令裁撤科長，因此卸職，十三日即與大隊附朱衍聖、大力士姜覺餘前往鎮江、無錫一帶為軍校通訊處舉辦募捐，至十一月四日復於鎮江（請函軍校通訊處調查）翩晤保安司令部人事室主任徐鴻鈞，始知發表句容民眾自衛隊總副總隊長，遂於五日下午赴句到差，絕無到差之後即着手預謀殺人之理，而徐安全抑何能預知被告返句不能自來之理，再者，張雍冲於十一月三日赴京，亦於五日晚間返句，其在縣銀行與人商談弔孝之事，當時被告正在大隊長陳紫綬房內與其夫人及陳局長（係馮師長之嫂）太太章醫官等打牌，更無得此消息之理，此其一。

2、六日早晨七時許，被告即往縣府取卷參考，後轉赴華陽鎮開會，業經會議紀錄簽名及副鎮長當庭陳述到會無異，開會之後行至縣府前十字街口，遇史忠孝同時登車出發，往張雍冲處場察看，十一時許（與朱衍聖同返，到城後約已下午一時）互証參觀，堪為鉄證，惟徐安全果有前來被告家中之事，陳紫綬夫妻與被告房門相對，不能無見，洪榮富之中隊長為劉德祥，分隊長為吉天相，榮富既為該隊士兵，絕無不假外出之理，既榮富自稱隊長派我進城，是否即有

鎮江文倫印刷紙號

图5-1-3-2

其事不難傳喚其中分隊長立白其証、此其二。

3、查鎮江開句容之早班汽車、何時經過大小蘆塘、何時到達城內、洪榮富是否乘車、當時有無適巧班車可搭、抑係步行來城、經過若干時間、方能到達被告之家、是否先到別處辦完公事始來我家玩耍、抑或先來被告家中、然後他去、蓋洪學富早到、則徐安全或許未來、洪學富遲到、則徐安全或已來過、事前既無約定、其間不能容髮、不加精密推敲、何能別其真偽、而資採信、此其三。

三、被告心理與偵查者之心理顯有歧異

1、偵查人員拟獲被告致徐烈等三封信、對於聯絡高恆興與姓石的算賬一語、即謂有同謀殺人之嫌、殊不知事前果有同謀、何須事後聯絡、而石啟民為貪圖做漂亮地方官、遂不得不實踐「不破案不離句容」漂亮諾言、以期得體抽身、一味操切從事、不求真實發現、縱令左右好事之徒牽強附會、東拉西扯、運用新聞政策、串成一齣傳奇、不顧他人死活、墮入借案誣栽設計傾向之彀中、凡此推斷、皆由無辜被誣之憤慨、與三月十八日大剛報、三月底之南京中央報、四月三日之上海大公報內載消息、倏息三變、殊令被告切齒腐心、不得不大聲急呼「連絡高恆興向姓石的算賬」。

图5-1-3-3

29

抑對于廣託士紳、慰問被害人家屬、句輕信謠言之語、偵查者即認為有妥洽緩衝之嫌、殊不知張雍沖以剛正不阿而遭慘死、凡有血氣者、莫不由同情之慨而興憑悼之誠、被告雖身受縲絏、然未嘗不思協助其家屬、以求真實發現、蓋張雍沖九泉瞑目之日、即被告沉冤大白之時也。

對於徐安全在茅山具五刑、被炮烙、餌之以白米三百石、詢之以一夜十三回、不欲過其誣攀被告而已、查徐安全不過與被告為相識之一弁員耳、士大夫不禁威脅利誘、而忘恩負義者比比皆是、安全目不識丁、處于砧俎之上、求生心切、一但不耐煎熬、雖有恩主、難免被其牽連、被告處此衛己衛人之境、遂不惜仗之以正義勉之以堅忍、偵查者遂以是為唆供、是以矢人之心理、所以與合人背道而馳也、

又、電報寄至被告家中、勤務徐培生送至縣府、當時且有徐瑞芝同閱、竊聽者輒謂被告在家中拆看閱電之後、被告以其鬼蜮伎倆、不值一笑、偵查者謂為沉默變色、冷然苦笑、當時縱有攝影快鏡同一笑也、而人我異觀、孰能知其內心冷熱甜苦哉、又、被告每於疏醒輒一轉身、略有痰咳、牀頭妻兒、知為尋常故態、窗外君子認為此夜特殊、同一輾轉咳咯、而人人異觀、雖有錄音機片、孰能決其為常態抑為變態耶、

鎮江文倫印刷紙號

图5-1-3-4

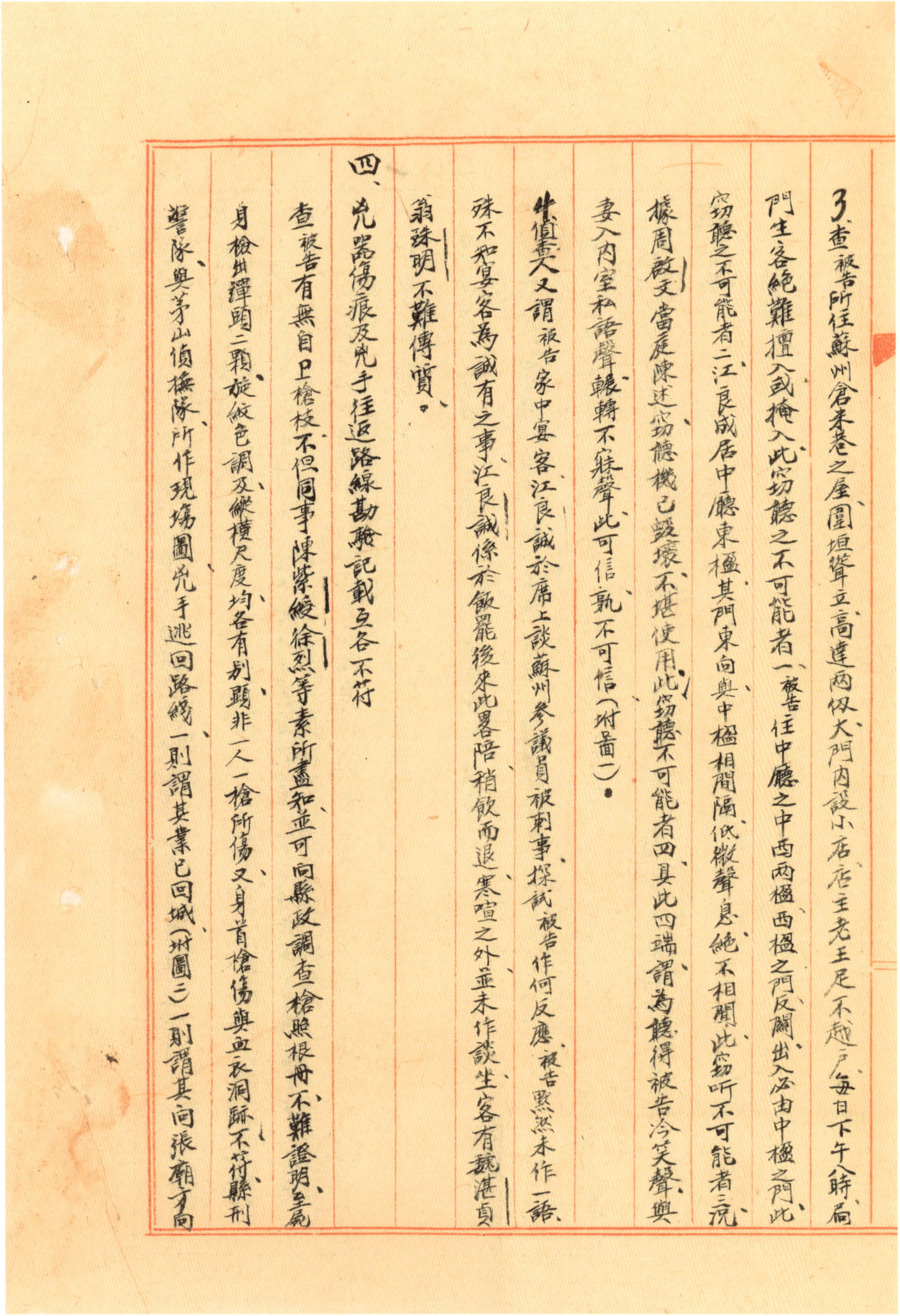

3、查被告所住蘇州倉米巷之屋，圍垣聳立，高達兩仞，大門內設小店，店主老王足不越戶，每日下午八時扃門，生客絕難擅入或掩入，此竊聽之不可能者一。被告住中廳之中、西兩楹，西楹之門反關，出入必由中楹之門，此竊聽之不可能者二。江良成居中廳東楹，其門東向，與中楹相間隔，低微聲息，絕不相聞，此竊听不可能者三。況據周啟文當庭陳述，竊聽機已毀壞，不堪使用，此竊聽不可能者四。具此四端，謂為聽得被告冷笑聲與妻入內室私語聲，輾轉不寐聲，此可信，孰不可信（附圖二）。

牛值夔又謂被告家中宴客，江良誠於席上談蘇州參議員被刺事，探試被告作何反應，被告默然未作一語。殊不知宴客為誠有之事，江良誠係於飲罷後來此略陪，稍飲而退，寒暄之外並未作談，坐客有魏湛貞、翁珠明，不難傳質。

四、兇器傷痕及兇手往返路線勘驗記載互各不符

查被告有無自卫槍枝，不但同事陳紫綬、徐烈等素所盡知，並可向縣政調查槍照根冊，不難證明。至屍身檢出彈頭二顆，旋紋色調及縱橫尺度均各有別，顯非一人一槍所傷。又身首槍傷與血衣洞跡不符，縣刑警隊與茅山偵緝隊所作現場圖，兇手逃回路綫，一則謂其業已回城（附圖三），一則謂其向張廟方向

图 5-1-3-5

30

逃去（附圖三）迥然互異，為此模糊影響，居然起訴論罪，似覺未盡偵查能事。

五、被告等之共同被告各有緣因

1、徐安全之被告，請調查趙長春，詢其畢洪曾否係新四軍所自首，徐安全與之有無若何仇怨。

2、根愚之被告，請向陳棠綬、祝再揚、高豹章調查，貢獻章有無擅令分隊長將所捕匪犯李志明送交茅山內警大隊報功之事，有無根愚誣陷通匪未遂之事。

3、高恒興之被告，請調查王振先與之有無團党派系之爭。

4、石啟民之被告，請調查張雍沖家属有無「不破案決不離句容」之誓言。

綜上五點，為本案之關鍵，所期聖明折獄，不厭煩勞，不苟異同，尤於被告有利證人均請由被告自行指傳，庶幾公正好義之士得已卓然獨立，泥然不漬，真實發現，沉冤昭白，惟

鈞長是賴。

謹狀

图5-1-3-6

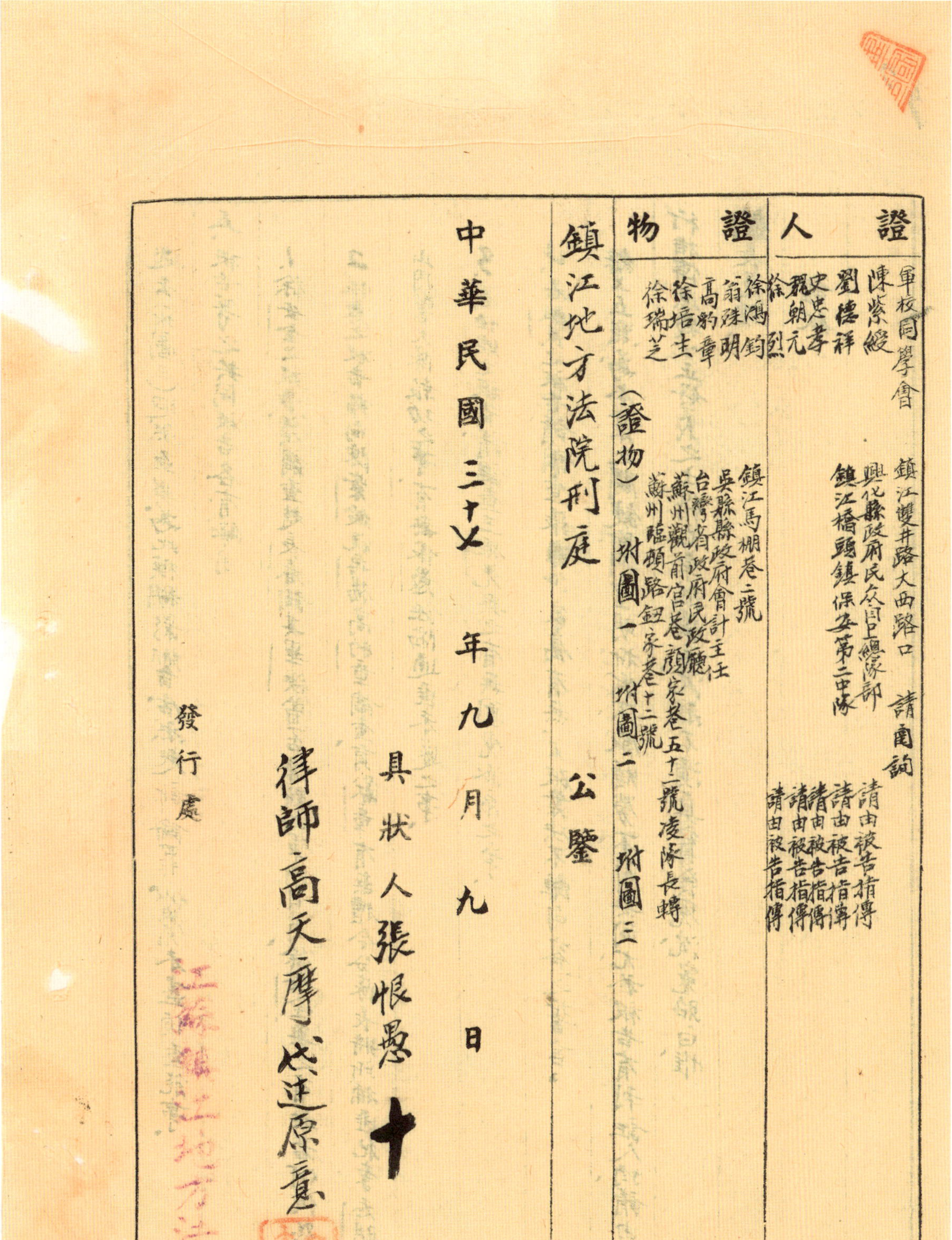

證人
陳紫綬　軍校同學會　鎮江雙井路大西路口　請函詢
劉德祥　興化縣政府民众自卫總隊部　請由被告指傳
史忠孝
魏朝元　鎮江橋頭鎮保安第二中隊　請由被告指傳
徐烈　請由被告指傳
請由被告指傳

證物
徐鴻鈞　鎮江馬棚巷二號
翁洙明　吳縣縣政府會計主任
高鈞章　台灣省政府民政廳
徐培生　蘇州觀前宫巷顏家巷五十二號凌隊長轉
徐瑞芝　蘇州臨頓路鈕家巷十二號
（證物）　附圖一　附圖二　附圖三

鎮江地方法院刑庭　公鑒

中華民國三十七年九月九日

具狀人　張恨愚　十

律師　高天摩　代述原意

發行處

江蘇鎮江地方法院

图5-1-3-7

二、民事类文书

1. 律师李亚生撰起诉状（邬振声诉邬孙氏等确认股权案）（1947年）（档案号：A020-1947-002-0356-0001）

本组图是律师李亚生为原告邬振声撰写的民事起诉状。原告：邬振声，64岁，镇

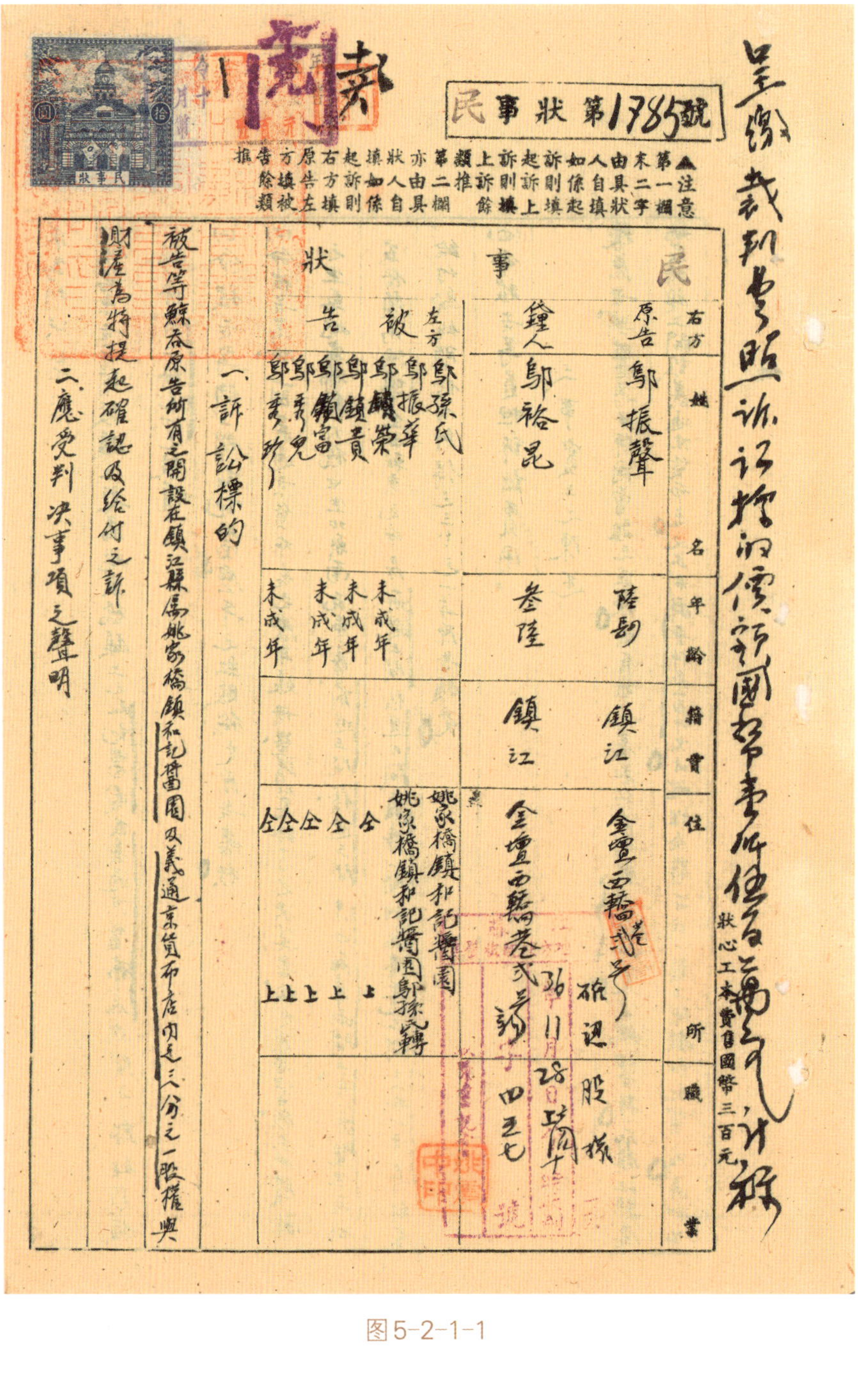
民事狀第1385號

民事狀

右方：原告 鄔振聲，陸肆，鎮江，金壇西轎巷；代理人 鄔裕昆，叁陸，鎮江，金壇西轎巷貳號

左方：被告 鄔孫氏、鄔振華、鄔鎮榮、鄔鎮貴、鄔鎮富、鄔秀兒、鄔秀珍；姚家橋鎮和記醬園

一、訴訟標的

被告等應承認原告所有之開設在鎮江縣屬姚家橋鎮和記醬園及義通京貨布店內是三分之一股權與財產為特提起確認及給付之訴

二、應受判決事項之聲明

图5-2-1-1

江人，住金坛西桥；被告：邬孙氏、邬振华、邬锁荣、邬锁贵、邬锁富、邬秀儿、邬秀珍，住姚家桥镇和记酱园。根据起诉状的记载，“原告与被告等本系同曾祖父之家族，因有祖先养和公出制钱三千千文与姚姓合伙在镇江县属姚家桥镇上开设义通京货布店，又出制钱一千三百千文与姚姓合伙在同一镇上开设和记酱园”，原被告双方发生股权纠纷，原告诉至镇江地方法院，提出确认股权、归还账册等诉讼请求。

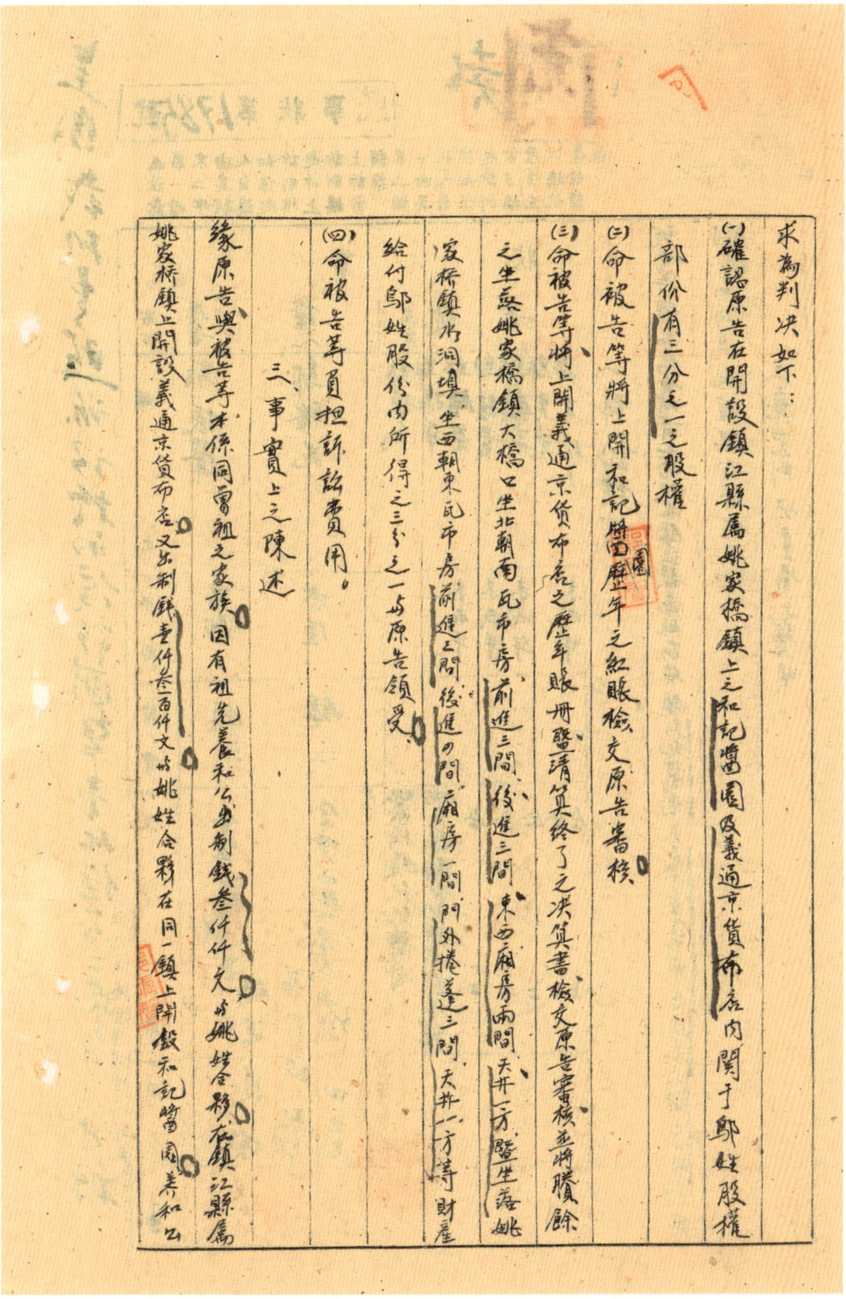
求為判決如下：
(一)確認原告在開設鎮江縣屬姚家橋鎮上之和記醬園及義通京貨布店內關于鄔姓股權部份有三分之一之股權
(二)命被告等將上開和記醬園歷年之紅賬檢交原告審核
(三)命被告等將上開義通京貨布店之歷年賬冊暨清算終了之決算書檢交原告審核並將賸餘之坐落姚家橋鎮大橋口坐北朝南瓦市房前進三間後進三間東西廂房兩間天井一方暨坐落姚家橋鎮水洞埧坐西朝東瓦市房前進三間後進四間廂房一間門外捲蓬三間天井一方等財產給付鄔姓股份內所得之三分之一與原告領受
(四)命被告等負担訴訟費用
三、事實上之陳述
緣原告與被告等本係同曾祖之家族因有祖先養和公出制錢叁仟仟文與姚姓合夥在鎮江縣屬姚家橋鎮上開設義通京貨布店又出制錢壹仟叁百仟文與姚姓合夥在同一鎮上開設和記醬園養和公

图5-2-1-2

生三子，為舜年、詠蓮、步蟾。舜年生二子，一名增福，一名增禄。步蟾生一子，名增祚（号影臣），詠蓮無出，由增禄承继。增福公生一子，名振鐸（号木青）；增禄公生一子，即原告，名振声（号武甫）。增祚已亡，現遺有妻鄔孫氏，子振華（前妻出，現已成年）、鎮荣、鎮贵、鎮富，女秀珍（均未成年，係鄔孫氏所出），養女秀兒等人。依此，則原告对于祖遺与姚姓合夥開設之義通京貨布店及和記醬園鄔姓股份內，當有三分之一股權也。厥後，因增祚（影臣）公迁居姚家橋鎮，為便利計，乃由渠就近管理上開共有財產。在此前，原告常去審核兩店賬目，及支付花利。迨抗战軍興，原告一因体弱常嬰疾病，二因交通梗阻，行旅多艱，致未能前去查賬付利。及至民國卅四年，原告因家庭多故，生活艱困，不得已，乃遣内子到姚镇，設法週轉，以冀救济。詎料被告鄔孫氏（時影臣已亡）竟昧天良，始則予以白眼，继則强謂義通已倒閉，和記為伊独有，與原告無関。原告受此委屈，乃函告姚梓（姚姓股東之二），遂提覆，信挽親族劝解，但終未得要領。後原告採得義通号之所以関閉者，實因鄔影臣在日私人挪用店款所致也。義通号停業清私後，直至目前，尚賸餘市房二座，計正房十三間、廂房三間，天井兩方，仍為被告鄔孫氏与姚姓共有產業。似此不法吞没，殊屬侵害權益，為特提起確認暨給付之訴。

图5-2-1-3

四、理由及証據

甲、理由：

一、查本案系爭標的，係鄔增福、鄔增祿、鄔增祚三房未分劃之祖遺共有祖產，有利三股均分，鬮撥三股攤認，產事一切，須兄弟共商，不得各執己見，原告鄔振声，係增祿公之继承人，則原告依法，当有系爭標的三分之一之权利，無待深論。

二、被告鄔孫氏，主呤和記嘈園，為伊独有，顯係鯨吞，意圖非分。蓋和記营業仍舊曾未改組，原告既為該店合夥人之一，依法依理当得享有份內之股權利益也。

三、民法第六百九十四條規定「合夥解散後，其清算，由合夥人全体，或由其所選任之清算人為之，前項清算人之選任以合夥人全体之過半數決之」。同法第六百九十七條第二項規定，「依前項清償債務或劃出必需之數額後，其賸餘財產，應返還各合夥人之出資」，及同法第六百九十九條規定，「合夥財產，於清償合夥債務，及返还各合夥人出資後，尚有賸餘者，按各合夥人應受分配利益之成數分配之」。

图5-2-1-4

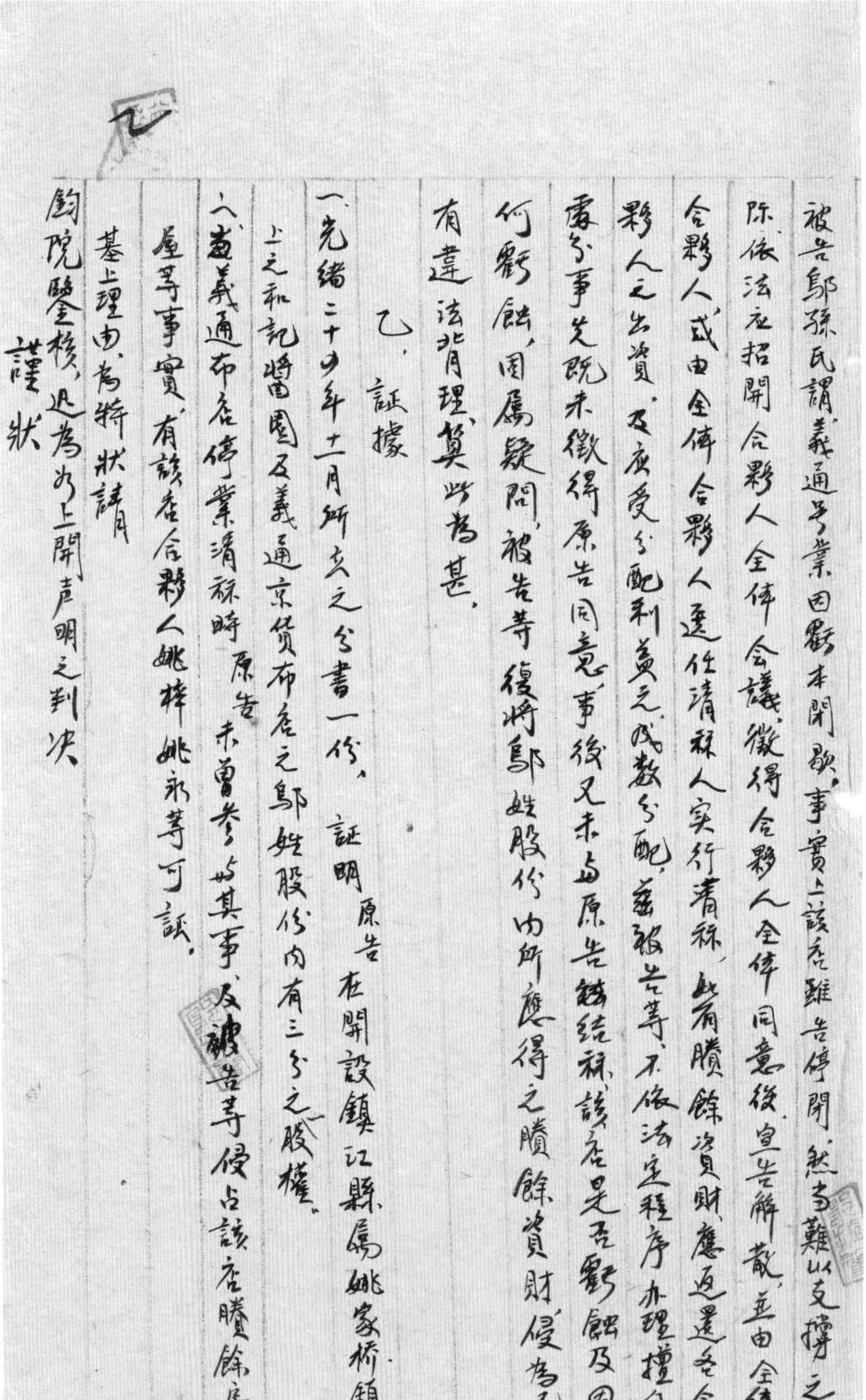
被告鄔孫氏謂，義通号業因虧本閉歇，事實上該店雖告停閉，然尚難以支撑之际，依法应招開合夥人全体会議，徵得合夥人全体同意後，宣告解散，並由全体合夥人，或由全体合夥人選任清算人，實行清算，如有賸餘資財，應返還各合夥人之出資，及应受分配利益之成數分配，乃被告等不依法定程序办理，擅自處分事先既未徵得原告同意，事後又未與原告結算，該店是否虧蝕及因何虧蝕，固屬疑問，被告等復將鄔姓股份内所應得之賸餘資財，侵為己有，違法背理，莫此為甚。

乙、證據

一、光緒二十四年十一月所立之分書一份，證明原告在開設鎮江縣屬姚家橋鎮上之和記醬園及義通京貨布店之鄔姓股份内有三分之股權。

二、查義通布店停業清算時原告未曾參與其事，及被告等侵占該店賸餘房屋等事實，有該店合夥人姚梓、姚永等可証。

基上理由，為特狀請

鈞院鑒核，迅為如上開聲明之判決

謹狀

图5-2-1-5

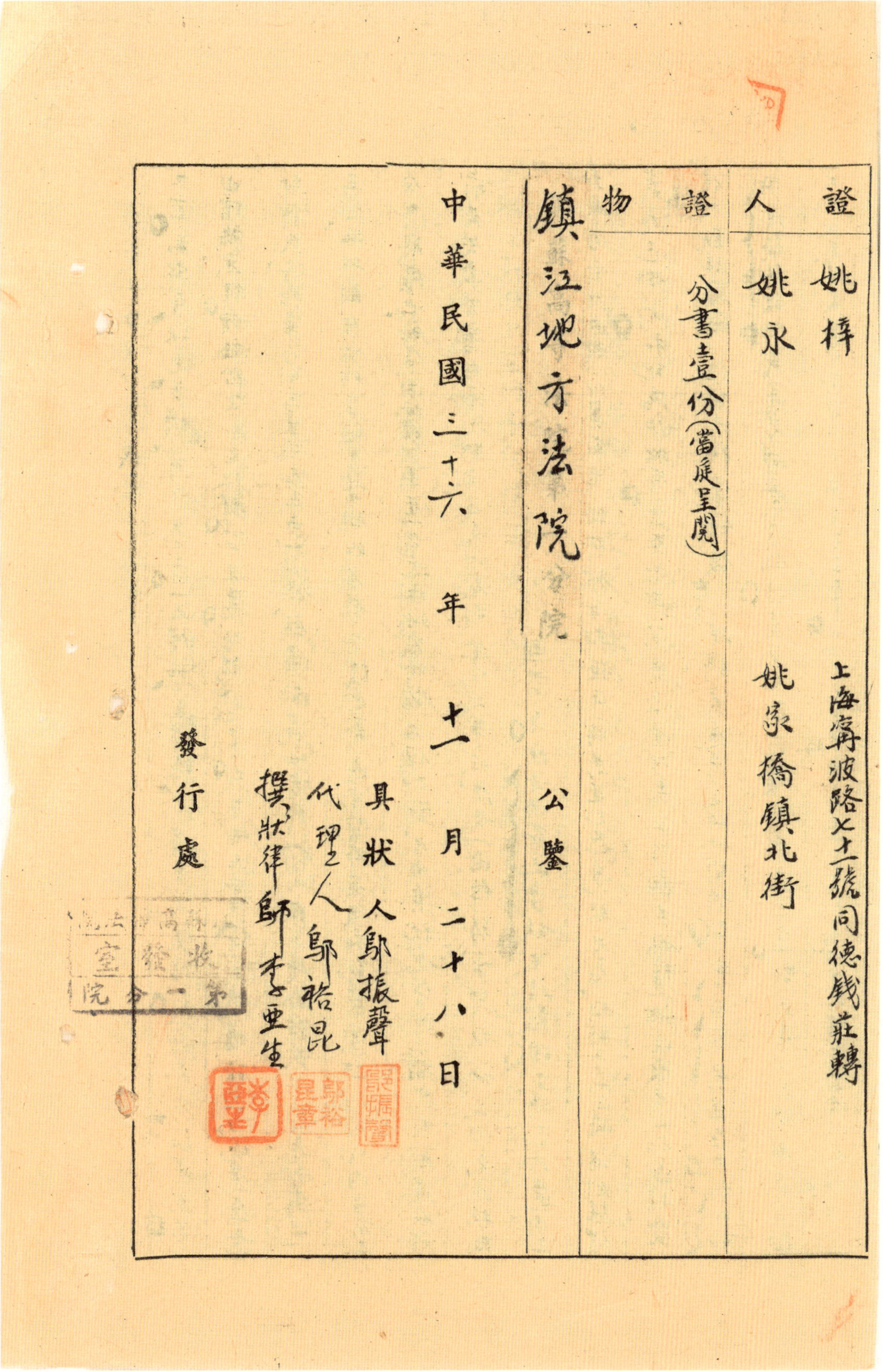
證人　姚梓　上海寧波路七十一號同德錢莊轉
姚永　姚家橋鎮北街
證物　分書壹份（當庭呈閱）

鎮江地方法院　公鑒

中華民國三十六年十一月二十八日

具狀人鄔振聲
代理人鄔裕昆
撰狀律師李亞生

發行處

图5-2-1-6

2. 律师杨璞真撰上诉状（王徐氏等上诉王月荣田产纠纷案）（1948年）（档案号：档案号：A020-1948-002-0067-0001）

本组图为律师杨璞真为王徐氏、王于氏撰写的民事上诉状。上诉人：王徐氏、王于氏，年龄分别为73岁和44岁，高邮人；被上诉人：王月荣。上诉人与被上诉人因田产纠纷抵押产生纠纷，上诉人主张抵押无效，起诉至高邮县政府，一审败诉，后诉至江苏高等法院镇江分院。

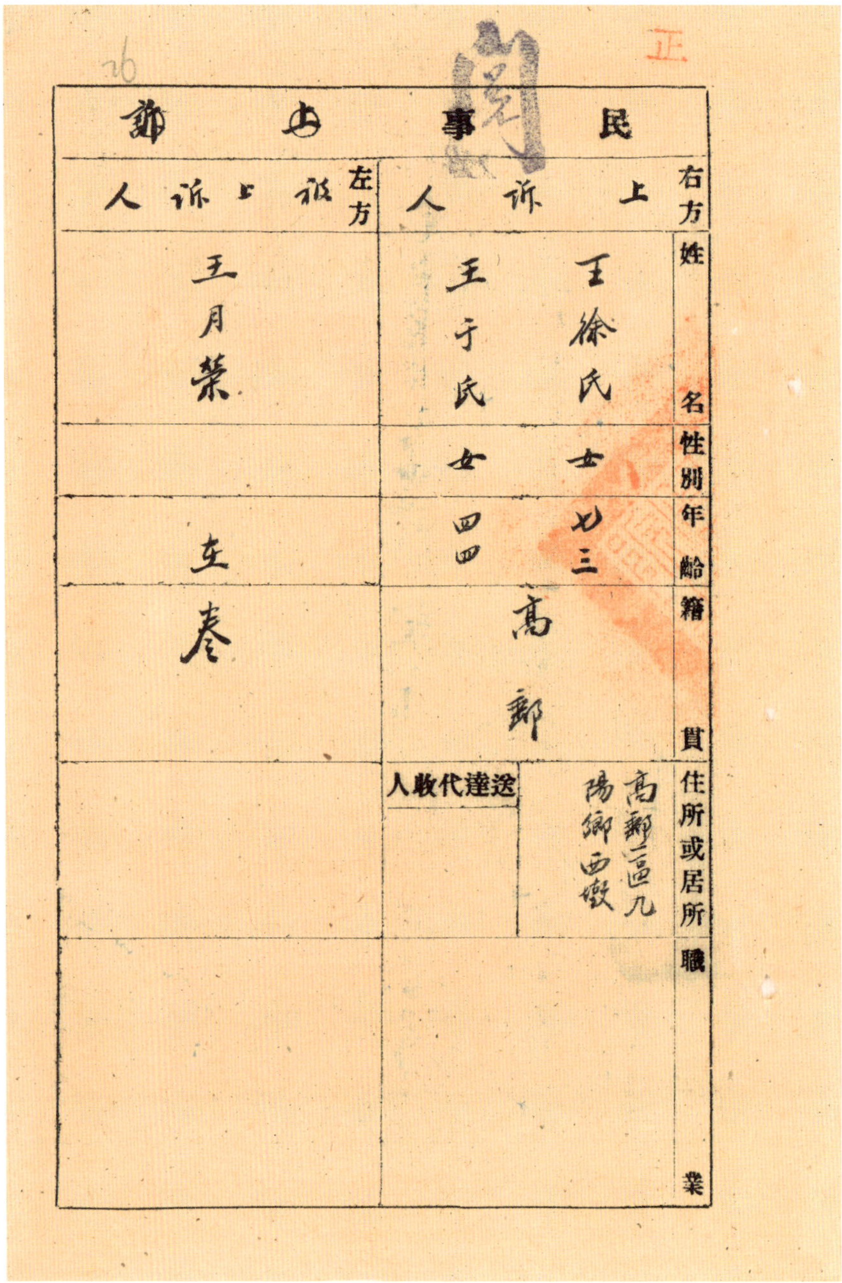

民事上訴

	右方 上訴人	左方 被上訴人
姓名	王徐氏　王于氏	王月榮
性別	女　女	
年齡	七三　四四	在
籍貫	高郵	卷
住所或居所	高郵三區九陽鄉西墩	
送達代收人		
職業		

图5-2-2-1

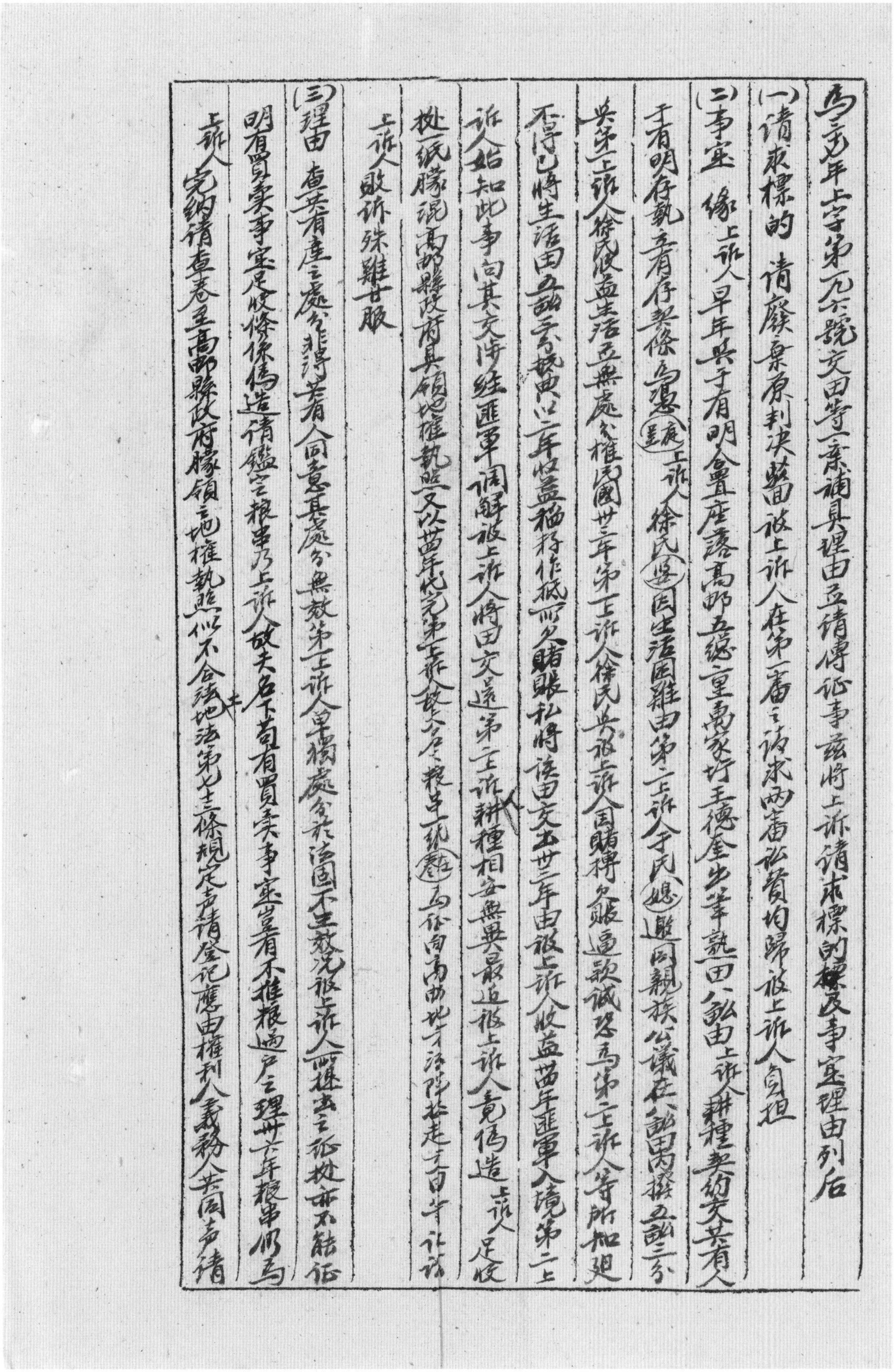

為三九年上字第一九六號交田等一案補具理由並請傳証事茲將上訴請求標的及事實理由列后

(一)請求標的　請廢棄原判決　苗被上訴人在第一審之訴求兩審訟費均歸被上訴人負担

(二)事實　緣上訴人早年與子有明合置座落高郵五總夏家圩王德奎坐業熟田八畝由上訴人耕種契約交其有人子有明存執立有存契條為憑(呈庭)上訴人徐氏(呈)因生活困難由第一上訴人子氏(媳)邀同親族公議在八畝田內撥五畝三分與第二上訴人徐氏俾並生活並無處分權民國卅三年第一上訴人徐氏與被上訴人因賭博欠賬逼歌誠恐為第二上訴人等所知迫不得已將生活田五畝三分抵典以二年收益稻移作抵所欠賭賬私將該田交出卅三年由被上訴人收益苗年匪軍入境第二上訴人始知此事向其交涉經匪軍調解被上訴人將田交還第二上訴耕種相安無異最近被上訴人竟偽造上訴人足收據一紙朦混高郵縣政府具領地權執照又以苗年代完第一上訴人故夫名下糧串一紙(呈)為證向高郵地方法院控告等訴訟上訴人敢訴殊難甘服

(三)理由　查共有產之處分非得共有人同意其處分無效第一上訴人單獨處分於法固不生效況被上訴人所提出之証據亦不能証明有買賣事實足見收條係偽造請鑑定糧串乃上訴人故夫名下苟有買賣事實豈有不推糧過戶之理卅六年糧串仍為上訴人完納請查卷呈高郵縣政府據領土地權執照似不合該土地法第七十三條規定聲請登記應由權利人義務人共同聲請

图5-2-2-2

27

被上訴人並未邀上訴人到場頭僅冒領而縣政府又未經公告手續其法不合況高資城區方開始登記鄉區尚未實行請調查東查土地法第九條規定之利害關係人登記完畢後發現錯誤時以書面聲請該管上級機關查明核准更正可見所有權不能專以所有權狀執照為準例如甲不在鎮江乙私將甲所有財產朦混登記不能以所有權證即認為乙所有剝奪甲之權利本案係爭田老契仍存其有于有明處請傳案訊明調契核閱憑事以證據認定之原告（即被上訴人）証據既不充足即應駁回其訴第一審判決書載明被上訴人供上訴人應繳二年租稻可見其抵押二年符合被上訴人卅三年已收過一年上訴人祇欠一年租稻何可抵賴

綜上理由事實應請傳証人于有明王月堂到案訊明依照上訴人請求標的改判實為公便謹狀

證人　于有明　王月堂　由上訴人轉交

證物　請調于有明處契紙

江蘇高等法院鎮江分院　公鑒

图5-2-2-3

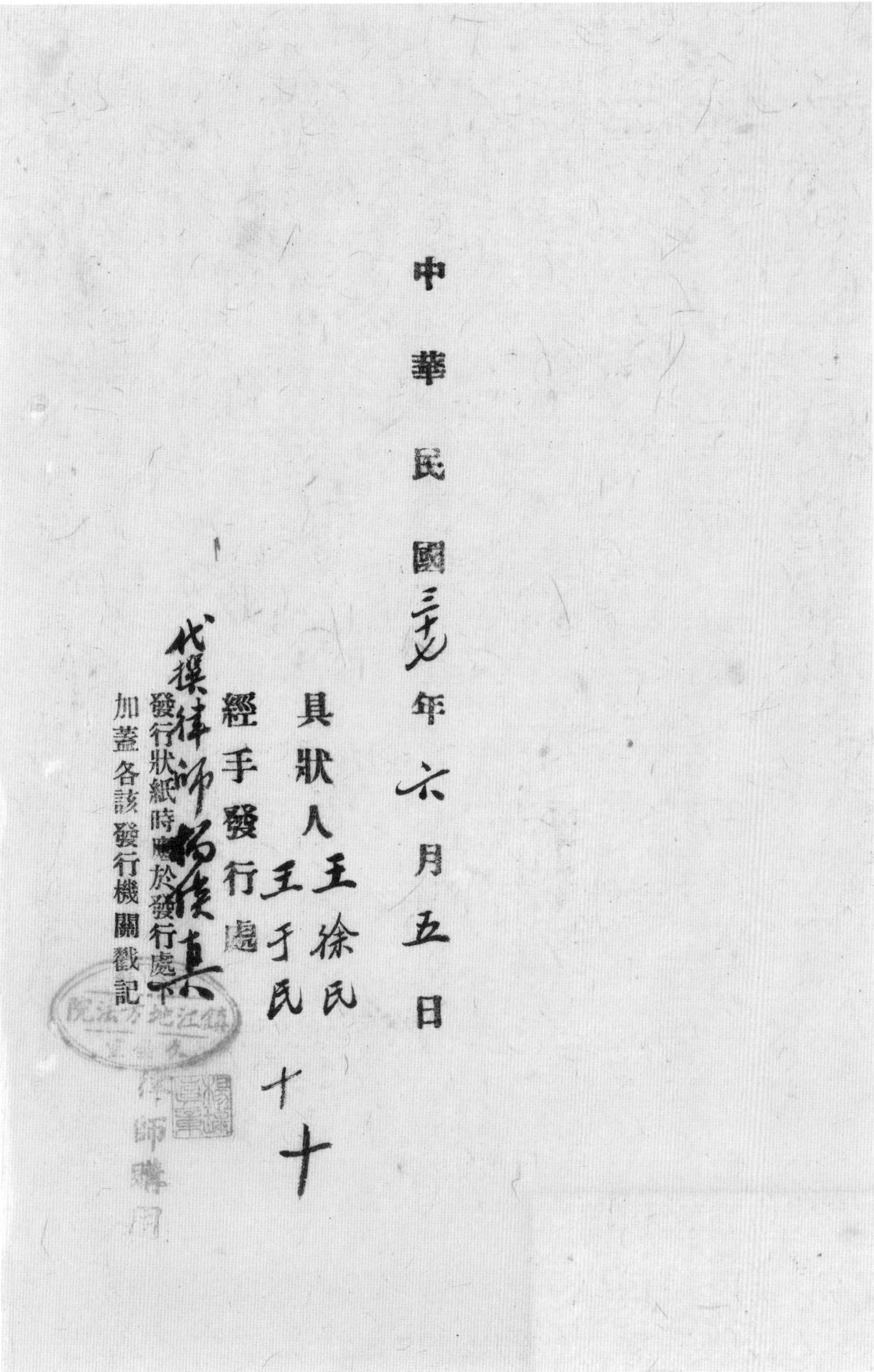
中華民國三十七年六月五日

具狀人王徐氏

王于氏 十 十

經手發行處

代撰律師楊俊真

發行狀紙時應於發行處下

加蓋各該發行機關戳記

鎮江地方法院

律師購用

图5-2-2-4

3. 律师陈达人撰起诉状（陈道龙诉褚桂鸣返还木料案）（1948年）（档案号：A020-1948-002-0732-0001）

本组图为律师陈达人为原告陈道龙撰写的民事起诉状。原告：陈道龙，35岁，住剪子巷91号；被告：褚桂鸣，住中山路247号顺华记营造厂。起诉状载：“原告于卅六年秋拟在上党区西林乡大圩村砌造五间二厢之楼房一所，砖瓦木料皆系原告买齐，交由被告包工承造。讵被告造至中途，即行停工，且将上开木料侵占化用，使原告房屋不能完工，雨雪下注，损毁不堪。”原告诉至镇江地方法院，请求判令被告返还木料。状末有律师陈达人的签名与盖章。

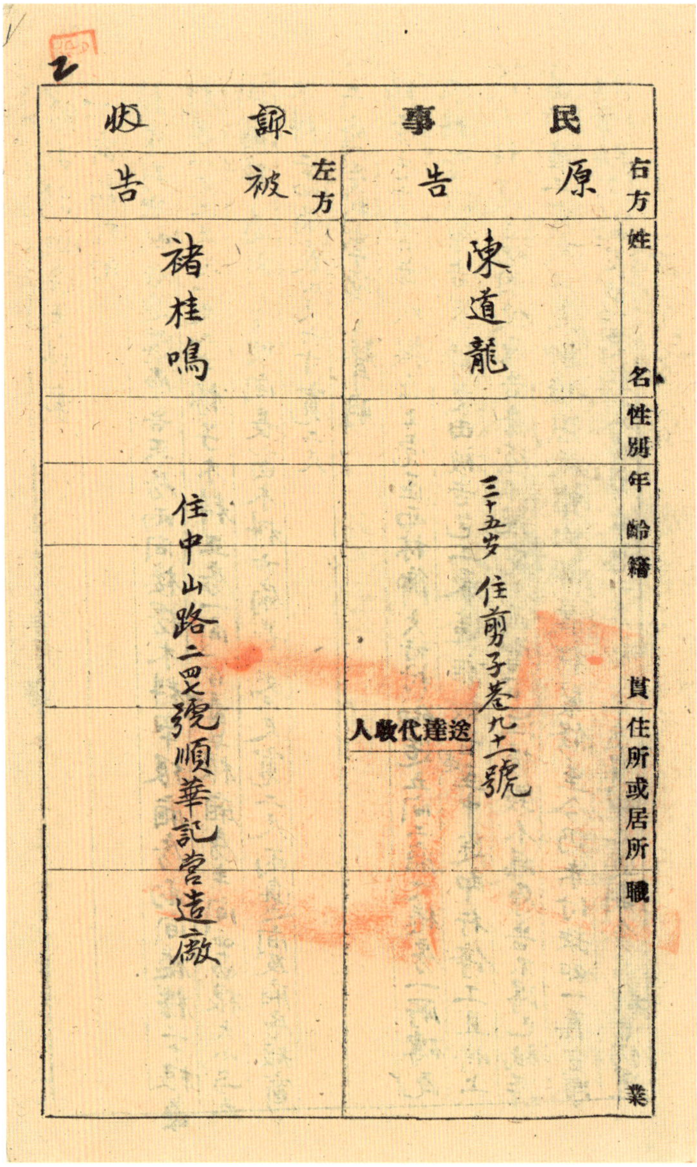

民事訴狀

	右方 原告	左方 被告
姓名	陳道龍	褚桂鳴
性別		
年齡 籍貫 住所或居所	三十五岁 住剪子巷九十一號	住中山路二四七號順華記營造廠
職業		
送達代收人		

图5-2-3-1

為訴請返還木料事

一、訴訟標的

請求判決被告返還原告正房兩間楼楞木料四十根廂房兩間楼楞二十根每根長一丈二尺元一尺二寸椽子木料正房一間一百五十根廂房半間四十四根大小与五開六扇椽子同前簷明間長窗木料六扇長一丈三尺寬二尺兩邊間及廂房短窗木料二十四扇長四尺六寸寬二尺

二、應受判事項之聲明

緣原告于卅六年秋擬在上党區西林鄉大圩村砌造五間二廂之楼房一所磚瓦木料皆係原告買齊交由被告包工承造詎被告至中途即行停工且將上開木料侵占化用使原告房屋不能完工雨雪下注損毀不堪原告不得已祇得另行雇工完成上蓋聊蔽風雨惟內部楼楞裝修至今仍未付缺如一再交涉被告始立認文憑條約定本年古歷二月初三日交還現已過期多月被告仍置

图5-2-3-2

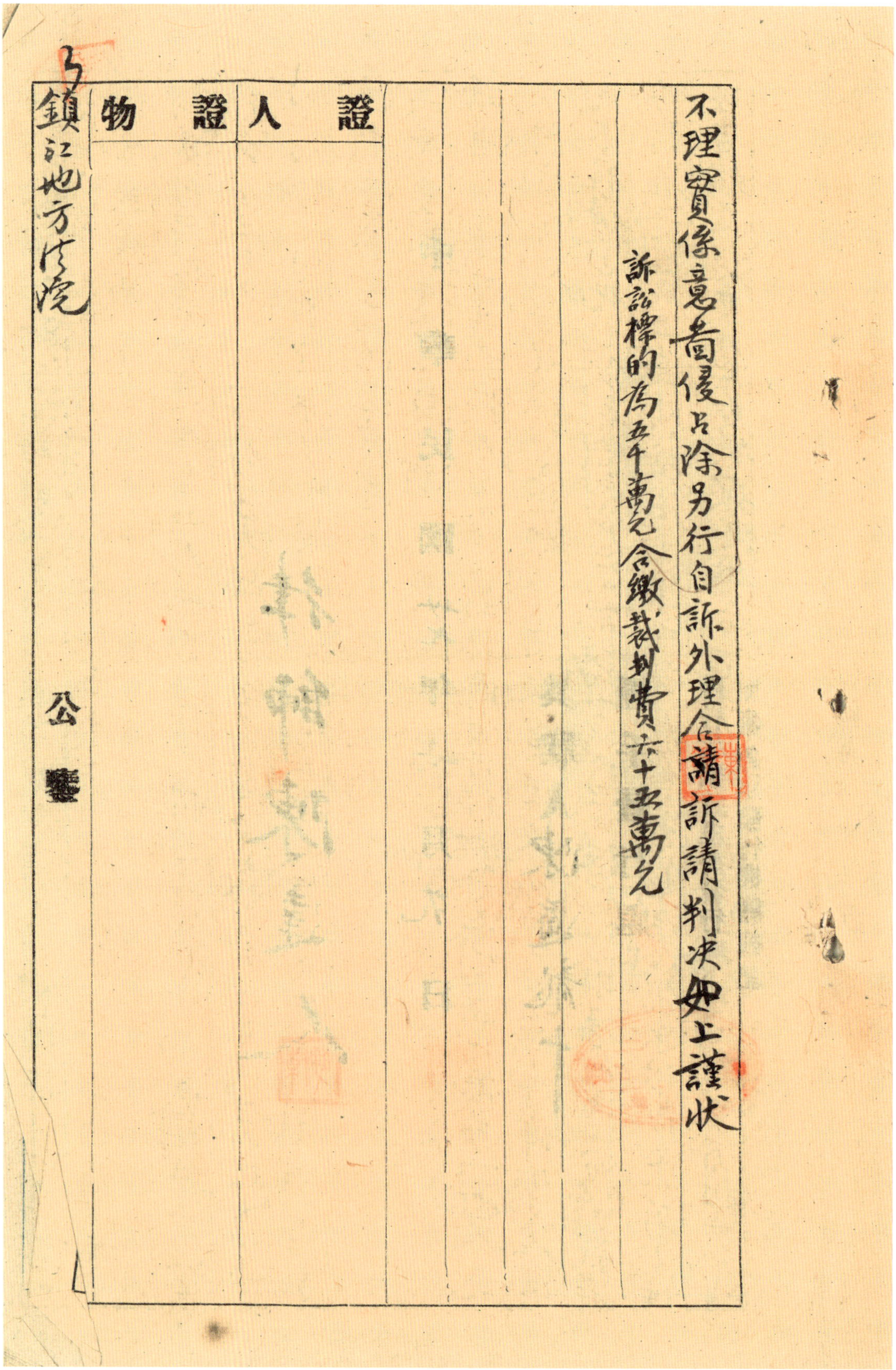
不理實係意圖侵占除另行自訴外理合請訴請判決如上謹狀

訴訟標的為五千萬元合繳裁判費六十五萬元

證人

證物

鎮江地方法院

公鑒

图5-2-3-3

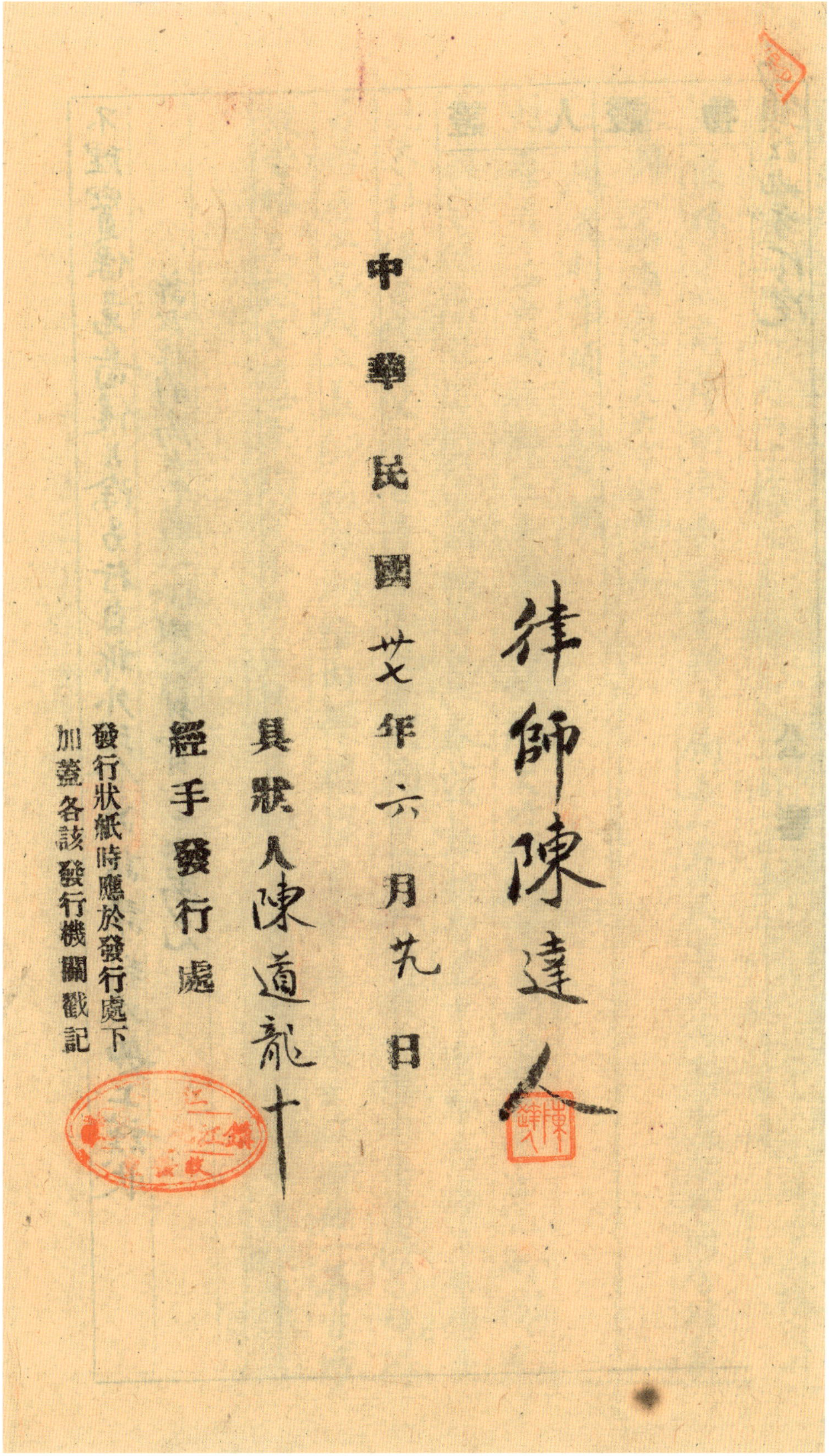
律師陳達人

中華民國廿七年六月廿九日

具狀人陳道龍十

經手發行處

發行狀紙時應於發行處下
加蓋各該發行機關戳記

图5-2-3-4

黏貼司法印紙用紙

民國 年 字第 號 百遠木料 一案

費別	附註	黏貼印紙金額
裁判費	[illegible]	陸拾五万元 〇 角 〇 分

中華民國 三十七 年 七 月 廿九 日

图5-2-3-5

下编

案件举要一（刑事诉讼）

洪志炀、毕陈氏杀人案

中国人历来抱有“人命关天”的强烈观念，一直高度重视杀人案件的处理。以《唐律疏议》为代表的中国传统法典，将杀人犯罪分为谋杀、故杀、斗杀、误杀、过失杀和戏杀6种，体现了高超的立法技术。在民国时期，法律亦非常重视杀人犯罪，以1935年颁行的《中华民国刑法》为例，该法在第十二章“杀人罪”中设立了6个条款予以详细规定，其中第二百七十一条规定：“杀人者，处死刑、无期徒刑或十年以上有期徒刑。前项之未遂犯罚之。”[①] 本案即是一件故意杀人未遂案。

1947年9月22日，六合县第四区第九保五甲六户毕宗谟报案称：“兹因上学期我村公请塾师姓洪名志炀，来时未久与阿嫂通奸。忽于古历八月八日早晨，适吾兄宗成赴宴回来，讵料阿嫂与该洪志炀尚在房间同宿，霎时吾嫂唤吾兄宗成喝米汤解渴，孰知米汤喝后肚疼不止。吾兄自知中毒，即唤吾母及吾舅母等至，并云以后为吾伸冤。即时吾母请人奔至浦镇请西医姚在文医师设法施救，尚不知生命如何。”[②] 根据毕宗谟的报案内容，这是一起犹如“西门庆、潘金莲毒杀武大郎”的严重杀人案件，涉及通奸等个人隐秘信息，对基层社会的冲击力之大不难想象。六合县第四区区公所不敢怠慢，随即拘押了洪志炀和毕陈氏二人，并进行了初步审讯。洪、毕二人对自己的罪行供认不讳，并写下了供述书或口供。区公所后将该案移送六合地方法院检察处继续侦查和起诉。1948年1月14日，六合地方法院检察处对该案提起公诉。1948年3月15日，六合地方法院刑庭做出一审判决：“洪志炀、毕陈氏共同杀人未遂，处有期徒刑六年。”[③]

1948年3月24日，洪志炀、毕陈氏不服一审判决，向位于镇江的江苏高等法院第一分院提出上诉。二人否认存有奸情和毒杀毕宗成，要求改判无罪，其理由包括：一是区公所严刑逼供，其供述不符合事实，应属无效；二是证据存在瑕疵，医师姚在文的证词仅能证明毕宗成食用了毒药，不能排除误食的可能。江苏高等法院第一分院受理该案后，数次开庭对洪志炀和毕陈氏进行讯问，并传唤相关证人到庭作证。被告人

---

① 《中华民国刑法》,《立法院公报》第66期，1935年，第47页。

② 《江苏六合县第四区区公所有关转送共同谋害亲夫主犯洪志炀、毕陈氏的报告》，镇江市档案馆藏，档案号：A020-1947-002-0900-0161。在本案卷宗中，被告人有时写作“洪志扬”，被害人毕宗成有时写作“毕宗诚”或“毕宗城”，本书尊重江苏高等法院镇江分院刑事判决中的写法，以“洪志炀”和“毕宗成”为准。

③ 《江苏六合地方法院刑事判决》，镇江市档案馆藏，档案号：A020-1947-002-0900-0003。

在讯问中坚称无罪，证人证言（特别是医师姚在文）亦无法直接证明犯罪成立，案件审理遂陷入胶着状态，法院只得延长被告人的羁押期限。1948年11月23日，在历经近8个月的审理后，江苏高等法院镇江（第一）分院终于做出二审判决，二审判决“认定事实与第一审认定者同”，但撤销了原判决，改处“有期徒刑二年六月，褫夺公权三年”。[①]至此，本案终于落下帷幕。

纵观该案的审理过程，可以发现南京国民政府的刑事诉讼实践存有如下几个特征：

第一，刑事侦查的水平较低。本案发生后，区公所首先承担侦查任务，但其没有全面调查、科学取证，即主要通过讯问的方式获取口供，没有采取拍照、提取指纹或鉴定等方式固定物证，为在审判环节被告人随意翻供留下操作空间，亦拖长了审判时间。

第二，庭审偏重讯问。查看该案的庭审记录可知，讯问被告人和证人部分在庭审环节占比较大，物证遭到忽略，法律辩论部分被严重压缩，辩护人、被告人、告诉人等庭审参与方的观点难以全面和充分地展开。

第三，对证据认定的说理不足。在刑事诉讼中，法官通过调查证据进而形成证据链来推定犯罪事实，是一项高度复杂的工作，显然需要进行充分的说理来阐明何以采纳或不采纳某项证据。在本案中，推事在认定皆属口供的证据时，说理部分显得较为单薄，难以有效说服当事人。

以上特征说明，民国时期作为法律移植产物的刑事诉讼制度，在中国本土社会的司法实践中，产生了“水土不服”的现象，其效果与制度预期存在较大差异。缩小这种差异，需要制度设计的不断改善和社会环境的持续进步，但历史没有留给南京国民政府这个机会。

洪志炀、毕陈氏杀人案的诉讼文书数量较多，本部分择选的侦查、公诉、审判等关键节点的相关文书，重点展现了江苏高等法院第一（镇江）分院对该案进行二审的实践状况，以期反映南京国民政府时期普通刑事案件的司法面貌。

---

① 《江苏高等法院镇江分院刑事判决》，镇江市档案馆藏，档案号：A020-1947-002-0900-0161。

1. 江苏六合县第四区区公所有关转送共同谋害亲夫主犯洪志炀、毕陈氏的报告（1947年）（档案号：A020-1947-002-0900-0161）

六合县第四区第九保五甲六户毕宗谟向区公所报告，称其嫂毕陈氏与洪志炀通奸，并意图毒杀其兄毕宗成未遂。区公所接到报告后，“旋即将洪志炀、毕陈氏二犯传所个别讯问，均供认不讳”，“同时并由队士在毕陈氏枕下查出小刀一把，据二犯供称，该刀日前准备刺杀毕宗成及自卫之用”。1947年9月24日，区公所向县政府移交人犯及相关证据。

图 A1-1

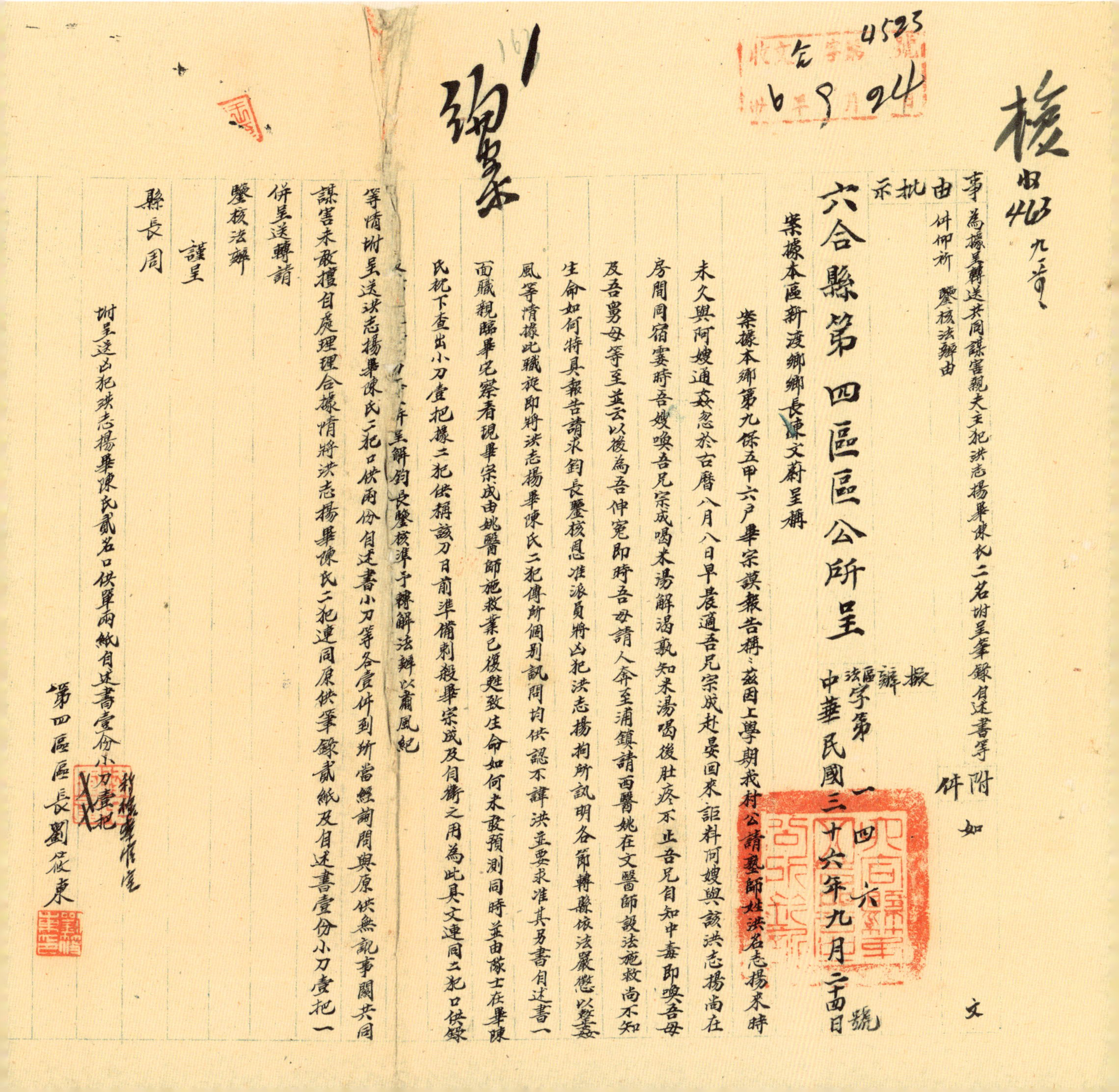
事由：為據呈轉送共同謀害親夫主犯洪志揚畢陳氏二名併呈筆錄自述書等件仰祈鑒核法辦由
附件：如文
批示：
六合縣第四區區公所呈　法區字第一四六號　中華民國三十六年九月二十四日
案據本區新渡鄉鄉長陳文蔚呈稱：
案據本鄉第九保五甲六戶畢宗謨報告稱：茲因上學期我村公請塾師姓洪名志揚來時未久，與阿嫂通姦，忽於古曆八月八日早晨適吾兄宗成赴晏回來，詎料阿嫂與該洪志揚尚在房間同宿，宴時吾嫂喚吾兄宗成喝米湯解渴，孰知米湯喝後肚疼不止，吾兄自知中毒，即喚吾母及吾舅母等至，並云以後為吾伸冤，即時吾母請人奔至浦鎮請西醫姚在文醫師設法施救，尚不知生命如何，特具報告，請求鈞長鑒核，恩准派員將凶犯洪志揚拘所訊明各節，轉縣依法嚴懲，以整姦風等情。據此，職旋即將洪志揚畢陳氏二犯傳所個別訊問，均供認不諱，洪並要求准其另書自述書一面，職親臨畢宅察看，現畢宗成由姚醫師施救業已復甦，致生命如何，未敢預測，同時並由隊士在畢陳氏枕下查出小刀壹把，據二犯供稱，該刀日前準備刺殺畢宗成及自衛之用，為此具文連同二犯口供錄[illegible]呈解鈞長鑒核，準予轉解法辦，以肅風紀等情。附呈送洪志揚畢陳氏二犯口供兩份、自述書、小刀等各壹件到所。當經訊問與原供無訛，事關共同謀害，未敢擅自處理，理合據情將洪志揚畢陳氏二犯連同原供筆錄貳紙及自述書壹份、小刀壹把一併呈送，轉請鑒核法辦。
謹呈
縣長周
附呈送凶犯洪志揚畢陳氏貳名、口供筆兩紙、自述書壹份、小刀壹把
第四區區長劉筱東

2. 洪志炀供述（1947年）（档案号：A020-1947-002-0900-0161）

洪志炀在供述中承认了自己的罪行，并做出悔罪表示："此次对毕宗成行动之失检，因而铸成大错，道德法律均所不许，我还有什么话好说的呢？一切都是我的罪恶，这是我自食其果，我应当归罪。本身怎么一时糊涂，弄到这步天地，真令人可恨，还有面目再见任何人？仅仅我一个人也罢了，这一来许多读书人都为我蒙垢。唉，怎么办呢，我过处太大了。"

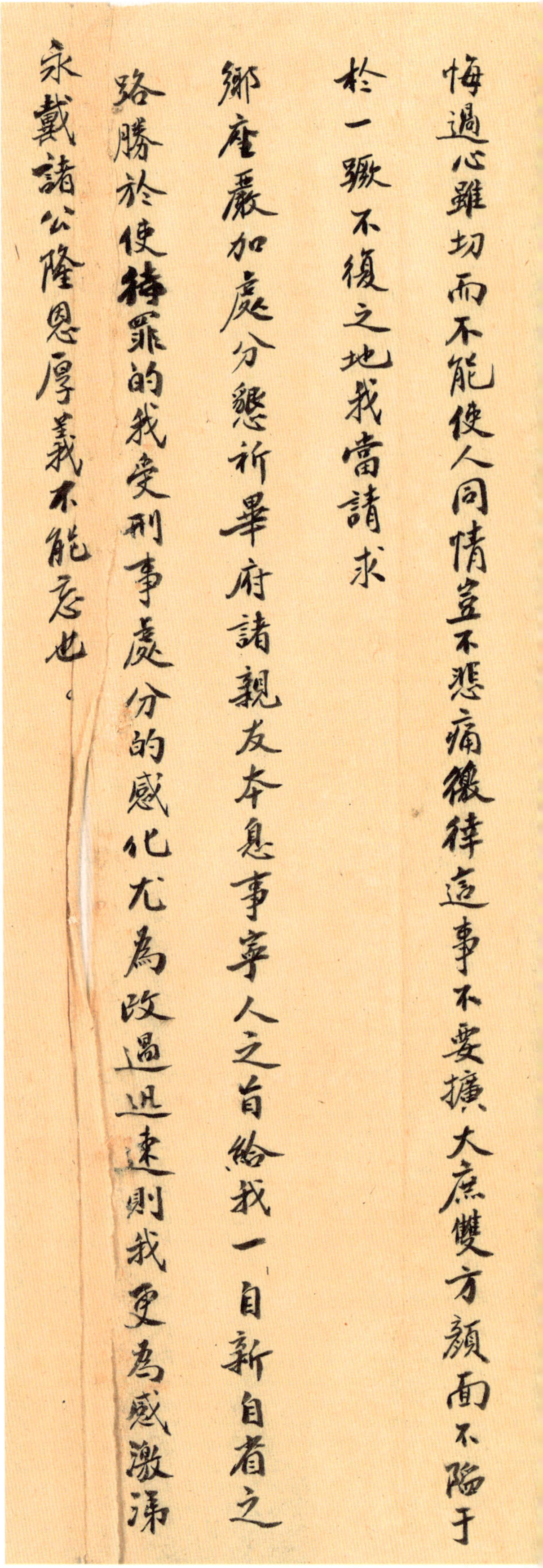

悔過心雖切而不能使人同情豈不悲痛繳倖這事不要擴大庶雙方顏面不陷于
於一蹶不復之地我當請求
鄉座嚴加處分懇祈畢府諸親友本息事寧人之旨給我一自新自省之
路勝於使待罪的我受刑事處分的感化尤為改過迅速則我更為感激涕
永戴諸公隆恩厚義不能忘也。

图 A1-2-1

本年古歷二月間来六合縣新渡鄉陳家小圩教書原抱着一個青年應往農村去的意志當時我的思想很高志趣十分純潔不幸變化到現在的局面這也是猶於自己的能力學識經驗不足不能改造環境反受環境的支配我羞慚無似悔恨何及誠所謂「始為一念之差遂至平生莫贖」我禱盼地方人士與領導地方諸公法外開恩予方便之路賜自新之機則感德不啻再造也

此次对畢宗成行動之失檢因而鑄成大錯道德法律均所不許我還有什麽話好說的呢一切都是我的罪惡這是我自食其果我應當歸罪本身怎麽一時糊塗弄到這步天地真令人可恨還有面目再見任何人僅僅我一個人也罷了這一来許多讀書人都為我蒙垢唉怎麽辦呢我過處太大了

畢陳氏與我先由隣居而認識五月節後始来往較密此番是用班蝥、巴豆給畢宗成吃的起初那預料会鬧出這樣不重听聞的事情我們以前有過這樣的談話就是將來我到别處去謀事她要離開小圩子就離開否則她就住在家裏彼此仍舊保持聯絡東西是我交給她的放時是她經手意思是她起頭的最後我也同意於是有昨日的共謀行為現在我們都不能避免法律的責任惟有懇求我寬大的鄉長鈞座法外施仁原情定罪則佩德靡既矣！

謹呈

鄉長陳

自述人洪志煬 謹上

附呈 卅六、九、廿一

图 A1-2-2

3. 毕陈氏口供录（1947年）（档案号：A020-1947-002-0900-0161）

毕陈氏在口供中承认了自己的罪行，但强调是“上洪志炀的当”，毒药“是洪志炀带来的”，“初八日早晨用米汤与红糖和下去的”，毕宗成吃药时“洪志炀才离我家”。

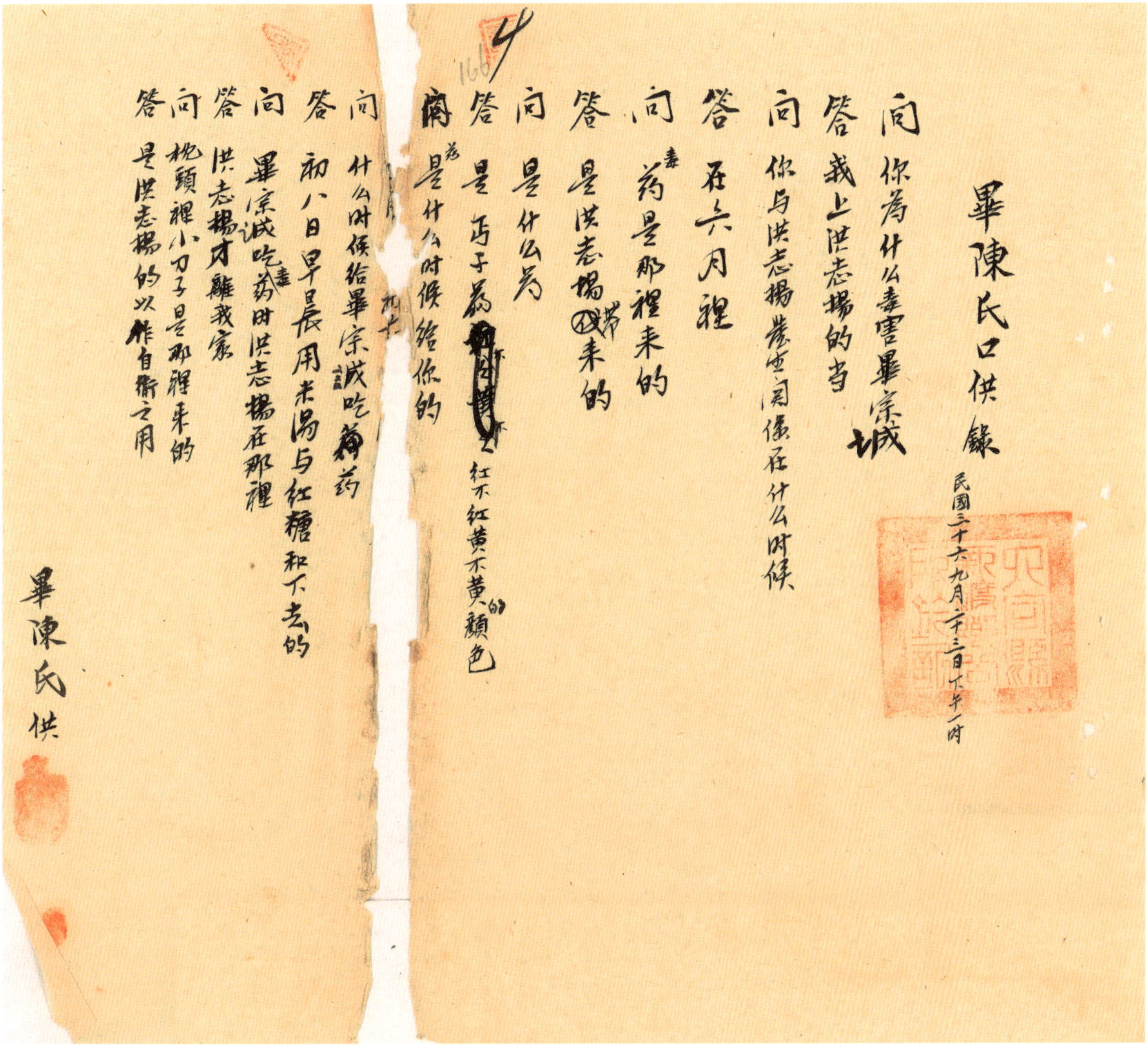
畢陳氏口供錄
民国三十六九月二十三日下午一时
問 你為什么毒害畢宗誠
答 我上洪志揚的当
問 你与洪志揚發生関係在什么时候
答 在六月裡
問 毒药是那裡来的
答 是洪志揚帶来的
問 是什么药
答 是丐子药 紅不紅黄不黄的顔色
問 是什么时候給你的
問 什么时候給畢宗誠吃药
答 初八日早晨用米湯与紅糖和下去的
問 畢宗誠吃毒药时洪志揚在那裡
答 洪志揚才離我家
問 枕頭裡小刀子是那裡来的
答 是洪志揚的以作自衛之用
畢陳氏供

图 A1-3

4. 江苏六合地方法院检察官起诉书（1948年）（档案号：A020-1947-002-0900-0003）

该起诉书显示，经过侦查，检察官认定洪志炀、毕陈氏具有如下犯罪事实：“洪志炀与毕陈氏恋奸情热，乃于上年九月二十二日（即废历八月初八日）以巴豆、斑毛、屯黄之混合剂，使毕陈氏调入和以白糖之米汤中，供给其夫毕宗成饮服，意在致其死命，以图永好，旋经发觉延医诊治，始行脱险。”检察官认为洪志炀、毕陈氏犯罪事实清楚、证据确凿，遂向六合地方法院刑庭提起诉讼。

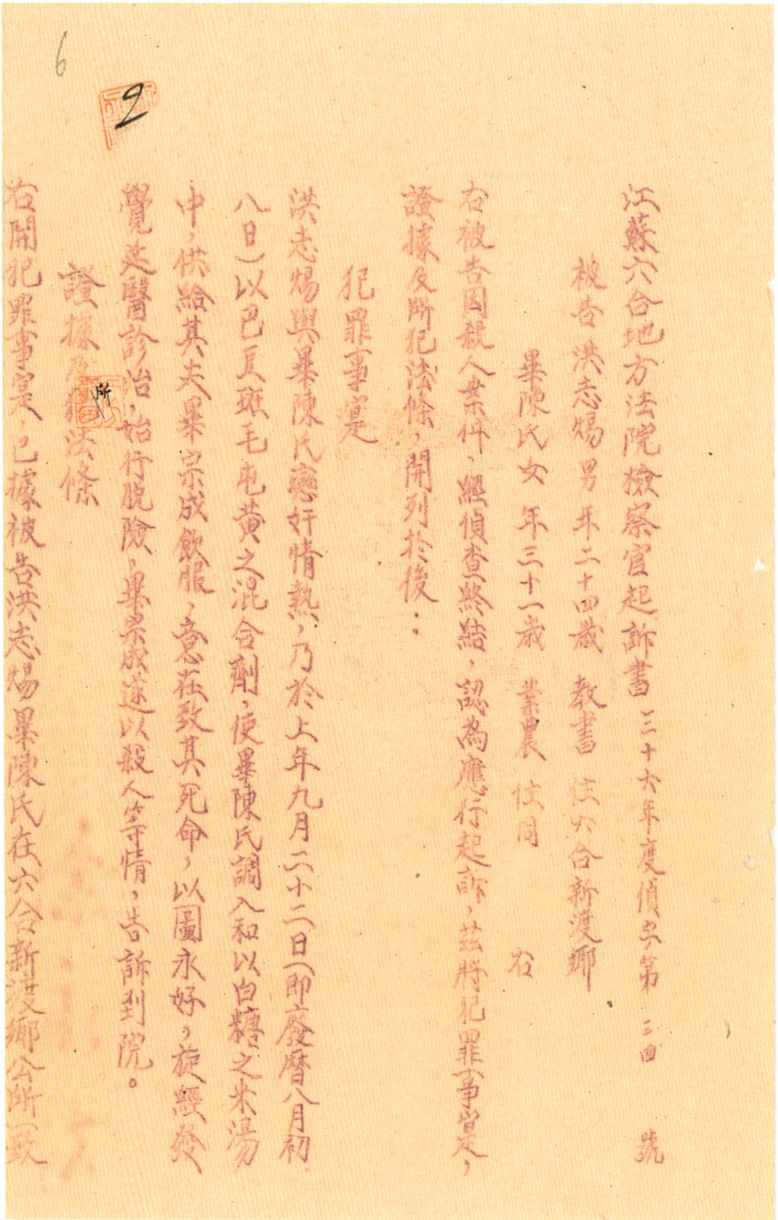

江蘇六合地方法院檢察官起訴書 三十六年度偵字第 三四 號

被告 洪志煬 男 年二十四歲 教書 住六合新渡鄉

畢陳氏 女 年三十一歲 業農 住同 右

右被告因殺人案件，經偵查終結，認為應行起訴，茲將犯罪事實、證據及所犯法條，開列於後：

犯罪事實

洪志煬與畢陳氏戀奸情熱，乃於上年九月二十二日（即廢曆八月初八日）以巴豆斑毛屯黃之混合劑，使畢陳氏調入和以白糖之米湯中，供給其夫畢宗成飲服，意在致其死命，以圖永好，旋經發覺延醫診治，始行脫險，畢宗成遂以殺人等情，告訴到院。

證據及所犯法條

右開犯罪事實，已據被告洪志煬畢陳氏在六合新渡鄉公所[illegible]

图 A1-4-1

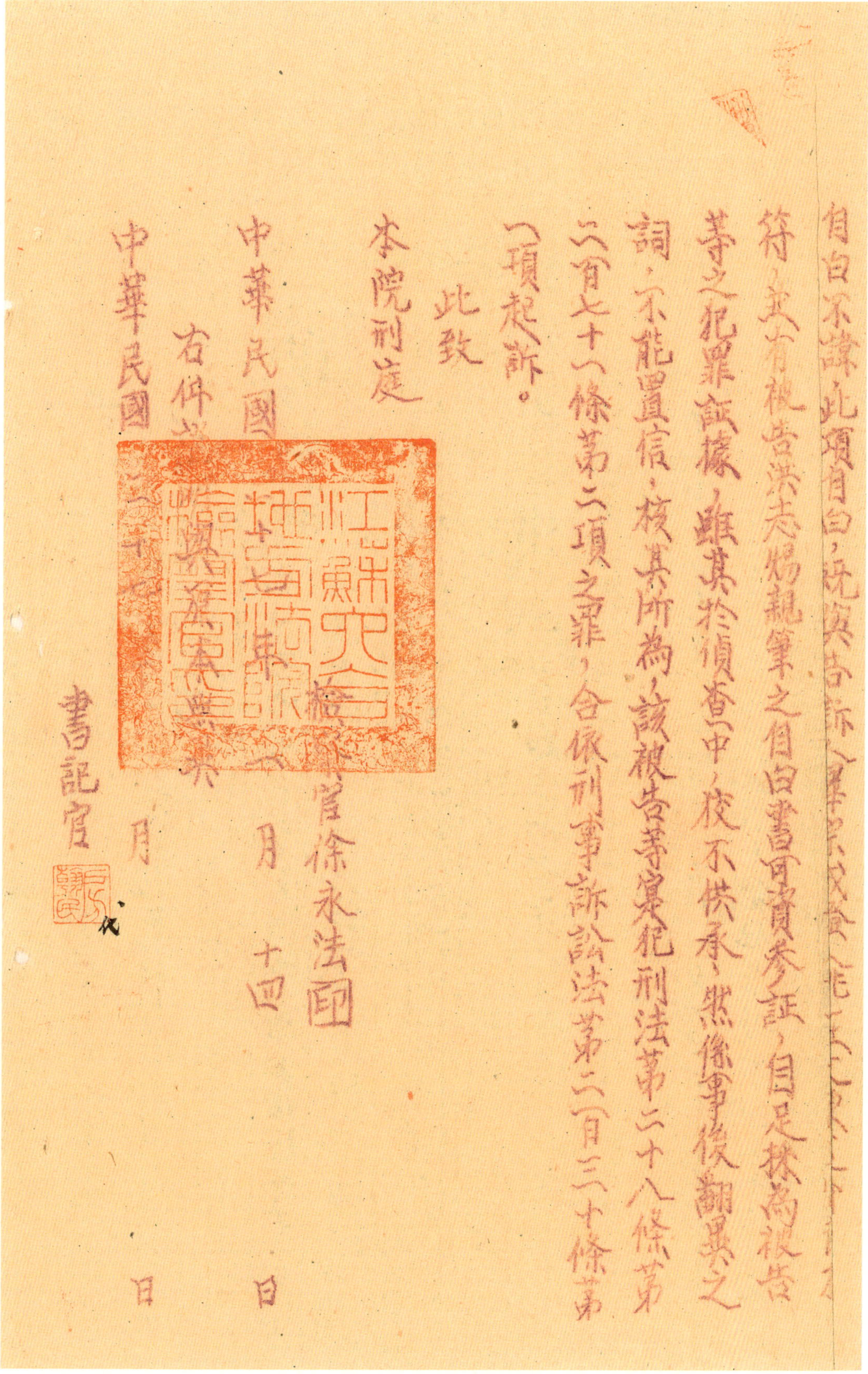

自白不諱，此項自白，既與告訴人……

符，且有被告洪志煬親筆之自白書可資參証，自足採為被告

等之犯罪証據，雖其於偵查中狡不供承，然係事後翻異之

詞，不能置信，核其所為，該被告等實犯刑法第二十八條第

二百七十一條第二項之罪，合依刑事訴訟法第二百三十條第

一項起訴。

此致

本院刑庭

中華民國 年 月 十四 日

檢察官徐永法

右件……無異

中華民國 年 月 日

書記官

图 A1-4-2

5. 江苏六合地方法院刑事判决（1948年）（档案号：A020-1947-002-0900-0003）

1948年3月15日，六合地方法院刑庭对该案做出一审判决：“洪志炀、毕陈氏共同杀人未遂，各处有期徒刑六年。小刀一把没收。”

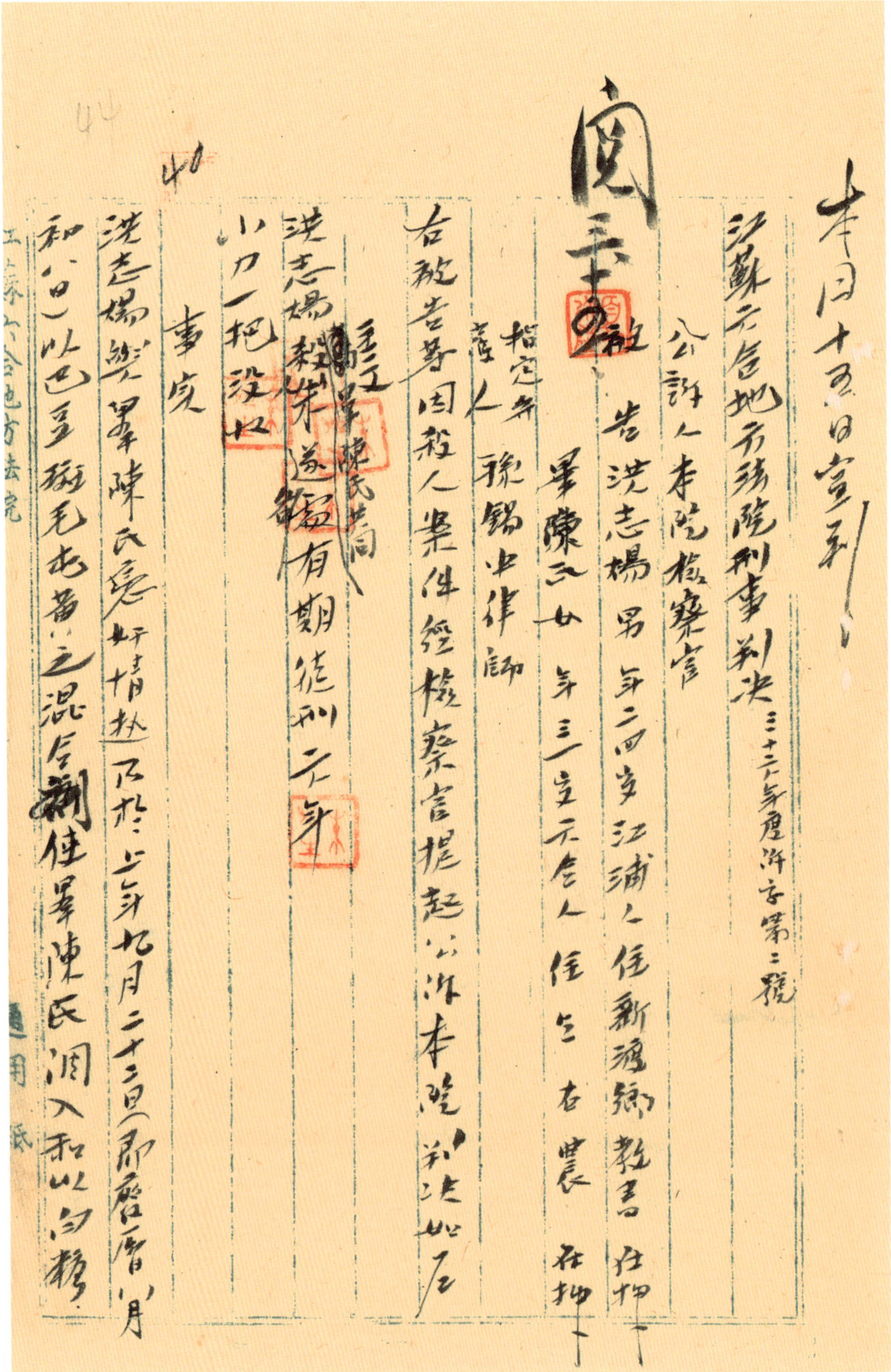
本月十五日宣判

閱

江蘇六合地方法院刑事判決　三十七年度訴字第二號

公訴人　本院檢察官

被告　洪志煬　男　年二十四歲　江浦人　住新篁鄉　教書　在押

畢陳氏　女　年三十一歲　六合人　住　務農　在押

指定辯護人　孫錫山律師

右被告等因殺人案件經檢察官提起公訴本院判決如左

主文

洪志煬、畢陳氏共同殺人未遂各處有期徒刑六年

小刀一把沒收

事實

洪志煬與畢陳氏通姦情熱乃於三十六年九月二十三日即舊曆八月

初九日以巴豆雞毛末等之混合劑使畢陳氏潤入和以白糖

图 A1-5-1

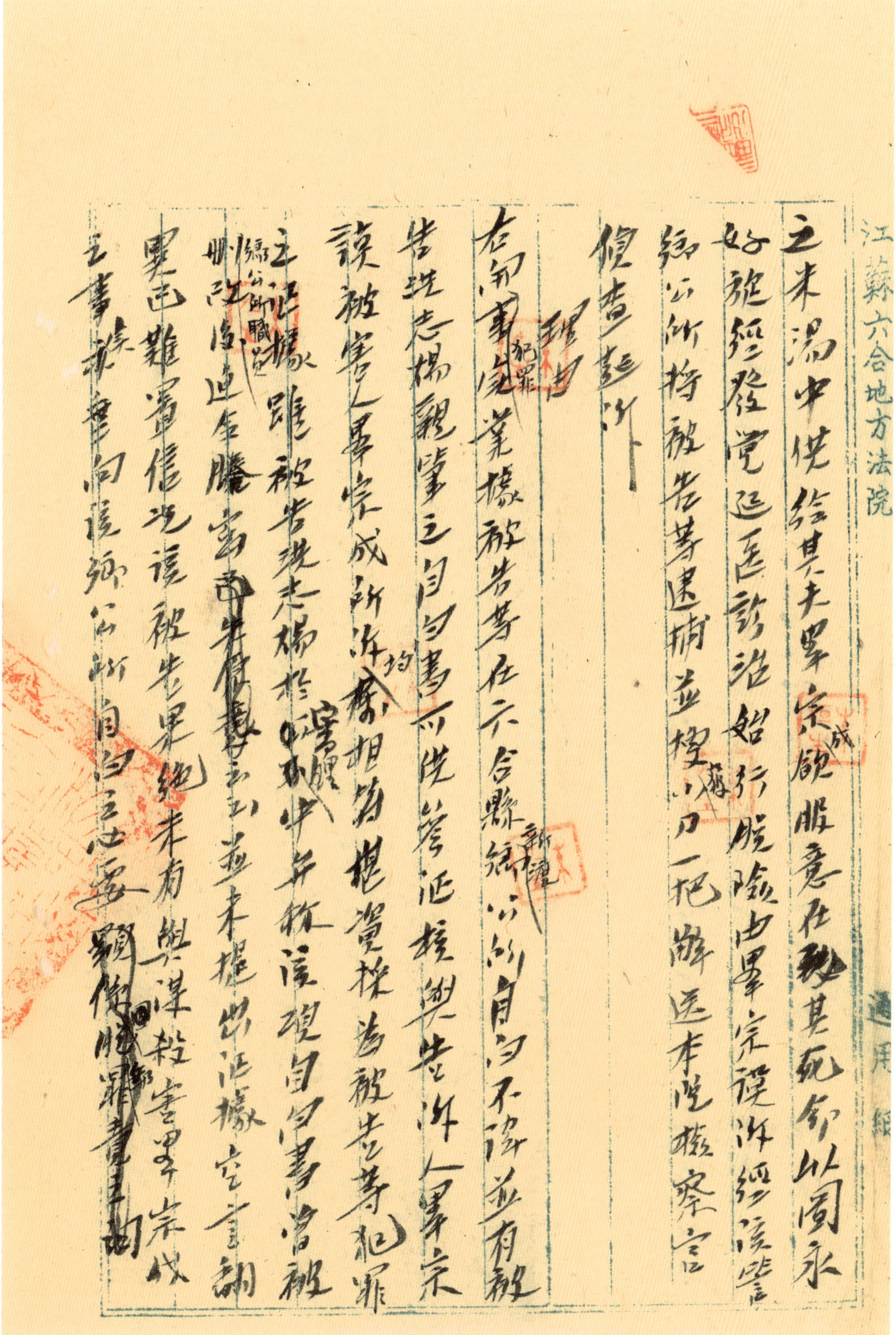
江蘇六合地方法院

之米湯中供給其夫畢宗成飲服意在致其死命以圖永
好旋經發覺延醫診治始行脫險由畢宗成訴經該管
鄉公所將被告等逮捕並搜獲小刀一把解送本院檢察官
偵查起訴
理由
查本案犯罪事實業據被告等在六合縣新篁鄉公所自白不諱並有被
告洪志煬親筆之自白書可供參證核與告訴人畢宗成
談被害人畢宗成所訴均屬相符自堪採為被告等犯罪
之證據雖被告洪志煬於審理中辯稱該項自白書曾被
鄉公所職員刪改迫令謄寫而其所稱並未提出證據空言翻
異已難置信況證被告畢陳氏未有與謀殺害畢宗成
之事該被告向據鄉公所自白之必要顯係脫罪之詞

適用紙

图 A1-5-2

45

41

其為脫離罪責之詞尤屬顯明之據，當時為畢宗成醫
治之姚存之醫生到庭結證畢宗成確係服食解毒劑
後始將灌救，則被告畢陳氏所稱畢宗成因劇患肚
痛，是日（廿二年九月二十二日）姚醫生未時業已見愈等語，自係飾詞
不足採信，足證被告等犯罪證據，核為確鑿，自應依法論科。獲案
之小刀一把，係在被告陳志鴻床上枕畔搜出，證據確鑿，其在
被告供出所供認為預備殺害畢宗成之用，並為
宣告沒收。
據上論結，應依刑事訴訟法第二百九十一條前段，刑法第
二百七十一條第二項、第二十八條、第二十五條第一項及第[illegible]
第二十六條[illegible]前段、第六十六條前段、第三十八條第一項

图 A1-5-3

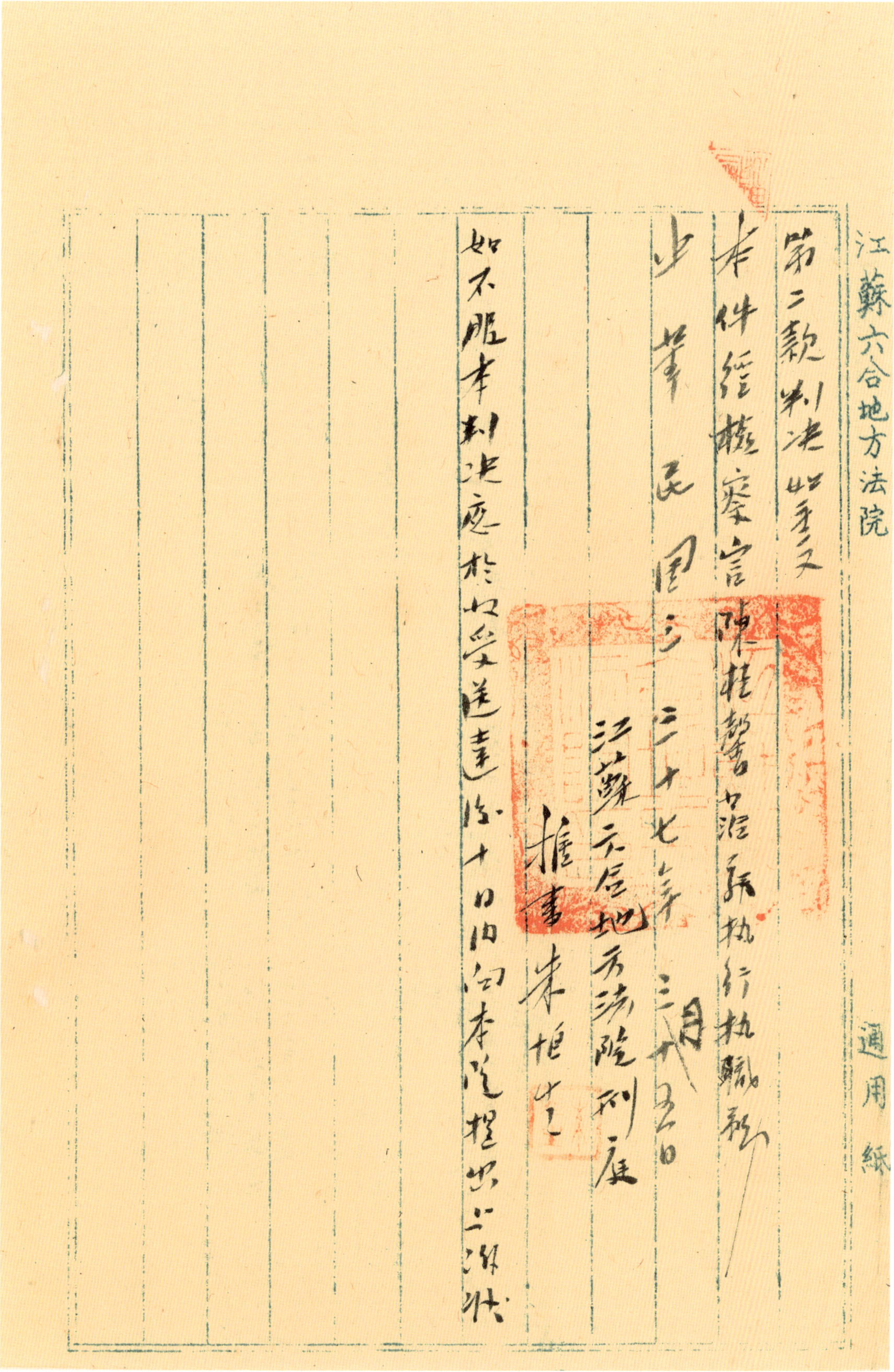

江蘇六合地方法院

第二款判決如主文

本件經檢察官陳桂馨蒞庭執行職務

中華民國三十七年三月廿五日

江蘇六合地方法院刑庭

推事 宋桓

如不服本判決應於收受送達後十日內向本院提出上訴狀

通用紙

图 A1-5-4

6. 洪志炀、毕陈氏刑事上诉状（1948年）（档案号：A020-1947-002-0900-0050）

1948年3月24日，洪志炀、毕陈氏不服六合县地方法院的一审判决，共同提出上诉，“请求撤销原判，更为宣告无罪之判决”。其理由包括：第一，区公所屈打成招，“上诉人等当时受刑不过，只得暂时屈就”，“上诉人等身有绳棒伤痕纪录在卷，有案可查”；第二，医生证言“并未证明告诉人确已吞食毒药”。洪志炀、毕陈氏上诉至位于镇江的江苏高等法院第一分院。

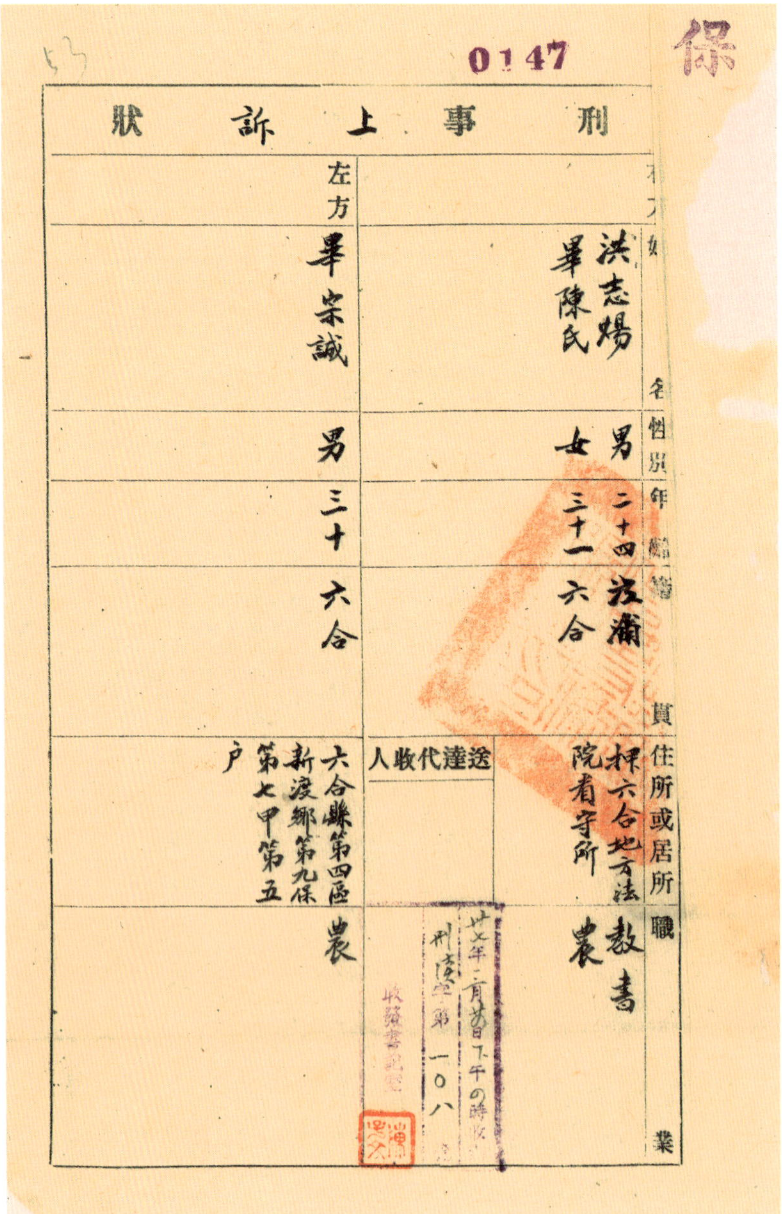

0147

保

刑事上訴狀

	右方		左方
姓名	洪志煬	畢陳氏	畢宗誠
性別	男	女	男
年齡	二十四	三十一	三十
籍貫	江浦	六合	六合
住所或居所	押六合地方法院看守所		六合縣第四區新渡鄉第九保第七甲第五戶
送達代收人			
職業	教書	農	農

卅七年三月廿四日下午四時收

刑達字第一〇八

收發室記

图 A1-6-1

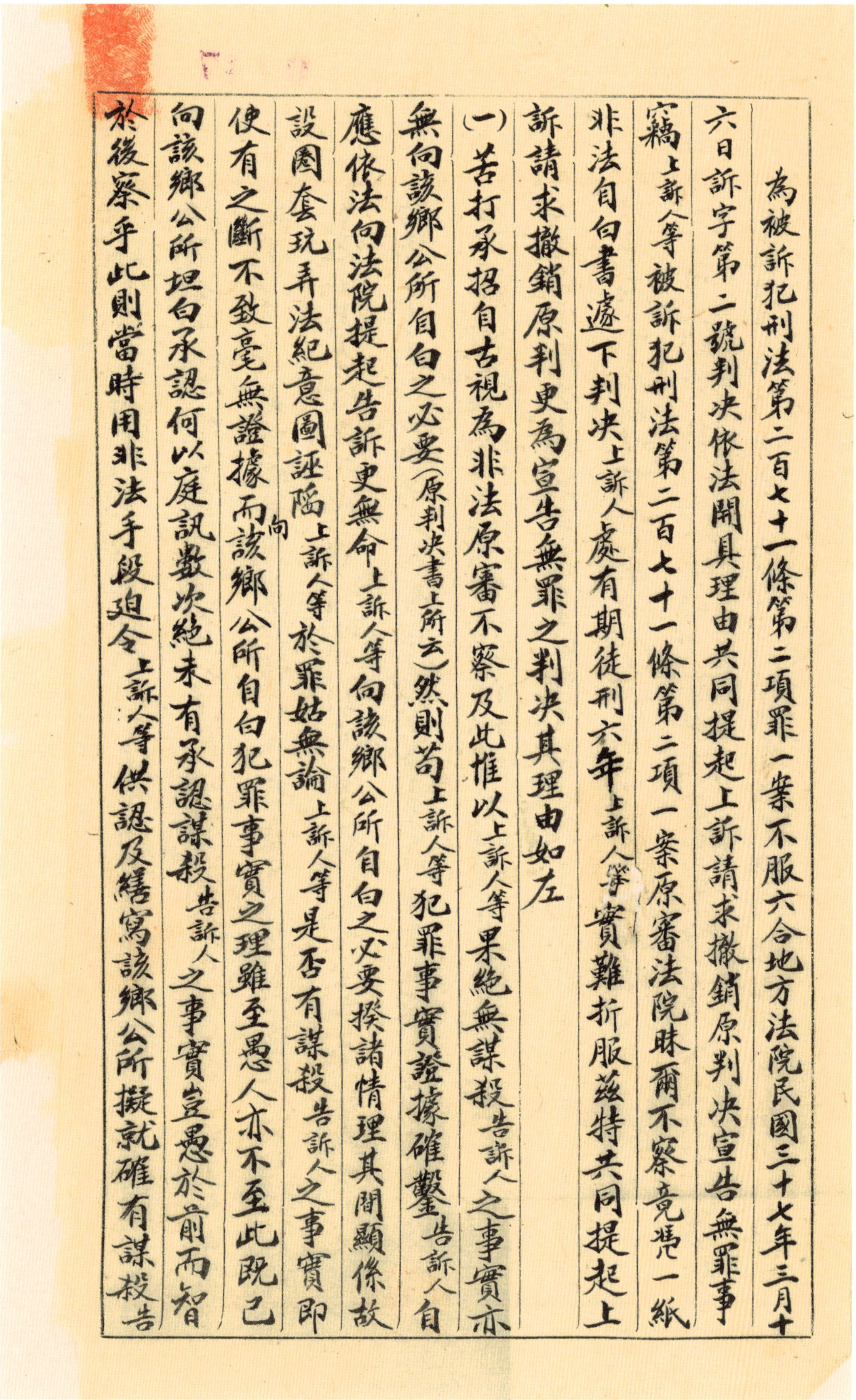

為被訴犯刑法第二百七十一條第二項罪一案不服六合地方法院民國三十七年三月十
六日訴字第二號判決依法開具理由共同提起上訴請求撤銷原判決宣告無罪事
竊上訴人等被訴犯刑法第二百七十一條第二項一案原審法院昧爾不察竟憑一紙
非法自白書遽下判決上訴人處有期徒刑六年上訴人等實難折服茲特共同提起上
訴請求撤銷原判更為宣告無罪之判決其理由如左
(一)苦打承招自古視為非法原審不察及此推以上訴人等果絕無謀殺告訴人之事實亦
無向該鄉公所自白之必要(原判決書上所云)然則苟上訴人等犯罪事實證據確鑿告訴人自
應依法向法院提起告訴更無命上訴人等向該鄉公所自白之必要揆諸情理其間顯係故
設圈套玩弄法紀意圖誣陷上訴人等於罪姑無論上訴人等是否有謀殺告訴人之事實即
使有之斷不致毫無證據而向該鄉公所自白犯罪事實之理雖至愚人亦不至此既已
向該鄉公所坦白承認何以庭訊數次絕未有承認謀殺告訴人之事實豈愚於前而智
於後察乎此則當時用非法手段迫令上訴人等供認及繕寫該鄉公所擬就確有謀殺告

图 A1-6-2

訴人事實之自白書上訴人等當時受刑不過祗得暫時屈就之情節尤屬顯明不
待智者而後知也且當即該鄉公所將上訴人等解送到前司法處當庭經熊檢察官
驗明上訴人等身有繩棒傷痕紀錄在卷有案可查然則傷從何來該鄉公所
自難逃其責何為而施上訴人等以刑罰其受告訴人之唆使毫無疑義然則此種
行為是否為合法所供是否應成為事實查用非法手段强制者依法自不能成
立既不能成立而處上訴人等以罪果何依據有何理由果如此則凡强有力者以武
力迫令富有者簽寫支票事後即可憑此支票向富有者索取天下寧有是
理乎原審法院昧爾不察成人之狡上訴人等實難折服
(二)醫生姚在文到庭結證告訴人確係服食解毒藥(原判決書所云)此僅證明
該醫生于告訴人服食之藥為何藥並未證明告訴人確已吞食毒藥因而服解

图 A1-6-3

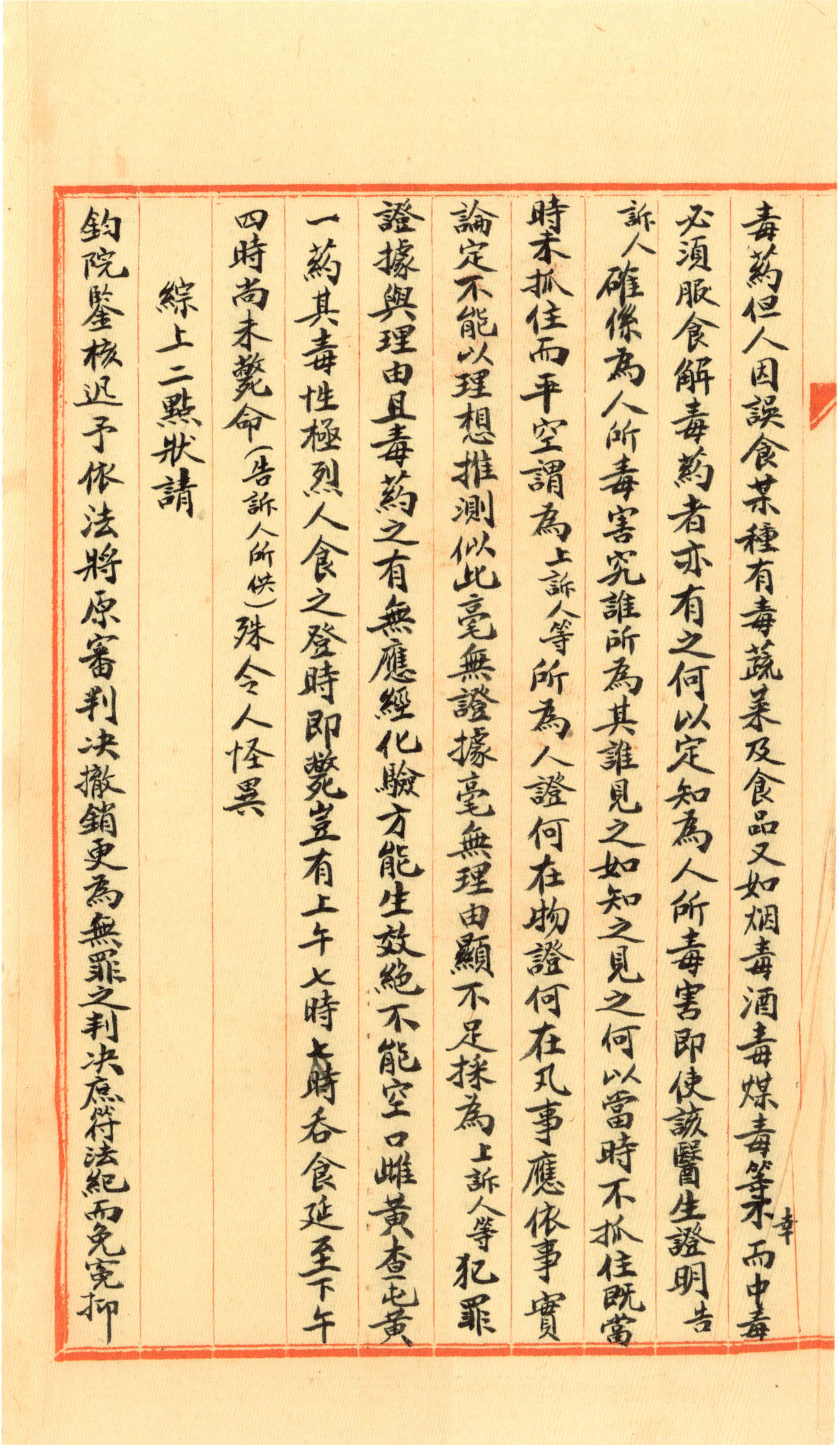

毒藥但人因誤食某種有毒蔬菜及食品又如烟毒酒毒煤毒等不幸而中毒必須服食解毒藥者亦有之何以定知為人所毒害即使該醫生證明告訴人確係為人所毒害究誰所為其誰見之如知之見之何以當時不抓住既當時未抓住而平空謂為上訴人等所為人證何在物證何在凡事應依事實論定不能以理想推測似此毫無證據毫無理由顯不足採為上訴人等犯罪證據與理由且毒藥之有無應經化驗方能生效絕不能空口雌黃查屯黃一藥其毒性極烈人食之登時即斃豈有上午七時七時吞食延至下午四時尚未斃命（告訴人所供）殊令人怪異

綜上二點狀請

鈞院鑒核迅予依法將原審判決撤銷更為無罪之判決庶符法紀而免冤抑

图 A1-6-4

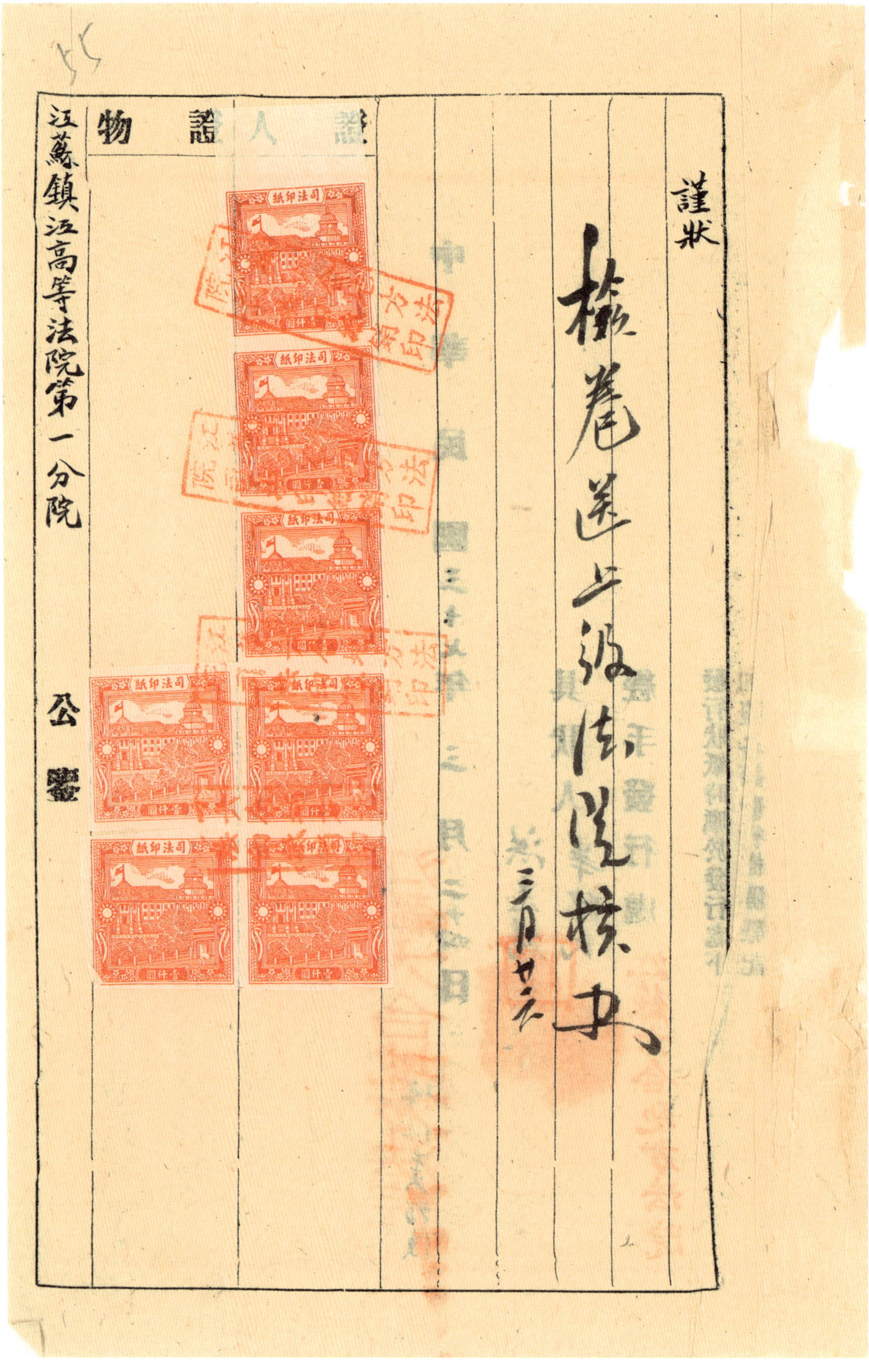
謹狀
檢卷送上級法院核辦
三月廿六
證人
證物
江蘇鎮江高等法院第一分院
公鑒

图 A1-6-5

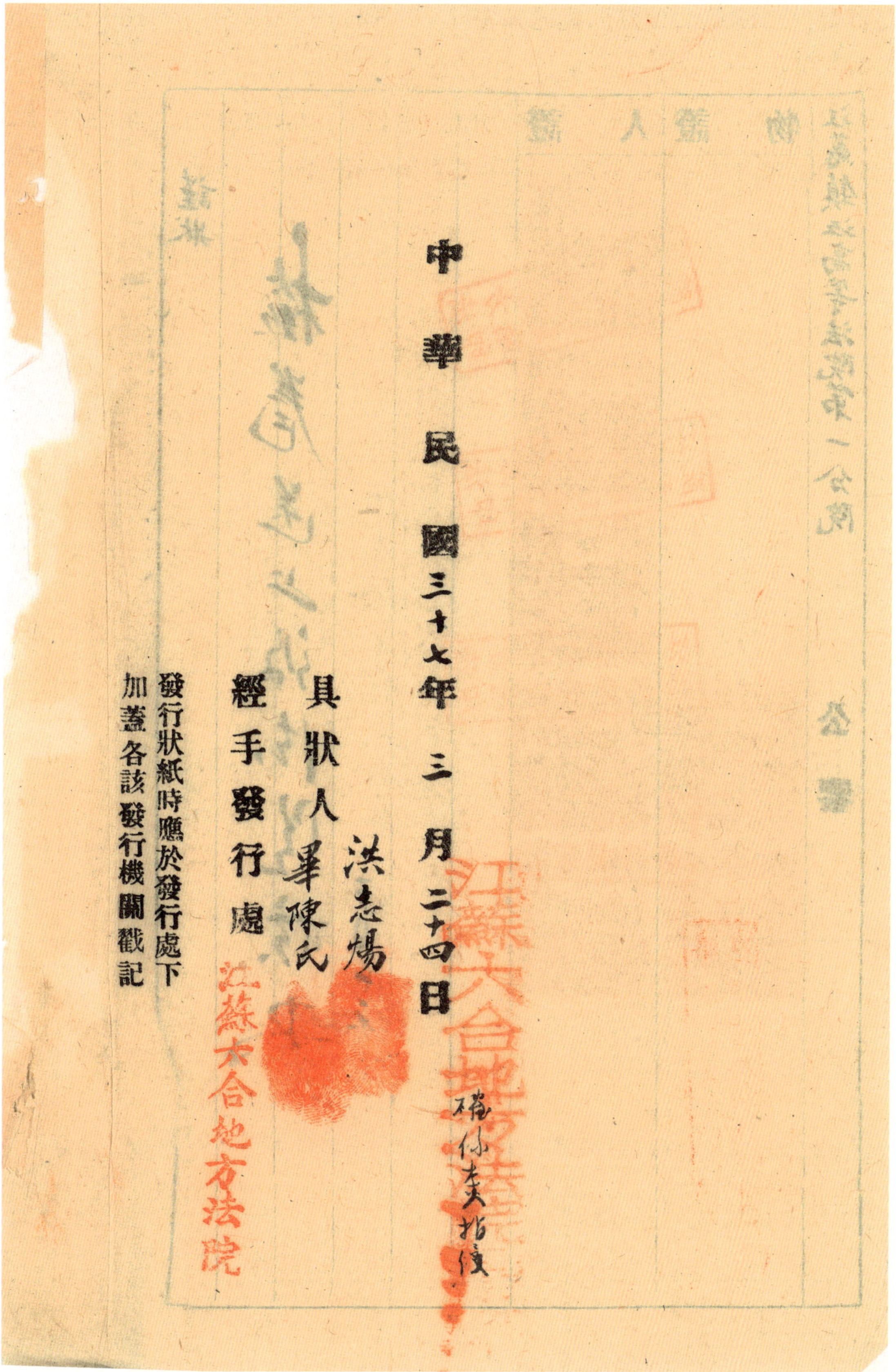
中華民國三十七年三月二十四日

具狀人 洪志煬 畢陳氏

經手發行處 江蘇六合地方法院

發行狀紙時應於發行處下加蓋各該發行機關戳記

確係本人指模

图 A1-6-6

7. 江苏高等法院镇江分院刑庭通知书（1948年）（档案号：A020-1947-002-0900-0050）

该通知书显示，江苏高等法院镇江分院刑庭拟于1948年5月7日上午9时开庭审理洪志炀、毕陈氏杀人未遂上诉案，特请检察官李拱衡莅庭支持公诉。

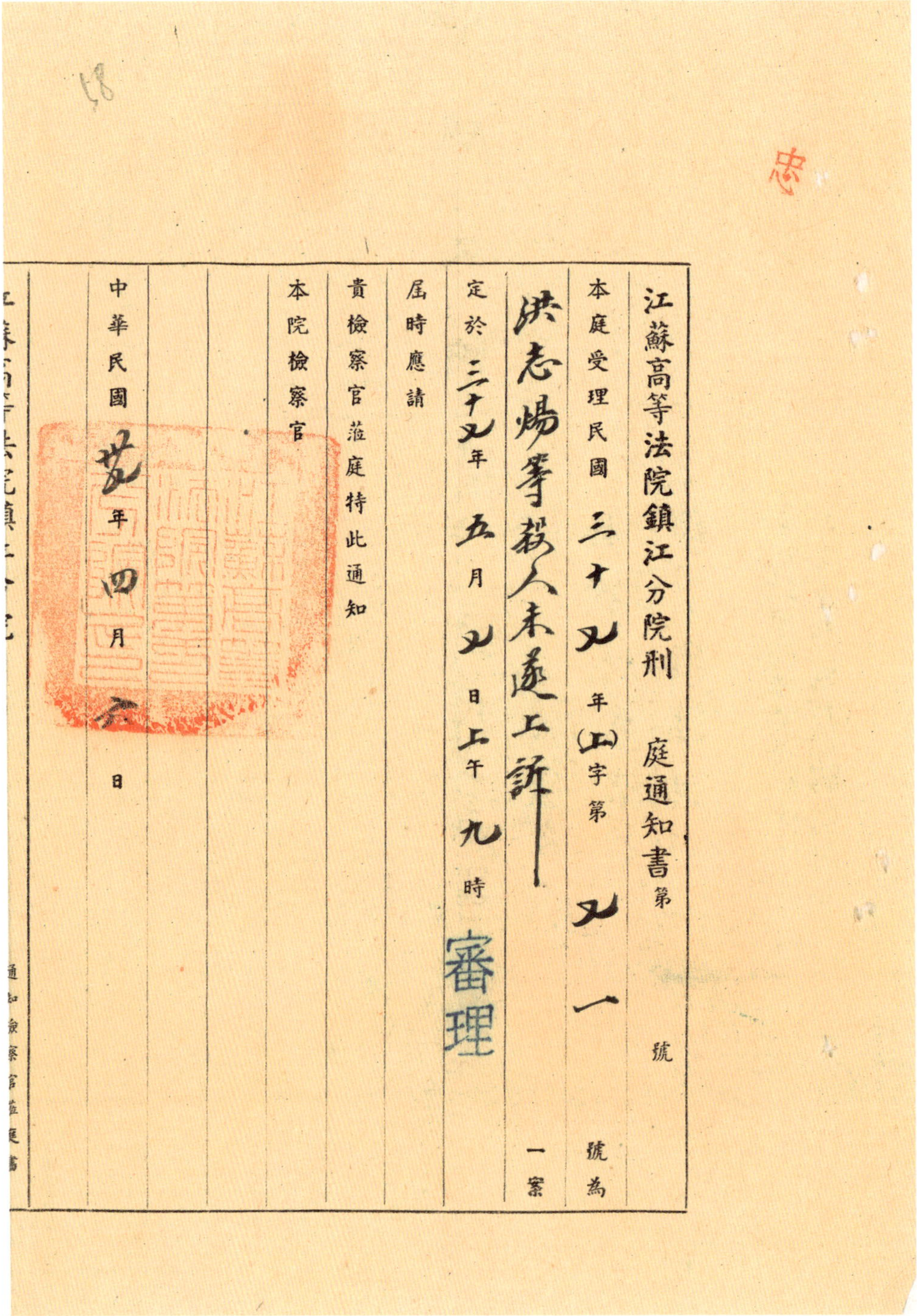
江蘇高等法院鎮江分院刑庭通知書第　號

本庭受理民國三十七年（上）字第七一號洪志煬等殺人未遂上訴一案

定於三十七年五月七日上午九時審理

屆時應請

貴檢察官蒞庭特此通知

本院檢察官

中華民國卅七年四月六日

通知檢察官蒞庭書

图 A1-7-1

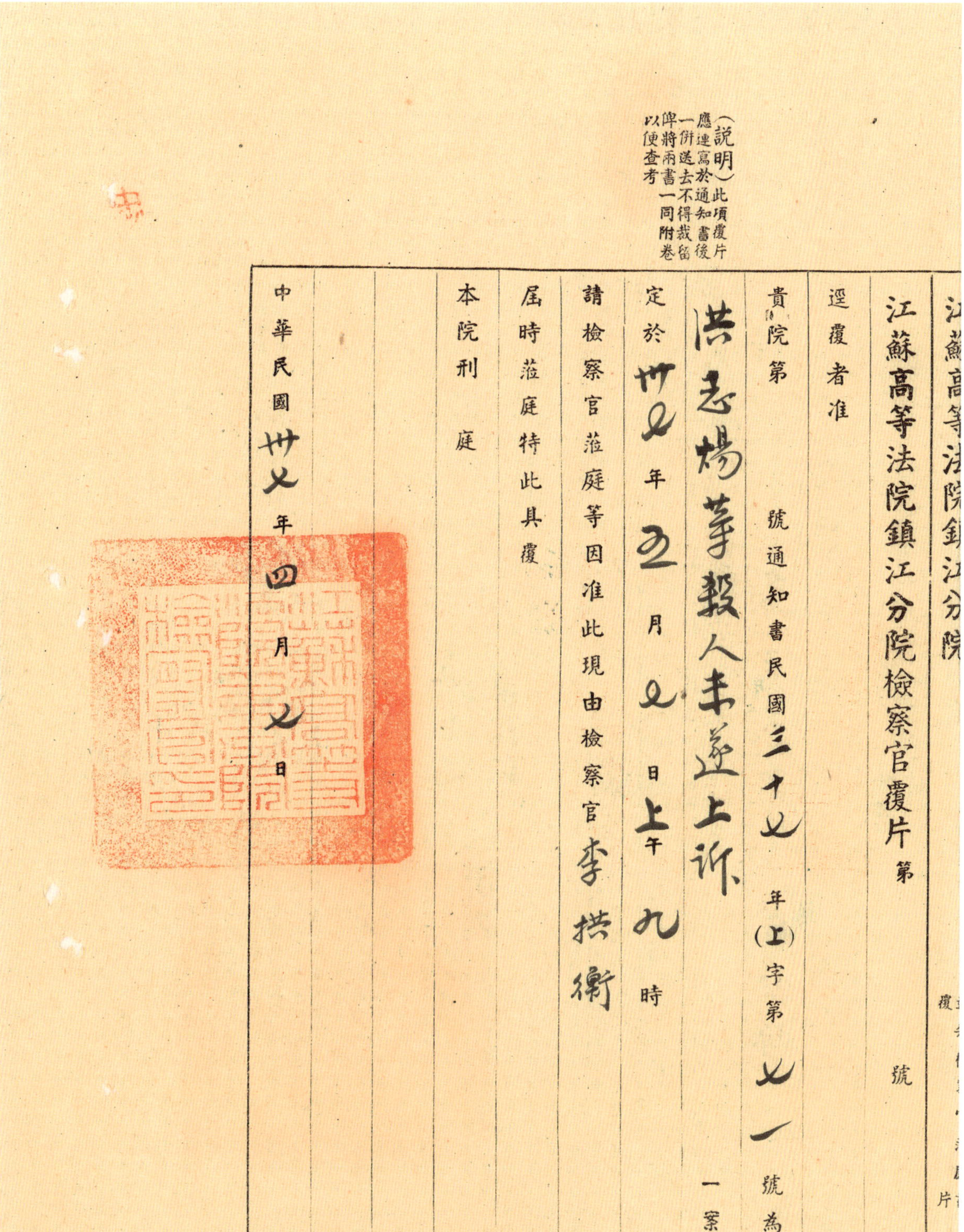
江蘇高等法院鎮江分院

江蘇高等法院鎮江分院檢察官覆片第　號

逕覆者准

貴院第　號通知書民國三十七年(上)字第七一號為

洪志煬等殺人未遂上訴一案

定於卅七年五月七日上午九時

請檢察官蒞庭等因准此現由檢察官李拱衛

屆時蒞庭特此具覆

本院刑　庭

中華民國卅七年四月七日

（說明）此項覆片應連寫於通知書後一併送去不得裁留俾將兩書一同附卷以便查考

图 A1-7-2

8. 江苏高等法院镇江分院调查笔录（1948年）（档案号：A020-1947-002-0900-0050）

1948年4月30日，江苏高等法院镇江分院刑庭开庭讯问洪志炀和毕陈氏。二人否定有通奸行为，亦不承认毒杀毕宗成。

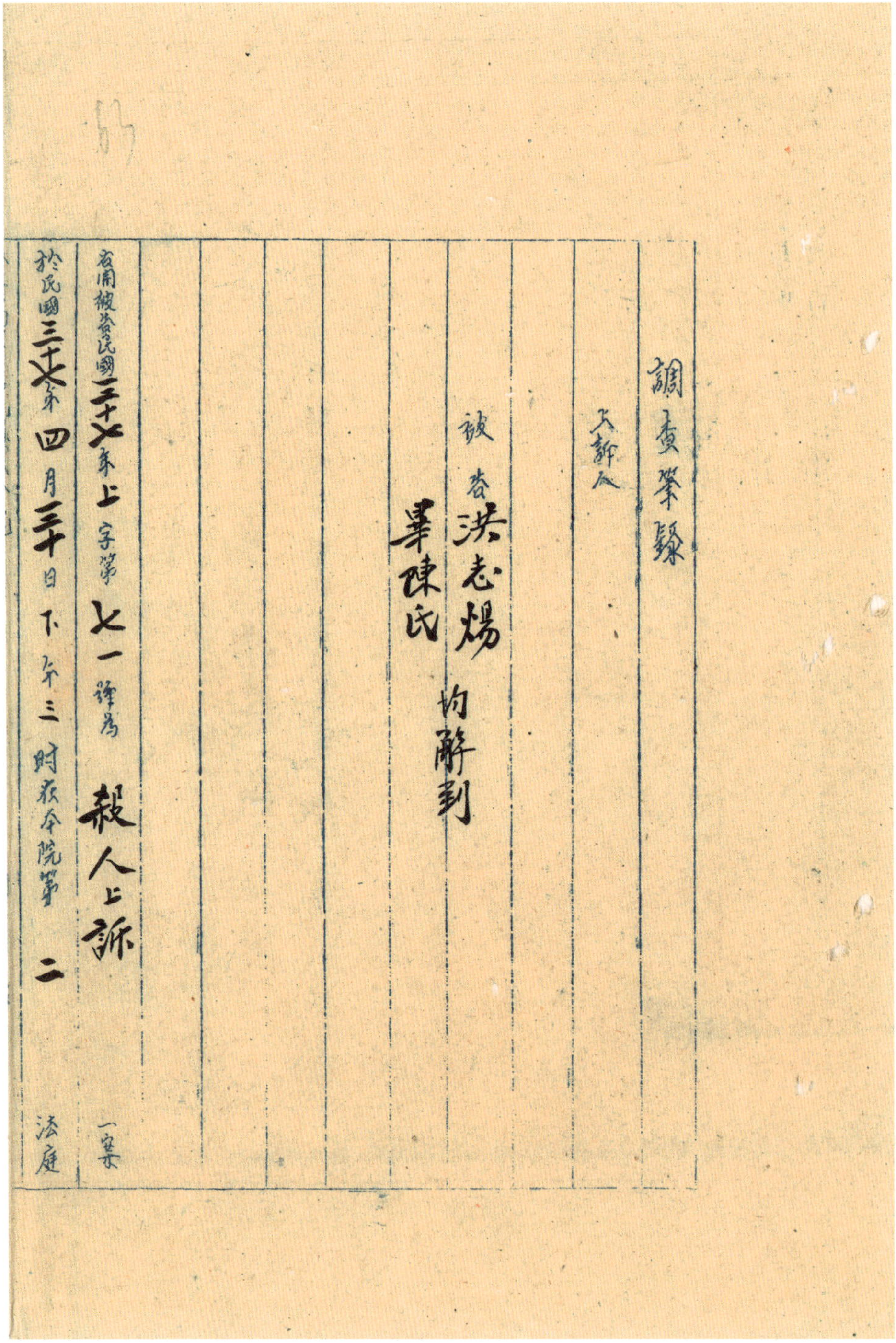
調查筆錄
上訴人
被告 洪志煬
畢陳氏 均解到
右開被告民國三十七年上字第七一號為殺人上訴一案
於民國三十七年四月三十日下午三時在本院第二法庭

图 A1-8-1

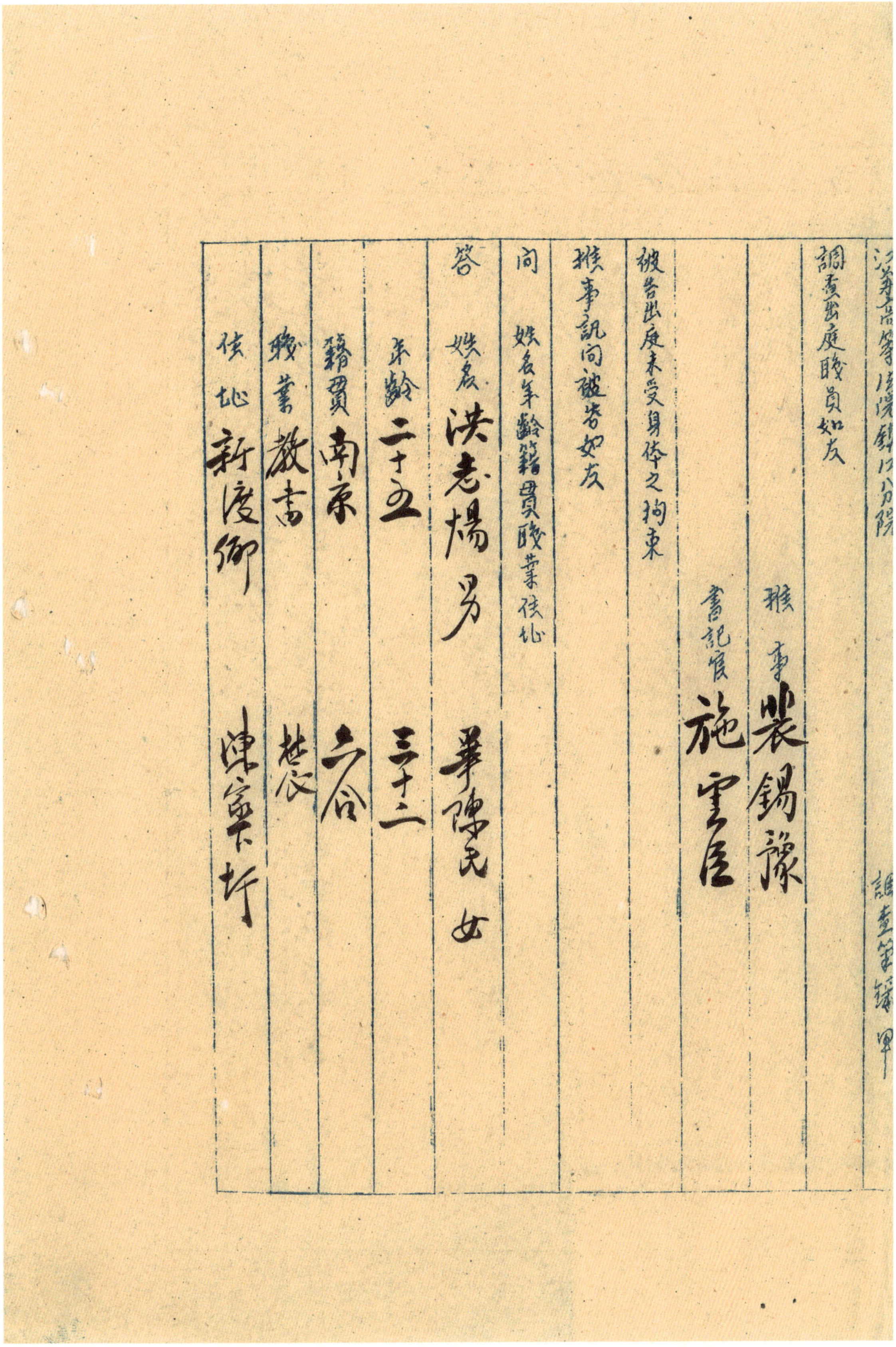

江蘇高等法院第一分院 調查筆錄 第
調查出庭職員如左
推事 裘錫豫
書記官 施雲臣
被告出庭未受身体之拘束
推事訊問被告如左
問 姓名年齡籍貫職業住址
答 姓名 洪志揚 男 畢陳氏 女
年齡 二十五 三十二
籍貫 南京 六合
職業 教書 務農
住址 新渡鄉 陳家圩

图 A1-8-2

點洪志煬

問　姓名年籍等項

答　洪志煬　男　二十五　南京住六合新渡鄉　教書

點畢陳氏

問　姓名年籍等項

答　畢陳氏　女　三十二　六合陳家下圩　村民

問　你們是由六合解來嗎

答　是由六合解來

問　你們為殺人案上訴嗎

答　是的

問　人殺死了沒有

答　沒有

江蘇高等法院鎮江分院　通用紙

图 A1-8-3

江蘇高等法院鎮江分院

問 毒藥吃下去嗎

答 沒有毒死

問（洪志煬）你與畢陳氏相好嗎

答 沒有這事我在他家教書 沒有與他相好

問 是用芭豆與砒霜混合劑毒畢宗藏的嗎

答 沒有這事

右筆錄當庭朗讀無異

洪志煬

畢陳氏

推事諭見點畢

中華民國三十七年四月三十日

江蘇高等法院鎮江分院刑事庭

图 A1-8-4

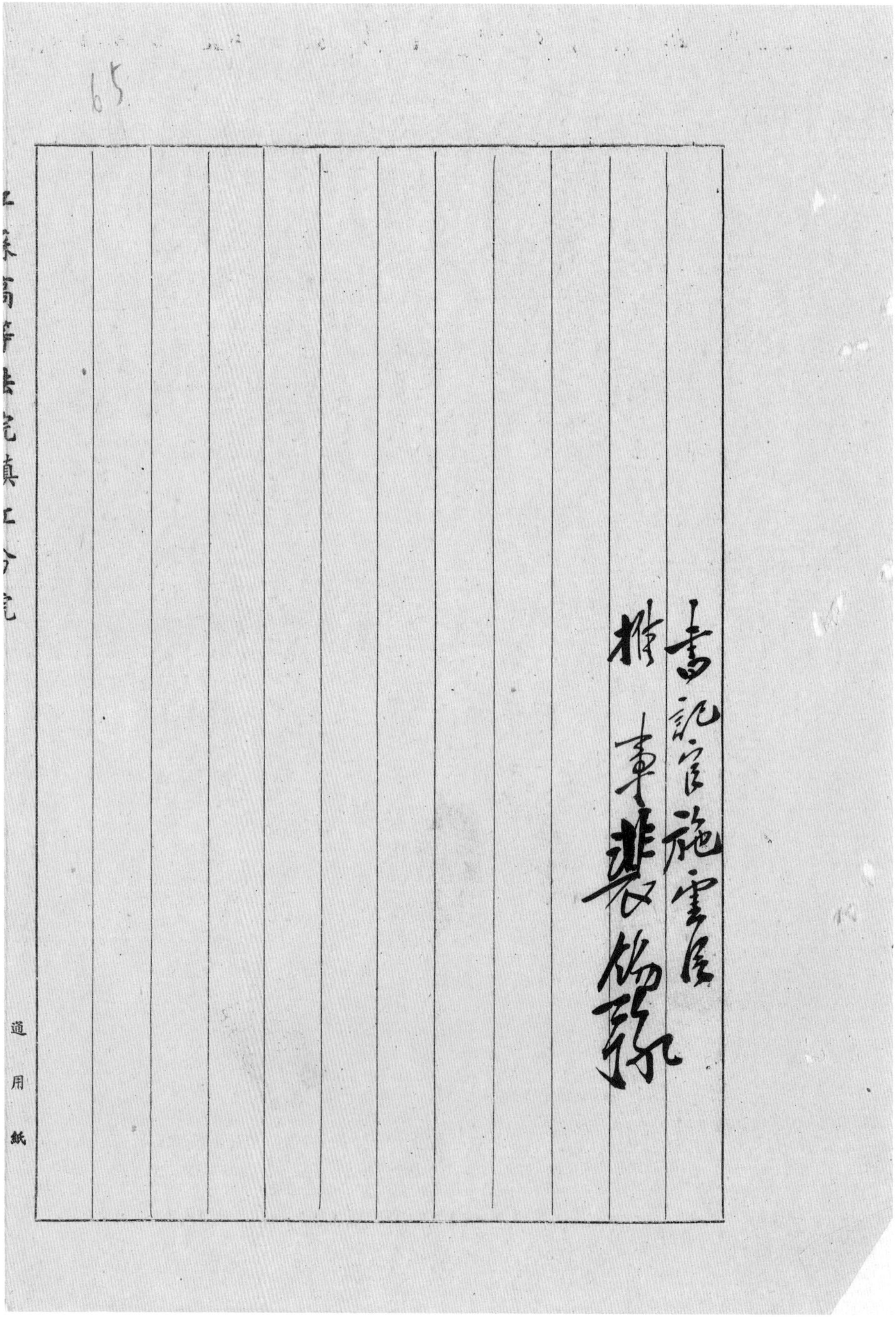

江蘇高等法院鎮江分院　通用紙

書記官施雲居
推　事裴倫孫

图 A1-8-5

9. 江苏高等法院镇江分院点名单及调查笔录（1948年）（档案号：A020-1947-002-0900-0050）

1948年5月7日上午9时，江苏高等法院镇江分院刑庭开庭审理洪志炀、毕陈氏杀人未遂案，下图为本次开庭的点名单。该点名单显示当天出庭人员有告诉人、被害人、上诉人、证人和应讯人。从调查笔录的情况来看，告诉人、被害人与上诉人各执一词，证人和应讯人的证言无法直接证明犯罪行为。法庭决定续传为毕宗成诊治的医师姚在文。

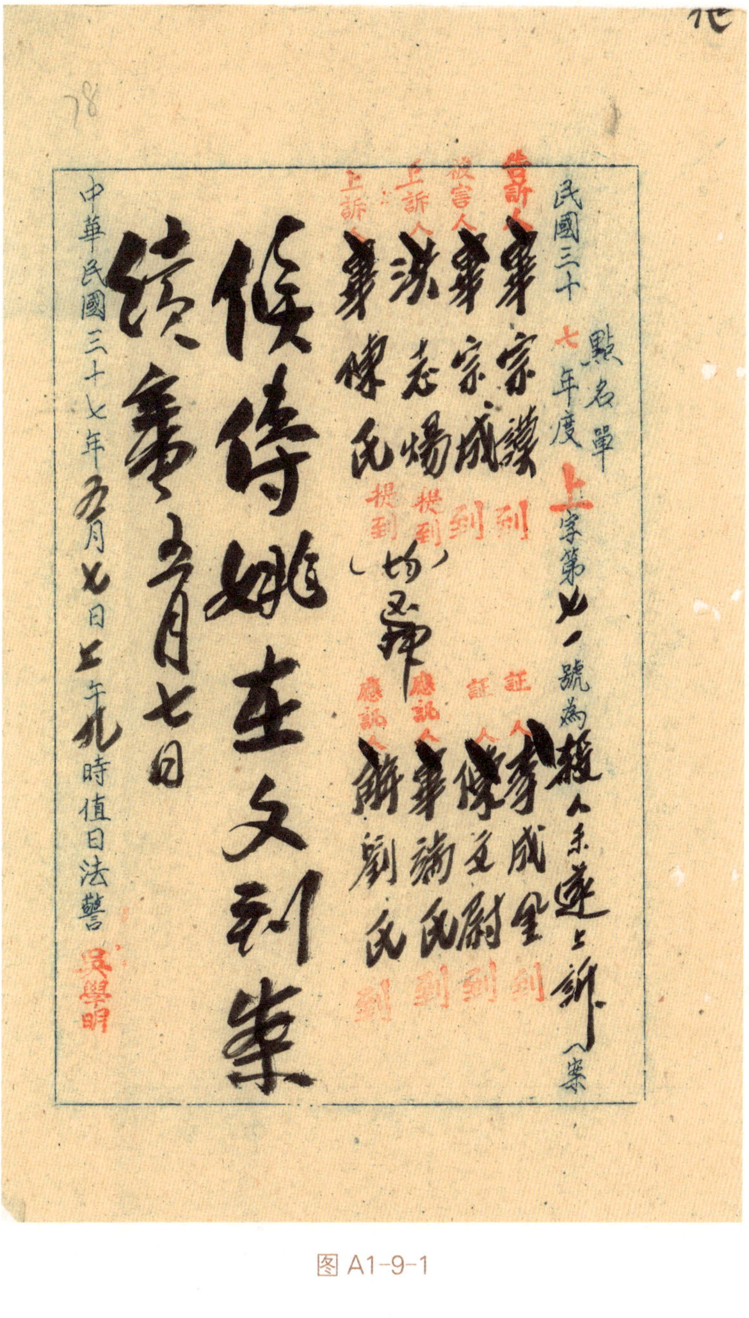
點名單
民國三十七年度上字第七一號為殺人未遂上訴案
告訴人 畢宗護 到
被害人 畢宗成 到
上訴人 洪志煬 提到
上訴人 畢陳氏 提到
（均到）
證人 李成全 到
證人 陳子蔚 到
應訊人 畢瑞氏 到
應訊人 劉氏 到
續傳姚在文到案
續審五月七日
中華民國三十七年五月七日上午九時值日法警 吳學明

图 A1-9-1

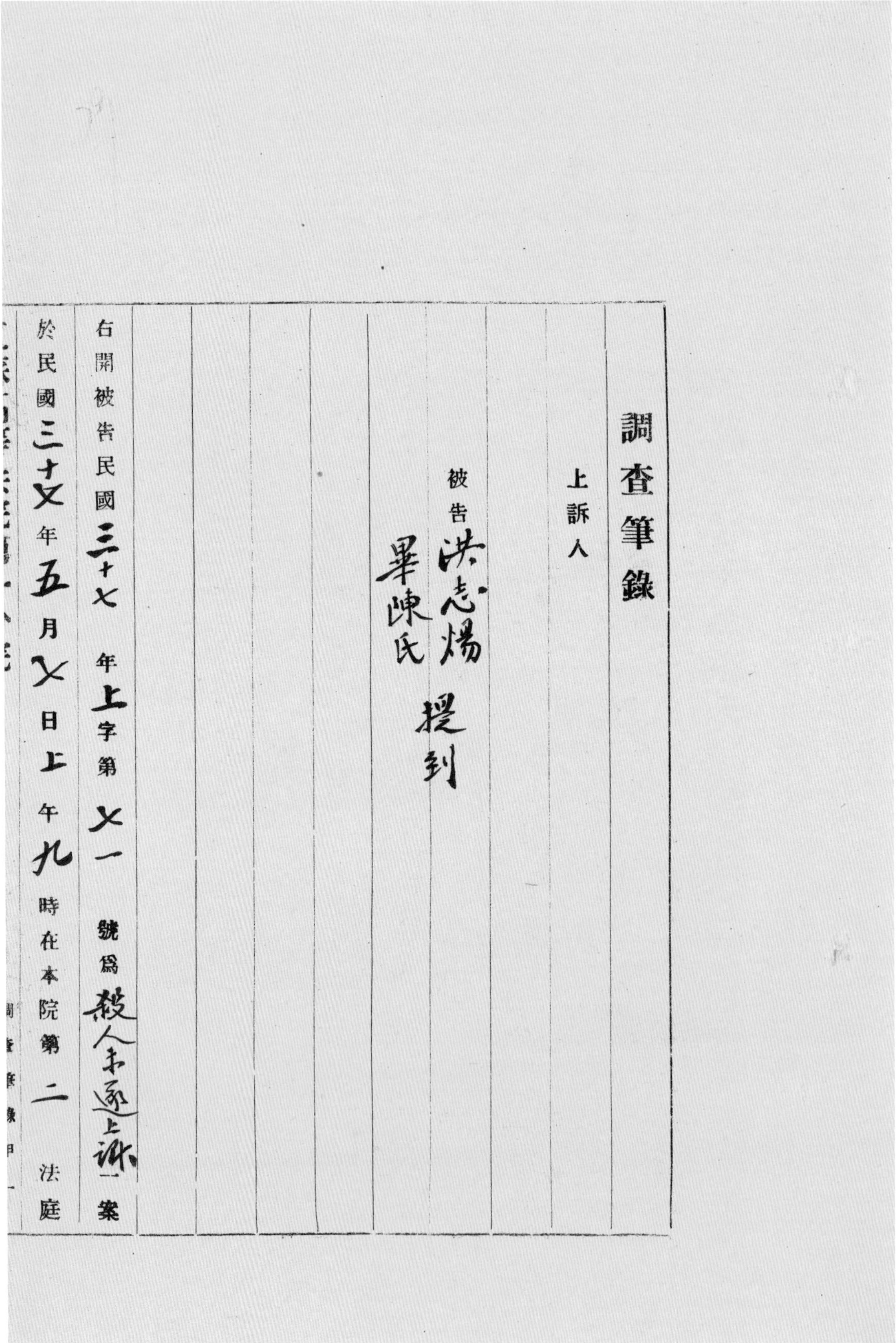

調查筆錄

上訴人

被告 洪志煬 畢陳氏 提到

右開被告民國三十七年上字第七一號為殺人未遂上訴一案

於民國三十七年五月七日上午九時在本院第二法庭

图 A1-9-2

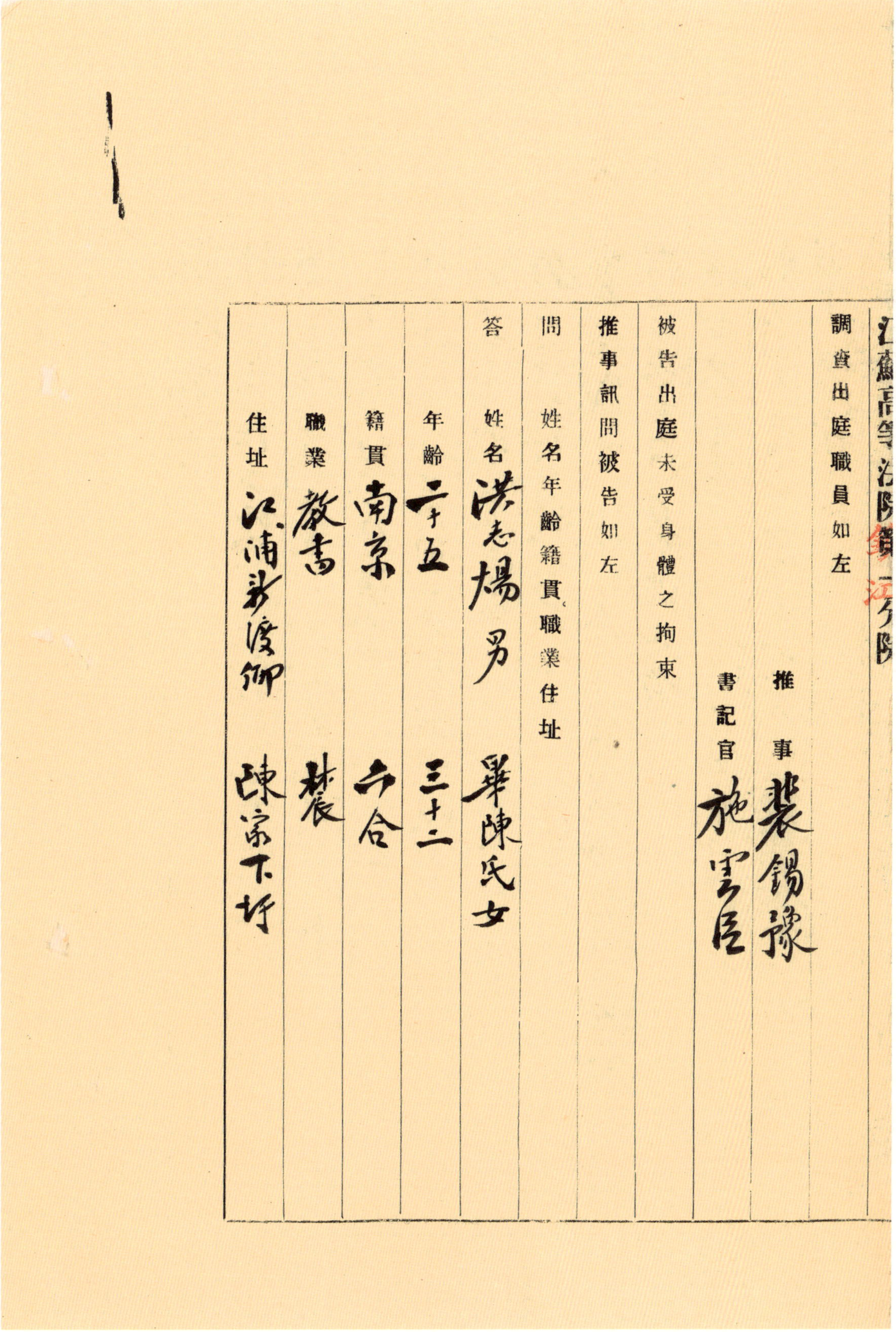
江蘇高等法院第二分院
鎮江
調查出庭職員如左
推事 裴錫豫
書記官 施雲臣
被告出庭未受身體之拘束
推事訊問被告如左
問 姓名年齡籍貫職業住址
答
姓名 洪志煬 男 畢陳氏 女
年齡 二十五 三十二
籍貫 南京 六合
職業 教書 農
住址 江浦新渡鄉 陳家下圩

图 A1-9-3

80

點畢宗謨

问 姓名年籍等项

答 畢宗謨 男 十六 六合新度鄉 林長

问 你告洪志揚是什麼事

答 他的事不知道時常到我家頑頑

點畢宗成

问 姓名年籍等项

答 畢宗成 男 卅 六合新度鄉父保 林長

问 你告洪志揚畢陳氏嗎

答 是我兄弟告的

问 你兄弟是什麼名字

答 畢宗謨

江蘇高等法院鎮江分院

通用紙

图 A1-9-4

江蘇高等法院鎮江分院

問 他今年幾歲

答 十六歲

問 告他什麼事

答 洪志煬畢陳氏害我的

問 畢陳氏是你什麼人

答 是我的老婆

問 洪志煬住在何處

答 他住在我家隔壁教書

問 他們怎樣害你的

答 他用米湯毒藥害我喝下去肚子絞起來痛

問 以後什麼樣呢

答 喊我母親請的姚先生來用藥水打強心針說

24
21
24
168
17.4

图 A1-9-5

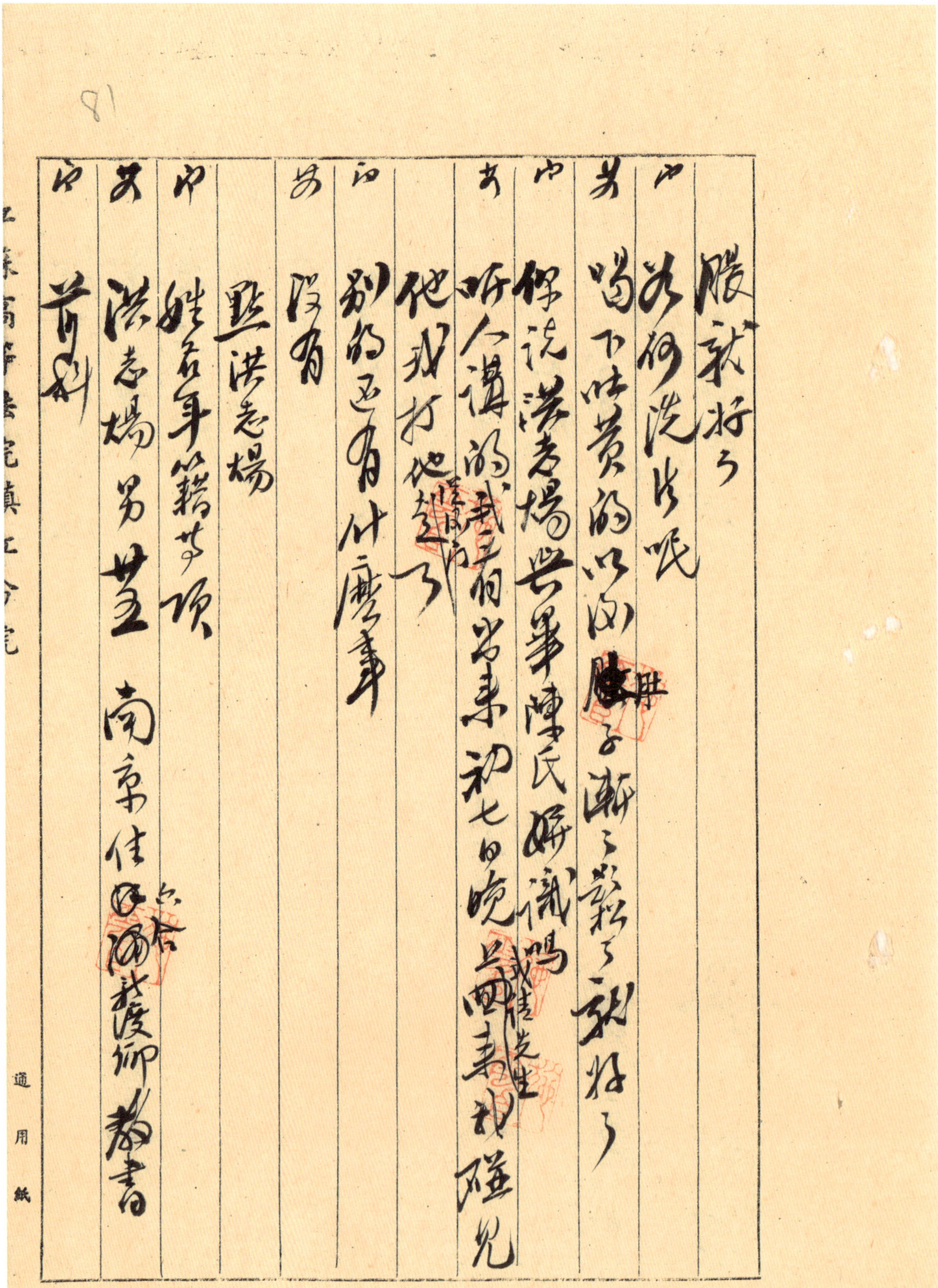
81

江蘇高等法院鎮江分院

慢就好了

問 為何沒有呢

答 當下吐黃的以內慢了漸漸蘇蘇就好了

問 你說洪志揚與軍陳氏姘識嗎

答 聽人講的我二月出來初七日晚上回來被碰見

他我打他走了

問 別的還有什麼事

答 沒有

點洪志揚

問 姓名年齡籍貫

答 洪志揚 男 卅五 南京住江浦六合武渡卿 教書

問 前科

通用紙

图 A1-9-6

江蘇高等法院鎮江分院

答 沒有

問 你與畢陳氏認識嗎

答 這都畢瑞氏造的謠言

問 自白書是你寫的嗎

答 我被偵公所打的要死迫我寫的

問 你用砒毛化芝放在米湯害畢成宗嗎

答 他你夫婦全喝的沒有一碗必定要渣子的

問（畢宗成）你要說實話

答 我與他無冤無仇是實話

問 你愛你的老婆嗎

答 我不要他 他已經害了我

點 畢陳氏

植

图 A1-9-7

82

问　姓名年籍职业

答　吴陈氏　女　三十二　六圩新渡乡　村长

问　前科

答　没有

问　潘志扬在你家教书吗

答　他在隔壁教书不知道

问　你把斑毛花茎放在米汤内害你丈夫的是否

答　我没有害他他要把帽子我戴的

问　医生看过病吗

答　看过的

问　姚先生看过没有

答　姚先生去到好了

通用纸

图 A1-9-8

江蘇高等法院鎮江分院

點李成全

問 姓名年籍等項

答 李成全 男 五十四 江浦新渡鄉 林長

問 他們同謀毒死蓋室以畢學成你曉得嗎

答 這事我不清楚初七日畢學成生一男孩我去看

他小孩子嘴看過了就走了

點陳文蔚

問 姓名年籍等項

答 陳文蔚 男 卅八 六合以新渡鄉 鄉長

問 他們事情發生你到場沒有

答 是喊我去看的

問 你看見過他們吃米湯的碗嗎

图 A1-9-9

83

答 我回来时碗已没有一点痕迹也没有

问 你同洪志扬的吗

答 我问洪志扬的

问 你问洪志扬呢

答 洪志扬并指陈文蔚说你打我不能算了

问 你为何自己问他呢

答 我送到法院或是送到区公所报告政府送到法院的

问 你应当就送法院啊

答 我当时不在家来家就送来的

问 姚医生叫什么名字

答 姚在文

通用纸

图 A1-9-10

江苏高等法院镇江分院

问 住在何处

答 住浦镇东门

照毕瑞氏

问 姓名年岁籍贯

答 毕瑞氏女 四十六 六合县度柳楼

问 你看见毕宗成喝毒汤吗

答 他肚子痛喊我才晓得

问 肚子痛怎样喊呢

答 叫我想法子看的

问 毕宗成是不是你生的

答 他不是我生的 我是他晚娘 是我代他娶亲的

问 你丈夫呢

图 A1-9-11

84

答 丈夫已死了
问 别的他说什么
答 没有说别的
问 毕陈氏是元配是[illegible]婚
答 是姑娘嫁与他的
问 有几年
答 他十九岁来的
问 你的儿子有病吗
答 他老实
点薛刘氏
问 姓名年籍要项
答 薛刘氏 女 四十八 江浦住八卦巷 林农

通用纸

图 A1-9-12

江蘇高等法院鎮江分院

問 她你害畢宗成你曉得嗎

答 我不在那裏不清楚

問 洪志煬是在那边殺害嗎

答 我不在那边不清楚

問 你曉得什麼

答 他不在那边不曉得

問 畢宗成潑過肥皂水嗎

答 是潑過

問 是不錯嗎

答 是的

右筆錄當庭朗讀無异

洪志煬

图 A1-9-13

85

畢陳氏
畢守謨
畢守成
李成金
陳文蔚
畢瑞氏
薛劉氏
推事諭候傳姚辰文到案鑽審被告洪志堦畢陳
氏迅押退庭
中華民國三十七年五月七日
江蘇高等法院鎮江分院刑事庭
書記官施雲民

江蘇高等法院鎮江分院

推事裴[illegible][illegible]

通用紙

图 A1-9-14

10. 江苏高等法院镇江分院刑事案件审理单（1948年）（档案号：A020-1947-002-0900-0050）

该审理单显示，江苏高等法院镇江分院刑庭通知检察官和公设辩护人，并继续传唤其他证人，定于1948年7月7日下午2时继续审理该案。

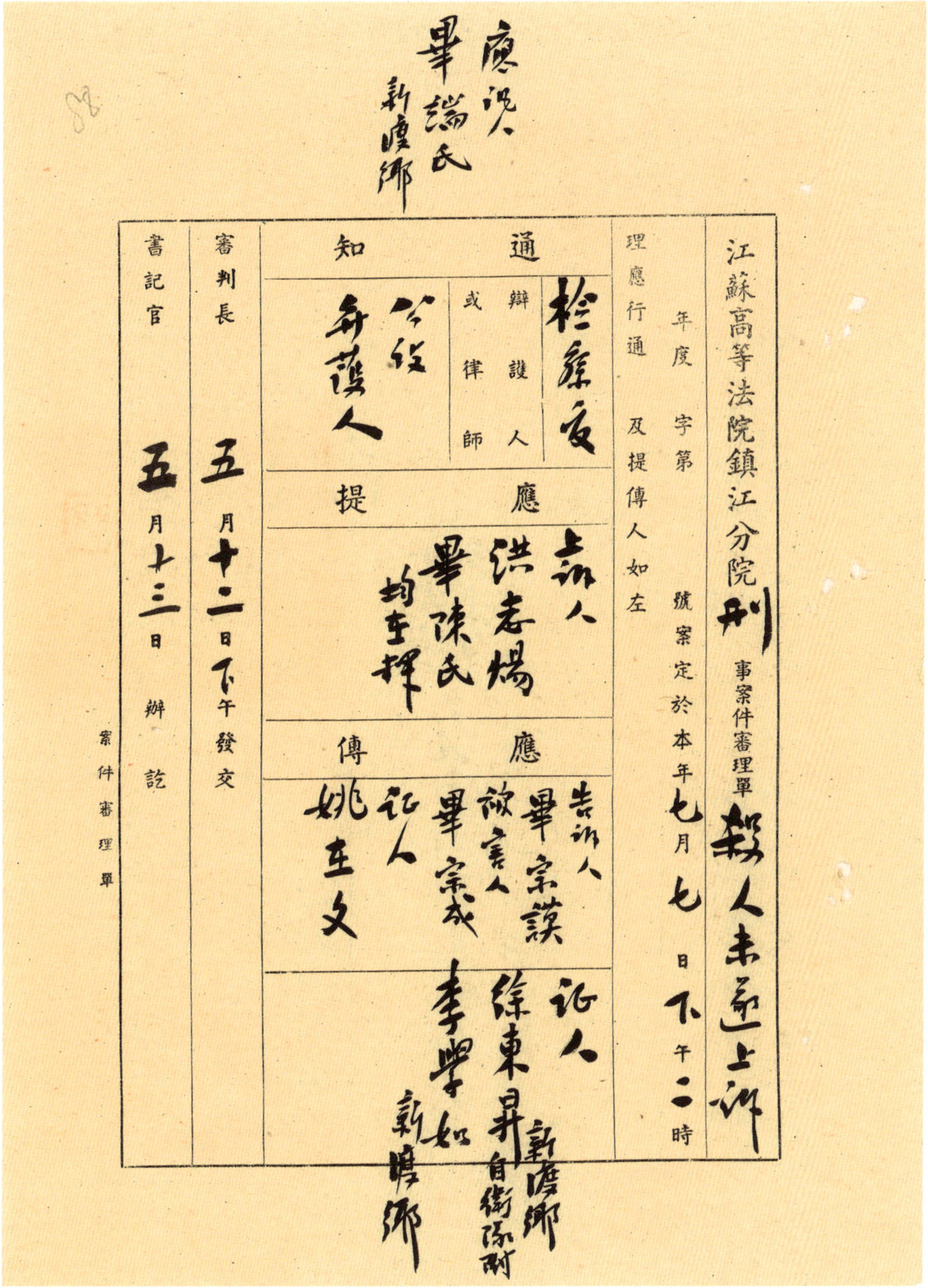
江蘇高等法院鎮江分院刑事案件審理單

殺人未遂上訴

年度 字第 號案定於本年七月七日下午二時

理應行通知及提傳人如左

通知：辯護人或律師 檢察官 公設辯護人

應提：上訴人 洪志煬 畢陳氏 均在押

應傳：告訴人 畢宗謨 被害人 畢宗成 證人 姚在文

證人 徐東昇 新唐鄉自衛隊附 李學如 新唐鄉

應訊人 畢瑞氏 新唐鄉

審判長 五月十二日下午發交

書記官 五月十三日辦訖

案件審理單

图 A1-10

11. 江苏高等法院镇江分院调查笔录（1948年）（档案号：A020-1947-002-0900-0050）

1948年7月7日下午2时，江苏高等法院镇江分院再次开庭审理该案。在庭审中，对于毕宗成腹痛这一情节，告诉人毕宗谟、被害人毕宗成坚持认为其原因是毒杀，被告人洪志炀、毕陈氏则认为是生病所致。证人证言，特别是医师姚在文的证言，无法准确判断腹痛原因，仅能肯定症状较为危险。案情难以迅速查明。

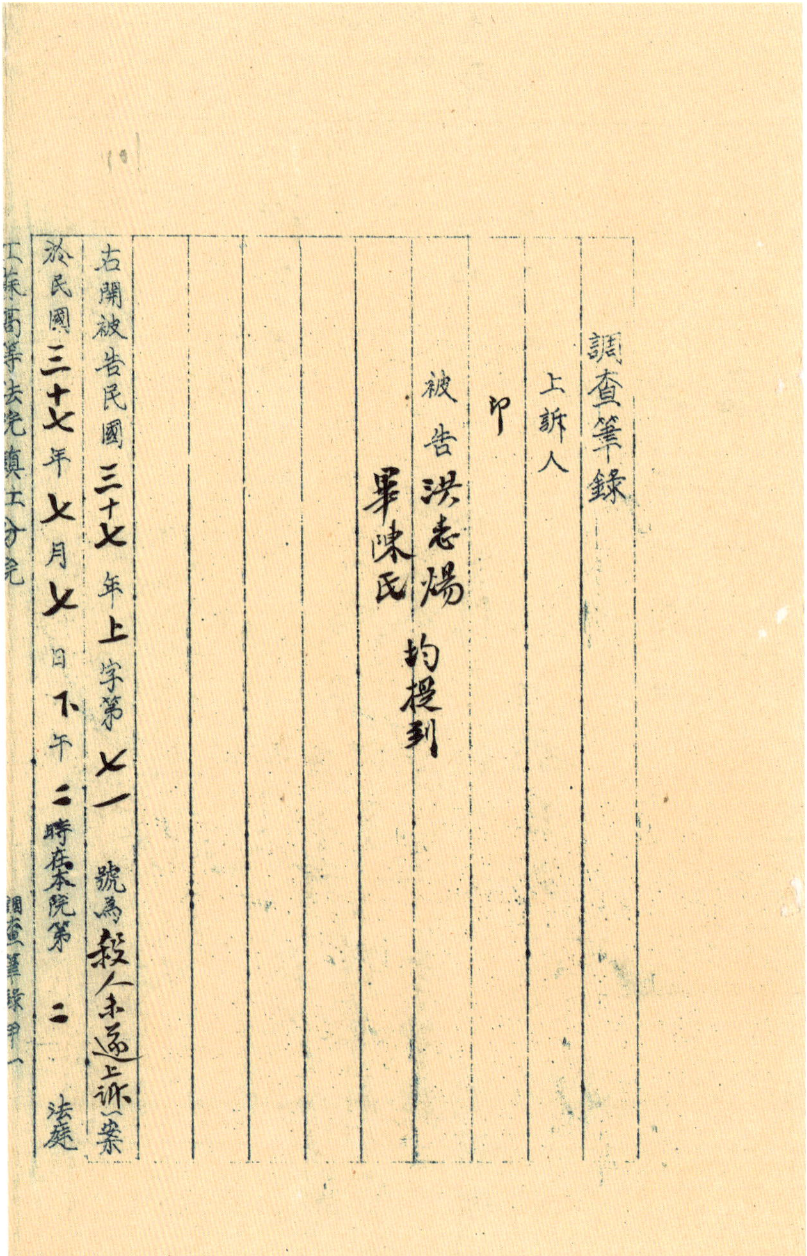
調查筆錄
上訴人
即
被告 洪志煬
畢陳氏 均提到
右開被告民國三十七年上字第七一號為殺人未遂上訴案
於民國三十七年七月七日下午二時在本院第二法庭
江蘇高等法院鎮江分院
調查筆錄甲一

图 A1-11-1

調查出庭職員如左

推事 馮步嶽

書記官 施雲臣

被告出庭未受身體之拘束

推事訊問被告如左

問 姓名年齡籍貫職業住址

答 姓名 洪志煬 男 畢陳氏 女

年齡 二十五 三十二

籍貫 南京 六合

職業 教書 農

住址 江浦北渡卿 陳家圩

图 A1-11-2

107

问　米汤放的什麽

答　是什麽也不晓得放的什麽东西吃下去喊我

母亲看的

问　保妈妈是什麽氏

答　毕瑞氏

问　是她医生看好的吗

答　是的

问　医生说是什麽病是中毒呢

答　我们去叫他，他根据我们的话医治的

點洪寿炀

问　姓名年籍等项

答　洪寿炀　男　二十五　南京住浦新庆仰　教书

江苏高等法院镇江分院　通用纸

图 A1-11-3

問 前科

供 沒有

問 畢陳氏你認識嗎

供 是鄰居

問 你同他要好有多少时

供 沒有這話

問 你為何謀害畢萬成呢

供 沒有這事

問 你承認過的呀

供 那的是受他說刑不過 在鄉下許被受苦打唆把我打要死你叫承認要承認承認也要承認

問 他中毒了你曉得嗎

图 A1-11-4

102

點畢宗謨

問 姓名年籍等項

答 畢宗謨 男 十六 儀徵六合新渡鄉 · 業農

點畢宗成

問 姓名年籍等項

答 畢宗成 男 廿一 儀六合新渡鄉 業農

問 畢宗謨是你的什麼人

答 是我的兄弟

問 是你的兄弟告訴嗎

答 我叫他來告的

問（畢宗謨）你為什麼代他告呢

答 我弟兄兩個我父親死了只有我告了

江蘇高等法院鎮江分院 通用紙

图 A1-11-5

问　他们怎样害你弄弄的

答　他肚子痛时我才晓得

问　请医生看过没有

答　姚在文医生看的

问　是你弄弄叫你去的

答　是实在

问　毕宝盛　你是有病吗　你女人同洪志炀有关系吗

答　我的女人与洪志炀有连关系　他们常在一起　毒毒看我　他弄来汤害我的

问　何时用来汤害你的

答　初八日早上用米汤把我吃　其时在场上打场他们我吃　我拿家吃下去又打场肚子就痛了

图 A1-11-6

答 假如有毒米湯内一定有渣 在檢察處問他
吃下米湯苦不苦呢 有沒有氣味 他說不苦也
無味 且問他肚子痛也無生命危險，我被他行刑
在樹上打並吓我承認一樣 不論水銀或毒
問 以你說他是沒有中毒呀
答 他在一月前就有病
問 你是否曉得畢陳氏有姦沒有姦呢
答 請庭上問畢陳氏
問 畢成寶他說你女人有姦嗎
答 有這事
問 你看見過嗎
答 我到前門他就從後門跑了

江蘇高等法院鎮江分院 通用紙

图 A1-11-7

問（洪志煬）你還有何說

答 他前說沒有這事 現在又說有這事 我何能信

他女人說他是有夫之婦 他實在是叫人家唆使出的

問（畢宗龍）你三叔洪志煬吃過吐未吐呢

答 沒有吐出來

問 如果有毒不吐嗎 吐出來才可化驗呀

答 請医生看的 灌出江色來

問（畢陳氏）你是代你哥哥告的 他自己為何不告呢

答 那時問他 他說叫你告 你去告

問 何時告的

答 八月八日告的 初十才到司法处

問 他當時就好了嗎

图 A1-11-8

105

答 去的一個鏡頭就好了

問（畢成寅）是那一天告洪志楷的

答 八月初八日告的

問 是你父告的

答 叫伯父所以到司法處

問 你自己去告的嗎

答 請人去告的

問 你還有母親兄弟二嗎

答 我兄弟死了

問 是那個叫你告的

答 要之中毒時叫告的

問 是不是別人教唆告的

江蘇高等法院鎮江分院

通用紙

图 A1-11-9

答　是亲口说出来的

问　洪志炀是你嫂子通奸是不是的

答　看他时常到我家来

问　你听人家说过吗

答　没有听说

问（洪志炀）自由是你写的吗

答　我说不是我写的也不时我不写也不行

点毕陈氏

问　姓名年岁籍贯

答　毕陈氏　女　二十二　六合陈家坪　农

问　前科

答　没有

图 A1-11-10

106

问 你毒藥湯把你丈夫吃的罷

答 沒有剂的是红糖 他好賭 向来有毛病

问 八月初八日本来有病吗

答 是有病

问 吃藥湯是弔的 没有毒也不错 是不是呢

答 是的

问 你那個公婆承認的呀

答 他們任意冤我

问 你説是洪老大場把你的毒藥吃了罷

答 是他們隨便寫的

问 你同洪老場要好多时

答 他教他的書 我種我的田 要什麼好

江苏高等法院镇江分院

通用纸

图 A1-11-11

问 你家为何告你呢

答 他们害我的

问 你有小孩子没有

答 有小孩子

點姚陈氏

问 姓名年籍各项

答 姚陈氏 男 二十四 江柳浦东门 西座

问 你在何处行医的

答 推事谕到庭作证之义务及伪证之处罚具结存卷

在杨宾院行医 一案

问 去年八月一初八日毕荣义是你医的吗

答 初那天是姓薛的请我说中毒请我急救

到时伊家已用肥皂灌过了一地我看了打了

图 A1-11-12

107

一针强性针出时人吐的不好看是否有危险

问 系用什么药

答 一切的毒都吐了

问 究竟服毒是病呢

答 阁下没有药品是也要经验首力难以断定

问 你看他是害病是服毒的样子呢

答 看时是有危险

问 你同毕宝议说要谒他们有无关系

答 双方都不想议（刚庭作证两日之未报告尚无收费）请求令当事人负担旅费

传毕端氏

问 姓名年龄等项

答 毕端氏 女 四十六 六合县渡乡 林农

江苏高等法院镇江分院

通用纸

图 A1-11-13

江蘇高等法院鎮江分院

问 畢宗漢是你生的嗎

答 不是我生的

问 他同女人感情好不好呢

答 好了不會有這樣呀

问 你的兒子有病沒有病

答 他平常沒有病初八日吃下去湯肚子痛喊

答 我救他的命我請姚医生看的

问 吃的什麼毒你曉得嗎

答 我不在一起家吃下去才曉得

问 你的媳婦和洪志煬有姦嗎

答 是的

问 你何以曉得是服毒呢

图 A1-11-14

108

答　他喊救救他的命
問　你何以曉得他們有姦呢
答　他們在一起的自然一有姦
點徐華昇
問　姓名年歲籍貫
答　徐華昇　男　二十九　六合新[illegible]鄉　農
問　你與雙方有關係沒有
答　都無關係
問　洪志煬與華陳氏有姦你知道嗎
答　不清楚
問　你聽說過沒有
答　沒有聽說

江蘇高等法院鎮江分院　通用紙

图 A1-11-15

問 你離他家有多遠

供 我離他家有二十里

問 你曉得畢宗成中毒嗎

供 過後聽人講的

問 究竟是害病是服毒呢

供 不清楚

問 是那個下的毒呢

供 只聽講畢宗成服了毒了

問 洪志煬在鄉公所被打嗎

供 沒有打

問 他寫過自白書嗎

供 我不曉得 八月下午接到畢宗成報告

图 A1-11-16

10

我當隊副是衛丁看的我被推出衛長

问　他不是被打的嗎

答　沒有打他我与他也無仇

问（徐志焜）是他打的嗎

答　他说我吃人家飯要打就打不说保承認再從人了解决好了

问　口供是那個寫的

答　是徐華昇寫的

问（徐華昇）供是那個寫的

答　是我寫的（当庭驗筆跡存卷）

推事諭知證人作証之義務及偽証之處罰具結存卷

问（李学文）姓名年齡籍貫

江蘇高等法院鎮江分院　通用紙

图 A1-11-17

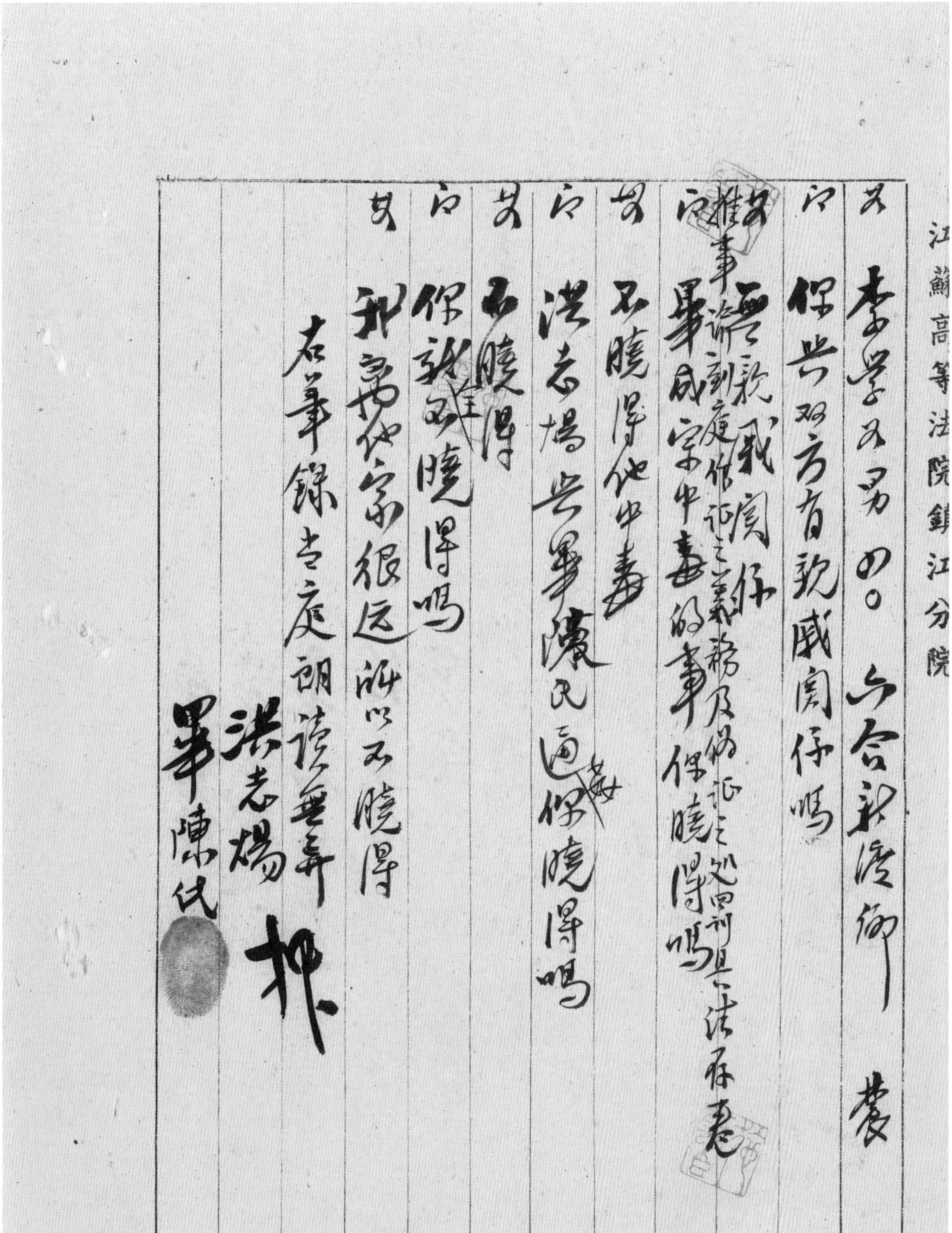

江蘇高等法院鎮江分院

答 李學五 男 四〇 六合新集鄉 農

問 你與雙方有親戚關係嗎

答 無親戚關係

推事諭到庭作証之義務及偽証之処罰具結存卷

問 畢成宗中毒的事你曉得嗎

答 不曉得他中毒

問 洪志煬與畢陳氏通姦你曉得嗎

答 不曉得

問 你與他往來曉得嗎

答 我家離他家很遠所以不曉得

右筆錄當庭朗讀無異

洪志煬 押

畢陳氏

图 A1-11-18

110

畢宇謨

畢宇成

畢瑞氏

徐華卉 押

李學如

推事諭候再複訊被告洪志煬畢陳氏均还押餘飭

回退庭

中華民國三十七年七月七日

江蘇高等法院鎮江分院刑事庭

書記官施雲臣

推事張[illegible]

江蘇高等法院鎮江分院

通用紙

图 A1-11-19

12. 江苏高等法院镇江分院刑事裁定（1948年）（A020-1947-002-0900-0050）

由于案情没有查明，江苏高等法院镇江分院刑庭于1948年7月28日做出裁定：“洪志炀、毕陈氏羁押期间延长二月。”

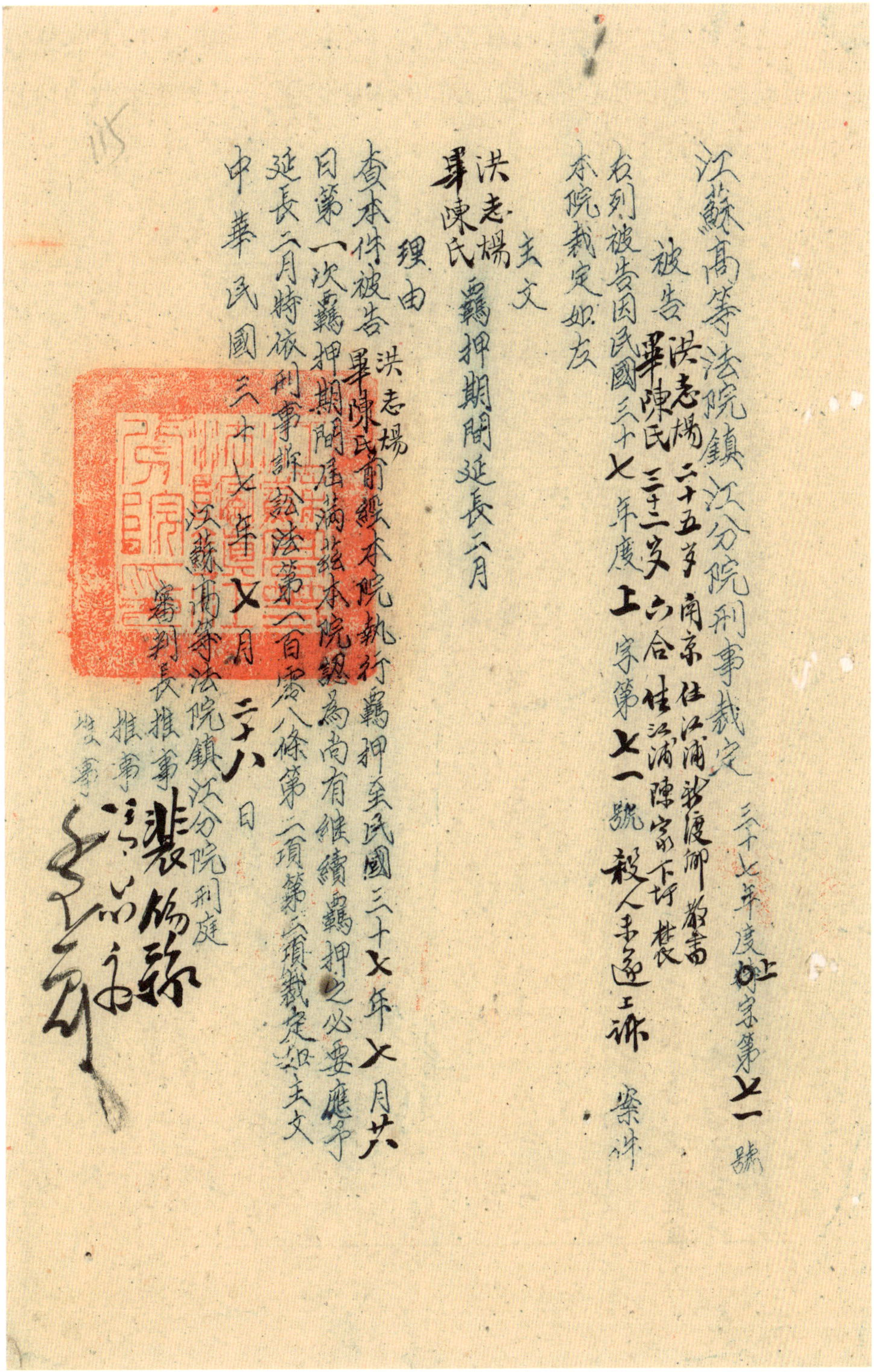

江蘇高等法院鎮江分院刑事裁定　三十七年度上字第七一號

被告　洪志煬　二十五歲　南京　住江浦新度鄉

畢陳氏　三十三歲　六合　住江浦陳家下圩村

右列被告因民國三十七年度上字第七一號殺人上訴案件

本院裁定如左

主文

洪志煬

畢陳氏　羈押期間延長二月

理由

查本件被告洪志煬畢陳氏前經本院執行羈押至民國三十七年七月廿六日第一次羈押期間屆滿茲本院認為尚有繼續羈押之必要應予延長二月特依刑事訴訟法第一百零八條第二項第三項裁定如主文

中華民國三十七年七月二十八日

江蘇高等法院鎮江分院刑庭

審判長推事

推事

推事

图 A1-12

13. 洪志炀刑事声请状（1948年）（档案号：A020-1947-002-0900-0050）

1948年9月6日，洪志炀向江苏高等法院镇江分院刑庭提交刑事声请状，为自己继续辩驳。洪志炀提出两点意见：第一，其“并无谋杀毕宗成之意思”，“原判未从杀人动机上详加审酌，漫以上诉人恋奸情热之语，凭白相加”；第二，“毕宗谟之母毕段氏确有图害上诉人之意思”，“毕段氏日暮西山，不甘寂寞，累向上诉人非分挑情，几遭拒绝，竟然恼羞成怒，蓄积私心，遂酿成几度寻隙事端”。从该声请状可以看出，洪志炀对之前的供述予以全面否定。

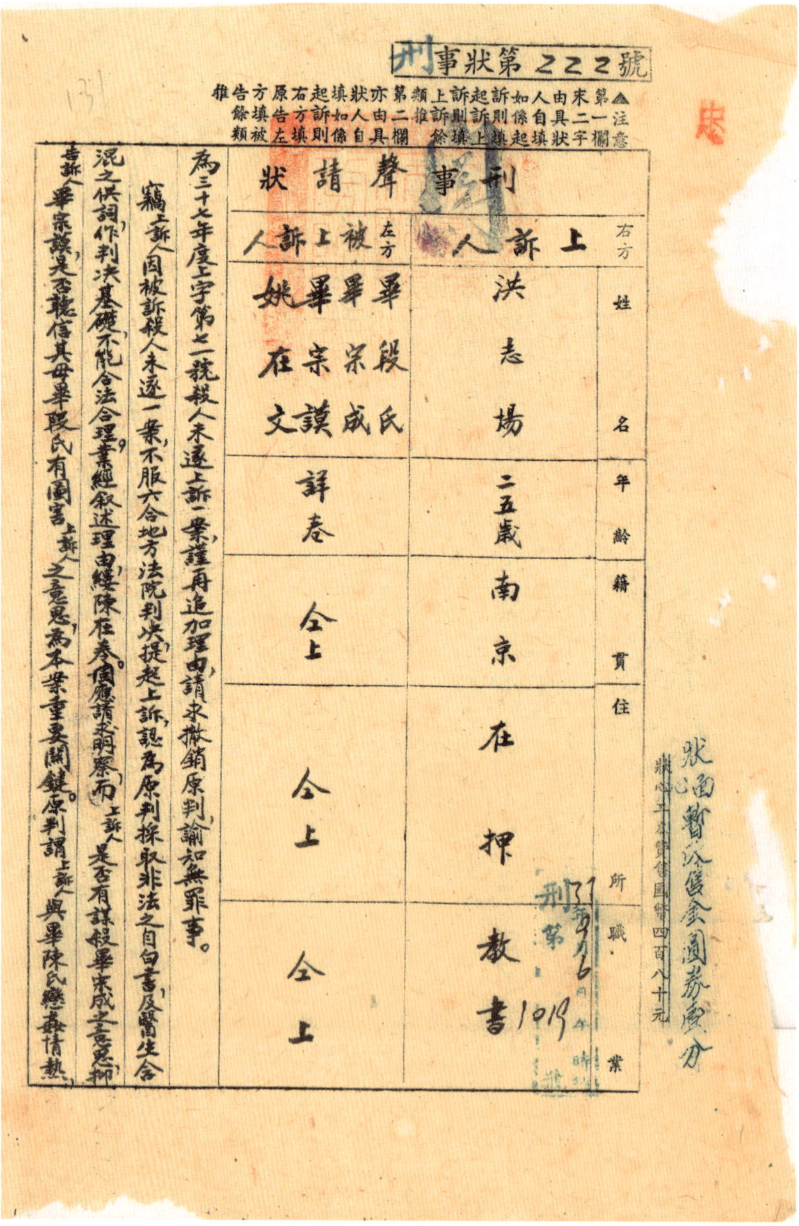

刑事狀第222號

▲注意 第一欄末二字由具狀人自填，如係起訴則填起訴，上訴則填上訴，餘類推。第二欄亦由具狀人自填，如係起訴則右方填原告，左方填被告，餘類推。

刑事聲請狀

	姓名	年齡	籍貫	住所	職業
右方 上訴人	洪志煬	二五歲	南京	在押	教書
左方 被上訴人	畢段氏 畢宗成 畢宗謨 姚在文	詳卷	仝上	仝上	仝上

為三十七年度上字第七二號殺人未遂上訴一案，謹再追加理由，請求撤銷原判，諭知無罪事。

竊上訴人因被訴殺人未遂一案，不服六合地方法院判決，提起上訴，認為原判採取非法之自白書及醫生含混之供詞作判決基礎，不能合法合理，業經敘述理由，繕陳在卷。倘應請求明察，而上訴人是否有謀殺畢宗成之意思，抑被上訴人畢宗謨是否聽信其母畢段氏有圖害上訴人之意思，為本案重要關鍵。原判謂上訴人與畢陳氏戀姦情熱，

狀面暫收價金圓券壹分

图 A1-13-1

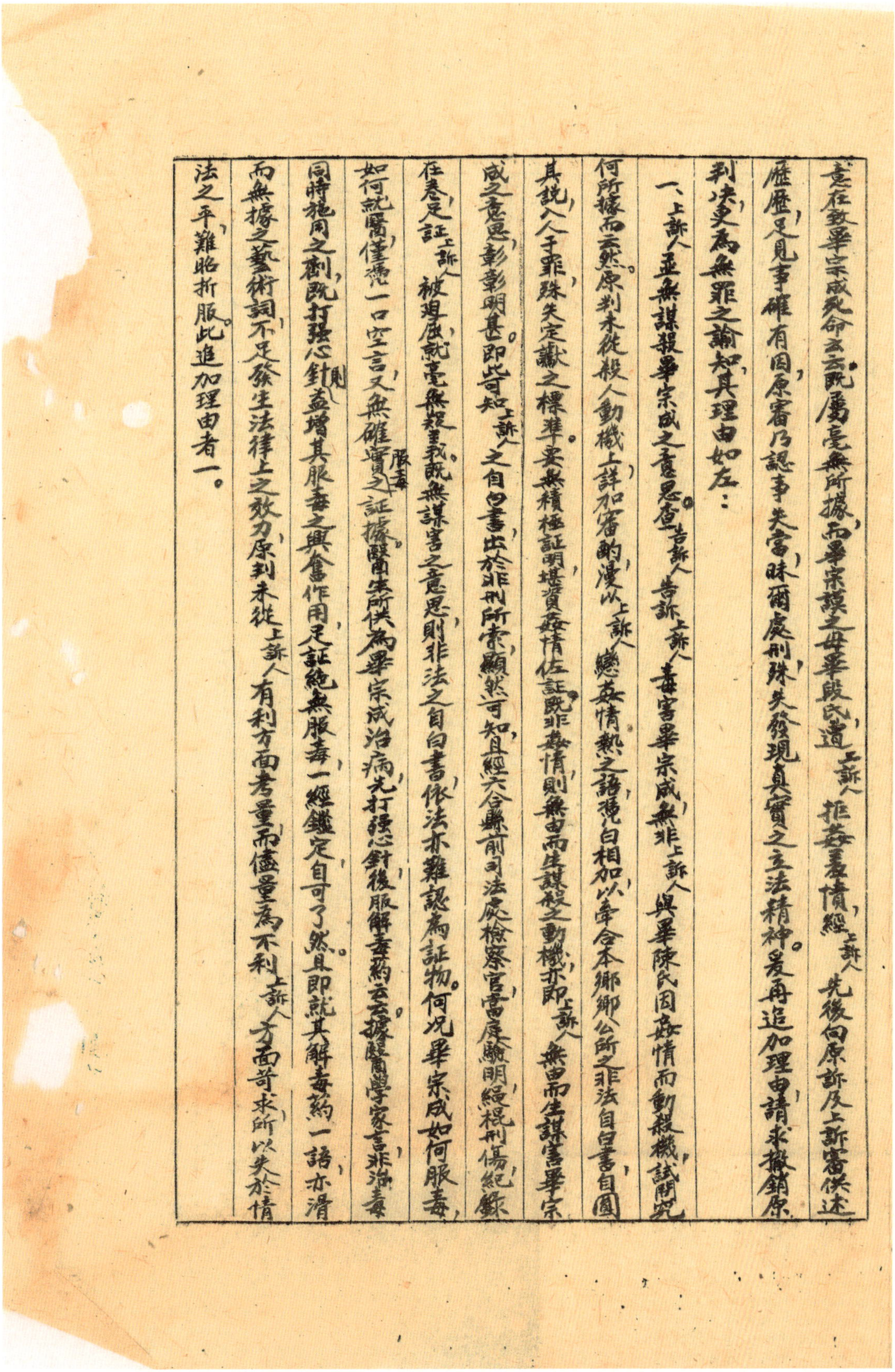

意在致畢宗成死命云云。既屬毫無所據，而畢宗謨之母畢段氏遺上訴人拒姦羞憤，經上訴人先後向原訴及上訴審供述歷歷，足見事確有因。原審乃認事失當，昧爾處刑，殊失發現真實之立法精神。爰再追加理由，請求撤銷原判決，更為無罪之諭知。其理由如左：

一、上訴人並無謀殺畢宗成之意思。查告訴人告訴上訴人毒害畢宗成，無非上訴人與畢陳氏因姦情而動殺機，試問究何所據而云然。原判未從殺人動機上詳加審酌，漫以上訴人戀姦情熱之語，憑白相加，以牽合本鄉鄉公所之非法自白書，自圓其說，入人于罪，殊失定讞之標準。要無積極證明堪資姦情佐證，既非姦情，則無由而生謀殺之動機，亦即上訴人無由而生謀害畢宗成之意思，彰彰明甚。即此可知上訴人之自白書出於非刑所索，顯然可知，且經六合縣前司法處檢察官當庭驗明綑綁刑傷紀錄在卷足證。上訴人被迫屈就，毫無殺意，既無謀害之意思，則非法之自白書依法亦難認為證物。何況畢宗成如何服毒，如何就醫，僅憑一口空言，又無確實服毒之證據。醫生朱所供為畢宗成治病先打強心針，後服解毒藥云云。據醫學家言非治毒同時施用之劑，既打強心針，則益增其服毒之興奮作用，足證絕無服毒。一經鑑定，自可了然。且即就其解毒藥一語亦滑而無據之藝術詞，不足發生法律上之效力。原判未從上訴人有利方面考量，而儘量為不利上訴人方面苛求，所以失於情法之平，難昭折服。此追加理由者一。

图 A1-13-2

二、畢宗謨之母畢段氏，雖有圖害上訴人之意思。查上訴人教書謀生，寄居畢姓家中，與畢段氏同處一堂，房門相對，上訴人青年志學，稍明禮義，不妨畢段氏日暮西山，不甘寂寞，累向上訴人非分挑情，幾遭拒絕，竟然惱羞成怒，蓄積私心，遂釀成幾度尋隙事端，各學生家長及鄰居人等均有所知。惟上訴人愛口慎羞，不甘宣洩，祇以逆來順受，且待年終再議耳。不料禍起不測，竟遭殺人之冤，所謂最毒婦人心，真不謬也。但在事實上考量其畢段氏對於上訴人故意圖害，亦具顯然之參證。緣畢宗成與畢宗謨為同父異母兄弟，宗成係前母所出，宗謨為畢段氏所出，平日畢段氏視宗謨如掌上珠，視宗成及其妻畢陳氏（即同案被告）若路人，親疏懸殊，固屬人之常情，所以時生角逐，不以為怪。而本案發生，不由直接被害之畢宗成告訴，而從畢段氏親密之子畢宗謨摩端，不無研究之可能。果上訴人有圖姦謀殺情事，畢宗成自應挺身告訴，何待假手於人？果畢段氏無挑情不遂而圖害上訴人意思，何不由畢宗成自行主張，而必教唆其子畢宗謨訛詞干預，其間矛盾叢生，破綻顯露，盡人而知矣。況畢宗成所供不能確認上訴人與畢陳氏有姦，又畢陳氏所供畢宗成一月前即患肚痛，均可反証畢段氏教唆其子畢宗謨藉畢宗成之肚痛，而運用圖害上訴人之手段，明如指掌。原判未予反面有利上訴人方面考量，遽以處刑，適中其狡，殊難令人折服，此追加理由者二。

綜上追加理由，狀請

鈞長鑒核，賞予撤銷原判，更為無罪之判決，不勝感德。

謹狀

图 A1-13-3

證人	證物

江蘇高等法院第一分院刑庭 公鑒

中華民國三十七年九月六日

具狀人洪志煬

發行處

图 A1-13-4

14. 洪志炀刑事选任状（1948年）（档案号：A020-1947-002-0900-0050）

1948年11月15日，洪志炀选任律师向宗道担任自己的辩护人，权限为“到庭辩护”。

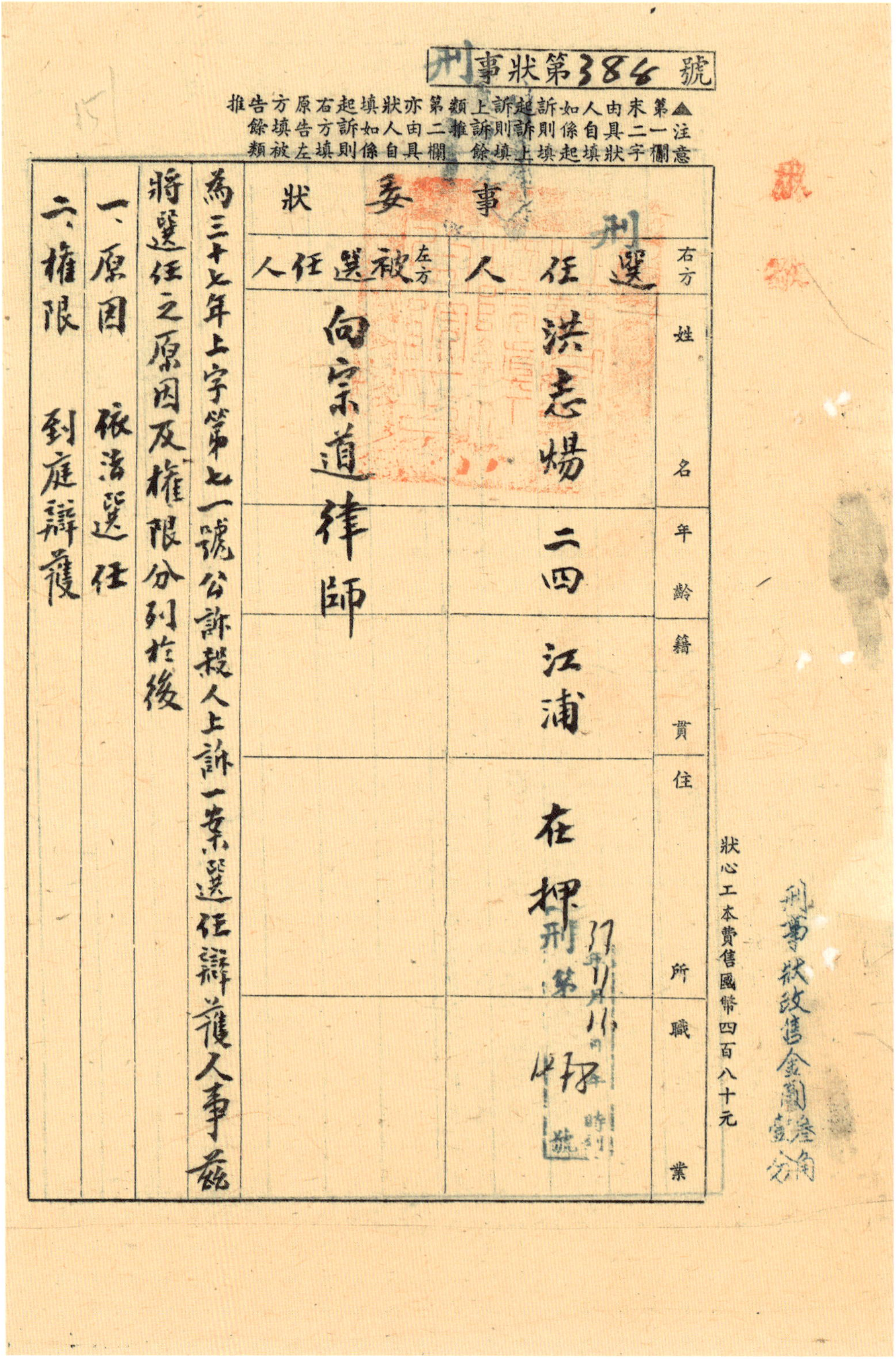

刑事狀第384號

右方	選任人	左方被選任人
姓名	洪志煬	向宗道律師
年齡	二四	
籍貫	江浦	
住所	在押	
職業		

為三十七年上字第七一號公訴殺人上訴一案選任辯護人事茲將選任之原因及權限分列於後

一、原因 依法選任

二、權限 到庭辯護

狀心工本費售國幣四百八十元

图 A1-14-1

證人	證物

江蘇高等法院鎮江分院 公鑒

中華民國三十七年十二月十五日

具狀人洪志煬 押

受選任律師向宗道

發行處

图 A1-14-2

15. 律师向宗道阅卷声请书（1948年）（档案号：A020-1947-002-0900-0050）

1948年11月15日，律师向宗道向江苏高等法院镇江分院声请阅卷，“所有本案卷宗亟待查阅，为此声请大院即将全卷连同附件交给阅览钞录，实为厚幸”。

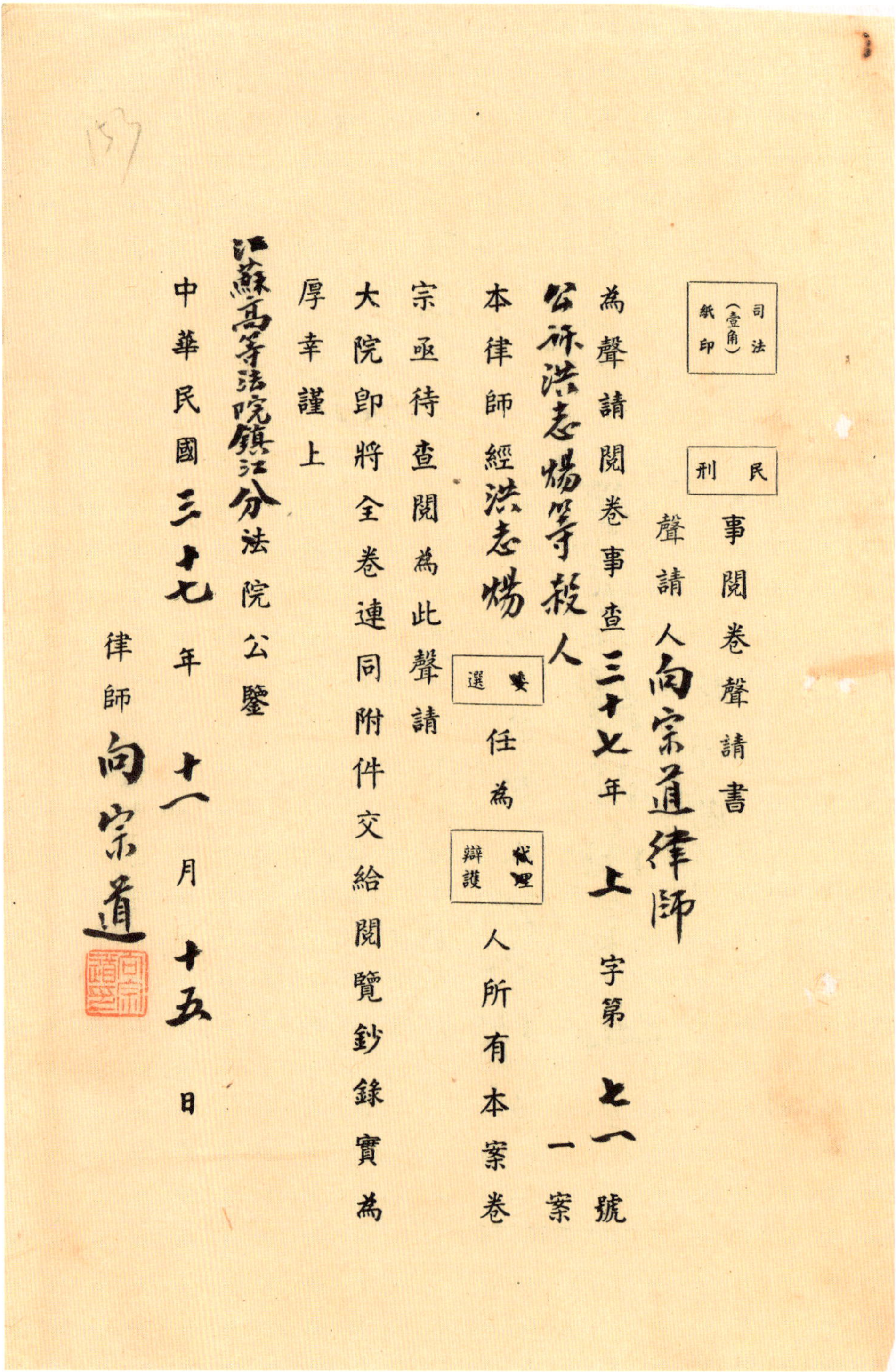
司法（壹角）紙印

民刑事閱卷聲請書

聲請人向宗道律師

為聲請閱卷事查三十七年上字第七一號

公訴洪志煬等殺人一案

本律師經洪志煬委選任為代理辯護人所有本案卷

宗亟待查閱為此聲請

大院即將全卷連同附件交給閱覽鈔錄實為

厚幸謹上

江蘇高等法院鎮江分院公鑒

中華民國三十七年十一月十五日

律師向宗道

图 A1-15

16. 江苏高等法院镇江分院审判笔录（1948年）（档案号：A020-1947-002-0900-0050）

1948年11月16日上午10时，江苏高等法院镇江分院在该院第一法庭公开审理该案。参加此次庭审的有推事3人、检察官1人、书记官1人以及被告人洪志炀和毕陈氏、辩护律师向宗道。从审判笔录来看，被告人再次否认存有奸情及毒杀行为，辩护律师亦提出现有证据的证明力不足，并请求法庭准予被告人交保候审。庭审结束时，推事谕“辩论终结，定本月二十三日下午二时宣判”。

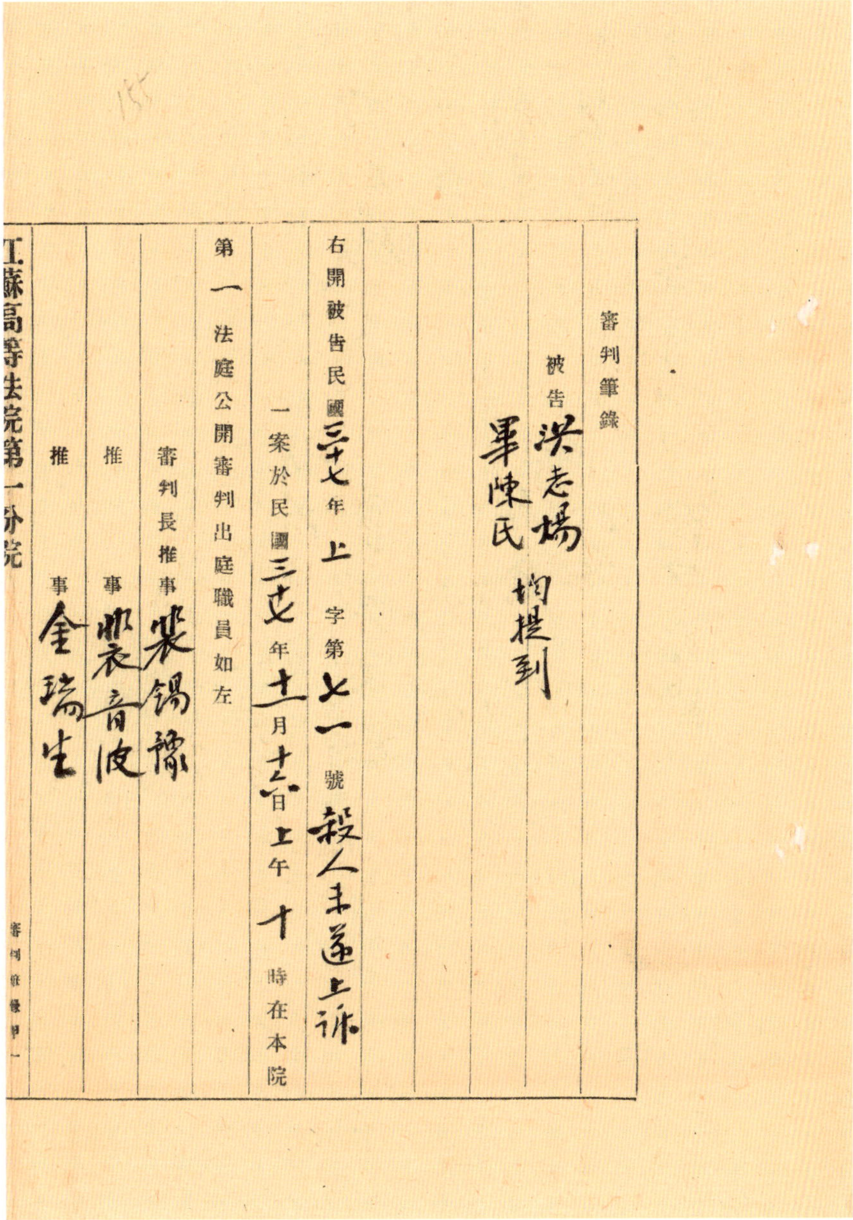
155

審判筆錄

被告 洪志煬 畢陳氏 拘提到

右開被告民國三十七年上字第七一號殺人未遂上訴一案於民國三十七年十一月十六日上午十時在本院第一法庭公開審判出庭職員如左

審判長推事 裴錫豫

推事 裴音波

推事 金瑞生

江蘇高等法院第一分院

審判筆錄甲一

图 A1-16-1

江蘇高等法院第一分院

檢察官　陳疇

書記官　施雲居

被告出庭未受身體之拘束

書記官朗讀案由

審判長訊問被告如左

問　姓名年齡籍貫職業住址前科

答　姓名　洪志煬　男　畢陳氏　女

年齡　二十五　三十二

籍貫　南京　六合

職業　教書　農

住址　六合　無前科　陳家古圩

图 A1-16-2

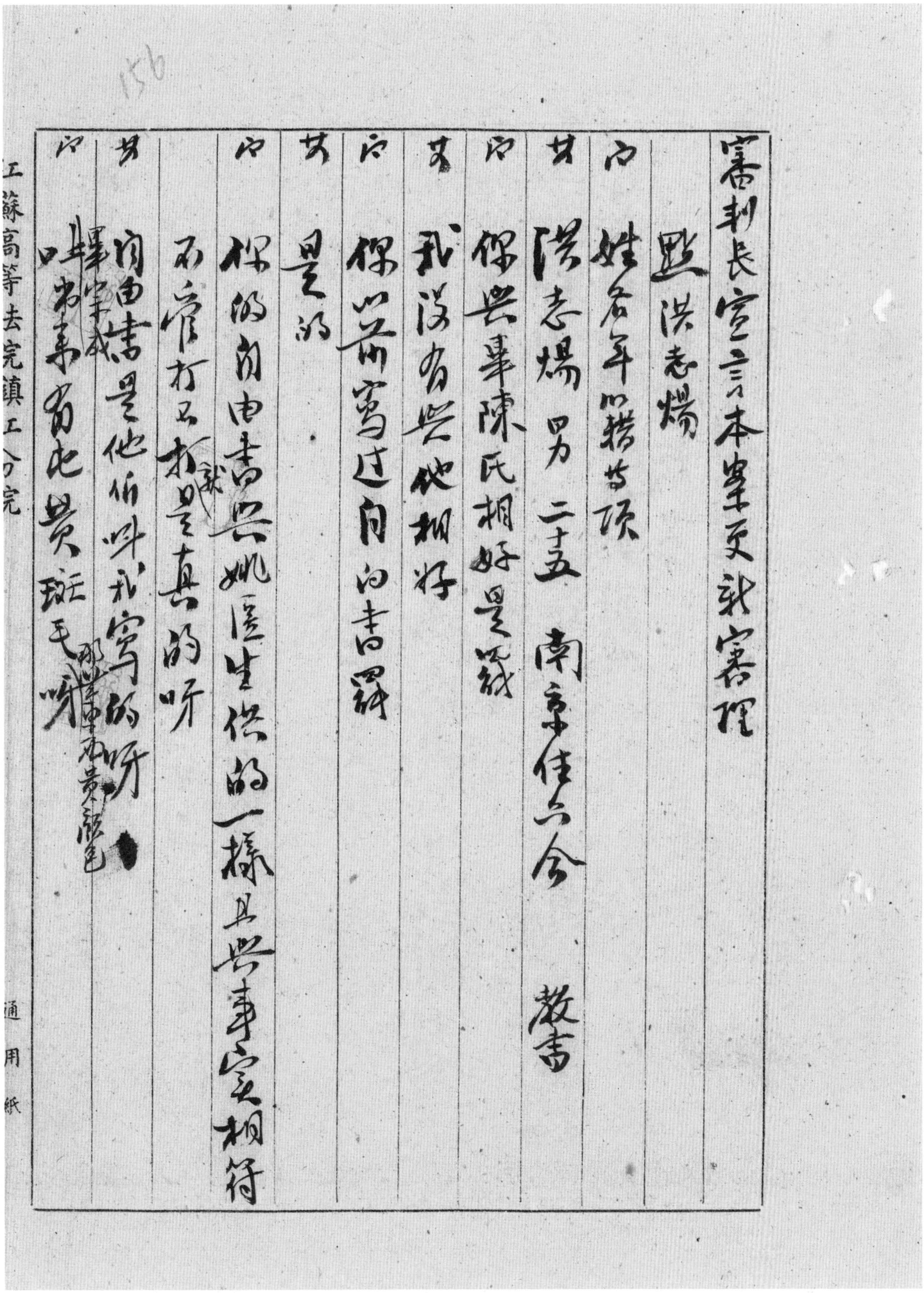
審判長宣言本案更新審理
點 洪志煬
問 姓名年齡籍貫
答 洪志煬 男 二十五 南京住六合 教書
問 你與畢陳氏相好是幾
答 我沒有與他相好
問 你以前寫過自白書罷
答 是的
問 你的自白書與姚匯生供的一樣且與事實相符
不管打不打就是真的呀
答 自白書是他們叫我寫的呀
問 [illegible]事[illegible]黄斑毛呀

图 A1-16-3

江蘇高等法院鎮江分院

答 沒有這些東西

問 吐的黃顏色不是毒藥嗎

答 他吃的紅糖水湯姚醫生是認為服毒治的既

纔打過[illegible]針就不是服毒呀

提畢陳氏

問 姓名年齡籍貫

答 畢陳氏 女 三十三 六合 住陳家[illegible]圩 村長

問 前科

答 沒有

問 沈志揚與你相好嗎

答 沒得這樣事

問 畢宗成是你什麼人

圖 A1-16-4

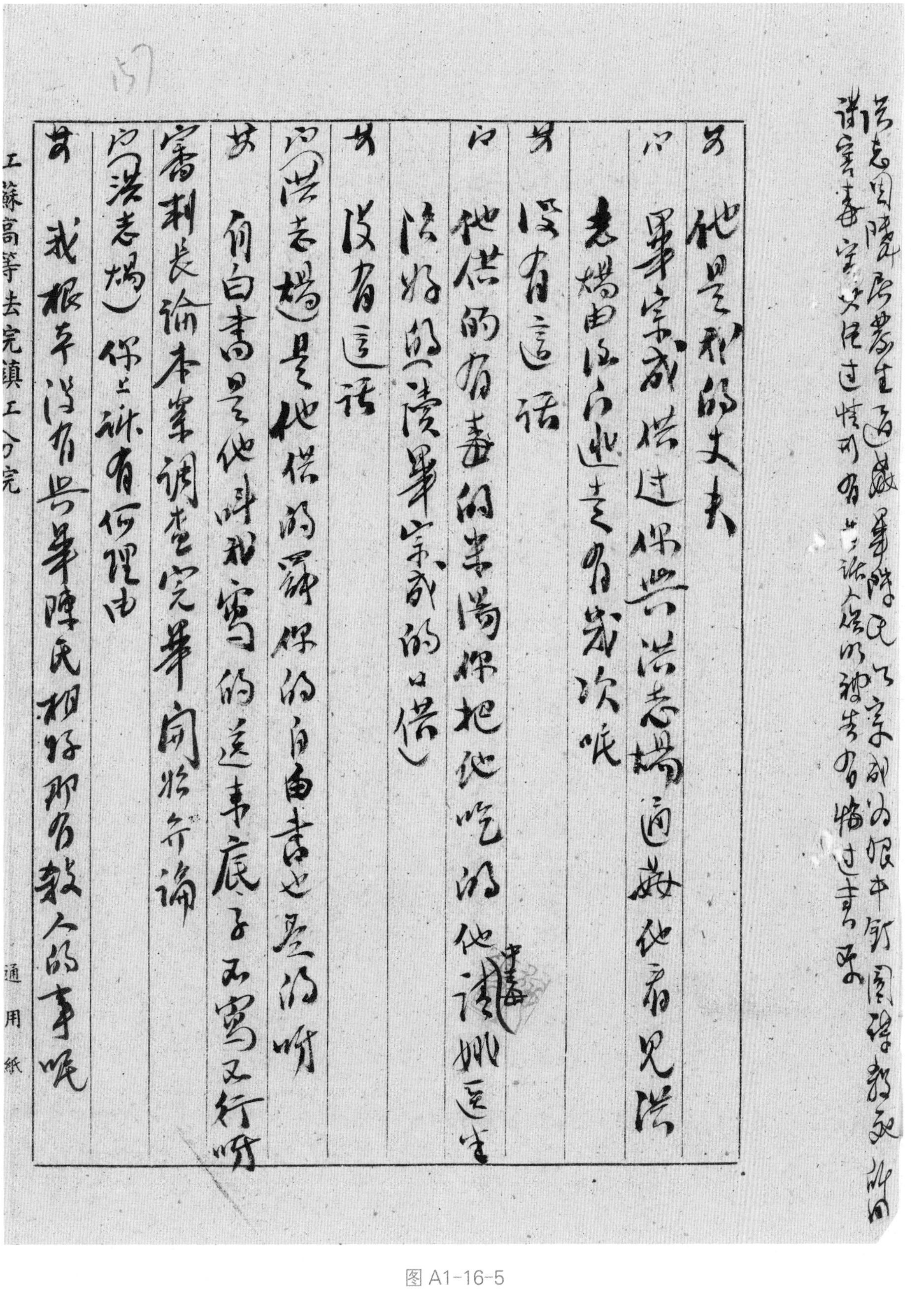
157

洪志煬因陳氏要生道嚴畢陳氏之宗成的眼中釘圖謀殺死所以謀害畢宗成其經過情形有無証人證明被告有無悔過書否

答 他是我的丈夫

問 畢宗成供过你與洪志煬通姦他看見洪志煬由你房中出走有好幾次呢

答 沒有這話

問 他供的有毒的事情你把他吃的他講姚医生洪姆的遺畢宗成的口供

答 沒有這話

問 洪志煬是他供的罪你的自白書也是你的吗

答 自白書是他叫我寫的這事底子不寫又不行吗

審判長諭本案調查完畢向兩造辯論

問 洪志煬 你上訴有何理由

答 我根本沒有與畢陳氏相好那有教人的事呢

江蘇高等法院鎮江分院 通用紙

图 A1-16-5

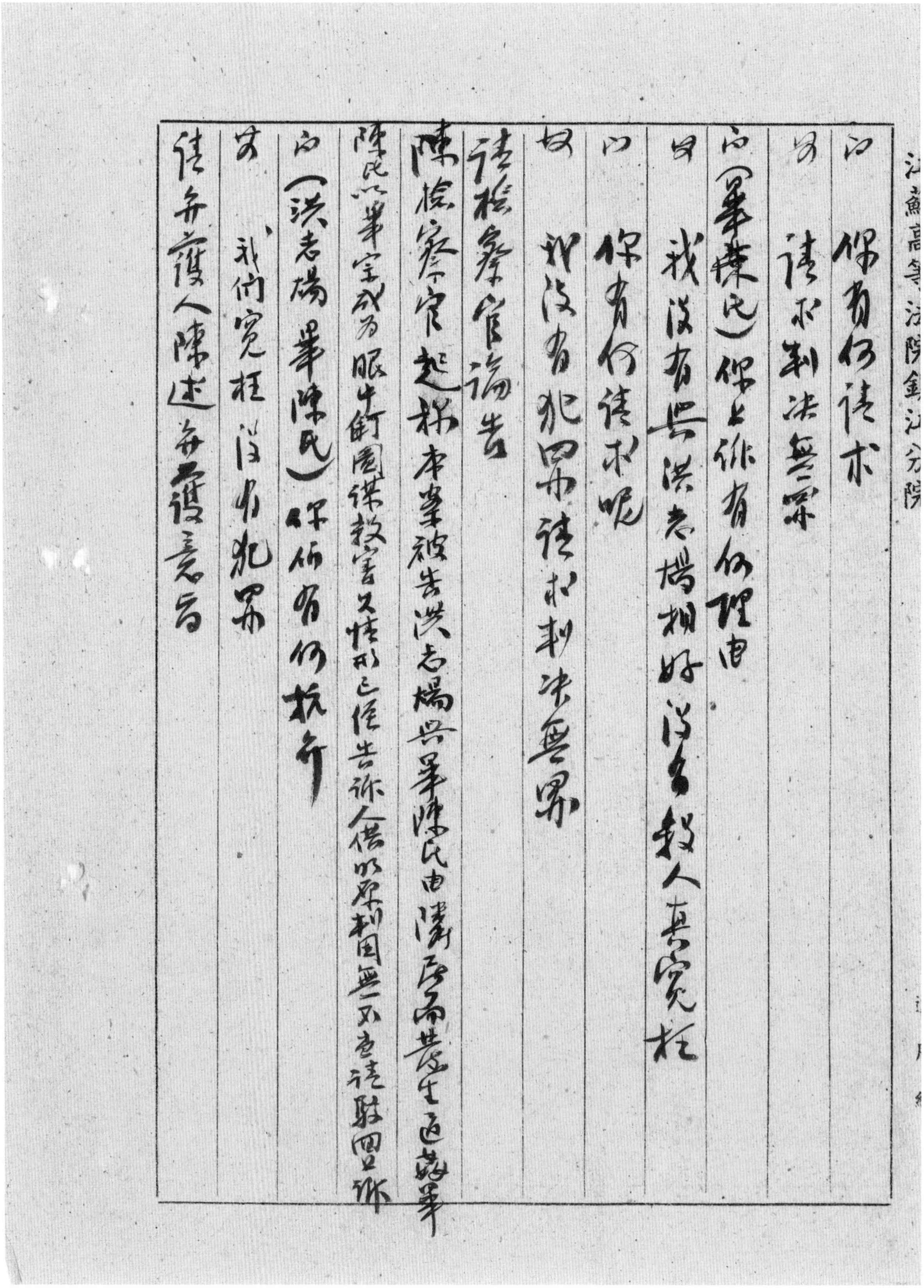

江蘇高等法院鎮江分院

问 你有何请求

答 请求判决无罪

问 （毕陈氏）你上诉有何理由

答 我没有与洪志扬相好，没有杀人，真冤枉

问 你有何请求呢

答 我没有犯罪，请求判决无罪

请检察官论告

陈检察官起称：本案被告洪志扬与毕陈氏由情感而发生通奸，毕陈氏以毕宝成为眼中钉，图谋杀害，又情形已经告诉人供明，原判因无一不合，请驳回上诉

问 （洪志扬 毕陈氏）你们有何抗辩

答 我们冤枉，没有犯罪

请辩护人陈述辩护意旨

图 A1-16-6

158

推事交互訊問

選任辯護律師向宗道起稱本案被告所具自白書所証黃豆斑毛就是以化驗是有的還要研究是否是毒藥沒有經過化驗姚醫生也不能診斷是否毒據告訴人供稱他打嗝後畢陳氏要來喝他吃吃過了還被打嗝可見不是那毒再以洪志揚要畢陳氏是買有毒藥畢陳氏當明庭亦未供的關於被告等犯情不能証實絕論定被告即不能為無罪同犯請庭長諭知無罪被告等羈押日久擬請庭長准予交保候訊

問（洪志揚）你前後有何話說你請求交保需交五百元現金

答 沒有話說現金交不出要等家屬來交呢

問（畢陳氏）你還有何話說你請求交保也要交五百元現金保他

江蘇高等法院鎮江分院 通用紙

图 A1-16-7

江蘇高等法院鎮江分院

右

沒有話說請求准予交保

本筆錄當庭朗讀無異

洪志場

畢陳氏

推事諭弁論終結定本月二十三日下午二時宣判被告洪志

場畢陳氏暫予還押退庭

中華民國三十七年十一月十六日

江蘇高等法院鎮江分院刑事庭

書記官施雲從

審判長推事

图 A1-16-8

17. 江苏高等法院镇江分院刑事判决（1948年）（档案号：A020-1947-002-0900-0161）

1948年11月23日，江苏高等法院镇江分院对该案做出二审判决。法院认为，被告人洪志炀、毕陈氏的犯罪行为事实清楚，“本件认定事实与第一审认定者同”，二人的翻供不成立，“惟其杀人未遂减轻其刑，复以其犯情可悯，再予减轻”，故判决“原判决撤销。洪志炀、毕陈氏共同杀人未遂，处有期徒刑二年六月，褫夺公权三年”。

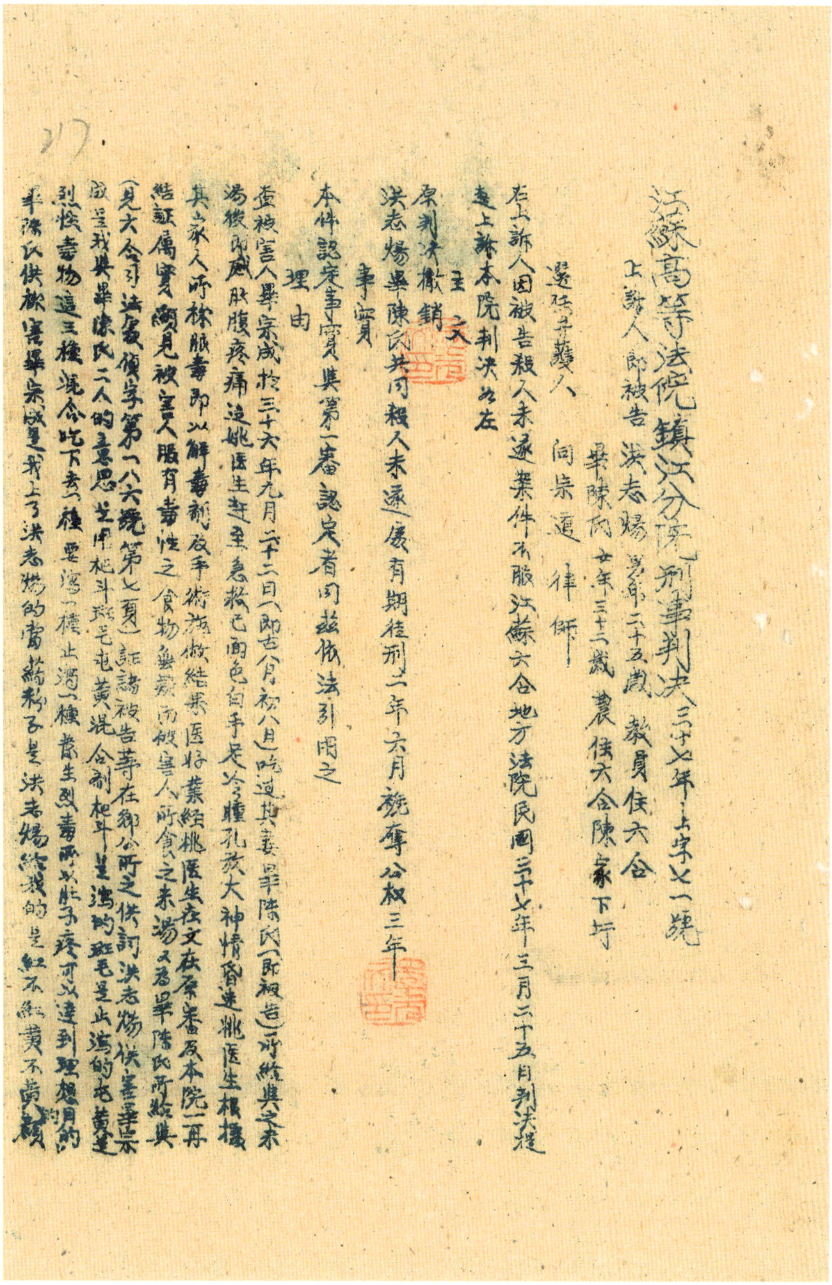

217

江蘇高等法院鎮江分院刑事判決 三十七年上字七一號

上訴人即被告 洪志煬 男年二十五歲 教員住六合

畢陳氏 女年三十二歲 農住六合陳家下圩

選任辯護人 向宗道律師

右上訴人因被告殺人未遂案件不服江蘇六合地方法院民國三十七年三月二十五日判決提起上訴本院判決如左

主文

原判決撤銷

洪志煬畢陳氏共同殺人未遂處有期徒刑二年六月褫奪公權三年

事實

本件認定事實與第一審認定者同茲依法引用之

理由

查被害人畢宗成於三十六年九月二十二日（即古八月初八日）晚[illegible]其妻畢陳氏（即被告）所[illegible]與宗[illegible]湯後即感肚腹疼痛延姚醫生趕至急救已面色白手足冷瞳孔放大神情昏迷姚醫生根據其家人所稱服毒即以解毒劑及手術施救結果醫好業經姚醫生在文在原審及本院一再結証屬實顯見被害人服有毒性之食物無疑而被害人所食之米湯又為畢陳氏所煮與（見六合引法卷宗第一八六號第七頁）証諸被告等在鄉公所之供詞洪志煬供畢宗成是我與畢陳氏二人的意思並用[illegible]斗斑毛毛黃混合劑[illegible]斗是瀉的斑毛是止瀉的毛黃是烈性毒物這三種混合吃下去一種要瀉一種止瀉一種發生烈毒所以肚子疼可以達到理想目的畢陳氏供畢宗成是我上了洪志煬的當藥粉子是洪志煬給我的是紅不紅黃不黃的

图 A1-17-1

已殺甲未遂訊據紅精和下去的各等語是被告等共同殺人已未遂均無疑雖被告等事後翻異夫
亡石認實難謂夠刑責處刑處以有期徒刑其殺人未遂減輕其刑後以其犯情可憫再予減
輕原判各處有期徒刑六年似嫌過重應予撤銷改判
據上論結應依刑事訴訟法第三百六十一條第一項前段第二百九十一條前段刑法第二百七
十一條第二項第二十八條前段第三十七條第二項第五十九條第六十六條前段第七十三條
判決如主文
本案經檢察官陳時雍蒞庭執行職務
中華民國三十七年十一月二十三日
江蘇高等法院鎮江分院刑庭
審判長推事　裴錫豫
推事　裴育波
推事　金瑞生

右判決正本與原本無異

中華民國三十七年十一月　日

書記官

上訴期間　送達本判決書翌日起十日內
上訴法院　如不服得提出上訴狀上訴最高法院

图 A1-17-2

案件举要二（特种刑事诉讼）

王家增汉奸案

抗战胜利前后，严惩汉奸成为全社会的共同呼声。1945年12月，南京国民政府重新出台《惩治汉奸条例》，以期加快惩奸工作。据司法行政部统计，自1944年11月至1947年10月底，各地法院审理汉奸案件情况，检察方面计办结45 679案内，起诉者30 185人、不起诉者20 055人、其他13 323人；审判方面计办结25 155案内，科刑者14 932人（科刑中计死刑369人、无期徒刑979人、有期徒刑13 570人，罚金14人）、宣告无罪者5 822人，其他10 654人。[①] 在战后的镇江，江苏高等法院第一（镇江）分院也审理了数量众多的汉奸案件。如，1948年1月至9月，江苏高等法院镇江分院检察处新收汉奸案件91件。[②] 镇江近代司法档案中，存有大量的有关汉奸案件的诉讼文书，王家增汉奸案即为其中之一。

1946年6月13日，江苏江浦县临时参议会议长郭叔完致函江浦县政府，称据教育部苏浙巡教团第二组前组长王世英、江浦义务团员江涛举报，永宁镇宋家湾王家增曾充任敌寇伊籐部下密侦、敌寇下关宪兵队甲籐部下谍报员、伪江浦县第三区三连乡粮食委员会委员长、敌寇宪兵宫城原部下谍报员等职，要求"依法密拘王逆家增，从严惩处"[③]。接到举报后，江浦县政府展开侦查，将王家增逮捕并关押至江浦县看守所，并于7月5日将案件移送江苏高等法院第一分院检察处。江苏高等法院第一分院检察处多次讯问被告人王家增，并传唤了告发人和证人等。在此期间，王家增提出取保候审，但未获允许。1946年8月，江苏高等法院第一分院检察处检察官陈典猷依据《惩治汉奸条例》《特种刑事案件诉讼条例》《刑事诉讼法》的有关规定提起公诉，认为王家增的汉奸罪行成立，"确无可宥恕，殊难任其饰卸刑责"[④]。该案遂进入审判阶段。

在审判阶段，王家增为求自保，聘请了辩护律师，提出自己"佃农为业，素性醇厚，因为田产与丁姓等挟嫌，致被诬陷汉奸，查大洋桥在敌伪时被日人占据，强迫民任该乡长之职务，民任职未及两月，敌人已签字投降，民对于地方确无危害情形及诈

---

① 参见中华年鉴社发行：《中华年鉴》（上册），1948年，第494页。

② 参见《江苏高等法院镇江分院检察处受理汉奸案件报告表》（1948年1月—9月），镇江市档案馆藏，档案号：A019-1948-001-0699-0006。

③ 《江苏江浦县临时参议会有关查办汉奸王家增罪行的公函》，镇江市档案馆藏，档案号：A020-1946-002-0138-0001。

④ 《江苏高等法院第一分院检察官起诉书》，镇江市档案馆藏，档案号：A020-1946-002-0138-0020。

欺乡民情事”[①]，进而请求法院传唤相关证人以查明案情。王家增的这一举动使案情变得复杂，江苏高等法院第一分院只得连续传唤相关证人，放慢了案件审理进度，1946年12月，该院做出裁定，延长对王家增的羁押期间2个月。[②]与此同时，王家增的父亲王文波，以及余爵正、康启和、匡辅礼、徐国棵等人也作保为王家增具状声请保释，其中，徐国棵愿意提供五百万元书面保证金。由此可见王家增极尽脱罪之能事。但是，根据陈学有、李长山等关键证人的证词，王家增“为敌作伥，人所共知，非可掩饰”[③]，江苏高等法院第一分院拒绝了其保释声请。上述情节反映了战后汉奸案件审判的普遍特点：第一，汉奸往往巧言令色、人脉广泛，企图通过搅浑案情、声请保释等手段以拖待变；第二，法院审理重口供，轻其他类型证据；第三，法院传唤依赖于各地区乡公所或保甲的配合，难度较大，证人出庭作证的意愿度不高。这些特点降低了法院的工作效率，惩治汉奸难以做到从速处理。

1947年3月26日，历经9个月的侦查、公诉和审判，江苏高等法院第一分院做出判决。判决书载“王家增于民国三十年至三十三年间，先后充任敌寇尹籐、甲籐、宫澄各部队密探及谍报员，嗣于三十四年间，又充任江浦县三连乡伪乡长兼爱路团团长，为敌伪推行政令、维护交通，并收捐派工借势敲索”，据此认定“王家增连续通谋敌国，图谋反抗本国，处有期徒刑五年，褫夺公权五年，全部财产除酌留家属必须生活费外，没收”。[④]至此，案件落下帷幕。

王家增案的诉讼文书数量较多，本部分择选的是侦查、公诉、审判等关键节点的相关文书，以及审理单、点名单、传票等票证类文书，以期在有限的篇幅内尽可能反映案件全貌。

① 《王家增刑事声请状》，镇江市档案馆藏，档案号：A020-1946-002-0138-0191。
② 参见《江苏高等法院第一分院刑事裁定》，镇江市档案馆藏，档案号：A020-1946-002-0138-0191。
③ 《陈学有刑事声请状》，镇江市档案馆藏，档案号：A020-1946-002-0138-0191。
④ 《江苏高等法院第一分院刑事判决》，镇江市档案馆藏，档案号：A020-1946-002-0138-0191。

1. 江苏江浦县临时参议会有关查办汉奸王家增罪行的公函（1946年）（档案号：A020-1946-002-0138-0001）

“汉奸”概念古已有之，但其所指范围并不固定。1945年12月南京国民政府重新出台的《惩治汉奸条例》详细列举了汉奸的判断标准，包括“图谋反抗本国者”“图谋扰乱治安者”“泄漏传递侦察或盗窃有关军事政治之消息、文书、图画或物品者”以及“曾在伪组织或其所属之机关团体服务，凭借敌伪势力，为有利于敌伪或不利于本国或人民之行为”者等。据此，王家增显属汉奸无疑。

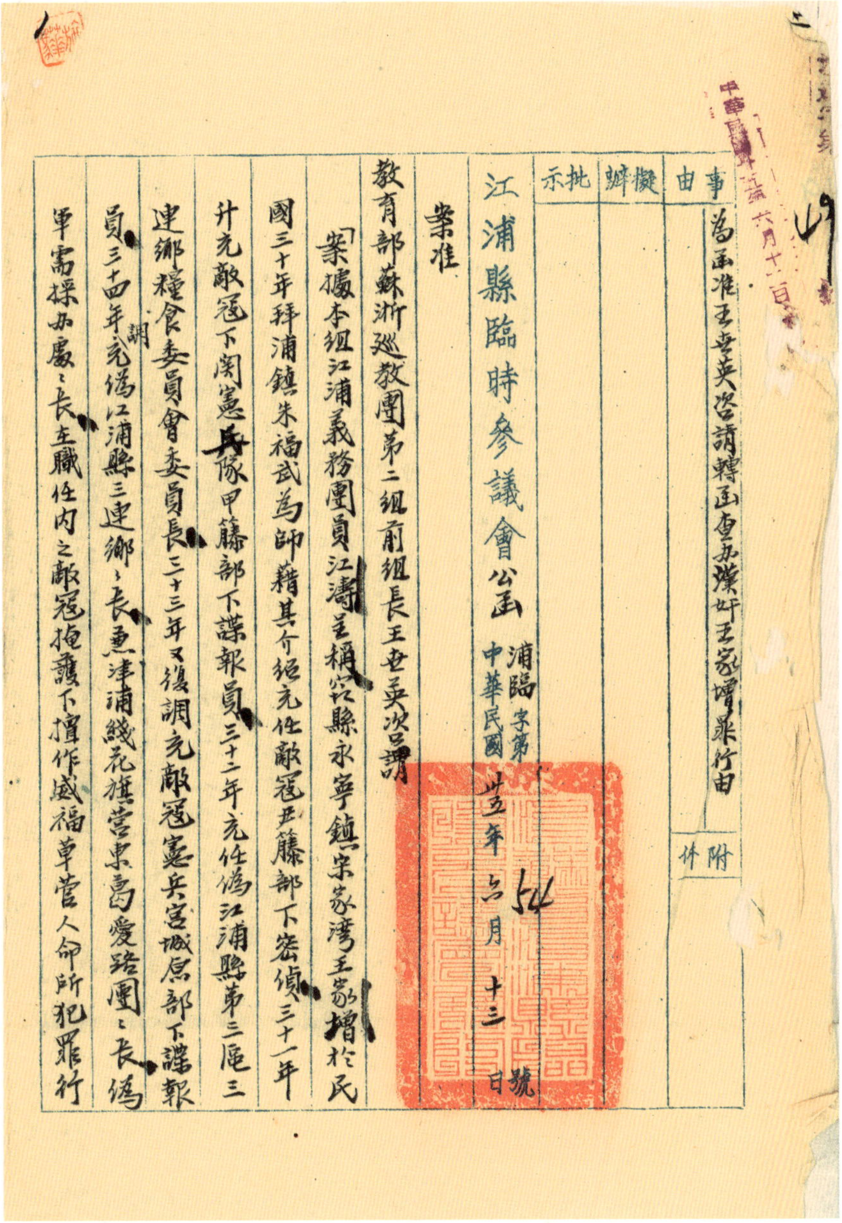

事由：為函准王世英咨請轉函查办漢奸王家增罪行由

擬辦

批示

附件

江浦縣臨時參議會公函 浦臨字第 號

中華民國卅五年六月十三日

案准

教育部蘇浙巡教團第二組前組長王世英咨請

案據本組江浦義務團員江濤呈稱該縣永寧鎮宋家灣王家增於民國三十年拜浦鎮朱福武為師藉其介紹充任敵寇尹藤部下密偵三十一年升充敵寇下関憲兵隊甲藤部下諜報員三十二年充任偽江浦縣第三區三建鄉糧食委員會委員長三十三年又復調充敵寇憲兵宮城屋部下諜報員三十四年充偽江浦縣三建鄉鄉長兼津浦綫花旗營東高愛路團團長偽軍需採办處處長在職任內之勾結掩護下擅作威福草菅人命所犯罪行

图 A2-1-1

全境側目先後誣指三連鄉李長山私藏手槍劉仕江私偷敵寇馬草報告
敵寇罰辦蕩產傾家又綁擄耿永保之子勒逼取贖強拖耕牛抵押罰款荷
槍实彈逮補林有雲押解三連鄉東原大河橋敵寇警備隊斷絕其飲食
三天極盡敵詐同胞之慘無人道手段際茲勝利凱旋天日重光當發揚地方
正氣允宜申訴為弱小寃抑者呼籲伏乞鑒核辦理以免漏網逍遙法外等
由據此查貴會第一次會議係參議議之提議函縣府佈告人民將漢奸等
罪行檢舉並呈省府依法追辦之議案实為禍國殃民漢奸之致命傷王逆
家增自恃金錢魔力肆無忌憚公然登報自認充當漢奸係受環境驅
使滑稽絕倫無逾於此殊不知其所犯罪行剝削無辜人民鮮血買田置
屋之逆產事實昭然將何以狡辯雖有喙難辭據報前情正值本組辦理一
切结束相應咨請查照辦理務予轉函縣府轉呈省峯依法密拘王逆家增
從嚴懲處等由准此相應函達即希
查辦為荷

此致

江浦縣政府

議長郭叔完

图 A2-1-2

2. 兼理司法江苏江浦县政府审理单（1946年）（档案号：A020-1946-002-0138-0001）

该审理单显示，江浦县政府于1946年6月25日传讯了举发人江涛、被告人王家增、被害人林有云。王家增汉奸案正式进入侦查程序。

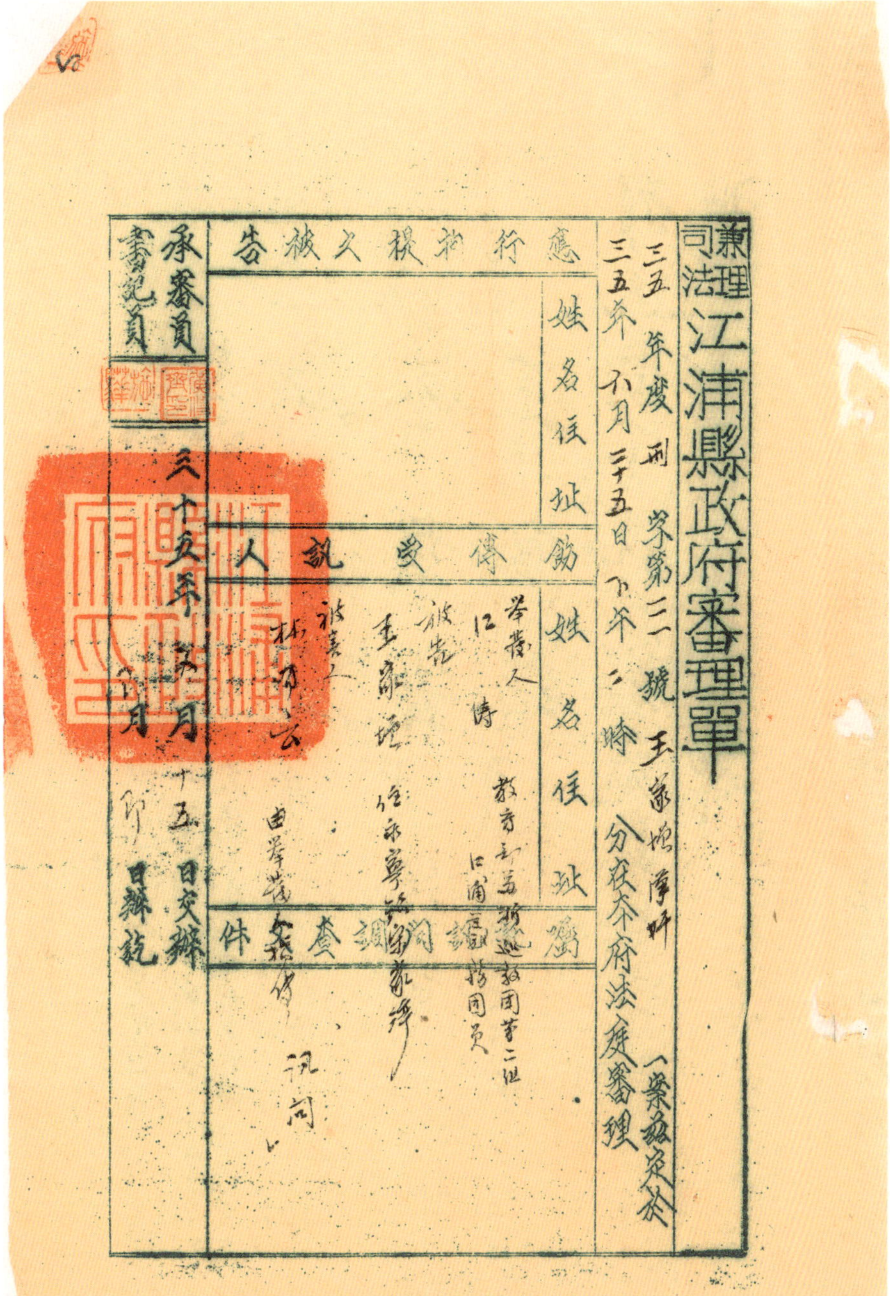
兼理司法江浦縣政府審理單

三五年度刑字第二一號王家增漢奸一案兹定於

三五年六月二十五日下午二時在本府法庭審理

應行通知之被告 姓名住址

應傳訊人 姓名住址

舉發人 江濤 教育局第二組

被告 王家增 住永寧鎮

被害人 林有云 由舉發人轉傳

應調閱證件卷

訊問

承審員

書記員

三十五年六月十五日交辦

日辦訖

图 A2-2

3. 兼理司法江苏江浦县政府点名单（1946年）（档案号：A020-1946-002-0138-0001）

点名单是司法办案过程中的一种法律凭证，用以反映当事人的到案情况，广泛存在于清代及民国司法档案中。

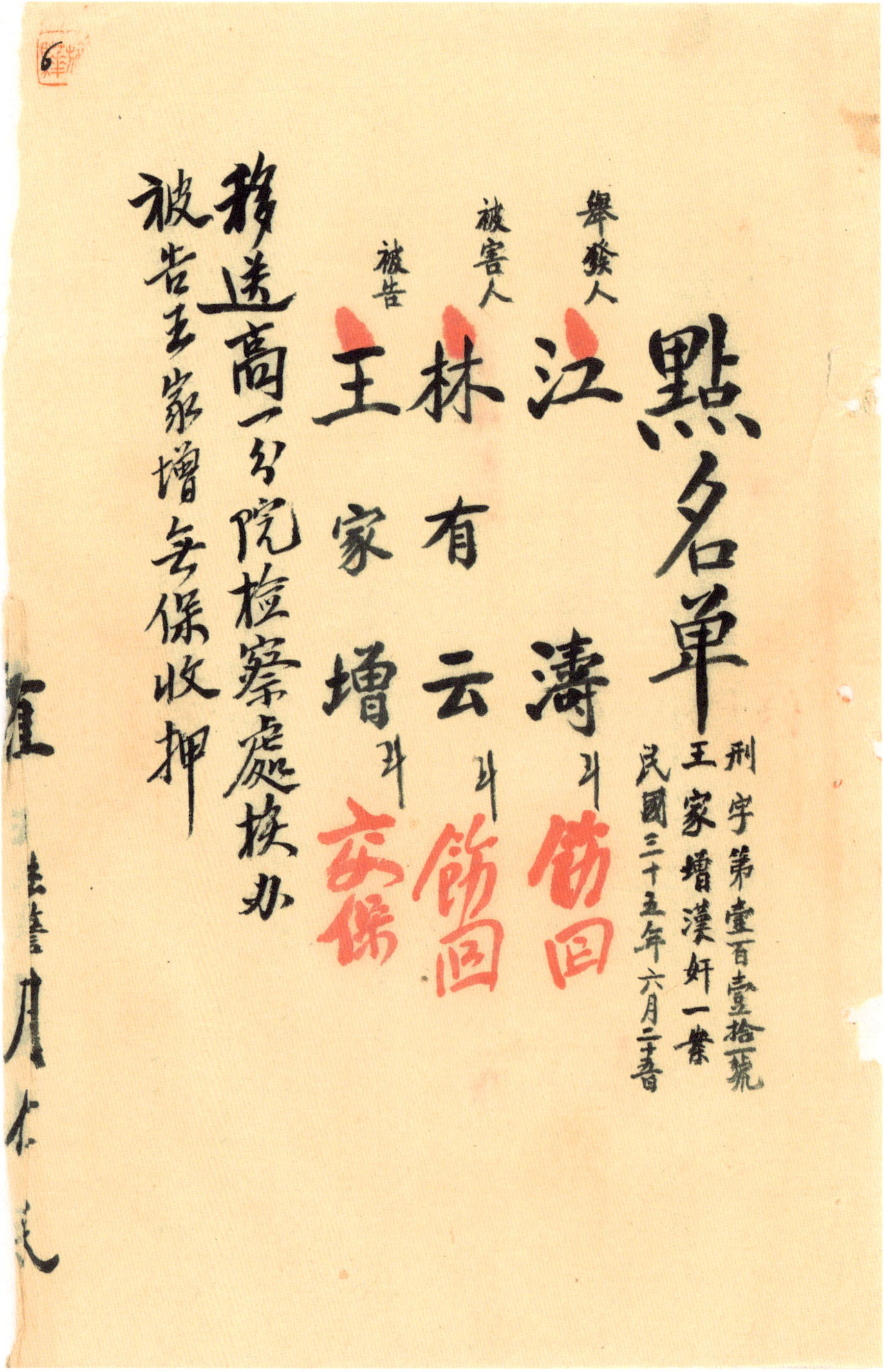

點名單

刑字第壹百壹拾號

王家增漢奸一案

民國三十五年六月二十三日

舉發人 江濤 斗 飭回

被害人 林有云 斗 飭回

被告 王家增 斗 交保

移送高一分院檢察處核办

被告王家增無保收押

图 A2-3

4. 兼理司法江苏江浦县政府刑庭侦查笔录（1946年）（档案号：A020-1946-002-0138-0001）

该笔录显示，兼理司法江浦县政府刑庭承审员黄修齐对告发人、受害人和被告人等进行了讯问。所谓“承审员”，指民国时期在未设立法院的县，协助县知事或县长处理司法事务的人员，也享有一定的独立审判案件的权力。1933年，南京国民政府出台《承审员考试暂行条例》，以此规范各地承审员的选用标准。《承审员考试暂行条例》规定：“中华民国国民有左列各款资格之一者，得应承审员考试：一、在国立及经教育部立案或承认之国内外专门以上学校，修法律政治学科一年半以上毕业，得有证书者；二、高等检定考试第二种及格者；三、有法政专门著作，经审查及格者；四、曾办理司法或司法行政事务三年以上，有证明书者。”

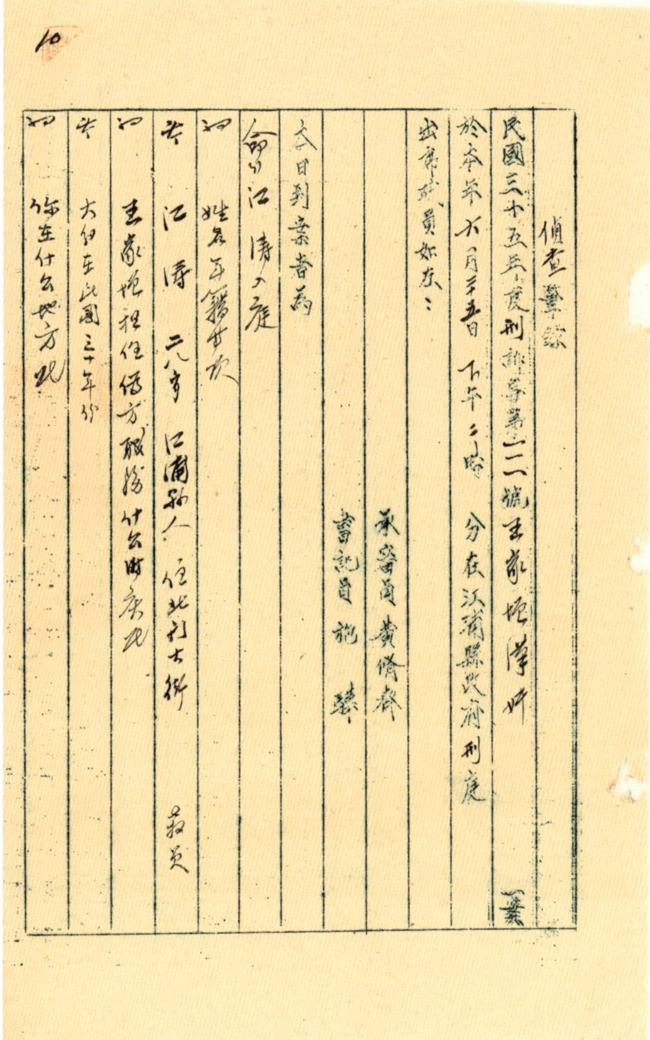
10
偵查筆錄
民國三十五年度刑訴字第二一一號王家增漢奸一案
於本年六月二十五日 下午三時 分在江浦縣政府刑庭
出席職員如左：
承審員 黃修齊
書記員 施 琹
今日到案者為
命江濤入庭
問 姓名年籍住址
答 江濤 二八歲 江浦縣人 住北門大街 教員
問 王家增租住你房子什么時候來的
答 大約在民國三十年份
問 你在什么地方做

图 A2-4-1

答 那时候挺进军二十四纵队参谋室[illegible]任参谋

问 他在敌人那担任什么工作呢

答 他由他师父连系敌宪兵宫城甲晓谍报员以来周镐他来在二十
四年当三连御侯乡长

问 任乡长以后担任什么工作呢

答 在花桥营当爱路团团长。

问 他当敌人爪牙以后欺害过老百姓吗

答 他将共区云利用敌伪力量来闹起来闹在朱岛洋桥附近
碉堡里饮食不给只三天之久

问 以后怎样了结的呢

答 周镐他出来寻步请话向共区云

问 可是刘的坏了了吗

答 这是耿永保第二市党子叛他擅去当天耿永保[illegible]已经到

图 A2-4-2

业经讯问

问 何以到案之故

答 送至刘仕江被害说他像窃马并刘仕江家牛子了 现在本人

审判案

命引出张[illegible]云到庭

问 姓名年籍身份

答 张[illegible]云 三九岁 江浦县人 住高里乡[illegible]保[illegible]甲四户 农

问 你什么时候被什么人抓去的

答 在去年旧历五月初三日王家增当乡长又当保安团长派

团丁[illegible]康荣祝来喊去他说乡长喊你去王家增就把我

故里要备[illegible]手[illegible]在[illegible]

问 把你关起什么罪的

答 说我不缴捐费

图 A2-4-3

问　闵毅天呢

答　闵之夫水商会吃在初八日由民众联名请求保出来的

命耿黄氏入庭

问　姓氏年籍职业

答　耿黄氏　五五岁　仁浦县人　住北城乡六保三甲四户　农

问　你第二儿子名什么

答　名耿长林

问　什么时候被什么人捉去的呢

答　去年四月十九日被王家炮派二爷夏阁见在我们田前，我儿子在田里工作时候捉去，捉到王家炮家里

问　为什么又要捉走呢

答　王家炮对我魏子说你们通西沙，就追我儿子说出来，我儿子年纪小吓怕当面说出来的

图 A2-4-4

12

问 何亮亮逃出的怎样呢

答 我先逃逃出来他们随时派人来要这人不在家将我牛拉去并了三天他十三号夜才赎出来的

问 这个文信谁呢

答 文信王家增的 王家增那时发为宪警百姓不准他耕种把他在农稿一纸写出是文张的

命刘仕江入庭

问 姓名年籍出处

答 刘仕江 二十八岁 江浦县人 住青里乡六保一甲七户 农

问 你被王家增害着的呢

答 在三十三年十月二十九日他替日本人办马草要三百斤把他在铁路南面捉我住的

问 怎样了结的呢

答 要我赔二百五十斤草我只好去一条牛牵到镇去赎的

图 A2-4-5

问 你详细说吧

答 我解到日本宪兵队程由王家培领伕子来裁去的

命传王家培入庭

问 姓名年籍住址

答 王家培 年三十一岁 江浦县人 住永宁镇十二保五甲五户 农

问 有无前科

答 无

问 你在三十年作过敌人宪兵宫成甲胜的谍报员、爱路团团长吗

答 没有当过 我就当一个三连乡长兼联合乡丁

问 张子云被你领人去喊来关起来的吗

答 他被鬼子带去的事情已的是不是我去带的

问 你将联保长抓到你乡公所的吗

答 没有

图 A2-4-6

13

问 结果拉去一条牛代十二万元赎出的吗

答 不错，是的，是南京来一个保长李恒如来替他带到衙门所来的

问 你与他同住的吗

答 我不在家里

问 你与到仕江被你敲他二百五十担马草吗

答 没有你冤的你我的草

问 你是朱敬武侄子

答 不是的

问 你怎样认得鬼子翻译甲滕的呢

答 不认识，很认得翻谷鬼子，我去衙门时常来的

问 你要说你没有做过坏了他，他为什么要告你呢

答 我告了丁正贵，他们是丁正贵弄出来的告我的

右笔录当庭朗读给受讯人承认无异

图 A2-4-7

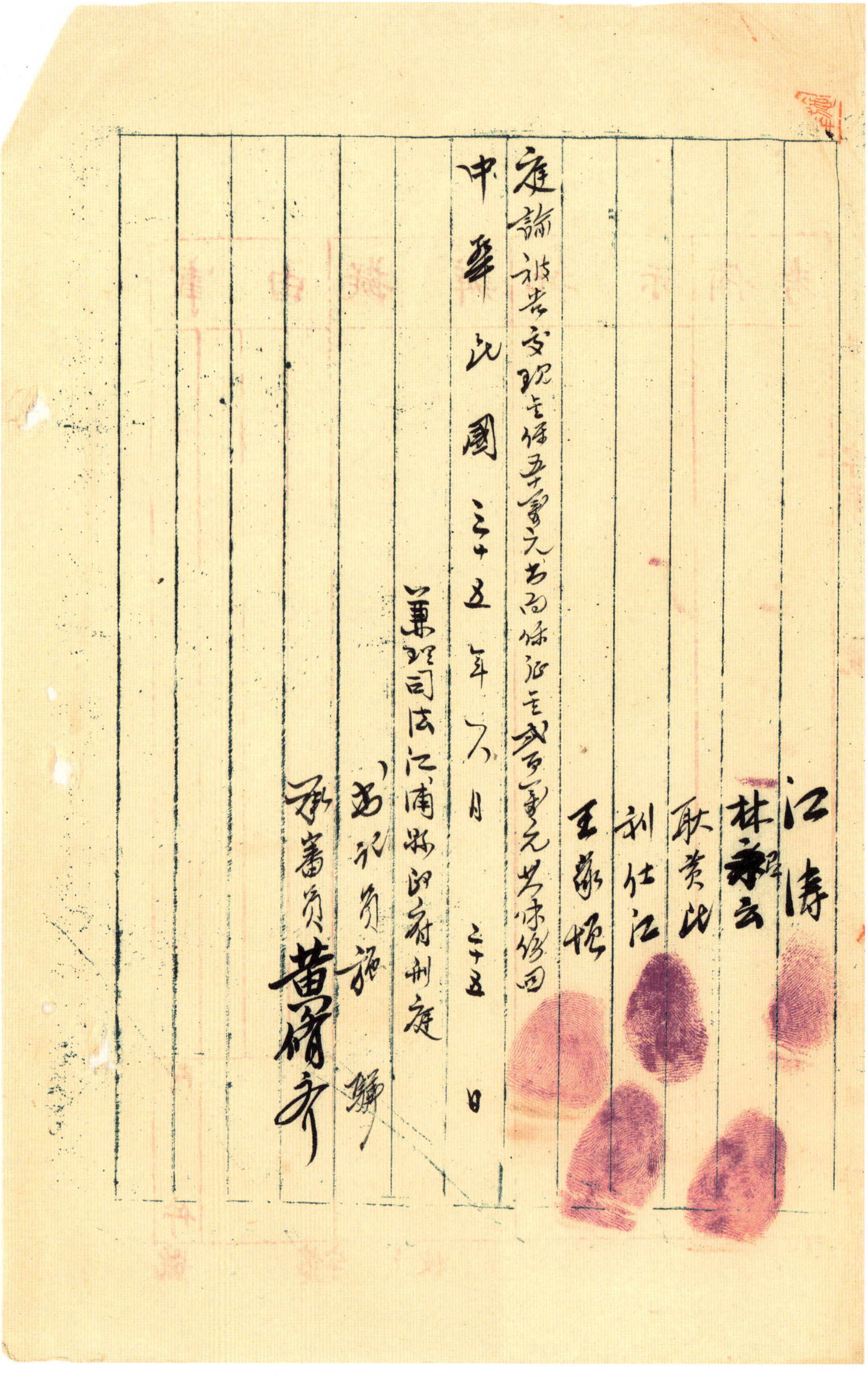
江涛
林永云
耿贵比
刘仕江
王叙恒
庭谕被告交现金保五千万元与白保证金贰万元共保释回
中华民国三十五年六月二十五日
兼理司法江浦县政府刑庭
书记员
承审员黄修齐

图 A2-4-8

5. 江苏江浦县政府兼理司法事务押票回证（1946年）（档案号：A020-1946-002-0138-0001）

该押票回证显示，王家增于1946年6月25日下午2时被收押至江浦县政府看守所。

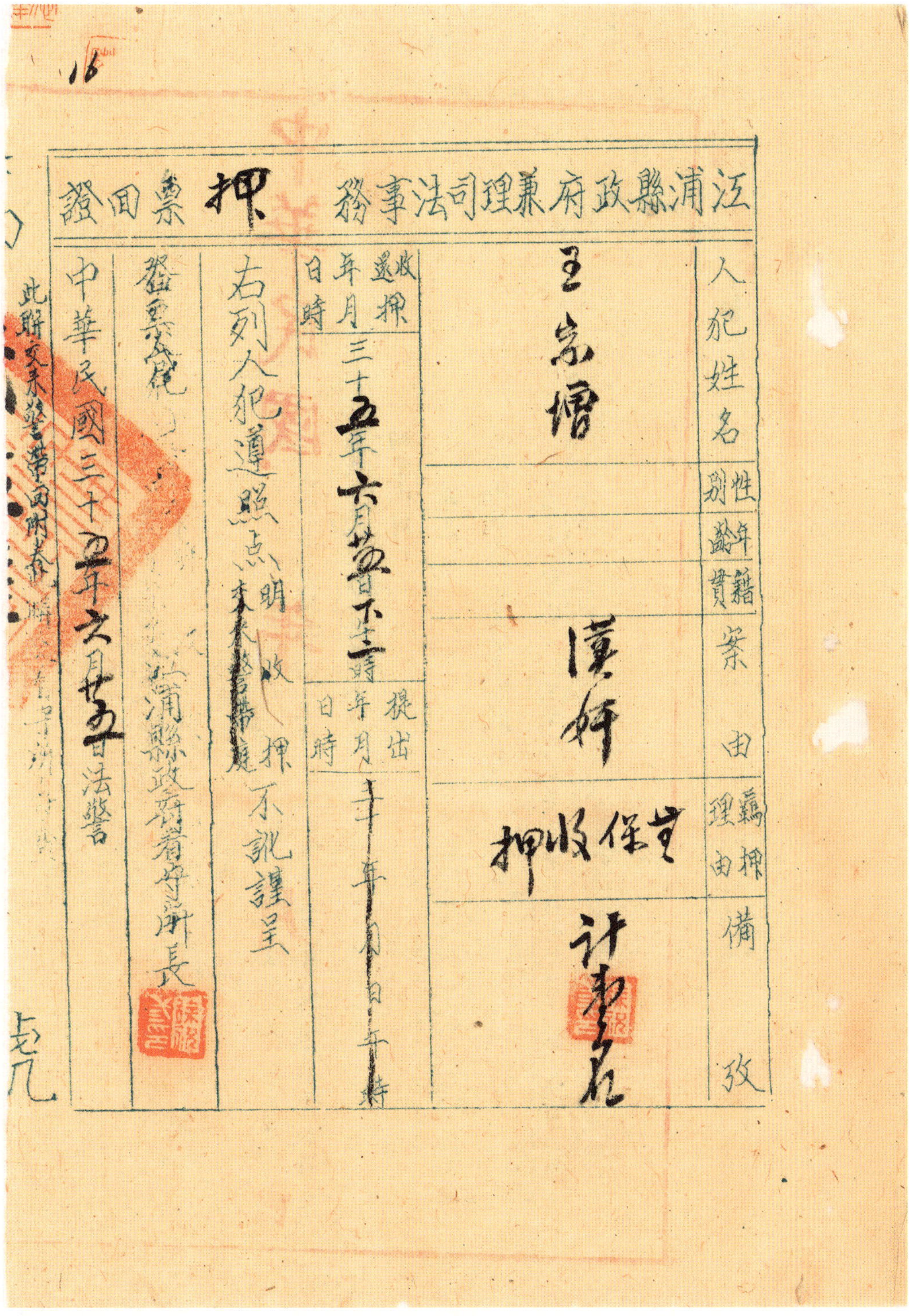
江浦縣政府兼理司法事務押票回證

人犯姓名：王家增
性別
年齡
籍貫
案由：漢奸
羈押理由：保收押
備致

收押年月日時：三十五年六月廿五日下午二時
提出年月日時：三十　年　月　日　午　時

右列人犯遵照點明收押不訛謹呈
發票人
江浦縣政府看守所所長

中華民國三十五年六月廿五日 法警

此聯交來警帶回附卷

图 A2-5

6. 江苏江浦县政府移送王家增一案的报告（1946年）（档案号：A020-1946-002-0138-0020）

1945年11月，南京国民政府曾出台《处理汉奸案件条例》。该条例第五条规定："汉奸案件除被告原属军人，复任伪军职，应受军事审判者外，均依特种刑事案件诉讼条例之规定，由高等法院或其分院审理之。"据此，王家增汉奸案的一审管辖机关是位于镇江的江苏高等法院第一分院，江浦县政府应将案件移送江苏高等法院第一分院检察处，由其继续侦查。

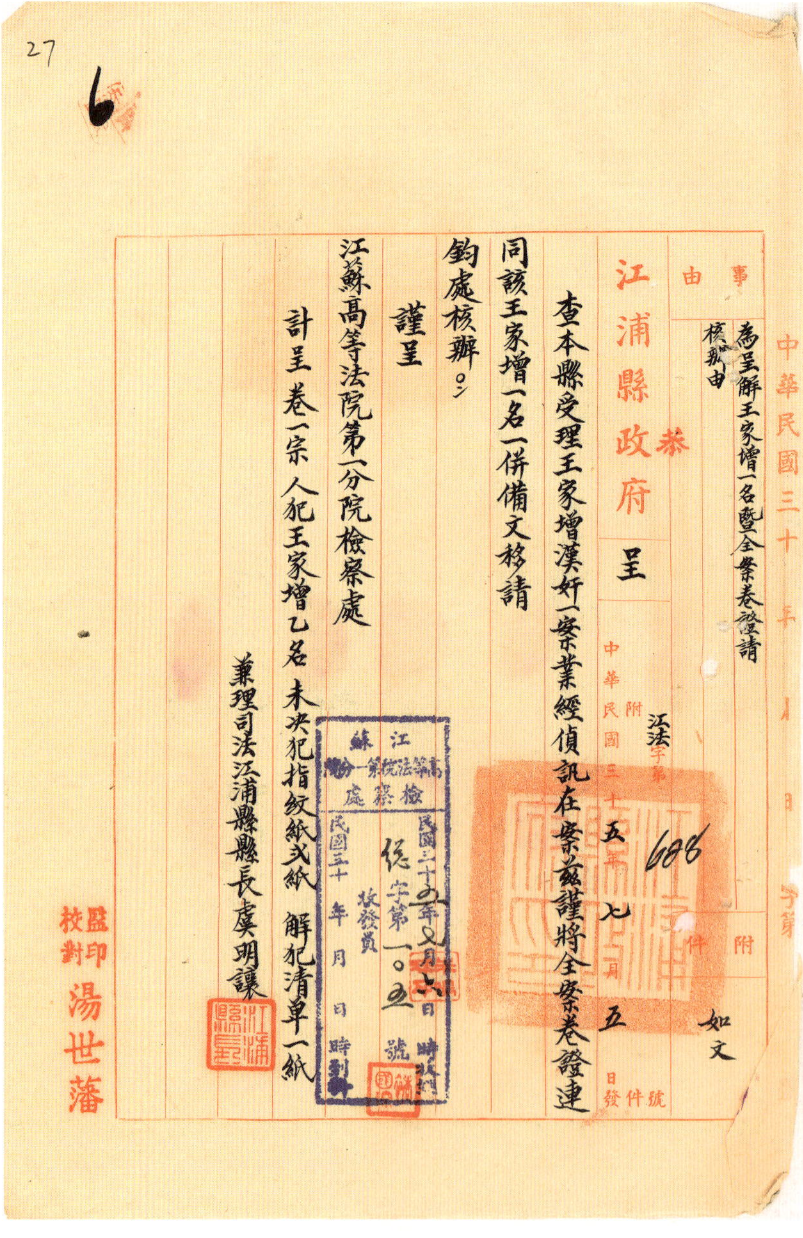
27
6
中華民國三十　年　月　日　字第　號
事由：為呈解王家增一名暨全案卷證請核辦由
江浦縣政府　呈
附件：如文
中華民國三十五年七月五日發　江法字第686號
查本縣受理王家增漢奸一案業經偵訊在案茲謹將全案卷證連同該王家增一名一併備文移請
鈞處核辦。
謹呈
江蘇高等法院第一分院檢察處
計呈　卷一宗　人犯王家增乙名　未決犯指紋紙弍紙　解犯清單一紙
兼理司法江浦縣縣長虞明讓
監印　校對　湯世藩
江蘇高等法院第一分院檢察處　收發
民國三十五年七月六日　字第一○五號

图 A2-6

7. 江苏江浦县看守所未决犯指纹纸（1946年）（档案号：A020-1946-002-0138-0020）

1943年9月，南京国民政府出台《解送人犯办法》，规定“已决犯之身份簿、指纹纸及未决犯之指纹纸，应一并移送”。以下是未决犯王家增的指纹纸。

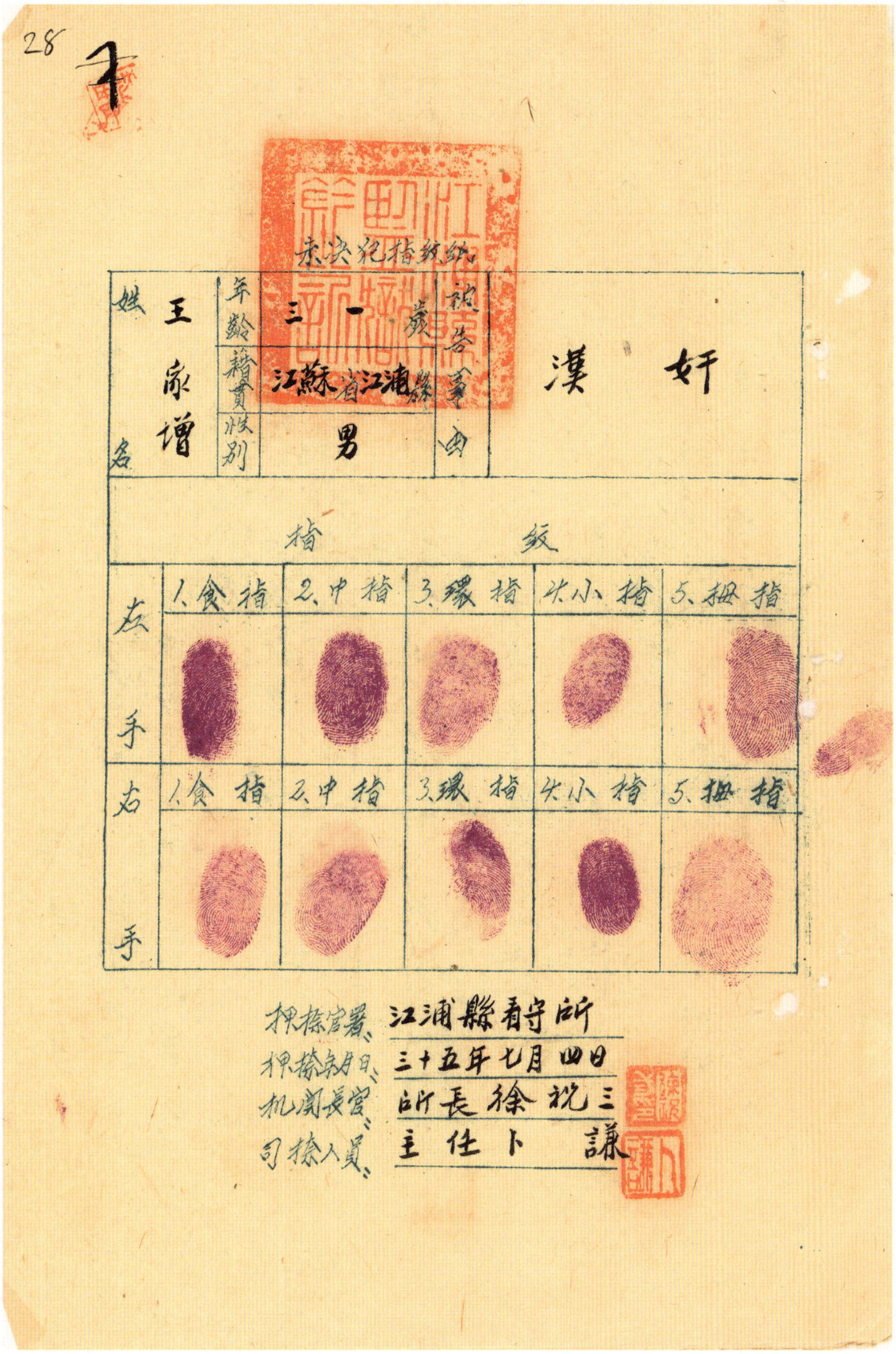

28 7

未決犯指紋紙

姓名	年齡	三一歲	被告事由	漢奸
王家增	籍貫	江蘇省江浦縣		
	性別	男		

指紋

左手	1.食指	2.中指	3.環指	4.小指	5.拇指
右手	1.食指	2.中指	3.環指	4.小指	5.拇指

捺指官署 江浦縣看守所
捺指年月日 三十五年七月四日
机關長官 所長徐祝三
司捺人員 主任卜謙

图 A2-7

8. 江苏江浦县政府解犯清单（1946年）（档案号：A020-1946-002-0138-0020）

1946年7月，王家增被由六合解送至镇江，收押于镇江地方法院看守所。

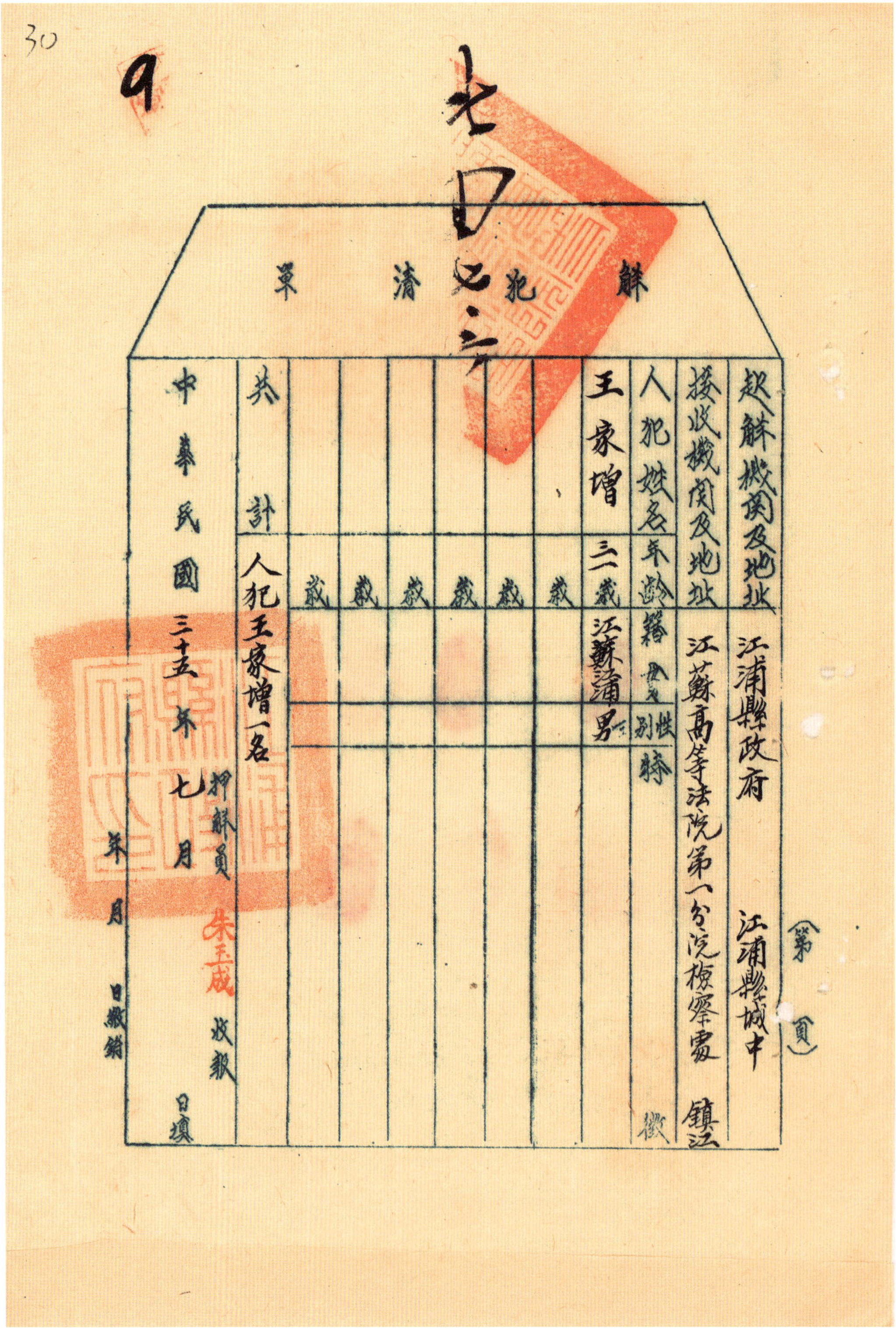

30

9

解犯清單

（第 頁）

起解機關及地址	江浦縣政府	江浦縣城中
接收機關及地址	江蘇高等法院第一分院檢察處	鎮江

人犯姓名	年齡	籍貫	性別	特徵
王家增	三二歲	江蘇江浦	男	

共計 人犯王家增一名

中華民國三十五年七月 日填

押解員 朱玉成 收報 年 月 日繳銷

图 A2-8

9. 江苏高等法院第一分院检察处侦查笔录（1946年）（档案号：A020-1946-002-0138-0020）

1946年7月6日，江苏高等法院第一分院检察处对王家增展开讯问，调查案件基本情况。王家增辩解其出于被迫担任过伪职，但并无敲诈乡民等事。

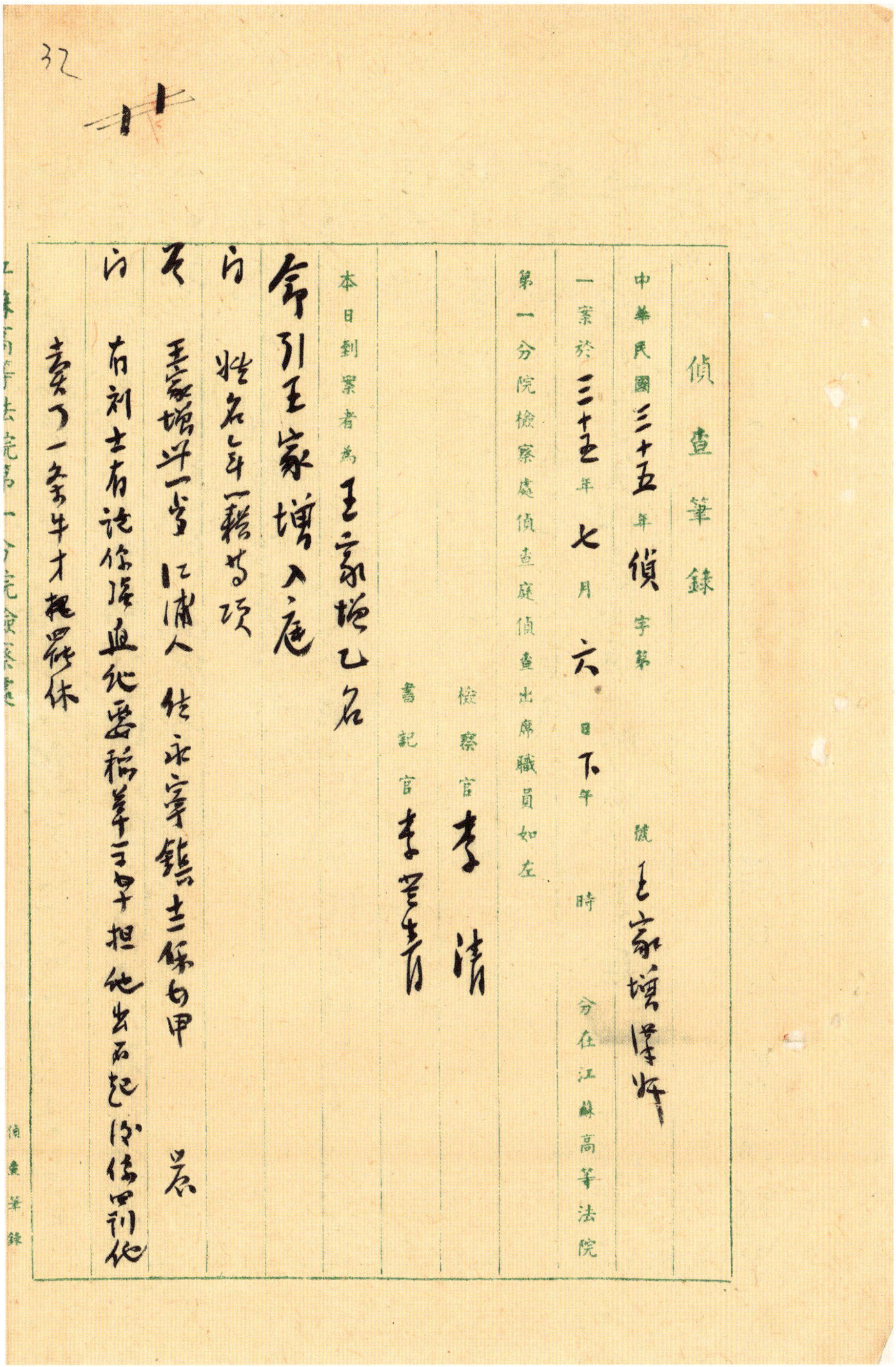
偵查筆錄

中華民國三十五年偵字第　號王家增漢奸

一案於三十五年七月六日下午　時　分在江蘇高等法院

第一分院檢察處偵查庭偵查出席職員如左

檢察官 李清

書記官 李[illegible]青

本日到案者為 王家增乙名

命引王家增入庭

問 姓名年齡等項

答 王家增 卅一歲 江浦人 住永寧鎮 [illegible] 農

問 [illegible]

江蘇高等法院第一分院檢察處

偵查筆錄

图 A2-9-1

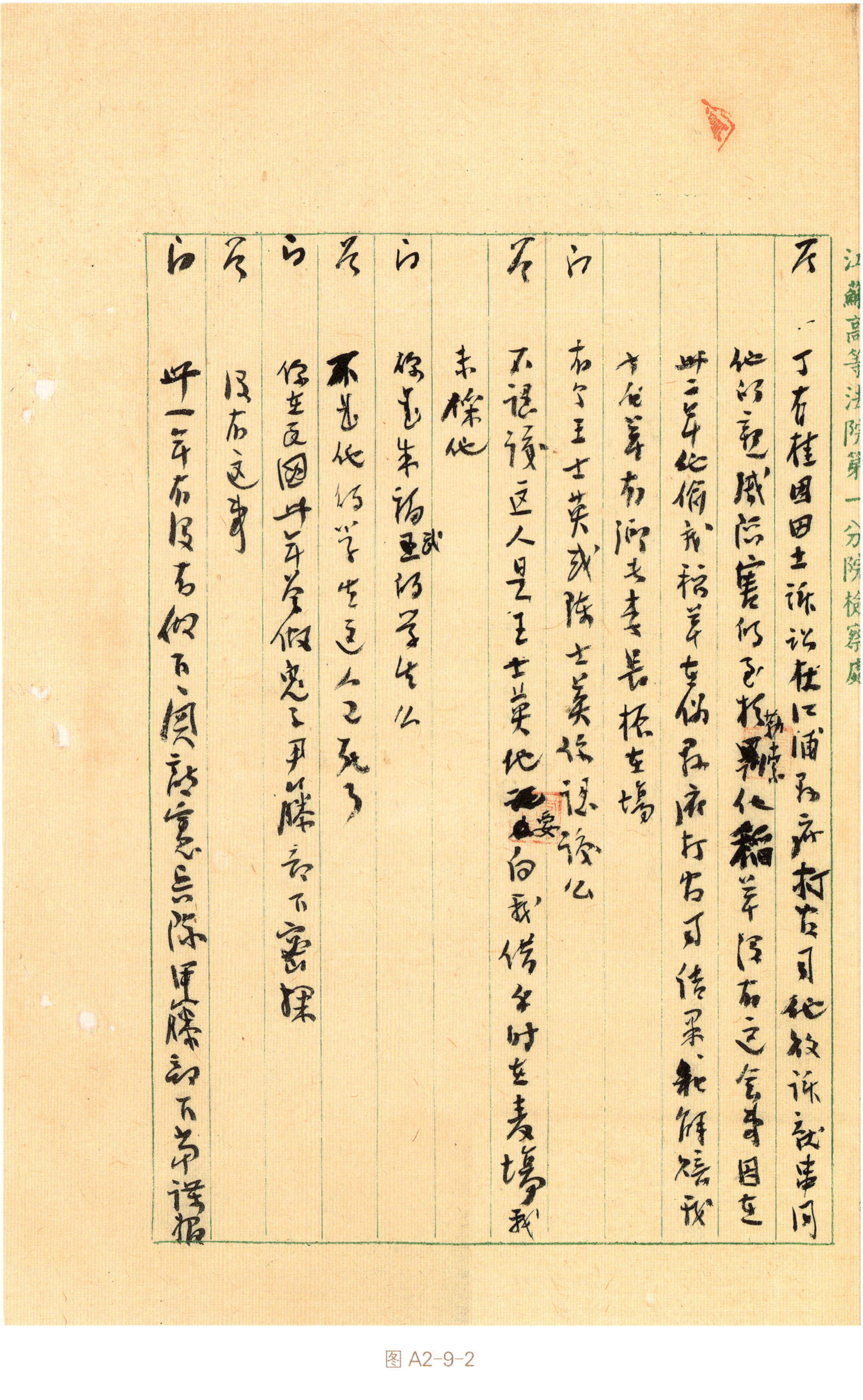
江蘇高等法院第一分院檢察處

答 丁吉桂因田土訴訟在仁浦為府村吉同他教訴說告同
他到道感害何已拉勒索他稻草得吉之命因在
卅二年他偷我稻草是偽在府村告可信呆、他解除我
十包草吉鄉長李長根在場
問 吉王士英或陳士英你認識么
答 不認識這人是王士英他[illegible]白我借米時在麦場我
未偷他
問 你是朱福王武的學生么
答 不是他的學生這人已死了
問 你在民國廿年曾假冒尹滕吉下窑探
答 沒有這事
問 卅一年有沒有假冒下鳳啟意兵除軍滕部下前往諜探

图 A2-9-2

33

江

二

吴呢

答 没有这事

问 卅二年有没有做伪江苏粮食委员会委员么（三区三迁乡）

答 那个部实没有这组织

问 卅三年有没有担任南京宪兵高口港谍报员

答 这名义我都没听说过

问 你卅年至卅三年在做什么

答 在家种田

问 现在乡长金义九保长康大文可以证明么

答 可以请调查

问 你何时担任三迁乡乡长华漕浦泾（徐）花桥后来首变路团长呢

答 卅四年（古历）四月起至八月常做乡长到去秋胜利时为止 我又止

图 A2-9-3

担任本所窑路园二号花旗山官东首岗哨所与我

素识

问　你说李长山私藏手枪向他敲诈有么

答　没此事他原来是我的同乡因我劝他骂之因成对

和不睦

问　刘士江说你诬他偷窝子马草敲他的钱

答　刘士江是刘士有的兄弟他们偷我稻草被四捆所以

同我有仇

问　耿永保之子耿长林说你说他与重庆政府有关係拆他

所以他的牛捉去化了十二万元赎出

答　他母亲耿黄氏羡丁布袋之粮丁秋我打官司他集

同李倘记

图 A2-9-4

件 13

问 你托刘有人送到鬼子警备队拘押了三一天有此事么

答 没有这事 这次做伪证些人都是高里乡丁有发所害人

问 你当乡长时有没有托任伪三区区公所募萝卜去会拼

又 伪委员

答 我家隔壁有一个露天坊你去收那个案子存我家为便当中证吧

我担任一个名义

右笔录当庭朗读无异

谕收押

王家增 十

中华民国三十五年七月六日

书记官 李坚青

检察官 李

江苏高等法院第一分院检察处

图 A2-9-5

10. 余爵正等刑事保状（1946年）（档案号：A020-1946-002-0138-0020）

1946年7月17日，余爵正等10人向江苏高等法院第一分院检察处提出了保释王家增的声请。在声请中，余爵正等提出王家增并无汉奸罪行，“窃查王家增，现住永宁镇第十二保大洋桥附近，业佃农，于事变时系敌伪盘踞之所，在去岁，因敌伪强迫，故任乡长职务，为期三月，于斯三月，该王家增并无危害地方及敲诈行为”。

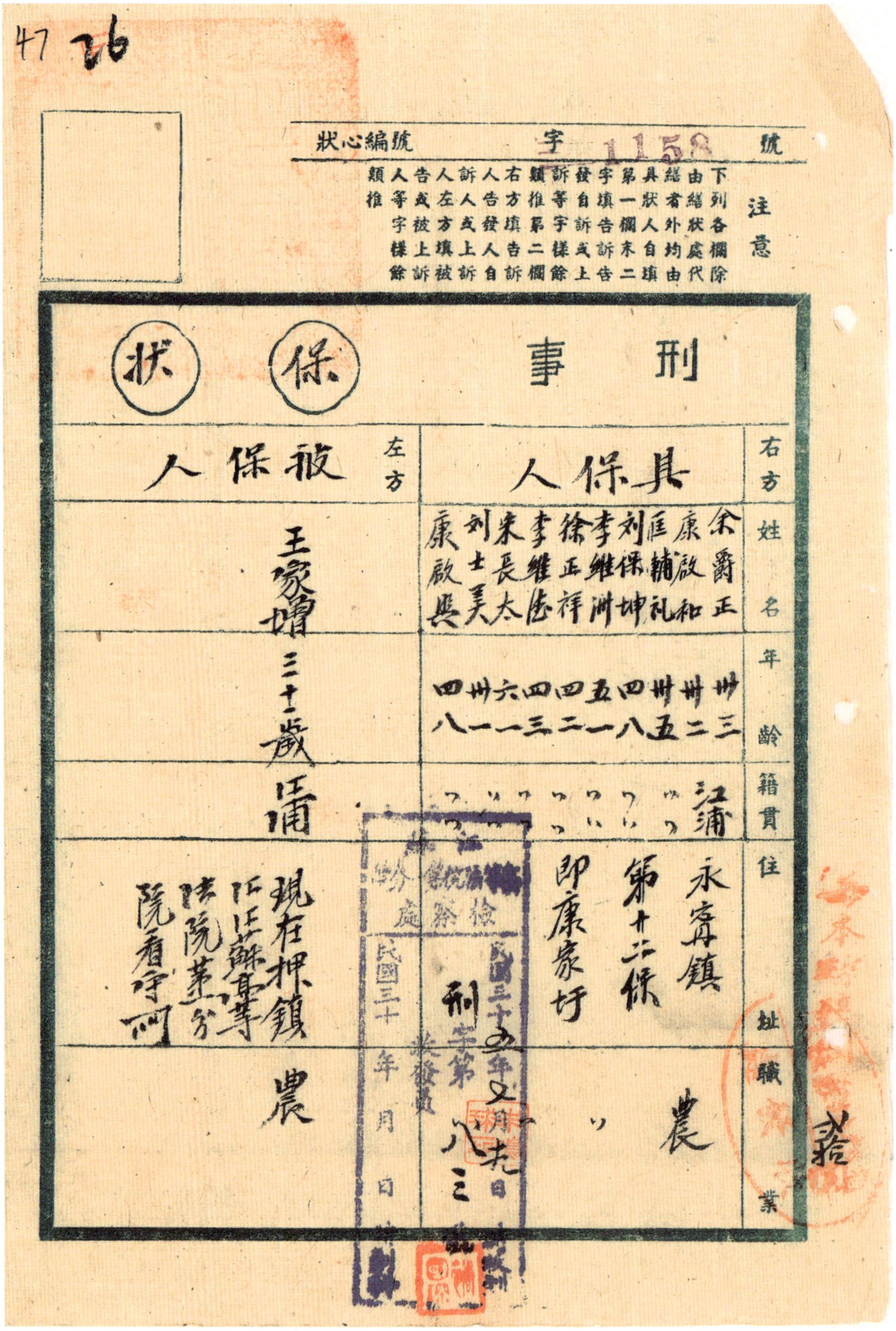

47 26

狀心編號　字 1158 號

注意：下列各欄除由繕狀處代繕者外均由具狀人自填第一欄末二字填告訴上發自訴或告訴等字樣餘類推第二欄右方填告訴人告發人自訴人或上訴人左方填被告人被上訴人等字樣餘類推

刑事 保 狀

	右方 具保人	左方 被保人
姓名	余爵正、康啟和、匡輔孔、劉保坤、李維洲、徐正祥、李維德、朱長太、劉士美、康啟興	王家增
年齡	卅三、卅二、卅五、四八、五一、四二、四三、六一、卅一、四八	三十一歲
籍貫	江浦 〃	江浦
住址	永寧鎮第十二保即康家圩	現在押鎮江江蘇高等法院第一分院看守所
職業	農 〃	農

图 A2-10-1

為訴明王家增雖係偽鄉長，並無危害地方及敲詐行為，仰祈

鑒核 准予保釋，以昭公允由。

竊查王家增現住永寧鎮第十二保大洋橋附近，業佃農，於事變時處敵偽盤踞之所，在去歲因敵偽強迫，故任鄉長職務，為期三月，於斯三月，該王家增並無危害地方及敲詐行為，而今與丁姓為田產涉訟，現在貴高分院拘押在案，然民等同居鄰里，見聞較切，用敢代為訴明，仰祈鑒核 准予保釋，以昭公允，不勝惶悚待命之至。謹呈

江蘇省高等法院第一分院檢察處 公鑒

具保証人 余爵正

康啟和

图 A2-10-2

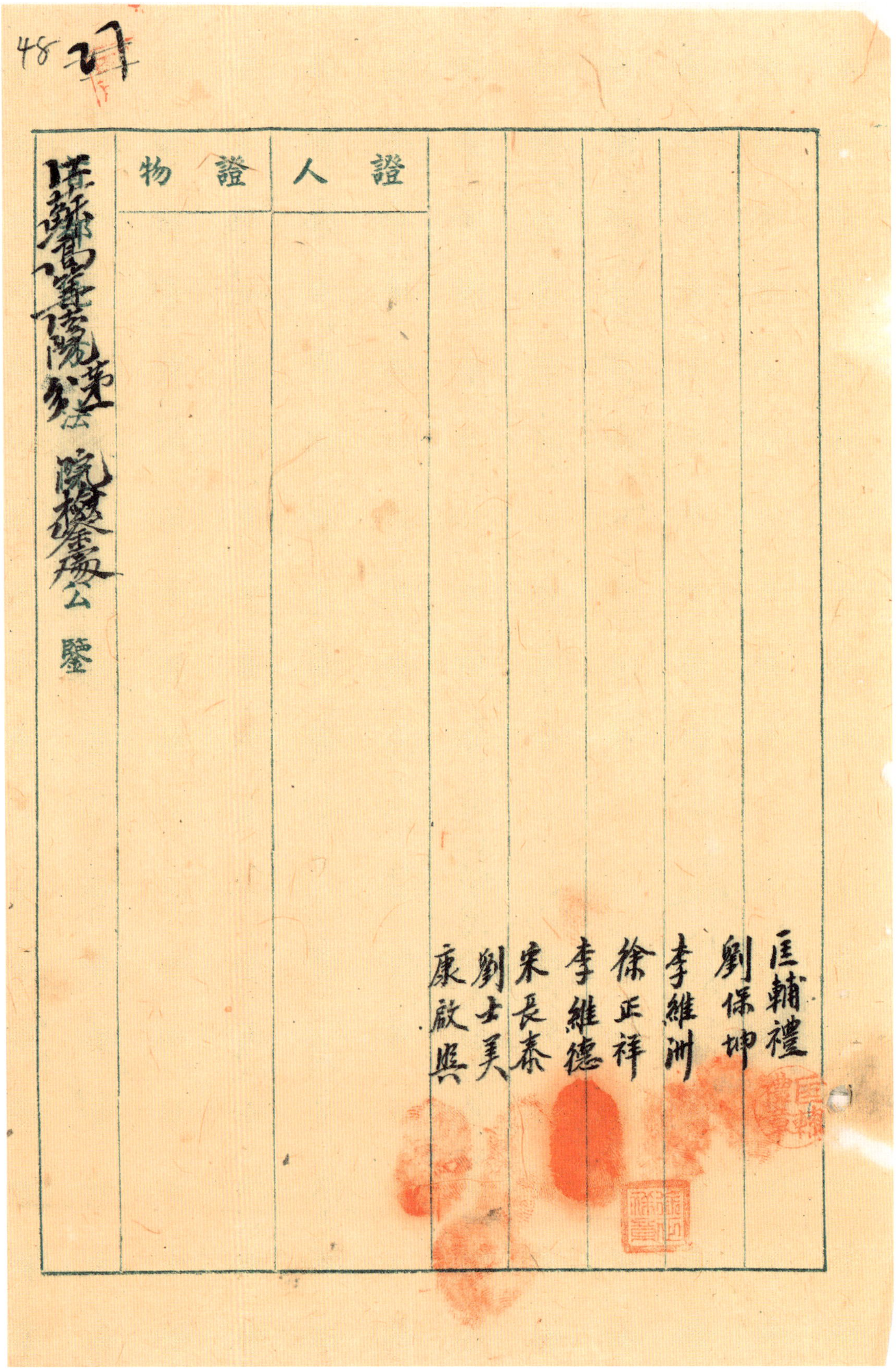

48 刊

江蘇高等法院第三分院檢察處　公鑒

證物	證人

匡輔禮

劉保坤

李維洲

徐正祥

李維德

宋長泰

劉士美

康啟興

图 A2-10-3

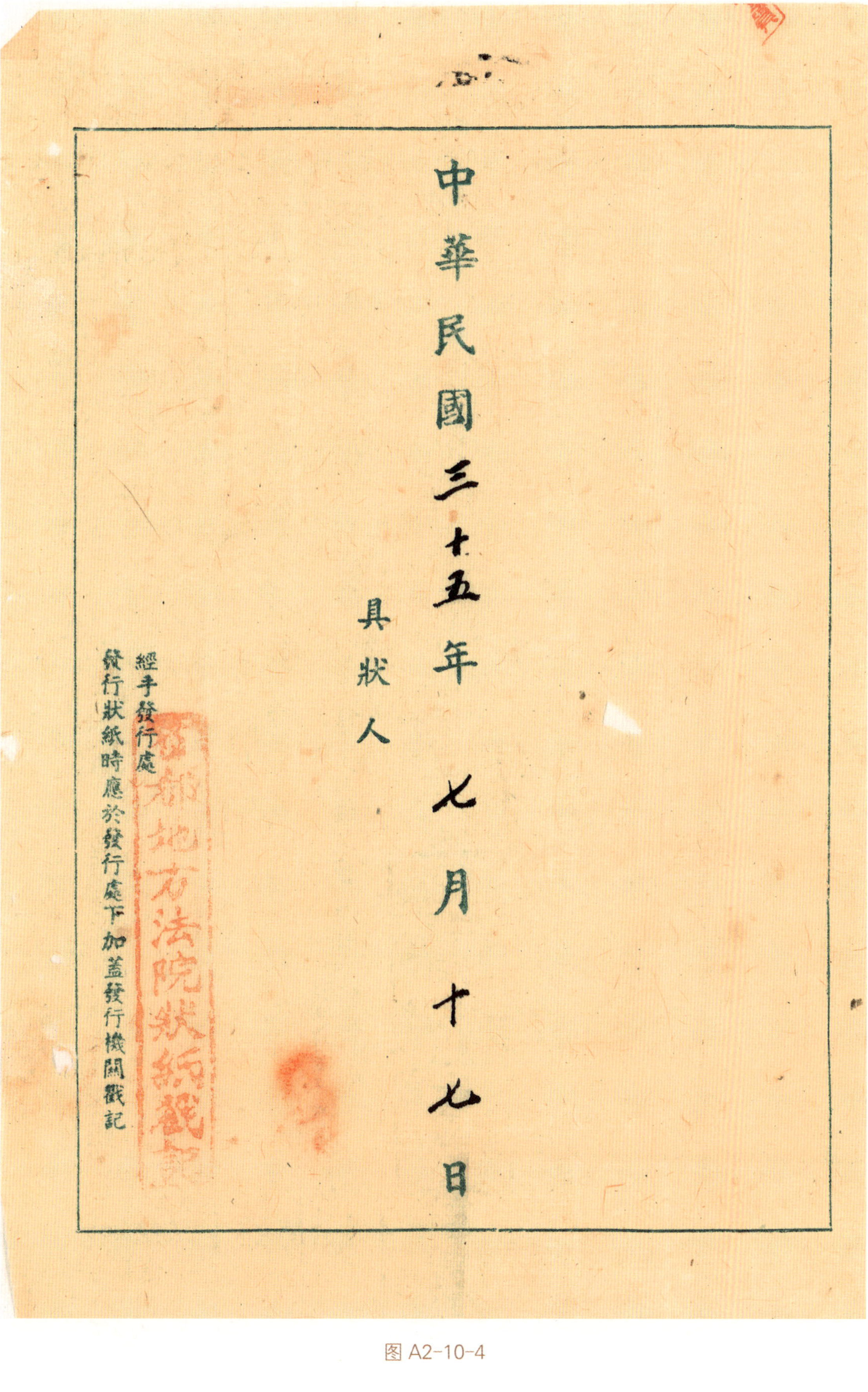
中華民國三十五年七月十七日

具狀人

經手發行處

發行狀紙時應於發行處下加蓋發行機關戳記

地方法院狀紙戳記

图 A2-10-4

11. 王文波刑事声请状（1946年）（档案号：A020-1946-002-0138-0020）

王文波系王家增的父亲。在该刑事声请中，他提出王家增系被他人报复诬告，没有所谓的汉奸罪行。该声请状载：“窃声请人与子家增素来务农为生，勤俭度日，家道得以小康。乃世风日下，人心不古，因小康而却为不良份子之俎上肉矣。”“该丁有贵因其敲诈不遂而怀恨益甚，即仍串同江涛捏词控告家增以无数伪职与罪名，但查家增除于上年五月间被迫权充三连乡乡长，经匝月即行移交外，所有任何敌伪机关既无往来又未参加，所谓‘密侦’等等与掳勒云云，究未知从何而来。”

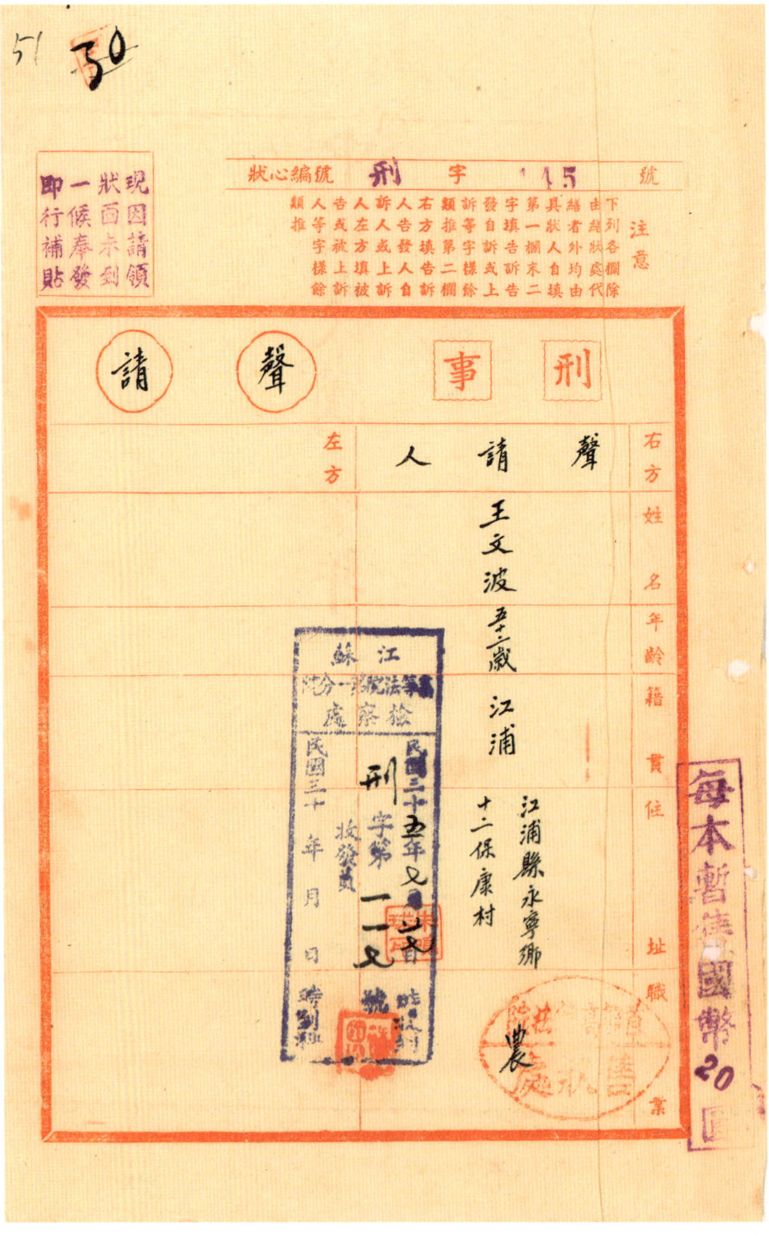

現因請領狀面未到一俟奉發即行補貼

狀心編號 刑字115號

注意 下列各欄除由繕狀處代繕者外均由具狀人自填第一欄末二字填告訴告發自訴或上訴等字樣餘類推第二欄右方填告訴人告發人自訴人或上訴人左方填被告或被上訴人等字樣餘類推

刑事聲請

右方 聲請人	左方
姓名：王文波	
年齡：五十六歲	
籍貫：江浦	
住址：江浦縣永寧鄉十二保康村	
職業：農	

江蘇高等法院第一分院檢察處 收發處 民國三十五年 刑字第一一七號

每本暫售國幣20圓

图 A2-11-1

為敲詐不遂挾嫌誣告含冤莫白陳明事實聲請迅賜法辦並准保釋事
竊聲請人與子家增素來務農為生勤儉度日家道得以小康乃世風日下
人心不古因小康而卻為不良份子之俎上肉矣緣上年九月十六日有江濤者專
函新禮（即任學志）邀同家增前往江浦縣保安第四中隊去後乃由該隊特務
長丁有貴即將家增扣留捆綁吊打經三小時之久突將其預為寫好之字據
取出念給家增聽聽據云「立出字據人王家增情因串中謀買丁姓之田計種五
石現今志願原價回贖立此字據」等語並逼令家增即捺拇印但家增知其顯係
實施敲詐斷然拒絕而其仍吊不放下旋經同去之新禮暗勸家增稱謂事已至此
不妨暫且捺印將來依法起訴時自當由我作証云云因此家增權捺拇印並經新
禮之具保而始獲釋放此有該江濤便函（附呈）及新禮即任學志均可証明迨至本

图 A2-11-2

52 31

年一月間該保安隊竟被解散而丁有貴之靠山崩倒所有該逼捺摁印之字據家增亦置之不理乃閱五月三十一日南京大道報載有丁有貴警告家增之啟事（附呈報紙）始則謂「王逆」家增繼而虛構不倫不類之偽職末謂如不返還五石田即行告發漢奸等語非但恐嚇多端抑且妨害家增名譽故家增對於丁有貴當經具狀告訴於江浦縣兼理司法縣政府受理而丁有貴則對於家增因買田事件提起民訴而遭駁回各在案不料該丁有貴因其敲詐不遂而懷恨益甚即仍串同江濤捏詞控告家增以無數偽職與罪名但查家增除於上年五月間被迫權充三連鄉鄉長經匝月即行移交外所有任何敵偽機關既無往來又未參加所謂「密偵」等等與擄勒云云究未知從何而來既曰李長山劉仕江耿永保之子林有雲等等有姓有名則自有各該住址一經傳訊當不難水落石出而

图 A2-11-3

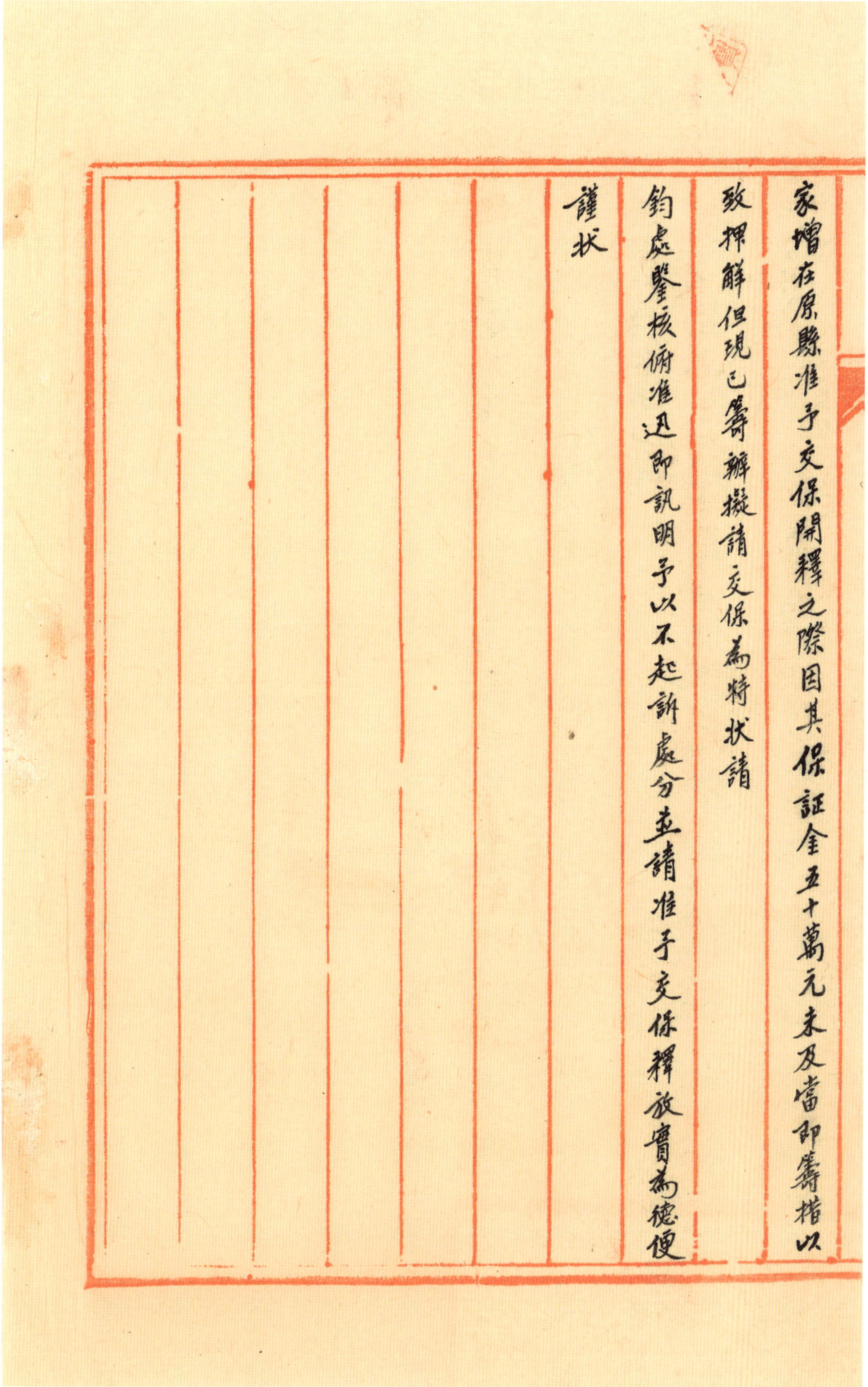

家增在原縣准予交保開釋之際因其保証金五十萬元未及當即籌措以
致押解但現已籌辦擬請交保為特狀請
鈞處鑒核俯准迅即訊明予以不起訴處分並請准予交保釋放實為德便
謹狀

图 A2-11-4

53

32

證人

任學志（即新禮）住江浦永寧鎮

證物

江濤便函乙件

大道報乙份（業經呈繳原縣茲附呈中央日報乙份）

江蘇高等法院檢察處公鑒

图 A2-11-5

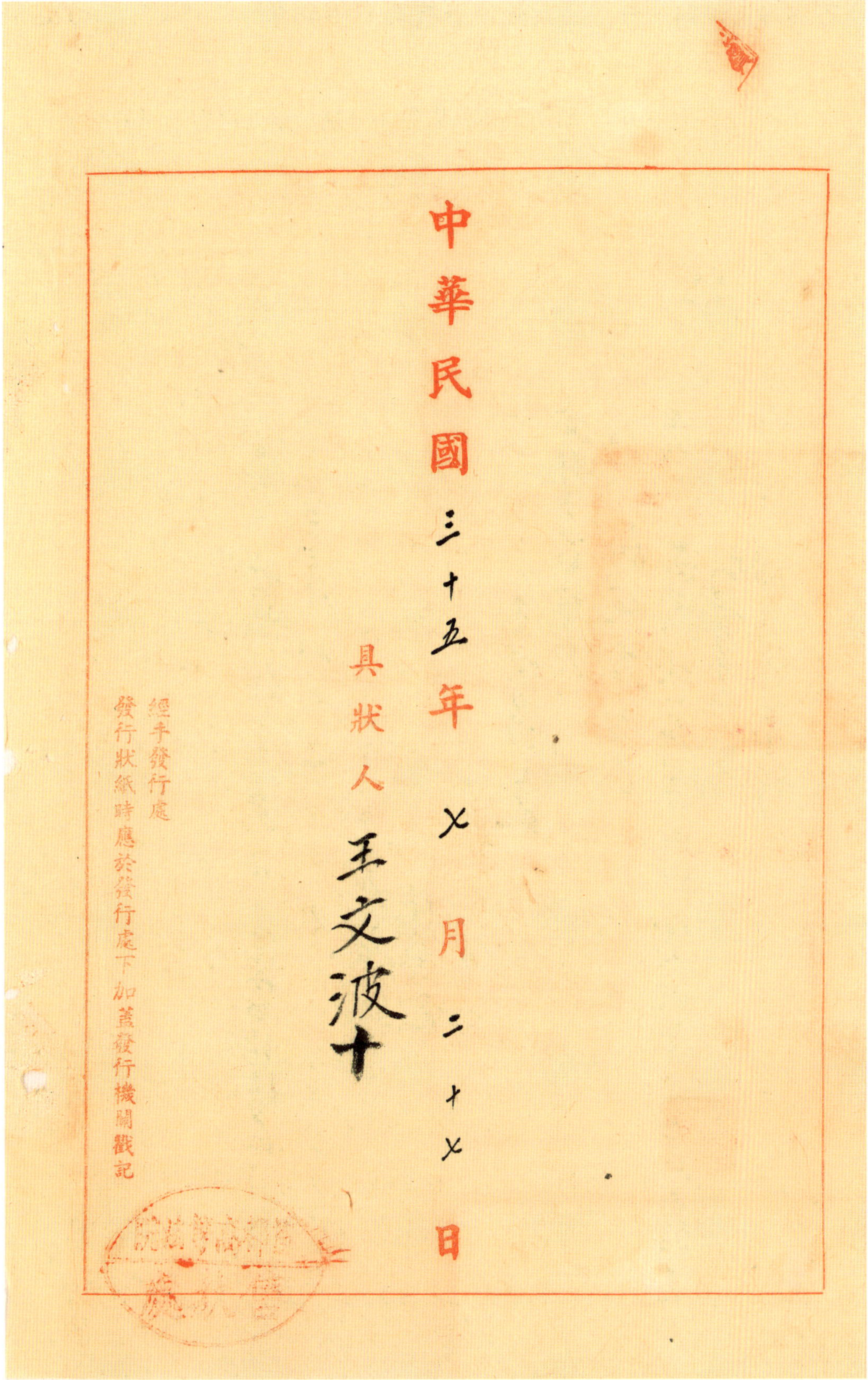
中華民國三十五年七月二十七日

具狀人 王文波十

經手發行處

發行狀紙時應於發行處下加蓋發行機關戳記

图 A2-11-6

12. 江苏高等法院第一分院检察处侦查笔录（1946年）（档案号：A020-1946-002-0138-0020）

1946年8月2日上午9时，江苏高等法院第一分院检察处再次讯问王家增。

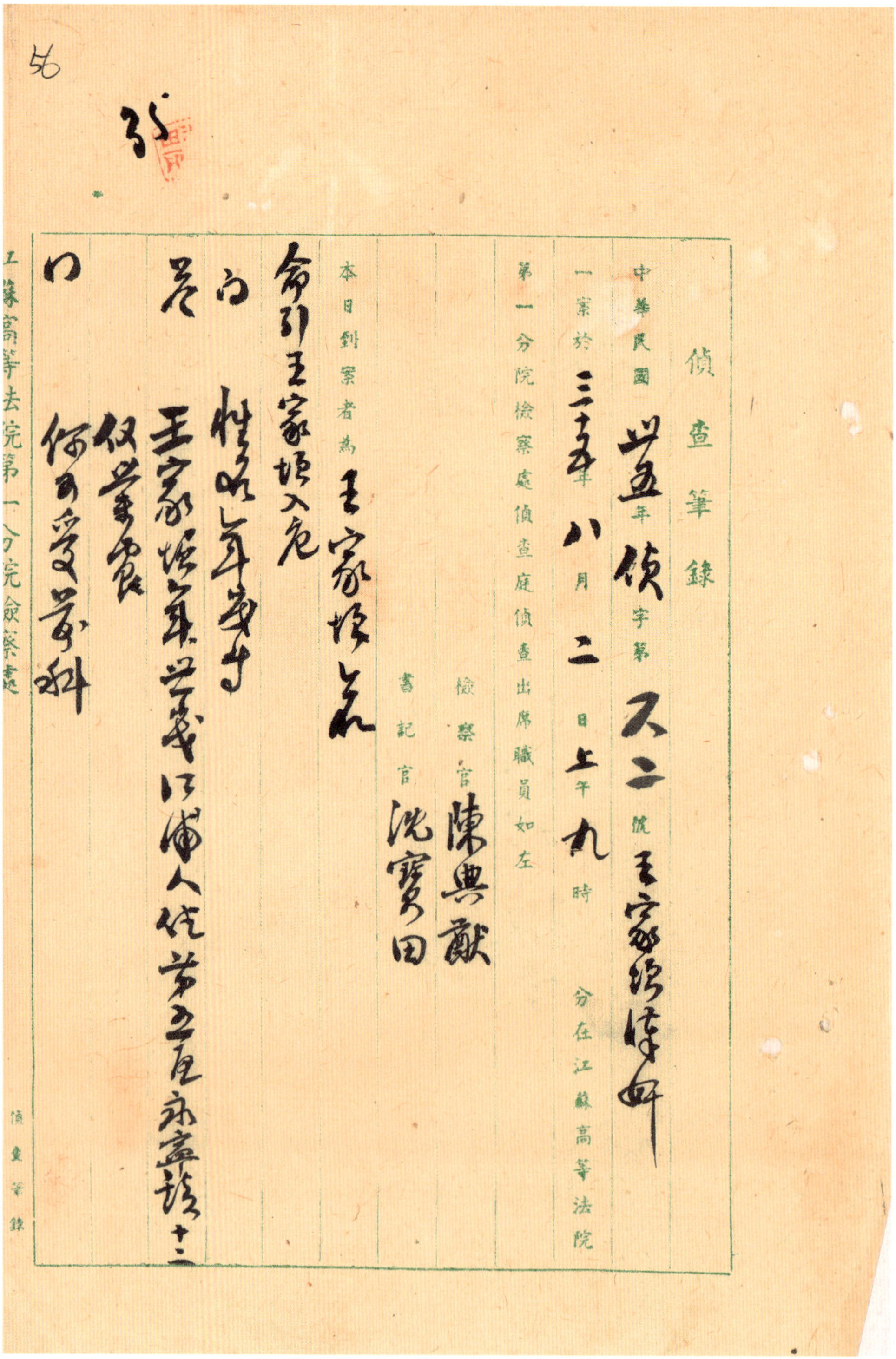

偵查筆錄

中華民國卅五年偵字第六二號王家增

一案於三十五年八月二日上午九時分在江蘇高等法院

第一分院檢察處偵查庭偵查出席職員如左

檢察官 陳典獻

書記官 沈寶田

本日到案者為王家增

命引王家增入庭

問 姓名年齡

答 王家增年卅歲江浦人住第三區永寧鎮十二

仍業農

問 何日受業

江蘇高等法院第一分院檢察處

偵查筆錄

图 A2-12-1

江苏高等法院第一分院检察处

答　来

问　你在抗战时到王竞拜过朱福武为师么

答　没有

问　你在东洋人伊藤部下当过密侦么

答　没有

问　卅年在军藤部下做过谍报员吗

答　没有的

问　你可做过报会委员呢

答　没有的

问　卅年做过三年律师么

答　是做过

问　在做了几个月

图 A2-12-2

57

36

答　卅三月

问　可曾做过危害苏东当爱路国之事吗

答　没有

问　你可做过伪方军需接济之事吗

答　没有的

问　你说没有，但外面有人来告你呢

答　我与江涛素没有什么仇，但因我代为与下面贵
当局里陈诉过，他用了好些运动江涛来告我的

问　三达你有无告发他有私藏枪械，是你告的

答　他是我的老同乡，我怎能说他是私藏枪呢

问　刘士江是什么地方人

答　但是这里乡

图 A2-12-3

问　前年你任伪侨日华人的为董事呢

答　是的

问　你可曾担过驻东使馆的觉之？并代理教来馆呢

答　也没有

问　驻东使作何事

答　住东京了呀

问　林可云是你去担来将此日华人那边去的

答　也没有

问　你说此间伪乡长提名都由你收过报纸的

答　没有收过

问　你可曾讲过老百姓的什么话

答　没有讲过

图 A2-12-4

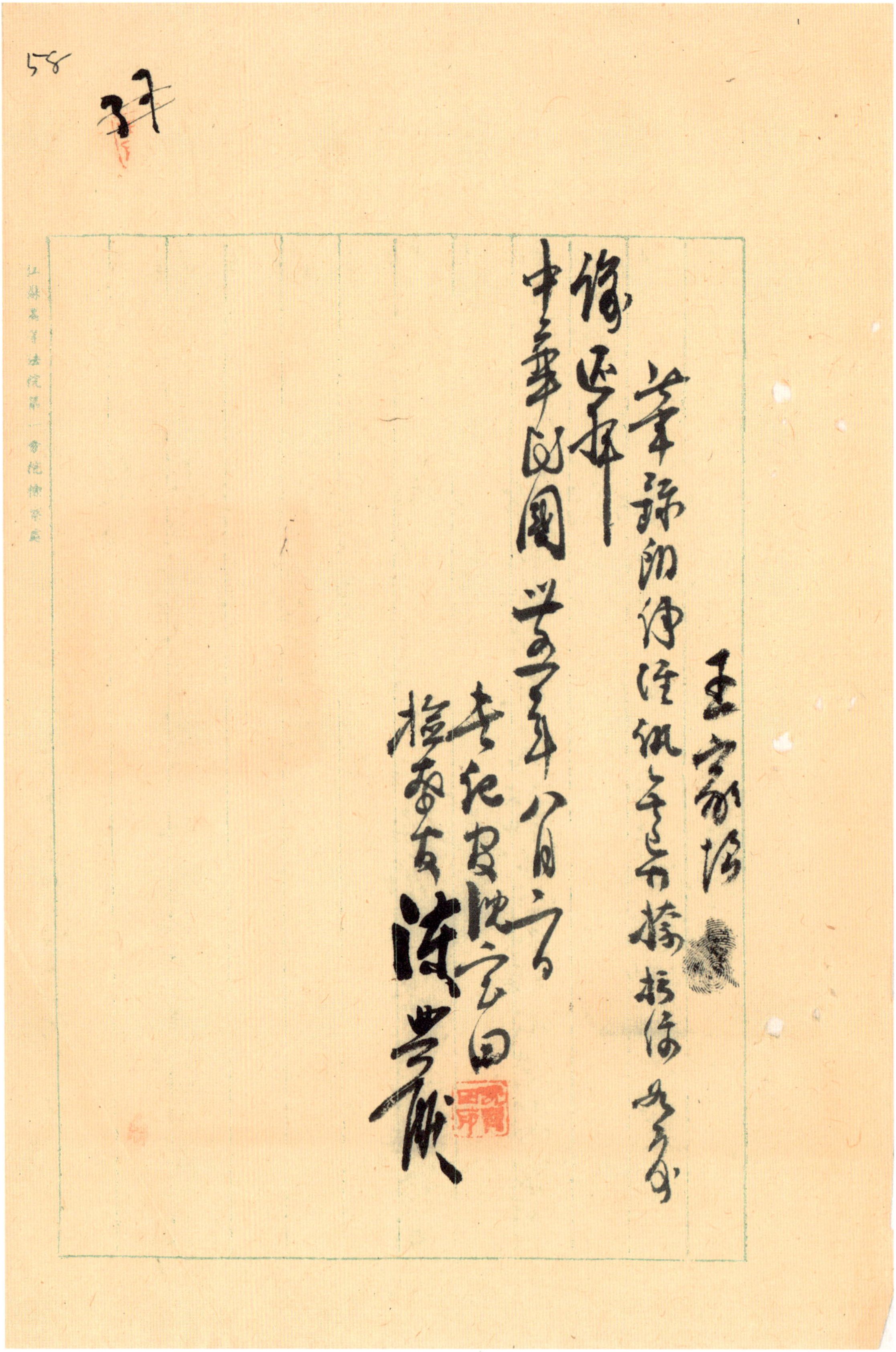
王宏韶
筆錄朗讀經認無異捺指紋為憑
修正[illegible]
中華民國卅五年八月六日
書記官沈宏田
檢察官汪世康

图 A2-12-5

13. 江苏高等法院第一分院检察处传票（1946年）（档案号：A020-1946-002-0138-0020）

江苏高等法院第一分院检察处以传票的形式，传唤告发人陈世英于1946年8月2日上午9时到庭。传票载陈世英的居住地为江浦县浦镇东门官巷28号，但其所属区公所称该地并无此人，传票因此无法送达。

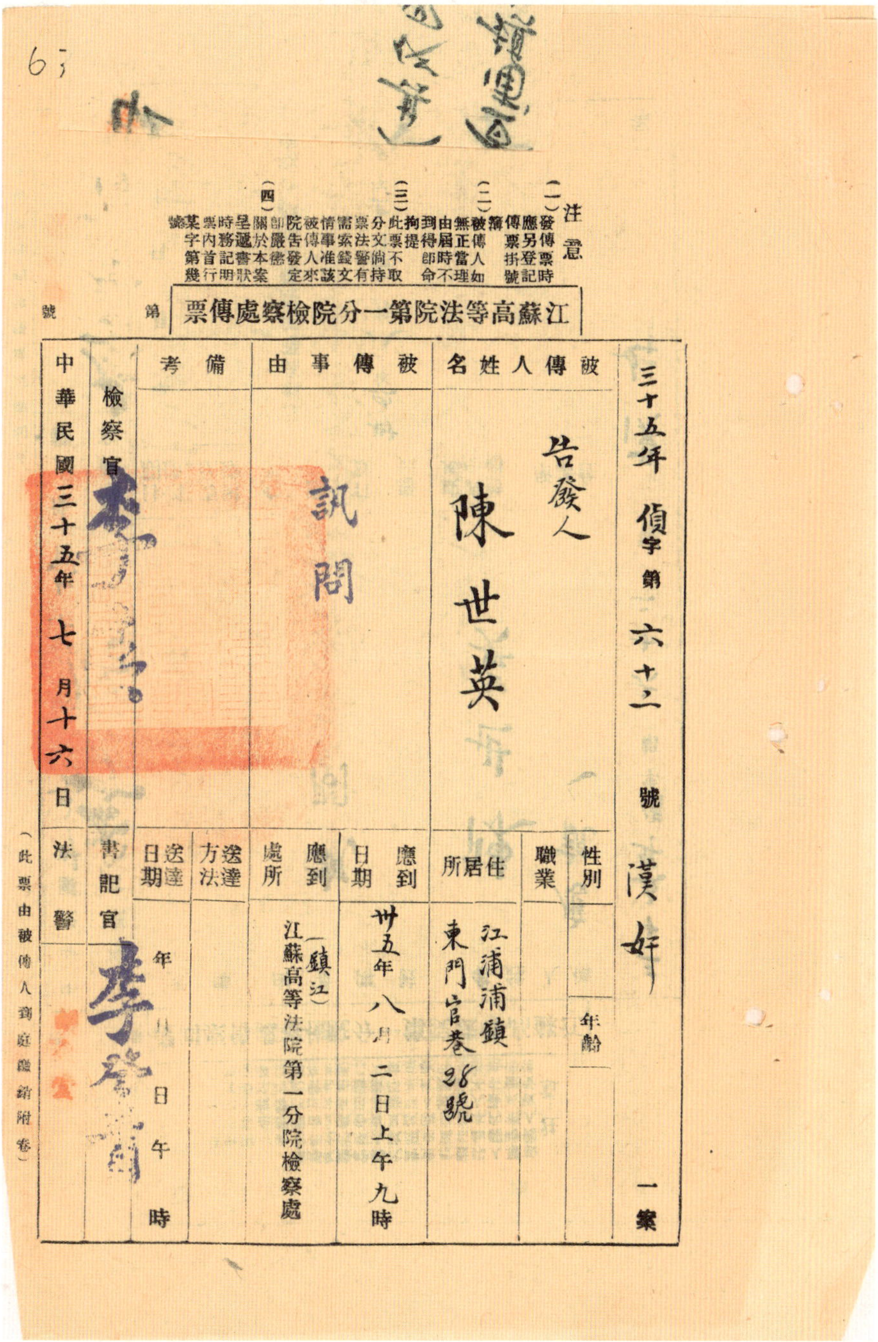

注意
（一）發傳票時應另登記傳票掛號簿
（二）被傳人如無正當理由屆時不到得即命拘提
（三）此票不取分文倘持票法警有需索錢文情事准該被傳人來院告發定卽嚴懲
（四）關於本案呈遞書狀時務記明票內首行某字第幾號

江蘇高等法院第一分院檢察處傳票 第 號

三十五年偵字第六十二號 漢奸 一案

被傳人姓名	被傳事由	備考
告發人 陳世英	訊問	

性別	年齡	職業	居住所	應到日期	應到處所	送達方法	送達日期
			江浦浦鎮東門官巷28號	卅五年八月二日上午九時	江蘇高等法院第一分院檢察處（鎮江）		年 月 日 午 時

檢察官 李

書記官 李

中華民國三十五年七月十六日

法警

（此票由被傳人到庭繳銷附卷）

图 A2-13-1

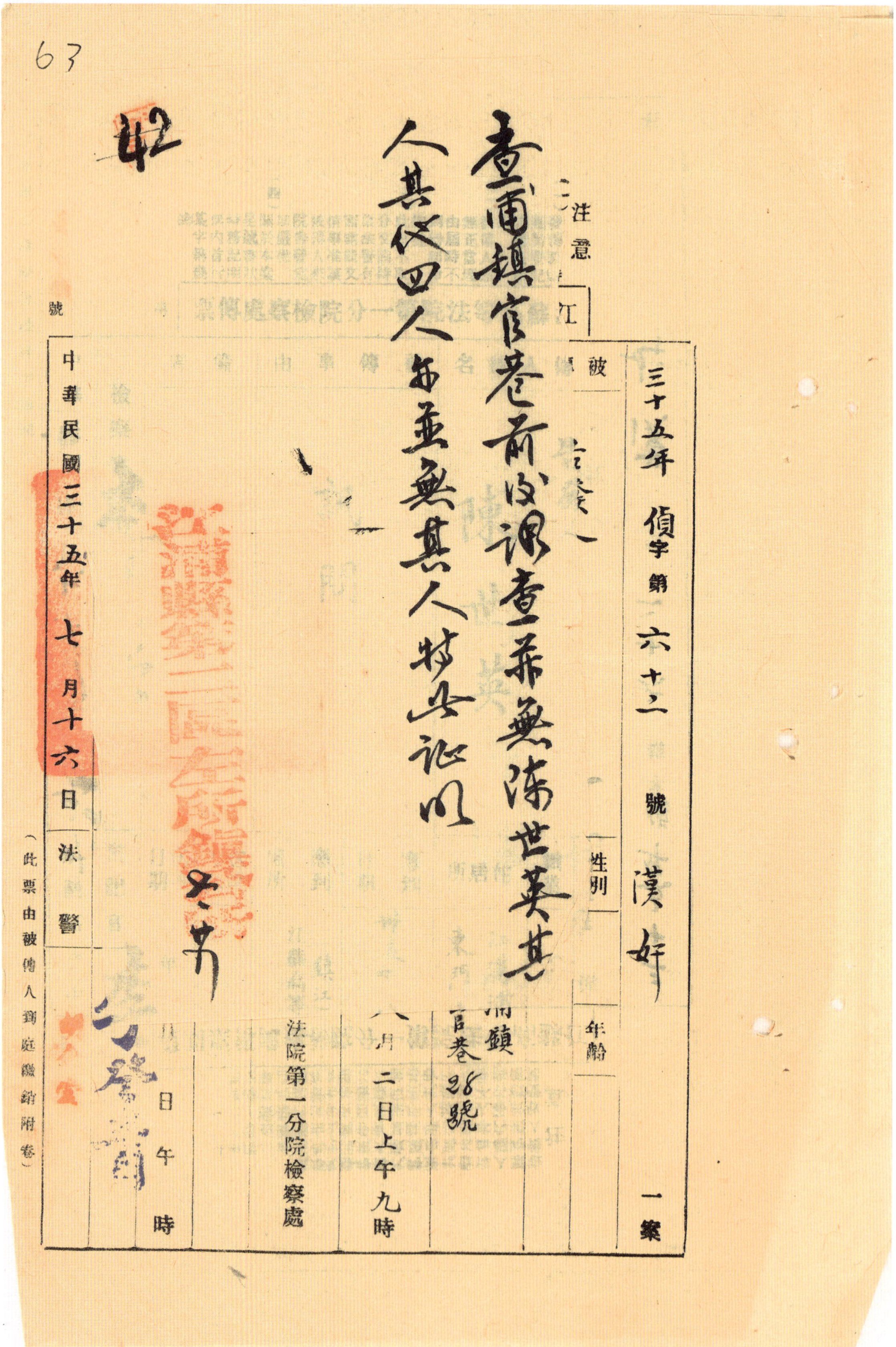
63

42

三十五年偵字第六十二號 漢奸 一案

被告

姓別

年齡

查甫鎮官巷前後調查並無陳世英其人其他四人亦並無其人特此証明

甫鎮官巷28號

月二日上午九時

法院第一分院檢察處

日午時

中華民國三十五年七月十六日

法警

（此票由被傳人到庭繳銷附卷）

图 A2-13-2

14. 江苏高等法院第一分院检察官起诉书（1946年）（档案号：A020-1946-002-0138-0020）

1946年8月，江苏高等法院第一分院检察处结束侦查，正式对王家增提起公诉。从起诉书的内容看，检察官没有采信王家增、王文波、余爵正等人的辩解意见。“上开犯罪事实，不但该告发人等指供历历，并据证人刘士江、林有云、耿黄氏到案证明属实，具有证结在卷，即该被告亦供认于三十四年间充任伪乡长兼爱路团长不讳。”

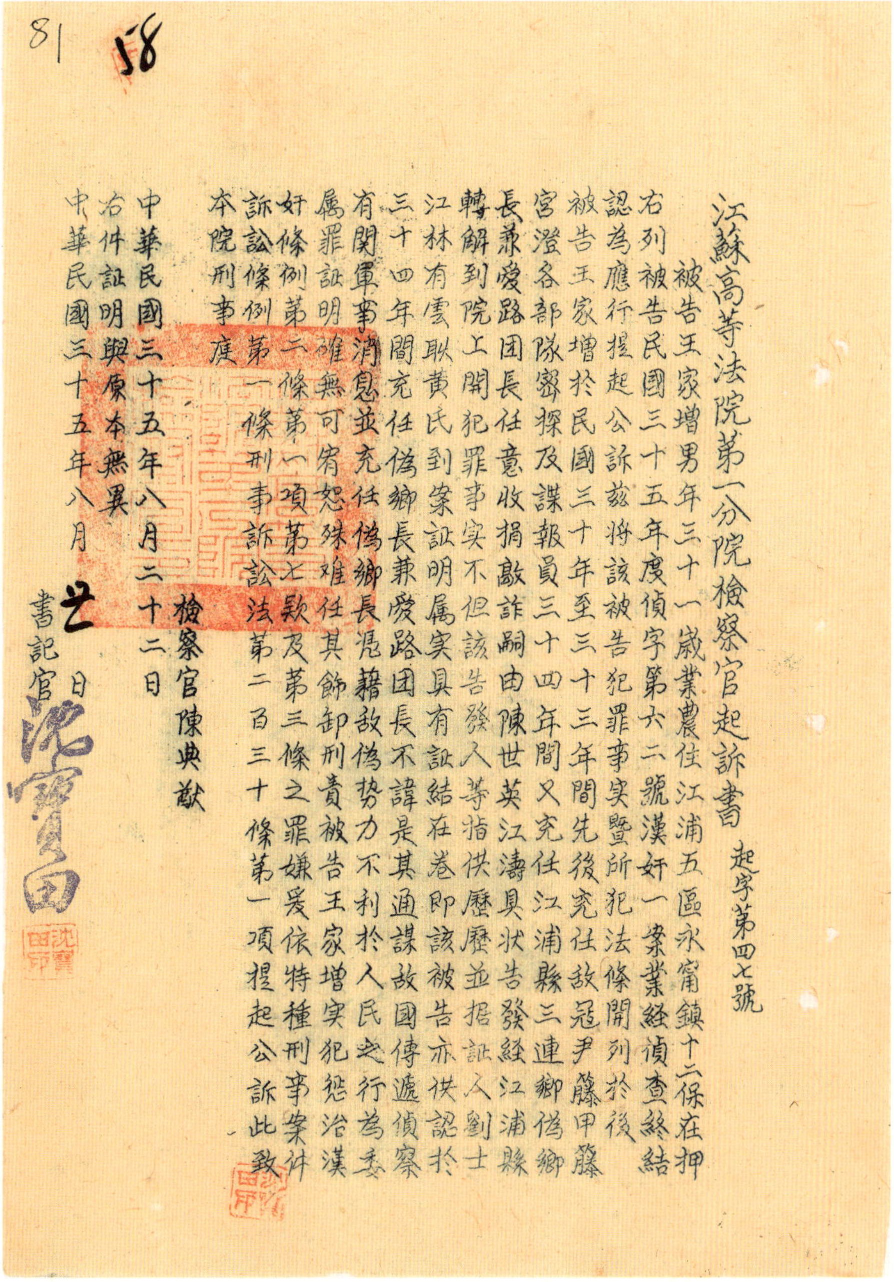

81　58

江蘇高等法院第一分院檢察官起訴書　起字第四七號

被告王家增男年三十一歲業農住江浦五區永寧鎮十六保在押

右列被告民國三十五年度偵字第六二號漢奸一案業經偵查終結認為應行提起公訴茲將該被告犯罪事实暨所犯法條開列於後

被告王家增於民國三十年至三十三年間先後充任敵寇尹藤甲藤宮澄各部隊密探及諜報員三十四年間又充任江浦縣三連鄉偽鄉長兼愛路团長任意收捐斂詐嗣由陳世英江濤具狀告發經江浦縣轉解到院上開犯罪事实不但該告發人等指供歷歷並据証人劉士江林有雲耿黄氏到案証明屬实具有証結在卷即該被告亦供認於三十四年間充任偽鄉長兼愛路团長不諱是其通謀敵國傳遞偵察有關軍事消息並充任偽鄉長憑藉敵偽勢力不利於人民之行為委屬罪証明確無可宥恕殊难任其飾卸刑責被告王家增实犯懲治漢奸條例第二條第一項第七款及第三條之罪嫌爰依特種刑事案件訴訟條例第一條刑事訴訟法第二百三十條第一項提起公訴此致

本院刑事庭

中華民國三十五年八月二十二日　檢察官陳典猷

右件証明與原本無異

中華民國三十五年八月廿日　書記官沈寶田

图 A2-14

15. 江苏高等法院第一分院刑事案件审理单（1946年）（档案号：A020-1946-002-0138-0191）

从该审理单可知，王家增聘请了律师陈梅身担任辩护人。

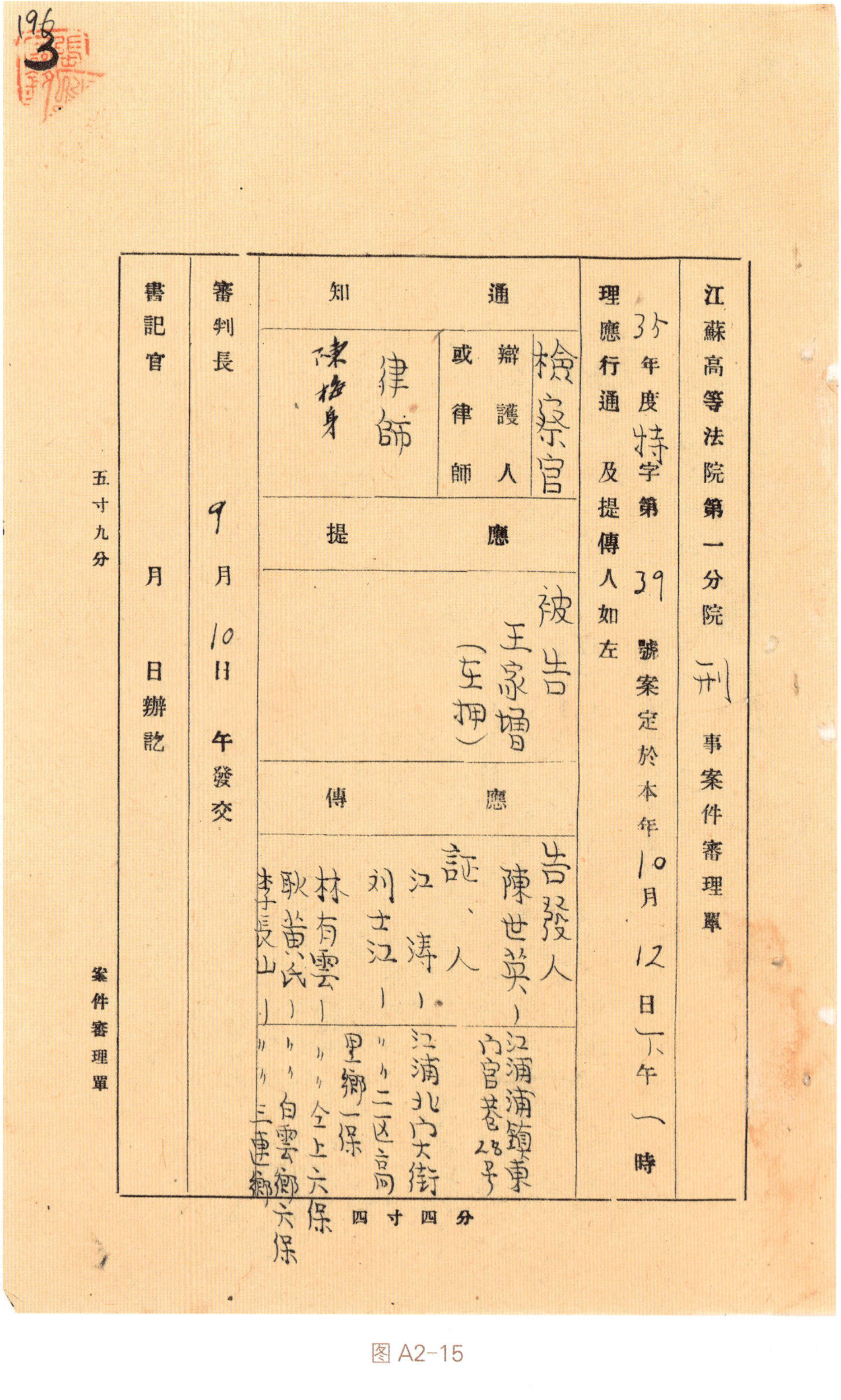

江蘇高等法院第一分院刑事案件審理單

35年度特字第39號案定於本年10月12日下午一時

理應行通及提傳人如左

通知	檢察官；辯護人或律師：律師 陳梅身
應提	被告 王家增（在押）
應傳	告發人 陳世英 江浦鎮東门官巷28号；証人 江涛 江浦北门大街；刘士江 〃〃二区高里鄉一保；林有雲 〃〃仝上六保；耿黄氏 〃〃白雲鄉六保；李長山 〃〃三連鄉六保

審判長 9月10日午發交

書記官 月 日辦訖

五寸九分

四寸四分

案件審理單

图 A2-15

16. 江苏高等法院第一分院刑庭通知书（1946年）（档案号：A020-1946-002-0138-0191）

江苏高等法院第一分院刑庭定于1946年10月12日下午1时开庭审理王家增汉奸案。

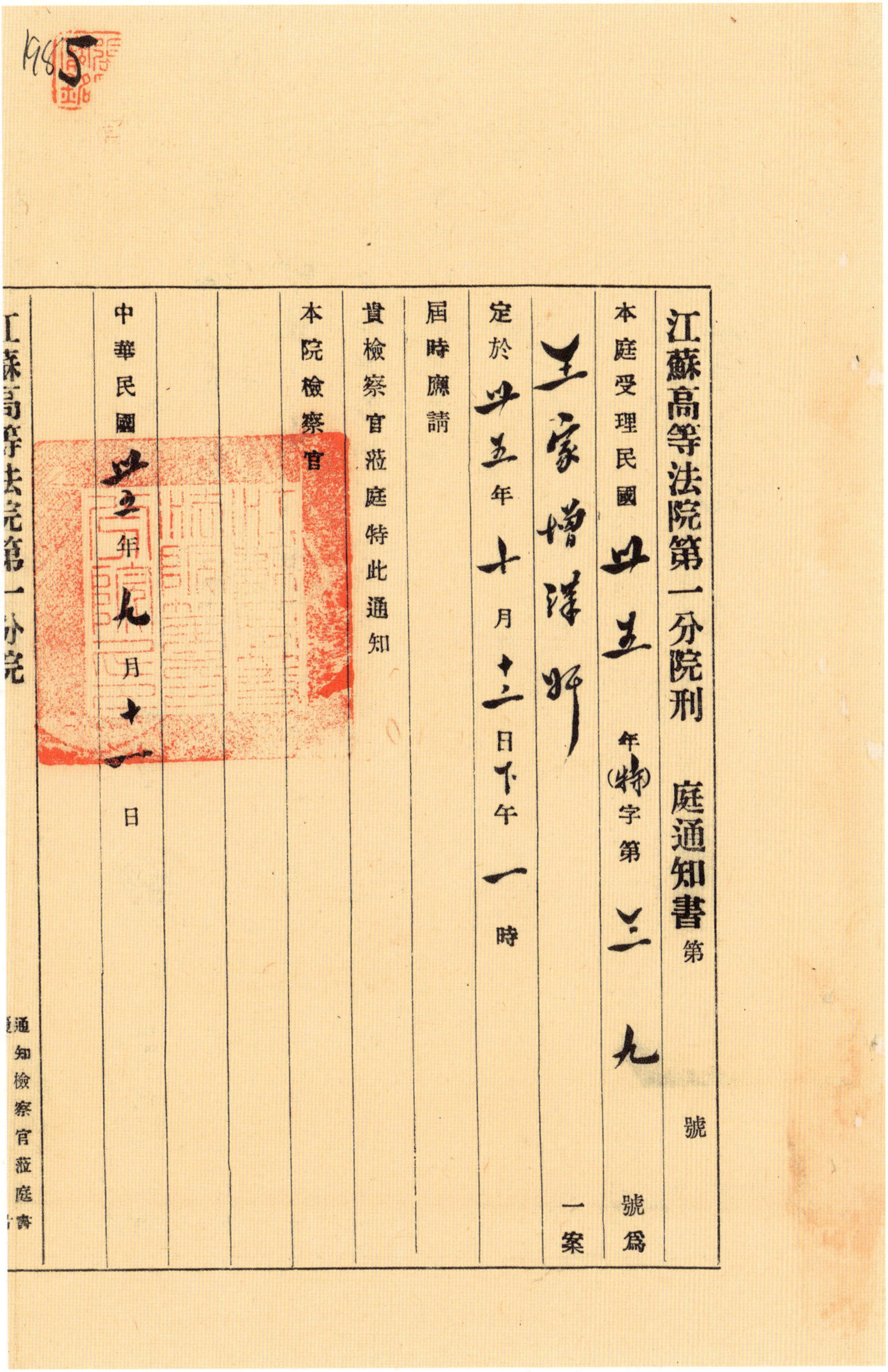
江蘇高等法院第一分院刑庭通知書第　號

本庭受理民國卅五年（特）字第三九號爲

王家增漢奸一案

定於卅五年十月十二日下午一時

屆時應請

貴檢察官蒞庭特此通知

本院檢察官

中華民國卅五年九月十一日

江蘇高等法院第一分院

通知檢察官蒞庭書

图 A2-16-1

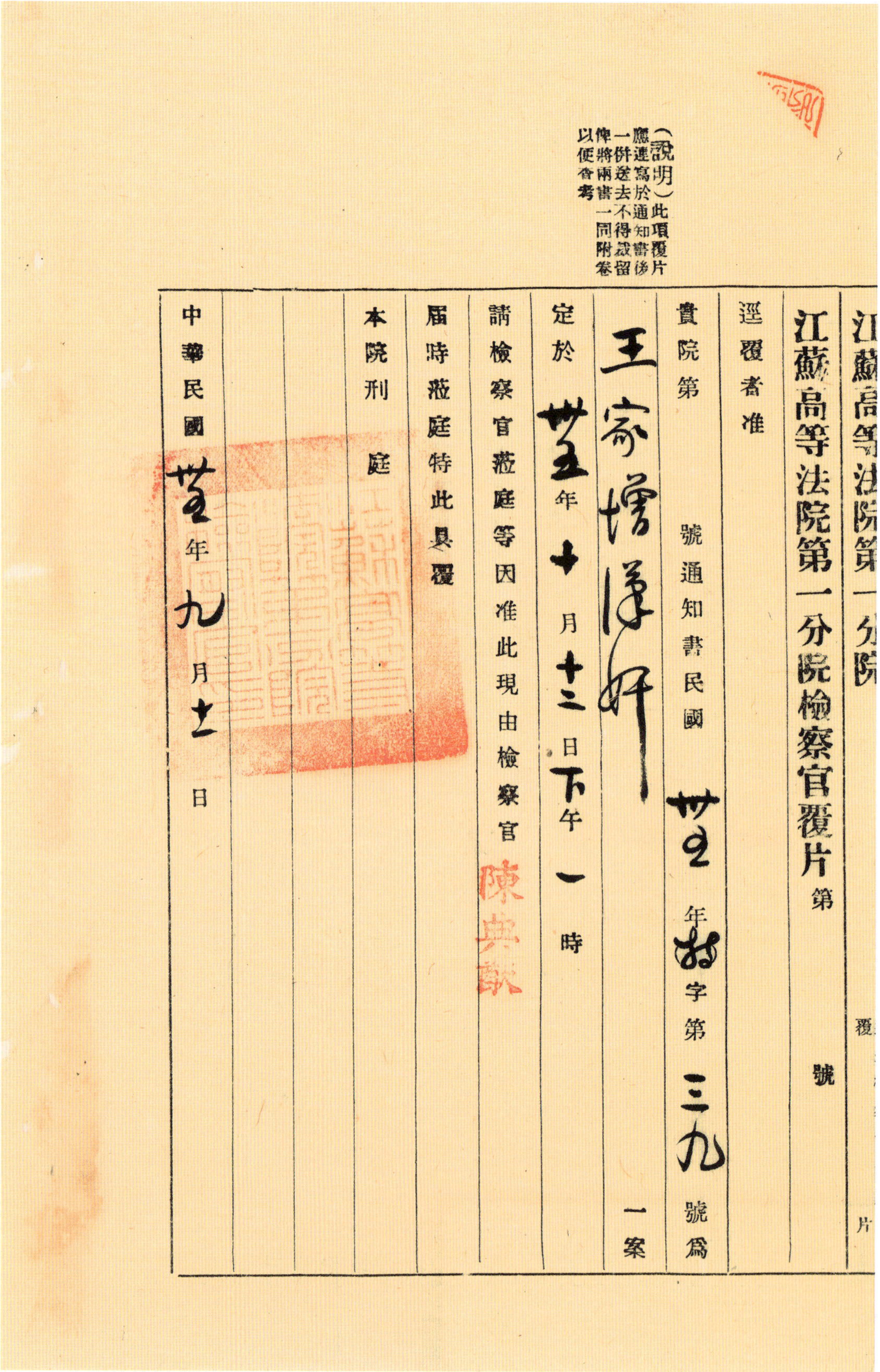
江蘇高等法院第一分院
覆
片

江蘇高等法院第一分院檢察官覆片第　號

（說明）此項覆片應連寫於通知書後一併送去不得裁留俾將兩書一同附卷以便查考

逕覆者准
貴院第　號通知書民國廿一年若字第三九號爲
王家增強奸一案
定於廿一年十月十三日下午一時
請檢察官蒞庭等因准此現由檢察官陳典猷
屆時蒞庭特此具覆
本院刑庭
中華民國廿一年九月十一日

图 A2-16-2

17. 王家增刑事声请状（1946年）（档案号：A020-1946-002-0138-0191）

在该刑事声请中，王家增为自己做无罪辩护，并请求江浦县第五区永宁镇第十二保保长范义麟，甲长李维洲、康启万、余爵正、康启和及邻人匡辅礼、刘仕美、刘保坤、徐正祥等到庭作证。

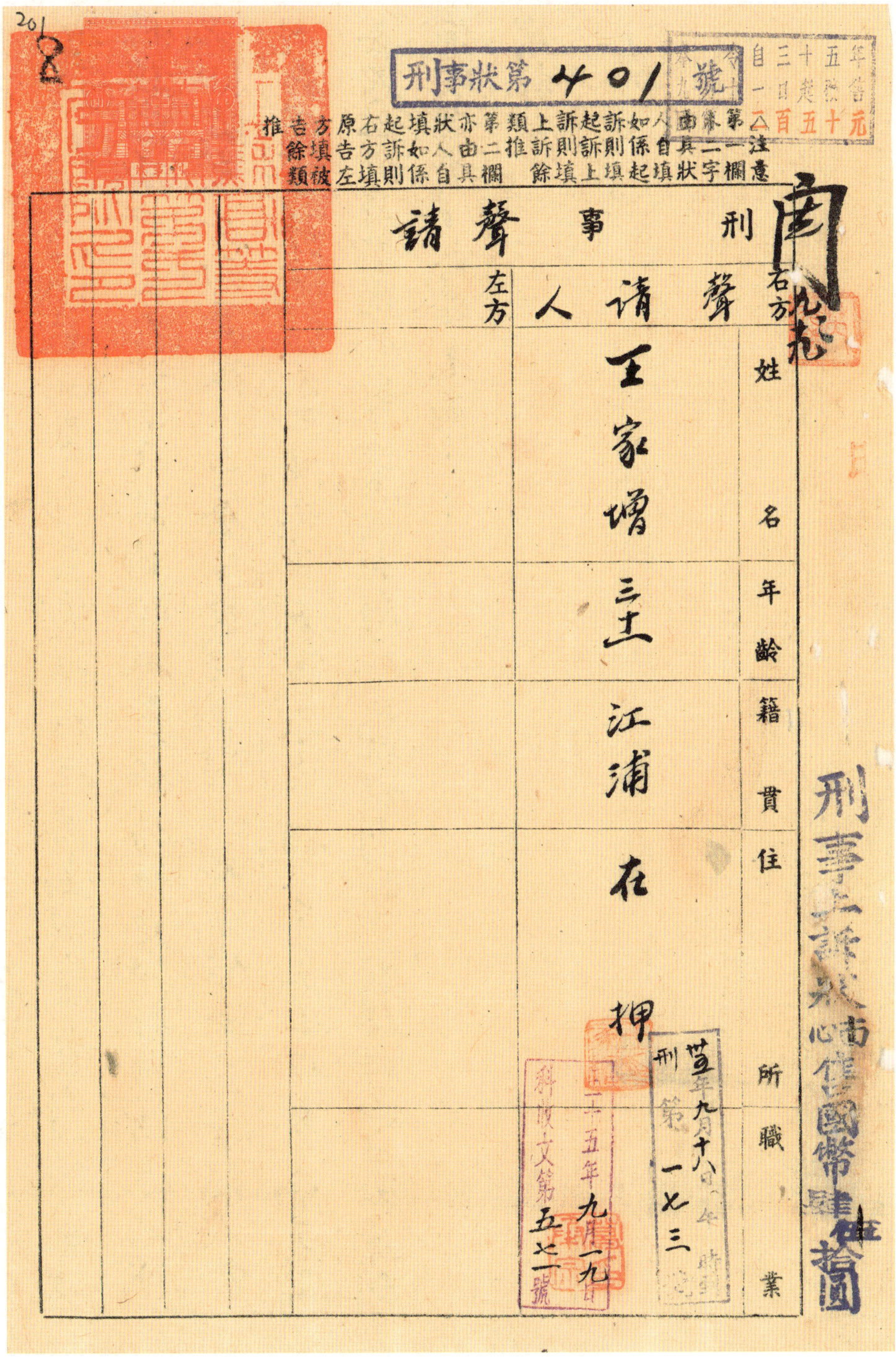

刑事狀第401號

刑事聲請

	右方 聲請人	左方
姓名	王家增	
年齡	三十	
籍貫	江浦	
住 所	在押	
職業		

图 A2-17-1

為王家增漢奸一案請傳證人事竊民世居江浦縣第五區永寧鎮第十三保大洋橋地方佃農為業素性醇厚因為田產共丁姓等挾嫌致被誣陷漢奸查大洋橋在敵偽時被日人佔據强迫民任該鄉長之職務民任職未及兩月敵人已簽字投降民對於地方確無危害情形及詐欺鄉民情事請傳證人江浦縣第五區永寧鎮第十三保保長范義麟甲長李維洲康啟禹余爵正康啟和鄰人匡輔禮劉仕美劉保坤徐正祥等到案詢明宣告民無罪寔為

德便謹狀

图 A2-17-2

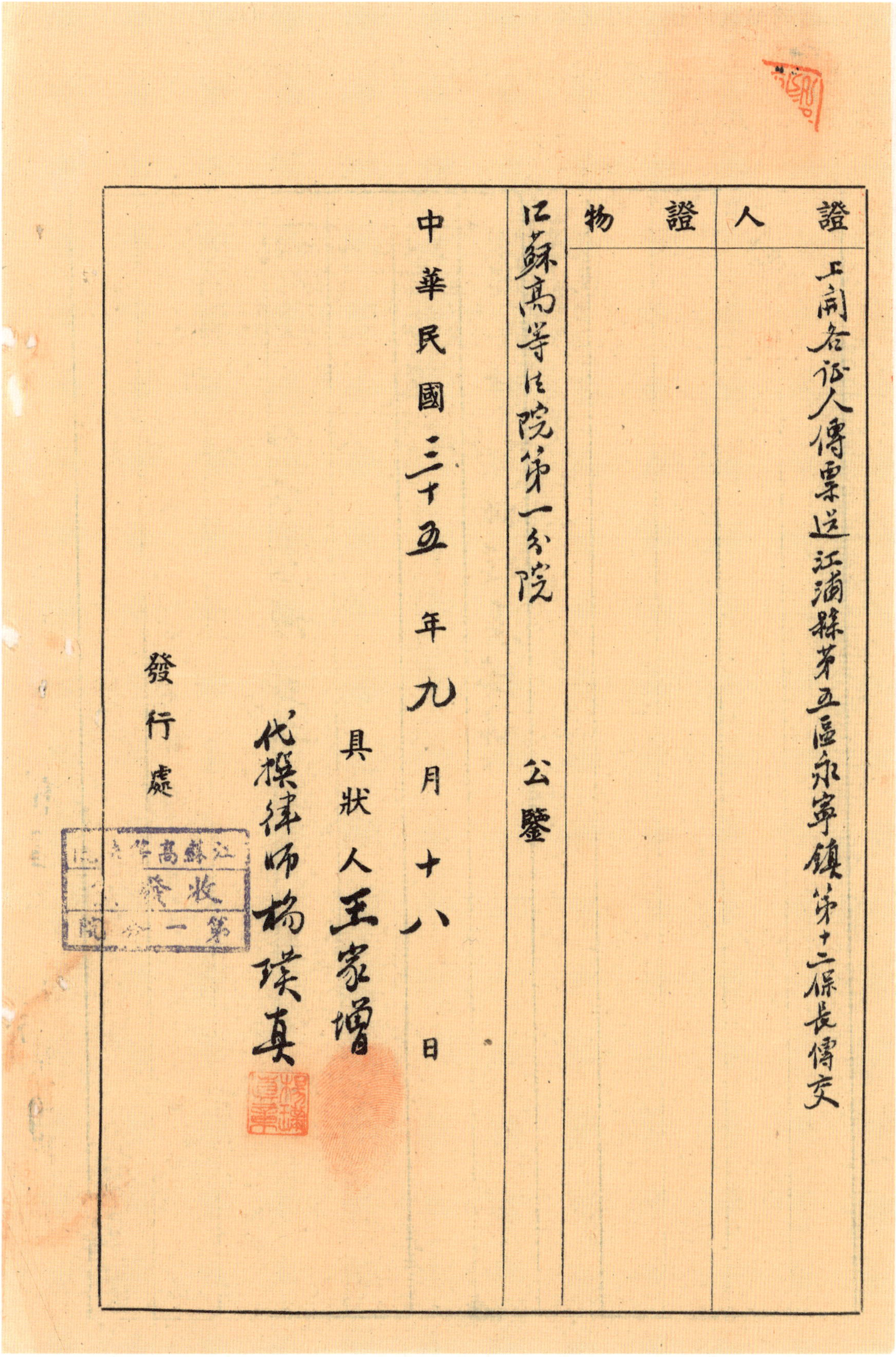

證人	證物
上開各証人傳票送江浦縣第五區永寧鎮第十二保長傳交	

江蘇高等法院第一分院

公鑒

中華民國三十五年九月十八日

具狀人 王家增

代撰律師 楊璞真

發行處

江蘇高等法院第一分院 收發

图 A2-17-3

18. 王家增刑事选任状（1946年）（档案号：A020-1946-002-0138-0191）

该选任状显示，王家增又选任律师杨璞真担任自己的辩护人。选任原因：依法选任；选任权限：到庭辩护。

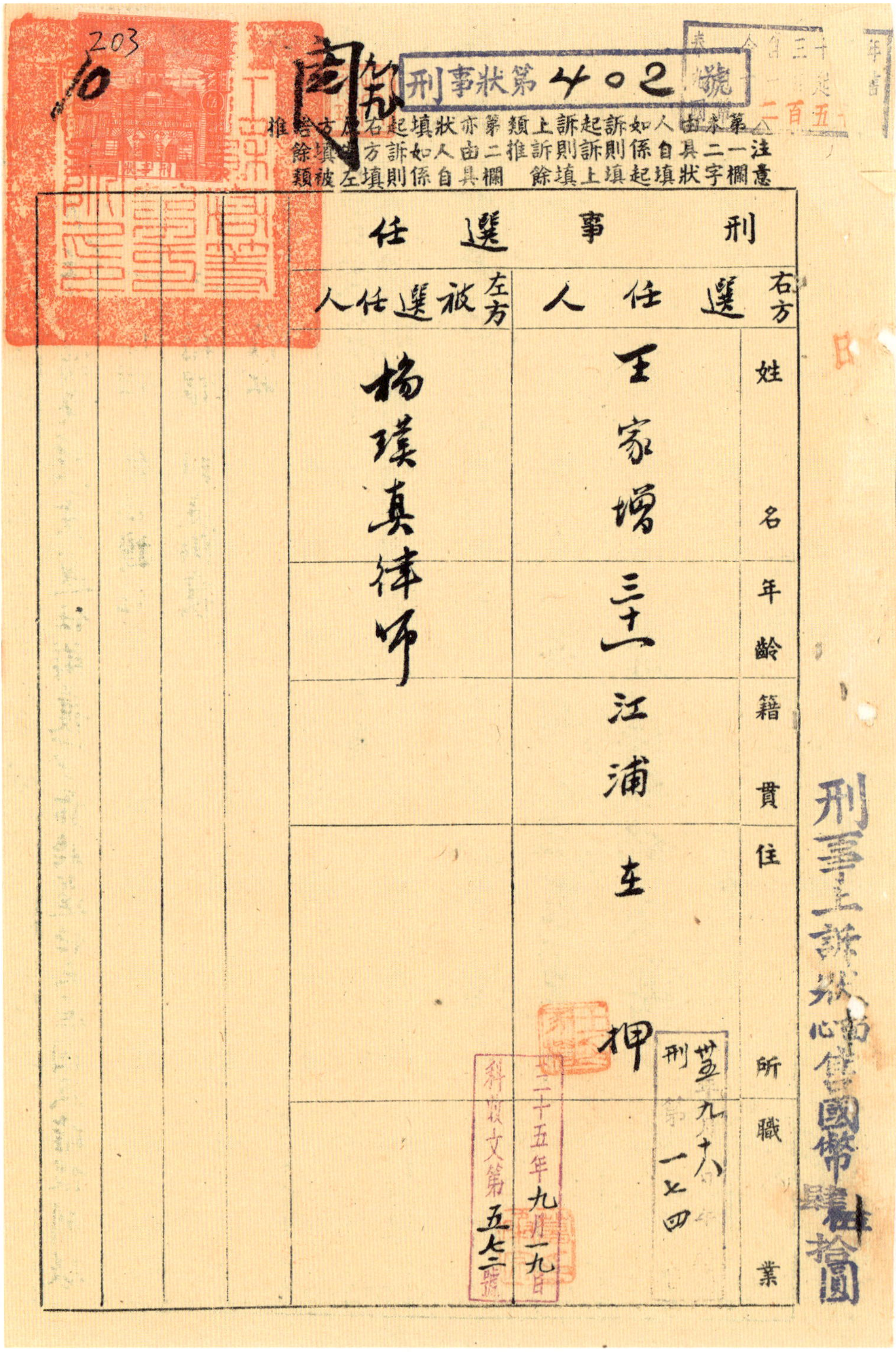

图 A2-18-1

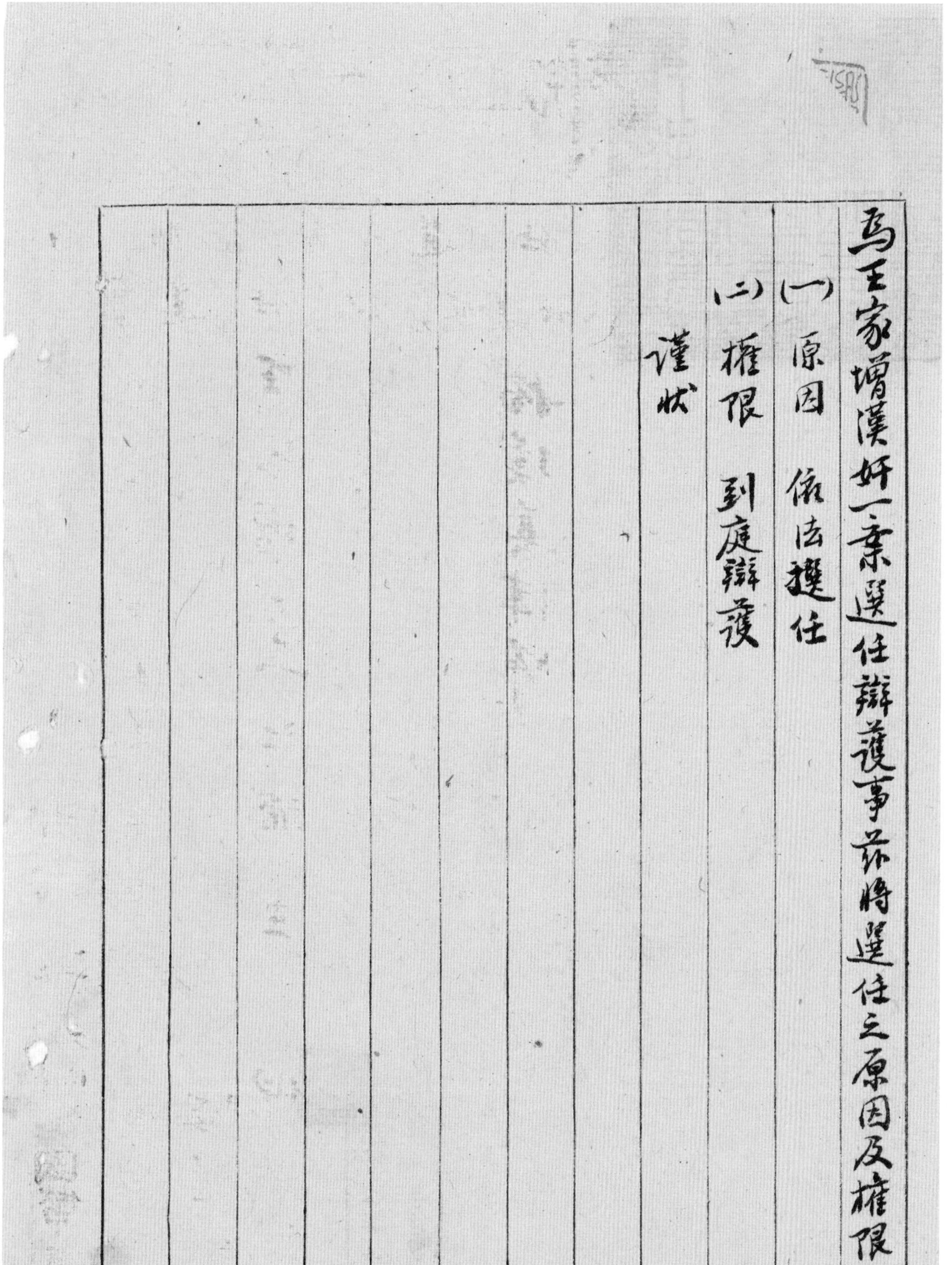

為王家增漢奸一案選任辯護事茲將選任之原因及權限列後

(一)原因 依法選任

(二)權限 到庭辯護

謹狀

图 A2-18-2

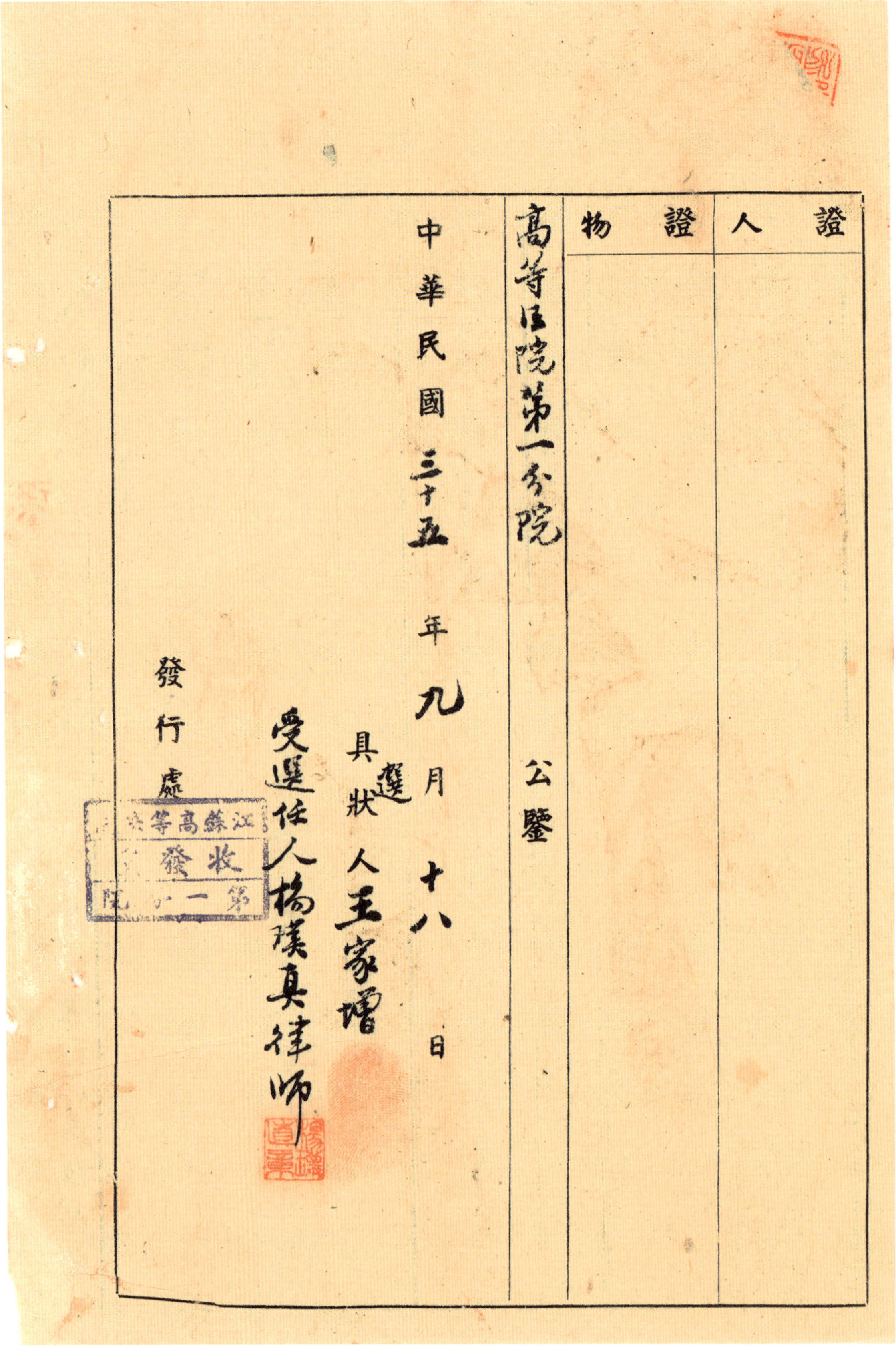
證人
證物
高等法院第一分院
公鑒
中華民國三十五年九月十八日
具撰狀人王家增
受選任人楊璞真律师
發行處
江蘇高等法院第一分院
收發

图 A2-18-3

19. 江苏高等法院第一分院刑事裁定（1946年）（档案号：A020-1946-002-0138-0191）

南京国民政府1935年颁行的《刑事诉讼法》第一百零八条规定：“羁押被告侦查中不得逾二月，审判中不得逾三月，但有继续羁押之必要者，得于期间未满前由法院裁定延长之，在侦查中延长羁押期间应由检察官声请所属法院裁定。延长羁押期间每次不得逾二月，侦查中以一次为限，如所犯最重本刑为三年以下有期徒刑以下之刑者，审判中以三次为限。羁押期间已满，未经起诉或裁判者，视为撤销羁押。”江苏高等法院第一分院据此做出了延长羁押的裁定。

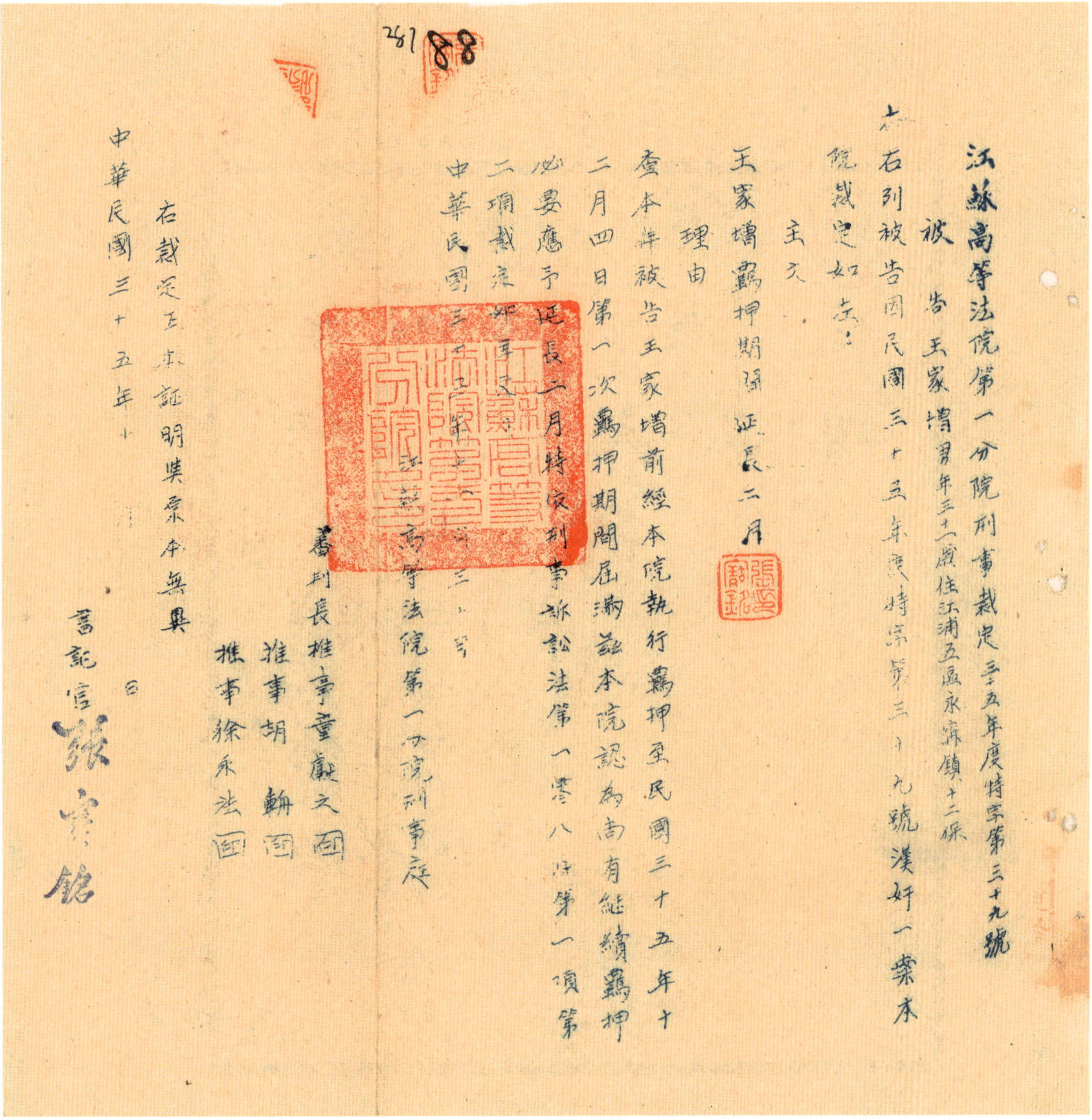
江蘇高等法院第一分院刑事裁定 三十五年度特字第三十九號

被告 王家增 男年五十一歲住江浦五區永寧鎮十二保

右列被告因民國三十五年度特字第三十九號漢奸一案本院裁定如左：

主文

王家增羈押期間延長二月

理由

查本件被告王家增前經本院執行羈押至民國三十五年十二月四日第一次羈押期間屆滿茲本院認為尚有繼續羈押必要應予延長二月特依刑事訴訟法第一零八條第一項第二項裁定如主文

中華民國三十五年十二月三日

江蘇高等法院第一分院刑事庭

審判長推事 童獻之

推事 胡翰

推事 徐承法

右裁定正本證明與原本無異

書記官 張寶銘

中華民國三十五年十 月 日

图 A2-19

20. 江涛刑事声明（1946年）（档案号：A020-1946-002-0138-0191）

1946年12月，告发人江涛向江苏高等法院第一分院提出刑事声明，认为被告所提证人多系其亲友，且有伪证嫌疑，其证言应属无效，请求法院“对上开证人之言，勿予采信外，并对伪证之人处以应得之罪，以免被害人冤沉海底，永无伸雪”。

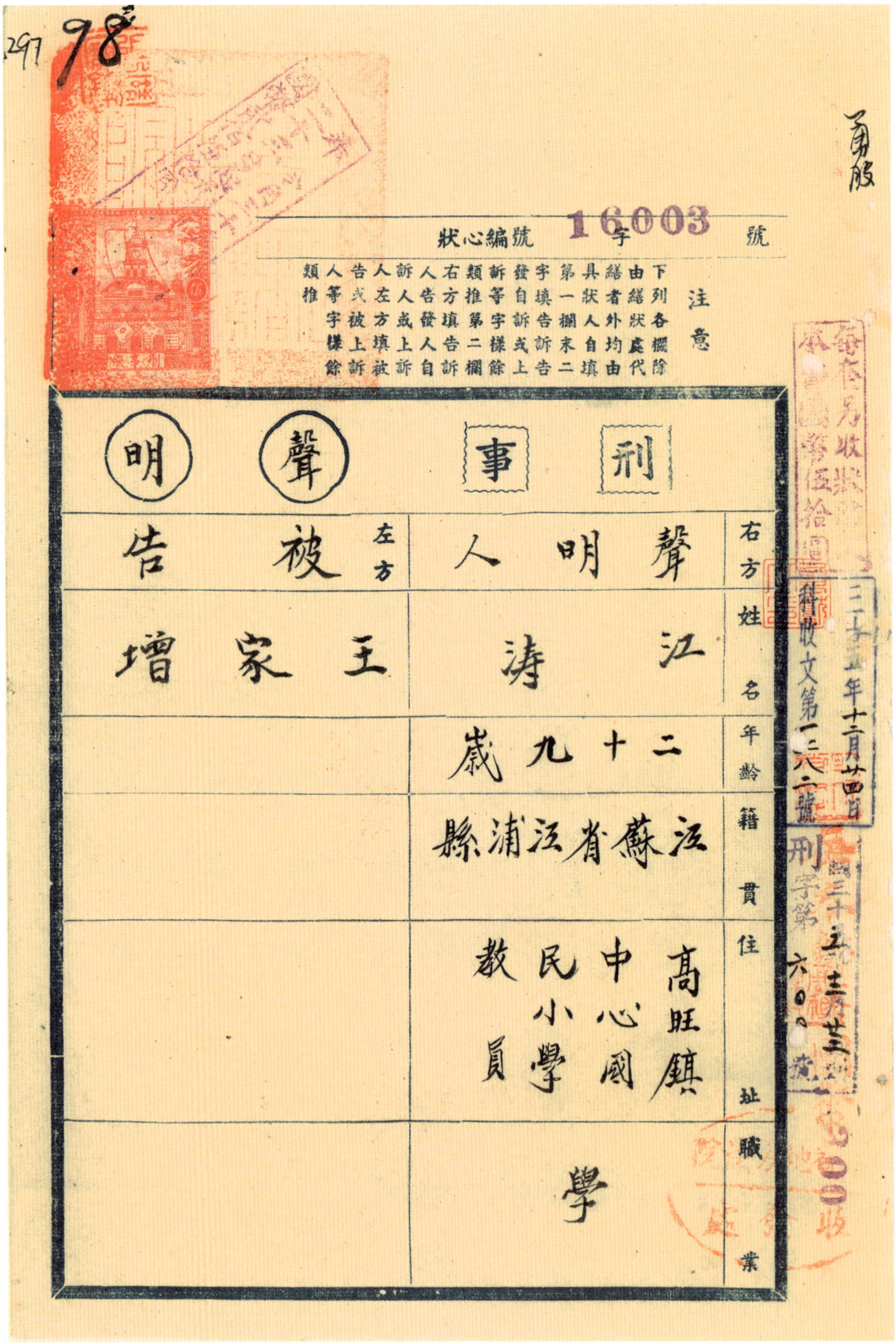

狀心編號 16003 字 號

注意：下列各欄除由繕狀處代繕者外均由具狀人自填　第一欄末二字填告訴告發自訴或上訴等字樣餘類推　第二欄右方填告訴人告發人自訴人或上訴人左方填被告或被上訴人等字樣餘類推

刑事 聲明

	右方 聲明人	左方 被告
姓名	江涛	王家增
年齡	二十九歲	
籍貫	江蘇省江浦縣	
住址	高旺鎮中心國民小學教員	
職業	學	

图 A2-20-1

為聲明被告所提証人多係其親友且有偽（証）嫌疑應請指責
無效事竊（聲明人）檢舉王家增為漢奸業蒙
鈞院將被告拘押于十一月二十二日下午一時開庭審訊
在案何漬緣被告所提之証（人）多數係其親友查匡複禮
係其母舅劉士美係其妹丈劉保坤係其胞弟岳丈冒稱
李維周之名李維德亦係其弟岳丈康榮發冒稱康
啟蕩之名該地查無其人則伊等所証言自難採信且有
鄰保保長范義林係永寧鎮第十一保保長非該逆之保
長查范義林與該逆相距亦有四（三）里之遙與被害之人住處
相隔有七（六）里之遠對于本案事實胡能明瞭其居然出庭

图 A2-20-2

作証顯有偽証嫌疑爲特具呈

鈞院指明一切對上開証人之言勿予採信外並對偽証之

人處以應得之罪以免被害人寃沉海底永無伸雪不勝感

激盼切之至

謹呈

鎮江高等法院第一分院

图 A2-20-3

299 100

證人	物證

江蘇高等法院第一分院
首都地方法院
公鑒

图 A2-20-4

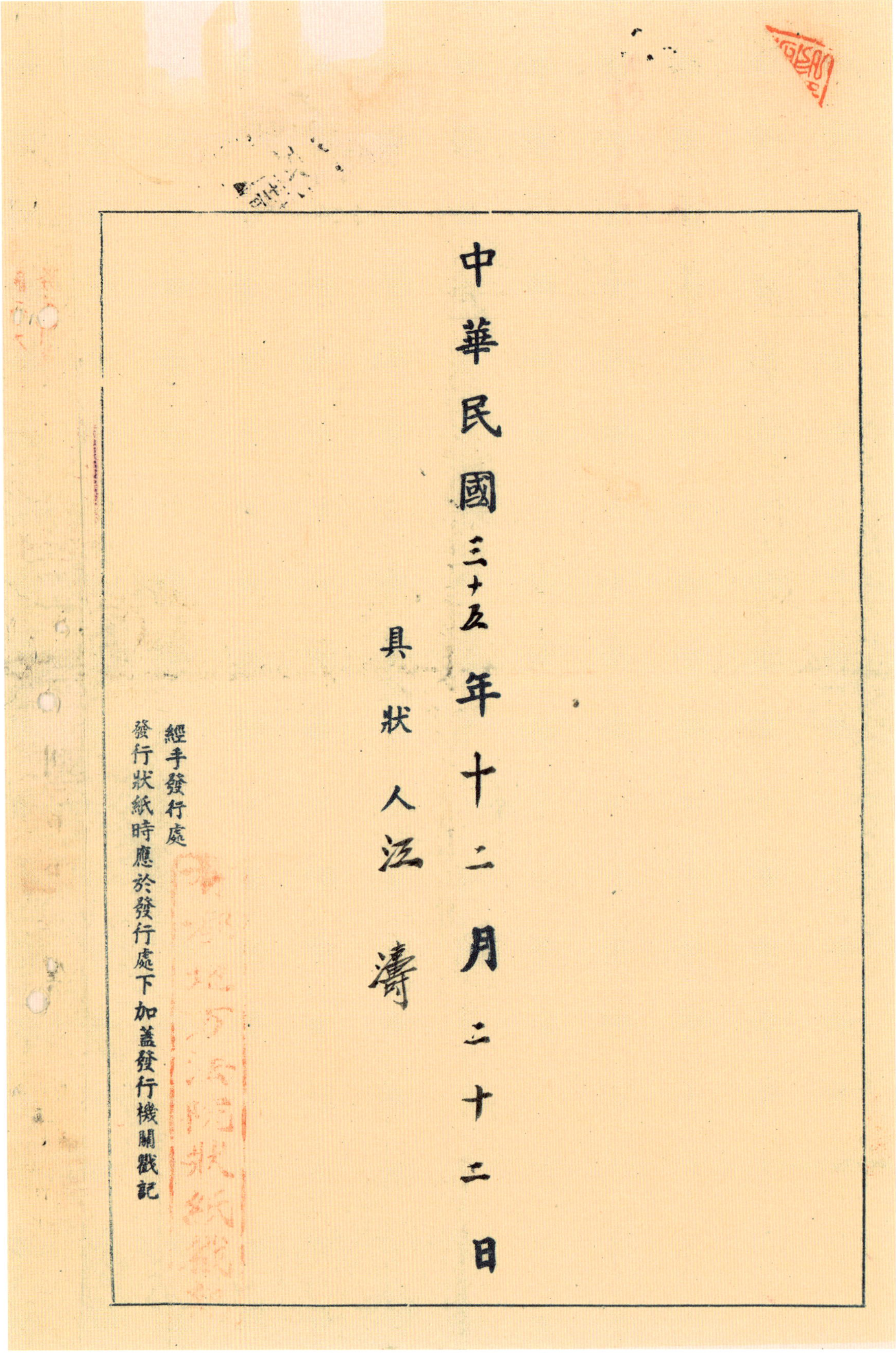
中華民國三十五年十二月二十二日

具狀人江濤

經手發行處

發行狀紙時應於發行處下加蓋發行機關戳記

图 A2-20-5

21. 陈学有刑事声请状（1947年）（档案号：A020-1946-002-0138-0191）

陈学有是本案的关键证人，其对王家增做出了有罪证言，但因身体原因，无法到庭作证，“此次奉票传证，本应遵期到庭候讯，实因患病数日，卧床未起，虽经延医诊治，尚未愈，诚至庭期未能报到”。六合距离镇江较远，且需跨越长江，证人出庭作证确实存在一定的困难。证人李长山亦因病无法出庭，其也用声请状的形式作证。本组最后一张图片系李长山寄送声请状的信封。

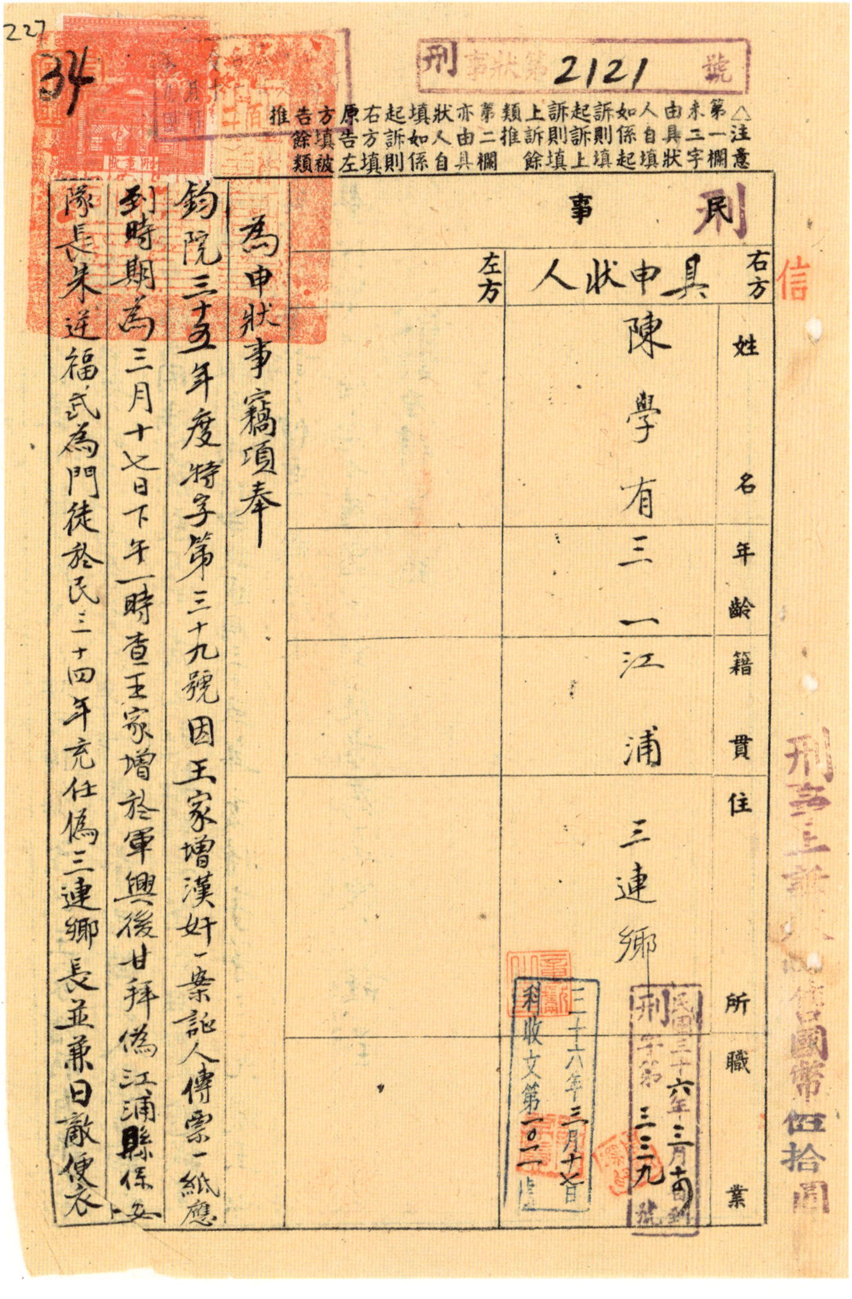
刑事狀第2121號

刑事

具申狀人 右方：姓名 陳學有；年齡 三一；籍貫 江浦；住 三連鄉

為申狀事竊頃奉
鈞院三十五年度特字第三十九號因王家增漢奸一案証人傳票一紙應
到時期為三月十七日下午一時查王家增於軍興後甘拜偽江浦縣保安
隊長朱逆福武為門徒於民三十四年充任偽三連鄉長並兼日敵便衣

科收文第一〇二 三十六年三月十七日

刑字第三三九號 民國三十六年三月十七日

國幣伍拾圓

图 A2-21-1

名目殊多為敵作倀人所共知非可掩飾至該王家增所有罪惡行為受害人自可實証學有尚有未悉學有此次奉票傳証本應遵期到庭候訊實因患病數日卧床未起雖經延醫診治尚未愈誠至庭期未能報到用特申狀連同三十五年度特字第三十九號王家增漢奸案証人傳票一紙請求

鈞院鑒核俯念下情免予到庭實為至便。 謹呈

附該原傳票一紙

图 A2-21-2

證人	證物

江蘇高等法院第一分院

公鑒

中華民國三十六年三月十四日

具狀人 陳學有

江蘇高等法院
收發室
第一分院

發行處

图 A2-21-3

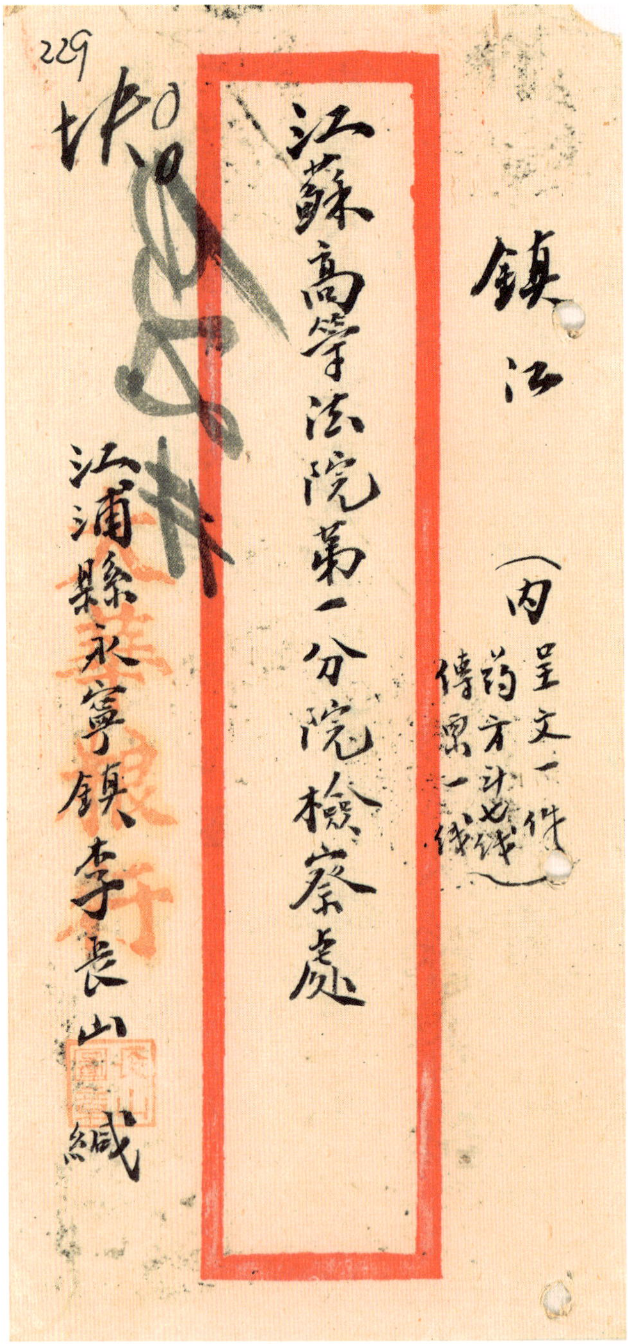

图 A2-21-4

22. 江苏高等法院第一分院宣判笔录（1947年）（档案号：A020-1946-002-0138-0191）

1947年3月24日，江苏高等法院第一分院开庭宣判。

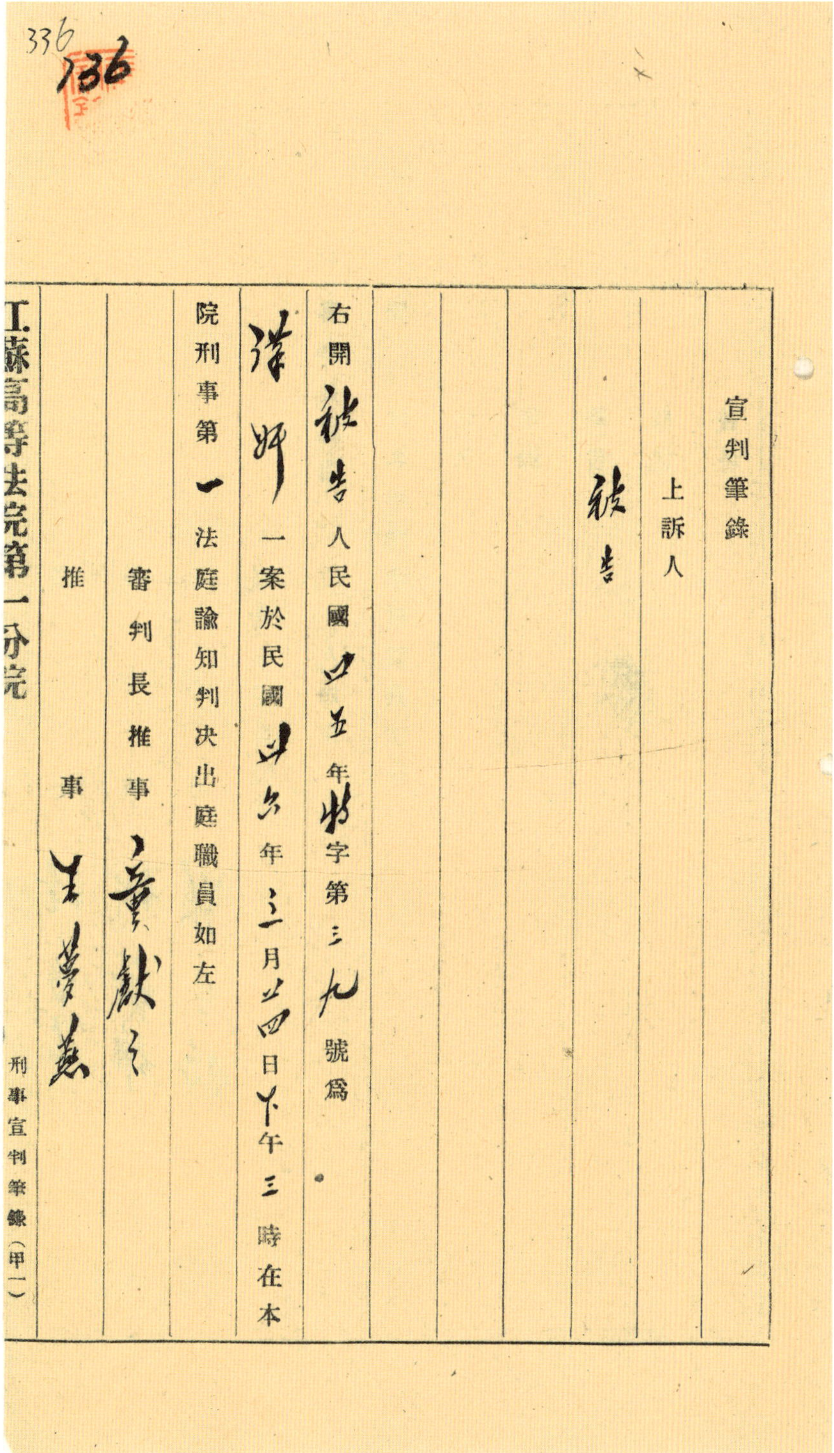

宣判筆錄

上訴人

被告

右開被告人民國卅五年特字第三九號爲漢奸一案於民國卅六年三月廿四日下午三時在本院刑事第一法庭諭知判決出庭職員如左

審判長推事 童獻之

推事 王夢燕

江蘇高等法院第一分院

刑事宣判筆錄（甲一）

图 A2-22-1

江蘇高等法院第一分院

推事 徐[illegible]

檢察官 何福雄

書記官 張[illegible]銘

人出庭未受身體之拘束

審判長訊問 人如左

問 姓名年齡籍貫職業住址

姓名

年齡

籍貫

職業

住址

图 A2-22-2

審判長諭知本案宣告判決朗讀判決主文並告以判決理由之要

旨令還押退庭

中華民國卅六年三月廿四日

江蘇高等法院第一分院刑事第一庭

書記官張[illegible]

審判長推事[illegible]

宣判筆錄

图 A2-22-3

23. 江苏高等法院第一分院刑事判决（1947年）（档案号：A020-1946-002-0138-0191）

1947年3月24日，江苏高等法院第一分院对王家增案做出判决。判决书显示，法院一一比对了告发人和被告人双方所提供的证人证言以及被告人的供述，认为“被告连续通谋敌国，传递侦察有关军事消息，并充任伪乡长兼爱路团团长，所为有利敌伪不利本国及人民之行为，自属罪无可逭”，“惟念情节尚属轻微，量刑可予从宽”，遂做出有期徒刑五年、褫夺公权五年、没收财产的判决。

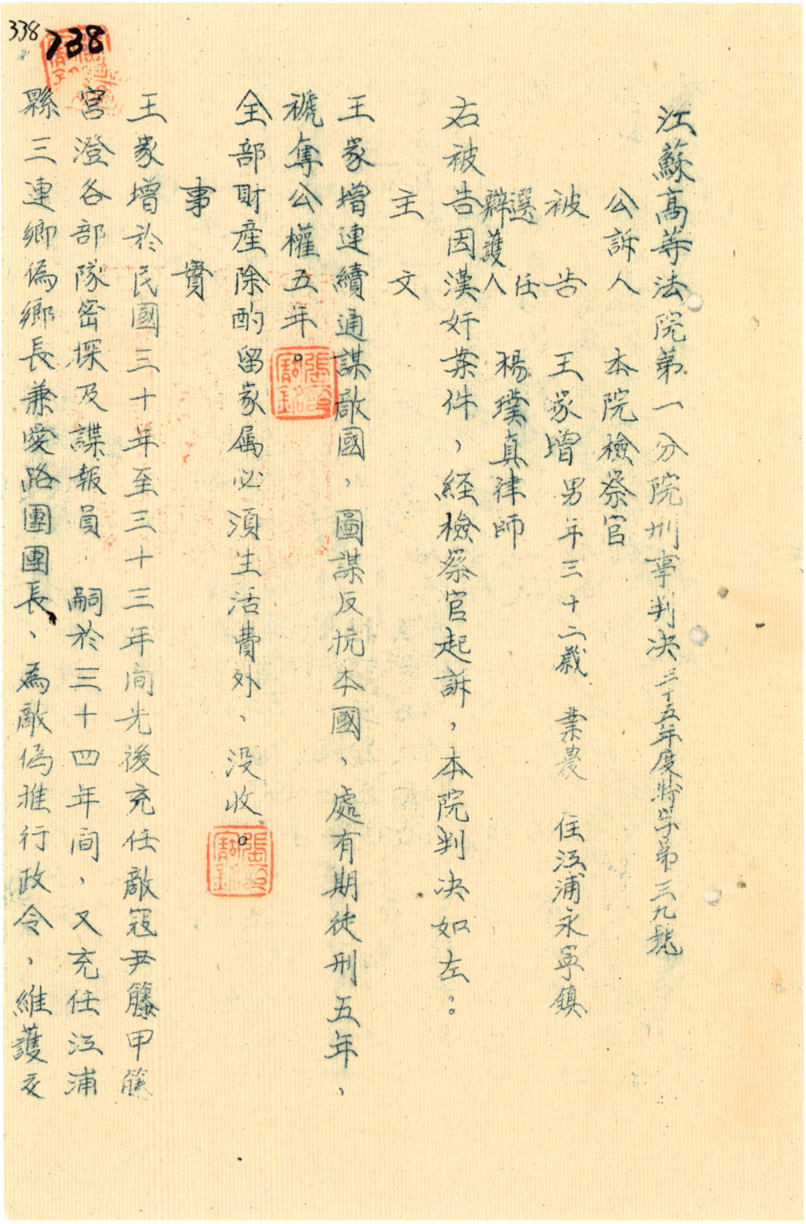

江蘇高等法院第一分院刑事判決 三十五年度特字第三九號

公訴人 本院檢察官

被　告 王家增 男年三十二歲 業農 住江浦永寧鎮

選任辯護人 楊璞真律師

右被告因漢奸案件，經檢察官起訴，本院判決如左：

主　文

王家增連續通謀敵國，圖謀反抗本國，處有期徒刑五年，褫奪公權五年。全部財產除酌留家屬必須生活費外，沒收。

事　實

王家增於民國三十年至三十三年間先後充任敵寇尹藤甲旅営澄各部隊密探及諜報員，嗣於三十四年間，又充任江浦縣三連鄉偽鄉長兼愛路團團長，為敵偽推行政令，維護交

图 A2-23-1

通，並收捐派工藉勢歛索，勝利後經江濤陳士英告發由檢察官偵查起訴。

理由

本件被告王家增雖於審判中供認僅祇充任江浦縣三連鄉偽鄉長三月，对於充任敵寇密探諜報員及愛路團團長，以暨在充任偽職期內，所為之種種罪行，概均謂無其事，惟被告在偵查中已供認「我祇担任本鄉愛路團團長、花旗營東萬是另兩鄉，與我無関」，經閱被告提出偽區長宋東樓之有銜名片，印明兼「愛路團區團長」属実，準是以觀，被告充任偽鄉長而兼愛路團鄉團長、已不容其事後翻異，參以被害人林有雲所述「愛路團是保護鉄路的」，被害人自舉証人匡輔礼所述「日本人要草，一家攤幾個，日本人要工，他派到我们頭上來」，范義麟劉宝坤所述「他當鄉長做的地方行政的事」，

图 A2-23-2

是被告充任偽職，為敵偽推行政令、維護交通，並捐草派工，以資供應，尤無遁飾餘地，至被告因林有雲籲請減免捐項而將其逮捕，耿黃氏之牛並曾為其拉走，不特據林有雲、耿黃氏言之歷歷，抑亦經證人常文如、黃錫有、王金海、楊永興一致結証無異，復次被告充任敵寇密探及諜報員，並憑籍敵偽勢力，任意魚肉鄉民，亦先後由被害人劉士江、李長山、陳學有指訴確鑿。被告連續通謀敵國，傳遞偵察有關軍事消息，並充任偽鄉長兼愛路團團長，所為有利敵偽，不利本國及人民之行為，自屬罪無可逭。証人李維洲等雖謂被告無附敵殃民情事，然措辭空泛，且與被告所供認者矛盾，顯係徇情偏袒，不足採信，惟念情節尚屬輕微，量刑可予從寬。

據上論結，應依特種刑事案件訴訟條例第一條第一項後段、第三條、第二條第一項第一款，第七款，第二項，第八

图 A2-23-3

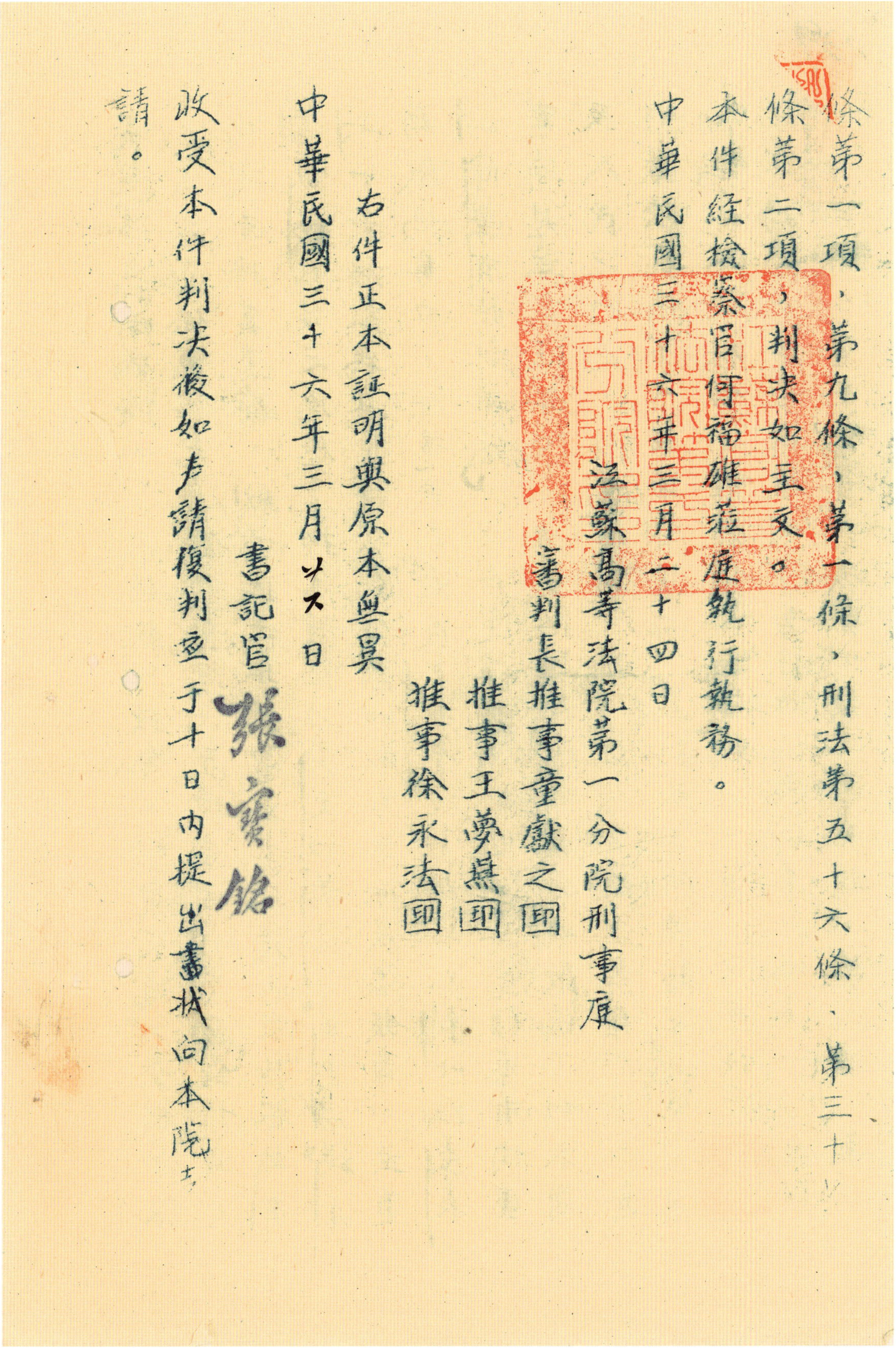
條第一項、第九條、第一條、刑法第五十六條、第三十七
條第二項，判決如主文。
本件經檢察官何福雄莅庭執行職務。
中華民國三十六年三月二十四日
江蘇高等法院第一分院刑事庭
審判長推事童獻之
推事王夢熊
推事徐永法
右件正本證明與原本無異
中華民國三十六年三月廿六日
書記官 張寶銘
收受本件判決後如声請復判應于十日内提出書狀向本院声
請。

图 A2-23-4

案件举要三（民事诉讼）

胡培元诉蔡王氏解约迁让案

在抗战胜利后的镇江，房屋租赁纠纷数量大幅增长，其中相当一部分纠纷涌入法院，寻求司法解决。通过梳理镇江近代司法档案可知，彼时房屋租赁纠纷的产生原因不外乎以下三点：一是大批人员从重庆、四川、陕西等后方返回镇江，导致本地房屋极度紧张，且由于镇江系省会，机关林立，办公用房需求高于一般城市，加剧了“房荒”的严重程度；二是镇江沦陷期间，一些房主西撤，其房屋由他人保管或租住，战后房主返镇，由于历时过久，房屋几经修缮、改造或转租，产权关系较为混乱；三是战后物价飞涨，货币贬值，房主纷纷以米代租，招致房客的强烈反对，纠纷因此发生。当然，房屋租赁纠纷并非镇江独有现象，而是在各大城市广泛存在，成为影响社会安定、民生福祉的重大问题。

对此，南京国民政府试图通过法律方式予以解决，即通过立法、执法与司法对本属于平等民事主体之间的房屋租赁关系进行干预，以抑制房屋租赁纠纷的产生。在此思路下，南京国民政府于1947年出台《房屋租赁条例》，规定“省市政府所在地及其他人口繁多、租屋困难经省政府指定地区之房屋租赁，适用本条例之规定”[①]。《房屋租赁条例》即是镇江地方法院审理胡培元诉蔡王氏解约迁让案的主要法律依据。

本案原告胡培元，55岁，江苏镇江人，住万古一人街5号。本案被告蔡王氏，江苏镇江人，住大西路72号。原告诉称，其有房屋一所，坐落于大西路72号。1934年原告将房屋出租给被告之夫蔡裕富，1937年冬镇江沦陷，原告随中央机关入川。抗战胜利后，原告本欲收回房屋，但经与蔡王氏再三商讨，双方另立续租协议，约定租期为1946年5月1日至1947年5月1日。到期后，被告拒绝让房，继续占房超过6个月。原告无奈之下，只得向法院起诉，请求法院判令被告解约让房。

被告对此则辩称，1937年被告之夫蔡裕富曾与原告订有翻造楼房契约，后因镇江沦陷没有全部履行完成，但损失不应由被告独自承担。此外，原告之婿余文卿在签订续租协议等行为中存在着欺诈情节，“以上事实及续租等租约，竟完全由余文卿自行书写，并不通知原中人完子和，迨至契约成就后，始通知原中加章”[②]。还有，被告没有拖

---

① 《房屋租赁条例》，《国民政府公报》第2993号，1947年12月1日第1版。

② 《蔡王氏民事辩诉状》，镇江市档案馆藏，档案号：A020-1947-002-1222-0001。

欠租金，其夫亡故多年，家中子女众多，一旦原告收房，被告全家将生计无着。综合以上原因，被告请求法院驳回原告诉请。

镇江地方法院受理该案后，按照民事诉讼法的规定，两次开庭公开审理，在通过讯问、辩论、查证等方式调查清楚案件事实的基础上，主要适用《房屋租赁条例》第九条进行了判决。《房屋租赁条例》第九条规定："出租人非有左列情形之一时，不得终止契约。一、承租人以房屋供违反法令之使用者。二、承租人因可归责于自己之事由，积欠租金，除以担保金抵偿外，达二个月以上者。三、承租人故意或过失毁坏房屋，而不为修复或相当之补偿者。四、承租人违反第六条第一项之规定者。五、出租人依第十一条规定，将房屋收回自用，经确实证明者。六、约定租赁期限已届满者。七、承租人关闭房屋，不为使用，达六个月者。八、房屋必须改建，已于三个月前通知承租人，并已领得建筑执照者。九、承租人违反租约所定之限制者。前项第六款之规定，对于二年以下之定期租赁或有特别约定者，不适用之。"[①] 由以上条款可知，政府对房屋租赁合同的解除设置了诸多限制条件，在出租人和承租人之间重点保护后者的利益，以此尽可能地减少居无定所的现象。在本案中，原被告双方于1946年5月1日达成的续租协议，规定租赁期限仅一年，不构成出租人解除租赁契约的法定条件，故镇江地方法院判决驳回原告诉请。

需要说明的是，南京国民政府寄希望通过法律手段解决房屋租赁纠纷的思路，在国统区社会经济形势不断恶化的情况下，最终以失败告终。新中国成立后，人民法院在政府和群众的支持配合下，通过集体审判和调解的方式，才最终扭转了房屋租赁纠纷的高发态势。

相较洪志炀、毕陈氏杀人案和王家增汉奸案，胡培元诉蔡王氏解约迁让案的诉讼文书数量相对有限，本部分在篇幅允许的范围内尽可能地予以了择选，以期通过该案反映南京国民政府时期基层民事案件的司法面貌。

---

① 《房屋租赁条例》,《国民政府公报》第2993号，1947年12月1日第2版。

1. 江苏镇江地方法院民事第一审卷宗封面及文件目录（1948年）（档案号：A020-1947-002-1222-0001）

本组图为镇江地方法院有关胡培元诉蔡王氏解约迁让一案卷宗的封面和文件目录，能够在一定程度上反映出南京国民政府时期基层法院的卷宗制作情况。封面上载有案号、收案时间、原被告、案由、诉讼标的、讼费数额、推事、书记官和结案时间等信息。文件目录则标明了卷宗的内容、页码与数量，一目了然，便于查阅。

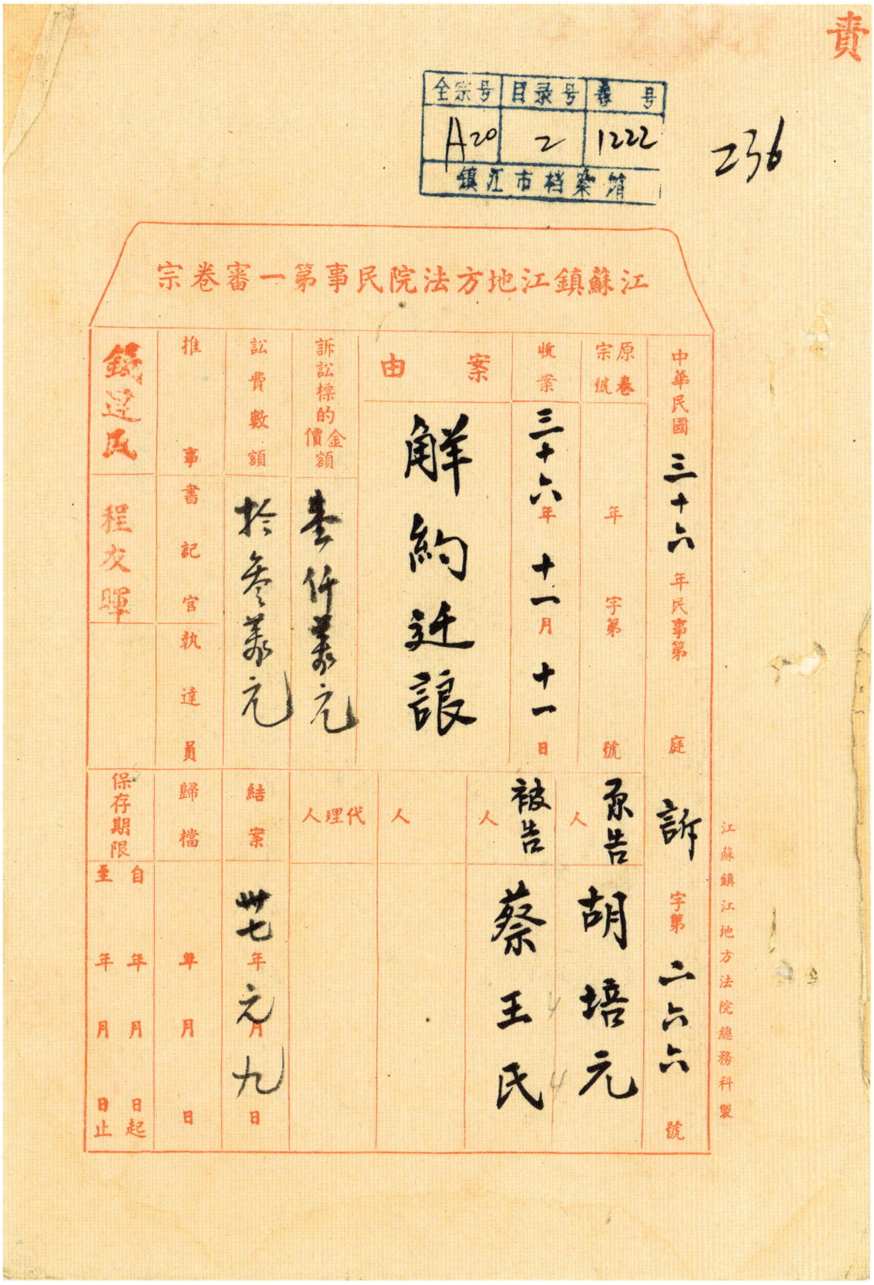
責

全宗号 目录号 卷号
A20 2 1222
镇江市档案馆

236

江蘇鎮江地方法院民事第一審卷宗

中華民國三十六年民事第　庭　訴字第二六六號
原卷宗號　年　字第　號
收案　三十六年十一月十一日
案由　解約遷讓
訴訟標的價金額
訟費數額
推事　錢逵成
書記官　程孜暉
執達員
原告人　胡培元
被告人　蔡王氏
代理人
結案　卅七年元月九日
歸檔　年　月　日
保存期限　自　年　月　日起　至　年　月　日止

江蘇鎮江地方法院總務科製

图 A3-1-1

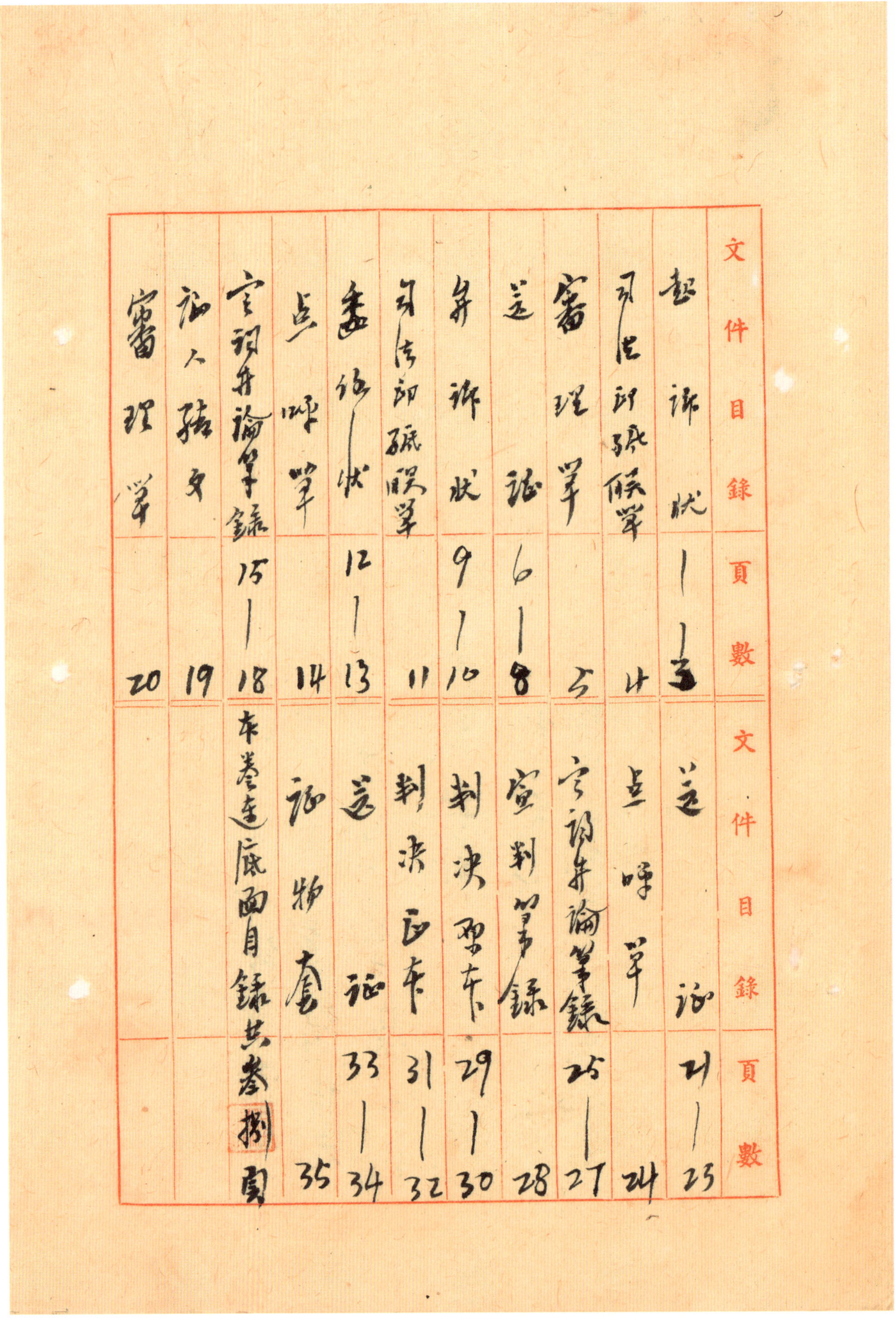

文件目錄	頁數	文件目錄	頁數
起訴狀	1—3	送達證	21—23
司法印紙聯單	4	點呼單	24
審理單	5	言詞辯論筆錄	25—27
送達證	6—8	宣判筆錄	28
辯訴狀	9—10	判決原本	29—30
司法印紙聯單	11	判決正本	31—32
委任狀	12—13	送達證	33—34
點呼單	14	證物袋	35
言詞辯論筆錄	15—18	本卷連底面目錄共叁捌頁	
証人結文	19		
審理單	20		

图 A3-1-2

2. 胡培元民事起诉状（1947年）（档案号：A020-1947-002-1222-0001）

原告胡培元在民事起诉状中诉称，其有市房一所，坐落于大西路72号。1934年，原告将该房出租给被告之夫蔡裕富开设建筑水木工厂。1937年冬，日寇进犯，镇江沦陷，原告挈眷同中央机关入川。迨抗战胜利后，原告之子胡邦伟回镇清理此项房产，方知蔡裕富早已病故，其妻蔡王氏仍居住在内。胡邦伟本打算将此房收回，彼时蔡王氏以一时屋不易觅为由，请求续租。双方经商议后签订续租协议，约定“居住期限定为从三十五年五月一日起，至三十六年五月一日为止”。续租期满后，被告蔡王氏拒不让房，故原告提起诉讼。

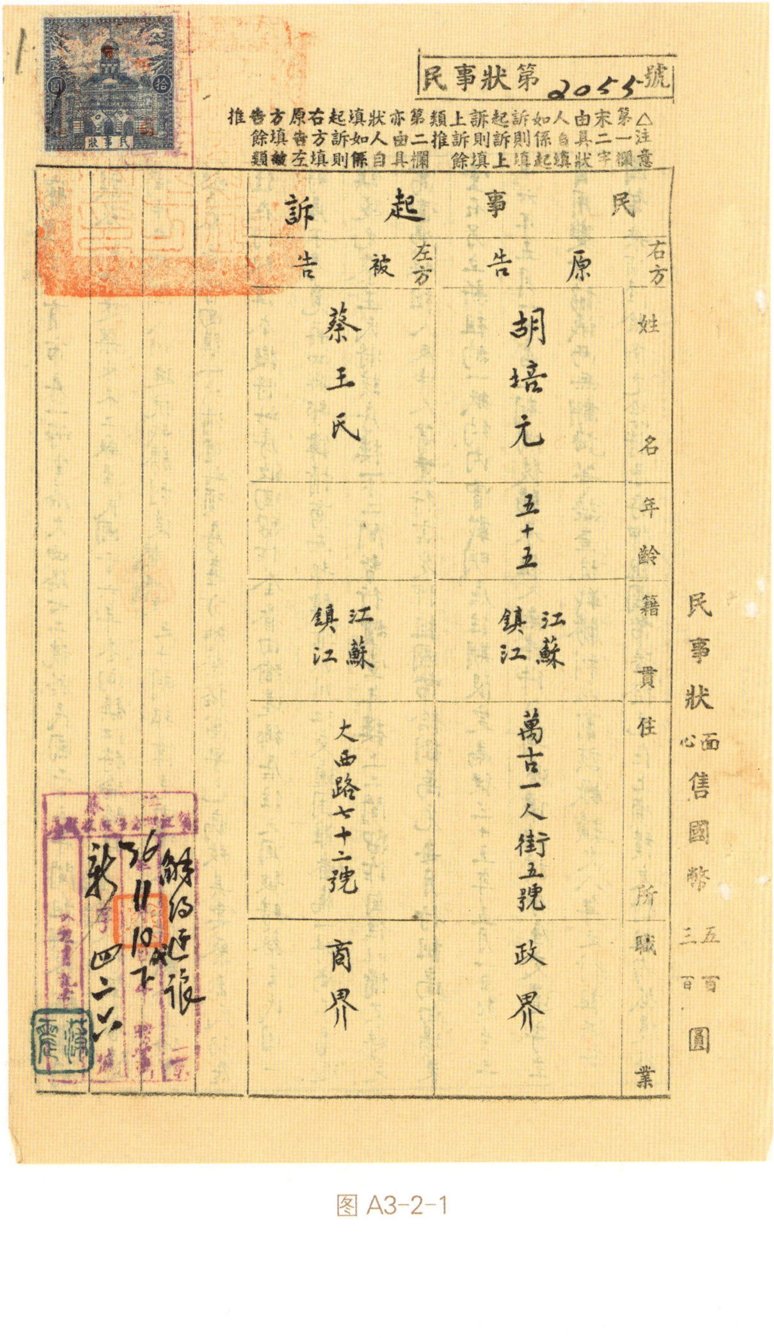
民事狀第2055號

△注意 第一欄末二字由具狀人自填如係起訴則填起訴上訴則填上訴餘類推 第二欄亦由具狀人自填如係起訴則右方填原告左方填被告餘類推

民事起訴

	右方 原告	左方 被告
姓名	胡培元	蔡王氏
年齡	五十五	
籍貫	江蘇鎮江	江蘇鎮江
住所	萬古一人街五號	大西路七十二號
職業	政界	商界

民事狀 每面售國幣五百圓

图 A3-2-1

竊聲請人有市房一所坐落大西路七二號於民國二十三年間租與蔡裕富開
設蔡裕興建築水木工廠至民國二十六年冬間鎮江將淪陷時聲請人即挈眷隨
同中央機關入川迨抗戰勝利後聲請人之子胡邦偉先由渝來滬供職於上海市
警察局曾回鎮一次清理此項房產方知蔡裕富早已病故其妻蔡王氏仍居
住在內邦偉本擬將此房收回留作全眷由渝遷鄉居住之用彼時蔡王氏因一
時屋不易覓再四與邦偉情商而邦偉亦以川江交通困難眷屬一時尚不易返
鎮遂允蔡王氏將該房樓下二間暫行續租壹年樓上二間留作自住以備不時之
需當憑保租人及中人等當面言定押租國幣拾捌萬元每月行租高白湯米
壹石另立新租約一紙約內曾載明「居住期限定為從三十五年五月一日起至三
十六年五月一日為止期滿後歸承租人無條件自願遷讓將該房屋交還房主
自用雙方協議兩無翻悔」等語查抗戰勝利以前該廠積欠八年之行租共計
國幣柒佰陸拾捌元除將原存押租國幣陸拾元在上項積欠行租內抵還外

图 A3-2-2

尚欠行租國幣柒佰零捌元已予情讓免繳作為八年中修理房屋費用前帳均
已結清舊租摺當時註銷舊租約因有裝修關係現仍保存詎知換立租約之
後蔡王氏並未將樓上房屋二間讓空及將樓上房屋轉租與一廚役吳姓居住
未幾聲請人之二弟婦胡李氏及三弟胡奎元第一批由渝回鎮因無房可住迭
次邀同中人向蔡王氏理論僅讓出兩榻之地由伊等二人暫為棲身去冬聲請人
挈眷第二批由渝回鎮見該房如此情形毫無容身餘地不得已又挈眷至滬借
警察公寓居住一面再回鎮邀同中人等向蔡王氏嚴重交涉而蔡王氏以吳廚
役不肯遷出等語推延後經中人調停除房東自住樓上一小部份外其餘一大部
份仍由蔡王氏承租加立租約一紙存執彼時聲請人因樓下房屋租期不久將滿
俟滿期後樓上下房屋均可全部收回自用故忍氣吞聲勉從中人之調解今年
五月一日樓上下房屋均已滿期聲請人於四月一日曾逕函該廠並函託中人余丈
卿通知蔡王氏早為準備屆期即照約履行孰知屆期後依然一味蠻橫置之不理迄今

图 A3-2-3

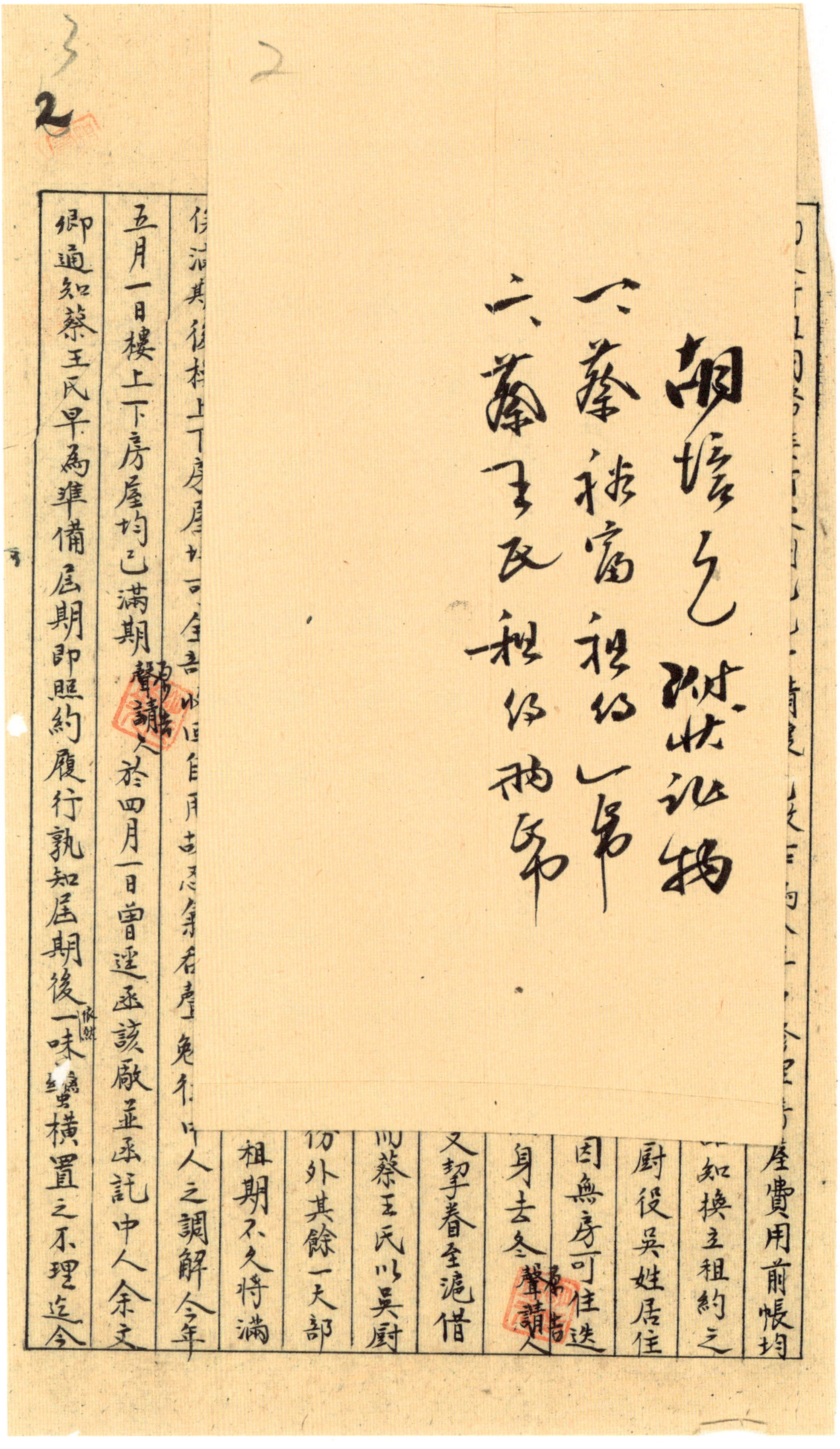
胡壇之
附状证物
一、蔡彬富租约一纸
二、蔡王氏租约两纸
屋費用前帳均
知換立租約之
廚役吳姓居住
因無房可住迭
身去冬聲請人
文契春至滬借
而蔡王氏以吳廚
例外其餘一天部
租期不久將滿
保滿期後樓上下房屋均可全部收回自用故忍氣吞聲勉從中人之調解今年
五月一日樓上下房屋均已滿期聲請人於四月一日曾迭函該廠並函託中人余文
卿適知蔡王氏早為準備屆期即照約履行孰知屆期後一味蠻橫置之不理迄今

图 A3-2-4

已逾限期有六個月之久其無意讓房顯然可見惟此房聲請人亟待收回
自住何能聽其久佔用特具狀請求
鈞院囑令蔡王氏終止租賃契約並將該房樓上下全部即日讓空以儆刁
風而保民產不勝感禱之至謹呈
鎮江地方法院民庭

原告 具聲請書人 胡培元 住萬古一人街五號

被告 他造人 蔡王氏 住大西路七十二號

图 A3-2-5

證人	證物
	民國二十三年原租約壹紙 民國三十五年原租約弍紙

公鑒

中華民國三十六年十一月拾日

具狀人胡培元

發行處

自繕

图 A3-2-6

3. 胡培元声请书（1947年）（档案号：A020-1947-002-1222-0001）

本组图为胡培元致镇江地方法院的声请书，除了原被告的称呼，内容与起诉状相同。在该声请书中，原告胡培元自称声请人，称被告蔡王氏为他造人。胡培元的起诉状和声请书，在一定程度上留有传统诉讼文书的色彩，如“特具状请求钧院，嘱令蔡王氏终止租赁契约，并将该房楼上下全部即日让空，以儆刁风而保民产，不胜感祷之至”等语。

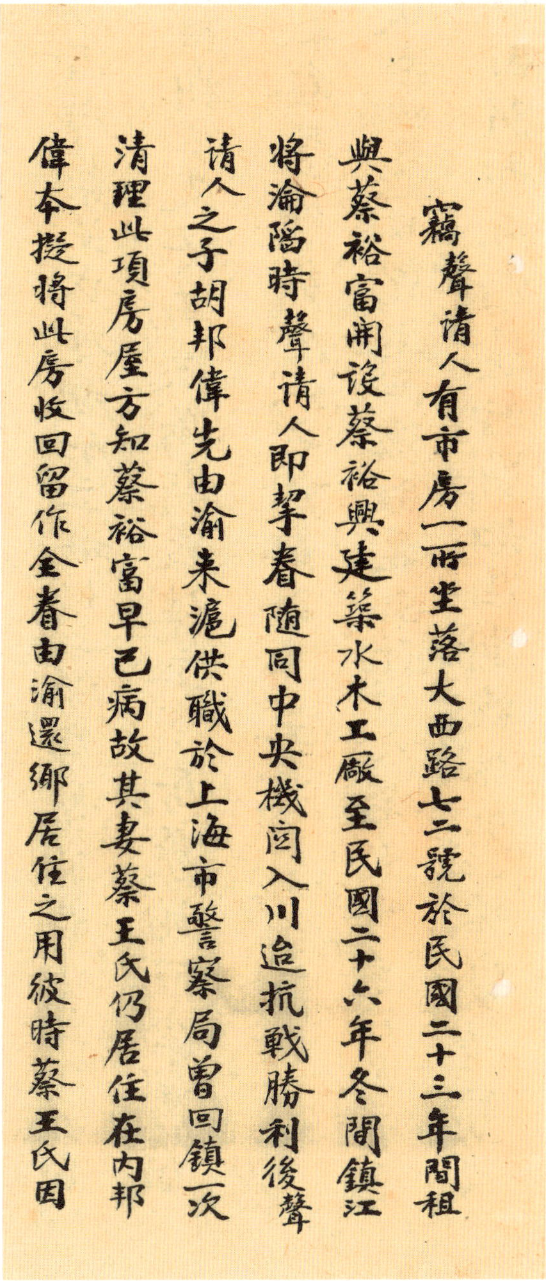
竊聲請人有市房一所坐落大西路七二號於民國二十三年間租
與蔡裕富開設蔡裕興建築水木工廠至民國二十六年冬間鎮江
將淪陷時聲請人即挈眷隨同中央機関入川迨抗戰勝利後聲
請人之子胡邦偉先由渝來滬供職於上海市警察局曾回鎮一次
清理此項房屋方知蔡裕富早已病故其妻蔡王氏仍居住在內邦
偉本擬將此房收回留作全眷由渝還鄉居住之用彼時蔡王氏因

图 A3-3-1

暫為棲身去冬　聲請人挈眷第二批由渝回鎮見該房如此情形
毫無容身餘地不得已又挈眷至滬借警察公寓居住一面再回
鎮江邀同中人等向蔡王氏嚴重交涉而蔡王氏以吳廚役不肯
遷出等語推延後經中人調停除房東自住樓上一小部份外其
餘一大部份仍由蔡王氏承租加立租約一紙存執彼時　聲請人因
樓下房屋租期不久將滿俟滿期後樓上下房屋均可全部收回
自用故忍氣吞聲勉從中人之調解今年五月一日樓上下房屋均已
滿期　聲請人於四月一日曾逕函該廠並函託中人余文卿通知蔡王氏
早為準備屆期即照約履行孰知屆期後依然一味蠻橫置之
不理迄今已逾限期有六個月之久其無意讓房顯然可見惟此
房　聲請人亟待收回自住何能聽其久佔用特具狀請求

一時屋不易覓再四與邦偉情商而邦偉亦以川江交通困難眷屬一時尚不易返鎮遂允蔡王氏將該房樓下二間暫行續租壹年樓上二间留作自住以備不時之需當憑保租人及中人等重行言定押租國幣拾捌萬元每月行租高白湯米壹石另立新租約一紙約内曾載明「居住期限定為從三十五年五月一日起至三十六年五月一日為止期滿後歸承租人無條件自願遷讓將該房屋交還房主自用双方協議兩無翻悔」等語查抗戰勝利以前該廠積欠八年之行租共計國幣柒百陸拾捌元除將原存押租國幣陸拾元在上項積欠行租内抵還外尚欠行租國幣柒百零捌元已予情讓免繳作為八年中修理房屋費用前帳均已結清舊租摺當時註銷舊租約因有裝修關係現仍保存詎知換立租約之後蔡王氏並未將樓上房屋二間讓空反將樓上房屋轉租與一廚役吴姓居住未幾

图 A3-3-2

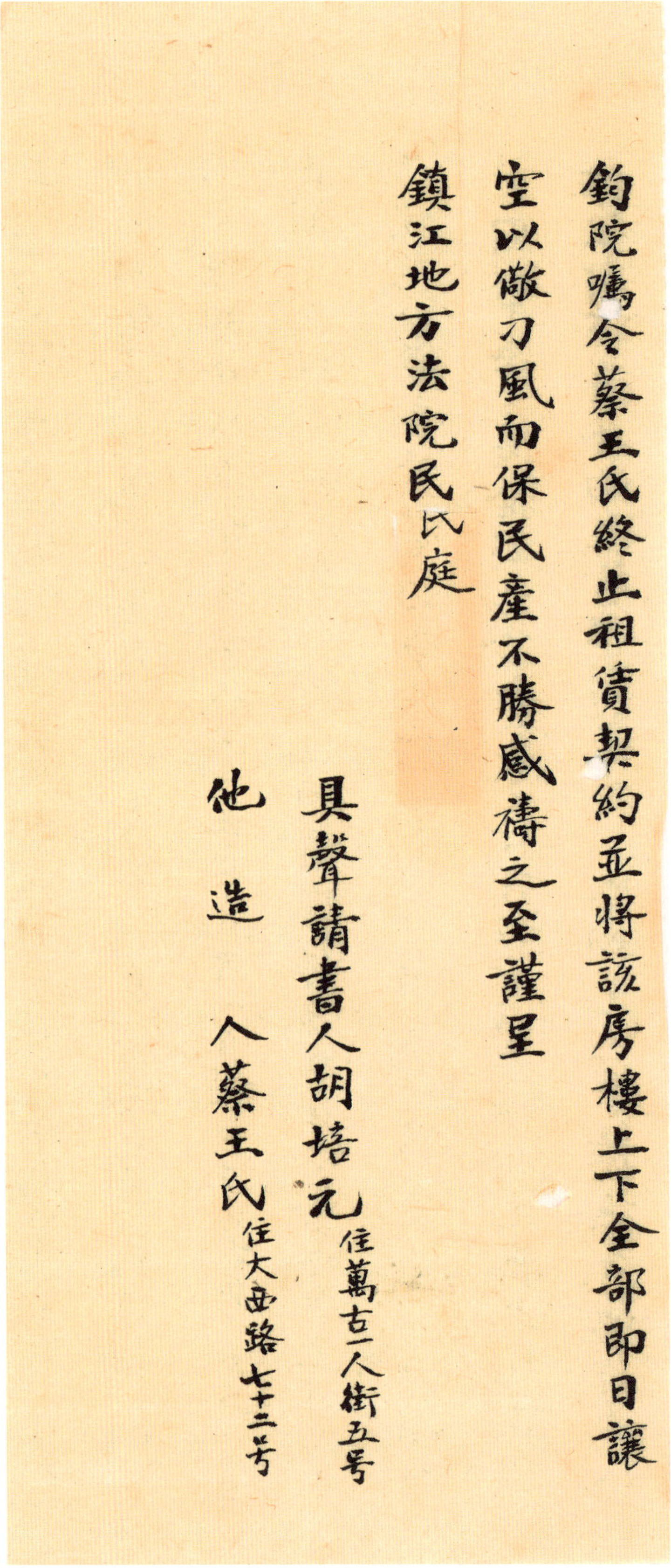

鈞院囑令蔡王氏終止租賃契約並將該房樓上下全部即日讓

空以儆刁風而保民產不勝感禱之至謹呈

鎮江地方法院民民庭

具聲請書人胡培元 住萬古一人街五号

他造人蔡王氏 住大西路七十二号

图 A3-3-3

4. 江苏镇江地方法院代用司法印纸联单（1947年）（档案号：A020-1947-002-1222-0001）

该单显示，胡培元诉蔡王氏解约迁让一案，标的为1 000万元，镇江地方法院收取原告胡培元裁判费13万元。

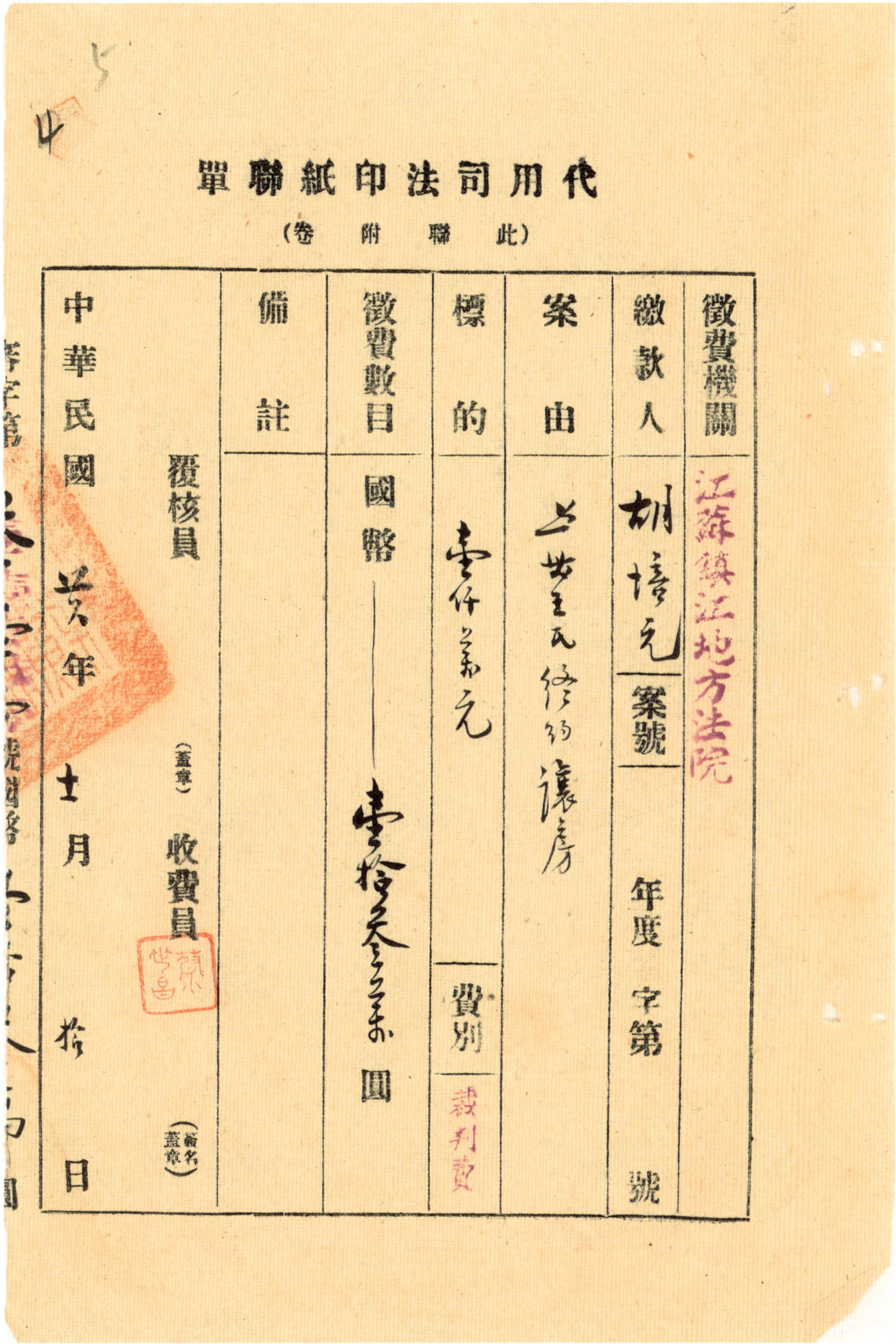
代用司法印紙聯單

（此聯附卷）

徵費機關	繳款人	案由	標的	徵費數目	備註
江蘇鎮江地方法院	胡培元	与蔡王氏解约讓房	壹仟萬元	國幣 壹拾叁萬元 圓	
	案號 年度 字第 號		費別 裁判費		

覆核員

收費員（蓋章）（簽名蓋章）

中華民國 卅六年 十 月 拾 日

图 A3-4

5. 江苏镇江地方法院民事送达证书（1947年）（档案号：A020-1947-002-1222-0001）

镇江地方法院受理该案后，定于1947年12月2日开庭审理，随即向原告胡培元、证人余文卿（原告代收）、被告蔡王氏送达传票。本组图即为送达证书，载明了送达内容、受送达人、送达人、送达日期等信息。

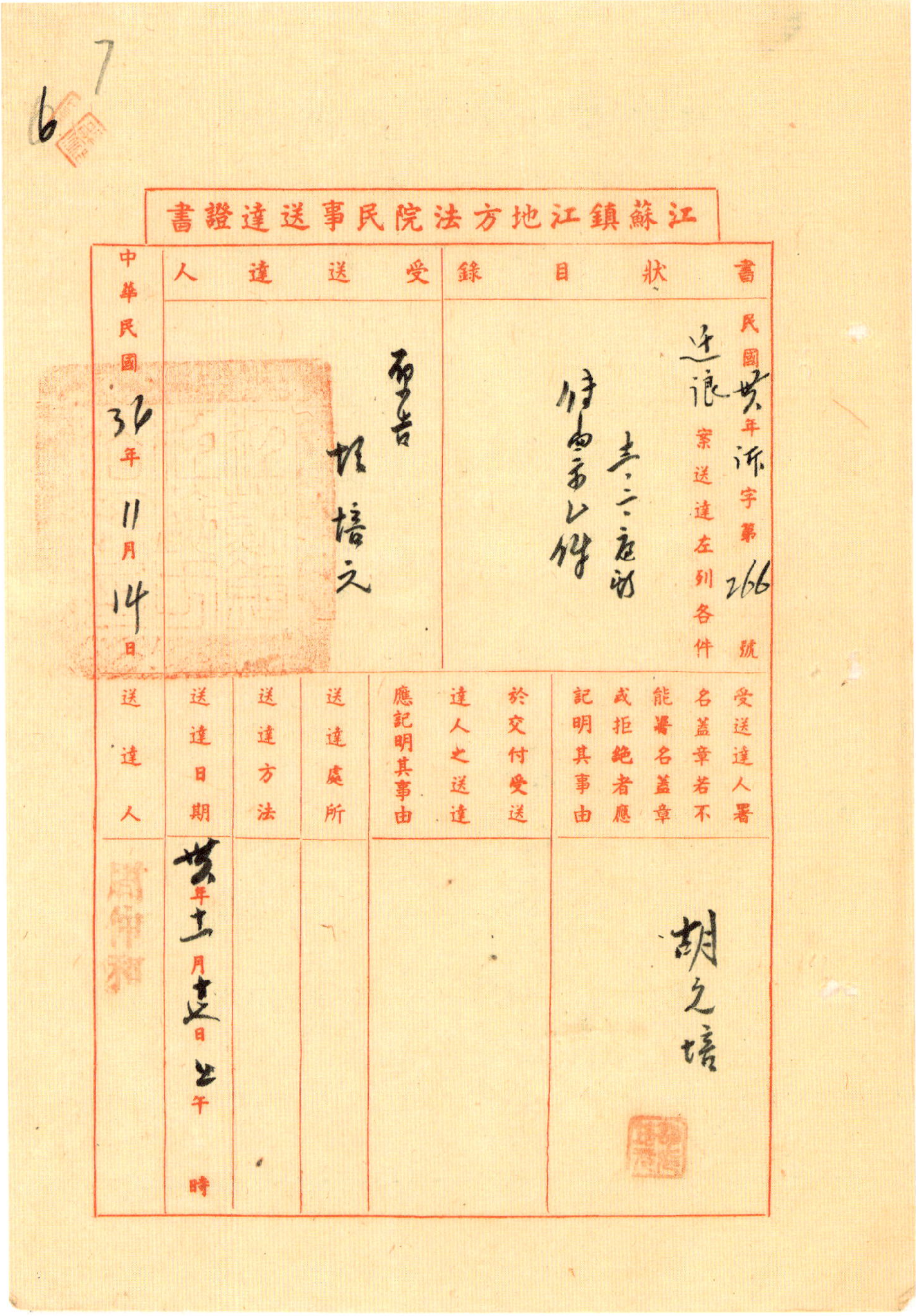
江蘇鎮江地方法院民事送達證書
書狀目錄　受送達人
民國卅六年訴字第266號案送達左列各件
中華民國36年11月14日
受送達人署名蓋章若不能署名蓋章或拒絕者應記明其事由
於交付受送達人之送達應記明其事由
送達處所　送達方法　送達日期　送達人

图 A3-5-1

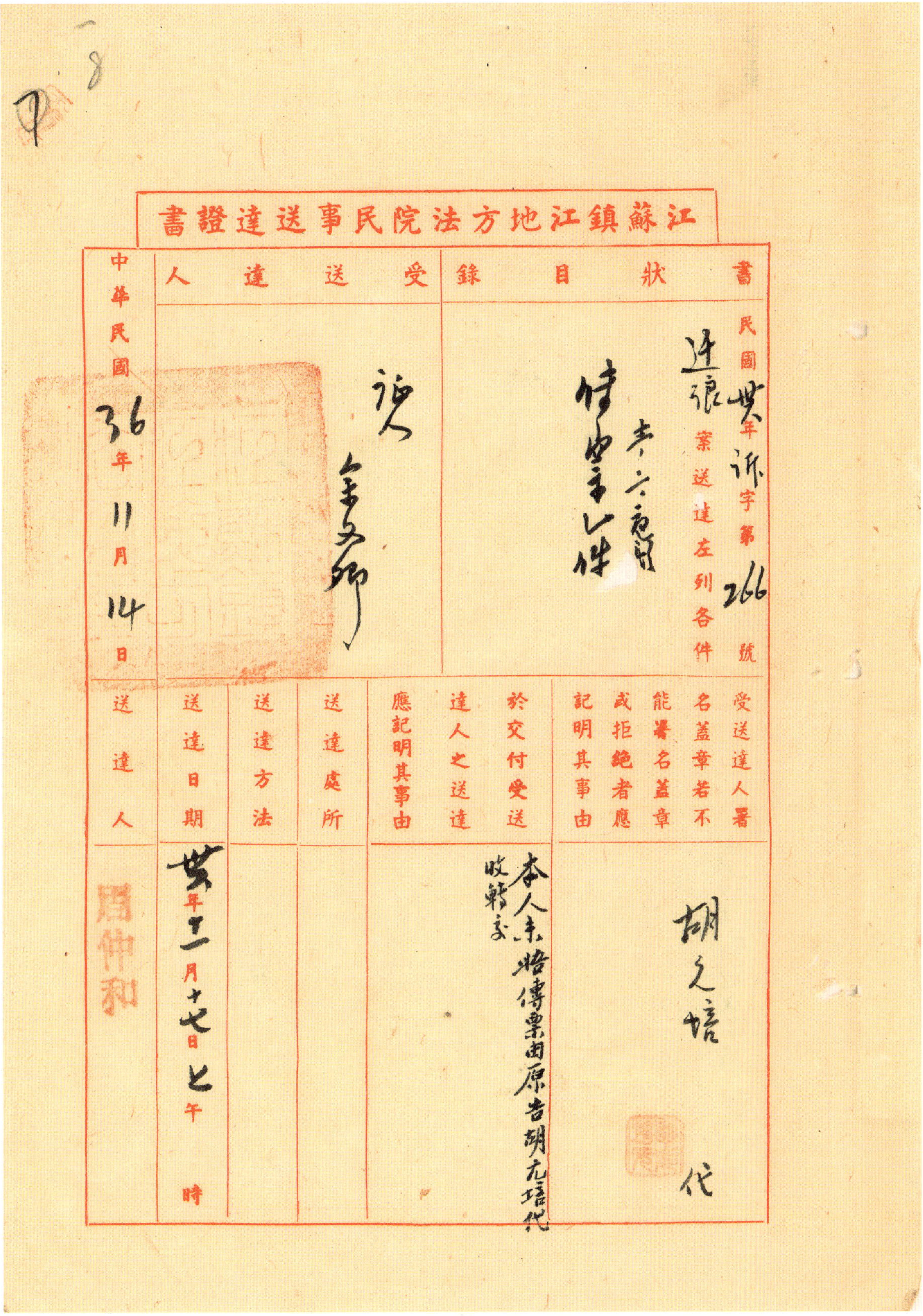
甲　8

江蘇鎮江地方法院民事送達證書

書狀目錄	受送達人	中華民國36年11月14日
民國卅六年訴字第266號遷讓案送達左列各件 傳票一件 十二、六、庭期	証人 金文卿	

受送達人署名蓋章若不能署名蓋章或拒絕者應記明其事由	於交付受送達人之送達應記明其事由	送達處所	送達方法	送達日期	送達人
胡元培 代	本人未晤傳票由原告胡元培代收轉交			卅六年十一月十七日上午　時	周仲和

图 A3-5-2

8 9

江蘇鎮江地方法院民事送達證書

書狀目錄	受送達人	中華民國36年11月14日
民國卅六年訴字第166號 迁讓案送達左列各件 十二、六庭期 傳票 各乙件 副本	被告 蔡王氏	

受送達人署名蓋章若不能署名蓋章或拒絕者應記明其事由	於交付受送達人之送達應記明其事由	送達處所	送達方法	送達日期	送達人
蔡王氏 十				卅六年十一月十七日上午 時	

图 A3-5-3

6. 蔡王氏民事辩诉状（1947年）（档案号：A020-1947-002-1222-0001）

被告蔡王氏在辩诉状中陈述了其亡夫蔡裕富与原告订立租赁及翻造楼房契约的事实，以及“原告之婿余文卿，奸狡异常，竟演出光怪陆离、不近人情种种事件”。蔡王氏提出：“氏对此屋之损失，实有过无不及，而氏又并不以此自居，逐月交付房钱。伊在事前，又逐月照收，又不提解约让房之事，竟冒然起诉，此诚令人不解。想氏夫蔡裕富亡故多年，家中二子三女全凭雇店伙以维生活，勉强糊口，该原告与伊婿余文卿狼狈为奸，用种种狡黠手段欺压无知无识之孀妇，倘使遂其阴谋，则氏营业闭歇，生计无着，将来六口之家乞食街头，尸填沟壑，诚不知死所矣。”

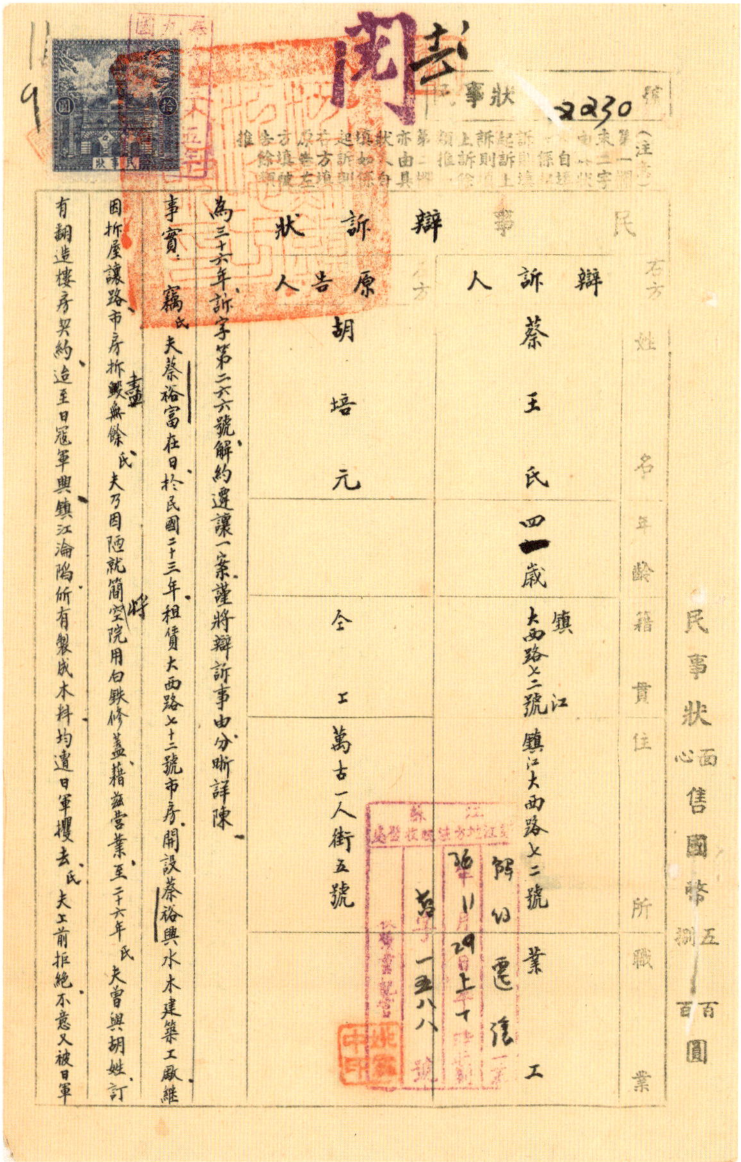
民事辯訴狀

右方	姓名	年齡	籍貫	住所	職業
辯訴人	蔡王氏	四一歲	鎮江	鎮江大西路七二號	工
原告人	胡培元		仝	萬古一人街五號	工

為三十六年訴字第二六六號解約遷讓一案謹將辯訴事由分晰詳陳

事實：竊氏夫蔡裕富在日於民國二十三年租賃大西路七十二號市房開設蔡裕興水木建築工廠繼因拆屋讓路市房拆賸無餘氏夫乃因陋就簡空院用白鐵修蓋藉資營業至二十六年氏夫曾與胡姓訂有翻造樓房契約迨至日寇軍興鎮江淪陷所有製成木料均遭日軍攫去氏夫生前拒絕不意又被日軍

图 A3-6-1

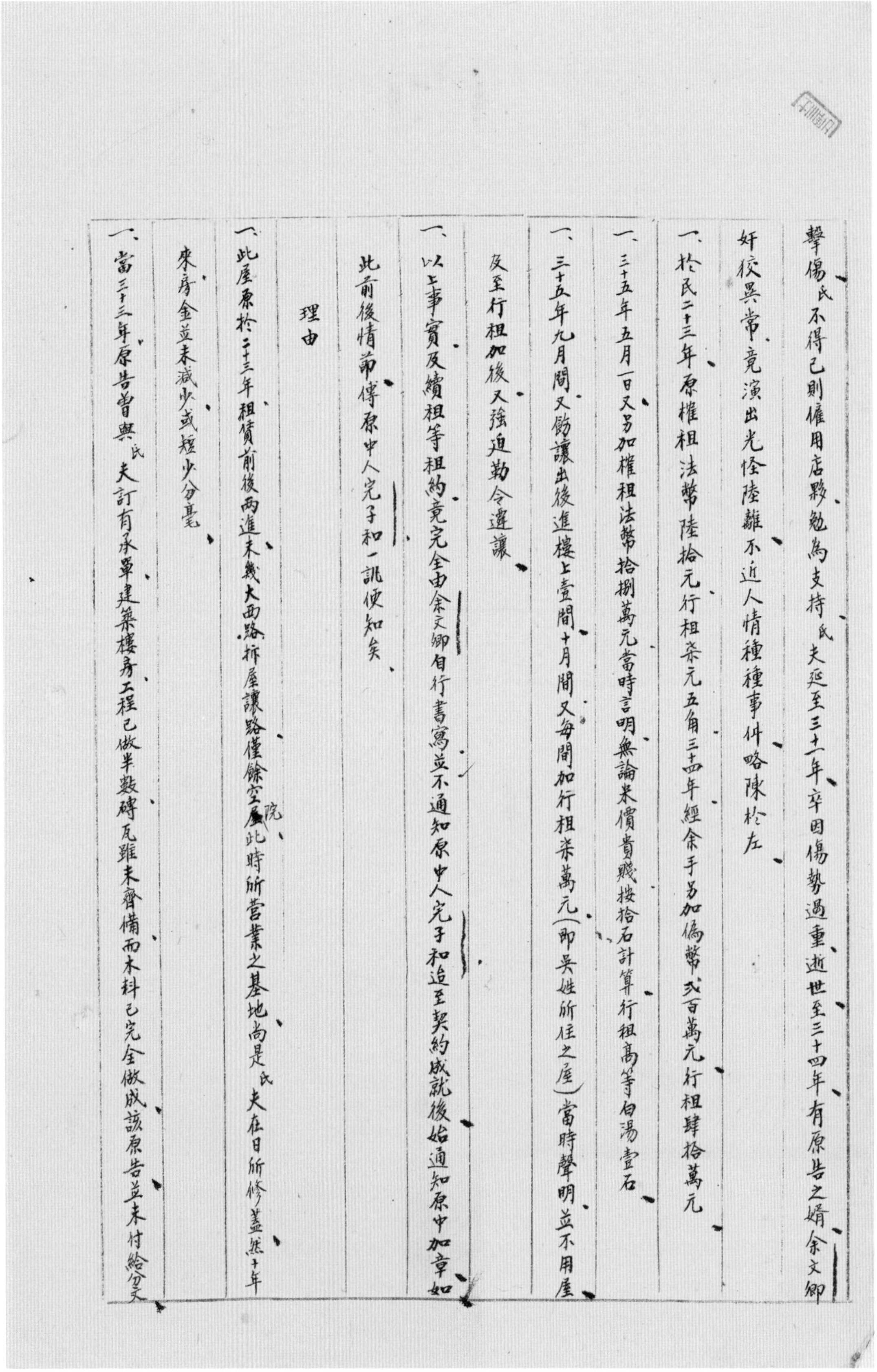

擊傷氏不得已則僱用店夥勉為支持氏夫延至三十一年卒因傷勢過重逝世至三十四年有原告之婿余文卿

奸狡異常竟演出光怪陸離不近人情種種事件略陳於左

一、於民二十三年原權租法幣陸拾元行租柒元五角三十四年經余手另加偽幣弍百萬元行租肆拾萬元

一、三十五年五月一日又另加權租法幣拾捌萬元當時言明無論米價貴賤按拾石計算行租高等白湯壹石

一、三十五年九月間又飭讓出後進樓上壹間十月間又每間加行租柒萬元（即吳姓所住之屋）當時聲明並不用屋

及至行租加後又強迫勒令遷讓

一、以上事實及續租等租約竟完全由余文卿自行書寫並不通知原中人宄子和迨至契約成就後始通知原中加章如

此前後情節傳原中人宄子和一訊便知矣

理由

一、此屋原於二十三年租賃前後兩進未幾大西路拆屋讓路僅餘空院此時所營業之基地尚是氏夫在日所修蓋然十年

來房金並未減少或短少分毫

一、當三十三年原告曾與氏夫訂有承單建築樓房工程已做半數磚瓦雖未齊備而木料已完全做成該原告並未付給分文

图 A3-6-2

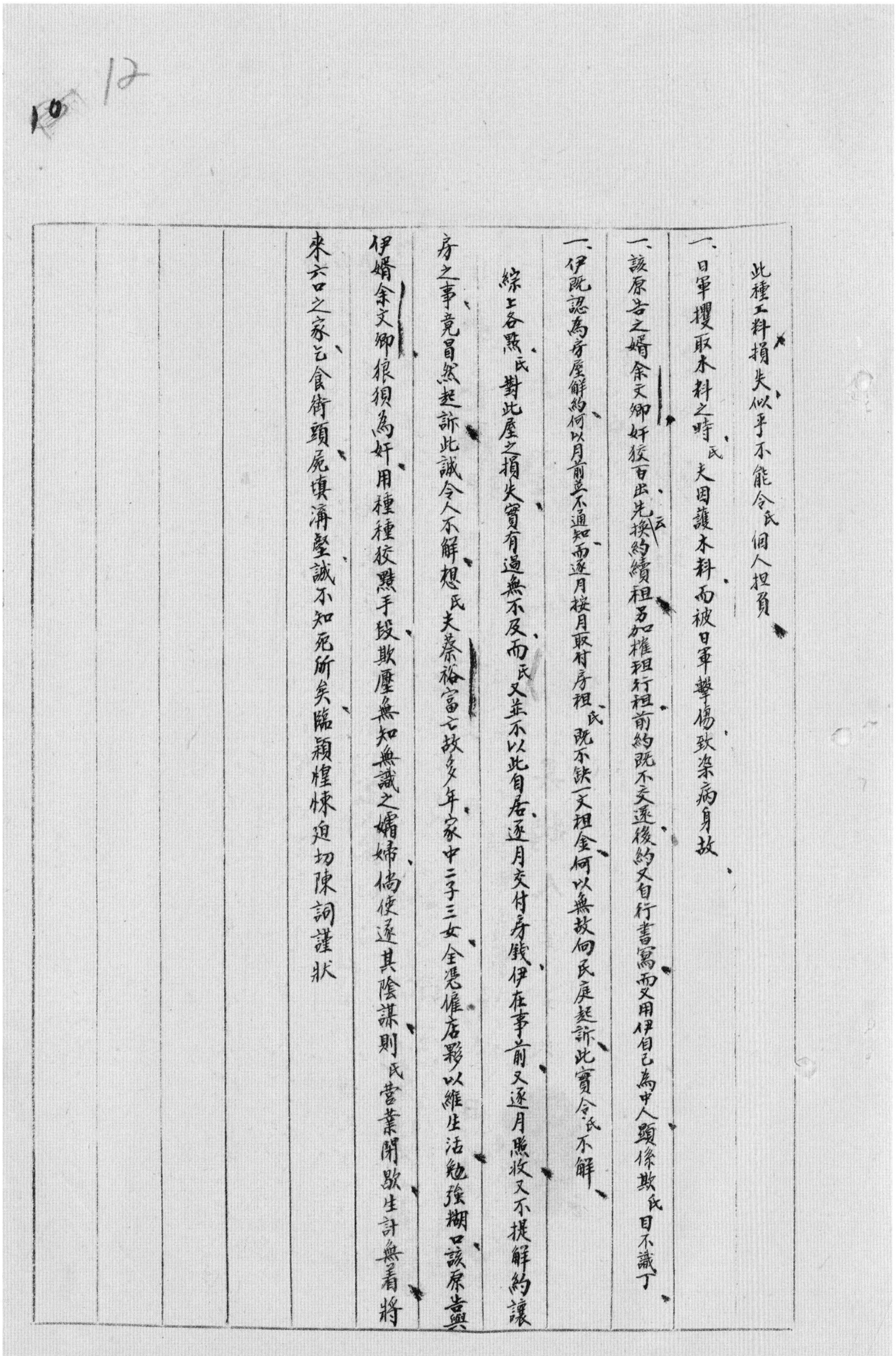
10 12

此種工料損失似乎不能令氏個人担負

一、日軍攫取木料之時氏夫因護木料而被日軍擊傷致染病身故

一、該原告之婿余文卿奸狡百出先換約續租另加權租行租前約既不交還後約又自行書寫而又用伊自己為中人顯係欺氏目不識丁

一、伊既認為房屋解約何以月前並不通知而逐月按月取付房租氏既不欠一文租金何以無故向氏庭起訴此實令氏不解

綜上各點氏對此屋之損失實有過無不及而氏又並不以此自居逐月交付房錢伊在事前又逐月照收又不提解約讓房之事竟冒然起訴此誠令人不解想氏夫蔡裕富亡故多年家中二子三女全憑雇店彩以維生活勉強糊口該原告與伊婿余文卿狼狽為奸用種種狡黠手段欺壓無知無識之孀婦倘使遂其陰謀則氏營業閑歇生計無着將來六口之家乞食街頭屍填溝壑誠不知死所矣臨穎惶悚迫切陳詞謹狀

图 A3-6-3

7. 蔡王氏民事委任状（1947年）（档案号：A020-1947-002-1222-0001）

该委任状显示，蔡王氏委托其亲属林星南担任本案的代理人，代理权限为“有随时和解之权”。林星南，46岁，镇江人，住月朗巷4号，商人。

依据南京国民政府时期的民事诉讼法，诉讼代理人分为法定代理人和委任代理人。其中，委任代理人指受当事人或其法定代理人的委托担任诉讼代理者。委托代理人不限于律师，只要具有诉讼能力之人均可担任。在本案中，蔡王氏委托林星南担任诉讼代理人，即属委托代理。

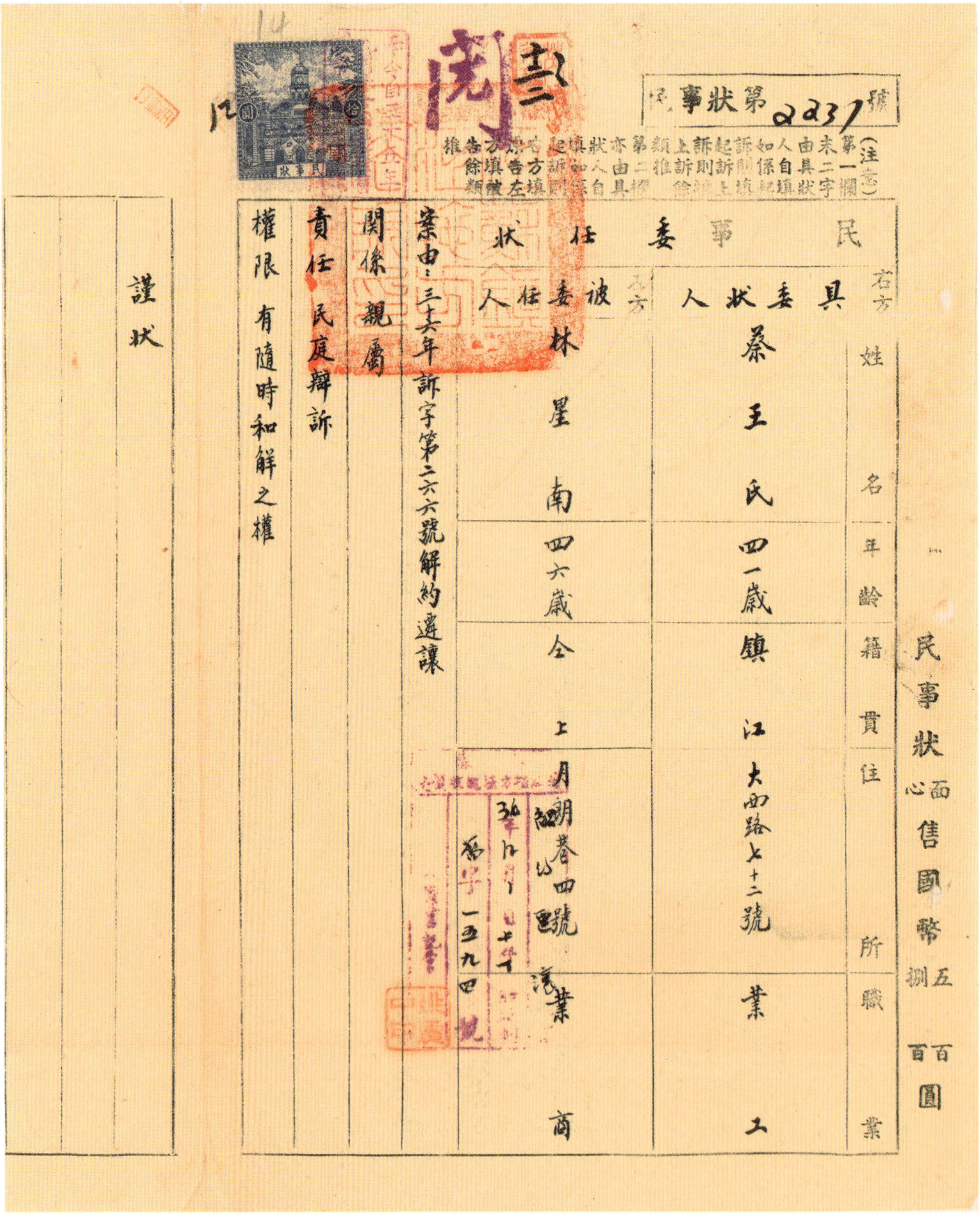
民事狀第2231號

民事委任狀

右方	姓名	年齡	籍貫	住所	職業
具委狀人	蔡王氏	四一歲	鎮江	大西路七十二號	工
被委任人	林星南	四六歲	仝上	月朗巷四號	商

案由：三十六年訴字第二六六號解約遷讓

關係　親屬

責任　民庭辯訴

權限　有隨時和解之權

謹狀

图 A3-7-1

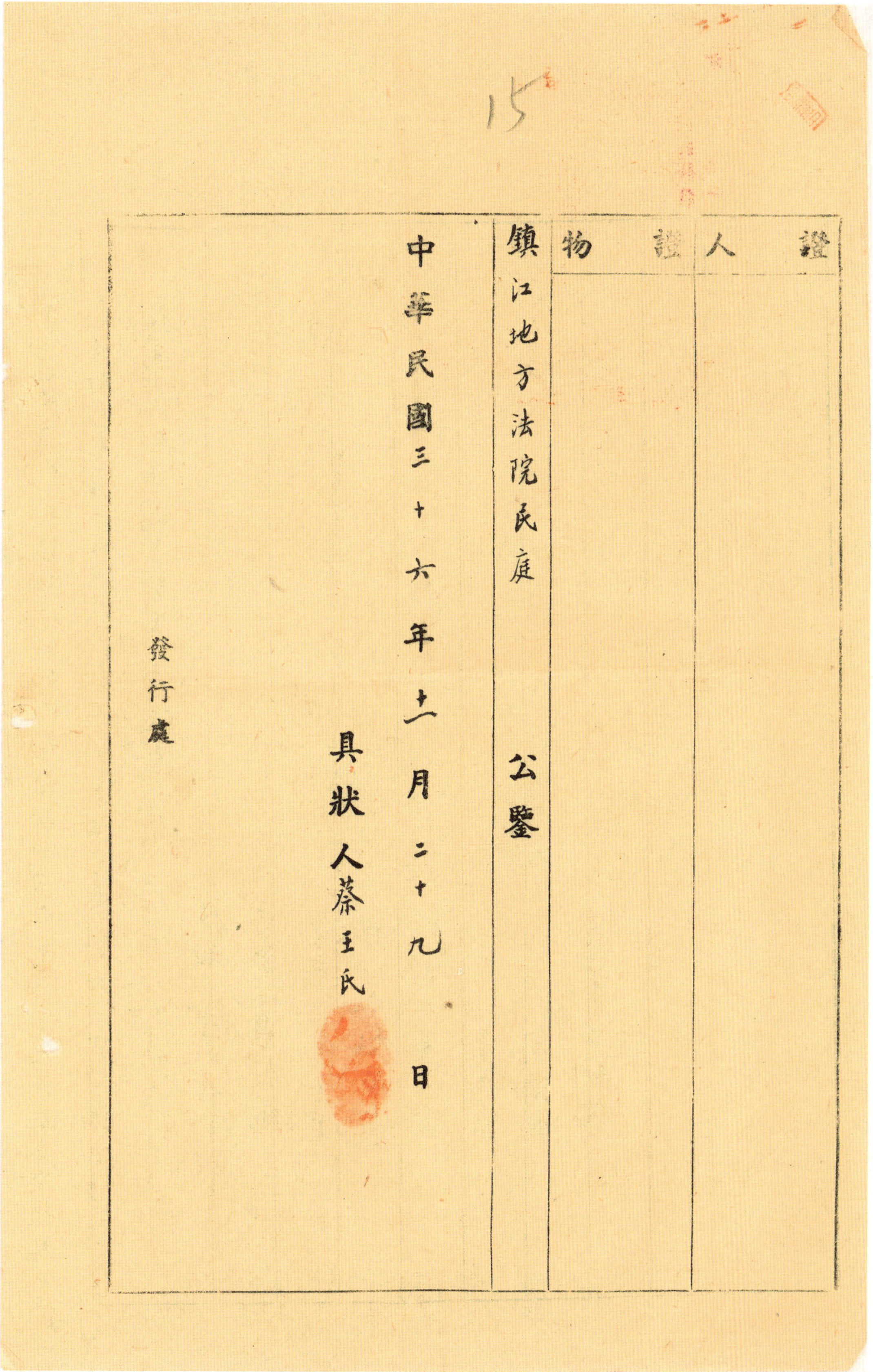
15

證人	證物

鎮江地方法院民庭 公鑒

中華民國三十六年十一月二十九日

具狀人蔡王氏

發行處

图 A3-7-2

8. 蔡裕富租约（1934年）（档案号：A020-1947-002-1222-0001）

下图为被告蔡王氏之亡夫蔡裕富在1934年与原告订立的租约，详细记载了租赁物、

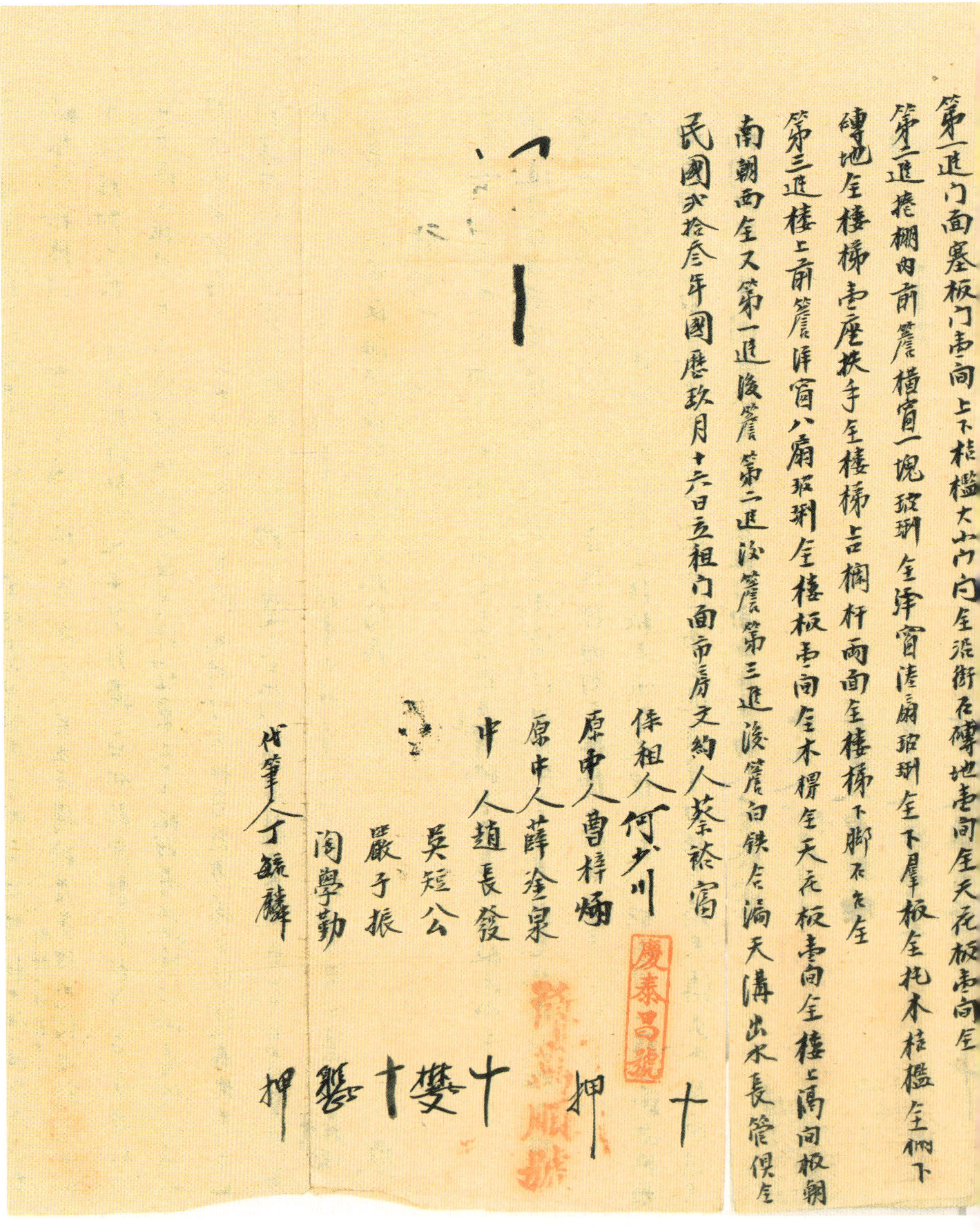

第一進门面塞板门壹向上下桂檻大山门全沿街石磚地壹间全天花板壹间全
第二進捲棚内前簷檻窗一塊玻璃全洋窗壹扇玻璃全下羣板全托木桂檻全付下
磚地全樓梯壹座扶手全樓梯上欄杆兩面全樓梯下腳不全
第三進樓上前簷洋窗八扇玻璃全樓板壹间全木槅全天花板壹间全樓上隔间板朝
南朝西全又第一進後簷第二進後簷第三進後簷白鉄合漏天溝出水長管俱全
民國貳拾叁年國歷玖月十六日立租门面市房之約人蔡裕富 十
保租人何少川 押
原中人曹梓嫡 押
原中人薛淦泉 十
中人趙長發 十
吳短公 十
嚴子振
閻學勤 押
代筆人丁毓麟 押

慶泰昌號

租金、租赁双方的权利与义务、违约责任、装修工程以及承租人、保租人、中人、代笔人等信息。

该租约作为证据由被告蔡王氏提交于镇江地方法院，装订在该案卷宗中。

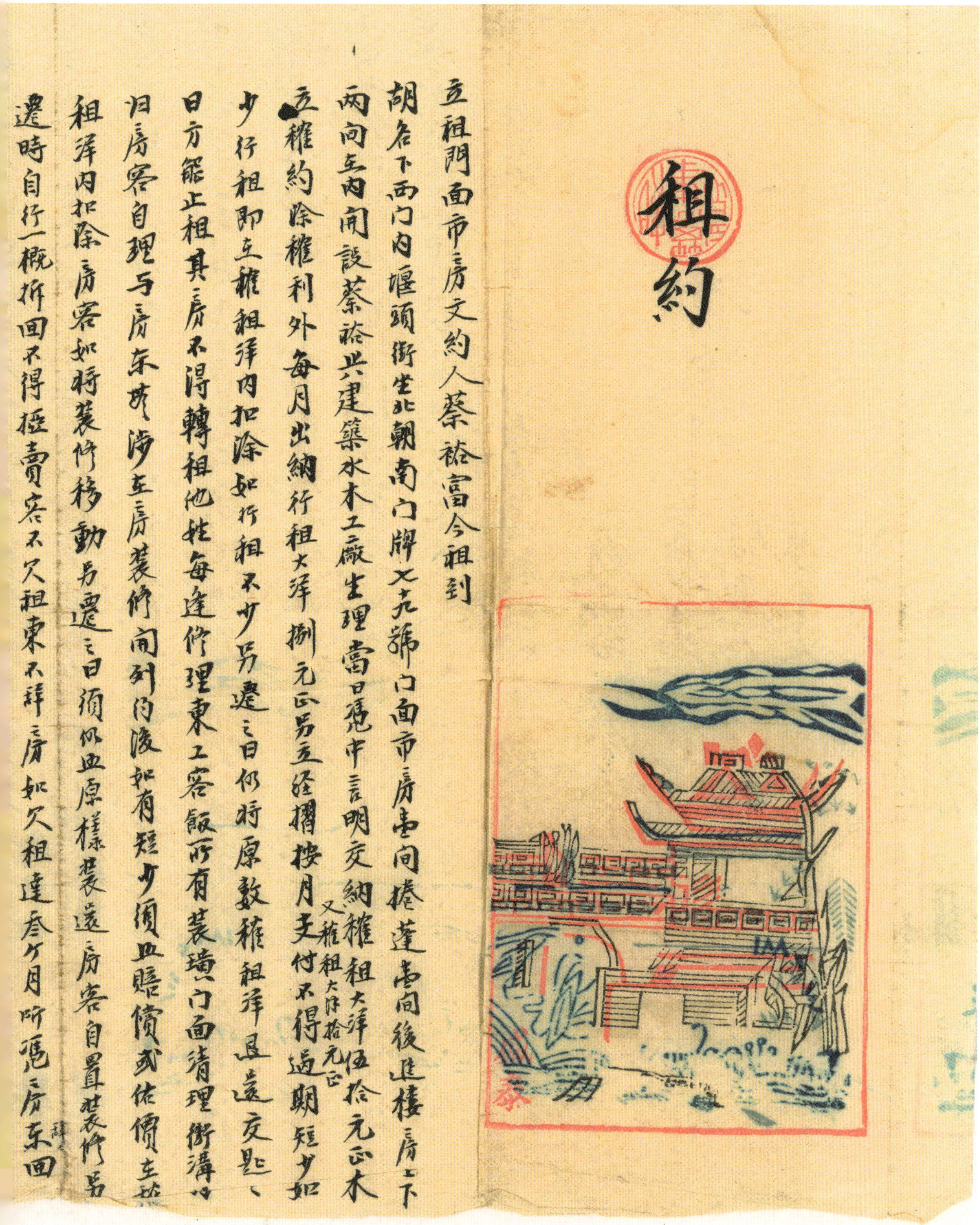
租約

立租門面市房文約人蔡裕富今租到
胡名下西门内堰頭街坐北朝南门牌七十號门面市房壹间捲蓬壹间後進樓房上下
两间並门面設蔡裕興建築水木工廠生理當日憑中言明交納稚租大洋伍拾元正木
立稚約除稚利外每月出納行租大洋捌元正另立摺按月支付不得逾期短少如
又稚租大洋拾元正
少行租即立稚租洋内扣除如行租不少另還之日仍將原數稚租洋退還交匙、
日方能止租其房不得轉租他姓每逢修理東工客飯所有装璜门面清理街溝均
归房客自理与房东无涉立房装修间列内後如有短少須照賠償或估價立給
租洋内扣除房客如将装修移動另還之日須仍照原樣装还房客自置装修另
還時自行一概拆回不得拯賣容不欠租東不辞房如欠租達叁个月听憑房东回

图 A3-8

9. 蔡王氏租约（1946年）（档案号：A020-1947-002-1222-0001）

以下两份租约分别签订于1946年5月和11月。第一份租约显示，蔡王氏租到“胡府名下大西路坐北朝南门牌七二号门面市房楼下二间，开设蔡裕兴建筑水木工厂生意，

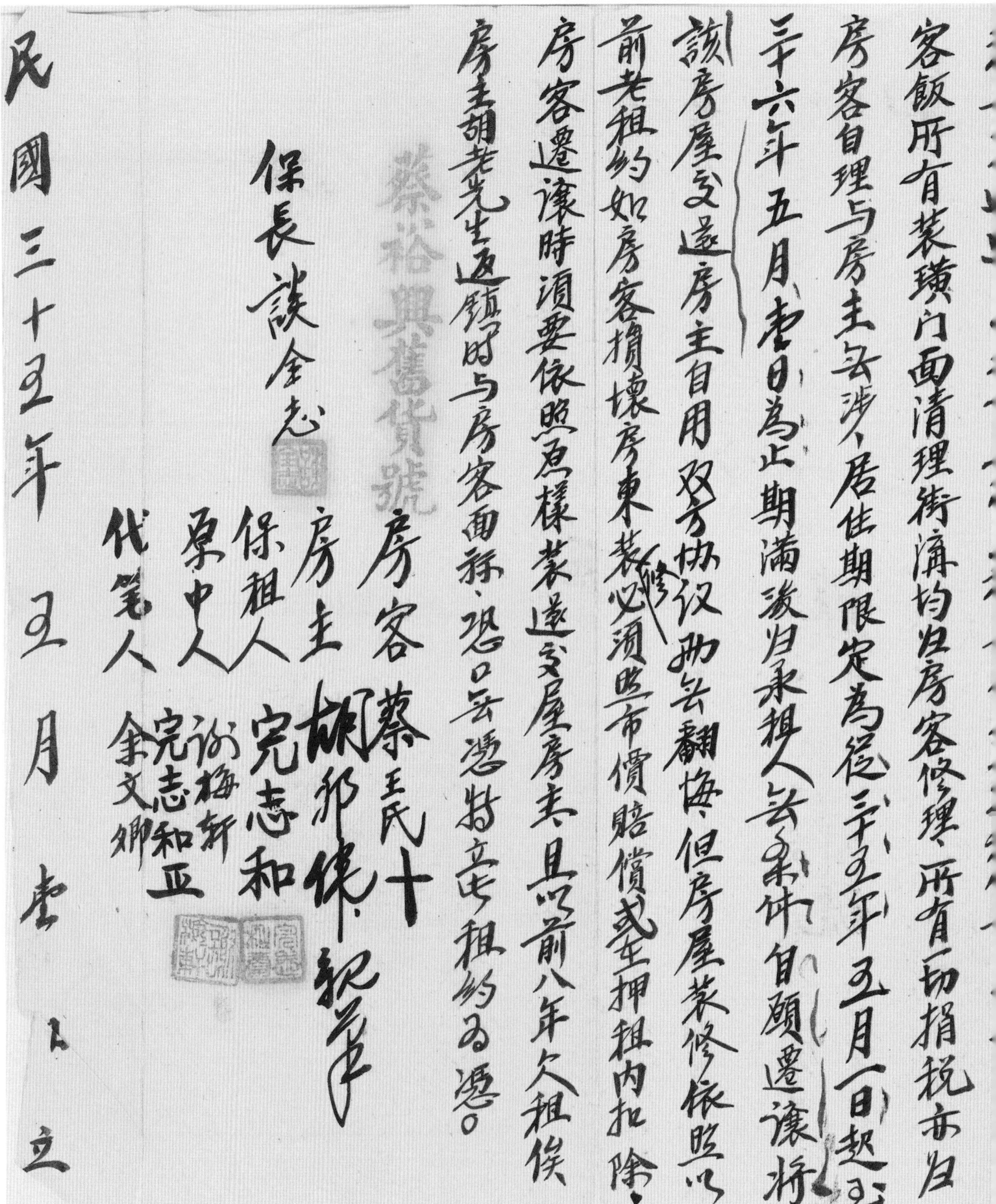
客飯所有装璜门面清理街滴均归房客修理，所有一切捐税亦归
房客自理，与房主無涉。居住期限定為從三十五年五月一日起至
三十六年五月壹日為止，期滿後归承租人無条件自願遷讓，將
該房屋交還房主自用。双方協议，两無翻悔。但房屋装修依照以
前老租约，如房客損壞房東装修，必須照市價賠償，或在押租内扣除。
房客遷讓時須要依照原樣装還，交屋房東，且以前八年欠租候
房主胡老先生返鎮時與房客面訴。恐口無憑，特立此租約為憑。

蔡裕興舊貨號

保長談金志

房客 蔡王氏 十
房主 胡邦傑 紀芝代
保租人 完志和
原中人 謝梅軒 完志和 亚
代筆人 余文卿

民國三十五年五月壹日 立

全楼归房东居住，不与房客相涉”。第二份租约显示，蔡王氏续租到“胡名下坐落大西路门牌七二号门面市房，楼上除房东自住房间外，全部租与蔡姓居住”。

该两份租约作为证据由被告蔡王氏提交于镇江地方法院，装订在该案卷宗中。

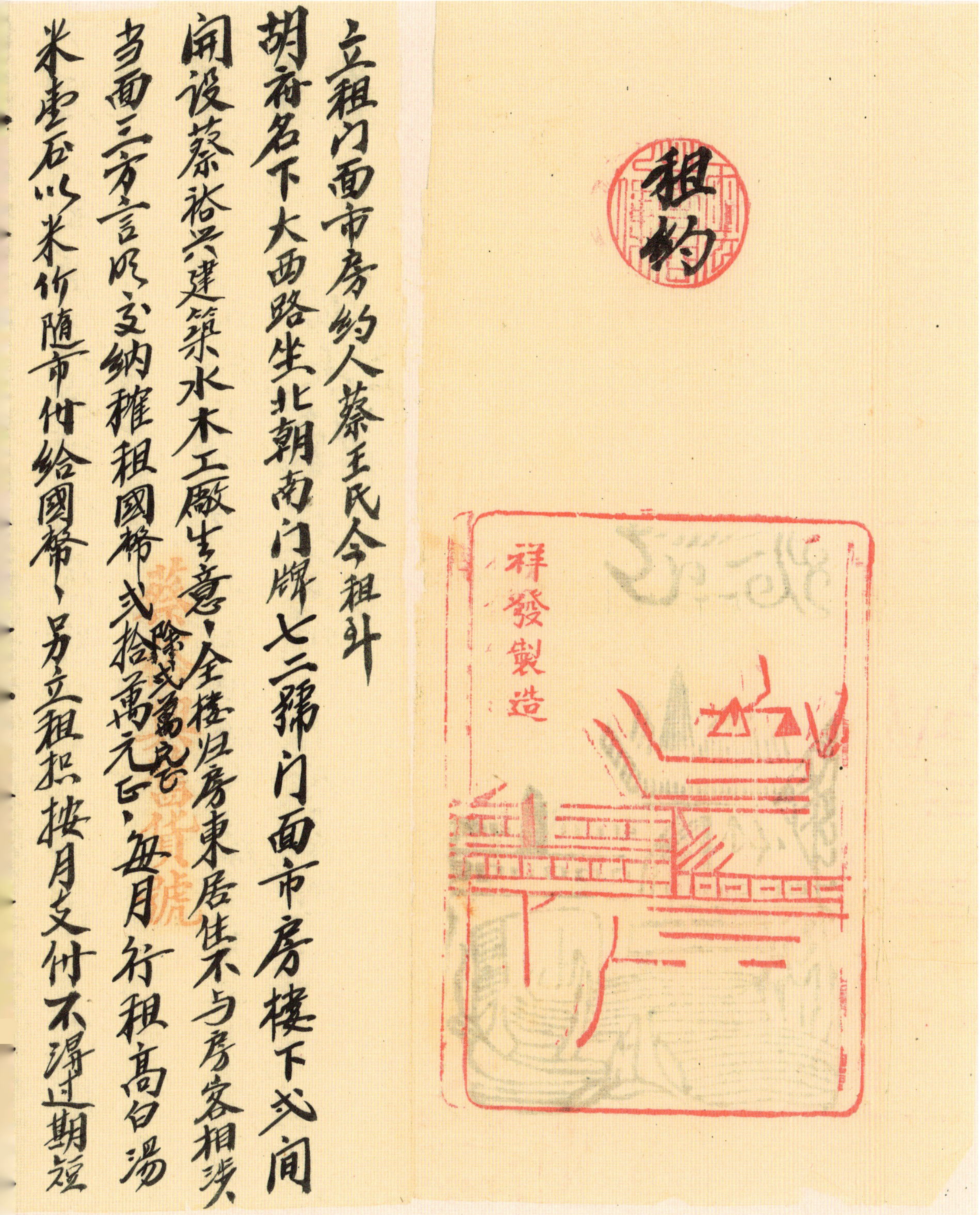
立租门面市房约人蔡王氏今租到
胡府名下大西路坐北朝南门牌七二号门面市房楼下弍间
开设蔡裕兴建筑水木工厂生意，全楼归房东居住不与房客相涉，
当面三方言明交纳稚租国币弍拾萬元正（除弍萬元正），每月纳租高白汤
米壹石以米价随市价给国币，另立租折按月支付不得过期短

图 A3-9-1

恐后无凭，立此租约存照。

中华民国三十五年十二月四日立租约人蔡王氏 十

保长陈双甫 押

中人冕志和

谢梅先 十

余文卿 十 ［亲笔］

周祝三

大吉

图 A3-9-2

租約

立租約人蔡王氏今續租到
胡名下坐落大西路門牌七二號門面市房除樓上房東自住房
間外全部租與蔡姓居住當日憑中言明稚租法幣柒萬
元未立稚約每月行租壹萬元按月支付不得過期短少該
房期限照樓下同時解約遷讓雙方均無異言不得藉

10. 江苏镇江地方法院民事第一审言词辩论笔录（1947年）（档案号：A020-1947-002-1222-0001）

1947年12月2日上午9时，镇江地方法院开庭审理该案。原告胡培元、被告代理人林星南、证人余文卿参加庭审。原告胡培元在庭审中坚决要求按照租约的规定收回房屋，拒绝续租。被告代理人林星南则向法庭报告原被告双方之前存有承揽合同以及中人余文卿操纵订立契约等情事，请求法庭驳回原告诉请。余文卿则在法庭上否认其操纵契约订立，提出另有保长谈靖之担任中人。最后，“庭谕待续传提出行租折及承揽约候核，命退庭”。

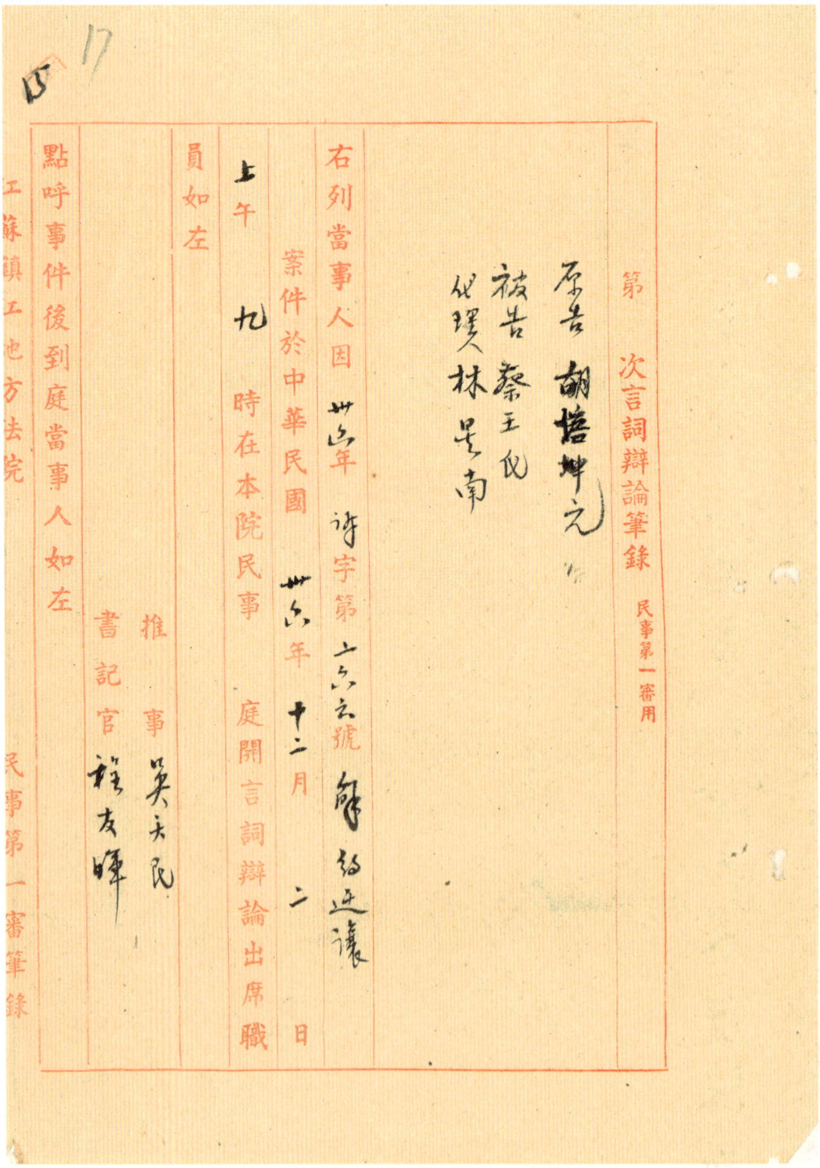
15 17

第 次言詞辯論筆錄 民事第一審用

原告 胡培元

被告 蔡王氏

代理人 林星南

右列當事人因卅六年訴字第一六六號解約返讓案件於中華民國卅六年十二月二日上午九時在本院民事庭開言詞辯論出席職員如左

推事 吳夫民

書記官 程友峰

點呼事件後到庭當事人如左

江蘇鎮江地方法院 民事第一審筆錄

图 A3-10-1

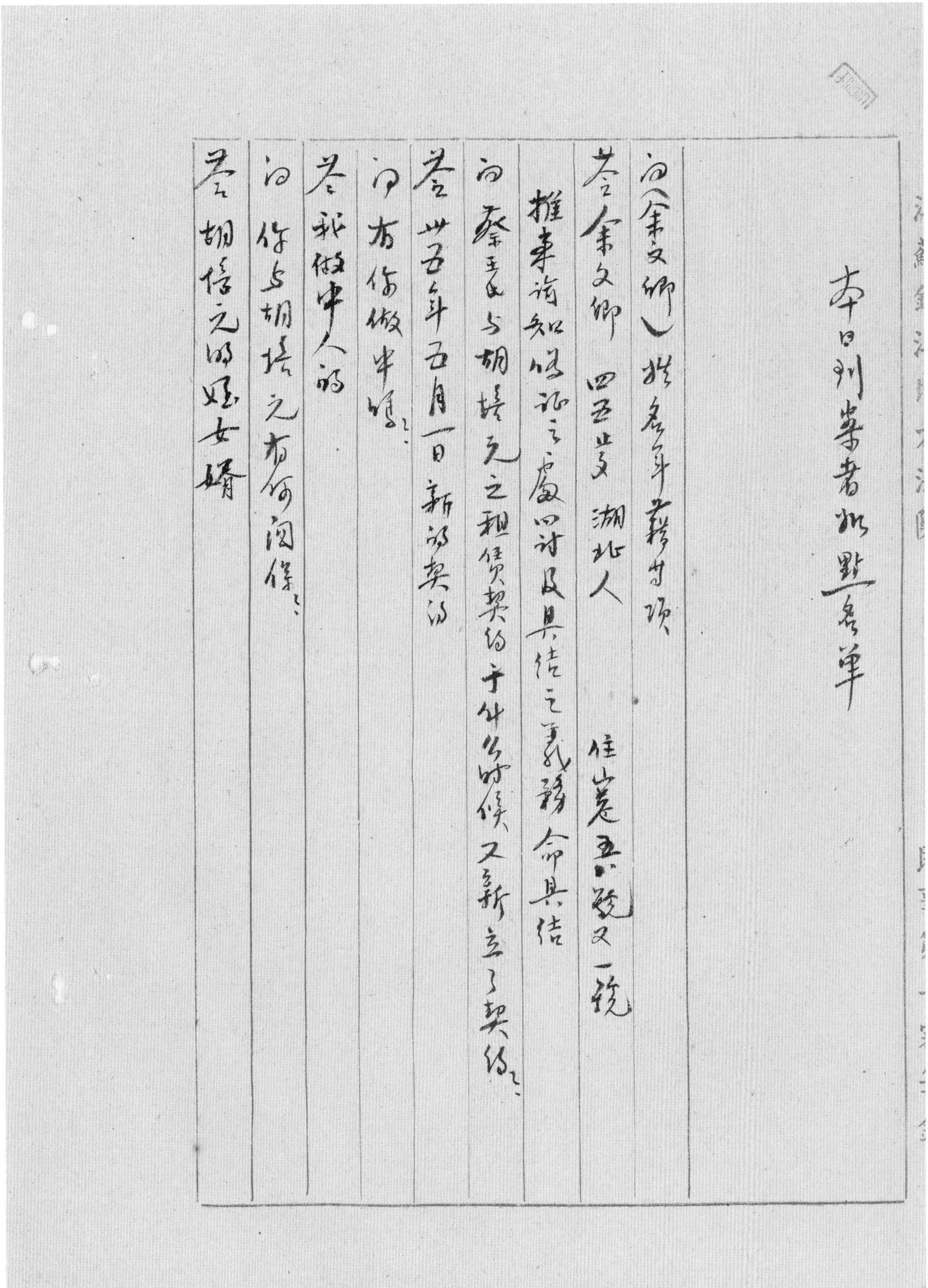

本日判案者撮要單

问（余文卿）姓名年籍等项

答余文卿 四五岁 湖北人 住山[illegible]五號又一號

推事諭知偽證之處罰及具結之義務命具結

问蔡王氏与胡培元之租賃契約于什么时候又新立了契約呢

答卅五年五月一日新訂契約

问有你做中嗎

答我做中人的

问你与胡培元有何關係呢

答胡培元的姪女婿

图 A3-10-2

18

问 自卅三年承租以来是怎样的情形你试说一遍
答 以前的事我不知道卅四年我才到此地
问 据蔡王氏称卅五年所立之约由你一手包办了
答 还有保长谈请之（全悉）
问 当年之事你办理呢
答 因为胡培之在重庆委托我办理，我就通知他在沪的儿子胡邦伟
并会同保长到场办理的
问 立约时蔡王氏谈到以前修马路的话吗
答 当初的时候没有谈修马路的话，他说等房东本人来算帐，至
于八年的到租，就说因为修马路不把了
问（胡培之）姓名年籍等项
答 胡培之 五五岁 镇江人 第十一人街五一号

江苏镇江地方法院 通用纸

图 A3-10-3

江蘇鎮江地方法院

问 对于本案有何請求

答 終給讓房

问 有何理由

答 租约上載明一年期滿，期滿了半年

问 你兒子胡邦偉現在在什么地方

答 現在上海

问 你什么时候從四川回来的

答 卅五年冬天回来的

问 回来时你自己没提出这件事嗎

答 回来我預備先住樓上，樓上並没有租給她，我们回来她不但不讓，並且还租与他人

问 蔡王氏現住部份有没有超过承租範圍

图 A3-10-4

19

江苏镇江地方法院

答：现在没有超过，以前是超过的。

问：能不能再重订租约继续呢？

答：我现在房子非收回不可。

问（林星南）：你代理蔡王氏吗？委任状递了没有？

答：是的，递委任状了。

问：是普通代理抑特别代理？

答：代表一切的行为。

问：你与蔡王氏有何关系？

答：她的丈夫是我姑母的儿子。

问：姓名年龄等项。

答：林星南　四六岁　镇江人　月廊巷四号

问：对于原告之诉如何答辩？

通用纸

图 A3-10-5

江蘇鎮江地方法院

答　請求駁回原告之訴

問　有何理由？

答　於廿三年蔡王氏之夫曾與原告訂有承攬契約之工程已做半數而原告並未付分文，以致損失不能由被告擔負

問　有承攬契約嗎？

答　有的　一百柒拾六塊錢，這次沒帶來

問　還有什麼話要說呢？

答　前進拆掉了，修建都是被告修建的，至於房租並不欠，余文卿于廿四年將八年押租房租都收去了，原告沒有理由要被告讓房

問　有租摺嗎？

答　有的　恐怕不全

問　廿五年改換租約，被告不同意的嗎？

图 A3-10-6

20

答 換租的時候都是余文卿一个人寫的

問 租約寫定期一年，期滿了應該讓房呀？

答 蔡王氏是个女子，對于定期不定期她不曉得，只曉得繼租就是了。

問 蔡王氏總不會不曉得吧？

答 余文卿自己立約自己做中，就可以知道內幕了。

問 契約有嗎？

答 契約在他們手上

問 （余文卿）你收蔡王氏之房租曾得胡元鍇之同意嗎？

答 是他委托我的，他當然同意

問 租摺呢？拿來看看

答 摺子在房東那裡

庭諭 待續傳提出訂租摺及委托書候核，命退庭

江蘇鎮江地方法院 通用紙

图 A3-10-7

江蘇鎮江地方法院

右筆錄當庭朗誦無異

中華民國卅六年十二月二日

江蘇鎮江地方法院民庭

書記官 程友曄

推事 吳[illegible]民

图 A3-10-8

11. 江苏镇江地方法院证人结文（1947年）（档案号：A020-1947-002-1222-0001）

在该结文中，证人余文卿声明“所为陈述均系真实，绝无匿饰增减，如有虚伪，当负法律罪责”。结文中载有《刑法》第一百六十八条的规定：“于执行审判职务之公署审判时或于检察官侦查时，证人、鉴定人、通译于案情有重要关系之事项，供前或供后具结而为虚伪陈述者，处七年以下有期徒刑。”

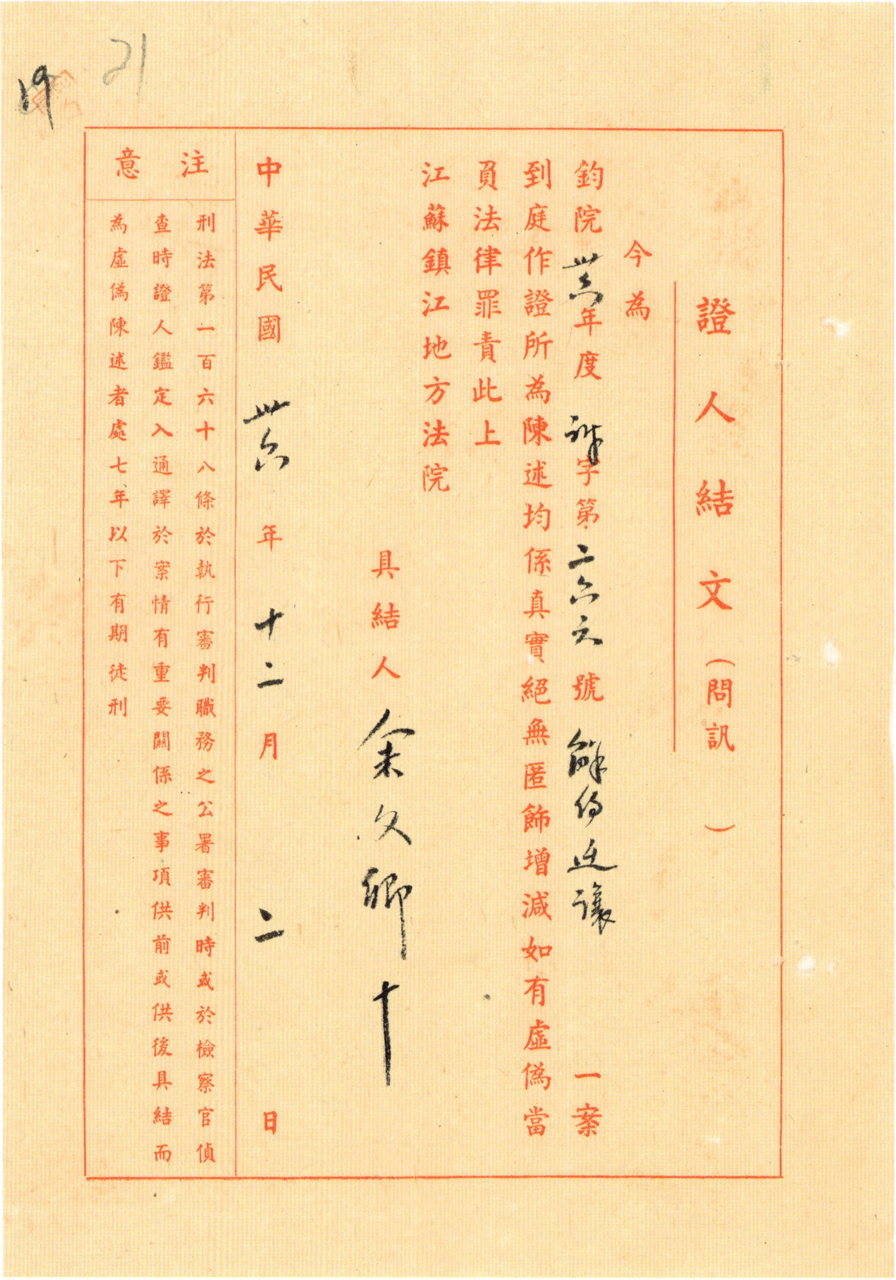
19 21

證人結文（問訊）

今為

鈞院卅六年度訴字第二六六號飾何近讓一案

到庭作證所為陳述均係真實絕無匿飾增減如有虛偽當

負法律罪責此上

江蘇鎮江地方法院

具結人 余文卿 十

中華民國 卅六 年 十二 月 二 日

注意

刑法第一百六十八條於執行審判職務之公署審判時或於檢察官偵查時證人鑑定人通譯於案情有重要關係之事項供前或供後具結而為虛偽陳述者處七年以下有期徒刑

图 A3-11

12. 江苏镇江地方法院民事案件审理单（1947年）（档案号：A020-1947-002-1222-0001）

审理单显示，镇江地方法院定于1948年1月9日上午9时继续审理该案，传原告胡培元、被告蔡王氏、被告代理人林星南、证人余文卿到庭。审理单还显示："票传注明：'原告提出行租折，被告提出承揽约，候核。'"

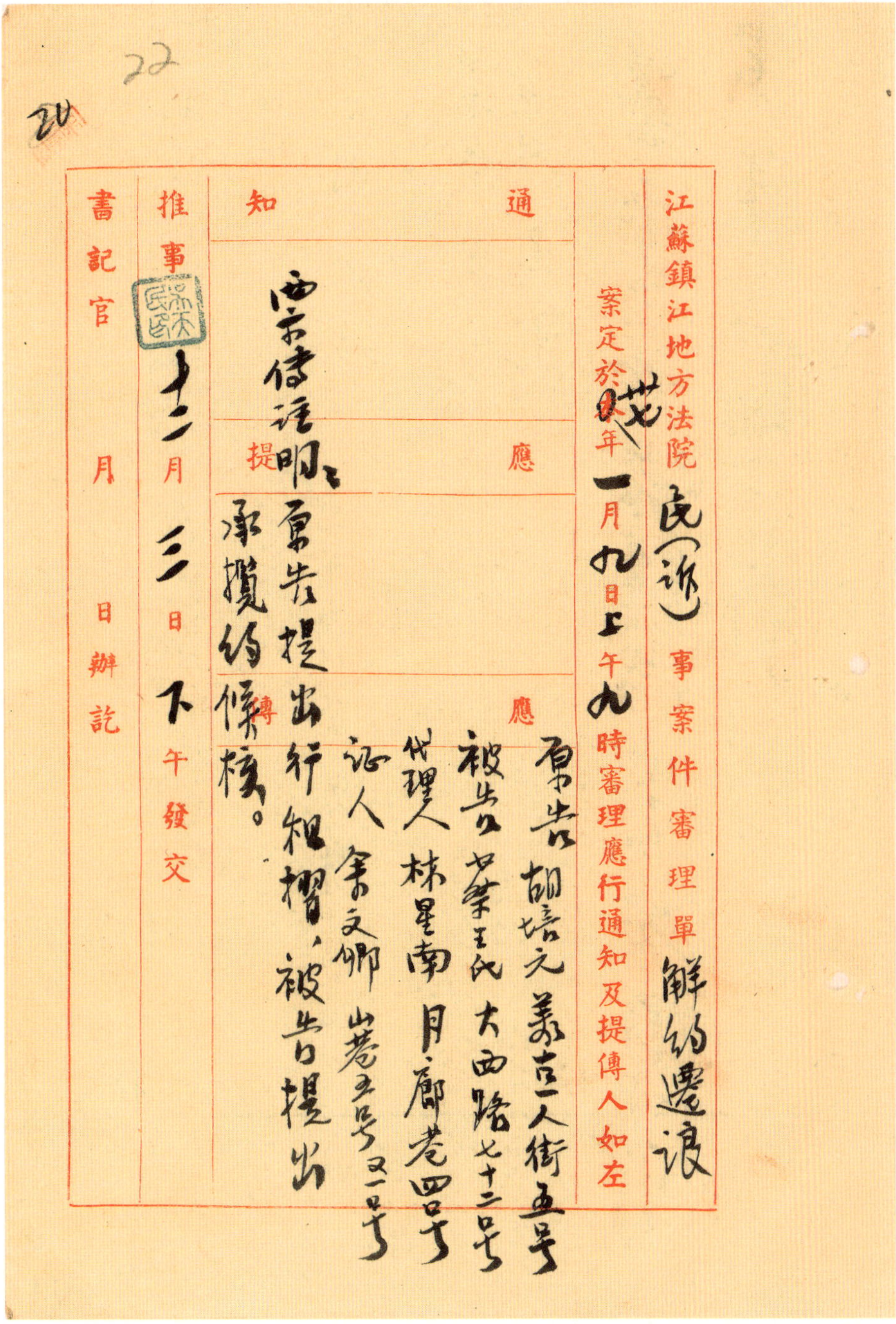

22

24

江蘇鎮江地方法院 民（訴）事案件審理單 解約遷讓

案定於卅七年一月九日上午九時審理應行通知及提傳人如左

原告 胡培元 義吉人街五号

被告 蔡王氏 大西路七十二号

代理人 林星南 月廊巷四号

証人 余文卿 山巷五号又一号

通知

應提

應傳

票傳註明：原告提出行租摺，被告提出承攬約，候核。

推事 十二月三日下午發交

書記官 月 日辦訖

图 A3-12

13. 江苏镇江地方法院点呼单（1948年）（档案号：A020-1947-002-1222-0001）

该点呼单显示，原告胡培元、被告代理人林星南、证人余文卿参加了1948年1月9日上午9时的庭审。经过本次庭审，“定本月十四日下午三时宣判”。

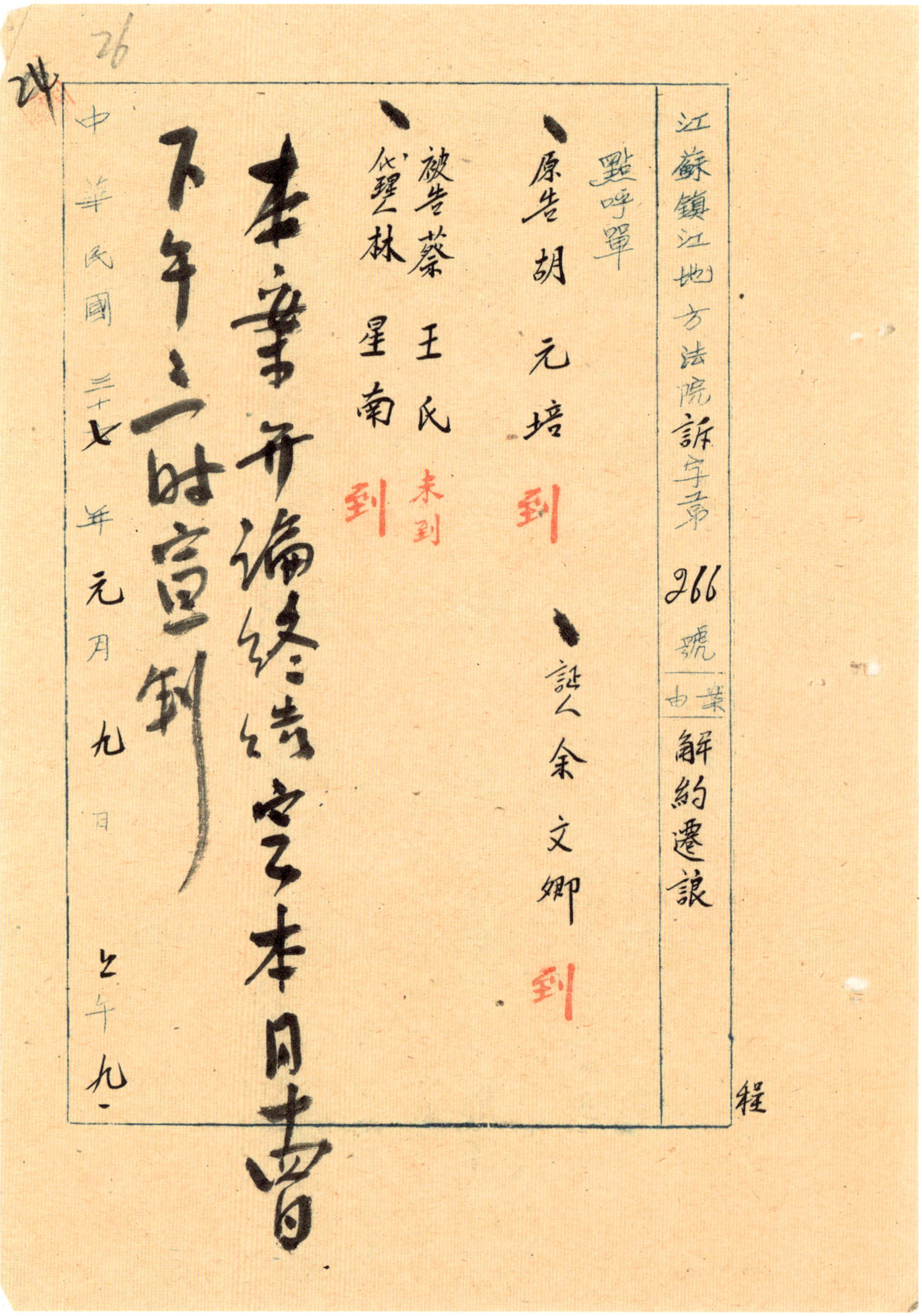
江蘇鎮江地方法院訴字第266號

由案 解約遷讓

點呼單

原告 胡元培 到

被告 蔡王氏 未到

代理人 林星南 到

證人 余文卿 到

本案开論終结定本月十四日下午三时宣判

中華民國三十七年元月九日上午九

程

图 A3-13

14. 江苏镇江地方法院民事第一审言词辩论笔录（1948年）（档案号：A020-1947-002-1222-0001）

1948年1月9日上午9时，镇江地方法院继续开庭审理该案。在此次庭审中，原被告双方均坚持原有观点，亦向法庭提交了租约、承揽约等证据。推事吴天民表示“法律上规定定期租赁得二年以上”，原告胡培元则回答“这个我们当时不懂得”。

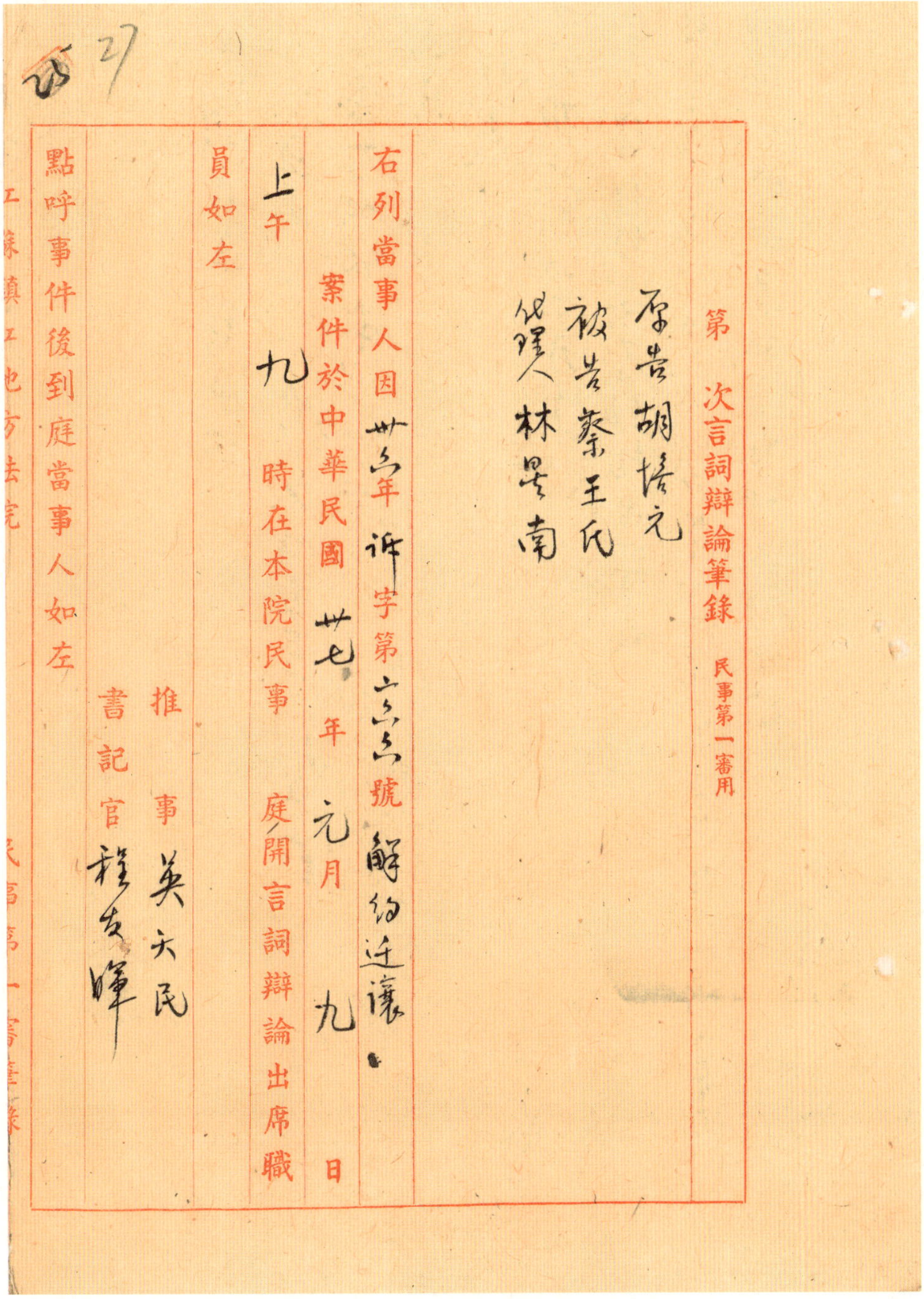

第 次言詞辯論筆錄 民事第一審用

原告 胡培元

被告 蔡王氏

代理人 林墨南

右列當事人因卅六年訴字第六六六號解約迁讓案件於中華民國卅七年元月九日上午九時在本院民事庭開言詞辯論出席職員如左

推事 吴天民

書記官 程[illegible]

點呼事件後到庭當事人如左

江蘇鎮江地方法院 民事第一審筆錄

图 A3-14-1

江蘇鎮江地方法院　民事第一審筆錄

本日到案者如點名單

問（胡培之）姓名年籍等項

答 胡培元　五五岁　镇江人住盖古一人衖五號

問 你对本案有何请求

答 維持原議

問 有何理由

答 租约已满期，过期八个月了

問 你所呈三張租約是否均指同一樓房

答 老租約是指樓房部份，以後是指樓上之房一間樓下之房一間

問 除了期满之理由其他还有什么理由嗎

图 A3-14-2

26　28

江苏镇江地方法院

答　我自己要用
问　法律上规定定期租赁得二年以上你现在只定期一年半呢
答　这个我们当时不懂得
问　你还有什么证据证明你收回自用
答　可以问证人
问　租约是不是你自己出笔的呢
答　那时我还在重庆，胡珂伟是我的儿子
问　蔡王氏房租照付的吗
答　房租是照付的　自十二月一日就未付了
问　有租摺吗
答　带来了（呈庭阅后发还）
问（林吴堂）对蔡某之诉如何答辩

通用纸

图 A3-14-3

答 房子在装修与搬场时所化费用未算清

问 承揽契约常来了吗々

答 带来了

问 当时定期一年是不错的囉々

答 女子不识字，又没有给人看，都是余文卿一个人做的

问 为什么不给人看呢々

答 我们还在重庆，她丈夫亦跑了

问 承揽契约证明什么々

答 证明两间楼房已动工翻造

问 以前没有算过帐々

答 没有算过帐

问 为什么不算清呢々

图 A3-14-4

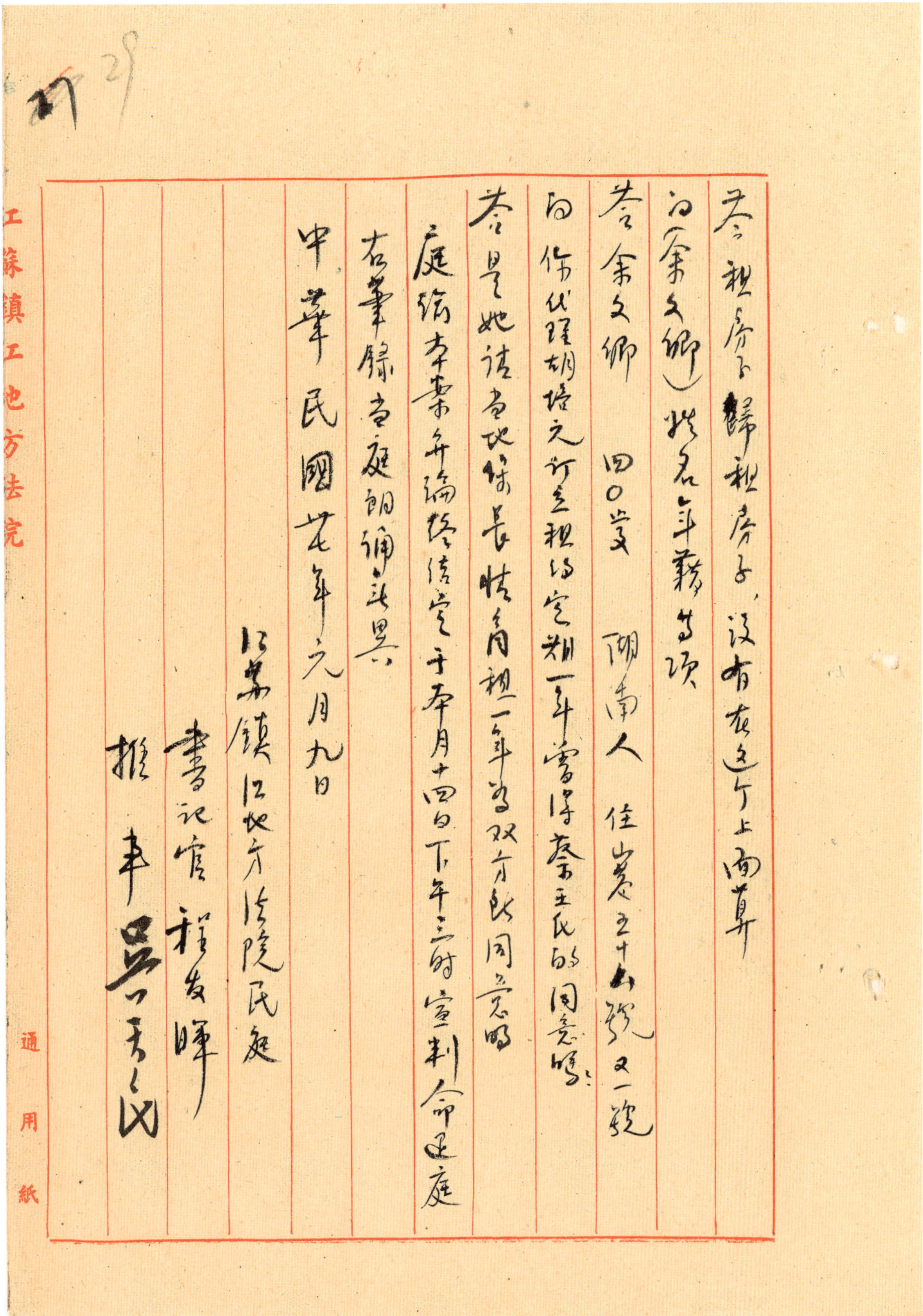

江蘇鎮江地方法院

答：租房子歸租房子，沒有在這个上面算
問（蔡文卿）姓名年齡等項
答：蔡文卿 四〇岁 湖南人 住岗志五十六號又一號
問：你代理胡培元訂立租約定期一年曾得蔡王氏的同意嗎？
答：是她請县地保長情商租一年由双方所同意的
庭諭本案辯論終結，定于本月十四日下午三时宣判，命退庭
右筆錄當庭朗讀無異
中華民國卅年元月九日
江蘇鎮江地方法院民庭
書記官 程友暉
推事 吳秀民

通用紙

图 A3-14-5

15. 江苏镇江地方法院民事宣判笔录（1948年）（档案号：A020-1947-002-1222-0001）

该宣判笔录显示，原被告双方均未到庭。

1935年南京国民政府颁布的《民事诉讼法》第二百二十三条规定："判决应宣示之，但不经言词辩论之判决不在此限。宣示判决应于辩论终结之期日或辩论终结时指定之期日为之。前项指定之宣示期日，自辩论终结时起不得逾五日。"

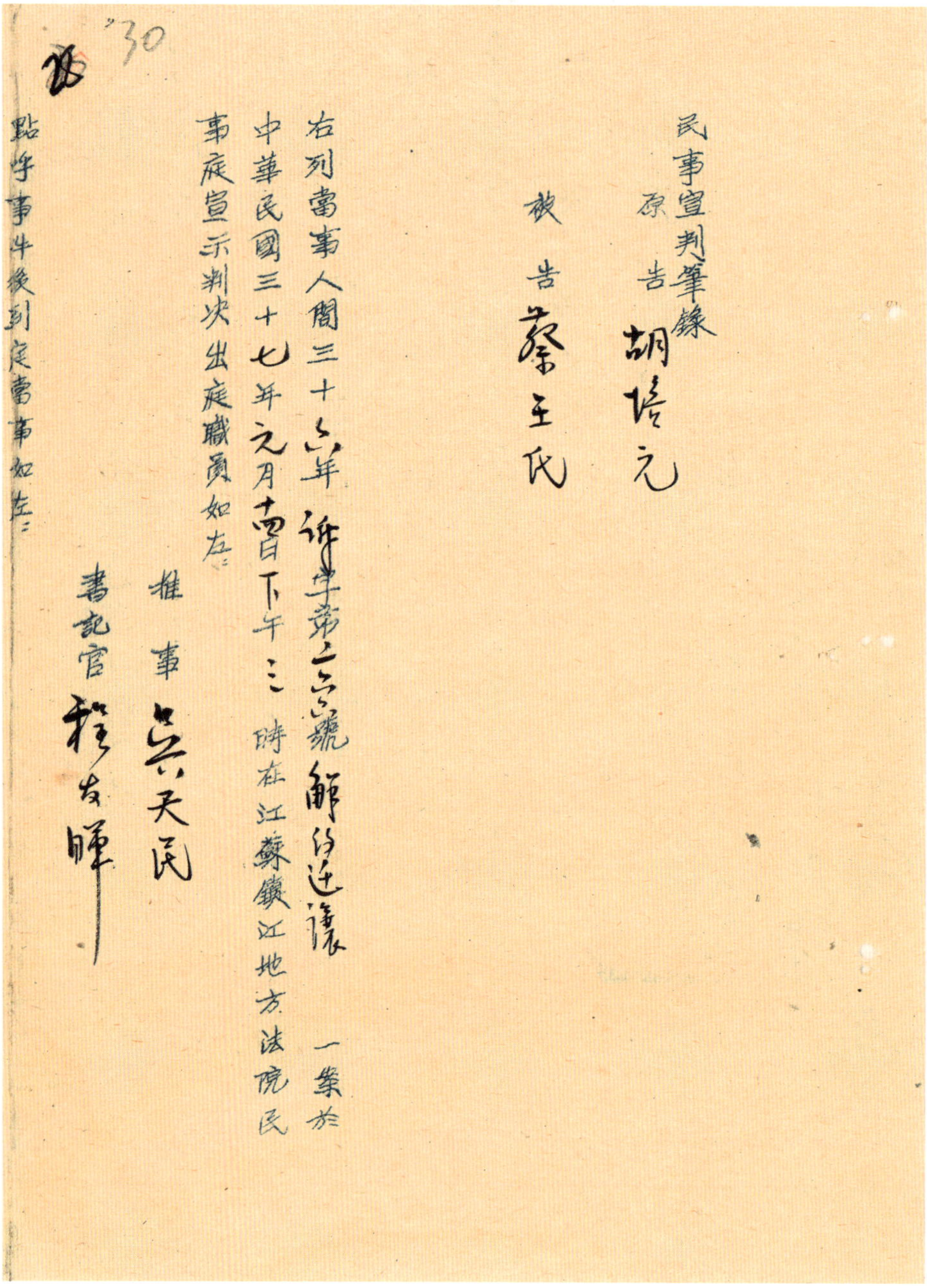
民事宣判筆錄
原 告 胡培元
被 告 蔡王氏
右列當事人間三十六年訴字第六六號解約遷讓一案於中華民國三十七年元月十四日下午三時在江蘇鎮江地方法院民事庭宣示判決出庭職員如左：
推 事 吳天民
書記官 程叔暉
點呼事件後到庭當事人如左：

图 A3-15-1

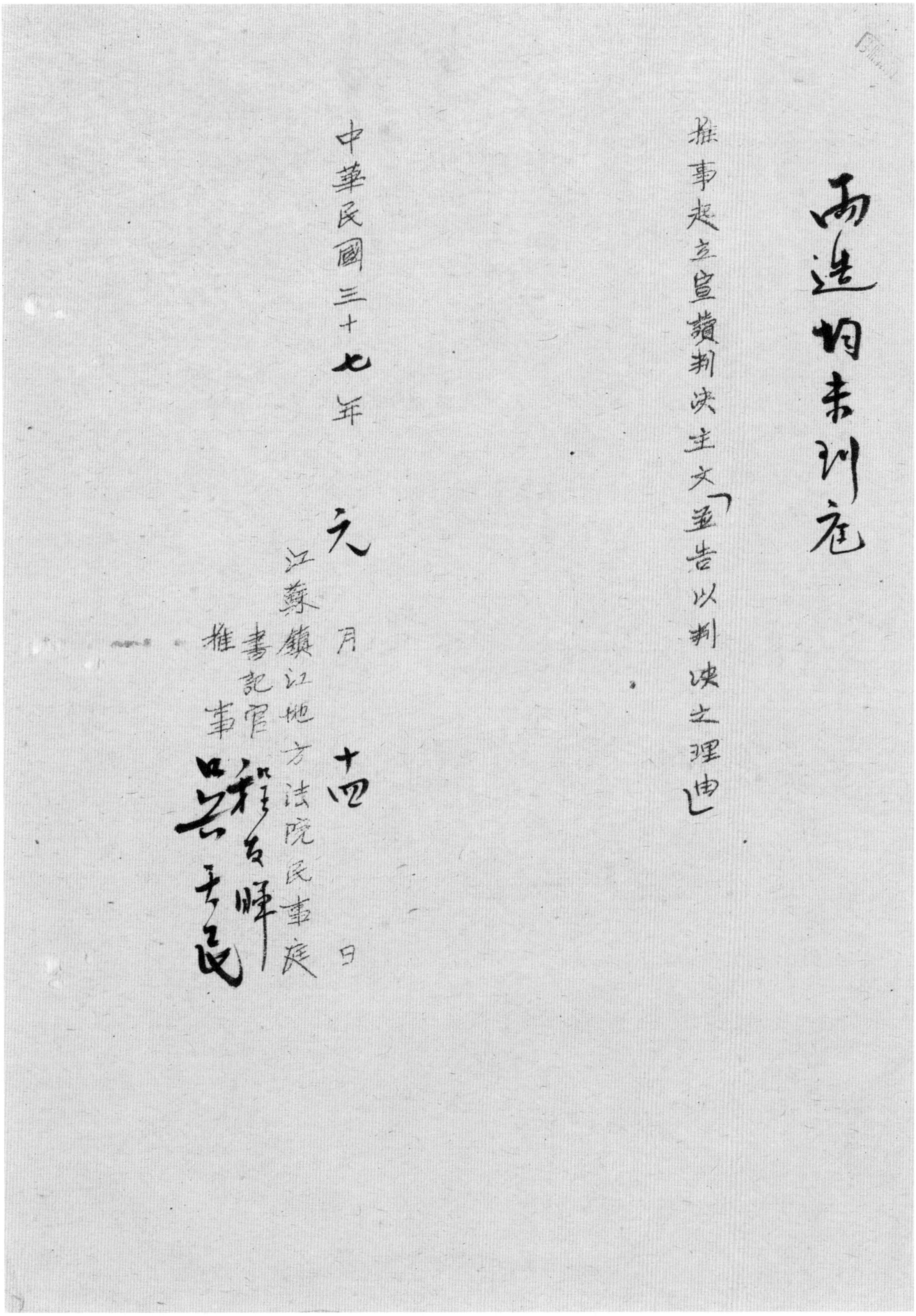

兩造均未到庭
推事起立宣讀判決主文「並告以判決之理由
中華民國三十七年元月十四日
江蘇鎮江地方法院民事庭
書記官 程友暉
推事 吕玉民

图 A3-15-2

16. 江苏镇江地方法院民事判决（1948年）（档案号：A020-1947-002-1222-0001）

1948年1月14日，镇江地方法院对案件做出判决，判决“原告之诉驳回。诉讼费用由原告负担”。其理由为：“查《房屋租赁条例》第九条第六款规定，约定租赁期限已届满者，出租人固得终止契约，然同条第二项亦复规定，对于二年以下之定期租赁者，

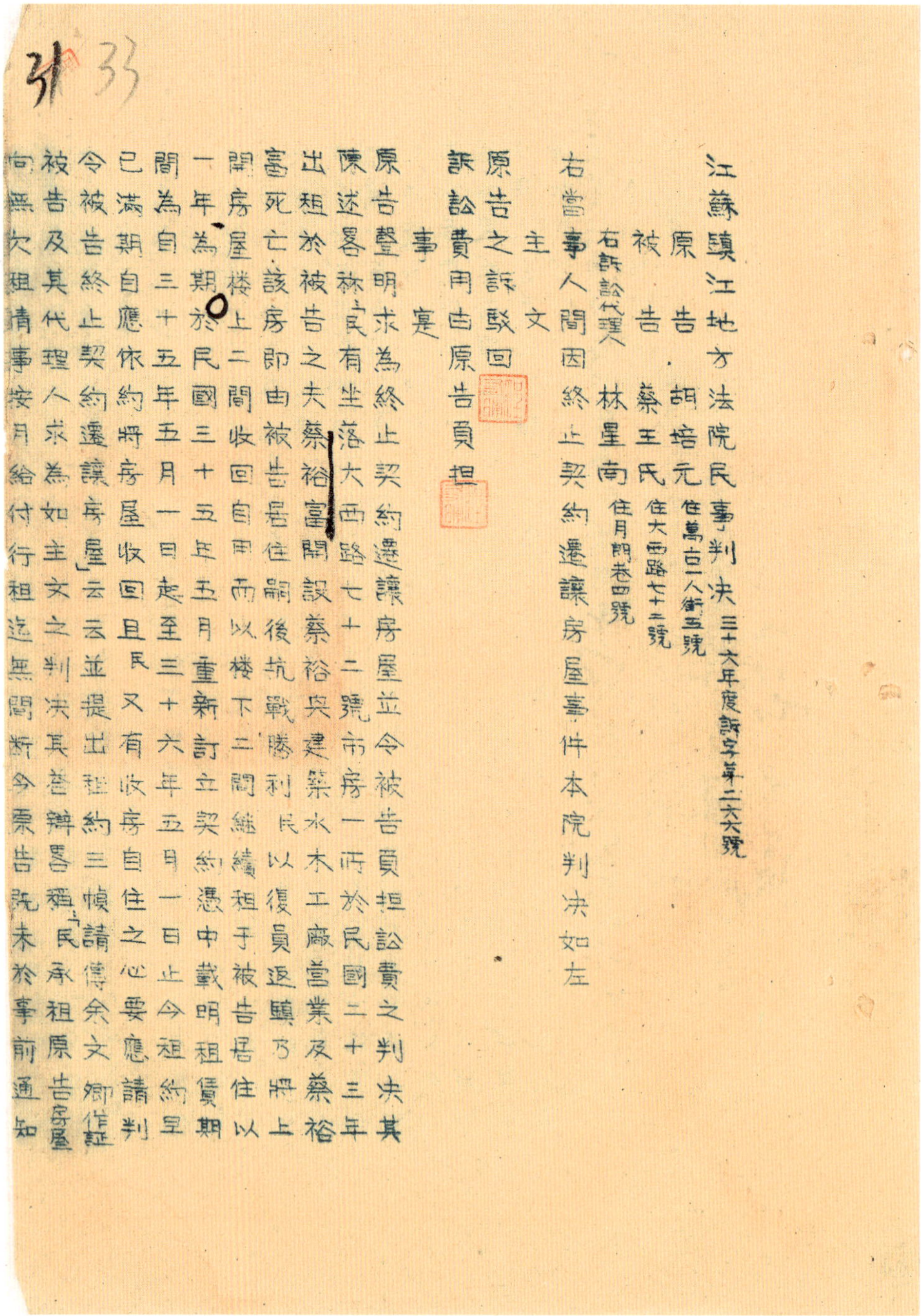
江蘇鎮江地方法院民事判決 三十六年度訴字第二六六號
原告 胡培元 住萬古一人街五號
被告 蔡王氏 住大西路七十二號
右訴訟代理人 林星南 住月明巷四號
右當事人間因終止契約遷讓房屋事件本院判決如左
主文
原告之訴駁回
訴訟費用由原告負担
事實
原告聲明求為終止契約遷讓房屋並令被告負担訟費之判決其陳述畧稱民有坐落大西路七十二號市房一所於民國二十三年出租於被告之夫蔡裕富開設蔡裕興建築水木工廠營業及蔡裕富死亡該房即由被告居住嗣後抗戰勝利民以復員返鎮乃將上開房屋樓上二間收回自用而以樓下二間繼續租于被告居住以一年為期於民國三十五年五月重新訂立契約憑中載明租賃期間為自三十五年五月一日起至三十六年五月一日止今租約早已滿期自應依約將房屋收回且民又有收房自住之心要應請判令被告終止契約遷讓房屋云云並提出租約三幀請傳余文卿作証被告及其代理人求為如主文之判決其答辯畧稱民承租原告房屋向無欠租情事按月給付行租迄無間斷今原告既未於事前通知

图 A3-16-1

不适用之。本件原告胡培元既就其于民国二十三年出租于被告亡夫蔡裕富之房屋而为一部收回自用、一部继续出租于被告居住，于民国三十五年五月一日凭中订立定期租赁一年之契约……今原告对于该定期租赁一年之契约，遽以期限已满为辞向本院诉请终止，核与上开法条显有不合，殊难认为有理。”

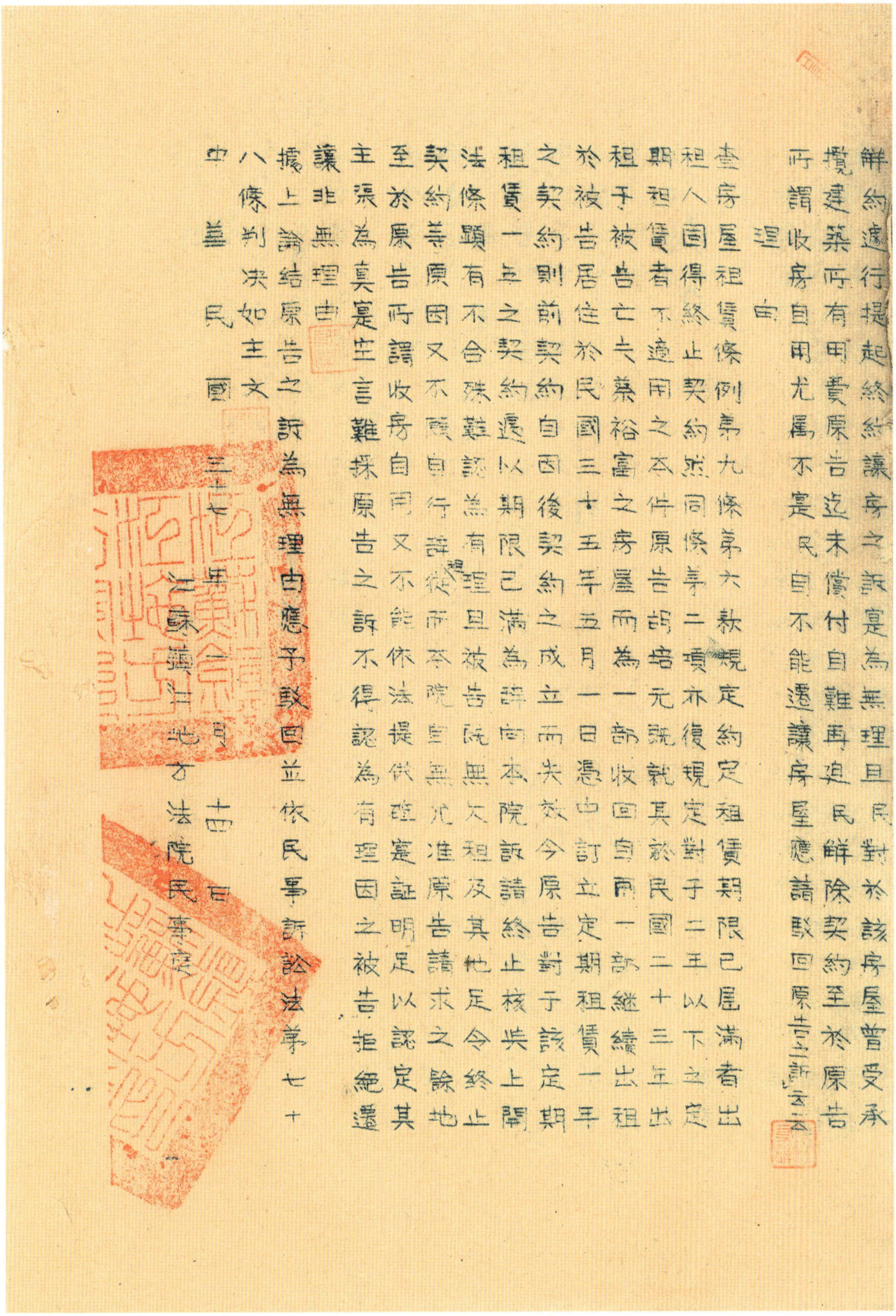
解約遽行提起終約讓房之訴寔為無理且民對於該房屋曾受承
攬建築所有用費原告迄未償付自難再迫民解除契約至於原告
所謂收房自用尤屬不寔民自不能遷讓房屋應請駁回原告之訴云云
理由
查房屋租賃條例第九條第六款規定約定租賃期限已屆滿者出
租人固得終止契約然同條第二項亦復規定對于二年以下之定
期租賃者不適用之本件原告胡培元既就其於民國二十三年出
租于被告亡夫蔡裕富之房屋而為一部收回自用一部繼續出租
於被告居住於民國三十五年五月一日憑中訂立定期租賃一年
之契約則前契約自因後契約之成立而失效今原告對于該定期
租賃一年之契約遽以期限已滿為辭向本院訴請終止核與上開
法條顯有不合殊難認為有理且被告既無欠租及其他足令終止
契約等原因又不願自行辭從而本院自無允准原告請求之餘地
至於原告所謂收房自用又不能依法提供確寔證明足以認定其
主張為真寔空言難採原告之訴不得認為有理因之被告拒絕遷
讓非無理由
據上論結原告之訴為無理由應予駁回並依民事訴訟法第七十
八條判決如主文
中華民國三十七年 月 十四日
江蘇蕪湖地方法院民事庭

图 A3-16-2

推事　吳天民

本件證明與原本無異

中華民國三十七年一月　日

書記官

不服本判決得于判決送達後二十日內向本院提起上訴狀上訴

江蘇高等法院鎮江分院

图 A3-16-3

17. 江苏镇江地方法院民事送达证书（1948年）（档案号：A020-1947-002-1222-0001）

1948年1月19日，镇江地方法院向原被告双方送达判决书。本组图为送达证书。

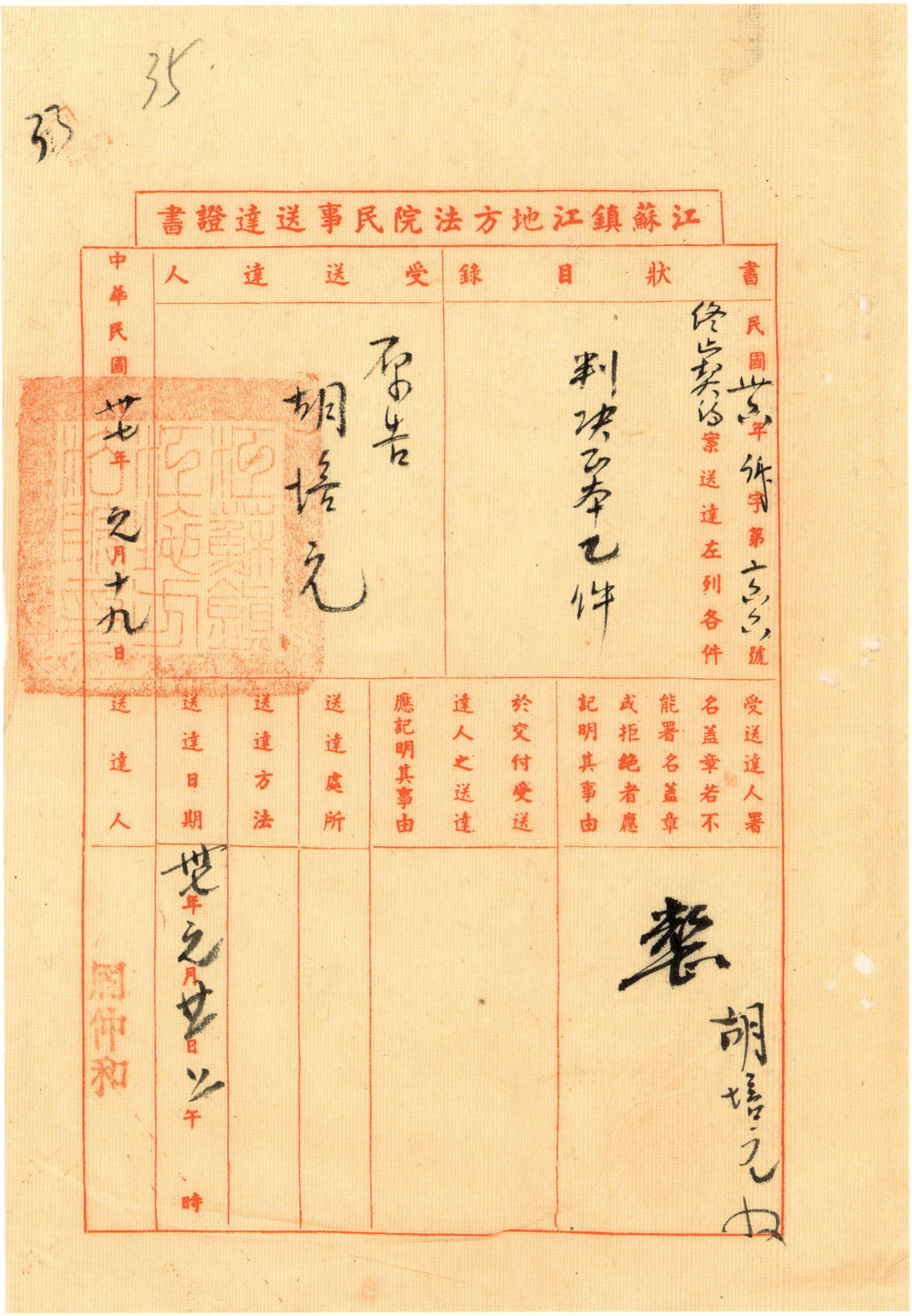

江蘇鎮江地方法院民事送達證書

書狀目錄
民國卅六年 字第 號 案送達左列各件
判決正本乙件

受送達人
原告 胡培元

中華民國卅七年元月十九日

受送達人署名蓋章若不能署名蓋章或拒絕者應記明其事由
胡培元

於交付受送達人之送達應記明其事由

送達處所

送達方法

送達日期 卅七年元月廿日上午 時

送達人

图 A3-17-1

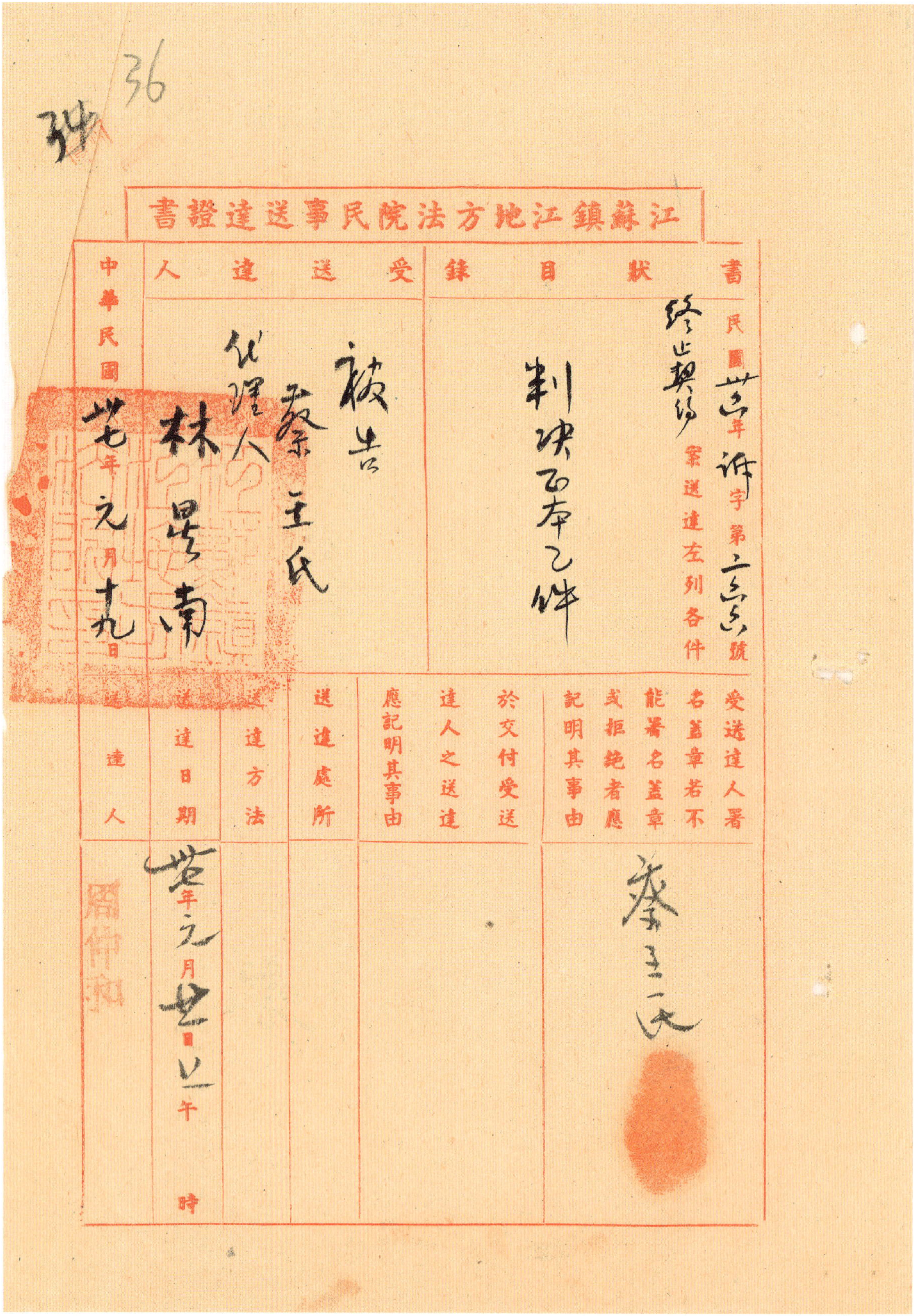

江蘇鎮江地方法院民事送達證書

書狀目錄	受送達人	中華民國
民國廿六年訴字第二六六號 終止契約 案送達左列各件 判决正本乙件	被告 秦王氏 代理人 林景南	廿七年元月十九日

受送達人署名蓋章若不能署名蓋章或拒絕者應記明其事由	於交付受送達人之送達應記明其事由	送達處所	送達方法	送達日期	送達人
秦王氏				廿七年元月廿日上午 時	周仲和

图 A3-17-2

18. 江苏镇江地方法院证物套（1948年）（档案号：A020-1947-002-1222-0001）

该证物套中有原告胡培元提供的租约3份。证物套被装订于本案的卷宗之中。

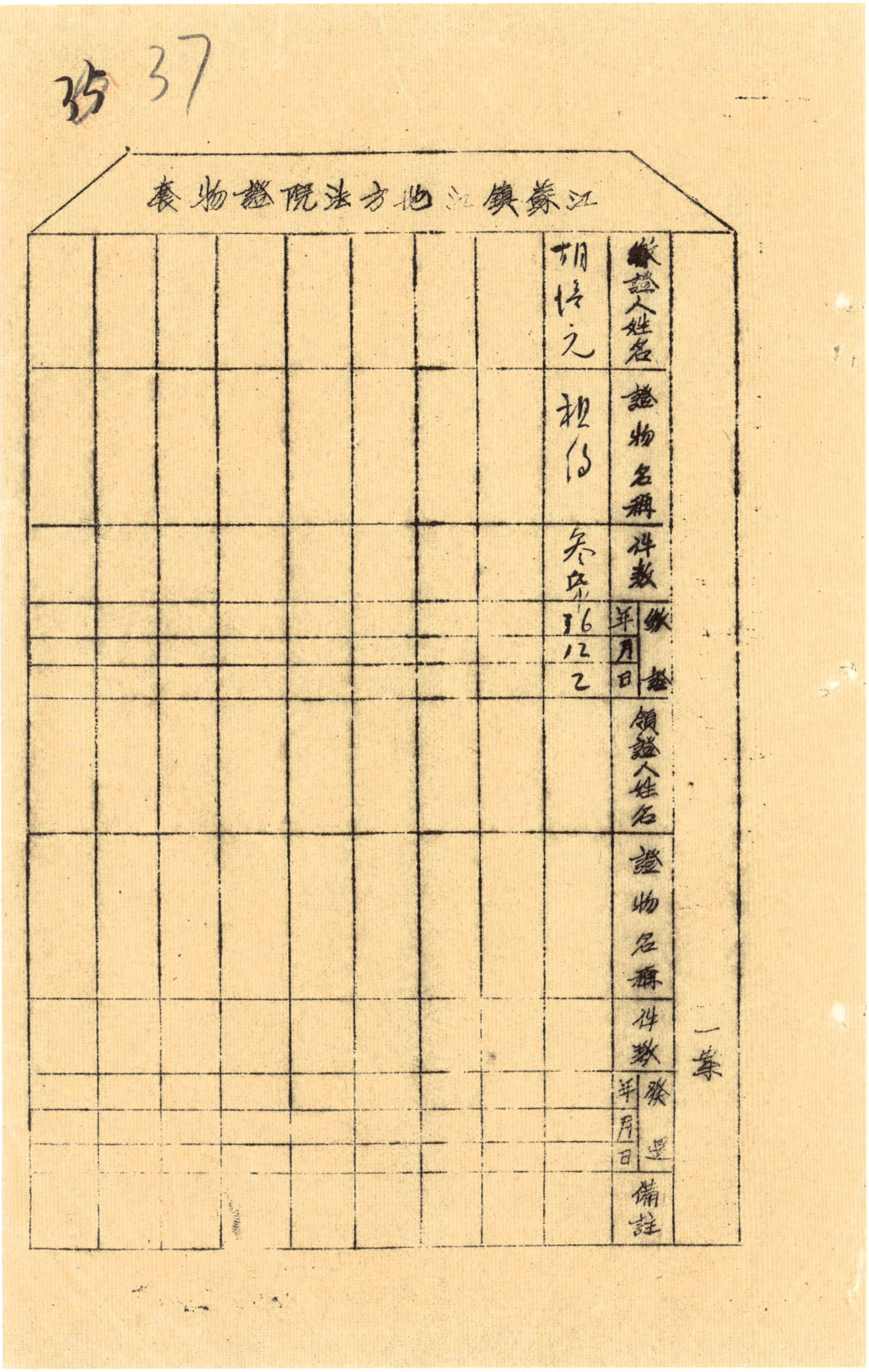
35 37

江蘇鎮江地方法院證物套

繳證人姓名	證物名稱	件數	繳證年月日	領證人姓名	證物名稱	件數	發還年月日	備註
胡培元	租約	叁	36 12 2					

一案

图 A3-18

后　记

本书是国家重点档案专题保护开发项目“镇江市档案馆民国镇江司法档案开发研究”的结项成果。该项目由国家档案局立项，并在其关心指导下，由镇江市档案馆联合江苏大学法学院共同完成。

镇江市档案馆为国家一级综合档案馆，馆藏档案门类齐全，现有8个全宗群、607个全宗、53万余卷。除镇江近代司法档案，镇江市档案馆还藏有民国时期的镇江商会档案、中央银行镇江分行档案、中国农民银行镇江支行档案、镇江县银行档案、镇江荧昌火柴厂档案、镇江面粉厂档案、镇江水电股份有限公司（包括镇江自来水厂、镇江大照电气公司）档案、镇江恒顺酱醋厂档案及中国国民党江苏省镇江县执行委员会档案等珍贵史料。近年来，镇江市档案馆档案开发成果丰硕，《档案参考》《镇江市档案馆藏日军战时暴行与战后所受人道待遇档案汇编》等获省档案文化精品一等奖，《陈光甫》电视纪录片获“第27届中国纪录片学术盛典”长片十优作品，承办国家重点档案保护与开发项目近10项。

江苏大学位于镇江，是全国工科院校中较早开设法律专业的院校。江苏大学法学院现有法学一级学科硕士授权点和法律硕士专业学位授权点，已经获批国家一流本科专业、全国党建样板支部和国家一流课程。近年来，江苏大学法学院致力挖掘和整理镇江近代司法档案等优秀法律文化资源，其研究成果《镇江地方法院研究（1928—1949）》获评中国法律文化研究成果奖和镇江市哲学社会科学优秀成果奖，为推动镇江法律文化资源创造性转化、创新性发展做出了积极贡献。

镇江市档案馆与江苏大学法学院秉持“校地合作，专业互补，传承历史，不负后人”的精神，共同开展镇江近代司法档案的开发与研究工作，既是对镇江历史文化资源的致敬，亦是作为在镇文教单位的使命担当。期望本书能够对全面展现镇江历史文化资源、推进中国法史研究做出应有的贡献。

中国法律史学会执行会长、南京大学法学院博士生导师张仁善教授为本书惠赐序言，在此深表谢忱。

镇江市档案馆　江苏大学法学院

2024年6月